INTRODUCTION TO MANAGEMENT SCIENCE

数据、模型与决策

Management Science and Engineering Classics
管理科学与工程经典译丛

（第12版）（TWELFTH EDITION）

伯纳德·W. 泰勒（Bernard W. Taylor Ⅲ） 著
侯文华 杨静蕾 译

中国人民大学出版社
·北 京·

管理科学与工程经典译丛
出版说明

中国人民大学出版社长期致力于国外优秀图书的引进和出版工作。20 世纪 90 年代中期，中国人民大学出版社开业界之先河，组织策划了两套精品丛书——“经济科学译丛”和“工商管理经典译丛”，在国内产生了极大的反响。其中，“工商管理经典译丛”是国内第一套与国际管理教育全面接轨的引进版丛书，体系齐整，版本经典，几乎涵盖了工商管理学科的所有专业领域，包括组织行为学、战略管理、营销管理、人力资源管理、财务管理等，深受广大读者的欢迎。

管理科学与工程是与工商管理并列的国家一级学科。与工商管理学科偏重应用社会学、经济学、心理学等人文科学解决管理中的问题不同，管理科学与工程更注重应用数学、运筹学、工程学、信息技术等自然科学的方法解决管理问题，具有很强的文理学科交叉的性质。随着社会对兼具文理科背景的复合型人才的需求不断增加，有越来越多的高校设立了管理科学与工程领域的专业，讲授相关课程。

与此同时，在教学用书建设方面，与工商管理领域相比，系统地针对管理科学与工程学科策划组织的丛书不多，优秀的引进版丛书更少。为满足国内高校日益增长的需求，我们组织策划了这套“管理科学与工程经典译丛”。在图书遴选过程中，我们发现，由于国外高等教育学科设置与我国存在一定的差异，不存在一个叫作“管理科学与工程”的单一的学科，具体教学用书往往按专业领域分布在不同的学科类别中，例如决策科学与数量方法、工业工程、信息技术、建筑管理等。为此，我们进行了深入的调研，大量搜集国外相关学科领域的优秀图书信息，广泛征求国内专家的意见和建议，以期这套新推出的丛书能够真正满足国内读者的切实需要。

我们希望，在搭建起这样一个平台后，有更多的专家、教师、企业培训师不断向我们提出需求，或推荐好的图书。我们将一如既往地做好服务工作，为推动管理学科的发展做出贡献。

中国人民大学出版社

译者序

本书是美国颇为流行的定量管理决策的教材，作者是管理科学领域资深专家与教育家，从 1979 年开始第一版写作，30 多年来多次再版，拥有众多的读者。决策科学贯穿整个管理过程，有其固有的分析逻辑，且存在诸多普适性规律，借助严谨数学模型可使决策更加准确有效，因此决策科学究其本质是复杂严格的数理模型在管理中的应用。但是决策过程本身涵盖了相当一部分“艺术”的成分，管理者个人的悟性和偏好在决策中占相当比重，不少技巧性、经验性知识似乎很难从课本上学到。为了使复杂严格的数学模型更好地应用于日益变化的管理实践，本书将枯燥、复杂和技术化的数学问题用更简明易懂的语言解释出来，兼顾严谨的数理逻辑，突出建模分析框架和基础逻辑的讲授和训练，在某种程度上实现了“艺术”与“科学”的有机融合。

从艺术性来看，本书案例丰富、通俗易懂、富有趣味。书中引例和案例涉及管理过程的方方面面，从生产决策、运营优化、市场开发、投融资决策，再到物流与供应链运作等。案例不但涵盖了变量与参数之间的逻辑关系，且复杂数学论证与管理者自然思维逻辑浑然天成，更重要的是丰富的数据和大量工业与管理实践背景使得刻板、严肃的定量模型变得生动有趣和富有创造性。本书文字简洁流畅，作者良好的学识、对数理和管理知识的掌控能力以及多年的研究与实践教学经验，使得本书引例和案例在定性分析中引入定量分析的切入点恰到好处。不少国内读者将本书案例作为休闲小阅读，不仅体会到了国内外管理者面临的共同问题，还对比分析出了国内外管理者不一样的管理风格。

从科学性来讲，本书至少在以下三个方面可圈可点：(1)理论内容丰富，章节安排由浅入深。从确定性决策到随机复杂系统优化，本书涵盖了从线性规划、线性规划灵敏度分析、整数规划、运输问题、图与网络、项目管理、多准则决策、非线性规划、决策技术、排队模型、模拟、预测到库存管理等内容。(2)模型与方法兼顾，可有效提高读者的数理思维能力。除大量案例和模型外，本书还涵盖了诸多经典算法，如图解法、最大流、单代号网络图法和贝叶斯决策等。相对复杂的算法，如单纯形法、表上作业法、指派问题算法、拉格朗日乘子和马尔科夫链等，作者则放到本书的辅助网络阅读材料中，供致力于更高深数学分析的读者使用。(3)本书课后习题丰富，配有网络题库，供自学者加强练习，并及时检查对理论模型和算法的掌握程度。这些习题趣味盎然，既有个人决策的选课问题，也有开办企业的创业问题。在每章末，作者还为读者提供了实践案例研究，以开放性问题的形式进一步引导读者深入思考。

本书与美国商学院主流管理科学与决策科学教材类似，突出了 Excel 和 QM for Windows 求解的实操性讲解和训练。Excel 作为管理者量化思考的辅助工具，可以清晰地展现出模型参数、决策变量以及模型中子模块间的相互逻辑关系。它计算功能强大，可求解本书所涵盖的各类模型，使管理者能够集中思考建模的框架和要素，并有助于进行模型的初步验证。

南开管理科学与工程翻译团队有幸持续承担本书的翻译工作,并愿与国外同行一道,通过数据和模型的辅助,使得艺术化的管理决策逻辑更加清晰,对管理决策本质性规律的认知更加深入,从而进一步推进科学决策在我国管理实践中的应用。参加本书翻译与校对工作的有南开大学商学院管理科学与工程系的教师及硕博研究生,他们是侯文华、杨静蕾、陈婷、曾郁文、胡晓彤、胡雨涵、潘丽娜、衣晓晨等,最后由侯文华教授统稿。在翻译过程中得到了中国人民大学出版社王伟娟女士的大力支持和耐心细致的帮助,在此深表谢意。

由于译者学识水平有限,时间仓促,译文中错误之处在所难免,敬请广大读者不吝批评指正。

侯文华　杨静蕾

前　言

管理科学的目标是通过开发一些数学模型来帮助管理者解决所面临的私人和公共部门的决策问题。这些问题通常通过数学方法来解决,并且不同的数学方法用于解决不同类型的问题。因此,管理科学的研究领域其本质还是数学,因此有些既复杂又严谨。当我 1979 年开始写作本书的第一版时,我的主要目标是让这些数学问题看上去不那么复杂,以迎合商学院本科学生。为了实现这一目标,我尝试简单直白地解释这些难以理解的数学问题。我试图使用大量的例子来详细说明建模和求解技术的基本数学步骤。尽管在过去 30 多年中,管理科学的重点已经从严格的数学求解转向使用计算机求解,但我的目标并没有改变。对于管理科学中建模问题所用到的方法技巧,我在本书中提供了清晰简洁的解释,同时举出了大量的例子以说明如何通过计算机求解这些模型,并且给出了这些方法的一些基础数学思想。

管理科学似乎很抽象,学生有时很难感知到定量课程的用途。我记得当我还是学生的时候,我无法预见到我将来毕业后如何在工作中使用这些数学模型(也包括在大学中学到的其他许多东西)。其中部分原因在于教材中的例子大多看起来不现实。然而,令人遗憾的是教材中的例子必须简化才能帮助促进学习,那些反映实际应用的庞大且复杂的例子对于学生学习建模技巧来说过于复杂。事实上,本书中介绍的建模方法在商业世界中广泛使用,并且由于计算机和信息技术的发展以及商业分析领域的出现,其使用正在迅速增长。因此,学生在今后的工作中使用这些建模方法的机会也会非常大。

尽管这些技术在工作中使用不到,管理科学中逻辑性地解决问题的方式对于各类组织中的工作都是有价值的。管理科学不仅是数学建模方法的集合,而且像其他任何学科一样,体现了一种逻辑性地解决问题的哲学思想。因此,本书不只是教授具体的建模技术,还提出了非常有用的解决问题的方法。

本书所有修订版本的主要目的是可读性。为了避免冗长的文字解释,书中每一章的建模方法都是用简单易懂的例子进行解释的。这些例子按照逻辑循序渐进地加以组织,学生随后可以将这些方法运用于每章末的习题。我已经尽可能地避免使用复杂的数学符号和公式,希望可以使内容更加有趣、减少学生畏惧的心理。

新版本更新

管理科学应用数学建模和计算机技术帮助决策者解决问题。因此,新的修订版把重点放在企业和组织的最新技术发展,以及有助于学生和教师学习管理科学的新功能上。以下是本书第 12 版进行的重大修订:

● 新版本包含最新版的 Excel® 2013,并包含超过 175 个新电子表格截图。

● 展示了超过 50 个最新版本的 Microsoft® Project 2010,QM for Windows,Excel QM,TreePlan 和 Crystal Ball 的界面截图。

● 每章末增加了 45 个新习题和 5 个新案例,本书现共有 840 多道课后习题和 69 个案例。*

● 教师网站上的 800 多个 Excel 作业文件都替换成新版本的 Excel 2013 文件。

● 新版本更新了 35%的"管理科学应用"实例。所有这些实例都是公司和组织最新的管理科学技术应用。

● 新版本新增内容包括:商业分析(第 1 章)、项目风险(第 8 章)以及数据挖掘(第 14 章)。

学习特色

本书有许多帮助学生提高学习效果的特色。第 12 版压缩了一些严谨的数学问题——单纯形法和运输问题,这些问题可以在本书相关网站 http://www.pearsonhighered.com/taylor 找到。这样就能腾出更多的篇幅,使每一个章节可以额外增加建模案例和习题,同时更多地强调使用 Excel 电子表格进行计算机求解。接下来的部分,我们将总结本书的特色。

□ 内容组织

内容组织的一个重要目标是有条理地组织内容,使得行文流畅并且有逻辑地展开话题,从而以适当的视角阐述管理科学建模技术。本书的前十章介绍了与数学规划相关的内容,也就是使用 Excel 电子表格来解决问题,包括线性、整数、非线性、目标规划和网络图方法。

在有关数学规划的章节中,介绍了解决线性规划问题的传统的单纯形法,具体内容可以在相关网站 http://www.pearsonhighered.com/taylor 的模块 A 中找到。这部分内容,学生可以作为线性规划的一部分通过计算机学习,也可以不作为学习的重点。整数规划的数学分支和约束解方法(第 5 章)可以在网站的模块 C 中找到。第 6 章介绍了关于运输与指派问题的严格数学解法,可以在网站的模块 B 中找到。因为运输与指派问题是特殊的网络问题,随后的两章介绍了用线性规划以及传统的特定模型方法和软件求解的网络问题和项目网络。此外,第 10 章的非线性规划介绍了传统的数学求解方法,包括代换法和拉格朗日乘子法,可以在网站的模块 D 中找到。

第 11~13 章介绍了一些随机问题,包括决策分析、排队论和仿真。模块 F 中的马尔科夫分析法和模块 E 中的博弈论均可以在相关网站上获取。第 13 章的仿真和第 15 章的库存是有关运输管理的专门问题。

□ Excel 电子表格

新版本继续强调使用 Excel 电子表格解决问题的重要性。本书基本上所有章节对管理科学建模方法都介绍了电子表格求解(第 2 章线性规划建模和图解法求解除外)。这些电子表格求解内容都在书中的可选阅读部分,教师可以自己决定是否作为授课内容。本书中

---

* 翻译版进行了筛选和删减。——译者

有 140 多张 Excel 2013 的电子表格截图。这些截图大多包含参考标注框，用来描述电子图表的求解步骤。包含示例中 Excel 电子表格模型求解方法的文件（数据文件）都可以在相关网站获取，学生可以轻松下载以确定如何创建电子表格、如何寻出求解方案以及如何将这些电子表格作为模板解决习题中的问题。以下是一个相关网站上关于 Excel 电子表格求解方法文件（第 3 章）的一个示例。

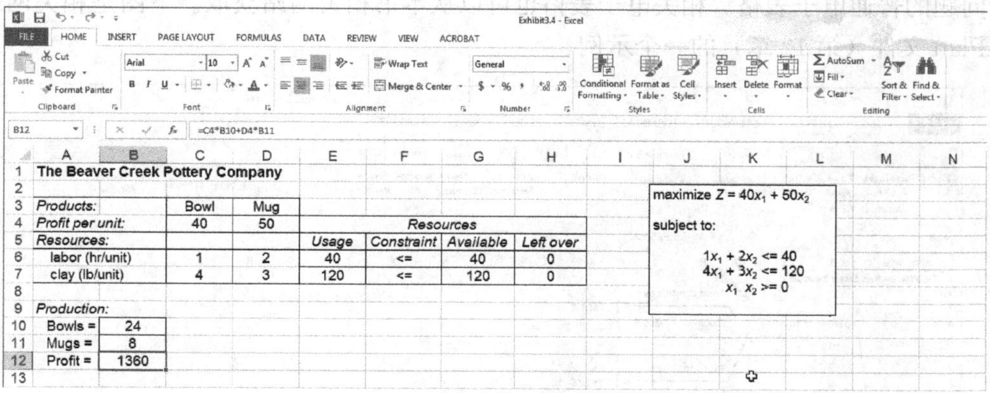

□ 电子表格插件

本书提供了几个通常适用于试用版和高级版的电子表格插件软件包。有关下载软件包的完整信息请访问 http://www.pearsonhighered.com/taylor。

Excel QM

对于一些管理科学专题，求解所需的 Excel 公式冗长且复杂，输入电子表格中非常乏味和耗时。在本书的一些例子中，包括第 6 章的运输和指派问题、第 11 章的决策分析、第 12 章的排队论、第 14 章的预测和第 15 章的库存管理，都演示了一个叫作 Excel QM 的电子表格的插件。这个插件为普通的电子表格设置提供了简便易用的对话框，并且已经输入了对应于具体的问题所需的所有公式。不同于其他“黑匣子”软件，这个插件可以让使用者看到电子表格的每个单元格中使用的公式。输入、结果和图表都很容易看到并且易于修改，从而使得这个插件可以完美地用于课堂演示和学生探究。下图是相关网站上 Excel QM 文件（第 13 章）的一个示例。

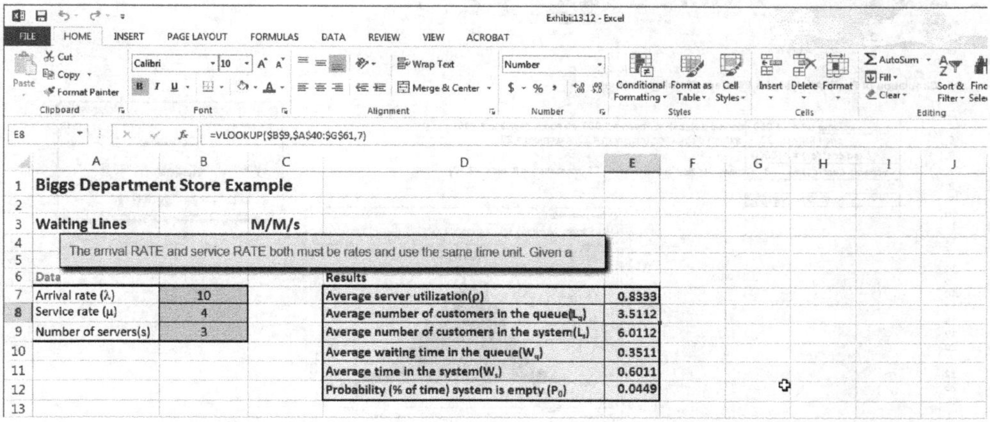

风险解决教育平台

这一程序是利用 Excel 进行风险分析、仿真和优化的一个工具。关于使用该软件试用版的指导可以从相关网站获取。

TreePlan 软件

本书中演示的另一个电子表格插件是决策树，该程序将创建一个用于求解第 11 章中决策问题的普通电子表格。相关电子表格也可以从本书相关网站获取。下图是相关网站上 TreePlan 文件（第 12 章）的一个示例。

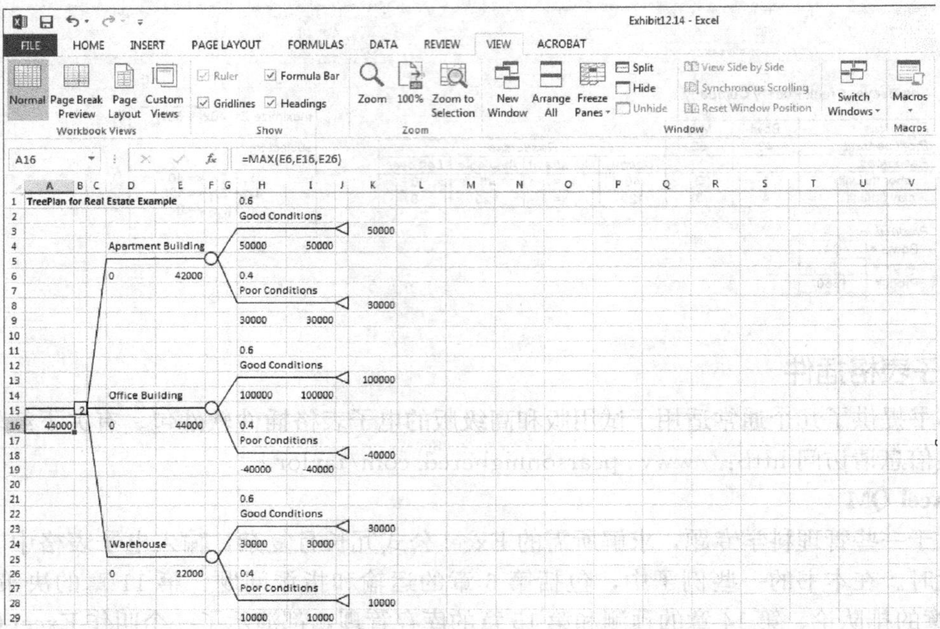

Crystal Ball 仿真软件

书中演示的另一个电子表格插件是甲骨文公司开发的 Crystal Ball 仿真软件。该软件在第 13 章中进行演示，展示了如何对特定类型的风险分析和预测问题进行仿真分析。以下是 Companion 网站上 Crystal Ball 文件（第 13 章）的示例。

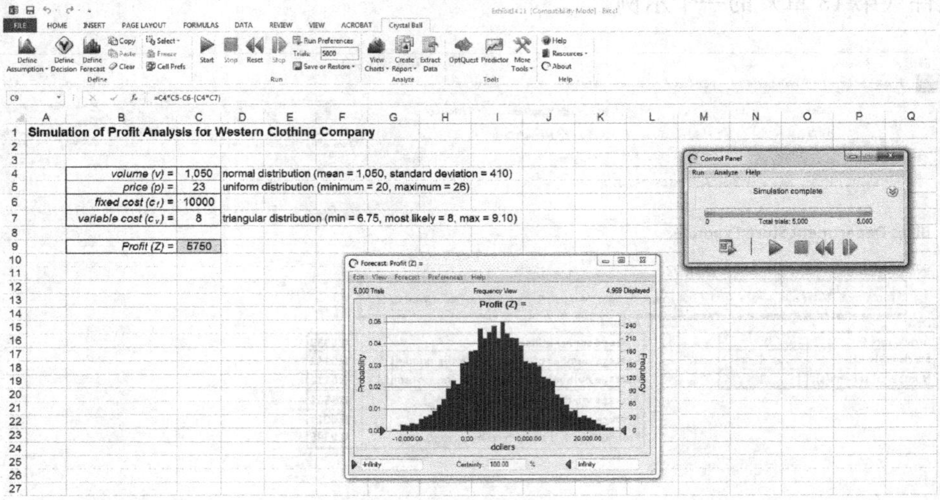

QM for Windows 软件包

很多学生和老师都很喜欢使用本书相关网站上的 QM for Windows 软件包。这个软件对用户非常友好，除了可以从程序直接访问的“帮助”屏幕外，几乎不需要任何预备指导说明。除了仿真以外，本书在介绍每一种管理科学建模方法的同时都结合了这个软件的演示使用。书中包含 50 张 QM for Windows 的截图用来演示示例问题。因此，大多数问题的求解都使用了 Excel 电子表格和 QM for Windows 两种方式进行演示。下图是相关网站上 QM for Windows 文件（第 4 章）的示例。

Product Mix Example Solution							
	X1	X2	X3	X4		RHS	Dual
Maximize	90	125	45	65			
Processing time (hrs)	.1	.25	.08	.21	<=	72	233.3333
Shipping capacity (boxes)	3	3	1	1	<=	1,200	22.2222
Budget ($)	36	48	25	35	<=	25,000	0
Blank sweats (dozens)	1	1	0	0	<=	500	0
Blank T's (dozens)	0	0	1	1	<=	500	4.1111
Solution->	175.5556	57.7778	500	0	Optimal Z->	45,522.22	

Microsoft Project

第 8 章中介绍了流行软件包 Microsoft Project。下图是相关网站上 Microsoft Project 文件（第 8 章）的一个示例。关于该软件试用版的指导可以从该网站获取。

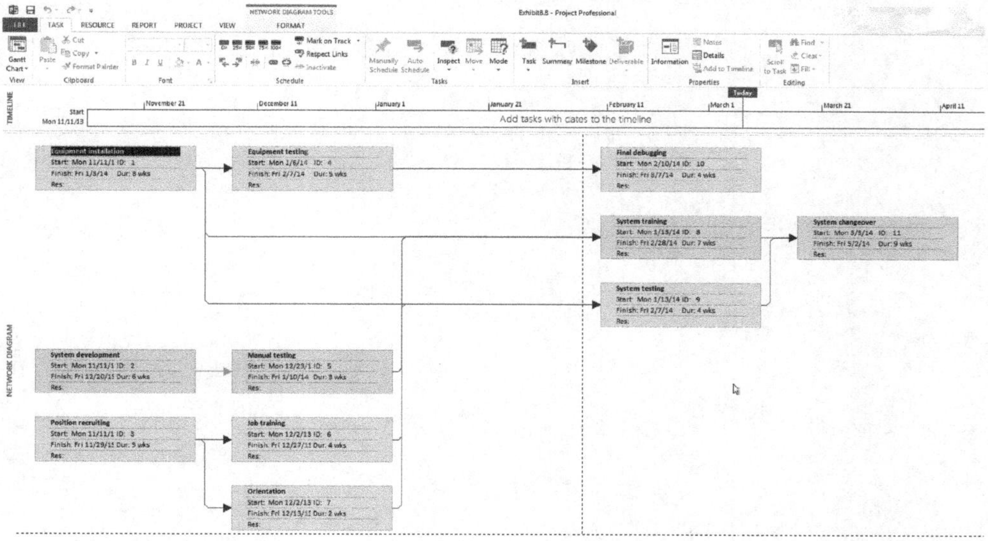

□ 新的问题和案例

本书之前的版本都提供了大量习题和案例供学生进行练习。本版包括 840 多道习题和各章末的 69 个案例，其中新增的有 45 道习题和 5 个案例。*

□ 管理科学应用

每一章节都包含“管理科学应用”实例。这些应用描述了一个公司、组织或者机构如

* 为减小篇幅，对习题进行了删减，序号不变。——译者

何使用该章节所介绍和演示的特定的管理科学方法在全球环境下进行竞争。本书一共有 52 个“管理科学应用”实例，涉及美国国内外商业的和公共的应用，实例贯穿全书，其中有 8 个是新增的。

□ 例子

本书主要是通过例子来介绍各种定量建模方法的。因此，例子贯穿了全书，主要是为了演示如何通过不同的定量方法解决问题，同时更容易理解。这些例子都是有逻辑性的循序渐进的组织的，学生可以应用到随后的习题中。

□ 解题实例

在每章末的习题之前，都有一部分内容介绍解决问题的实例，作为学生完成习题的指导。这些例子都有一步一步的详细解答。

目　录

第1章

管理科学

管理科学是应用科学方法来解决管理问题，以帮助管理者更好地进行决策。从这个定义来讲，管理科学包括很多基于数学的方法，这些方法有的来源于管理科学本身，有的来源于其他学科领域，如自然科学、数学、统计学、工程学等。本书主要介绍管理科学的方法及其在管理问题上的应用。

管理科学是一门在商务中认识和建立起来的学科。管理科学方法的应用非常广泛，很多公司效率和生产力的提高都归功于此。在各种各样的企业调查中，很多企业使用了管理科学的方法，使用后的结果很好。管理科学（也称为运筹学、定量方法、定量分析和决策科学）是商学领域中的一门基础课程。

在阅读和学习本书中的管理科学模型与方法的时候，应该记住以下几点。第一，由于企业是管理科学应用的主要范畴，所以本书介绍的大多数实例适用于企业组织。但是，管理科学的方法同样可以应用于解决其他不同类型组织的问题，包括服务、政府、军事、工商业和卫生保健等组织。

第二，本书介绍的建模技巧和求解方法都是基于数学的。为了更好地理解建模技巧在不同问题中的应用，部分实例采用的是人工求解方法。不过，书中所介绍的建模技巧都是可以通过计算机求解的，并且在很多情况下更强调使用计算机求解。另外，建模技巧的具体数学求解过程可见随书网站上的补充模块。

第三，虽然本书介绍了许多管理科学的方法与技巧，但管理科学并不仅仅是各种方法与技巧的集合，还包含要有逻辑性地解决问题的哲学观（即科学的方法论）。这种合乎逻辑地、一致地、系统地解决问题的思维和数学方法的机理一样有用且有价值。理解这一点非常重要，特别是对于那些不能常看到学习管理科学这种基于数学的方法的好处的读者来说。

■管理科学解决问题的步骤

正如前面指出的，管理科学是逻辑性地、系统性地解决问题的方法，换句话说，也就是运用科学的方法来解决问题。其顺序和步骤如图 1－1 所示：（1）观察问题；（2）定义问题；（3）建立模型；（4）模型求解；（5）实施方案。下面对各个步骤逐一进行分析。

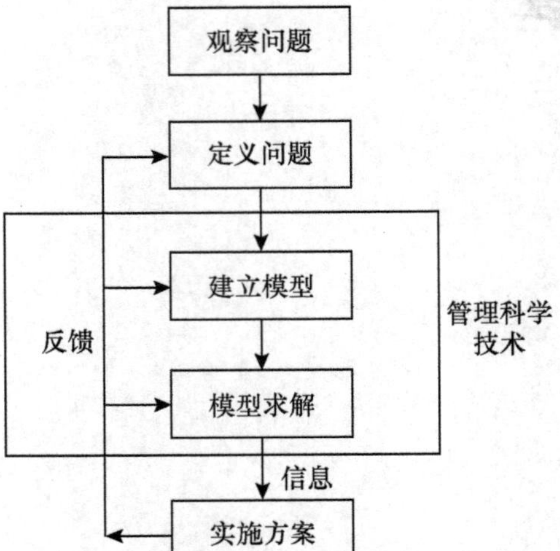

图 1－1　管理科学流程

□ 观察问题

应用管理科学方法解决问题的第一步是要找出系统或者组织中存在的问题。一定要不断对系统进行细致的观察，以便预见问题或尽早发现问题。问题并不是要去应对的危机的结果，而是经常包括可预见的各种情况。发现问题的人经常是在现场工作的管理者，然而问题也往往可以被具有管理科学技术和受过识别问题专业训练的管理科学家发现，他们经常被组织雇用来用管理科学方法解决问题。

□ 定义问题

一旦确定存在问题，就必须清楚、准确地对问题进行定义。定义问题不正确容易导致产生不合适的解决方案或者找不到解决方案。因此，在定义问题的时候要对问题进行限制，而且估计该问题在其他单元的扩散影响程度。因为存在问题就意味着公司的目标在某些方面没有达到，所以公司的目标也必须定义清楚。界定目标有助于将精力集中在实际的问题上。

□ 建立模型

管理科学模型是对问题的抽象表述。模型可以用图或者表的形式来表示，但更经常地是由一系列数学关系式来表示的。这些数学关系式由数字和字母组成。

例如，考虑一家厂商出售产品，每件产品的生产成本为 5 美元，销售价格为 20 美元，总利润随着出售产品数量的增加而增加，可以表示为：

$$Z=20x-5x$$

式中，x 为出售产品的数量；Z 为销售总利润。x 和 Z 称为变量。变量用来表示没有确定数值的量。在此问题中，销售数量 x 和销售总利润 Z 可以为任意数值（在一定范围内），它们可以变化。这两个变量还可以进一步区分。其中，Z 为因变量，因为它的值的大小取决于销售数量的多少；而 x 为自变量，因为它的值的大小不取决于其他值（在这个等式中）。

等式中的 20 和 5 称为参数。在等式中，参数都是常数，通常为变量（符号）的系数。在解决一个具体问题时，参数往往是一个常量。参数值是从问题所处环境中提取出来的数据（即信息的一个片段）。有的情况下，数据比较容易获得，而且所获得的数据非常准确。例如，假定产品的销售价格为 20 美元，产品的生产成本为 5 美元，这些数据可以从公司的财务部门获得，并且是准确的。然而，有时并不能从公司或者管理者中容易地获得数据，那么参数就只能通过直接估算或者根据可用的数据进一步估算出来。在这种情形下，只有当模型中使用的数据准确的时候，使用该模型才能得到准确的结果。

等式通常称为函数关系式（也称为函数与关系式）。这个术语可以用上例解释，即销售总利润 Z 是销售数量 x 的函数，并且等式表达了利润与销售数量之间的关系。

在这个例子中，只有一个函数关系式，它也是模型。这个关系式就是一个为公司确定利润的模型。然而，这个模型并没有真正表述一个问题。所以，我们将扩展这个例子来确定一个特定环境下的问题。

假定产品是用钢铁制造的，并且厂商的可用钢铁为 100 磅。如果每单位产品需要消耗钢铁 4 磅，可以另外建立一个数学关系式来表达钢铁的使用情况：

$$4x=100$$

这个等式表明，每生产一单位产品需要消耗 100 磅可用钢铁中的 4 磅。那么，现在模型由两个关系式组成：

$$Z=20x-5x$$
$$4x=100$$

我们称利润等式是新模型中的目标函数，并且资源等式是一个约束（s. t.）。换句话说，厂商的目标是尽可能获得最大的利润 Z，但是受到可用钢铁数量的限制，只能获得有限的利润。为了表示这两个关系式之间的区别，我们将在关系式中增加以下的符号：

$$\max Z=20x-5x$$
$$\text{s. t. } 4x=100$$

现在这个模型就可以表示管理者需要确定生产多少数量产品的问题了。回想一下，我们定义了生产产品的数量为 x。这样，我们确定 x 的数值，这个值就是给管理者的一个建议产量。因此，x 也称为决策变量。那么，接下来的步骤就是对模型求解，以确定决策变量的值。

延伸阅读　　管理科学的先行者

延伸阅读将贯穿本书，向你介绍各章节所描述的各种管理科学方法的发明者，从而提供了一个历史的视角来看管理科学这个学科领域的发展。首先我们将简单概述管理科学的发展。

尽管组成管理科学的各种数学方法可以追溯到 20 世纪的转折时期或者更早，但是管理科学的形成与开始可以追溯到第二次世界大战期间——1939 年在英国成立的军事运筹学小组。这些运筹学小组的典型是一个由十几个来自数学、军事等不同科学领域的专家组成的团队，他们一起解决与军事相关的问题。最著名的运筹学组织之一——布莱克特团队（Blackett's circus）以其领导者命名，来自曼彻斯特的诺贝尔奖获得者 P. M. S. 布莱克特，一位普通的海军军官。该团队由三位心理学家、两位数学物理学家、一位天体学家、一位物理学家、两位数学家、一位军官和一位调查员组成。布莱克特团队和其他运筹学团队在改进英国的早期预警雷达系统（获得胜利的不列颠战役中使用的作战仪器）、射击飞行器、反潜武器、民防系统、护航大小决定系统和对德国的轰炸突袭上做出了重要的贡献。

两位为美国军队效力的美国人詹姆士·科南特（James Conant）博士和范内瓦·布什（Vannevar Bush）博士在看到英国运筹学小组获得的成功之后，建议在美国的军事机构也建立运筹学团队。随后，美国空军和海军都建立了运筹学小组。

在第二次世界大战之后，运筹学小组的贡献被认为非常有价值，因此，海、陆、空三军都建立了不同的机构继续研究军事问题。其中两个比较著名的机构是麻省理工学院的海军运营评估小组（Navy's Operations Evaluation Group）和研究空军作战问题、由空军建立的兰德计划（Project RAND）。许多发展了运筹学和管理科学方法的人在第二次世界大战之后，仍然在这些机构当中从事研究工作。

第二次世界大战结束后，原来在战争期间一直保密的数学模型和方法开始解禁，人们自然地尝试应用这些方法来解决商业问题。与此同时，各种各样的咨询公司也开始建立，将这些方法应用于解决工业和商业问题，并且在美国的大学出现了使用定量方法进行商业管理的课程。20 世纪 50 年代早期，使用定量方法解决管理问题被称为管理科学，并且通过一本以不列颠的斯塔福德啤酒命名的书（Stafford Beer of Great Britain）普及开来。

□ 模型求解

一旦建立了管理科学的模型，就可以用本书介绍的管理科学的方法来求解。一种管理科学的求解方法通常应用于一类特定的模型。因此，模型类型和求解方式都是管理科学方法的组成部分。我们能够说一个模型能被求解，是因为这个模型描述了一个问题。当我们提到模型的解时，也就是指问题的解。

对于前面建立的模型

$$\max Z = 20x - 5x$$
$$\text{s. t. } 4x = 100$$

求解方法是简单的代数方法。通过对约束等式求解得到 x 的值，即

$$4x=100$$

$$x=25\text{(单位)}$$

将 x 的值 25 代入利润函数式，计算得到总利润。

$$\begin{aligned} Z &= 20x-5x \\ &= 20(25)-5(25) \\ &= 375\text{(美元)} \end{aligned}$$

这样，如果管理者决定生产 25 单位的产品，并且 25 单位的产品全部售出，厂商将获得总利润 375 美元。值得注意的是，决策变量的值并不是一个实际的决策，而是提供决策建议和指导的信息，以帮助管理者制定决策。

有的管理科学方法不能产生答案或者决策建议，不过可以提供描述性的结果，并且这个结果描述了将要刻画的系统。例如，假定上述例子中的厂商想要知道一年中每个月的平均销售数量。上年每月的销售数据如下：

月份	销售量	月份	销售量
1	30	7	35
2	40	8	50
3	25	9	60
4	60	10	40
5	30	11	35
6	25	12	50
		总计	480 单位

每月平均销售量为 40 单位（480÷12）。这个结果就不是一个决策，而是描述系统中发生情况的信息。这两个应用管理科学方法的例子列举了本书将要介绍的管理科学结论的两种类型：（1）决策方案；（2）描述性结果。

管理科学应用

万豪酒店房间定价

万豪国际集团位于马里兰州的贝塞斯达，有 14 万名员工在超过 70 个国家的 3 300 多家酒店工作。其酒店特许经营权包括万豪酒店、JW 万豪酒店、丽思-卡尔顿、Renaissance，Residence Inn，Courtyard，TownePlace Suites，Fairfield Inn 以及 Springhill Suites 酒店。《财富》杂志将万豪评为住宿行业最受尊敬的公司之一以及员工为之工作的最好公司之一。

万豪使用收益管理系统实现顾客的酒店预订，该系统提供需求预测和定价控制，实现最佳库存分配以及拥有一个与一个每年超过 7 500 万笔交易的预订系统的接口。系统可以为每个费率类别和每个顾客提前 90 天的预订提供需求预测，并为预订系统提供库存分配。酒店客房的库存然后通过 Marriott. com、公司的免费预订电话号码、直接入住以及全球分销系统等渠道出售给个人客户。

团体销售是万豪最重要的收入来源之一，占该酒店收入的一半以上。然而，集团业务具有挑战性，其具有的不确定性也使得构建管理科学模型比较困难，其挑战性包括预订窗口更长（与个人业务相比）、预订过程中的价格谈判、客房的需求、需求数据的缺乏。对于团体申请，酒店必须确定是否有足够的客房，并决定推荐率。一个关键的挑战是酒店将房间出售给团体客户而不是个人客户时要估计该业务的价值。

为了解决团体预订流程，万豪开发了决策支持系统，以及可为万豪人力资源管理部门针对团体客户的定价提供指导的团体定价优化器。优化器使用多种管理科学建模技巧和工具，推荐最佳性价比。万豪估计，团体业务的利润为 13 亿美元，在使用优化器的头两年，又使得利润增长超过 1.2 亿美元。

资料来源：S. Hormby，J. Morrison，P. Dave，M. Myers，and T. Tenca，"Marriott International Increases Revenue by Implementing a Group Pricing Optimizer，" *Interfaces* 40，no. 1（January-February 2010）：47-57.

□ 实施方案

如图 1－1 所示，应用管理科学的方法解决问题的最后一步就是实施方案。一旦模型得以建立或者通过对模型求解得到问题的解决方案，实施就是对模型的实际使用。在应用管理科学的方法解决问题的过程中，这一步非常关键，但是常常被忽视。一旦模型建立或找到了解决方案，不能假定就会自动使用和执行。通常，负责将模型或解决方案投入应用和开发建立模型的不是同一个人。使用者可能并不完全理解模型是如何起作用的，或者不知道如何正确地应用模型或解决方案。人们有时会对改变常规的做事方式或是尝试新的事物犹豫不决。如果不能清楚地解释模型，充分地阐明使用模型的好处，模型和解决方案可能会被使用者忽略或抛在一边。如果管理科学模型和解决方案不能被实施，那么开发模型的精力和资源都会浪费。

管理科学和商业分析

分析是企业最新的热门话题和新的流行语，公司正在建立分析部门，对具有分析技能和专业知识的员工的需求比对任何其他商业技能的需求增长都快。大学和商学院正在发展新的学位课程和分析课程，那么，这个被称为商业分析的新的非常受欢迎的领域究竟是什么呢？它与管理科学有什么联系？

商业分析是一个有点通用的术语，似乎有许多不同的定义，但是从广义上讲，人们认为商业分析是一个使用大量数据，结合信息技术、统计学、管理科学技术和数学建模，帮助管理者解决问题、做出改善经营业绩的决策的过程。商业分析利用这些工具帮助企业理解其过去的绩效并帮助企业对未来进行计划和决策，因此可以说，商业分析具有描述性、预测性和规定性。

商业分析的一个关键部分是最近可用的大量数据，即所谓的"大数据"——现在是企业可以访问的，并且被认为是分析过程的出发点和不可或缺的一部分。数据被认为是驱动商业分析中分析和决策过程的引擎。例如，银行可能会通过使用数据来应用分析确定不同的客户特征以便匹配其需求与银行服务；或者零售店可能会使用数据来应用分析确定哪种款式的牛仔裤可匹配顾客的喜好，决定从其国外供应商的订货量、库存量以及销售牛仔裤的最佳时间以及最佳价格。

如果你还没有注意到，分析非常类似于我们已经在前面描述过的“解决问题中的管理科学”。事实上，许多企业认为商业分析只是重新包装的另一版本的管理科学。在一些商学院，管理科学课程被简单命名为“分析”。商科学生被告知，将来企业期望他们具备分析技能集合，包括统计学、数学建模和量化工具，这些技能传统上被认为是管理科学的主题，并在本书中有所涉及。

对于我们研究管理科学的目的来说，显而易见，不管如何定义商业分析过程，本书中所包含的定量工具和手段是商业分析的重要组成部分。因此，熟练使用这些管理科学技术是一个人想成为商业分析专家必要和重要的一步。

建立模型：盈亏平衡分析

前面通过一个简单的代数例子大致介绍了管理科学模型的建立和求解。接下来将采用盈亏平衡分析（也称为利润分析）来继续探究建模和求解过程。盈亏平衡分析简单易懂、不太复杂，大多数人都比较熟悉，所以通过介绍盈亏平衡分析来扩展对建模和求解的讨论是一个很好的主题。另外，盈亏平衡分析是一种很方便的工具，可以用来阐述求解管理科学模型的不同方法，例如数学方法（人工求解）、图解法和计算机求解。

盈亏平衡分析的目的是在总收入等于总成本的条件下确定生产或出售产品的单位数(或者说数量)。总收入等于总成本的点称为盈亏平衡点，并且在该点上利润为零。盈亏平衡点是管理者为了确保利润所需的单位数量的一个参考。

□ 盈亏平衡分析的组成

盈亏平衡分析由量、本、利三部分组成。量是指一个公司的生产或销售水平。量可以表示为生产或销售的单位数（例如，批量）、销售的价量或者可用总量的百分比。

在产品的生产中会产生两类典型的成本：固定成本和可变成本。通常，固定成本不受生产量和销售量的影响。也就是说，在一定范围内，不论生产或销售多少单位的产品，固定成本保持为一个常数。固定成本包括：车间和设备的租金、税款、员工和管理层的工资、保险、广告费用、折旧、取暖和照明、车间维护等。把这些固定成本项加总起来就是总的固定成本。

可变成本是基于单位数来确定的。这样，总的可变成本取决于生产的单位数。可变成本包括：资源和原材料、直接劳动力、包装、原料处理和运送。

总的可变成本是数量和单位可变成本的函数。这个关系的数学式为：

$$\text{总的可变成本}=vc_v$$

式中，c_v 为单位可变成本；v 为销售数量。

总成本等于总的固定成本和总的可变成本的和，表示如下：

$$\text{总成本}=\text{总的固定成本}+\text{总的可变成本}$$

或

$$TC=c_f+vc_v$$

式中，c_f 为固定成本。

举个例子，西部制衣公司生产粗棉布牛仔服。公司生产粗棉布牛仔服的月成本如下：

固定成本 $=c_f=10\,000$(美元)

可变成本 $=c_v=8$(美元/套)

令月销售量 $v=400$ 套粗棉布牛仔服，那么总成本为：

$$TC=c_f+vc_v=10\,000+(400)(8)=13\,200(\text{美元})$$

盈亏平衡模型的第三个组成部分就是利润。利润是总收入与总成本的差额。总收入等于单位价格乘以数量，即

$$总收入=vp$$

式中，p 为单位价格。

对于制衣公司这个例子，如果粗棉布牛仔服每套售价 23 美元，每月销售 400 套，那么总的月收入为：

$$总收入=vp=(400)(23)=9\,200(\text{美元})$$

既然已经给出了总收入与总成本的关系式，利润（Z）可以计算如下：

$$总利润=总收入-总成本$$
$$Z=vp-(c_f+vc_v)$$
$$=vp-c_f-vc_v$$

□ 计算盈亏平衡点

在制衣公司的例子中，我们确定了总收入和总成本分别是 9 200 美元和 13 200 美元。根据这些数据，我们可以发现并没有利润，相反，有 4 000 美元的损失：

$$总利润=总收入-总成本=9\,200-13\,200=-4\,000(\text{美元})$$

我们可以通过总利润公式来检验这一结果：

$$Z=vp-c_f-vc_v$$

并且 $v=400$，$p=23$，$c_f=10\,000$，$c_v=8$：

$$Z=vp-c_f-vc_v$$
$$=(400)(23)-10\,000-(400)(8)$$
$$=-4\,000(\text{美元})$$

显然，制衣公司并不希望每个月都亏损地运营，否则会破产。如果假设固定成本和可变成本不受市场条件的影响，从而价格保持不变，模型中唯一改变的部分是数量。用前面介绍的建模术语来说，价格、固定成本、可变成本是参数，而数量 v 就是决策变量。在盈亏平衡分析中，就是要计算使利润为零的数量 v 的值。

在盈亏平衡点，当总收入等于总成本时，利润 Z 等于零。这样，如果在总利润等式中

令利润 Z 等于零，再对 v 进行求解，就可以确定盈亏平衡点上的数量。

$$Z=vp-c_f-vc_v$$
$$0=v(23)-10\,000-v(8)$$
$$15v=10\,000$$
$$v=666.7(\text{套})$$

换句话说，如果公司生产并销售 666.7 套牛仔服，此时利润为零，公司就会不亏不赚。这样就给公司一个参考，要决定生产和销售多少套牛仔服才能保证盈利（无生产能力限制）。例如，每月销售 800 套牛仔服可以获利如下：

$$Z=vp-c_f-vc_v=(800)(23)-10\,000-(800)(8)=2\,000(\text{美元})$$

一般而言，盈亏平衡点上的数量可以通过如下公式确定：

$$Z=vp-c_f-vc_v$$
$$0=v(p-c_v)-c_f$$
$$v=\frac{c_f}{p-c_v}$$

对于上述例子来说：

$$v=\frac{c_f}{p-c_v}=\frac{10\,000}{23-8}=666.7(\text{套})$$

□ 图解法

很多管理科学模型都可以用图形表示，通过这些图形对模型进行求解。图解模型的优势就在于通过图形来表示模型，更易于人们理解建模的过程，而不像数学方法那样抽象。我们很容易画出上述西部制衣公司例子中的盈亏平衡模型，因为例子中的总成本和总收入函数都是线性的。这就意味着可以在一个坐标系中用直线来表示每一个函数关系，如图 1-2 所示。

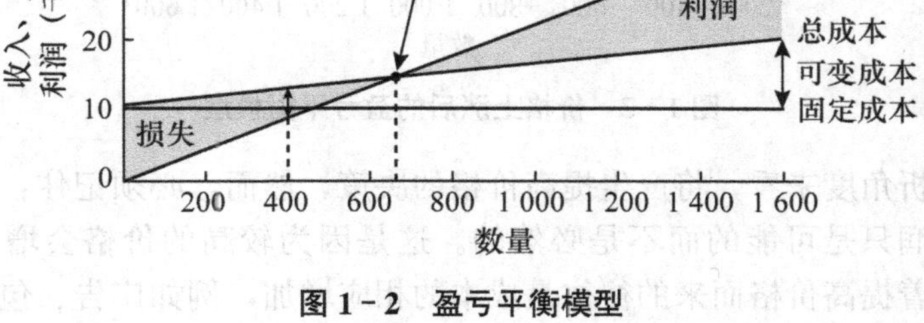

图 1-2　盈亏平衡模型

在图 1－2 中，不论数量为多少，固定成本 c_f 是一个常量，等于 10 000 美元。总成本线表示可变成本和固定成本的总和。可变成本随着数量的增加而增加，因而总成本也随着数量的增加而增加。总收入同样也随着数量的增加而增加，但是增加得比总成本快。总成本和总收入这两条线相交的点就是总成本等于总收入的点。此点所对应的数量 v 就是盈亏平衡点上的数量。图 1－2 所示的盈亏平衡数量为 666.7 套牛仔服。

□ 灵敏度分析

现在我们已经得到了确定盈亏平衡数量的一般关系式，也就是建模过程的目标。这个关系式能够让我们看到利润（和损失）水平直接受数量变化的影响。然而，当我们得到这个模型时，假定参数固定成本、可变成本和价格都是常量。在现实中，这些参数经常是不确定的，假定为常量的情况很少，而任何参数的改变都会影响到模型的解。管理科学模型中对这种变化的研究叫作灵敏度分析，也就是说，模型对参数变化的敏感程度。

所有管理科学模型都可以以一种或多种形式来进行灵敏度分析。实际上，有时公司开发这些模型的主要实验目的是要观察公司在不同的预期下，模型将如何随着变量的变化而变化。作为对灵敏度分析起作用的一个论证，接下来看看某些变化对盈亏平衡模型的影响。

首先要分析的是价格。举个例子，我们将粗棉布牛仔服的价格从 23 美元上涨到 30 美元。正如预期的那样，价格提高使得总收入增加，从而将盈亏平衡点从 666.7 套牛仔服降到 454.5 套牛仔服。

$$v=\frac{c_f}{p-c_v}$$

$$=\frac{10\,000}{30-8}=454.5(\text{套})$$

价格的变化对盈亏平衡数量的影响如图 1－3 所示。

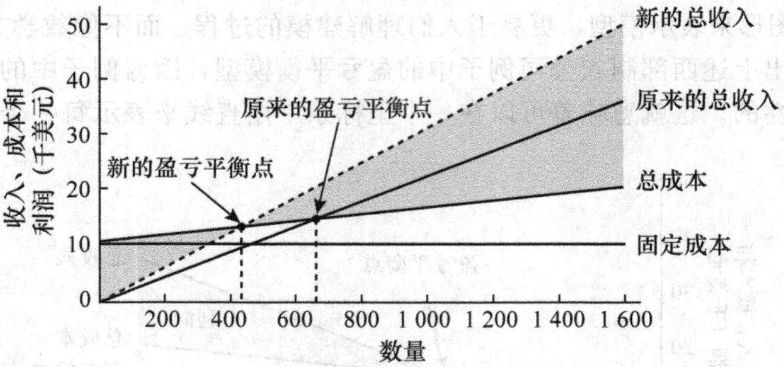

图 1－3　价格上涨后的盈亏平衡模型

从严格的分析角度来看，将产生提高价格的决策，然而，必须记住：较低的盈亏平衡数量和较高的利润只是可能的而不是必然的。这是因为较高的价格会增大销售产品的难度。这样，伴随着提高价格而来的往往是成本的相应增加，例如广告、包装和可能的产量

（为了提高质量）等方面的支出。不过，这些成本的直接变化对产品需求的影响还只是很小的一个方面，因为很多因素通常都对价格非常敏感，如市场类型、垄断因素和产品差异等。

当提高价格时，我们提到了加强产品质量的可能性，以弥补由于价格提高而产生的潜在销售损失。例如，假设改变粗棉布牛仔服的缝制可以使得牛仔服更具吸引力和耐磨性。这一变化的结果是每套牛仔服的可变成本增加 4 美元，这样，可变成本 c_v 增加到 12 美元/套。改变后（在之前模型中价格提高到 30 美元的基础上）新的盈亏平衡数量为：

$$v=\frac{c_f}{p-c_v}$$
$$=\frac{10\,000}{30-12}=555.5(\text{套})$$

这个新的盈亏平衡数量和随着可变成本的改变而改变的总成本线如图 1－4 所示。

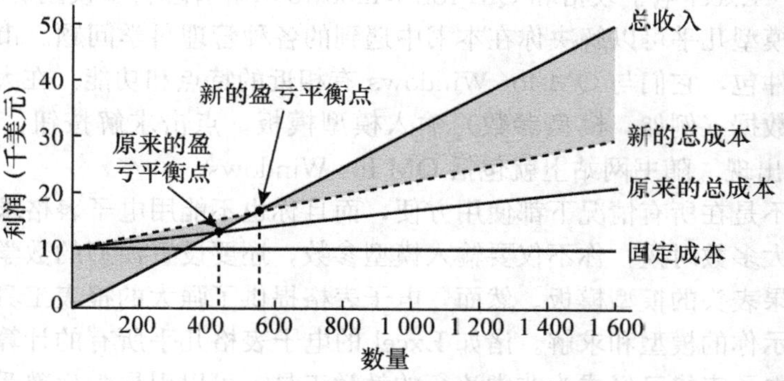

图 1－4　可变成本增加后的盈亏平衡模型

接下来考虑增加广告支出以弥补由于价格提高而产生的潜在销售损失。广告支出的增加将导致固定成本的增加。例如，如果制衣公司将每月的广告预算增加 3 000 美元，这时，总的固定成本 c_f 变成了 13 000 美元。按照这个固定成本和增加后的可变成本 12 美元/套以及提高后的价格 30 美元，计算出盈亏平衡数量为：

$$v=\frac{c_f}{p-c_v}$$
$$=\frac{13\,000}{30-12}$$
$$=722.2(\text{套})$$

这个改变价格、固定成本和可变成本后的新的盈亏平衡数量如图 1－5 所示。注意，现在这个盈亏平衡数量比原来的盈亏平衡数量 666.7 套要高，这就是为了弥补潜在的销售损失而必须增加成本的结果。这表明了分析一个盈亏平衡组成因素变化对整个盈亏平衡模型影响的必要性。换句话说，只考虑一个变化因素对模型的影响而不考虑所有因素对模型的影响是不够的。

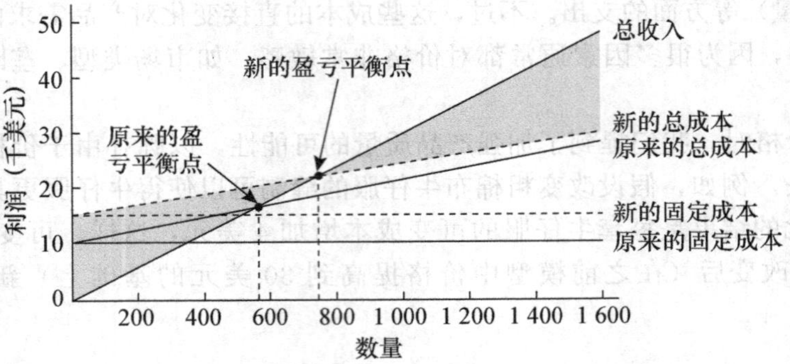

图 1-5　固定成本改变后的盈亏平衡模型

计算机求解

接下来示范如何通过在计算机上使用由霍华德·韦斯（Howard Weiss）开发的定量分析软件包——Excel 电子表格和 QM for Windows 求解管理科学模型。QM for Windows 所具有的程序模型几乎可以解决你在本书中遇到的各种管理科学问题。市场上有很多类似的定量方法软件包，它们与 QM for Windows 有相近的特点和功能。在大多数情况下，你只需把问题的数据（例如，模型参数）输入模型模板，点击求解按钮，最后的解就会以 Windows 格式出现。随书网站上就包括 QM for Windows。

电子表格不是在所有情况下都使用方便，而且你也不能用电子表格求解所有种类的管理科学模型。大多数时候，你不仅要输入模型参数，还要设置模型的数学运算，包括公式和显示求解结果表头的模型模板。然而，电子表格提供了强大的报表工具，可以以任何你选择的格式显示你的模型和求解。诸如 Excel 的电子表格几乎所有的计算机拥有者都可以使用。另外，电子表格已经成为非常流行的教学工具，可以引导学生熟悉模型程序，而且使用比较容易。但是，电子表格比 QM for Windows 更难设置和使用，所以本书将把篇幅用在讲解如何使用它们求解不同类型的问题上。

使用电子表格求解管理科学问题的一个不便之处就是在电子表格里设置复杂的模型和公式。对于本书中非常复杂的模型，我们将演示如何使用 Excel QM，它是一个包含在随书网站上补充的电子表格中的宏。宏就是一个已经具有模型格式的模板，在电子表格中已经设置了必要的公式，用户使用时只需输入模型参数。我们将在 6 个章节中演示 Excel QM。这 6 个章节包括：本章、第 6 章（运输、转运与指派问题）、第 11 章（决策分析）、第 12 章（排队论）、第 14 章（预测）和第 15 章（库存管理）。

本书的后面部分还将演示两个电子表格的插件，“决策树”（TreePlan）和“水晶球”（Crystal Ball），它们都包含在随书网站上。“决策树”这一程序用于在第 11 章（决策分析）设置和求解决策树，而“水晶球”是在第 13 章（仿真）使用的一个模拟软件包。在第 8 章（项目管理），我们将演示微软的项目软件。

本节将以西部制衣公司的盈亏平衡模型为例，演示如何使用 Excel，Excel QM 和 QM for Windows。

□ Excel 电子表格

使用 Excel 求解盈亏平衡模型，必须设置一个带表头的电子表格，指明模型的参数和变量，然后在要显示求解结果的单元格输入合适的数学方程式。界面 1－1 显示的就是以西部制衣公司为例的电子表格。设置不同的表头描述参数和解不太困难，但是要求对 Excel 有一定的了解。

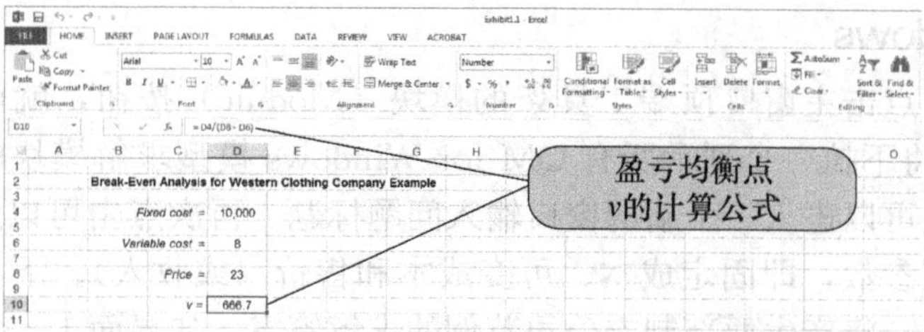

界面 1－1

注意单元格 D10 中的盈亏平衡方程式，它显示在接近屏幕顶端的工具条上。10 000 美元的固定成本显示在单元格 D4，8 美元的可变成本显示在单元格 D6，售价 23 美元显示在单元格 D8。

随着我们在以后的章节中演示更为复杂的模型和问题，用来求解问题的电子表格将变得越来越复杂，这可使我们熟悉 Excel 和电子表格模型的不同特点。

□ 电子表格的 Excel QM 宏

Excel QM 包含在随书网站中。你可以按照程序第一次启动时显示的一系列简单步骤把 Excel QM 安装到计算机上。

Excel 启动后，可以从程序文件（"program files"）启动 Excel QM，这通常是 Excel QM 在计算机中的所在位置。当 Excel QM 被激活时，"加载项"将出现在电子表格的顶端，如界面 1－2 所示。点击"Excel QM"或"Taylor"将展开 Excel QM 的下拉菜单，其中一个就是盈亏平衡分析。点击"盈亏平衡分析"将显示如界面 1－2 所示的电子表格初始化窗口。菜单中列示的所有 Excel QM 宏都会以与此窗口相似的电子表格初始化窗口出现。

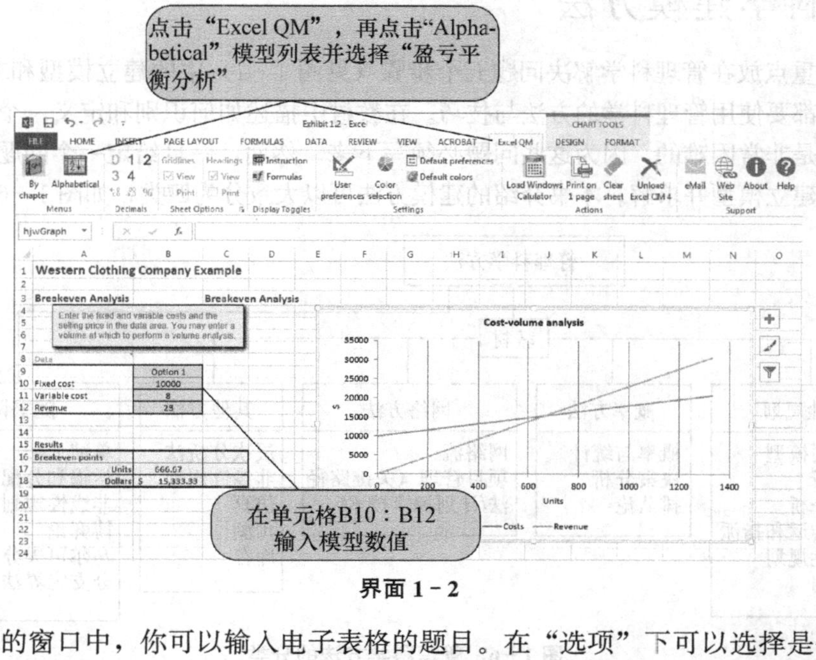

界面 1－2

在界面的窗口中，你可以输入电子表格的题目。在"选项"下可以选择是否需要数量分析和图形。点击"确定"，将产生如界面 1－2 所示的电子表格。第一步是在单元格 B10

到 B12 中输入西部制衣公司范例的数值，如界面 1－2 所示。电子表格在单元格 B17 中显示盈亏平衡数量。

□ QM for Windows

启动程序后，点击主窗口顶端工具条的模块（Module）按钮，就可以开始使用 QM for Windows。这将下拉一个列示所有 QM for Windows 模型求解模块的窗口。点击“盈亏平衡分析”模块可以进入一个新的窗口输入问题标题。再次点击可以进入另一窗口，在单元格中输入模型参数，即固定成本、可变成本和售价（或收入）。下一步，点击窗口顶部的“求解”按钮，将产生西部制衣公司范例的求解答案，如界面 1－3 所示。

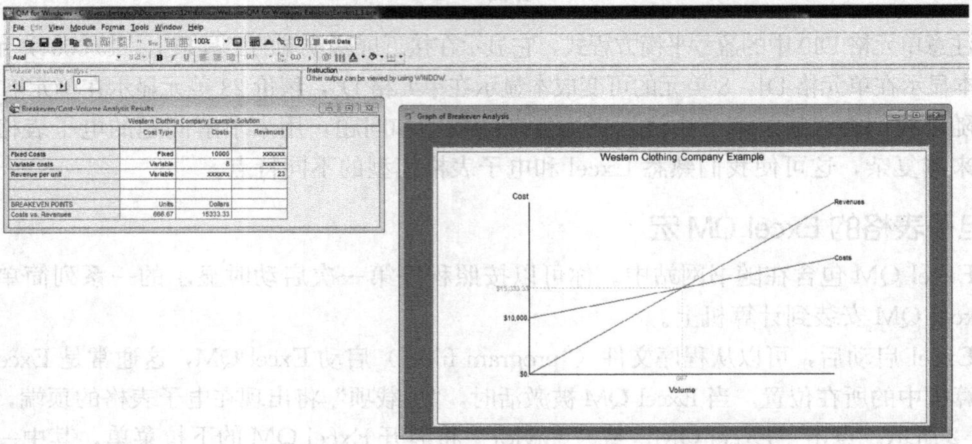

界面 1－3

管理科学建模方法

下面将重点放在管理科学解决问题五个步骤（见图 1－1）中的建立模型和求解模型上。这两个步骤都要使用管理科学的方法与技巧。在教材中描述如何识别和定义一个现实中的非结构化问题是非常困难的，因为这些问题必须写下来。然而，一旦给定一个问题，我们就可以介绍如何建立模型并求解。本书介绍的建模方法可以大致分为四类，如图 1－6 所示。

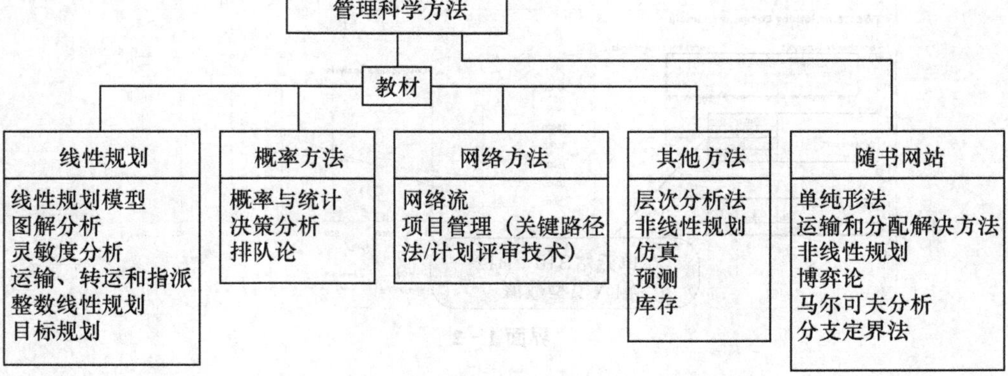

图 1－6　管理科学方法的分类

管理科学应用

基于电子表格的管理科学应用

Excel 电子表格已经变成日益重要的管理科学工具，这是由于其支持多种管理科学技术中的软件插件，能够有效表达复杂模型，并且几乎在每台电脑上都可用，具有明显的灵活性和易用性，成本低廉。因此，在不同组织的多种问题中，管理科学的运用都使用了电子表格工具，以下是这些应用的几个例子。

- 惠普在大量管理科学应用中使用了电子表格工具，这些应用包括供应链网络的建模、预测、计划、采购、库存控制和产品管理。
- 宝洁公司在供应链管理特别是库存控制方面使用电子表格，在库存上减少了 3.5 亿美元的费用。
- 洛克希德马丁太空系统在运用数学规划技术选择项目时也使用了电子表格。
- 疾病控制和预防中心（CDC）利用 Excel 电子表格，为美国地方卫生部门人员（拥有最少的管理科学技能）提供了应用排队技术的工具，用以在流行病或恐怖袭击等突发事件中分配药物和疫苗。
- 加拿大军队应用电子表格减少了培训项目中的弹药的年度预算外支出，在 2 年内从超过 2 400 万美元降低到 130 万美元。
- 位于德国斯图加特的 Hypo 国际不动产银行使用基于 Excel 的仿真模型，评估经济事件对超过 400 亿欧元的全球房地产贷款的投资组合的潜在影响。
- 多伦多大学商科专业的学生创建了一个 Excel 电子表格模型，利用该模型将放射科的住院医师分配到佛蒙特州大学的医学院的各个急救中心。
- 美国红十字会运用数据包络分析（DEA）和线性规划技术分配资源，在评估 1 000 个分会的表现的过程中也使用了 Excel 电子表格。

这些例子仅仅是全球利用 Excel 电子表格运用管理科学技术的案例的一小部分。

资料来源：L. LeBlanc and T. Grossman, "Introduction: The Use of Spreadsheet Software in the Application of Management Science and Operations Research," *Interfaces* 38, no. 4 (July-August 2008): 225-27.

□ 线性规划

本书第 2～6 章以及第 9 章阐述了构成线性规划的技巧。（本章前面介绍的如何建立模型的例子就是一个非常基础的线性规划模型。）"规划"一词在这里被定义为用来解决问题的一组预先规定好的数学步骤，而不是指计算机编程。线性规划的方法在本书中占据着很重要的位置，因为在管理科学中经常使用这类方法。

一般而言，线性规划模型可以帮助管理者确定问题的解决方案（例如，制定决策），这些问题是要在一定的限制条件下，如有限的资源、配给方案，或者也有可能是生产方针等的约束，来达到某些目标。例如，为了满足自己设定的饮食方针，既有卡路里数量、脂肪含量、维生素水平的要求，又要使早餐的成本最低，你可以建立一个线性规划模型来帮助你制定早餐菜单。制造企业通过建立线性规划模型，帮助其确定在给定的有限资源（如资金、劳动力和设备）的情况下，利润最大化（或者成本最小化）时不同产品的生产数量。

本书一共用了 6 个章节来介绍线性规划，是因为线性规划模型还可以通过一些变形应用于具体的不同类型的问题。第 4 章是一些线性规划模型的例子，用来描述和介绍几种不同类型的问题。第 6 章重点介绍的是一类特殊的线性规划应用——运输、转运与指派问题。举个运输问题的例子：管理者要确定成本最低的运输路线，在给定的条件下，将货物从几个货源地（工厂或者仓库）运输到几个目的地（如零售商店）。这个给定的条件就是每个货源地可能有可运输货物的限制，每个目的地可能有货物需求的限制。同样，第 9 章介绍的是另外一种形式的线性规划——目标规划。目标规划解决的就是多于一个目标的问题。

正如本章前面提到的，书中的一些数学专题作为补充模块包含在随书网站中。与线性规划一起包含在随书网站中的部分包括：单纯形法，运输、转运和指派解决方案方法，整数规划模型的分支定界法，还包括非线性规划、博弈论和马尔可夫分析。

□ 概率方法

本书第 11 章和第 12 章介绍了概率方法。它与数学建模方法的区别在于，这种方法得到的结果是可能存在的结果。数学规划方法假定模型中所有参数都是确定的。这样，解得的结果也假定为确定的，没有考虑其他结果存在的可能性。确定性就是说一种方法中假定得到的结果是确定的。相反，使用概率方法得到的结果肯定包含可能存在其他解的不确定性。在本章前面介绍的模型的解决方案中，第一个例子的结果（生产 $x=25$ 套）是确定的，而第二个例子的结果（估计平均每个月可以销售 40 套）是有可能的。

概率方法的一个例子是决策分析，这也是第 11 章的主题。在决策分析中，演示了在未来具有不确定性（概率性）的条件下，如何在若干不同的决策方案中进行选择。例如，一个开发商要决定是建一个购物中心、综合办公楼、公寓还是什么都不建，考虑到未来的经济状况可能是好的、一般的或者是差的，每一种都有可能发生。在第 12 章的排队分析中，介绍了分析杂货店、银行、电影院中可能出现的排队的概率方法。等待队列的分析结果是统计平均值，显示了队列中等待被服务的客户的平均数或客户的平均等待时间。

□ 网络图方法

第 7 章和第 8 章介绍了网络图方法，它用图形的方法取代生硬的数学关系表示模型。同样，这些模型为进行分析的系统提供了图形化的表示方法。这些模型可以表示概率系统或者确定性系统。

例如在第 7 章（网络模型）有一个专题是关于最短路径问题的，可以画一张网络图，帮助管理者在从源头到目的地的多条路径中找到最短的一条。例如，你可以把这种技术应用于为春假外出找到一条从圣路易斯到德托纳的最短、最快的汽车路线。在第 8 章（项目管理）中，网络图用于表示项目中所有任务和活动之间的关系，例如建造一座房子或开发一套计算机系统。这种网络图可以帮助管理者制定最好的方法以完成项目中的所有任务，并且在尽可能最短的时间内完成。你可以用这种技术计划一场音乐会或者校内的排球锦标赛。

□ 其他方法

这部分章节的有些专题不太容易归类，它们有可能同时属于几个类别或者属于特定的一类。第9章提到的层次分析法就是一个不太容易归类的专题。它是一种帮助决策者在多种备选方案中决策的数学方法，而且多于一个目标，然而，它并不是一种线性规划，而像是一种目标规划，第9章将有部分章节阐述这种多准则决策。第10章的非线性规划的数学结果模型与第2～6章的线性规划问题相似，但非线性规划的方程式和函数可以是非线性的，因此需要用微积分来解决。第13章的主题“仿真”可能是本书中最为特殊的一个专题。它可以用来解决概率和确定性问题，而且往往是其他管理科学技术不能解决问题时的最后一个撒手锏。在仿真技术中，要建立一个数学模型（比较典型的是要依靠计算机的帮助）来代表被分析的真实世界的系统，然后用这个模拟的模型来解决真实系统中的问题。举例说明，利用仿真技术，你可以建立一个模型去模拟一个繁忙的十字路口的车辆通行情况，以决定如何设置交通信号灯。

第14章的主题“预测”和第15章的主题“库存管理”以前经常被认为是运营管理领域的内容。然而，因为它们都是依赖定量模型分析的重要业务功能，它们也被管理科学的研究列为重要的专题。两个专题都包括概率和确定性方面的问题。在第14章，我们将研究几个不同的定量模型，它们可以帮助管理者预测未来的产品需求和服务需求。总而言之，历史销售量和需求数据可以用来建立一个数学函数或公式，以估计未来的产品需求。在第15章，我们将研究几个不同的定量模型，用来帮助组织决定保持多少库存，以使库存成本最小化，这是极其重要的。

管理科学方法的商业应用

并不是所有的管理科学技术都具有相同的使用效果或被商业公司和其他组织使用。有些技术被商业从业者和经理人广泛使用，其他技术却少有问津。经常使用的技术有线性和整数规划、模拟、网络分析（包括关键路径法/项目评审技术）、库存控制、决策分析和排队论以及概率和统计。本书试图提供管理科学领域所有话题的全面的解释，不管它们使用的频率如何。虽然有些话题有非常有限的实用性，但是对它们的研究可以体现一种动手处理问题的独到的方法，从而可以加深人们对决策流程的理解。

管理科学的多样性和广泛性使其在商业、工业、政府、医疗和服务机构得以应用的可能性是非常大的。应用领域包括项目计划、资本预算、生产计划、库存分析、进度安排、市场计划、质量控制、厂址选择、维修策略、人员管理与产品需求预测及其他。本书通过单个章节的案例演示和问题描述来说明管理科学在不同问题领域的应用。

每年成千上万个管理科学的应用实例只有一小部分被记录在不同的学术和专业杂志中。通常这些文章和应用实例本身一样晦涩难懂。好在有一本特别的杂志《界面》（*Interfaces*）——它是管理科学应用的专刊，读者群定位于大学教授、商业人士、从业者和学生。《界面》杂志由运筹学和管理科学研究院（Institute for Operations Research and Management Sciences，INFORMS）出版，它是一个国际化的专业组织，其成员包括大学教授、商业人士、科学家、学生以及各种热衷于把管理科学和运筹学投入实践与应用的专业人士。

《界面》杂志定期刊登有关管理科学应用于不同问题的文章。随后的章节将介绍《界面》和其他专业杂志刊登的管理科学应用的实例，这些应用都来源于美国和海外公司及商业、服务和政府组织，这些例子不会详尽阐述实际的模型和模型元素，只是简单陈述公司和组织面临的问题的种类、解决方案的目标，以及模型和技术可以带来的益处（比如完成的结果）。对这些和其他管理科学应用的详细内容有兴趣的读者，可以到图书馆细读《界面》和其他包含管理科学应用文章的杂志。

管理科学应用

医疗保健中的管理科学

美国每年用于医疗保健的费用达到了国内生产总值（GDP）的 18%以上（几乎达到 3 万亿美元），这使其成为美国最大的单一行业。但是，据估计，30%的费用是流程低效造成的浪费。管理科学在提高流程效率方面很有效。因此，医疗保健领域是管理科学方法应用最频繁的领域之一也就不足为奇了。以下是几个成功应用管理科学的例子。

每年大约有 200 万名患者在美国医院中受到与医疗相关的感染。这些病人中每年都有 10 万人死亡，处理该问题的成本超过 300 亿美元。能够对抗抗生素的耐药病原体（细菌）的出现加大了问题的复杂性。芝加哥库克县的 John H. Stroger, Jr. 医院的研究人员使用管理科学方法，特别是仿真（第 14 章）方法，模拟病原体、病人、来访者进入重症监护病房，与医护人员交互，感染，被感染，治愈，出院，费用分配等过程。除了确定医院和医疗保健程序中的关键问题和相互联系之外，结果还特别指出，隔离感染患者和手部的清洁卫生是减少感染的关键策略。

在提高医院运营效率和降低运营成本方面，改善医院的患者流量是一个关键因素，而优化病床分配对患者流量至关重要。据估计，一家具有 300 张病床的普通医院每增加 27%的病床利用率，将带来 1 000 万美元的边际收益。纽约 Mount Sinai 医疗中心使用结合了整数规划（第 5 章）和目标规划（第 9 章）的病床分配方案，该方案将从病床请求到病床分配的平均时间减少了 23%（从 4 小时减少到 3 小时）。在 Duke 癌症中心，使用了可以预测包括门诊、放射科和肿瘤治疗中心的各个部门的患者等待时间和资源利用率的模型。该模型识别出护士的不足是影响肿瘤治疗过程中病人流动的瓶颈。利用整数规划模型（第 5 章）制定每周和每月的日程安排，消除了该瓶颈。

位于南卡罗来纳州的东卡罗来纳大学（ECU）学生健康服务中心是一个为该公立大学 23 000 名学生服务的诊所。几乎所有患者都要先安排预约，最近一年有超过 35 000 次预约，但 3 800 次预约并没有实现。对保健诊所而言，没有实现的预约是一个重要的问题，据估计，ECU 诊所每年的成本超过 40 万美元（由于病人就医机会的减少）。东卡罗来纳州的研究人员结合预测（第 14 章）、决策分析（第 11 章）、仿真（第 13 章）等管理科学方法，开发了一个运用超额预订政策（类似于航空公司的超额售票政策）的解决方案。在诊所实施该政策的第一个学期，超额预订率仅为 7.3%，超额预订的仅有少数患者，预计可节约 95 000 美元。

在美国，前列腺炎是第二大男性癌症杀手，每年有超过 22 万例新病例，死亡率高达 12%。在纽约的 Memorial Sloan-Kettering 癌症中心，研究人员利用整数规划（第 5 章）建立了一个复杂的模型，该模型用于癌症的近距离治疗——向肿瘤植入放射性“种子”，从而形成一种更安全可靠的治疗结果。通过消除多种相关联的流程，这种方法具有节约数亿美元的潜力，通过减少并发症将术后的生活质量提高到 45%～60%。

资料来源：M. Carter, B. Golden, and E. Wasil, "Introduction: Applications of Management Science and Operations Research Models and Methods to Problems in Health Care," *Interfaces* 39, no. 3 (May-June 2009): 183－185; R. Hagtvedt, P. Grffin, P. Keskinocak, and R. Roberts, "A Simulation Model to Compare Strategies for the Reduction of HealthCare-Associated Infections," *Interfaces* 39, no. 3 (May-June 2009): 256－70; E. Lee and M. Zaider, "Operations Research Advances Cancer Therapeutics," *Interfaces* 38, no. 1 (January-February 2008): 5－25; J. Kros, S. Dellana, and D. West, "Overbooking Increases Patient Access at East Carolina University's Student Health Services Clinic," *Interfaces* 39, no. 3 (May-June 2009): 271－87; B. G. Thomas, S. Bollapragada, K. Akbay, D. Toledano, P. Katlic, O. Dulgeroglu, and D. Yang, "Automated Bed Assignments in a Complex Dynamic Hospital Environment," *Interfaces* 43, no. 5 (September-October 2013): 435－48; and J. C. Woodall, T. Gosselin, A. Boswell, M. Murr, and B. T. Denton, "Improving Patient Access to Chemotherapy Treatment at Duke Cancer Center," *Interfaces* 43, no. 5 (September-October 2013): 449－61.

管理科学模型在决策支持系统中的应用

管理科学模型应用于特别问题的解决方案由来已久，比如排队等待模型被用来分析商店或银行的排队等待系统。然而，计算机和信息技术的发展使得开发可扩展计算机系统成为可能，其包含多个管理科学模型和解决方案技术，可以解决更复杂的和组织之间的问题。决策支持系统（DSS）是一个基于计算机的系统，用以帮助决策者处理横跨组织和运营关系的复杂问题。

决策支持系统通常是交互式的，由多种数据库、不同的管理科学模型和解决方案技术以及用户界面组成，决策者可以通过用户界面提问和得到答案。简言之，任何能帮助决策者进行决策的计算机软件都可以称为决策支持系统。如界面 1－1 所示的盈亏平衡分析或界面 1－3 所示的 QM for Windows 模型，实际上都可以称为决策支持系统。换句话说，企业级的决策支持系统可以包括很多不同种类的模型和大型数据仓库，可以为组织内的多个决策者服务，可以给决策者提供相关信息和分析公司内部几乎任何信息。

图 1－7 列示了一个具有数据库元素、模型元素和决策者用户界面的决策支持系统的基本结构。正如前面提到的，决策支持系统可以很小并且单一，与一个分析模型和数据库相连，或者它们可以很大并且复杂，与很多模型和大型数据库相连。决策支持系统可以是数据导向的系统，也可以是模型导向的系统。一种新的决策支持系统，叫作联机分析处理系统（OLAP），专注于使用分析技术——例如管理科学模型和统计——帮助决策。单个用户的桌面决策支持系统可以是诸如 Excel 的电子表格程序，专门为单个问题开发特定解决方案。界面 1－1 包含决策支持系统的所有元素——成本、数量和价格、盈亏平衡模型，而且用户可以操作数据和看到结果（例如用户界面）。

决策支持系统的另一个应用是企业资源计划（ERP）系统，它可以把整个公司的各部分和各种功能有机结合在一起。它可以把数据，诸如个人每天的销售量，转换成在公司的其他部门用来支持快速决策的信息，例如订单、生产、库存和分销。公司拥有的诸如企业资源计划的大型决策支持系统可能包括分析销售数据和帮助决定未来产品需求的预测模型（第 14 章）；决定保留多少库存的库存模型（第 15 章）；决定购买多少原材料，生产多少产品，以及何时生产的线性规划模型（第 2～5 章）；决定如何把产品以最经济的方法运送到客户手中的运输模型（第 6 章），以及决定最佳运输路线的网络流程模型（第 7 章）。所有这些不同的管理科学模型和支持它们的数据，都可以在一个企业决策支持系统内有机地

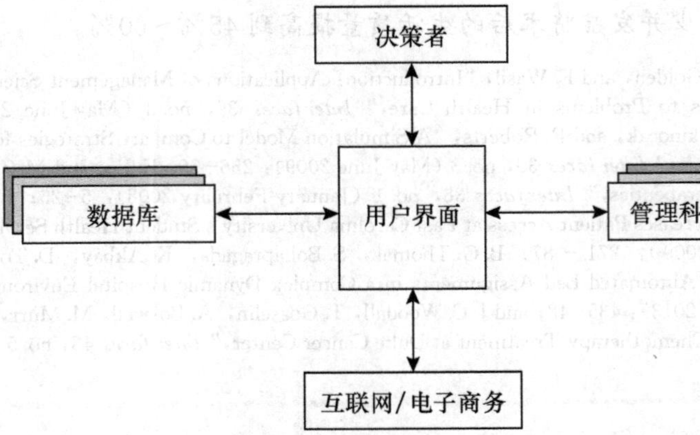

图 1-7 决策支持系统

联系起来，为不同的决策者提供很多决策方案。

除了帮助管理者回答特定的问题和做出决策，决策支持系统在回答“如果……怎样”(What-if) 问题和进行灵敏度分析时，也是非常有用的。换言之，决策支持系统提供了一个基于计算机的实验室进行试验。通过把不同的管理科学模型和不同的数据库连接，用户可以改变与公司一项职能有关的模型的参数，去看对于与一项公司运营相联系的模型的影响。例如，通过改变预测模型的数据，管理者可以看到这项假设的改变对生产计划中产品需求的影响。这些是由线性规划模型决定的。

信息和计算机技术的发展为在决策支持系统中把不同的模型和数据库相连，以便把管理科学模型应用到更宽的范围去解决复杂的组织问题提供了可能。这些进展使个人用户更容易以桌面决策支持系统的形式应用管理科学模型，这可以帮助管理者较好地进行与日常工作相关的决策。毫无疑问，未来随着新型软件的发展，把管理科学应用于问题的解决将更加容易，并且随着管理者与复杂的计算机系统和互联网的联系越来越紧密，管理科学作为决策者的助手的作用将变得更加重要和深入。

现在许多公司通过互联网和新型的决策支持系统交互。依托电子商务的应用，公司可以借助企业内部互联网与世界各地的其他业务部门保持联系，同时依靠企业外部互联网和国际互联网联系其他公司。例如，电子数据交换和销售点（通过条形码）数据可以为公司提供即时的业务明细和零售店销售情况，这些数据马上会进入公司的决策支持系统，通过管理科学模型更新库存和生产计划。依托国际互联网的运输交换可以为公司提供非常经济的产品运输，使用管理科学模型可以充分利用运载能力、提高运输效率。

小 结

管理科学是一门艺术。在随后的几章，将具体讲解和用实例说明组成每个管理科学方法的建模技术和解决方案。事实上，讲解技术的首要方法是通过实例。因此，本书大量涉及管理科学技术的机制和应用这些技术可以解决的问题类型。然而，对管理科学家和经理人使用管理科学技术的最终测试，是要看是否有能力把书本知识应用于商务世界。在这种情况下，管理科学的应用就是一门艺术，但是这门艺术依赖于实践经验和丰富的书本知识。教授前者不是本书的初衷，后者才是本书真正的目的。

习　题*

1. 柳木家具公司生产桌子。每个月的固定生产成本是 8 000 美元，每张桌子的可变成本是 65 美元。每张桌子的售价是 180 美元。

a. 假定每个月生产 300 张桌子，计算总成本、总收入和利润。

b. 计算柳木家具公司的月盈亏平衡产量。

7. 安迪·门多萨制作手工娃娃，在手工艺品市场上出售。他正在考虑批量生产娃娃在商店里出售。他估计工厂和设备的初始投资是 25 000 美元，人工、材料、包装和运输成本大约是每个娃娃 10 美元。如果每个娃娃的售价达到 30 美元，安迪要卖出多少个娃娃才能达到盈亏平衡？

15. Pastureland 牛奶厂生产奶酪并在当地的一个超市销售。每月的固定生产成本为 4 000 美元，每磅奶酪的可变生产成本为 0.21 美元，每磅奶酪的售价为 0.75 美元。然而，牛奶厂计划把每磅奶酪的售价提高到 0.95 美元。目前牛奶厂每月销售 9 000 磅奶酪，如果提高售价，每个月的销售量将降低到 5 700 磅，牛奶厂应该提高售价吗？

18. 设在宿舍附近的州立大学商店是一家经营教材、化妆品、运动衫、T 恤衫、杂志、预包装食品、罐装软饮料和水果饮料的附属书店。商店经理看到学校附近的几家比萨店外卖生意红火，就决定在商店里也经营比萨业务。她可以购买事先做好的冷冻比萨，在烤箱里加热。烤箱和冰箱的价格是 27 000 美元。冷冻比萨可以从分销商处以每个 3.75 美元的价格买到（包括人工和盒子）。为了和当地的外卖服务竞争，经理把售价定在 8.95 美元。经理需要草拟一份计划书，送交学校附属服务中心主任。

a. 计算要卖出多少个比萨才能达到盈亏平衡点。

b. 如果商店每天卖出 20 个比萨，要多少天才能达到盈亏平衡？

c. 商店经理预期一旦周围比萨外卖服务开始失去生意，他们就开始降价。如果一个月（30 天）后，经理不得不把价格降到 7.95 美元，以保住每天 20 个的需求，新的盈亏平衡点将是什么？需要多少天达到平衡点？

19. 金·戴维斯想买一部手机，但不知道选择哪种资费套餐。"常规"套餐每月收取 55 美元固定费用，包括 1 000 分钟通话，超过部分每分钟 0.33 美元。"商务"套餐每月收取 100 美元固定费用，包括 1 200 分钟通话，超过部分每分钟 0.25 美元。

a. 如果金每个月使用电话时间超过 21 小时，他应该选用哪种资费套餐？

b. 哪种情况下，金选用何种资费套餐都无关紧要？

20. 安妮·莫考，一个泰克的学生，准备在家庭运动会赛季期间在泰克足球场内开一家热狗排档。在即将到来的赛季将有 7 场家庭运动会。在整个赛季她必须付给泰克运动委员会 3 000 美元的供应商费用。排档和其他设备将花费 4 500 美元。她估计每个热狗的成本是 0.35 美元。她和在其他大学的运动会期间贩卖热狗的朋友讨论过。依据从朋友那里得到的信息和运动委员会的预测，每场运动会她可以售出大约 2 000 个热狗。

a. 为了达到盈亏平衡，热狗的定价应为多少？

b. 赛季的哪些因素会影响销售量，从而影响盈亏平衡价格？

---

* 习题有删减，序号不变。——译者

c. 为了保持对其他食品供应商的竞争力，你建议安妮把热狗的售价定在多少以保证合理的利润率？

23. 明星青年足球俱乐部负责提供 20 支男女足球队的经济资助，主要以支付教练费用的形式体现。俱乐部每年秋天举办锦标赛来弥补这部分支出。举办锦标赛的费用是 8 000 美元，主要用于支付编写、打印和邮寄锦标赛小册子。每支球队的锦标赛注册费是 400 美元，俱乐部还要为每支球队支付 75 美元的裁判费用，让每支球队至少打 3 场比赛。如果俱乐部计划从锦标赛得到 60 000 美元的利润，需要邀请多少支球队参赛？

25. 两名大学生打算在校园附近开一家便利比萨店，店名为 Big Slice Pizza。便利店没有座位，仅销售原味芝士和意大利香肠两种大号打包比萨。便利店包含租金和设备费的年固定成本为 26 000 美元，每个比萨的变动成本是 0.67 美元。如果每个比萨的定价是 3.75 美元，则达到盈亏平衡点时比萨的销量是多少？如果他们预计比萨每月的销量为 540 个，则他们的利润是多少？

27. 坐落于某大学城的后街意大利餐馆准备为大学城顾客提供本店比萨和其他意大利菜品的配送服务。它打算购买一辆配送车，并在车身喷涂餐馆名字和商标，合计费用为 21 500 美元，并在每天晚上 5：00—10：00 之间以每小时 8 美元雇用临时快递员来配送食品。快递员大部分是在校生，不送货的时候就在餐馆学习。白天配送需求并不多，餐馆店员就可完成配送任务。店主预计配送车可以使用 5 年（每年 365 天），每次配送的燃油和维修成本（包括轮胎和机油等）为 1.35 美元。店主还估计每次配送需花费的直接人工和包装等成本为 15 美元，配送一次的收入为 34 美元。

a. 后街意大利餐馆每月要配送多少次才能达到盈亏平衡？

b. 店主预计，如果在平日配送次数能够达到盈亏平衡点的话，则在周五、周六和周日配送需求将会翻倍。此时后街意大利餐馆的每月（4 周每月）利润至少是多少？

29. Weemow 草坪服务公司为顾客提供草坪整理和割草机维修服务，每年从春季开始，一直到初秋。冬天公司不营业，Weemow 的老板杰夫和茱莉准备在冬季开设新服务。他们打算在冬季提供扫雪服务。扫雪机和除雪铲的购置费为 700 美元。因为杰夫一人就可以完成所有工作，只是偶尔需要茱莉帮忙，因此他们每次除雪工作的费用为 3 美元。

a. 如果他们向居民索要 35 元每次的除雪费的话，则他们需要多少次车道除雪工作才能达到盈亏平衡？

b. 据以往冬季天气情况，他们预计冬季将会有 6 次较大降雪，雪后的两天人们需要清扫车道，因而他们可以全天工作。如果他们每天能有 10 项除雪任务（基于他们现有的顾客，他们认为可以达到），那么他们可以挣多少钱？

c. Weemow 公司还可以在冬季为商业停车场提供除雪服务。这时需要一台小型带有犁的卡车，购置费为 1 800 美元，同时还需要雇用小时工。人工和燃油等成本合计为每次除雪工作 28 美元。他们预计每天有 4 次停车场除雪工作。如果他们每次除雪的要价为 150 美元，那么为停车场除雪是不是好于为居民车道除雪？

d. 如果 Weemow 公司想同时提供 b 和 c 的服务，则需要再雇用一个人来为居民车道除雪，杰夫和茱莉为停车场除雪。这样，居民车道除雪工作的变动成本将增加 15 美元。他们会选择这样做吗？

30. 在习题20中，泰克的体育部预计所有场次门票都将售完，但是安妮·莫考意识到天气将影响到场的球迷和热狗的购买量。如果天气太冷或者太热，球迷就不太乐意看球；如果天气太冷的话，他们也不大会买热狗。考虑到这些新因素，安妮打算认真分析一下每种天气情况下的可能结果。如果在赛季中天气很好，则她将会以3.5美元/个售出7 000个热狗；如果天气不好的话，热狗只能销售5 500个。另一方面，如果热狗的售价是4美元，天气好的情况下将卖出6 000个热狗，不好的情况下卖出3 500个。你认为安妮对热狗的定价应该是多少？请解释原因。

31. 在习题30中，安妮根据历史天气情况估计这个赛季天气好的概率为60%，天气不好的概率为40%。此时，你认为安妮应如何决策？为什么？

37. 当玛丽·莫考周六早晨醒来的时候，她想起曾经答应为PTA下午的烘焙展销会制作一些蛋糕和面包。然而，她没有时间去商店购买原料，而且她只有不长的时间用烤箱烤东西。因为蛋糕和面包需要不同的烘焙温度，她不能同时烤制蛋糕和面包，而且她只有3小时烘焙时间。制作一个蛋糕需要3杯面粉，一个面包需要8杯面粉；玛丽有20杯面粉。蛋糕需要45分钟，面包需要30分钟烤制。PTA会以10美元和6美元的价格将蛋糕和面包卖出。玛丽想决定制造多少蛋糕和面包。列出所有可能的方案（例如在时间和面粉量许可的范围内所有的组合），选择一个最佳方案。

案例1-1

"洗衣角"洗衣店

莫利·莱购买"洗衣角"洗衣店的时候，她认为洗衣店处在毗邻几个高收入社区的好地点，如果提升洗衣店的店面形象，自然会有很好的生意。于是她花很多钱重新装修洗衣店的内部和外部，但是第一年虽然她非常卖力地工作，只做到了收支平衡，所以她也不觉得收益有多好。莫利没有意识到洗衣业的竞争是多么激烈，成功与否取决于价格和服务质量，包括快速洗衣服务，这比洗衣店的店面形象更为重要。

为了改善服务，莫利计划购买一台新的干洗设备，包括熨衣机，这样可以大大提高干洗速度和平整度。这台新机器要花费16 200美元，每小时可洗40件衣服（合每天320件）。莫利估计在购买新设备后，她的干洗可变成本可以维持在每件0.25美元不变。她现在的每月固定成本是1 700美元，每件干洗衣物收取顾客1.10美元。

A. 现在莫利每个月的洗衣量是多少？

B. 如果莫利购买这台新的设备，她每个月要额外干洗多少件衣服才能达到盈亏平衡？

C. 莫利估计依靠这台新设备可以把每个月的洗衣量提高到4 300件。如果保持这个数量，她在未来3年内可以获得多少利润？3年以后呢？

D. 莫利相信如果不购买这台新设备，而是把每件衣服的干洗费降到0.99美元，她也可以扩大业务量。如果她降到这个价格，新的盈亏平衡点将是多少？如果降价可以使她的业务量达到每月3 800件，每个月的利润将是多少？

E. 莫利估计如果她购买这台新设备，同时将单件洗衣费降到0.99美元，她的业务量可以达到每月4 700件。根据当地市场的情况，这是她可以获得的最大业务量。莫利应该怎样做？

案例 1－2

奥克比河橡皮筏公司

维姬·史密斯、彭妮·米勒和戴瑞·戴维斯是州立大学的学生。夏天他们经常和其他学生乘筏沿着蜿蜒在蓝山丘陵地带之间的奥克比河顺流直下。学生们的筏船基本上是大型橡皮筏，有时也用雪橇绳把几只串联在一起。他们注意到有些来到河边的学生没有橡皮筏，经常要借用他们的，这使他们很烦。经过讨论，维姬、彭妮和戴瑞认为这是一个赚钱的好机会。他们考虑成立一家新的企业——奥克比河橡皮筏公司，在河边贩卖橡皮筏。他们决定初始投资是 3 000 美元，在河边租一块地制作和出售橡皮筏，买一顶帐篷和一些诸如气泵、绳索切割刀等小工具。他们估计每条橡皮筏的人工和材料费是 12 美元，包括橡皮筏和绳索的采购成本和运费。他们计划以每条 20 美元的价格出售橡皮筏，他们认为这是学生可以接受的最高价格了。

他们做完这些成本估计后不久，就获悉北卡罗来纳州的另一家橡皮筏公司正在经营他们计划开展的业务。维姬和那个公司的一个业务员联系过，业务员告诉她那家公司愿意为奥克比河橡皮筏公司提供橡皮筏，初始固定费用是 9 000 美元，之后是每条 8 美元，包括运费。（奥克比河橡皮筏公司还要花费 1 000 美元租用河边的场地和帐篷。）橡皮筏是充好气和组装好的。这种方法对三个人来说更有吸引力，因为这可以节约给橡皮筏充气和捆绑的时间，让他们有更多的时间在学校读书。

虽然他们更喜欢从北卡罗来纳的公司购买橡皮筏，但他们还是担心巨大的初始投资和是否会亏损。当然，维姬、彭妮和戴瑞知道利润的多少取决于他们能卖出多少橡皮筏。因此，他们觉得有必要先决定为了取得利润每种方法必须卖出多少橡皮筏，最好为每种方法给出不同的需求量。另外，彭妮在河边做了一个抽样调查，估计整个夏天对橡皮筏的需求量在 1 000 条左右。

为奥克比河橡皮筏公司做一个分析，确定在不同的需求量下哪种方法更好。指明如果大致的需求量是 1 000 条，应该选择哪种方法，利润是多少。

案例 1－3

在德雷珀建造市区停车场

德雷珀的市区共有 20 000 人，与拥有 27 000 名学生的州立大学相邻。市区的贸易商已经因不能为顾客提供足够的停车场所而抱怨了很长一段时间。这也是导致市区商业贸易一直向距离市区几千米的购物中心转移的一个主要原因。当地的贸易协会最终说服了市政府考虑在市区建造一个新的室内多层停车设施。凯利·马丁利，城市的公共设施主管，制定了一个需要花费 450 万美元的开发计划。为了支付这个项目的费用，这个城市要发行为期 30 年、年利率为 8%的城市债券。凯利估计还需要 5 名工作人员负责停车场的日常管理，每年的花费为 14 万美元。估计进入停车场的汽车会平均停留 2.5 小时，平均花费为 3.2 美元。此外，估计为了维护和维修停车设施，该城市每年还需要为每辆停在停车场的汽车平均花费 0.60 美元。大多数市区的商业（包括一些餐馆）每周营业 7 天。

A. 运用盈亏平衡分析。为了在 30 年的周期内维持收支平衡，确定每年需要有多少辆车停入停车场?

B. 根据从上题得到的结果，确定每天最多需要有多少辆车停入停车场。这与城市和大学的人口总数相比合理吗?

案例1-4

德雷珀的公共汽车服务

Tech所在的德雷珀没有一个商务机场，乘飞机的居民必须前往40英里外的罗阿诺克机场。市议会正在考虑与当地商会和大学联合制定经济发展计划，计划开设从镇到罗阿诺克机场的公共汽车服务，往返途中设一些停靠站点，全年365天运作。为了实现往返1.5小时的连续性服务，需要购置3辆公共汽车，每辆40万美元，可容纳55名乘客。白天，从凌晨5点开始，每辆公共汽车往返4次，以便及时将搭乘第一趟航班的乘客送达机场，并且在当天最后一趟航班抵达时接载乘客。上班或上学的乘客也可以在途中站点上下车。每辆公共汽车的运营成本是每小时90美元（包括燃油和司机的工资），不论在哪里上车，票价都是4美元。根据市场调查，预计在第一年，每趟车平均有37位乘客。

A. 小镇预计，该服务在第一年会亏损，会亏损多少?

B. 如果在公共汽车6年的使用期限内存在盈亏平衡点，那么需要多少年才能实现盈亏平衡?

C. 如果每趟公共汽车平均有45位乘客，会产生什么影响? 如果平均有50位乘客呢?

D. 如果每辆公共汽车每天的出行次数减少到3次，乘客相应增加到50人（由于出行次数减少而增加的需求量），这会产生什么影响?

E. 由于公共汽车服务项目的“绿色”足迹——在一定程度上代替了私家车，并且通过提供从德雷珀到罗阿诺克、从罗阿诺克到大学的低成本运输刺激了经济发展，因此该镇相信联邦政府会拨款支持购买公共汽车。拨款对第一年运营的财务损失有何种影响? 在拨款情况下需要几年才能实现盈亏平衡?

第2章 线性规划：建立模型与图解法求解

管理者遇到的大多数决策都聚焦于在给定运营环境的约束下，使用最好的方法达到公司的目标。这些约束可以是有限资源的限制，如时间、劳动力、精力、物质或者金钱；也可以是方针的限制，如谷物生产的配方或者工程规范等。商业公司最频繁出现的目标之一就是尽可能地获得最大利润，换句话说，也就是利润最大化。公司里单个组织单元（如生产或包装部门）的目标通常是成本最小化。当管理者尝试解决这类一般性的问题，即在约束的限制下追求一个目标时，经常使用线性规划的管理科学方法。

应用线性规划方法有三个步骤。第一，问题必须被定义为可以使用线性规划求解。第二，非结构化的问题必须用公式表达为一个数学模型。第三，模型必须使用确定的数学方法求解。线性规划方法的取名一方面源于数学模型中的函数关系都是线性的，另一方面源于组成求解方法的预定的数学步骤，也就是规划。这一章主要关注用公式表达问题从而建立数学模型，以及使用图解法进行求解。

模型的公式表示

一个线性规划模型由特定的公共组成部分和特征组成。模型的组成部分包括决策变量、目标函数和由决策变量与参数组成的模型约束条件。决策变量就是表示公司活动水平的数学符号。例如，一个电气公司想要生产 x_1 单位无线电广播设备、x_2 单位电炉和 x_3 单位钟表，这里 x_1，x_2 和 x_3 就是表示每个未知变量数量的符号。由公司确定的 x_1，x_2 和 x_3 最后的值就构成了一个决策（如 $x_1=100$ 单位无线电广播设备就是公司确定的生产 100 单位无线电广播设备的决策）。

目标函数是以决策变量的形式描述公司目标的线性数学关系式。目标函数通常由最大化或最小化某些值组成（如最大化生产无线电广播设备的利润或最小化生产无线电广播设备的成本）。

模型约束条件也是决策变量的线性关系式，表示公司在运营环境下的约束。约束可以是有限资源的形式或者限制方针的形式。例如，在生产的时候，只有 40 小时的劳动力可用来生产无线电广播设备，这里 40 小时的可用劳动力就是参数。

下面介绍一个如何建立数学规划模型的例子。虽然这个例子是经过简化的，但是现实的，可以表示应用线性规划方法的这一类问题。在例子中，清晰地定义和描述了模型的成分。通过仔细学习这个例子，你可以熟悉建立线性规划模型的过程。

延伸阅读　　乔治·B. 丹齐格

正如我们今天所知道的，线性规划是由乔治·B. 丹齐格（George B. Dantzig）在 1947 年提出的。当时他是空军在五角大楼的战斗统计控制分析部门的主管。军队把培训、后勤供给和作战部队的部署计划叫作“规划”。当丹齐格分析空军计划问题的时候，他意识到这些问题可以用公式表示成一些线性不等式。因此，这种技术的最初名称为“线性结构的规划”，简称“线性规划”。

最大化问题模型举例

海狸小溪陶瓷公司（Beaver Greek Pottery Company）是一家小型手工艺制造公司。公司雇用了有技艺的工匠生产陶制的碗和杯子，采用民族设计和色彩。公司使用的两大主要资源是特殊的黏土和有技艺的劳动力。给定这些资源的限制，公司想知道每天生产多少碗和杯子可以使利润最大化。这就是通常所指的产品组合问题。这部分情况的描述如图 2－1 所示。

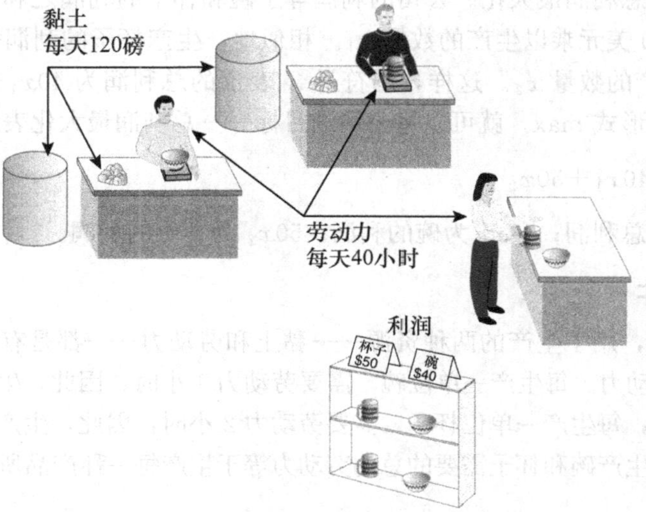

图 2－1　海狸小溪陶瓷公司

两种产品生产所需的资源和单位产品的利润（也就是模型的参数）如下：

产品	资源需求		
	劳动力（小时/单位）	黏土（磅/单位）	利润（美元/单位）
碗	1	4	40
杯子	2	3	50

每天生产的可用劳动力为 40 小时，可用黏土为 120 磅。我们先单独定义模型的每个成分，然后再将所有成分结合到一个模型中，为这个问题建立一个线性规划模型。建模过程的步骤总结如下：

线性规划模型建模步骤小结

步骤 1：定义决策变量

生产多少碗和杯子

步骤 2：定义目标函数

利润最大化

步骤 3：定义约束条件

可用的资源（黏土和劳动力）

□ 决策变量

这个问题遇到的管理决策是生产多少碗和杯子。两个决策变量表示每天生产碗和杯子的数量。生产的数量可以用符号表示为：

x_1＝生产碗的数量

x_2＝生产杯子的数量

□ 目标函数

公司的目标是总利润最大化。公司的利润等于碗和杯子的利润之和。生产碗的利润等于碗的单位利润 40 美元乘以生产的数量 x_1。相似地，生产杯子的利润等于杯子的单位利润 50 美元乘以生产的数量 x_2。这样，用符号 Z 表示的总利润为 $40x_1+50x_2$。在利润函数前面加上最大化形式 max，就可以将公司的目标——总利润最大化表示为：

$$\max Z=40x_1+50x_2$$

式中，Z 为每天的总利润；$40x_1$ 为碗的利润；$50x_2$ 为杯子的利润。

□ 模型约束条件

在这个问题中，用于生产的两种资源——黏土和劳动力——都是有限的。生产碗和杯子都需要黏土和劳动力。每生产一单位碗，需要劳动力 1 小时，因此，生产碗需要的劳动力是 $1x_1$ 小时。同样，每生产一单位杯子，需要劳动力 2 小时，因此，生产杯子需要的劳动力是 $2x_2$ 小时。公司生产碗和杯子需要的总的劳动力等于生产每一种产品所需劳动力之和：

$$1x_1+2x_2$$

用 $1x_1+2x_2$ 表示的劳动力总量受到每天 40 小时的限制，这样，完整的劳动力约束为：

$1x_1+2x_2\leqslant 40$

用小于等于号（≤）代替等号（=），是因为 40 小时的劳动力是最大的可用量，而不是必须使用的量。这个约束允许公司有一定灵活性，也就是说，并不严格要求公司使用 40 小时劳动力，而是可以使用小于或等于 40 小时的劳动力以使利润最大化。这意味着，可能产生空闲的或过多的能力（也就是说，40 小时的劳动力没有用完）。

和表示劳动力约束一样，以同样的方式表示黏土的约束。因为每生产一单位碗需要 4 磅黏土，因此生产碗的黏土日需求量为 $4x_1$ 磅；因为每生产一单位杯子需要 3 磅黏土，因此生产杯子的黏土日需求量为 $3x_2$ 磅。给定黏土的每日可用量为 120 磅，原料约束可用公式表示为：

$4x_1+3x_2\leqslant 120$

最后一个约束条件是生产碗和杯子的数量为零或者正数，因为生产的数量不可能为负数。这些约束称为非负约束，可以用数学方法表示为：

$x_1\geqslant 0$，$x_2\geqslant 0$

这个问题完整的线性规划模型如下：

$$\max Z=40x_1+50x_2$$
$$\text{s. t.}\begin{cases}1x_1+2x_2\leqslant 40\\4x_1+3x_2\leqslant 120\\x_1,x_2\geqslant 0\end{cases}$$

这个模型的解为总利润 Z 最大化时 x_1 和 x_2 的数值。考虑 $x_1=5$，$x_2=10$ 这个可能的解。首先，将这个假设的解代入每一个约束条件中，以保证这个解所要求的资源少于约束条件中可用的量：

$$1(5)+2(10)\leqslant 40$$
$$25\leqslant 40$$

和

$$4(5)+3(10)\leqslant 120$$
$$50\leqslant 120$$

因为这个假设的解没有违背任何一个约束条件，所以可以说这个解是可行的（也就是有可能的）。将解代入目标函数中，可得到 $Z=40(5)+50(10)=700$（美元）。然而，到目前为止，我们不知道 700 美元是不是最大利润。

现在考虑另外一个解：$x_1=10$，$x_2=20$。这个解得到的利润为：

$$\begin{aligned}Z&=40(10)+50(20)\\&=400+1\,000\\&=1\,400(\text{美元})\end{aligned}$$

虽然这个解得到的利润比上一个解要高，但这个解是不可行的（也就是不可能的），因为这个解违背了劳动力资源约束：

$$1(10)+2(20)\leqslant 40$$
$$50\leqslant 40$$

这个问题的解必须在不违背约束条件的情况下使利润最大化。达到这个目标的解为 $x_1=24$，$x_2=8$，得到的利润为 $Z=1\ 360$（美元）。在接下来的章节中将使用图解法来说明这个问题的解的确定。

管理科学应用

印度火车站应用线性规划分配座位

印度铁路有 1 600 多列火车，每天服务 700 多万人次。其预订系统将预订的座位分为 3 个等级：带空调可预订车次、不带空调可预订车次以及不带空调不可预订车次。列车在从出发地到目的地的途中设置了多个站点，乘客可预订从起点到终点或途中某站点的多种火车票。由于顾客可以在途中多次上车或下车，因此在火车从起点到终点途中，可多人共用一个座位。这也意味着，一个座位在某段旅程中是空的，不会赚取任何收入。如果中间旅途的火车票预订非常高，则会出现大量空闲的座位，这会使得那些从起点到终点的乘客无法订票。这导致列车座位的利用率不高。然而，多数情况下，起点乘客的需求并不大，而中间旅程的需求非常大。因此，铁路部门对中间旅程的预订一般会给予多种配额，并对起点到终点旅程的预订限额，以便最大化座位利用率和确定的预订，减少中间站点的等待的乘客数量。

在这个应用案例中，建立了一个线性规划模型，目标函数是最小化在尽可能满足两站之间所有可能需求的情况下所需的总座位数（特定的座位等级），约束条件是基于座位的历史需求的两站之间的座位配额。在印度铁路的西部铁路地区（总部设在孟买）的 17 列火车的测试案例中，收入增加在 2.6%和 29.3%之间，载客人数从 8.4%提高到 29%。

资料来源：R. Gopalakrishnan and N. Rangaraj, “Capacity Management on Long-Distance Passenger Trains of Indian Railways,” *Interfaces* 40, no. 4 (July-August 2010): 291-302.

线性规划模型的图解法

在建立数学模型之后，应用线性规划解决决策问题的下一个阶段是找到模型的解。常用的求解方法是通过手工或使用计算机程序对模型中的数学关系式进行代数运算，以确定决策变量的值。线性规划模型中的关系式都是线性的，一些模型和解可以用图解的方法表示出来。

现实中，图解法的使用局限于只有两个决策变量的模型，这样可以通过图的两个维度表示两个决策变量。对于有三个决策变量的模型，决策变量可以通过图的三个维度表示出来，但是这个过程非常麻烦。而对于有四个或更多决策变量的模型来说，决策变量就不能够用图表示出来了。

虽然作为一种求解方法，图解法是有局限性的，但是本章介绍线性规划问题时，使用图解法可以帮助我们看到解是如何产生的。图解法可以提供对接下来的章节要介绍的计算机和数学求解方法的清晰理解，这样就可以让我们更好地理解模型的解。

□ 最大化模型的图解法

我们将用产品组合模型来示范线性规划问题的图解法。回想一下海狸小溪陶瓷公司的问题，即在给定劳动力和黏土资源约束的条件下，确定碗和杯子的每日产量。完整的线性规划模型为：

$$\max Z = 40x_1 + 50x_2$$

$$\text{s.t.} \begin{cases} x_1 + 2x_2 \leqslant 40 \text{ 小时劳动力} \\ 4x_1 + 3x_2 \leqslant 120 \text{ 磅黏土} \\ x_1, x_2 \geqslant 0 \end{cases}$$

式中，x_1 为碗的生产数量；x_2 为杯子的生产数量。

在图 2-2 所示的坐标系上画出模型，横轴和纵轴分别表示决策变量 x_1 和 x_2。注意，由于有非负约束 $x_1 \geqslant 0$，$x_2 \geqslant 0$，我们只在第一象限中作图（也就是 x_1 和 x_2 取值都为正数的象限）。

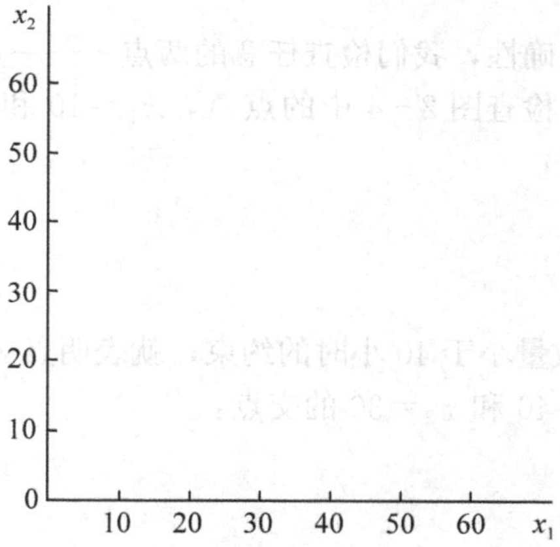

图 2-2　图解分析坐标系

图解法作图的第一个步骤是将约束条件表示出来。也就是将约束条件看成是等式关系（或者直线），并在图上画出每一条表示约束条件的线。让我们首先考虑劳动力约束：

$$x_1 + 2x_2 = 40$$

画这条直线的最简单的程序就是确定线上的两点，然后连接这两点画一条直线。令 $x_1 = 0$，求解 x_2，得到一个点：

$$(0) + 2x_2 = 40$$
$$x_2 = 20$$

于是，在坐标 $x_1 = 0$ 和 $x_2 = 20$ 处得到一个点。为了找到第二个点，令 $x_2 = 0$，求解 x_1，得

$$x_1 + 2(0) = 40$$
$$x_1 = 40$$

现在有了第二个点：$x_1=40$，$x_2=0$。通过连接这两个点得到一条直线，如图 2-3 所示。然而，这条线只表示了约束线，并没有反映整个约束条件，整个约束条件包括这条线上和线以下部分（$\leqslant$）的值。表示整个约束条件的区域如图 2-4 所示。

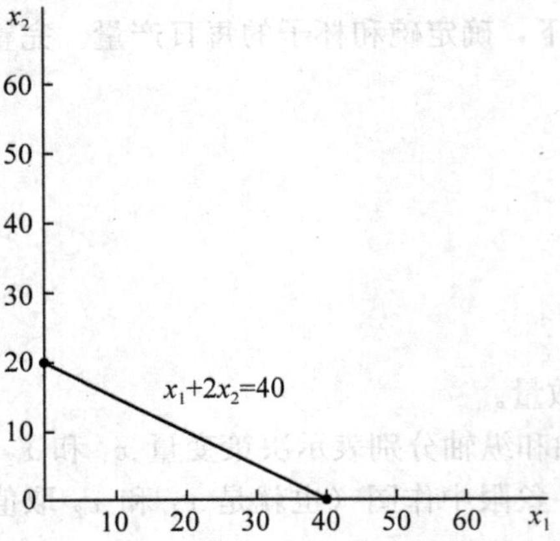

图 2-3 劳动力约束线的图示

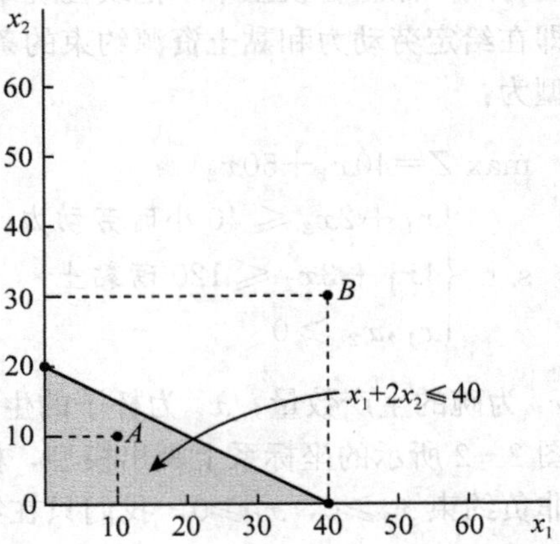

图 2-4 劳动力约束区域

为了检验约束范围的正确性，我们检查任意的两点——一点位于约束范围之内，一点位于约束范围之外。例如，检查图 2-4 中的点 A，$x_1=10$ 和 $x_2=10$ 的交点。将这个点的值代入劳动力约束条件中：

$$10+2(10)\leqslant40$$
$$30\leqslant40$$

代入 x_1 和 x_2 得到的数量小于 40 小时的约束，就表明点 A 的确是位于约束范围之内的。接下来检查点 B，$x_1=40$ 和 $x_2=30$ 的交点：

$$40+2(30)\leqslant40$$
$$100\leqslant40$$

点 B 显然位于约束范围之外，因为代入 x_1 和 x_2 得到的数量（100）超出 40 小时的约束。

用画劳动力约束同样的方法画出黏土约束，通过找出约束线上的两点，再连接这两点画一条直线。首先，令 $x_1=0$，求解 x_2：

$$4(0)+3x_2=120$$
$$x_2=40$$

执行该运算结果，得到点：$x_1=0$，$x_2=40$。再令 $x_2=0$，求解 x_1：

$$4(x_1)+3(0)=120$$
$$x_1=30$$

该运算产生第二个点：$x_1=30$，$x_2=0$。在图上标出这两个点，并用直线连接，就得到黏土的约束线和约束区域，如图 2-5 所示。

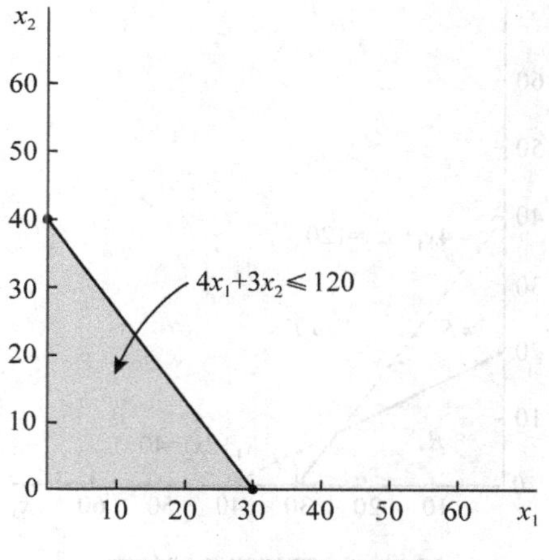

图 2-5　黏土约束区域

组合劳动力约束线和黏土约束线（图 2-4 和图 2-5）得到一个新的图，表示模型的约束，如图 2-6 所示。图 2-6 中的阴影部分就是模型中两个约束条件的共同部分。因此，这个阴影部分就是唯一包含同时满足两个约束条件的点（也就是 x_1 和 x_2 的值）的区域。例如，考虑图 2-7 中的点 R，S 和 T。点 R 满足两个约束条件，所以我们说这是一个可行解的点。点 S 满足黏土约束（$4x_1+3x_2\leqslant 120$），但是超出了劳动力约束，因此是不可行的。点 T 两个约束条件都不满足，因此也是不可行的。

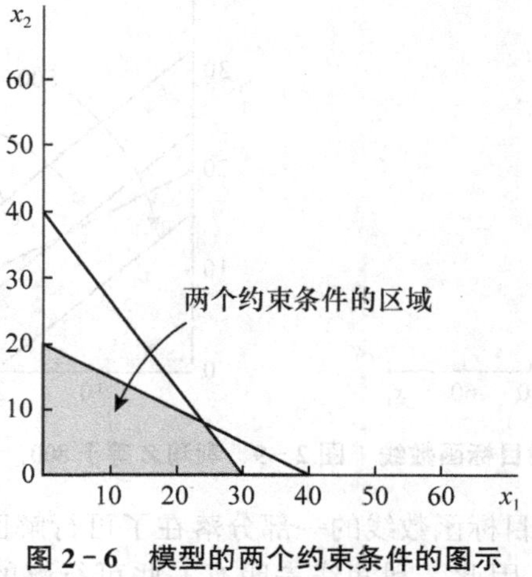

图 2-6　模型的两个约束条件的图示

图 2-7 中的阴影部分是可行解区域，因为这个区域内的所有点都满足这两个约束条件。在这个可行解区域的某个点将使海狸小溪陶瓷公司利润最大化。图解法求解的下一个步骤就是找出这个点。

□ 最优解点

图解法求解的第二个步骤是在可行解的区域内找到使利润最大化的点。我们先任意选定一个利润水平，画出目标函数线。例如，如果假定利润 Z 为 800 美元，那么目标函数为：

$$800=40x_1+50x_2$$

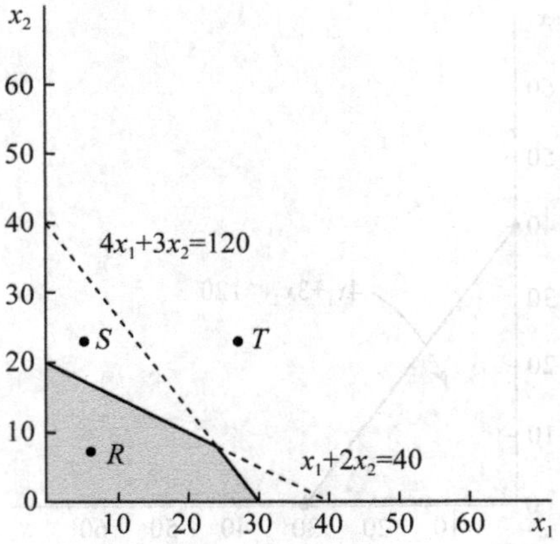

图 2-7　可行解区域约束

按照画约束线的方式画出这条目标函数线，如图 2-8 所示。这条线位于可行解区域之内，线上的每一个点都可以产生 800 美元的利润（也就是说，这条线上的每个点（x_1，x_2）对应的 Z 值均为 800 美元）。然而，让我们看看在可行解范围内是否还可以获得更高的利润。例如，考虑利润为 1 200 美元和 1 600 美元时的情况，如图 2-9 所示。

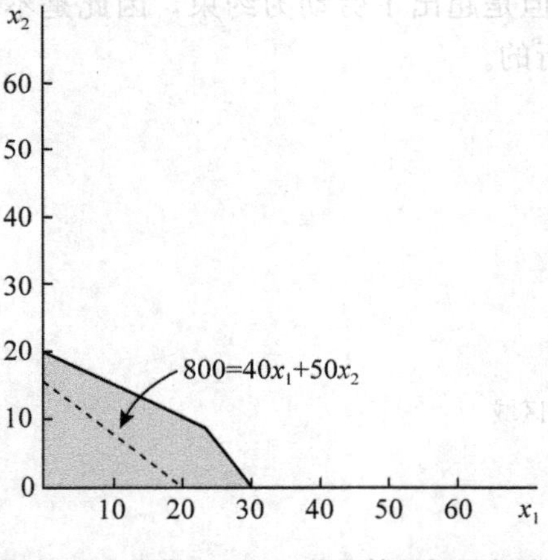

图 2-8　利润 Z＝800 美元的目标函数线

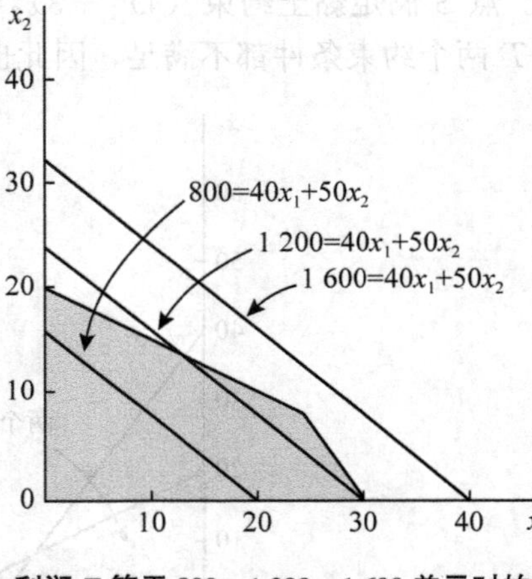

图 2-9　利润 Z 等于 800，1 200，1 600 美元时的目标函数线

利润为 1 200 美元时的目标函数线的一部分落在了可行解区域之外，但是还有一部分仍然位于可行解区域之内。因此，利润线表明有一些可行解的点产生的利润大于 800 美元。现在再次增加利润到 1 600 美元。新的利润线如图 2-9 所示，已经完全位于可行解区域之外了。这表明没有可行的解可以使利润达到 1 600 美元。

由于在约束条件的限制下，不能达到 1 600 美元的利润，如图 2-9 所示，利润最大化的问题仍然存在。从图 2-9 中可以看到，利润随着目标函数线由原点（也就是 $x_1=0$，$x_2=0$）向外平移而增加。给定这个特征，最大利润将在目标函数线与可行解区域相切的点达到。该点即图 2-10 中所示的点 B。

为了找到点 B，我们在图 2-10 中画出利润为 800 美元的目标函数线，并用直尺向外平移这条线，直到与可行解区域相切。点 B 就是最优（也就是最好的）解。

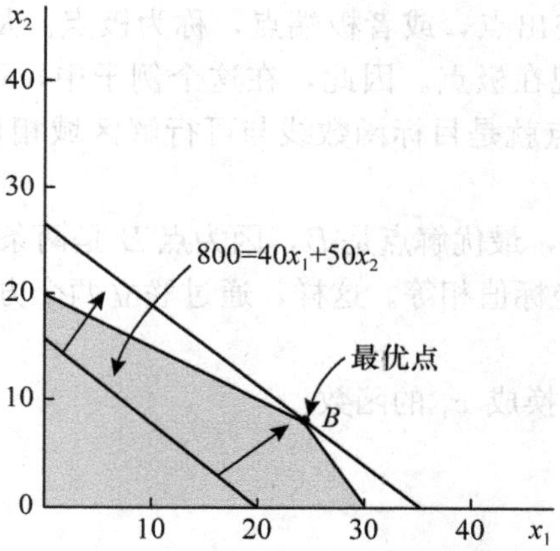

图 2-10　最优解点的确定

□ 解的值

图解法求解的第三个阶段就是在找到最优点之后，解出该点 x_1 和 x_2 的值。可以直接从图上找出图 2-10 中点 B 的 x_1 和 x_2 的坐标值，如图 2-11 所示。图 2-11 中点 B 对应的坐标值为 $x_1=24$，$x_2=8$。这是这个问题的决策变量的最优解。然而，除非是画出非常精确的图，否则通常很难直接从图上找到正确的解。更精确的方法是，一旦在图上找到了最优点之后，就使用数学的方法求出解的数值。接下来的内容介绍求解最优点的值的数学方法。不过，我们首先将考虑解的几个特征。

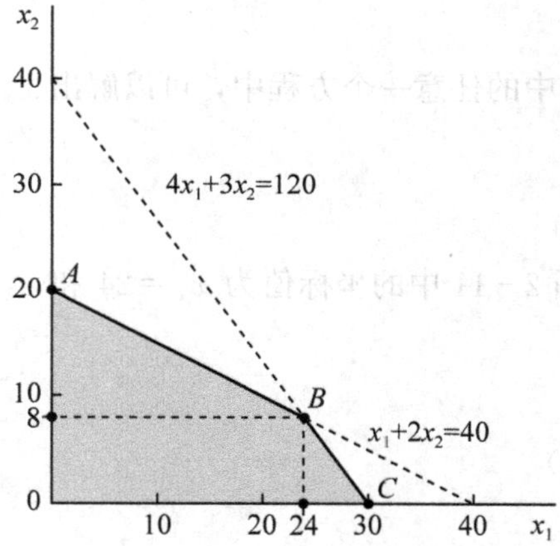

图 2-11　最优解的坐标值

在图 2-10 中，由于目标函数利润值的增加，目标函数线与可行解区域相切于一点。这个解的点总是位于边界上，是因为边界上的点离原点最远（也就是这些点对应着最大的利润）。线性规划问题的这个特征减少了大量的在可行解区域范围内的可行解，而仅仅是边界上的这一点。不过，线性规划问题的另外一个特征也减少了更多的可行解点。

解点将在位于可行解区域的边界处找到，并且是任意两条约束线相交的交点中的一点。（坐标系的轴也是约束线，因为 $x_1\geqslant0$，$x_2\geqslant0$。）这些交点（图 2-11 中的点 A，B

和 C）是可行解区域中的突出点，或者极端点，称为极点。从数学上已经证明，线性规划模型中的最优解总是出现在极点。因此，在这个例子中，可行解将是三个极点 A，B 和 C 中的一点。最优的极点就是目标函数线与可行解区域相切的那个极点，如图 2－10 所示。

从图 2－10 中可以知道，最优解点是 B，因为点 B 是两条约束线的交点，如图 2－11 所示，这两条线在点 B 的坐标值相等。这样，通过联立两个方程，可以求出交点处 x_1 和 x_2 的值。

首先，将两个方程都转换成 x_1 的函数：

$$x_1+2x_2=40$$
$$x_1=40-2x_2$$

和

$$4x_1+3x_2=120$$
$$4x_1=120-3x_2$$
$$x_1=30-(3x_2/4)$$

现在令第一个方程与第二个方程中的 x_1 相等：

$$40-2x_2=30-(3x_2/4)$$

求解 x_2，得

$$x_2=8$$

将 $x_2=8$ 代入原方程组中的任意一个方程中，可以解出 x_1 的值为：

$$x_1=40-2x_2$$
$$x_1=24$$

这样，最优解点 B 在图 2－11 中的坐标值为 $x_1=24$ 和 $x_2=8$。将这个解代入目标函数中，得到最大利润为：

$$Z=40x_1+50x_2$$
$$Z=40(24)+50(8)$$
$$=1\,360(\text{美元})$$

根据原问题，这个解表明如果陶瓷公司生产 24 单位碗和 8 单位杯子，每天可能的最大化利润就为 1 360 美元（在给定约束条件下）。

假设最优解将是极点 A，B 或 C 中的一点，同样可以通过检验三点中的最大值找出最优解，而不是通过画图，移动目标函数线，找出目标函数线与可行解区域相切的那一点。图 2－12 显示了点 A，B 和 C 的值以及每个点对应的利润 Z。

正如对图 2－10 的讨论，点 B 就是最优解点，因为它是目标函数线与可行解区域的切点。换句话说，目标函数线确定了哪个极点是最优解。这是因为根据目标函数通过计算每个极点的 x_1 和 x_2 得到利润。如果目标函数的系数变化（比如，对于 x_1 和 x_2 有了不同的利润值），点 B 之外的其他极点可能成为最优解。

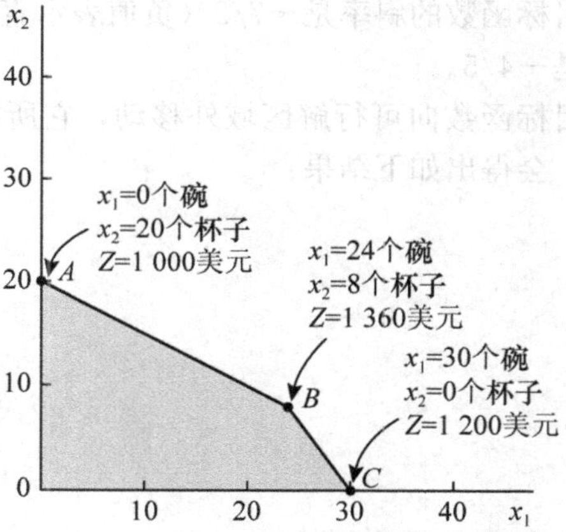

图 2－12　所有交点处的解

让我们假设一下，碗的利润由 40 美元变成 70 美元，杯子的利润由 50 美元变为 20 美元，从而新的目标函数为：$Z=70x_1+20x_2$。如果劳动力和黏土的约束条件没有变化，如图 2－13 所示，可行解的范围就依然一样。然而，目标函数在图 2－13 中的位置不同于原始的目标函数在图 2－10 中的位置。这种改变是因为新的利润系数改变了线性目标函数的斜率。

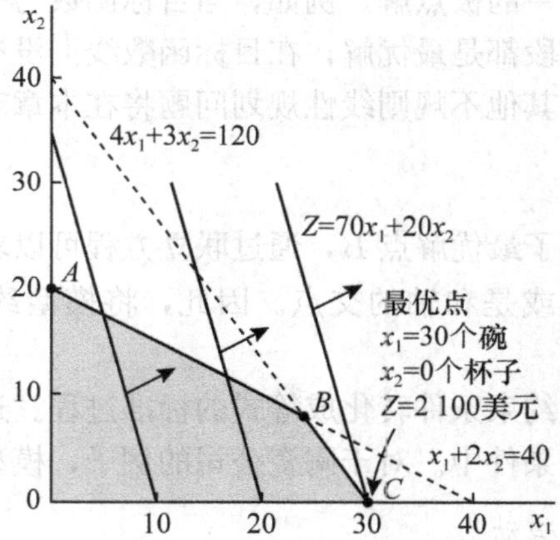

图 2－13　目标函数为 $Z=70x_1+20x_2$ 时的最优解

把目标函数转换成一条直线的通用等式（$y=a+bx$）就可以得到斜率。其中 y 是因变量，a 是 y 的截距，b 是斜率，而 x 是自变量。对于例子中的目标函数，x_2 是与 y 相对应的因变量（它会在竖轴上），x_1 是自变量。因此，这个目标函数可以转换成一条直线的通用等式，如下：

$$Z=70x_1+20x_2$$

$$20x_2=Z-70x_1$$

$$x_2=\frac{Z}{20}-\frac{7}{2}x_1$$

$$\begin{array}{ccc}\uparrow & \uparrow & \uparrow \\ y & a & b\end{array}$$

这个转换表明，新的目标函数的斜率是−7/2（负值表示直线是向下倾斜的）。经过比较，原始目标函数的斜率是−4/5。

如果我们把这个新的目标函数向可行解区域外移动，它所接触的最后一个极点是 C。联立约束方程式求解点 C，会得出如下结果：

$$x_1=30$$
$$4x_1+3x_2=120$$

和

$$x_2=40-(4x_1/3)$$
$$x_2=0$$

因此，在图 2－13 中，点 C 的最优解是 $x_1=30$，$x_2=0$，$Z=2\,100$（美元）。改变目标函数的系数，可以得到一个新的解。

这个例子论述了改变目标函数的影响，其中有两点比较有用。第一，最优点由目标函数决定，在两个轴上的极点极有可能成为最优解。第二，目标函数的系数对解的影响很大。如果目标函数的系数改变了，例如我们的例子，解就可能变化。同样，如果约束条件的系数改变了，可行解范围和极点也会变化。当决策者决定一种产品生产多少时，这些信息就极为重要。灵敏度分析——用线性规划去评估模型参数变化的影响，将在第 3 章讨论。

注意，有些问题没有唯一的极点解。例如，当目标函数与一个约束条件线平行时，相邻的两个交点之间的整条线段都是最优解；在目标函数线上没有唯一的极点。在这种情况下，会有多个最优解。它和其他不规则线性规划问题将在本章末讨论。

□ 松弛变量

一旦在图 2－12 中找到了最优解点 B，通过联立方程可以求出 x_1 和 x_2 的值。回想一下，解出现在约束线的交点或是和轴的交点。因此，将模型约束条件考虑成等式（＝），而不是不等式（≥或≤）。

有一种把不等式（≤）约束条件转化成等式的标准过程。这种转化是通过增加一个叫作松弛变量的新变量到约束条件中。对于陶瓷公司的例子，模型约束条件是：

$x_1+2x_2\leqslant 40$ 小时劳动力
$4x_1+3x_2\leqslant 120$ 磅黏土

增加松弛变量 s_1 到劳动力约束条件和 s_2 到黏土约束条件中，就会形成如下等式：

$x_1+2x_2+s_1=40$ 小时劳动力
$4x_1+3x_2+s_2=120$ 磅黏土

这些等式中的松弛变量，s_1 和 s_2，可以取任何值使等式左右两边相等。例如，考虑一个假设解 $x_1=5$ 和 $x_2=10$，把这些值代入前面的等式中，得

$x_1+2x_2+s_1=40$ 小时劳动力
$5+2(10)+s_1=40$ 小时劳动力
$s_1=15$ 小时劳动力

和

$4x_1+3x_2+s_2=120$ 磅黏土

$4(5)+3(10)+s_2=120$ 磅黏土

$s_2=70$ 磅黏土

在这个例子中，$x_1=5$ 单位碗和 $x_2=10$ 单位杯子表示了一个没有完全使用劳动力和黏土的解。在劳动力约束条件中，5 单位碗和 10 单位杯子只使用了 25 小时劳动力，还有 15 小时劳动力没有使用。因此，s_1 表示没有使用的工时，或松弛。

在黏土约束条件中，5 单位碗和 10 单位杯子只使用了 50 磅黏土，还有 70 磅黏土没有使用。因此，s_2 表示没有使用的黏土量。通常来说，松弛变量表示尚未使用的资源。

未使用资源的极端情况发生在原点，这时 $x_1=0$，$x_2=0$。把这些值代入等式，得

$x_1+2x_2+s_1=40$

$0+2(0)+s_1=40$

$s_1=40$ 小时劳动力

和

$4x_1+3x_2+s_2=120$

$4(0)+3(0)+s_2=120$

$s_2=120$ 磅黏土

因为在原点没有生产，所有的资源均未使用，因此松弛变量等于每种资源的总量：$s_1=40$ 小时和 $s_2=120$ 磅。

这些新的松弛变量对目标函数有什么影响？例子中的目标函数表示从碗和杯子的生产中获得的利润：

$Z=40x_1+50x_2$

系数 40 是每单位碗的利润，50 是每单位杯子的利润。松弛变量 s_1 和 s_2 对利润有什么影响？没有任何影响，因为它们表示尚未使用的资源。只有在资源用于生产碗和杯子后，才会产生利润。应用松弛变量，目标函数可以表示为：

$\max Z=40x_1+50x_2+0s_1+0s_2$

在这个例子中，决策变量（x_1 和 x_2）、松弛变量仅可以是非负值，因为负的资源是不可能的。因此对于这个模型 x_1，x_2，s_1 和 $s_2\geqslant 0$。

完整的线性规划模型可以用有松弛变量的标准形式表示为：

$$\max Z=40x_1+50x_2+0s_1+0s_2$$

$$\text{s.t.}\begin{cases}x_1+2x_2+s_1=40\\4x_1+3x_2+s_2=120\\x_1,x_2,s_1,s_2\geqslant 0\end{cases}$$

每个解的值，包括松弛变量，总结如下：

有松弛变量的解值归纳

点	解值	Z	松弛变量
A	$x_1=0$ 单位碗，$x_2=20$ 单位杯子	1 000 美元	$s_1=0$ 小时，$s_2=60$ 磅
B	$x_1=24$ 单位碗，$x_2=8$ 单位杯子	1 360 美元	$s_1=0$ 小时，$s_2=0$ 磅
C	$x_1=30$ 单位碗，$x_2=0$ 单位杯子	1 200 美元	$s_1=10$ 小时，$s_2=0$ 磅

图 2－14 显示了这个例子的图解法，在每个解点都包括松弛变量。

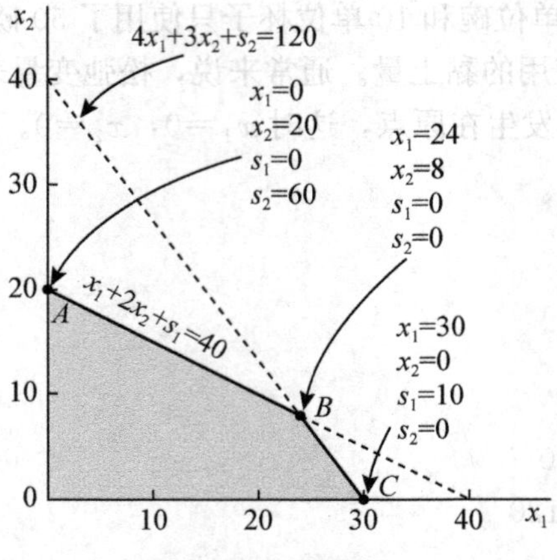

图 2－14　有松弛变量的点 A，B 和 C 的解

□ 图解法步骤总结

用图解法求解线性规划模型的步骤总结如下：

1. 把模型的约束条件变成等式并在图上画出，考虑约束条件的不等式，指明可行解的区域范围。

2. 画出目标函数，然后把这条线从原点向外移动，定位于最优解点。

3. 在最优解点联立方程求解，得到最优解的值。

或者

2. 在每个交点联立方程求解，得到在每个点的解值。

3. 把这些值代入目标函数得到最后使 Z 值最大化的点。

管理科学应用

通用电气能源公司的可再生能源投资决策

通用电气能源公司是世界第二大风力涡轮机制造商，太阳能业务日益增长，公司总部的能源金融服务中心每年在可再生能源工厂投资数十亿美元。为帮助通用电气能源公司制定投资决策，建立了一个在超过 10 年的范围内预测可再生能源工厂财务绩效和可再生能源的再生能力的数学规划模型。建设可再生能源工厂比建设传统工厂更昂贵，因此建设可再生能源工厂是由政府的激励和授权驱动的，称为可再生能源投资组合标准（PRS），该标准要求公用事业单位必须满足一定比例的可再生能源需求。不能满足这些标准的公用事业单位要么从那些可再生资源过剩的公用事业单位购买可再生能源信用额度，要么根据规定缴纳罚款。该模型的目标函数是使 10 年内 RPS 授权的成本（相当于新工厂的能源生产成本加上能源运输成本加上不合规的罚款）最小化，约束式是满足每年或每个工程项目的 RPS 需求、输电能力限制、新的建筑能力限制、能源限制。决策变量包括（在时间范围内）当前技术、资源每年可建造的可再生能源工厂、每年在各州之间运输的可再生能源、每年由于不符合 RPS 规定向州支付的罚金。自实施以来，模型帮助通用电气公司估计在可再生能源项目中的可再生能源信用价格，预计可再生能源需求，评估政府有效性政策以及倡导了有效政策。

资料来源：S. Bollapragada，B. Owens，and S. Taub，"Practice Summaries：An Optimization Model to Support Renewable Energy Investment Decisions，" *Interfaces* 41，no. 4（July - August 2011）：394－95.

最小化模型举例

正如在本章开始提到的，有两种线性规划问题：最大化问题（例如海狸小溪陶瓷公司的例子）和最小化问题。最小化问题和最大化问题在模型的建立方面基本是一致的，除了一些很细微的不同。下面的例子将讲解如何用公式表达一个最小化模型。

农场主正在准备在春天种植一种农作物，需要给土壤施肥。有两种化肥可供选择：Super-gro 和 Crop-quick。每种化肥每袋中氮和磷的含量如下：

品牌	化学成分	
	氮肥（磅/袋）	磷肥（磅/袋）
Super-gro	2	4
Crop-quick	4	3

农场主至少需要氮肥 16 磅、磷肥 24 磅。Super-gro 的成本是每袋 6 美元，Crop-quick 的成本是每袋 3 美元。农场主想知道每种化肥各买多少袋，可以使施肥的成本最低。这个例子的情况如图 2－15 所示。

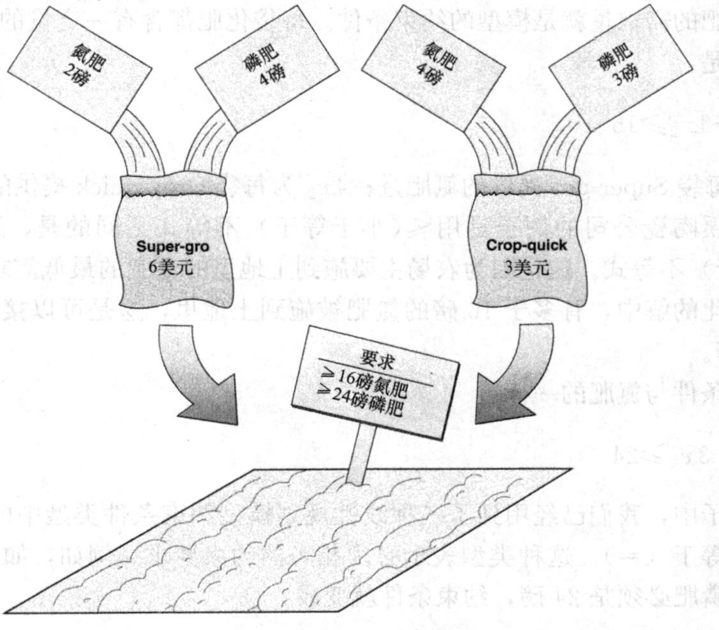

图 2－15　为土壤施肥

建立线性规划模型的步骤总结如下：

线性规划模型的步骤总结

第一步：定义决策变量

需要购买 Super-gro 和 Crop-quick 各多少袋

第二步：定义目标函数

成本最小化

第三步：定义约束条件

土壤需要施氮肥和磷肥

□ 决策变量

这个问题包括两个决策变量，分别代表两种化肥各购买多少袋：

x_1＝Super-gro 的袋数

x_2＝Crop-quick 的袋数

□ 目标函数

农场主的目标是施肥的总成本最低。总成本是购买的每种化肥的成本的和。代表总成本的目标函数即可表示为：

$$\min Z=6x_1+3x_2$$

式中，$6x_1$ 为 Super-gro 的成本；$3x_2$ 为 Crop-quick 的成本。

□ 模型约束条件

氮肥和磷肥的需求量就是模型的约束条件。每袋化肥都含有一定量的氮肥和磷肥。氮肥的约束条件是：

$$2x_1+4x_2\geqslant 16$$

式中，$2x_1$ 为每袋 Super-gro 提供的氮肥量；$4x_2$ 为每袋 Crop-quick 提供的氮肥量。

与海狸小溪陶瓷公司的例子是用≤（小于等于）不等式不同的是，这个约束条件需要≥（大于等于）不等式。这是因为农场主要施到土地里的氮肥的最低需求量是 16 磅。如果在成本最小化的解中，有多于 16 磅的氮肥被施到土地里，这是可以接受的，但绝对不可以少于 16 磅。

磷肥约束条件与氮肥的一样：

$$4x_1+3x_2\geqslant 24$$

在这个例子中，我们已经用到了三种线性规划模型约束条件类型中的两种：≤和≥。第三种类型是等于（＝）。这种类型表示必须相等的约束要求。例如，如果农场主要求土地所要施加的磷肥必须是 24 磅，约束条件就变成：

$$4x_1+3x_2=24$$

在最大化模型中，还有非负的约束条件，在这个例子里表明购买的化肥袋数不能是负数：

$$x_1, x_2 \geqslant 0$$

这个最小化问题的完整模型就是：

$$\min Z = 6x_1 + 3x_2$$

$$\text{s.t.} \begin{cases} 2x_1 + 4x_2 \geqslant 16 \\ 4x_1 + 3x_2 \geqslant 24 \\ x_1, x_2 \geqslant 0 \end{cases}$$

□ 最小化模型的图解法

在最小化模型中使用的图解法的基本步骤和在最大化模型中使用的是一样的。在此，我们用农场施肥的例子来示范最小化模型的图解法。

第一步是把两个模型约束条件的等式画在图中，如图 2－16 所示。接下来要选择可行解的范围，以显示约束条件中的≥不等式，如图 2－17 所示。

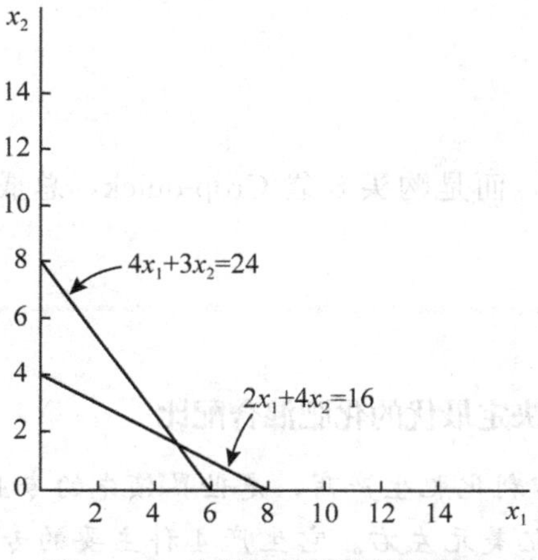

图 2－16　农场施肥模型的约束线

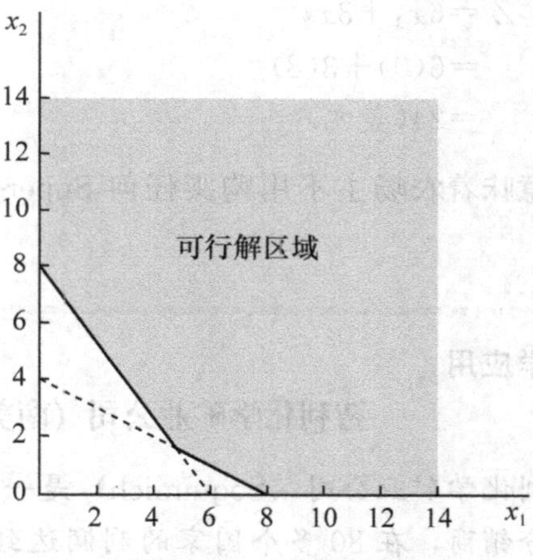

图 2－17　可行解区域

在确定可行解范围之后，图解法的第二步就是要找到最优解点。回想一下在最大化问题中，最优解是在最远离原点的可行解范围的边界上。最小化问题的最优解同样也在可行解范围的边界上，只不过边界比较靠近原点（0 是可能的最低成本值）。

和最大化问题一样，最优解是位于边界上的一个极点。在这个例子中，交点代表靠近原点的可行解范围边界上的极值。图 2－18 显示了 3 个交点——点 A、点 B 及点 C——和目标函数线。

随着目标函数向原点缓缓移动，它和可行解区域接触的最后一个点是点 A。换句话说，点 A 是目标函数可以靠近原点而又不离开可行解区域的最近位置。因此，它对应的值可以达到最低成本。

图解法的最后一步是求解点 A 处的 x_1 和 x_2 的值。因为点 A 在 x_2 轴上，$x_1=0$，因此

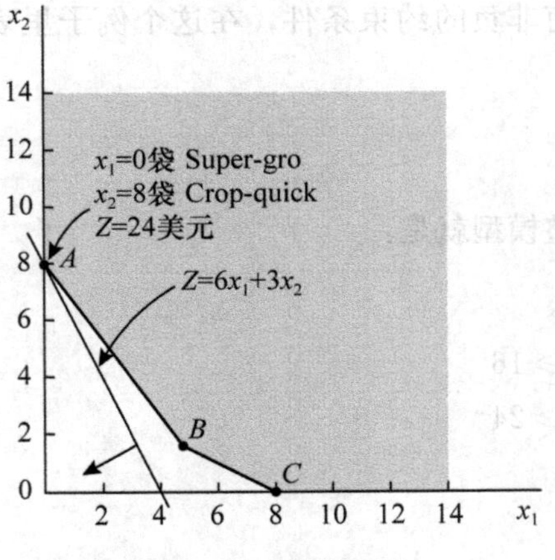

图 2-18　最优解点

$$4(0)+3x_2=24$$
$$x_2=8$$

因为最优解是 $x_1=0$，$x_2=8$，所以最小的成本 Z 为：

$$\begin{aligned} Z &= 6x_1+3x_2 \\ &= 6(0)+3(8) \\ &= 24(\text{美元}) \end{aligned}$$

这意味着农场主不用购买任何 Super-gro，而是购买 8 袋 Crop-quick，总成本是 24 美元。

管理科学应用

智利化学矿业公司（南美）决定最优的化肥混合配比

智利化学矿业公司（Soquimich）是一家智利化肥生产商，是世界领先的专业化肥制造商和分销商，在 80 多个国家的利润达到 5 亿美元左右。它生产 4 种主要的专业化肥，还可以根据客户的需要生产 200 多种复合化肥。农场主希望公司快速推荐最优的复合化肥，以最低的成本为农作物提供合适数量的各种成分。农场主将为公司的销售代表提供有关过去农作物产量及其目标产量的信息，然后公司销售代表拜访农场主，取得土壤样本，带回公司实验室分析。生成的报告将标明土壤对养分的要求，包括氮、磷、钾、硼、镁、硫和锌。根据这些要求，公司的专家将决定使用包括土壤需要养分数量的约束条件（对于特定的农作物）和产品成本最小化的目标函数的线性规划模型，决定最优的化肥混合配比。以前，公司的专家使用耗时的手工流程计算化肥混合配比的推荐值。线性规划模型可以使公司为顾客提供准确、快速、低成本的方案，帮助公司赢得了新客户，扩大市场占有率。

资料来源：A. M. Angel，L. A. Taladriz，and R. Weber. "Soquimich Uses a System Based on Mixed-Integer Linear Programming and Expert Systems to Improve Customer Service，" *Interfaces* 33，no. 4（July-August 2003）：41-52.

□ 剩余变量

≥约束条件不能像≤约束条件那样，通过增加松弛变量变为等式。回忆化肥模型，方程式为：

$$\min Z=6x_1+3x_2$$

$$\text{s.t.}\begin{cases}2x_1+4x_2\geqslant 16\\4x_1+3x_2\geqslant 24\\x_1,x_2\geqslant 0\end{cases}$$

式中，x_1 为 Super-gro 化肥的袋数；x_2 为 Crop-quick 化肥的袋数；Z 为农场主购买化肥的总成本。

因为这个问题有≥约束条件，而不像海狸小溪陶瓷公司的最大化问题具有≤约束条件，要想把它变为等式需要有些不同。

与为≥约束条件增加一个松弛变量不同的是，要减去一个剩余变量。增加的松弛变量用于反映没有使用的资源，减去的剩余变量反映的是超出最低资源水平。如同松弛变量，剩余变量用符号 s_1 表示，而且必须是非负值。

对于氮肥的约束条件，减去剩余变量可表示为：

$$2x_1+4x_2-s_1=16$$

剩余变量 s_1 把氮肥的约束条件变成了等式。

举个例子，假设一个解：

$$x_1=0$$
$$x_2=10$$

把这些变量代入前面的等式，得

$$2(0)+4(10)-s_1=16$$
$$s_1=24(\text{磅氮肥})$$

在这个等式中 s_1 可以被解释为购买 10 袋 Crop-quick 化肥后，获得的超出最低氮肥要求（16 磅）的额外数量的氮肥。

相似的方法，通过减去一个剩余变量 s_2，可以把磷肥的约束条件转变为等式：

$$4x_1+3x_2-s_2=24$$

如同松弛变量的情形一样，剩余变量对整体模型的成本没有任何贡献。例如，为土地施加额外的氮肥和钾肥不会影响农场主的成本；唯一影响成本的因素是购买了多少袋化肥。因此，这个线性规划模型的标准形式可总结如下：

$$\min Z=6x_1+3x_2+0s_1+0s_2$$

$$\text{s.t.}\begin{cases}2x_1+4x_2-s_1=16\\4x_1+3x_2-s_2=24\\x_1,x_2,s_1,s_2\geqslant 0\end{cases}$$

图 2－19 显示了这个例子的图示，在每个解点都包括剩余变量。

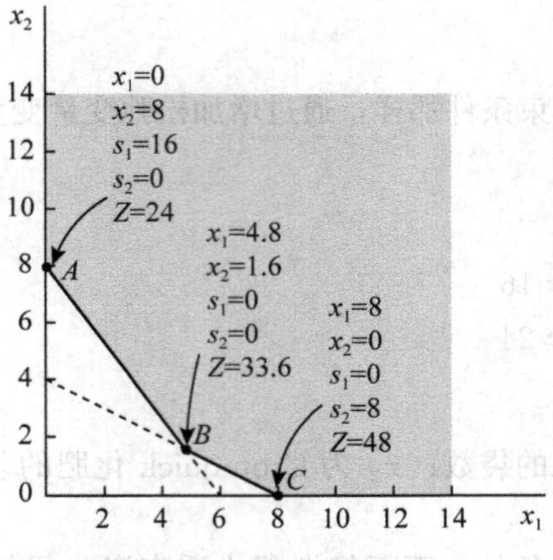

图 2-19　化肥例子的图示

不规则线性规划问题

典型的最大化和最小化问题的基本形式在本章都讲解过了。然而，还有几种特殊类型的非典型线性规划问题。虽然这些特殊情况不是经常发生，但在这里还是要简单描述一下，以便你遇到它们时能知道。这些特殊类型包括多重解、无可行解问题、无界问题。

□ 多重解

考虑海狸小溪陶瓷公司的例子，把目标函数由 $Z=40x_1+50x_2$ 变为 $Z=40x_1+30x_2$：

$$\max Z=40x_1+30x_2$$
$$\text{s. t.}\begin{cases}x_1+2x_2\leqslant 40 \text{ 小时劳动力}\\4x_1+3x_2\leqslant 120 \text{ 磅黏土}\\x_1,x_2\geqslant 0\end{cases}$$

式中，x_1 为生产的碗的个数；x_2 为生产的杯子的个数。

模型的图示如图 2-20 所示。目标函数的微小变化使它与约束线 $4x_1+3x_2=120$ 平行

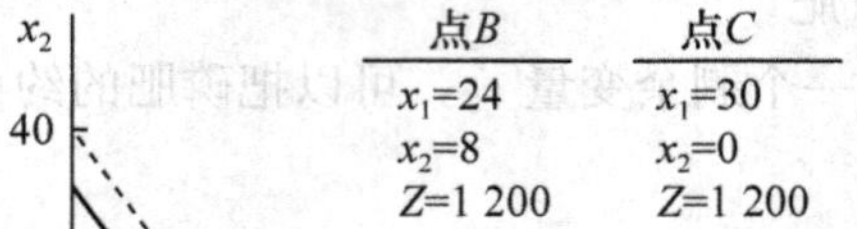

图 2-20　海狸小溪陶瓷公司多重解的图示

了。两条线都有相同的斜率－4/3。因此当目标函数向外移动时，在离开可行解区域前，它会和整条 BC 线段接触，而不是拐角处的一个点。这意味着整条线段上的每个点都是最优的。（每个点都会得到同样的利润 Z＝1 200 美元。）线段的端点 B 和 C 被称为可替换最优解。要明白这些点是最优解区域的端点。

陶瓷公司因此在决定生产多少碗和杯子的时候有了多种选择。多重最优解对决策者是件好事，因为决策的选择面宽了。多重最优解（沿着图 2－20 中的 BC 线段）给决策者更多的灵活性。例如，在海狸小溪陶瓷公司的例子中，卖碗比卖杯子更容易，因此在 C 点的只生产碗的解比在 B 点同时生产碗和杯子的解更具吸引力。

□ 无可行解问题

在某些情况下，线性规划问题没有可行解，因此造成问题无解。下面就是一个无可行解的例子，图形如图 2－21 所示。

$$\max Z=5x_1+3x_2$$

$$\text{s. t.}\begin{cases}4x_1+2x_2\leqslant 8\\ x_1\geqslant 4\\ x_2\geqslant 6\\ x_1,x_2\geqslant 0\end{cases}$$

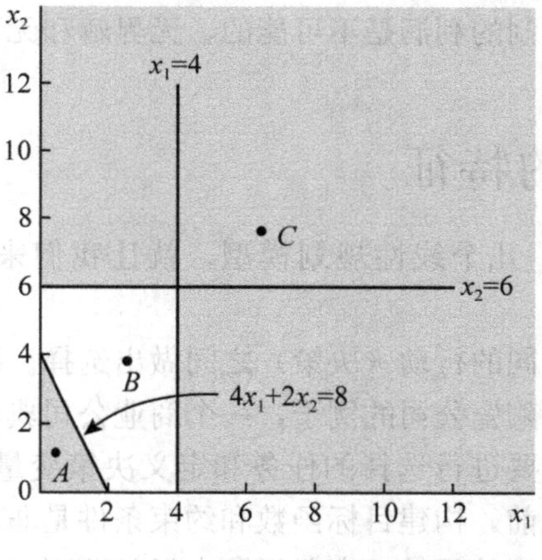

图 2－21　无可行解的图示

图 2－21 中的点 A 只满足约束条件 $4x_1+2x_2\leqslant 8$；点 C 只满足 $x_1\geqslant 4$ 和 $x_2\geqslant 6$；点 B 不满足任何约束条件。这三个约束条件不能重叠，从而形成一个可行解区域。因为没有点同时满足三个约束条件，所以此问题无解。无可行解问题不是经常发生，但是当它们发生时，通常是因为错误地定义了问题或是定义线性规划模型时发生了错误。

□ 无界问题

在某些情况下，由模型约束条件构成的可行解区域是不封闭的。在这些情况下，目标函数可能无限增长下去，永远达不到一个最大值的点，因为它永远无法到达可行解区域的边界。

下面就是这种问题的一个例子，图形如图 2－22 所示。

$$\max Z = 4x_1 + 2x_2$$

$$\text{s. t.} \begin{cases} x_1 \geqslant 4 \\ x_2 \leqslant 2 \\ x_1, x_2 \geqslant 0 \end{cases}$$

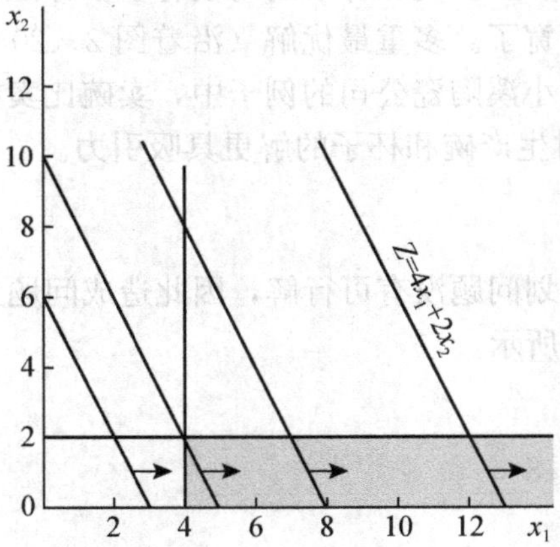

图 2-22　无界问题

在图 2-22 中，目标函数可以无限制地增长，因此永远无法得到一个解。

在现实生活中，没有限制的利润是不可能的，无界解和无可行解一样，反映了定义问题或定义模型时发生了错误。

■线性规划问题的特征

既然我们有机会建立了几个线性规划模型，就让我们来回顾一下线性规划问题的特征。

线性规划问题需要在不同的行动（决策）之间做出选择。决策在模型中表示为决策变量。正如本章前面海狸小溪陶瓷公司的例子，一个商业公司典型的决策活动就是要决定不同的产品各生产多少。确定要进行选择的任务和定义决策变量通常是模型建立的第一步，因为在没有定义决策变量之前，构建目标函数和约束条件是非常困难的。

问题包含决策者想要达到的目的，商业问题中经常遇到的两个目标是利润最大化和成本最小化。

线性规划问题的第三个特征就是约束的存在。目标函数不可能达到无限的结果。在商业公司中，这种约束经常表现为有限的资源，比如劳动力和原材料。本章中的样本模型有多种多样的约束条件。这些约束连同目标函数，都要定义为线性关系。定义这些关系是模型建立步骤中最难的。

□ 线性规划模型的性质

除了包含线性关系，线性规划模型还包含其他一些隐性的属性。这些都通过本章的例子表现了出来。“线性”这个词不仅表示模型函数在图上表现为一条直线，也表示关系中存在比例因素。换句话说，变化的比率或斜率是个常量，因此决策变量一定范围的变化会导致函数值同样的相应变化。

线性规划还要求目标函数和约束条件的形式是可加的。例如，在海狸小溪陶瓷公司的模型中，总利润（Z）必须等于生产碗（$40x_1$）和生产杯子（$50x_2$）的利润之和。同样使用的所有资源必须等于在约束条件中每种活动使用的资源的总和（例如劳动力）。

线性规划模型的另一个属性就是解的值（决策变量）不能被限定在整数值；决策变量可以是任何小数值。因此，变量可以说是连续的或可导的，而不能是整数的或离散的。例如，虽然代表碗、杯子、飞机、汽车的决策变量实际上应为整数解，但线性规划的求解方法却不可能得到这样的解。这一属性将在随后各章讨论解题方法时进一步讲解。

线性规划模型的最后一个属性是模型参数的值都被假定为常量或确定的。然而，在现实情况中，模型参数通常是不确定的，因为它不仅反映当前，还反映未来的情况，未来的情况很少具有确定性。

总结一下，线性规划模型具有如下特征：线性、成比例性、可加性、可导性和确定性。随着本书后面不同解题方法的讲解，这些属性将更明显，对问题求解的影响也会更加详细地加以讨论。

小　结

本章中两个例子的问题是用线性规划模型来表示的，这是为了说明建模过程。这些问题有相似的地方，都是在有限制和要求的情况下要达到一些目标。线性规划模型存在一些通用的特点：

- 求一个目标函数的最大值或最小值。
- 有一系列的约束条件。
- 有衡量活动水平的决策变量。
- 约束关系式和目标函数都是线性关系。

线性规划的图解法在求解问题方面不是十分有效。一方面，画出一张精确的图是一件非常乏味的事情；另一方面，图解法仅限于两个决策变量的模型。然而，图解分析方法对深入了解线性规划和求解过程是非常有益的。

在图解法中，一旦根据图形确定了可行解的区域和最优解，就可以联立方程解出 x_1 和 x_2。在第 3 章，将讲解如何利用计算机程序求解线性规划。

解题实例

在讨论问题之前，首先讲解对两个线性规划问题的求解。

问题描述

摩尔肉类包装公司生产每批 1 000 磅的热狗混合包装。混合包装中有两种成分：鸡肉和牛肉。每磅成分的成本如下：

成分	每磅成本
鸡肉	3 美元
牛肉	5 美元

每批的配方要求如下：

a. 至少 500 磅鸡肉

b. 至少 200 磅牛肉

鸡肉和牛肉的比例至少是 2∶1。公司想知道最优的比例是多少，以使成本最低。为这个问题建立一个线性规划模型。

求解过程

第一步：定义决策变量

问题不应该被“整个吞下”，而应分步进行。从决策变量开始，分别定义模型的每一部分：

x_1＝ 鸡肉的磅数

x_2＝ 牛肉的磅数

第二步：定义目标函数

$$\min Z=3x_1+5x_2$$

式中，Z 为每批 1 000 磅的成本；$3x_1$ 为鸡肉的成本；$5x_2$ 为牛肉的成本。

第三步：建立模型约束条件

该问题的约束条件就在于配方限制和（不可以忽略的）每批必须包括 1 000 磅混合成分：

$x_1+x_2=1\,000$ 磅

$x_1\geqslant 500$ 磅鸡肉

$x_2\geqslant 200$ 磅牛肉

$x_1/x_2\geqslant 2/1$ 或 $x_1-2x_2\geqslant 0$

且

$x_1, x_2\geqslant 0$

模型为：

$$\min Z=3x_1+5x_2$$

$$\text{s. t.}\begin{cases}x_1+x_2=1\,000\\x_1\geqslant 500\\x_2\geqslant 200\\x_1-2x_2\geqslant 0\\x_1, x_2\geqslant 0\end{cases}$$

问题描述

用图解法求解下列线性规划模型：

$$\max Z=4x_1+5x_2$$

$$\text{s. t.}\begin{cases}x_1+2x_2\leqslant 10\\6x_1+6x_2\leqslant 36\\x_1\leqslant 4\\x_1, x_2\geqslant 0\end{cases}$$

求解过程

第一步：画出约束条件式

一种简便的画出约束条件式的方法是，令其中的一个约束变量为 0，求得另一个变量的值，这样可以在一个轴上得到一个点。三条约束线如下图所示：

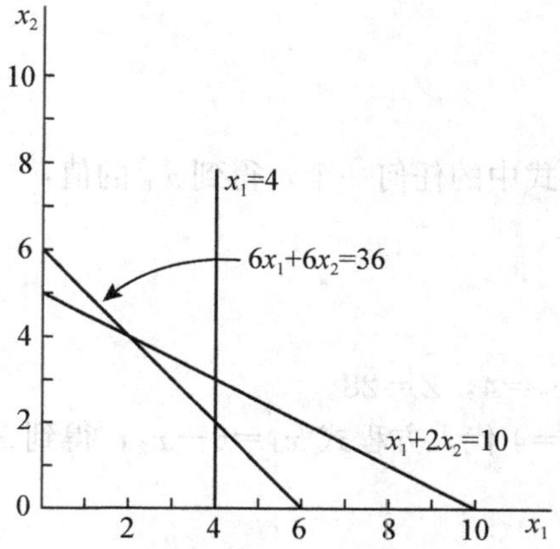

约束等式

第二步：确定可行解的区域范围

可行解的区域范围就是确定同时满足三个≤约束条件的空间范围，如下图所示：

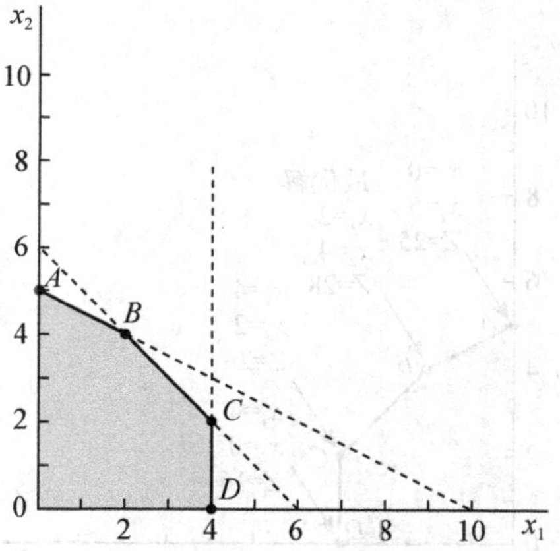

可行解区域和极值点

第三步：确定解所在的点

在点 A 的解是由约束线与 x_2 轴在 5 相交得到的，因此 $x_2=5$，$x_1=0$，$Z=25$。在另一轴上，点 D 的坐标值也可以用相似的方法得到。约束线与轴在 $x_1=4$，$x_2=0$ 相交，$Z=16$。

点 B 和点 C 的坐标值是通过求解联立方程得到的。注意，点 B 是由线 $x_1+2x_2=10$ 和 $6x_1+6x_2=36$ 相交得到的。首先把这两个方程式转换成 x_1 的函数：

$$x_1+2x_2=10$$

$$x_1=10-2x_2$$

同时

$$6x_1+6x_2=36$$
$$x_1=6-x_2$$

现在令方程式相等求解 x_2：

$$10-2x_2=6-x_2$$
$$x_2=4$$

将 $x_2=4$ 代入两个方程式中的任何一个，得到 x_1 的值：

$$x_1=6-x_2$$
$$x_1=2$$

因此在点 B，$x_1=2$，$x_2=4$，$Z=28$。

在点 C，$x_1=4$，将 $x_1=4$ 代入方程式 $x_1=6-x_2$，得到 x_2 的值：

$$4=6-x_2$$
$$x_2=2$$

因此，$x_1=4$，$x_2=2$，$Z=26$。

第四步：确定最优解

最优解在点 B，$x_1=2$，$x_2=4$，$Z=28$。最优解和在其他极值点的解如下图所示：

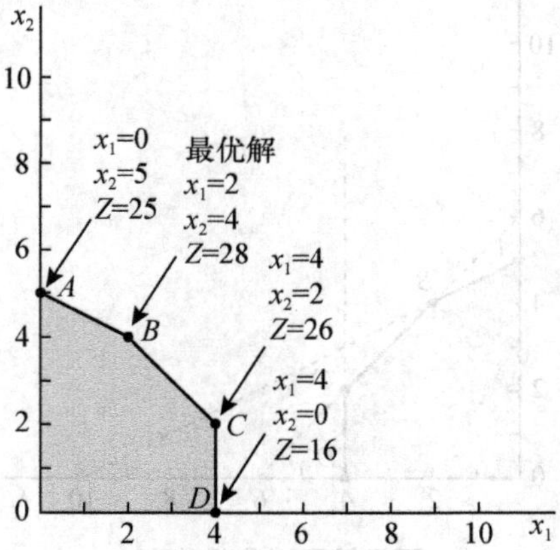

最优解点

习　题

1. 在第 1 章习题 37 中，当玛丽·莫考周六早晨醒来的时候，她想起曾经答应为 PTA 下午的烘焙展销会制作一些蛋糕和面包。然而，她没有时间去商店购买原料，而且她只有不长的时间用烤箱烤东西。因为蛋糕和面包需要不同的烘焙温度，她不能同时烤制蛋糕和面包，而且她只有 3 个小时烘焙时间。制作一个蛋糕需要 3 杯面粉，一个面包需要 8 杯面粉；玛丽有 20 杯面粉。蛋糕需要 45 分钟，面包需要 30 分钟烤制。PTA 会以 10 美元和 6 美元的价格将蛋糕和面包卖出。玛丽想决定制造多少蛋糕和面包。

a. 为这个问题建立一个线性规划模型。

b. 用图解分析法求解这个模型。

4. 卡洛化肥公司使用两种成分，生产一种含氮、磷酸盐和钾的化肥。每磅成分 1 含有 10 盎司氮和 6 盎司磷酸盐；每磅成分 2 含有 2 盎司氮、6 盎司磷酸盐和 1 盎司钾。成分 1 的成本为每磅 3 美元，成分 2 的成本为每磅 5 美元。公司想知道生产一袋化肥每种化学成分需要多少磅，才能以最低成本满足 20 盎司氮、36 盎司磷酸盐和 2 盎司钾的最低要求。

a. 为这个问题建立一个线性规划模型。

b. 用图解分析法求解这个模型。

5. 松林家具公司需要两种资源生产椅子和桌子——劳动力和木材。公司每天有 80 小时劳动力和 36 磅木材。每天椅子的需求量不会超过 6 把。每把椅子需要 8 小时劳动力和 2 磅木材；每张桌子需要 10 小时劳动力和 6 磅木材。每把椅子的利润是 400 美元，每张桌子的利润是 100 美元。公司想要知道每天生产多少椅子和桌子，才能达到最大利润。

a. 为这个问题建立一个线性规划模型。

b. 用图解分析法求解这个模型。

6. 在习题 5 中：

a. 如果按最优解生产椅子和桌子，有多少劳动力和木材没有使用？

b. 如果桌子的利润由 100 美元变成 500 美元，请解释对最优解的影响。

11. 某珠宝商店用黄金和白金制作项链和手镯。商店现有 18 盎司黄金和 20 盎司白金。每根项链需要 3 盎司黄金和 2 盎司白金，每只手镯需要 2 盎司黄金和 4 盎司白金。手镯的需求量不会超过 4 只。项链的利润是 300 美元，手镯的利润是 400 美元。商店想知道制作多少项链和手镯，可以使利润最大化。

a. 为这个问题建立一个线性规划模型。

b. 用图解分析法求解这个模型。

18. 用图解法求解下列线性规划模型：

$$\max Z = 5x_1 + 8x_2$$

$$\text{s.t.}\begin{cases}3x_1 + 5x_2 \leqslant 50\\ 2x_1 + 4x_2 \leqslant 40\\ x_1 \leqslant 8\\ x_2 \leqslant 10\\ x_1, x_2 \geqslant 0\end{cases}$$

19. 把习题 18 中的模型转变成标准形式，并给出每个极点的松弛变量。

30. 用图解法求解下列线性规划模型：

$$\max Z = 3x_1 + 2x_2$$

$$\text{s.t.}\begin{cases}2x_1 + 4x_2 \leqslant 22\\ -x_1 + 4x_2 \leqslant 10\\ 4x_1 - 2x_2 \leqslant 14\\ x_1 - 3x_2 \leqslant 1\\ x_1, x_2 \geqslant 0\end{cases}$$

31. 用图解法求解下列线性规划模型：

$$\min Z=8x_1+2x_2$$

$$\text{s.t.}\begin{cases}2x_1-6x_2\leqslant 12\\5x_1+4x_2\geqslant 40\\x_1+2x_2\geqslant 12\\x_2\leqslant 6\\x_1,x_2\geqslant 0\end{cases}$$

42. Shirtstop 生产贴牌 T 恤并在自己的连锁店销售。它和两家工厂——一家在波多黎各，另一家在巴哈马，有合同关系。波多黎各工厂的生产成本为 0.46 美元，有 9%的残次品不能销售。巴哈马工厂的生产成本只有 0.35 美元，但次品率达到 18%。Shirtstop 需要 3 500 件 T 恤。为了和这两家工厂保持关系，它要从每家工厂至少订购 1 000 件 T 恤，还要求收到的 T 恤至少有 88%能卖出去。

a. 为这个问题建立一个线性规划模型。

b. 用图解分析法求解这个模型。

48. 泰克大学的招生办公室想决定在下一个秋季的新生班中招收多少本州和其他州的学生。本州学生的学费是每年 7 600 美元，其他州的学生的学费是 22 500 美元。12 800 名本州学生和 8 100 名其他州的学生申请了下一个秋季的新生班，泰克最多能招收 3 500 名学生。然而，由于泰克是一所州立大学，本州法律规定它只能招收最多 40%的其他州的学生。根据过去的经验，12%本州学生和 24%其他州的学生会在第一年退学。泰克大学想找到一种方案使收取的学费最多，而且把第一年的退学人数限制在 600 人。

a. 为这个问题建立一个线性规划模型。

b. 用图解分析法求解这个模型。

53. 珍妮特·洛佩兹正在规划一项包括股票和债券的投资计划。她有 720 000 美元可用于投资，她想投资计划中股票的比例最多为 65%。她计划投资的股票的年回报率是 18%，债券的年回报率是 6%。进一步分析，第二年投资的股票的损失率最多是 22%，债券的损失率最多是 5%。为降低风险，她要把损失控制在 100 000 美元之内。

a. 为这个问题建立一个线性规划模型。

b. 用图解分析法求解这个模型。

54. 史密斯教授讲授两个班的商业统计课程，需要在期末考试中审阅 120 份考卷。史密斯教授有 2 个研究生助手——布莱德和莎拉，审阅期末试卷。所有试卷必须在 3 天内审阅完毕并公布分数。在这段时间内，布莱德有 12 小时，莎拉有 10 小时审阅试卷。审阅一份试卷，布莱德平均需要 7.2 分钟，莎拉则需要 12 分钟。然而，布莱德的审阅会发生错误，需要史密斯教授最终重审 10%的试卷，莎拉只有 6%的试卷需要重审。史密斯教授想知道每个研究生助手各分配多少份试卷，可以使她的重审量最少。

a. 为这个问题建立一个线性规划模型。

b. 用图解分析法求解这个模型。

60. 用图解法求解下列线性规划模型，并解释求解结果：

$$\min Z=3\,000x_1+1\,000x_2$$

$$\text{s.t.}\begin{cases}60x_1+20x_2\geqslant 1\,200\\10x_1+10x_2\geqslant 400\\40x_1+160x_2\geqslant 2\,400\\x_1,x_2\geqslant 0\end{cases}$$

61. 用图解法求解下列线性规划模型，并解释求解结果：

$$\max Z=60x_1+90x_2$$

$$\text{s.t.}\begin{cases}60x_1+30x_2\leqslant 1\,500\\100x_1+100x_2\geqslant 6\,000\\x_2\geqslant 30\\x_1,x_2\geqslant 0\end{cases}$$

62. 用图解法求解下列线性规划模型，并解释求解结果：

$$\max Z=110x_1+75x_2$$

$$\text{s.t.}\begin{cases}2x_1+x_2\geqslant 40\\-6x_1+8x_2\leqslant 120\\70x_1+105x_2\geqslant 2\,100\\x_1,x_2\geqslant 0\end{cases}$$

案例 2-1

大都市警察巡逻

大都市警察部门最近被当地媒体批评，认为其对市中心的报警电话反应不够及时。在最近的几起案件中，非法闯入报警器响了很久，但当警车到达时，罪犯已经跑了，在一起案件中商店老板还被枪杀。乔·戴维斯警官被上级任命为行动组组长，寻找确定警车最佳巡逻区域（范围）的方法，以使在市中心对报警电话的平均反应时间缩到最短。

戴维斯警官恳求安吉拉·玛丽斯，一位警察部门行动区域的分析专家的帮助。他们开始一起研究这一问题。

乔告诉安吉拉通常的巡逻区域被划分成长方形，包括几个街区。为了说明这一点，他用 x 表示巡逻区域的水平方向，用 y 表示垂直方向。他向安吉拉解释警车的运行路线是沿水平或垂直方向直线运动，在直角处转弯。沿水平和垂直方向的运动必须同时存在，运行的总距离是水平和垂直方向的距离的和。他进一步发现，过去针对城区警察巡逻的研究显示，巡逻车接警后的平均运行距离都是巡逻区域水平或垂直距离的 1/3，$x/3$ 或者 $y/3$。他还解释道，对报警电话的反应时间（假设警车接到报警电话后马上出动），可以简单地计算为平均运行距离除以平均车速。

安吉拉告诉乔，她现在知道对报警电话的平均反应时间是怎么决定的了，可以看出这与巡逻区域的大小紧密相关。她问乔警车巡逻区域的大小是否有什么限制。他回复说，对于他们的城市，主管部门确信巡逻区域的周长应该在 5～12 英里之间。他注意到一些政策问题和人员限制需要这些规范。安吉拉想知道是否还存在其他限制条件，乔指出巡逻区域在垂直方向的距离必须至少比水平方向的距离多 50%。他解释说，以这种方式划分比按其他方式，巡逻区域更可能在不同的住宅区和零售店区域重合。他说这些区域被从北到南划分。所以如果一个区域是从东到西划分，它就是按人口统计学划分在一个层次上。

安吉拉指出她已经具有几乎足够的信息去建立一个模型，只是还需知道巡逻车行驶的平均速度。乔告诉她警车在垂直方向的平均行驶速度是每小时 15 英里，在水平方向的平均行驶速度是每小时 20 英里。他说，这是由于不同的交通流量造成的。

为这个问题建立一个线性规划模型，并用图解法求解。

案例 2－2

“可能性”餐厅

安吉拉·福克斯和祖伊·卡尔菲尔德是州立大学食品和营养学专业的学生，同时也是亲密的朋友和室友。毕业时，安吉拉和祖伊决定在州立大学所在的小镇德佩顿开设一家法国餐馆。在德佩顿没有其他法国餐馆，做一些全新和冒险性事情的可能性激起了这两位朋友的兴趣。他们购买了主干道旁边的一座维多利亚式的老房子作为他们的餐馆选址，并取名为“可能性”。

安吉拉和祖伊事先就知道至少在初始阶段，他们还不可能提供完整的和样式繁多的菜单。他们不知道当地顾客对法国烹饪的口味是什么，所以他们决定每晚只提供两种全套的正餐，一套是牛肉，一套是鱼肉。厨师皮埃尔非常自信，他可以把每道菜都做得非常可口和独特，至少在知道哪道菜更受欢迎之前，这两套正餐就足够了。皮埃尔表示每餐他可以尝试搭配不同的开胃菜、汤、沙拉、蔬菜和甜品，直到可以确定菜单。

对安吉拉和祖伊来说，下一个问题就是要确定每晚要准备多少套正餐，以便他们准备配料和加工时间。他们不能浪费太多。他们估计每晚最多卖出 60 套正餐。鱼肉套餐，包括所有的配菜，需要 15 分钟准备时间；牛肉套餐需要 2 倍的时间。每天厨房有 20 小时的劳动力可以备餐。安吉拉和祖伊相信由于顾客的健康意识，每卖出 2 份牛肉套餐，至少会卖出 3 份鱼肉套餐。然而，他们相信至少有 10%的顾客会点牛肉套餐。鱼肉套餐的利润大约是 12 美元，牛肉套餐的利润是 16 美元。

为安吉拉和祖伊建立一个线性规划模型，帮助他们计划每晚备餐的数量，并用图解法求解。

如果安吉拉和祖伊提高了鱼肉套餐的价格，导致两种套餐的利润一样，这样会对模型的解有什么影响？假设安吉拉和祖伊重新考虑了牛肉套餐的需求量，认为至少 20%的顾客会点牛肉套餐，这对他们的配餐计划有什么影响？

案例 2－3

安娜贝尔的市场投资计划

安娜贝尔·塞兹摩尔把手边的一些政府债券和她父母过去几年积累的人身保险套现。在大学毕业后的 10 年间，她也有一些存款和储蓄债券。总之，她有 120 000 美元可用于投资。鉴于近期股票市场的上扬，她觉得应该把所有的钱都投进去。经过研究，她决定投资与 S&P 股票绑定的指数基金和国际互联网股票基金。然而，她对国际互联网股票的泡沫性很担心，于是决定分散一下风险。

她决定选择盾牌证券公司的一只指数基金和麦迪逊基金公司的一只国际互联网股票基金。她同时决定对指数基金的投资与对国际互联网基金的投资至少要达到 1/3，但是对国际互联网基金的投资额不能超过指数基金的 2 倍。每份指数基金的价格是 175 美元，国际互联网基金的价格是 208 美元。过去 3 年指数基金的平均年回报率是 17%，国际互联网基金的平均年回报率是 28%。她期望两种基金在来年都能达到它们在近期表现的平均收益，然而在年底她还要重新评估投资策略。因此，她要计划一个在来年能取得最大收益的投资策略。

为安娜贝尔建立一个线性规划模型，指明在每种基金分别要投入多少钱，并用图解法求解模型。

假设安娜贝尔改变了她的风险平衡计划，去掉了“对指数基金的投资与对国际互联网基金的投资至少要达到 1/3”的限制，对解有什么影响？假设她去掉了“对国际互联网基金的投资额不能超过指数基金的 2 倍”的限制，这对解有什么影响？

如果安娜贝尔再有 1 美元用于投资，这对模型的解有什么影响？再有 2 美元和 3 美元呢？这样连续的变化对她的投资回报有何影响？

第3章 线性规划：计算机求解和灵敏度分析

第 2 章讲解了如何建立一个线性规划模型和如何使用图解法得到模型的解。图解法可以使我们对线性规划及其求解有更深入的了解，但是这种求解方法仅限于两个决策变量的问题，不能作为一种通用的求解方法。

本章将演示使用几种个人计算机软件包求解线性规划问题。另外，还将阐述如何使用计算机求解结果和线性规划模型一起试验，了解参数的变化对结果的影响，即所谓的灵敏度分析。

计算机求解

当线性规划在 20 世纪 40 年代首次提出的时候，事实上唯一能求解这种问题的方法是一种叫作“单纯形法”的冗长的人工数学求解过程。然而在随后的 60 年，随着计算机技术的发展，计算机频繁地用于求解线性规划模型。单纯形法的数学步骤被编写进专为线性规划问题求解而设计的软件包中。在计算机上可以快速和廉价地求解线性规划问题且不受问题大小影响的这一事实，使得线性规划非常流行，而且推广了它在商业领域中的应用。现在众多软件包都具有线性规划的功能，其中许多都是通用管理科学和定量分析方法软件包，在很多其他专业技术的模块中也包含线性规划模块。还有不少软件包专门致力于线性规划及其衍生物。这些软件包一般比较便宜、高效和容易使用。

由于计算机和线性规划软件的普及，在线性规划的教学中，单纯形法越来越不是重点。因此，在本书的线性规划讲解中只专注于计算机求解。无论如何，单纯形法的知识对那些想全面深入了解线性规划的人来说还是非常有用的。请注意，计算机求解本身是完全基于单纯形法的。因此，我们在本书中讲解线性规划的时候，虽然并不要求使用单纯形法，但在随书网站中还是讲解了单纯形法的深层次内容。

在随后的几节中，将演示如何使用 Excel 电子表格和 QM for Windows（一种典型的通用定量方法软件包）求解线性规划问题。

□ Excel 电子表格

虽然 Excel 可以用来求解线性规划问题，但是它的数据输入比较费时且乏味，在这一点上不如专门为这种用途设计的软件，比如 QM for Windows。电子表格需要把模型之中列和行的标题都设置好，并且完整地输入限制条件以及目标函数方程式，而 QM for Windows 只需要输入模型参数。然而，这却是电子表格的优势之所在，因为这样可以设置引人注目的格式，以便在报告和演示资料中使用。另外，一旦为某个问题设置好了一个电子表格，就可以作为其他问题的模板。界面 3－1 显示的就是为第 2 章中的海狸小溪陶瓷公司的例子设置的电子表格。

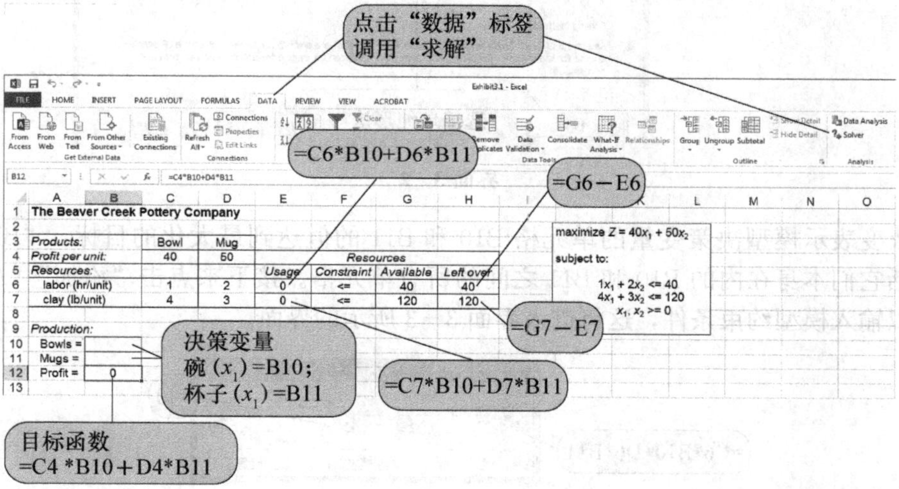

界面 3－1

碗、杯子和利润的值分别保存在单元格 B10，B11 和 B12 中。因为还没有对现在的模型进行求解，所以这些单元格还是空的。将利润的目标函数＝C4＊B10＋D4＊B11 编辑到单元格 B12 中，如界面 3－1 中屏幕顶端的公式编辑栏所示。这个公式完全等同于 $Z=40x_1+50x_2$，这里 B10 和 B11 分别代表 x_1 和 x_2，B12 等于 Z。目标函数的系数，40 和 50，在单元格 C4 和 D4 中。劳动力和黏土约束条件的公式编辑到单元格 E6 和 E7 中。例如，在单元格 E6 中输入公式＝C6＊B10＋D6＊B11。单元格 F6 和 F7 中的“＜＝”符号只起表示作用，没有实际意义。

求解这一问题，首先点击屏幕顶端工具栏的“数据”（Data）标签，然后点击数据工具栏最右端的“求解”（Solver）按钮，将会出现求解参数窗口，如界面 3－2 所示。起初，屏幕上的所有窗口都是空白的，我们必须输入目标函数单元格、代表决策变量的单元格以及构成模型约束条件的单元格。

当如界面 3－2 所示输入求解参数时，必须先输入包含目标函数的“目标单元格”（target cell），在我们的例子中是 B12 单元格。（Excel 会自动在单元格地址旁边加上＄符号，请不要手工添加。）接下来，通过选择“Max”表明要使目标单元格的值最大化。我

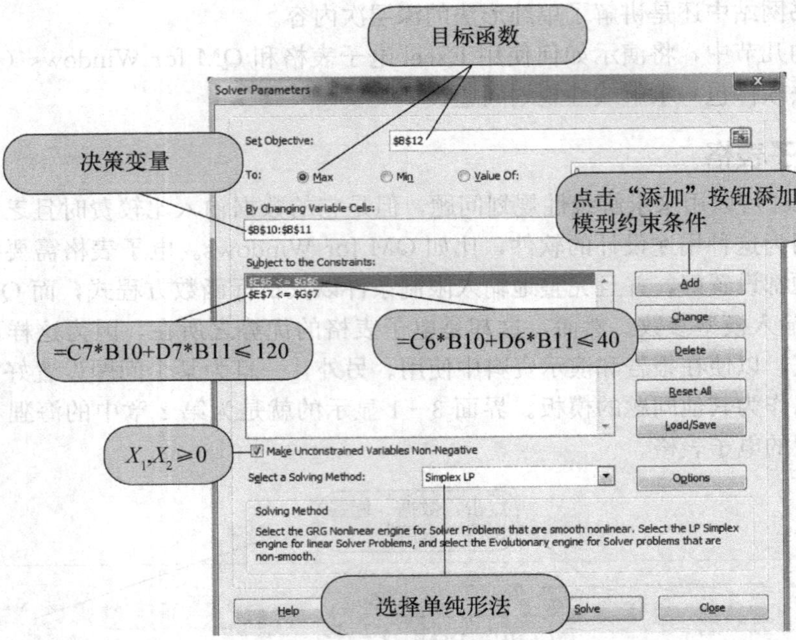

界面 3-2

们通过改变表示模型决策变量的单元格 B10 和 B11 的值达到最大化的目标。“B10:B11”表示包括它们本身在内的 B10 和 B11 之间的所有单元格。接下来点击“添加”（Add）按钮，可以输入模型约束条件，这将进入界面 3-3 所示的界面。

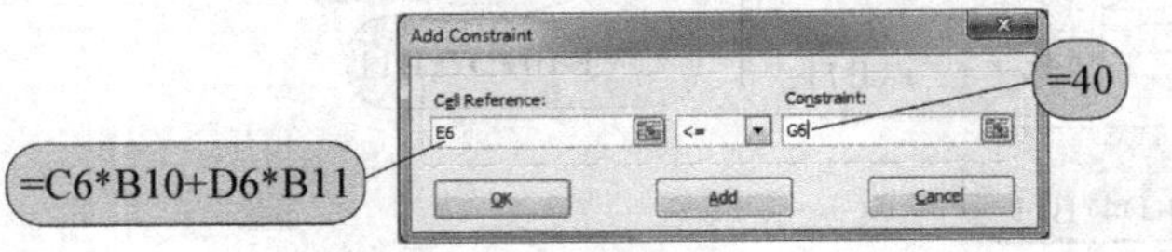

界面 3-3

界面 3-3 显示的是劳动力约束条件。单元格 E6 包含劳动力的约束条件（$=C6*B10+D6*B11$），单元格 G6 包含现有的劳动力（也就是 40）。继续添加约束条件直到模型完整。注意，可以用一个约束条件 E6:E7≤G6:G7 来表示约束，它的意思是单元格 E6 和 E7 中的约束条件分别小于等于单元格 G6 和 G7 中的值。同时，不必输入 B10:B11≥0 表示决策变量的非负约束条件。求解参数界面 3-2 将做到这点。

所有约束条件都添加完毕后，点击添加约束条件窗口的“确定”（Ok）按钮，可以回到求解参数界面。在进行问题求解前，还有两个必需的步骤。在求解参数窗口，在“Make Unconstrained Variables Non-Negative”和“Select a Solving Method”处选择“Simplex LP”，这将保证求解过程使用单纯形法求解模型，而不是使用 Excel 可用的其他数学方法。这一点现在不是很重要，不过它能确保我们得到正确的灵敏度分析报告，我们将在下面讲解这方面的内容。

一旦完整的模型输入完毕，点击求解参数窗口右上角的“求解”（Solve）按钮（见界面 3-2）。首先，出现一个标题为“求解结果”（Solver Results）的界面，可以选择你所要的报告，然后点击“确定”，将出现如界面 3-4 所示的模型求解结果。

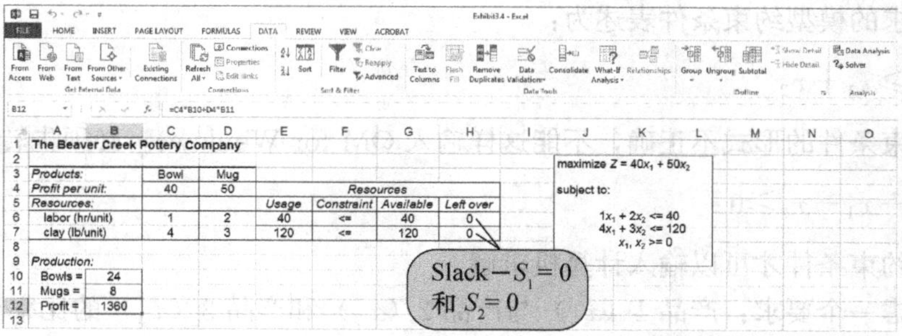

界面 3-4

如果有剩余或松弛的劳动力或黏土，将显示在标题为“剩余”（Left Over）的 H 列下。在这个例子中，没有多余的资源剩下。

我们也可以产生一些对模型结果的总结报告。当你在求解参数窗口中点击“确定”时，在显示原始电子表格之前将出现一个带有求解结果的中间界面。界面的标题是“求解结果”，这时可以选择几个报告，包括界面 3-5 显示的结果报告，这一报告提供了对求解结果的总结。

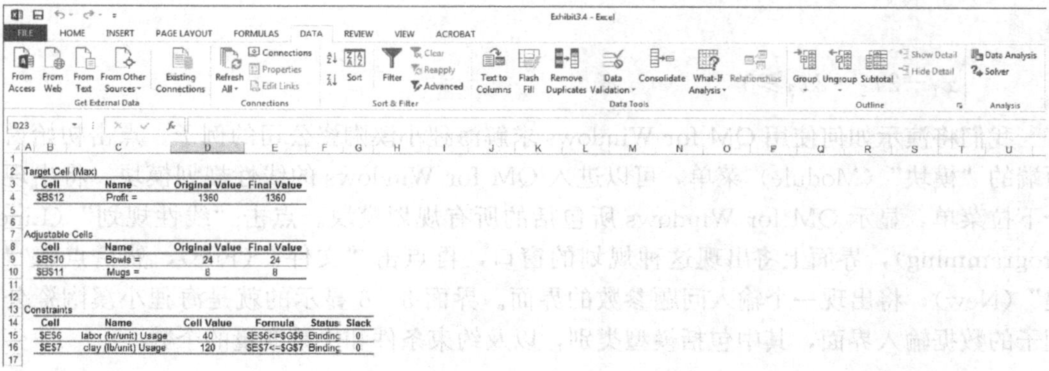

界面 3-5

□ QM for Windows

在讲解如何使用 QM for Windows 之前，必须先对约束条件存在的形式做几点规定，然后再介绍线性规划模型如何在 QM for Windows 中求解。约束条件在线性规划模型中的公式表示法已经在第 2 章中讲解过，在这一章中还将遵循一贯的形式。所有约束条件中的变量都要出现在不等式的左边，数值出现在不等式的右边，例如在陶瓷公司的例子中，劳动力的约束条件是：

$$x_1+2x_2\leqslant 40$$

40 就是约束条件的数量，或右边的值。

线性规划问题的标准形式要求约束条件必须以这种形式出现，变量出现在不等式或等号的左边，数值在右边。这是把问题输入计算机程序的先决条件，尤其是对 QM for Windows 中的线性规划求解。

仔细考虑模型要求产品 3 的产量（x_3）必须等于或多于产品 1（x_1）和 2（x_2）的产

量。这一要求的模型约束条件表述为：

$$x_3 \geqslant x_1 + x_2$$

这个约束条件的形式不正确，不能这样输入 QM for Windows。必须先转换成：

$$x_3 - x_1 - x_2 \geqslant 0$$

这样的约束条件才可以输入计算机求解。

下面考虑一个要求：产品 1（x_1）与产品 2（x_2）和产品 3（x_3）的比率至少是 2∶1。这个要求的模型约束条件表示为：

$$\frac{x_1}{x_2 + x_3} \geqslant 2$$

虽然这个约束条件满足“变量在不等式左边，数值在右边”的要求，但是形式不正确。变量之间的小数关系 $x_1/(x_2+x_3)$ 不能以这种形式输入大多数常规使用的线性规划计算机程序。它必须转化成：

$$x_1 \geqslant 2(x_2 + x_3)$$

得

$$x_1 - 2x_2 - 2x_3 \geqslant 0$$

我们将演示如何使用 QM for Windows 求解海狸小溪陶瓷公司的例子。点击初始窗口顶端的“模块”（Module）菜单，可以进入 QM for Windows 的线性规划模块。将出现一个下拉菜单，显示 QM for Windows 所包括的所有规划模块。点击“线性规划”（Linear Programming），界面上将出现这种规划的窗口，再点击“文件”（File），然后点击“新建”（New），将出现一个输入问题参数的界面。界面 3－6 显示的就是海狸小溪陶瓷公司例子的数据输入界面，其中包括模型类别，以及约束条件和决策变量的个数。

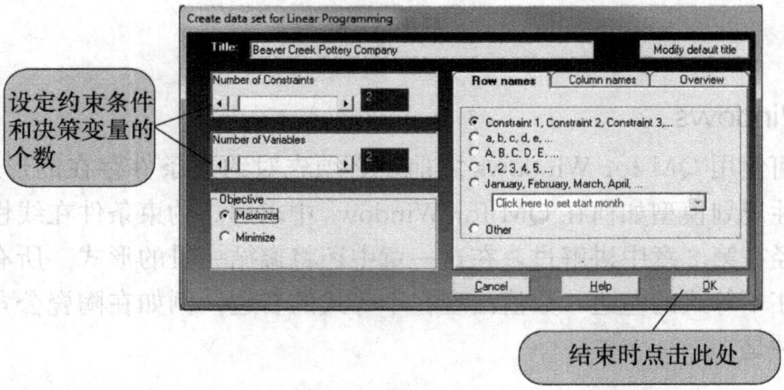

界面 3－6

界面 3－7 显示的是这个例子的含有模型参数的数据表格，包括目标函数、约束条件系数和约束条件数值。注意：我们对约束条件的行标题个性化，标注为“劳动力（小时）”（Labor(hrs)）和“黏土（磅）”（Clay(lbs)）。一旦输入了模型参数，如界面 3－8 所示，点击“求解”就可以得到模型的解。没有必要增加松弛变量把模型转化为标准形式。

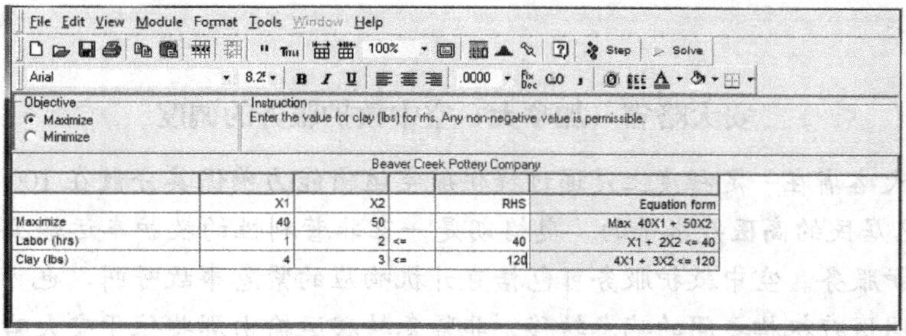

	X1	X2		RHS	Equation form
Maximize	40	50			Max 40X1 + 50X2
Labor (hrs)	1	2	<=	40	X1 + 2X2 <= 40
Clay (lbs)	4	3	<=	120	4X1 + 3X2 <= 120

界面 3－7

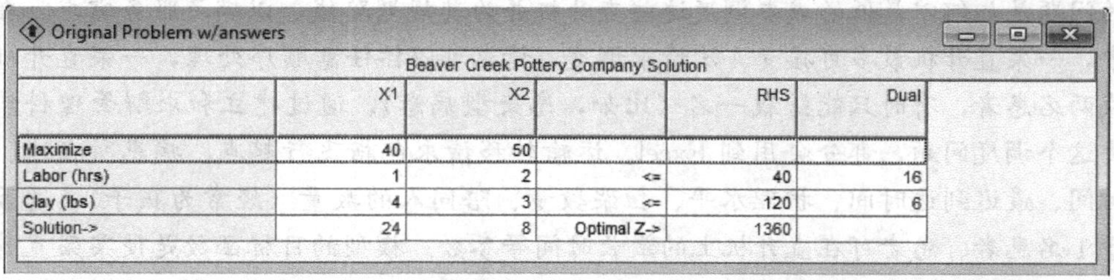

	X1	X2		RHS	Dual
Maximize	40	50			
Labor (hrs)	1	2	<=	40	16
Clay (lbs)	4	3	<=	120	6
Solution->	24	8	Optimal Z->	1360	

界面 3－8

注意在标为“对偶”（Dual）的列上，处在“劳动力”和“黏土”行上的值，16 和 6。这些对偶值是问题中劳动力和黏土的边际值。除了当你求解线性规划模型时得到的通常解值之外，这些值是非常有用的。我们在本章的稍后部分将详细讲解对偶值，现在只要知道，边际值是公司为了额外的资源所愿意付出的现金价值。例如，劳动力约束条件的对偶值 16 表示，如果有额外 1 小时的劳动力，将增加 16 美元利润。相似地，如果有额外的 1 磅黏土，将增加 6 美元利润。因此公司最多愿意付出 16 美元和 6 美元得到 1 小时劳动力和 1 磅黏土。对偶值不是资源的价格，是公司愿意为资源支付的最高价格。对偶值对公司制定增加额外资源的决策是很有帮助的。

QM for Windows 提供多种不同形式的解。点击“窗口”（Window），然后选择“图形”（Graph），可以得到用图形表示的解。界面 3－9 所示是海狸小溪陶瓷公司例子的图解。

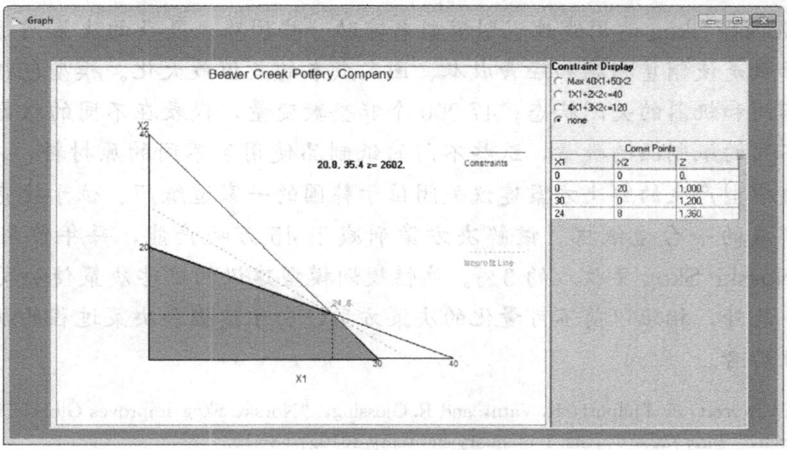

界面 3－9

管理科学应用

安大略省（加拿大）空中救护服务的调度

加拿大安大略省在一定程度上是通过提供航空运输能力确保其分散在 100 万平方千米之上的 1 300 万名居民的高医疗水平的。奥格朗是一家非营利性的救护车运输公司，向安大略省提供空中救护服务。空中救护服务可包括直升机响应的紧急事故呼叫，也可包括紧急或不紧急情况下不同医疗机构之间的病患转移。非紧急转移运输由那些位于安大略省附近的固定翼飞机完成。这些非紧急运输每天的需求量为 10～20 次（但是有时多达 30 次）。空中救护队面临的问题是如何以最低的成本调度这些直升机并为其规划路线，以满足服务需求。在一次轮班中，一架直升机最多可接受 4 次请求调度，请求可以按任意顺序处理，一架直升机最多可搭载两名患者，有时只能搭载一名（比如，感染型病患）。通过建立和求解管理科学模型来解决这个调度问题，部分会用到 Excel。运输转移请求包括飞行起点、病患所在地、最早接载时间、最迟到达时间、护理水平、担架数量、陪同人的数量（经常为孩子）、是否可搭载多于 1 名患者、患者可在直升机上的最长时间等参数。模型的目标函数是使某架直升机完成一次救护请求的成本（包括燃油、实际飞行时间、需要的护理水平、在地面的等待成本）最小化。该模型的解决方案比以前的人工调度流程减少了 13%的距离和 16%的成本。

资料来源：T. A. Carnes，S. G. Henderson，D. B. Schmoys，M. Ahghari and R. D. MacDonald，"Mathematical Programming Guides Air Ambulance Routing at Ornge，" *Interfaces* 43，no. 3 (May-June 2013)：232–39.

管理科学应用

造纸商 Norske Skog 使用线性规划提高利润率

挪威的纸张（新闻用纸）生产商 Norske Skog 在 12 个国家有 16 家造纸厂，拥有超过 6 400 名员工，是世界第四大纸张生产商。纸张生产线包括制浆车间、造纸机和一个完工部门，花费超过 5 亿美元。生产线年复一年地每天 24 小时生产，仅在日常维护时停工；每天生产的纸张可以绕月球一周。然而，在过去的 10 多年中，随着电子媒体取代纸质新闻出版物，纸张需求量下降，这使得公司收益下降，不得不通过关闭一些工厂和造纸机来削减成本。Norske Skog 运用线性规划模型来辅助一些困难、复杂的决策问题。线性规划模型的目标函数是使销售利润和经营成本、固定成本的差值最大化。模型包括 312 个二元变量，描述车间和机器的关闭状态；47 000 个非整数变量，代表在不同的机器上为不同的客户生产的不同的纸制品的数量，这些不同的纸制品使用了不同的原材料，以及 2 600 个约束条件。该模型产生的解决方案建议关闭位于韩国的一家造纸厂、位于捷克的一家造纸厂以及位于挪威的一台造纸机。该解决方案削减了 45 万吨产能，每年节省了 1 亿美元——大约占 Norske Skog 年收入的 3%。线性规划模型建议的这些决策使公司处于更稳定的财务状况。此外，相比以前不可量化的决策方案，由于建模和决策过程的解析性，股东和公众更信任后者。

资料来源：G. Everett，A. Philpott，K. Vatn，and R. Gjessing，"Norske Skog Improves Global Profitability Using Operations Research，" *Interfaces* 40，no. 1 (January-February 2010)：58–70.

灵敏度分析

在第 2 章建立线性规划模型时，我们假设模型的参数是已知的。这些参数包括目标函数的系数，例如每只碗的利润；模型约束条件的数值，例如现有的工时；约束条件的系数，例如每只碗的黏土用量。到目前为止所演示的例子中，模型的建立都是假设这些参数是已知或确定的。然而，管理者很少能确切地知道这些参数。在现实中，模型参数只是简单地估计（或者推测）一个最优值，而且经常会变化。基于此，追踪参数变化对模型的解的影响，对管理者来说就变得很有趣。变化可能来自对参数的预计不确定性或者对信息的反应。对参数变化及其对模型的解的影响的分析，叫作灵敏度分析。

确定参数变化对模型影响的最显而易见的方法就是在原始的模型中做改变，求解模型，把求解结果和原来的做比较。然而，在本章的演示中，某些情况下不需要再次求解就可以确定变化对模型的影响。

目标函数系数变化

在第一个模型参数变化的例子中，我们将分析目标函数系数的变化。我们将用我们已经熟悉的海狸小溪陶瓷公司的例子来说明这个变化：

$$\max Z=40x_1+50x_2$$

$$\text{s.t.}\begin{cases}x_1+2x_2\leqslant 40\\4x_1+3x_2\leqslant 120\\x_1,x_2\geqslant 0\end{cases}$$

图 3-1 是这个问题的图解法。

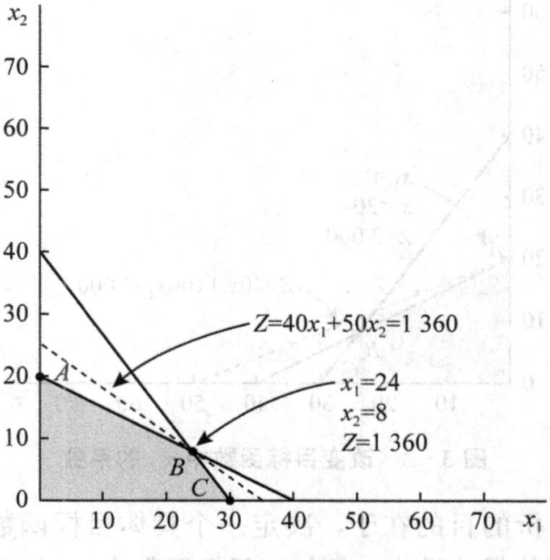

图 3-1　最优解点

在图 3-1 中，最优解落在点 B 的位置（$x_1=24$，$x_2=8$），这是虚线所表示的目标函数离开可行解区域的最后一点。但是，如果把碗（x_1）的利润由 40 美元变为 100 美元，将会发生什么？这将对图 3-1 中标示的解有什么样的影响？这些变化在图 3-2 中显示了出来。

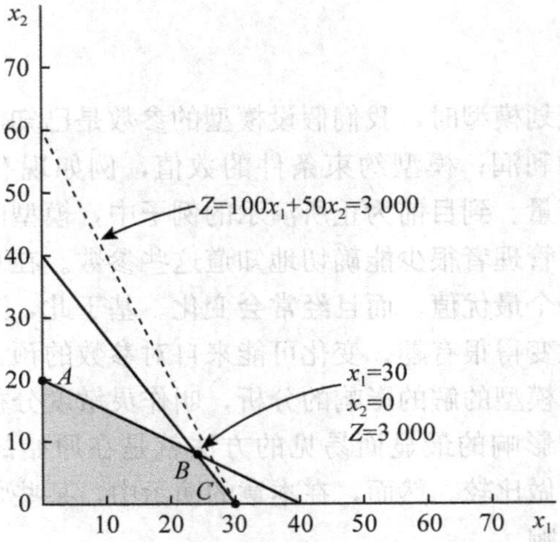

图 3-2　改变目标函数中 x_1 的系数

把碗的利润（也就是 x_1 的系数）由 40 美元增加到 100 美元，将使目标函数线变得陡峭，达到某种程度时，最优解点将由 B 变为 C。与此对应，如果把杯子的利润，x_2 的系数，由 50 美元增加到 100 美元，目标函数线将变得平坦，直到点 A 变成最优解：

$$x_1=0,\ x_2=20,\ Z=2\,000(\text{美元})$$

这显示在图 3-3 中。

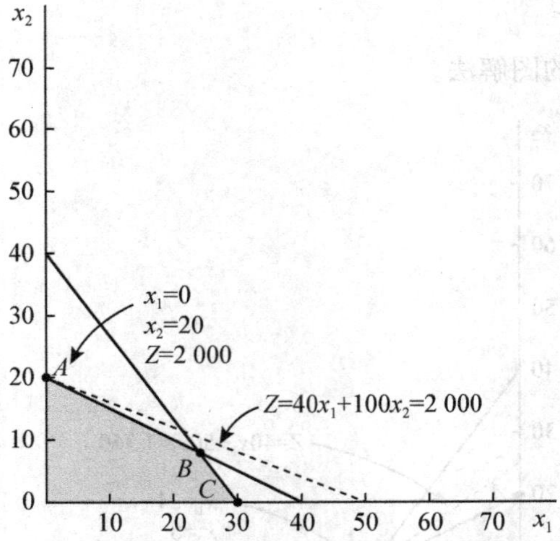

图 3-3　改变目标函数中 x_2 的系数

这个例子的灵敏度分析的目的在于，决定一个具体目标函数的系数在哪个取值范围内，最优解点 x_1 和 x_2 还能保持最优。例如，目标函数中 x_1 的系数原来是 40 美元，但是在大于 40 美元的某些值，点 C 将成为最优，在小于 40 美元的某些值，点 A 将成为最优。灵敏度分析的着眼点在于决定 x_1 的系数的灵敏度范围，我们把它叫作 c_1。

对于这个简单的例子，可以通过图 3-1 发现 x_1 的系数的灵敏度范围。目标函数的斜率当前是 $-4/5$，判断过程如下：

$$Z=40x_1+50x_2$$

或

$$50x_2=Z-40x_1$$

且

$$x_2=\frac{Z}{50}-\frac{4x_1}{5}$$

目标函数现在变成了直线方程式的形式，$y=a+bx$，其中，截距 a 等于 $Z/50$，斜率 b 是 $-4/5$。

如果目标函数的斜率增加到 $-4/3$，目标函数线就完全和约束条件线平行了。

$$4x_1+3x_2=120$$

于是点 C 变成最优（与点 B 一起），约束条件线的斜率是 $-4/3$，所以我们自问：x_1 的系数是什么才能使目标函数的斜率变成 $-4/3$？求解如下，其中 c_1 就是 x_1 的目标函数系数。

$$\frac{-c_1}{50}=\frac{-4}{3}$$

$$-3c_1=-200$$

$$c_1=66.67(\text{美元})$$

如果 x_1 的系数是 66.67，目标函数的斜率就是 $-66.67/50$ 或 $-4/3$。这在图 3-4（a）中表示。

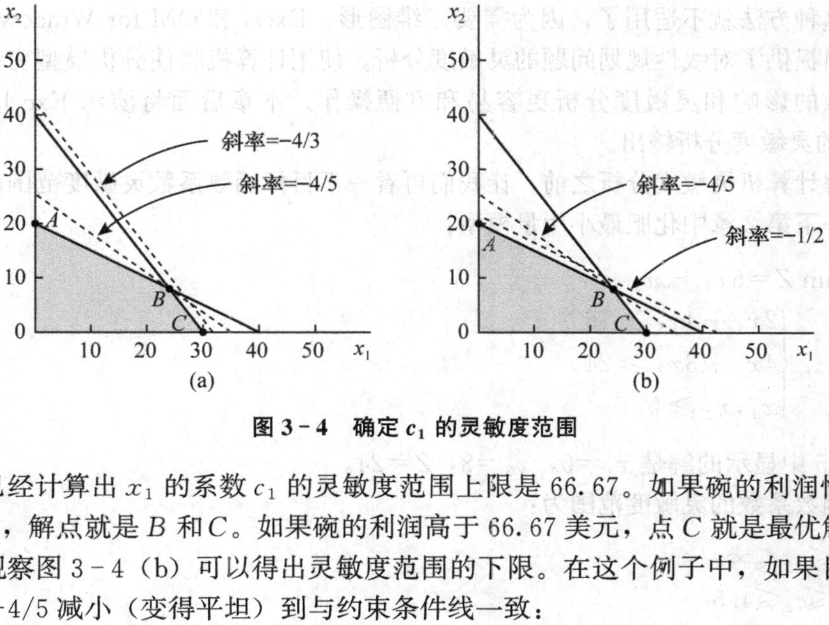

图 3-4　确定 c_1 的灵敏度范围

我们已经计算出 x_1 的系数 c_1 的灵敏度范围上限是 66.67。如果碗的利润恰恰增长到 66.67 美元，解点就是 B 和 C。如果碗的利润高于 66.67 美元，点 C 就是最优解。

通过观察图 3-4（b）可以得出灵敏度范围的下限。在这个例子中，如果目标函数线的斜率由 $-4/5$ 减小（变得平坦）到与约束条件线一致：

$$x_1+2x_2=40$$

那么点 A 将成为最优（与点 B 一起）。这条约束条件线的斜率是 $-1/2$，也就是 $x_2=20-(1/2)x_1$。为了使目标函数的斜率为 $-1/2$，碗的利润要减少到 25 美元，如下所示：

$$\frac{-c_1}{50}=\frac{-1}{2}$$
$$-2c_1=-50$$
$$c_1=25(\text{美元})$$

这是 x_1 的系数的灵敏度范围的下限。

x_1 的系数的灵敏度范围可以完整地表示为：

$$25\leqslant c_1\leqslant 66.67$$

这意味着碗的利润可以是 25 美元和 66.67 美元之间的任何值，这样最优解点 $x_1=24$，$x_2=8$ 就不会变化。当然，总的利润（或是 Z 的值）会随着 c_1 的具体值而变化。

对于管理者来说，这是非常有用的信息。在具体的运营管理中，每种产品的产量会发生变化。包装、物流和产品的市场需求可能改变。然而，有了上面的灵敏度范围，管理者就可以知道，在不影响产量的情况下，利润、售价和成本可以做怎样的改变。

通过同样的图解分析，可以得出 x_2 的目标函数系数 c_2 的灵敏度范围。这个范围是 $30\leqslant c_2\leqslant 80$。这意味着杯子的利润可以在 30～80 美元之间浮动，而不影响最优解点 B。然而，对于这个例子和 c_1 的范围，灵敏度范围只在一个系数变化而另一个保持不变时有效。因此，当我们说杯子的利润可以在 30～80 美元之间浮动时，只有 c_1 保持为常量时才有效。

目标函数的多个系数在不改变最优解点的情况下，也允许同时变化。但是，用图解法分析这些变量同时变化对目标函数的影响是非常复杂和费时的。事实上，用图解法进行灵敏度分析，通常情况下是一件非常单调乏味的事情，而且当线性规划模型有三个或更多的变量时，这种方法就不适用了，因为需要三维图形。Excel 和 QM for Windows 的标准解决方案输出提供了对线性规划问题的灵敏度分析。使用计算机将使分析模型变量同时变化对目标函数的影响和灵敏度分析更容易和方便操作。本章后面将演示 Excel 和 QM for Windows 的灵敏度分析输出。

在讲解计算机灵敏度分析之前，让我们再看一下目标函数系数灵敏度范围的另一个方面。回想一下第 2 章中化肥最小用量模型：

$$\min Z=6x_1+3x_2$$
$$\text{s.t.}\begin{cases}2x_1+4x_2\geqslant 16\\4x_1+3x_2\geqslant 24\\x_1,x_2\geqslant 0\end{cases}$$

图 3-5 中显示的解是 $x_1=0$，$x_2=8$，$Z=24$。

目标函数系数的灵敏度范围为：

$$4\leqslant c_1\leqslant\infty$$
$$0\leqslant c_2\leqslant 4.5$$

注意：x_1 的系数范围上限是无穷大。在图 3-5 所示的问题图解法中可以看到上限无穷大的原因。

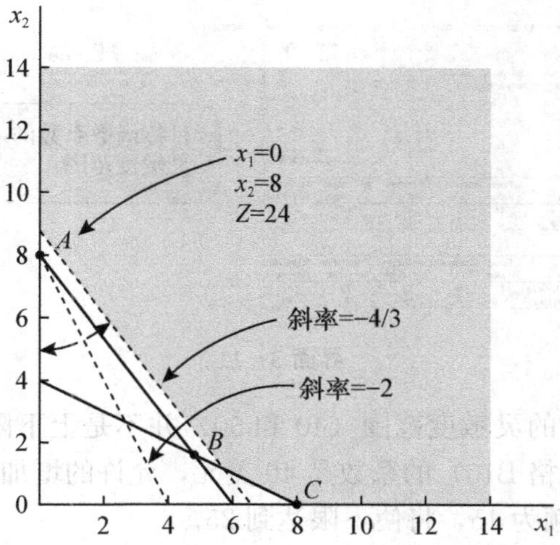

图 3-5　化肥例子：c_1 的灵敏度范围

随着 x_1 的目标函数系数由 6 美元开始下降，目标函数线的斜率从 -2 开始下降，目标函数线开始变得平坦。当系数 c_1 等于 4 美元时，目标函数线的斜率变为 $-4/3$，和约束条件线 $4x_1+3x_2=24$ 的斜率相同。这样点 B 和点 A 都是最优的。因此 c_1 的灵敏度范围下限是 4 美元。但是需要注意，随着 c_1 从 6 美元开始增长，目标函数线在向 x_2 轴靠近的过程中变得越来越陡直。目标函数不会和另一个可行解点相交。因此，不管如何增加 Super-gro 化肥（x_1）的成本，点 A 一直都是最优点。

□ 计算机求解目标函数系数范围

我们为本章的海狸小溪陶瓷公司的例子提供 Excel 电子表格解决方案的时候，没有包括灵敏度分析。但是，Excel 也会为目标函数系数产生一个提供灵敏度范围的报告。当你在求解参数窗口点击"求解"按钮时，将即时进入如界面 3－10 所示的求解结果窗口，在进行求解之前你可以选择不同的报告。这就是前面讲解的如何选择报告的过程。界面 3－11 就是海狸小溪陶瓷公司一例的灵敏度分析报告。

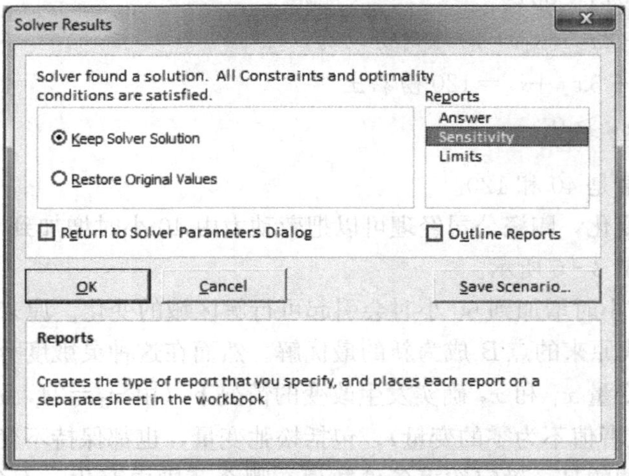

界面 3－10

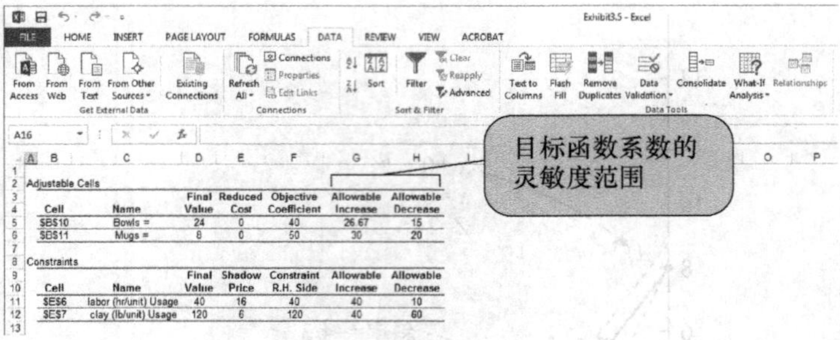

界面 3-11

注意：目标函数系数的灵敏度范围（40 和 50）并不是上下限，而是允许增加和减少的数量。例如，碗（单元格 B10）的系数是 40 美元，允许的增加额是 26.67，上限将达到 66.67，同时允许的减小额为 15，将使下限达到 25。

界面 3-12 中的 QM for Windows 显示了这个例子的目标函数系数灵敏度范围。注意：界面中显示的是两个变量 x_1 和 x_2 的灵敏度范围上下限。

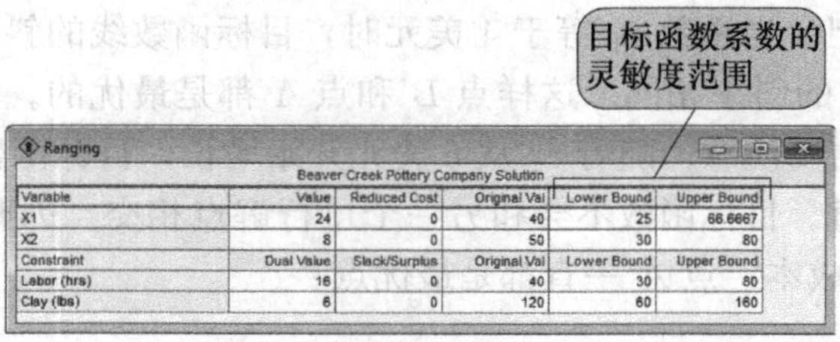

界面 3-12

□ 约束条件数值的变化

第二种灵敏度分析将讨论约束条件数值，也就是约束条件不等式右边的值的灵敏度范围。对于海狸小溪陶瓷公司的模型：

$$\max Z=40x_1+50x_2$$

$$\text{s.t.}\begin{cases}x_1+2x_2+s_1=40 \text{ 小时劳动力}\\4x_1+3x_2+s_2=120 \text{ 磅黏土}\\x_1,x_2\geqslant 0\end{cases}$$

约束条件的数值是 40 和 120。

假想这样一个变化，陶瓷公司经理可以把劳动力由 40 小时增加到 60 小时。这一变化对于模型的影响如图 3-6 所示。

将劳动力由 40 小时增加到 60 小时会引起可行解区域的变化。原来是 $OABC$，现在是 $OA'B'C$。点 B'取代原来的点 B 成为新的最优解。然而在这种灵敏度分析中，最需要引起注意的是，即使在变量 x_1 和 x_2 确实发生改变的情况下（由 $x_1=24$，$x_2=8$ 变成 $x_1=12$，$x_2=24$），解集（或者值不为零的变量），包括松弛变量，也都保持不变。约束条件数值的灵敏度分析主要强调的是，确定约束条件数值在哪个范围内变化，不会造成解集的变化，尤其是松弛变量。

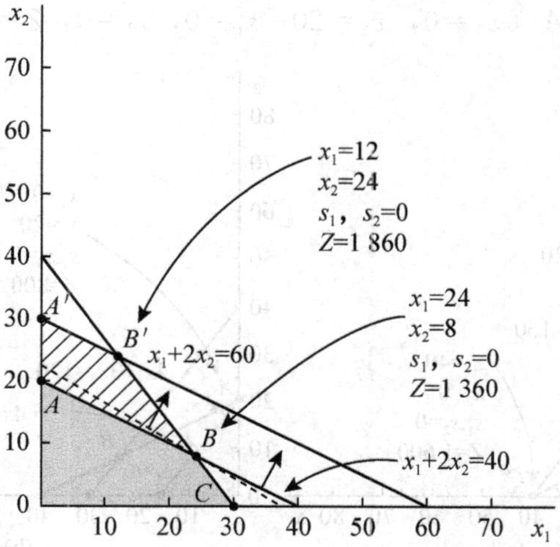

图 3-6　增加劳动力约束条件数值

如果劳动力约束条件的数值由 40 小时增长到 80 小时，新的解值区域是 $OA'C$，并且新的解集出现在点 A'，如图 3-7（a）所示。然而，在原来的最优解点 B，x_1 和 x_2 都在解的范围内，在新的最优解点 A'，只会生产 x_2（即 $x_1=0$，$x_2=40$，$s_1=0$，$s_2=0$）。

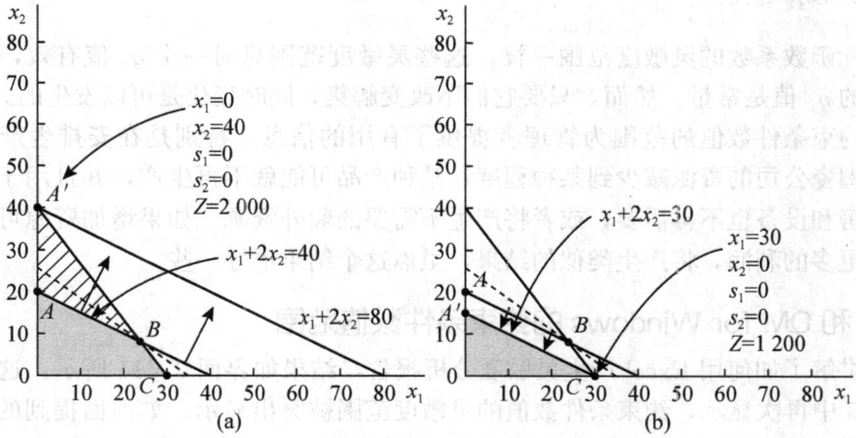

图 3-7　确定劳动力数量的灵敏度范围

因此，第一个约束条件的灵敏度范围上限，称为 q_1，是 80 小时。这时解集发生变化，即不会再生产碗。此外，随着 q_1 增长超过 80 小时，s_1 也会增加（也就是松弛时间产生了）。同样，如果 q_1 的值减少到 30 小时，新的可行解范围会如图 3-7（b）所示，变为 $OA'C$。新的最优解点在点 C，这时不会生产杯子（x_2）。新的解是 $x_1=30$，$x_2=0$，$s_1=0$，$s_2=0$，$Z=1\,200$ 美元。这时，解集再次改变。综上所述，劳动力约束条件的灵敏度范围是：

$$30 \leqslant q_1 \leqslant 80$$

黏土的灵敏度范围可以用类似的方法由图解法得到。如果黏土约束条件 $4x_1+3x_2 \leqslant 120$ 的数值由 120 增加到 160，如图 3-8（a）所示，新的最优解为点 C'，将组成新的解值范围 OAC'。相反，如果数值由 120 减小到 60，如图 3-8（b）所示，新的解值范围是

OAC'，新的最优解是点 A（$x_1=0$，$x_2=20$，$s_1=0$，$s_2=0$，$Z=800$ 美元）。

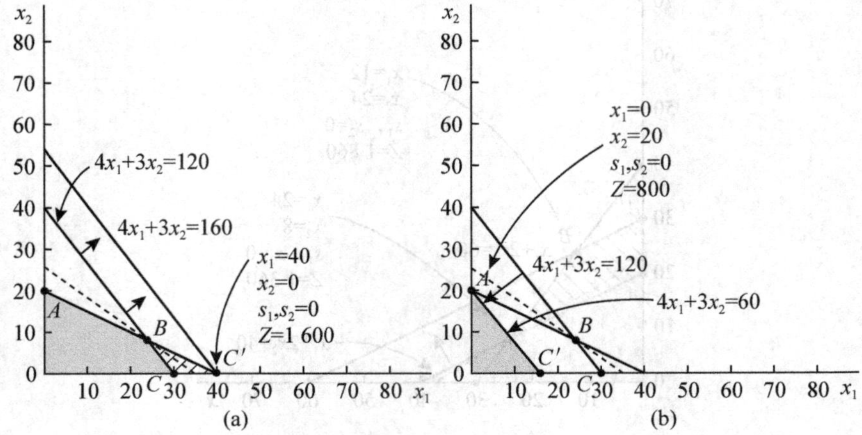

图 3－8　确定黏土数量的灵敏度范围

综上所述，q_1 和 q_2 的灵敏度范围是：

$$30\leqslant q_1\leqslant 80$$

$$60\leqslant q_2\leqslant 160$$

与目标函数系数的灵敏度范围一样，这些灵敏度范围只对一个 q_i 值有效，并且假设所有其他的 q_i 值是常量。然而，只要它们不改变解集，同时变化是可以发生的。

这些约束条件数值的范围为管理者提供了有用的信息，特别是在安排生产和计划方面。如果陶瓷公司的资源减少到某种程度，某种产品可能就不再生产，并且用于生产这种产品的厂房和设备也不再需要，或者将产生不需要的额外资源。如果增加资源可以比减少资源获得更多的利润，将产生类似的结果，虽然这个结果更好一些。

□ Excel 和 QM for Windows 的约束条件数值范围

前面讲解了如何用 Excel 产生灵敏度分析报告，结果如界面 3－11 所示。这个报告在界面 3－13 中再次显示，约束条件数值的灵敏度范围被突出显示。如前面提到的，范围值表示为允许的增减额，而不是上下界值。

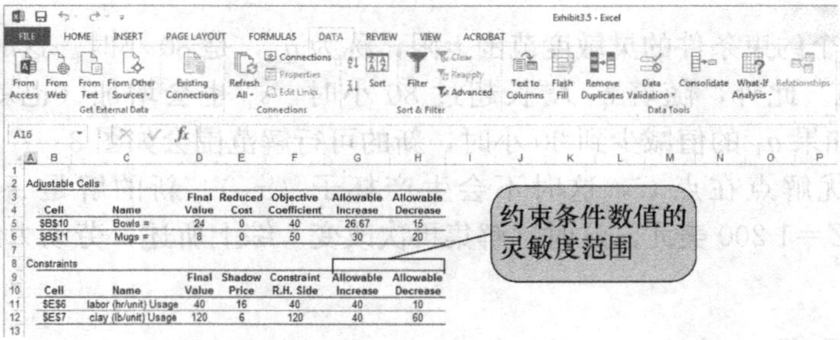

Adjustable Cells

Cell	Name	Final Value	Reduced Cost	Objective Coefficient	Allowable Increase	Allowable Decrease
\$B\$10	Bowls =	24	0	40	26.67	15
\$B\$11	Mugs =	8	0	50	30	20

Constraints

Cell	Name	Final Value	Shadow Price	Constraint R.H. Side	Allowable Increase	Allowable Decrease
\$E\$6	labor (hr/unit) Usage	40	16	40	40	10
\$E\$7	clay (lb/unit) Usage	120	6	120	40	60

界面 3－13

QM for Windows 的约束条件数值的灵敏度范围显示在界面 3－14 中。

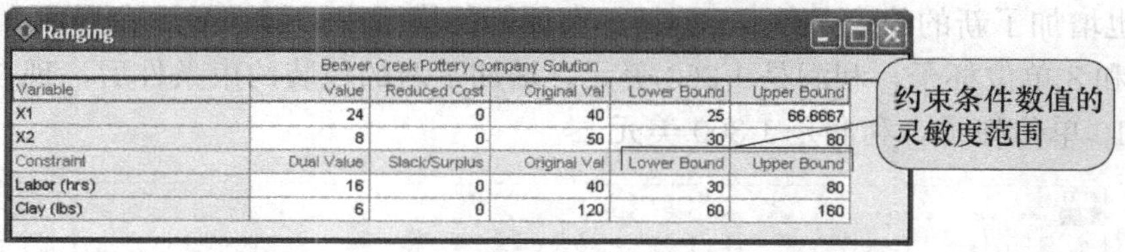

Ranging

Beaver Creek Pottery Company Solution

Variable	Value	Reduced Cost	Original Val	Lower Bound	Upper Bound
X1	24	0	40	25	66.6667
X2	8	0	50	30	80
Constraint	Dual Value	Slack/Surplus	Original Val	Lower Bound	Upper Bound
Labor (hrs)	16	0	40	30	80
Clay (lbs)	6	0	120	60	160

界面 3 - 14

□ 灵敏度分析的其他形式

Excel 和 QM for Windows 将目标函数系数和约束条件数值的灵敏度范围作为标准解输出。然而，还有其他形式的灵敏度分析，包括改变单个约束条件参数、增加新的约束条件和增加新的变量。

例如在海狸小溪陶瓷公司的例子中，如果雇用一个新的经验较少的技工制造陶器，他将用 1.33 小时，而不是 1 小时生产一单位碗。因此，劳动力约束条件将由 $x_1+2x_2\leqslant 40$ 变为 $1.33x_1+2x_2\leqslant 40$。这一变化如图 3 - 9 所示。

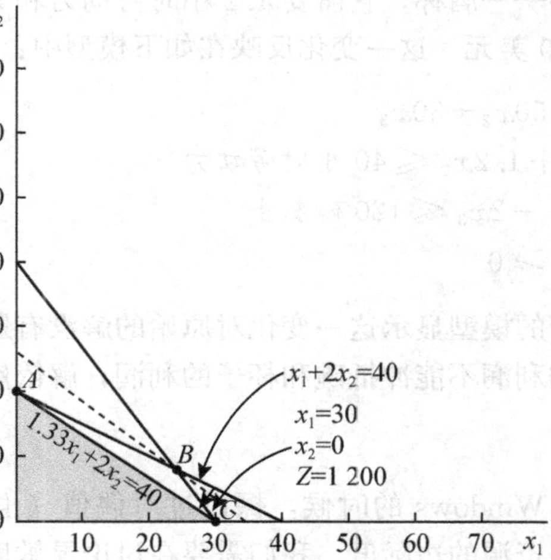

图 3 - 9 改变劳动力约束条件中 x_1 的系数

注意：劳动力约束条件中 x_1 的系数的改变，将约束线旋转了一个方向，使解值范围由 $OABC$ 变为 OAC。同时产生了一个新的最优解点 C，其中，$x_1=30$，$x_2=0$，$Z=1\ 200$ 美元。1.33 小时也就成了约束条件系数的逻辑上限。然而，正如我们指出的，标准线性规划计算机输出不提供这种典型的约束变量系数的灵敏度分析。因此，确定这种变化产生的影响的最符合逻辑的方法是采用不同的值在计算机程序上运行。

其他种类的灵敏度分析是为模型增加一个新的约束条件或增加一个新的变量。例如，海狸小溪陶瓷公司为包装陶瓷增加了如下第三个约束条件：

$0.20x_1+0.10x_2\leqslant 5$ 小时

这就要求对模型依据这个新的约束条件再次求解。如界面 3 - 15 中的 Excel 电子表格所示，这个新的约束条件事实上改变了最优解。依据要求，新的一行（第 8 行）被增加到原来的电子表格中（界面 3 - 1 中首次显示过这张电子表格），表示新的约束参数值，在求解过程中也增加了新的约束条件 E8≤G8。在原来的模型中，解（显示在界面 3－4 中）是 24 单位碗和 8 单位杯子，利润是 1 360 美元。增加了新的包装约束条件后，现在的解是 20 单位碗和 10 单位杯子，利润是 1 300 美元。

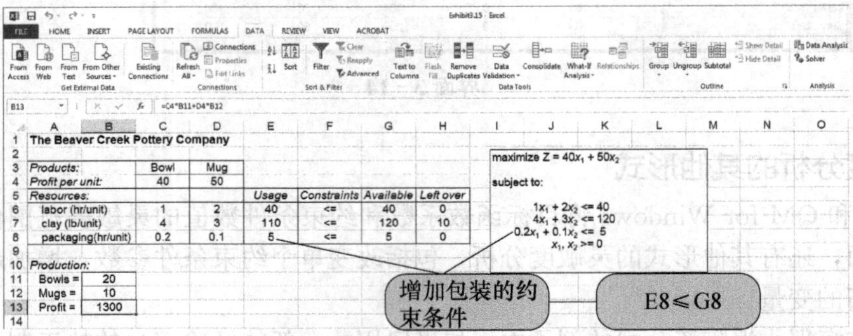

界面 3－15

如果增加新的变量，也许要对模型重新求解以确定变化的影响。例如，海狸小溪陶瓷公司打算生产第三种产品——酒杯，它需要 1.2 小时劳动力和 2 磅黏土。不增加额外的资源，酒杯的利润大约在 30 美元。这一变化反映在如下模型中：

$$\max Z = 40x_1 + 50x_2 + 30x_3$$

$$\text{s.t.}\begin{cases} x_1 + 2x_2 + 1.2x_3 \leqslant 40 \text{ 小时劳动力} \\ 4x_1 + 3x_2 + 2x_3 \leqslant 120 \text{ 磅黏土} \\ x_1, x_2, x_3 \geqslant 0 \end{cases}$$

用计算机求解这个新的模型显示这一变化对原始的解没有影响，也就是模型对变化并不敏感。预计酒杯产生的利润不能冲抵碗和杯子的利润，解依然保持一样。

□ 影子价格

本章在讨论 QM for Windows 的时候，探讨过对偶值（也叫影子价格）。回想一下，我们把对偶值定义为额外资源的边际值。我们需要在讨论灵敏度分析的时候再次提到影子价格，因为在做决策的时候经常要考虑资源的边际值及其灵敏度范围。

考虑一下界面 3－16 中的海狸小溪陶瓷公司电子表格形式的灵敏度分析报告。

Adjustable Cells

Cell	Name	Final Value	Reduced Cost	Objective Coefficient	Allowable Increase	Allowable Decrease
B10	Bowls =	24	0	40	26.67	15
B11	Mugs =	8	0	50	30	20

Constraints

Cell	Name	Final Value	Shadow Price	Constraint R.H. Side	Allowable Increase	Allowable Decrease
E6	labor (hr/unit) Usage	40	16	40	40	10
E7	clay (lb/unit) Usage	120	6	120	40	60

影子价格（对偶值）

界面 3－16

劳动力的影子价格（或是边际值）是每小时 16 美元，黏土的影子价格是每磅 6 美元。这就意味着每获得 1 小时额外的劳动力，利润可增长 16 美元。如果陶瓷公司的管理者可以确保以每小时 16 美元的价格获得 1 小时劳动力，在最优解集改变和现行影子价格不再有效之前，最多可以获得多少小时劳动力？答案是劳动力约束条件数值灵敏度范围的上限。在最优解集改变之前，最多有 80 小时劳动力可用。因此管理者可以确保 40 多个小时劳动力，可以增加的数量显示在劳动力约束条件的 Excel 灵敏度分析报告输出中。如果可以获得额外 40 小时的劳动力，总值是多少？答案是 16 美元/小时×40 小时＝640 美元。换句话说，如果有额外的 40 小时劳动力，可以增加利润 640 美元。如界面 3 - 17 所示，其中劳动力由 40 小时增加到 80 小时，利润由 1 360 美元增加到 2 000 美元，或者说增加了 640 美元。

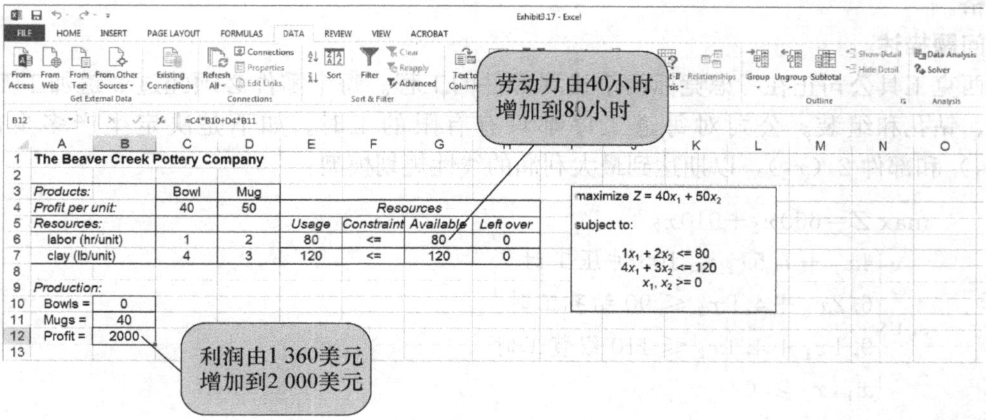

界面 3 - 17

回头再看一下图 3 - 7（a），解点在点 A'。把劳动力增加到 80 小时（灵敏度范围的上限）以上不会带来利润的增加和新的解，只会带来松弛的工时。

再者，如果一个工人在一周中休了一天病假，劳动力会由 40 小时减为 32 小时，这对利润会有什么影响呢？这种情况下每小时利润会减少 16 美元，或总共 128 美元。因此，总利润会由 1 360 美元减少为 1 232 美元。

与此相似，如果陶瓷公司只能得到 100 磅黏土，而不是每周通常分配的 120 磅，对利润有什么影响吗？黏土不足会使利润减少 6 美元，或总共 120 美元。这会从整体上使利润由 1 360 美元减少到 1 240 美元。

因此，约束条件数值的灵敏度范围提供的另一个信息是，在哪个范围内影子价格仍然有效。当 q_i 增长到超过灵敏度范围的上限或减少到低于下限时，影子价格将发生变化，特别是会产生松弛（或剩余）。因此，约束条件数值的灵敏度范围也是影子价格保持有效的范围。

1 小时劳动力的 16 美元的影子价格不是管理者所必须付出的。这取决于目标函数是怎样定义的。在海狸小溪陶瓷公司的例子中，我们假设所有的资源，40 小时劳动力和 120 磅黏土，都是已经付过款的。即使公司没有使用所有的资源，也必须支付费用。这些叫沉没成本。因此，目标函数中的每种产品的利润值不会受到资源实际使用情况的影响，总利润是和资源使用情况相对立的。在这种情况下，影子价格是管理者愿意为额外的资源付出的最高价格。管理者可以为额外的 1 小时劳动力和 1 磅黏土付出最多 16 美元和 6 美元。

如果劳动力和黏土是分开购买的，不是沉没成本，利润就是资源成本的函数。在这种情况下，影子价格就是在原始资源成本之上需要单独支出的额外成本。

小　结

本章主要讲解了线性规划的计算机求解。这就要求我们首先说明如何加上松弛变量或减去剩余变量，把一个线性规划模型转化为标准形式。计算机求解使我们可以讨论灵敏度分析的话题，分析模型参数变化对线性规划模型解的影响。下一章将提供一些比现在所介绍的更复杂的线性规划模型。

解题实例

这个例子将演示如何把线性规划模型转化成标准形式、灵敏度分析、计算机求解和影子价格。

问题描述

西克工具公司正在考虑竞标两个机翼部件的工程。每个零件必须经过 3 道加工工序：冲压、钻孔和组装。公司对每道工序都只有有限的工时。如下是决定生产多少部件 1（x_1）和部件 2（x_2），以期达到最大利润的线性规划模型：

$$\max Z = 650x_1 + 910x_2$$

$$\text{s. t}\begin{cases}4x_1 + 7.5x_2 \leqslant 105 \text{ 冲压工时} \\ 6.2x_1 + 4.9x_2 \leqslant 90 \text{ 钻孔工时} \\ 9.1x_1 + 4.1x_2 \leqslant 110 \text{ 组装工时} \\ x_1, x_2 \geqslant 0\end{cases}$$

A. 用图解法求解。

B. 指出在最优解点有多少松弛资源。

C. 计算部件 1 利润的灵敏度范围和可得到的冲压工时数。

D. 用 Excel 求解模型。

求解过程

A.

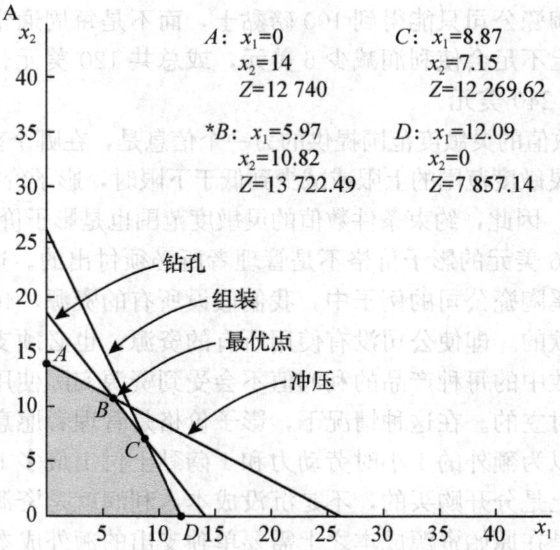

B. 点 B 的松弛量的计算如下，其中 $x_1=5.97$，$x_2=10.82$。

$$4(5.97)+7.5(10.82)+s_1=105(\text{冲压工时})$$

$s_1=0$（小时）

$6.2(5.97)+4.9(10.82)+s_2=90$（钻孔工时）

$s_2=0$（小时）

$9.1(5.97)+4.1(10.82)+s_3=110$（组装工时）

$s_3=11.35$（小时）

C. 部件 1 利润的灵敏度范围可以通过观察模型的图形，计算为了将最优点由 B 移到 C，目标函数线的斜率要增加多少而得到。这是范围的上限，通过计算使目标函数线的斜率与钻孔约束线（$6.2x_1+4.9x_2=90$）的斜率相等的 c_1 值得出。

$$\frac{-c_1}{910}=\frac{-6.2}{4.9}$$

$$c_1=1\ 151.43$$

下限通过计算使目标函数线的斜率与冲压约束线（$4x_1+7.5x_2=105$）的斜率相等的 c_1 值得出。

$$\frac{-c_1}{910}=\frac{-4}{7.5}$$

$$c_1=485.33$$

因此

$$485.33\leqslant c_1\leqslant 1\ 151.43$$

冲压工时数的范围上限可以通过首先计算 q_1 的值得到，这时将使解点由 B 移到钻孔约束条件与 x_2 轴的交点（$x_1=0$，$x_2=18.37$）。

$$4(0)+7.5(18.37)=q_1$$

$$q_1=137.76$$

但最优解点由 B 移到 C 时，达到灵敏度范围的下限，其中 $x_1=8.87$，$x_2=7.15$：

$$4(8.87)+7.5(7.15)=q_1$$

$$q_1=89.10$$

因此

$$89.10\leqslant q_1\leqslant 137.76$$

D. 这道例题的 Excel 电子表格解法如下：

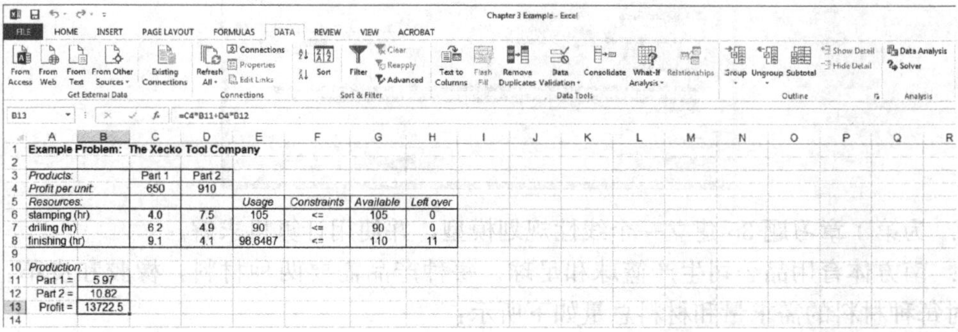

	A	B	C	D	E	F	G	H
1	Example Problem: The Xecko Tool Company							
2								
3	Products:		Part 1	Part 2				
4	Profit per unit:		650	910				
5	Resources:				Usage	Constraints	Available	Left over
6	stamping (hr)		4.0	7.5	105	<=	105	0
7	drilling (hr)		6.2	4.9	90	<=	90	0
8	finishing (hr)		9.1	4.1	98.6487	<=	110	11
9								
10	Production:							
11	Part 1 =	5.97						
12	Part 2 =	10.82						
13	Profit =	13722.5						
14								

习 题

5. 下面的模型在第 2 章（习题 18）中已用图解法求解：

$$\max Z = 5x_1 + 8x_2 \text{（美元，利润）}$$

$$\text{s. t.}\begin{cases} 3x_1 + 5x_2 \leqslant 50\text{（单位，资源 1）} \\ 2x_1 + 4x_2 \leqslant 40\text{（单位，资源 2）} \\ x_1 \leqslant 8\text{（单位，资源 3）} \\ x_2 \leqslant 10\text{（单位，资源 4）} \\ x_1, x_2 \geqslant 0 \end{cases}$$

给定该模型的 Excel 电子表格，如下所示。指出单元格 F6，F7，F8，F9，G6，G7，G8，G9 和 B14 中的公式，并且将必要的信息输入求解窗口，以求解该模型。用 Excel 求解这个模型。

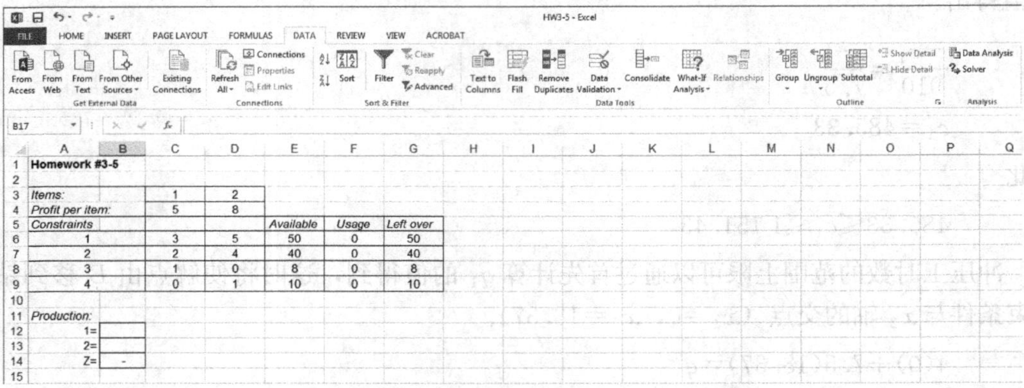

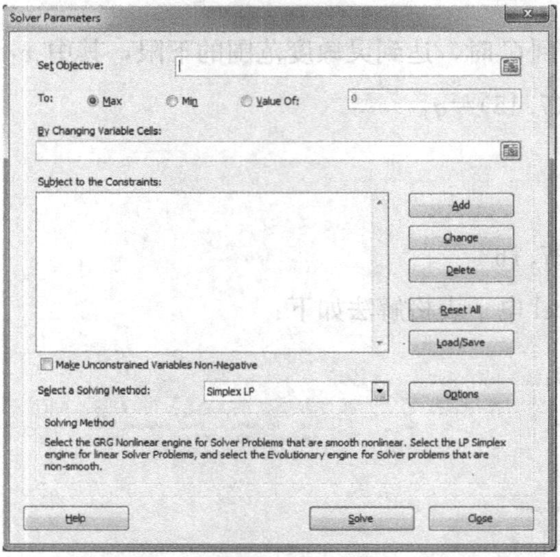

6. 为第 1 章习题 35 建立一个线性规划模型，并使用计算机求解。

7. 南方体育用品公司生产篮球和足球。每种产品需要两种材料：橡胶和皮革。单位产品对每种材料的需求量和材料总量如下所示：

产品	单位产品材料需求量	
	橡胶（磅）	皮革（平方英尺）
篮球	3	4
足球	2	5
材料总量	500	800

每个篮球的利润是 12 美元，每个足球的利润是 16 美元。

a. 建立一个线性规划模型，计算生产多少篮球和足球可以达到利润最大化。

b. 把模型转化成标准形式。

8. 用图解法求解习题 7 中为南方体育用品公司建立的模型。

a. 在图形中的每个极值点上表示出未使用的资源量（也就是松弛量）。

b. 如果篮球的利润由 12 美元变为 13 美元，对最优解的影响是什么？如果足球的利润由 16 美元变为 15 美元，影响是什么？

c. 如果有额外的 500 磅橡胶，对最优解的影响是什么？如果有额外的 500 平方英尺皮革，影响是什么？

13. 欧文纺织品厂生产两种棉布——粗斜纹棉布和灯芯绒。灯芯绒是较高等级的棉布，因此每码需要 7.5 磅原棉，而每码粗斜纹棉布需要 5 磅原棉。每码灯芯绒需要 3.2 小时加工时间，每码粗斜纹棉布需要 3 小时加工时间。虽然粗斜纹棉布的需求量没有限制，但是灯芯绒的最大需求量是每月 510 码。现在工厂每月有 6 500 磅原棉和 3 000 小时加工时间。每码粗斜纹棉布的利润是 2.25 美元，每码灯芯绒的利润是 3.10 美元。生产厂商想知道每种棉布各生产多少码，可以使利润最大。

a. 为这个问题建立一个线性规划模型。

b. 把模型转换成标准形式。

14. 用图解法求解习题 13 中为欧文纺织品厂建立的模型。

a. 在最优解点有多少原棉和工时剩余？达到灯芯绒的需求量了吗？

b. 如果粗斜纹棉布的利润由 2.25 美元增加到 3 美元，对最优解有什么影响？如果灯芯绒的利润由 3.10 美元变为 4 美元，将有什么影响？

c. 如果欧文纺织品厂每月只有 6 000 磅原棉，对最优解有什么影响？

15. 用计算机求解习题 13 中为欧文纺织品厂建立的模型。

a. 如果欧文纺织品厂可以额外获得原棉和工时中的一种，应选择哪种？数量为多少？解释你的答案。

b. 指出目标函数系数和约束条件数值的灵敏度范围。解释灯芯绒需求量的灵敏度范围。

16. 辛辛那提的联合铝业公司在两家工厂生产三种等级的铝（高、中、低）。每个工厂对于每种等级有不同的生产能力（吨/天）：

铝的等级	工厂	
	1	2
高	6	2
中	2	2
低	4	10

公司与另一家生产企业签订了合同，至少提供 12 吨高等级的铝、8 吨中等级的铝和 5 吨低等级的铝。公司运营工厂 1 需要花费 6 000 美元/天，运营工厂 2 需要花费 7 000 美元/天。公司想知道如果想以最低的成本满足合同，需要各运营每个工厂多少天。

为这个问题建立一个线性规划模型。

17. 用图解法求解习题 16 中为联合铝业公司建立的线性规划模型。

a. 在最优解点，公司多生产了高、中、低级铝各多少吨？

b. 如果工厂 1 的日运营成本由 6 000 美元提高到 7 500 美元，对最优解有什么影响？

c. 如果工厂只能提供 10 吨高级铝，对最优解有什么影响？

18. 用计算机求解习题 16 中为联合铝业公司建立的线性规划模型。

a. 给出并解释合同中约定的每种等级铝的影子价格。

b. 给出目标函数系数和约束条件数值的灵敏度范围。

c. 如果合同中要求的高等级铝的需求由 12 吨增加到 20 吨，最优解会改变吗？如果会，则新的最优解是多少？

42. 下面的线性规划模型是针对 4 种产品的生产设立的，包括 2 种不同的生产流程和 2 种不同的材料需求：

$$\max Z=50x_1+58x_2+46x_3+62x_4$$

$$\text{s.t.}\begin{cases}4x_1+3.5x_2+4.6x_3+3.9x_4\leqslant 600\text{ 小时（流程 1）}\\2.1x_1+2.6x_2+3.5x_3+1.9x_4\leqslant 500\text{ 小时（流程 2）}\\15x_1+23x_2+18x_3+25x_4\leqslant 3\,600\text{ 磅（材料 1）}\\8x_1+12.6x_2+9.7x_3+10.5x_4\leqslant 1\,700\text{ 磅（材料 2）}\\\dfrac{x_1+x_2}{x_1+x_2+x_3+x_4}\geqslant 0.60\\x_1,x_2,x_3,x_4\geqslant 0\end{cases}$$

a. 用计算机求解该问题。

b. 指出目标函数系数和约束条件数值的灵敏度范围。

c. 哪个是对公司最有价值的资源？

d. 在最优解点有一种产品没有生产。如果要生产该种产品，它的利润应该达到多少？

50. 约翰·胡克经营着胡克轮辐自行车商店。大部分生意都是有顾客订单的，他也持有一些库存以备临时顾客的需要。库存中有三种自行车：公路车、越野车和山地车。公路车的成本是 1 200 美元，越野车的成本是 1 700 美元，山地车的成本是 900 美元。公路车的售价是 1 800 美元，越野车的售价是 2 100 美元，山地车的售价是 1 200 美元。他这个月有 12 000 美元可用来购买自行车。每辆车必须进行组装，组装公路车需要 8 小时，越野车需要 12 小时，山地车需要 16 小时。他估计他和雇员有 120 小时组装自行车。他这个月在店里可以存放 20 辆自行车。根据过去的销售，约翰存放山地车的数量需要是其他两种车数量的 2 倍，因为山地车比较畅销。

为这个问题建立一个线性规划模型。

51. 用计算机求解习题 50 中为胡克轮辐自行车商店建立的线性规划模型。

a. 约翰·胡克是需要增加预算购买自行车，还是增加空间储存自行车，抑或是增加工时组装自行车？为什么？

b. 如果约翰想以10美元每小时的成本雇用另外的30工时，他将额外获取多少利润？

c. 如果约翰想以较低的1 200美元的价格购买越野车，并以1 900美元的价格卖出，这会影响最初的解吗？

56. 埃克塞特矿业公司在4个矿场生产铁矿，每个矿场出产的铁矿含铁量都不一样。矿场1出产磁铁矿，含铁量为70%；矿场2出产黄铁矿，含铁量为60%；矿场3出产褐铁矿，含铁量为50%；矿场4出产铁燧岩，含铁量为30%。埃克塞特矿业公司有三个客户生产铁：阿姆科、拜斯特和卡科姆。阿姆科需要400吨纯（100%）铁矿，拜斯特需要250吨，卡科姆需要290吨。在矿场1出产和处理1吨磁铁矿需要37美元，在矿场2出产和处理1吨黄铁矿需要46美元，在矿场3出产和处理1吨褐铁矿需要50美元，在矿场4出产和处理1吨铁燧岩需要42美元。埃克塞特矿业公司可在矿场1出产350吨矿石，矿场2出产530吨矿石，矿场3出产610吨矿石，矿场4出产490吨矿石。公司想知道每个矿场各出产多少吨矿石可使成本最小化且满足客户的需求。

为这个问题建立一个线性规划模型。

57. 用计算机求解习题56中为埃克塞特矿业公司建立的线性规划模型。

a. 有矿场有多余的产能吗？如果有，是哪个？

b. 如果埃克塞特矿业公司可以扩大一个矿场的产能，应该是哪个？为什么？

c. 如果如b中指出的，埃克塞特矿业公司可以扩大一个矿场的产能，在最优解改变之前，产能可以扩大多少？

d. 如果埃克塞特矿业公司决定把矿场1的产能由350吨扩大到500吨，由此生产成本增加到每吨43美元，应当这样做吗？

59. 玛丽·莫考答应当地的PTA为周六下午的烘焙展卖会准备一些货品。她决定制作一些巧克力蛋糕、白面包、奶油饼和糖曲奇。周四的晚上，她到商店购买了20磅面粉、10磅糖和3打鸡蛋，这些是她准备制作的烘焙制品的3种主要成分。下面的表格列出了每种烘焙制品所需的主要成分的数量：

	成分			烘焙时间
	面粉（杯）	糖（杯）	鸡蛋	（分钟）
蛋糕	2.5	2	2	45
面包	9	0.25	0	35
饼	1.3	1	5	50
曲奇	2.5	1	2	16

在5磅的面粉袋中有18.5杯面粉，在5磅的糖袋中有12杯糖。她计划周五早晨在孩子们上学后开始烤制，在孩子们足球训练完回家之前，她有8小时可以完成工作。PTA对巧克力蛋糕的售价是12美元，面包8美元，奶油饼10美元，糖曲奇6美元。她想知道每种货品各烤制多少可以为PTA带来更多的现金。为这个问题建立一个线性规划模型。

60. 求解习题59中为玛丽·莫考建立的线性规划模型。

a. 有哪种成分剩余吗？

b. 如果她可以得到更多的材料，她会选择哪种？为什么？

c. 如果可以得到额外的6个鸡蛋，或20杯面粉，或30分钟烤制时间，她会选择哪种？为什么？

d. 解值从逻辑上说应该是整数。如果不是整数，讨论她应该决定每种货品各烤制多少。整数解和非整数解相比，销售额各是多少？

案例 3-1

摩塞克瓷砖有限公司

吉尔伯特·摩斯和安吉拉·帕塞克在大学期间花了几个夏天在西南部的考古地点工作。在挖掘过程中，他们向当地的工匠学会了制造陶瓷砖。大学毕业后，他们用在大学学到的知识开设了一家叫作摩塞克瓷砖有限公司的瓷砖制造企业。他们将工厂开设在新墨西哥州，在那里可以很方便地得到一种特殊的黏土制作瓷砖的砖坯。生产工艺包括铸型、烘烤和上釉等几个相对简单但不稳定的步骤。

吉尔伯特和安吉拉准备生产两种用于家庭浴室、厨房、阳台和洗衣间的瓷砖。其中一种是较大、单色的瓷砖，另一种是较小、带花色的瓷砖。在生产过程中，颜色和花色是在上釉之前加上去的。颜色和花色都喷在烘烤瓷砖的表面。

瓷砖按每批 100 块批量生产。第一步是把砖坯倒入特定的模具。铸型 100 块大砖需要 18 分钟，100 块小砖需要 15 分钟。公司每周可用来铸型的时间是 60 小时。铸型后，瓷砖要在干燥炉中烘烤，每批 100 块大砖需要 0.27 小时，每批 100 块小砖需要 0.58 小时。公司每周可用来烘烤的时间是 105 小时。烘烤后，对瓷砖进行着色、印花和上釉。这一过程，每批 100 块大砖需要 0.16 小时，每批小砖需要 0.20 小时。公司每周可用来上釉的时间是 40 小时。每批 100 块大砖需要砖坯 32.8 磅，每批小砖需要砖坯 20 磅。公司每周可用来生产瓷砖的砖坯是 6 000 磅。

摩塞克瓷砖有限公司从每批大砖赚取的利润是 190 美元，从每批印花小砖赚取的利润是 240 美元。吉尔伯特和安吉拉想知道每周各生产多少批大砖和小砖可使利润最大化。另外，他们有一些与资源使用情况相关的问题：

A. 为摩塞克瓷砖有限公司建立一个线性规划模型，计算每周应该生产的瓷砖组合。

B. 把模型转换成标准形式。

C. 用图解法求解该线性规划模型。

D. 计算最优解点的资源剩余。

E. 用图解法求解目标函数系数和约束条件数值的灵敏度范围。

F. 出于美观的考虑，吉尔伯特和安吉拉偏好生产印花小砖，他们确信未来印花小砖将是非常成功的产品。如果公司只生产印花小砖，其利润必须达到多少？

G. 用计算机求解线性规划模型，并验证 E 中计算出的灵敏度范围。

H. 摩塞克相信可以把铸型 100 块大砖的时间减少到 16 分钟，铸型 100 块小砖的时间减少到 12 分钟，这对解有什么影响？

I. 为摩塞克提供黏土的供应商表示可以每周多提供 100 磅黏土，摩塞克应该同意这个建议吗？

J. 摩塞克正准备增加一个干燥炉的产能，每周可以增加 20 小时的上釉时间，成本是 90 000 美元，应该进行这笔投资吗？

K. 干燥炉需要停产 3 小时，可用烘烤时间将由 40 小时减少到 37 小时。这对解有影响吗？

案例 3-2

“可能性”餐厅（续）

在第 2 章的“可能性”餐厅的案例问题中，安吉拉·福克斯和祖伊·卡尔菲尔德开设了一家叫作“可能性”的法国餐馆。开始阶段，安吉拉和祖伊不能提供全套各种各样的菜单，所以主厨皮埃尔每晚准备两个全套的分别是牛肉和鱼肉的晚餐。在案例问题中，安吉拉和祖伊想建立一个线性规划模型，以帮助决定每晚要准备多少套牛肉和鱼肉的套餐。用计算机求解安吉拉和祖伊的线性规划模型。

A. 安吉拉和祖伊想做一些广告，以扩大他们可以提供的晚餐的数量。他们估计如果每天花费 30 美元在报纸上做广告，就可以把每天的供餐数由 60 套提高到 70 套。他们应该进行这项投资吗？

B. 安吉拉和祖伊担心厨房员工的可靠性。他们估计在某些晚上可以削减 5 个工时，这对盈利水平有影响吗？

C. 他们需要解决的最后一个问题就是提高鱼肉套餐的价格。安吉拉相信鱼肉套餐的价格偏低，完全可以做到与牛肉套餐的利润相近而不影响用户的需求量。然而，祖伊注意到皮埃尔已经根据线性规划的解做了准备。安吉拉建议为了增加鱼肉套餐的利润，可以把价格提高到 14 美元。皮埃尔会接受吗？可以实现多少额外利润？

案例 3-3

朱莉娅的食品摊

朱莉娅是泰克大学的四年级学生，她正在进行多种投资以筹集最后一年的学费。她考虑在家庭足球赛期间在泰克体育场外面租一个食品摊。泰克经营所有的家庭运动会，而且朱莉娅根据自己参加运动会的经验知道，所有人都会吃大量的东西。她要花费 1 000 美元在每次运动会上租一个食品摊，食品摊并不大。供应商经过泰克的允许可以销售食品或饮料，但不能同时销售两种。只有泰克运动部门特许的摊位才可以在场内同时销售食品和饮料。她认为奶酪比萨、热狗和烤肉三明治是最流行的食物，她准备售卖这些食品。

大部分食品在运动会开始前 1 小时和中场休息时出售，因此在此期间不可能让朱莉娅边售卖边准备食品。她必须提前准备好并放在保温炉中。花 600 美元租用一个保温炉可以连续使用 6 场。炉子有 16 层隔板，每层隔板的尺寸是 3 英尺×4 英尺。她计划在开场前和中场休息前在炉中放 3 种食物。

朱莉娅已经和当地的一家比萨外卖公司谈好，每场比赛给她送 2 次 14 英寸的奶酪比萨，分别是比赛前 2 小时和开球后。每张比萨的成本是 6 美元，一共 8 片。她估计每个热狗的成本是 0.45 美元，如果她在比赛前一天晚上自己制作烤肉三明治，每个成本是 0.90 美元。她测量了一下热狗将占用 16 平方英寸的空间，烤肉三明治将占用 25 平方英寸的空间。她计划每片比萨和热狗的售价是 1.50 美元，烤肉三明治的售价是 2.25 美元。她有 1 500 美元可用于购买和准备第一场比赛的货品，接下来的 5 场比赛她将用从前一场比赛赚来的钱购买各种货品和原料。

朱莉娅和一些在泰克的前一次运动会中和其他大学售卖过食物的学生和供应商交谈

过。通过交谈她发现，可以预计卖出的比萨量至少是热狗和烤肉三明治的总和。她同时预期，卖出的热狗的数量是烤肉三明治的 2 倍。她确信只要遵循这些需求量的通用规则，就可以卖出所有的存货，而且整个赛季都可以拥有顾客。

如果在每场比赛中，茱莉娅除去她所有的花费，可获得至少 1 000 美元的利润，她相信就值得租借摊位。

A. 建立和求解一个线性规划模型，以帮助你给朱莉娅提出建议是否应该租用食品摊。

B. 如果朱莉娅在第一场比赛前从朋友那里借来更多的钱，购买更多的材料，她可以赚取更多的利润吗？如果是，她应该借多少钱？可以多赚取多少利润？哪个约束条件限制她借更多的钱（在你对前一问题的回答中指明这一点）？

C. 当朱莉娅看到 A 中的解时，她意识到依靠她个人的力量很难准备解中标明的热狗和烤肉三明治的数量。她想以每场比赛 100 美元的价格雇用她的朋友帮忙。根据 A 和 B 中的结果，她应该这么做吗？

D. 朱莉娅似乎把她的分析建立在所有事情都按照她的计划发展的基础之上。模型中的哪些不确定因素可能出现问题，对朱莉娅的分析造成负面影响？列出这些不确定因素和 A，B，C 的结果，你将给朱莉娅提出哪些建议？

第4章

线性规划：建模实例

在本书的第 2 章和第 3 章用两个基本的线性规划模型——最大化问题和最小化问题，介绍了模型建立、图解法、计算机求解和灵敏度分析。这些模型大多是非常简单易懂的，只包含两个决策变量和两个约束条件。介绍简单的模型是有必要的，这样在讲解线性规划问题的时候才容易理解。

我们将在本章介绍比较复杂的建模。我们选择这些例子来解释线性规划更普遍的应用领域。同时，也提供了大量问题的建模指导以及使用 Excel 和 QM for Windows 进行计算机求解。

当你学习这些例子的时候，将会注意到每个例子都是按照系统的方式介绍的。首先定义决策变量，然后写出目标函数，最后写出模型的约束条件。建模可能复杂而有难度，我们按照这些步骤来定义每一个阶段中模型的具体组成部分，而不是在读完问题后就试图给出整个模型。

产品配比的例子

快速制衣（Quick-Screen）是一家服装制造公司，专门在像世界职业棒球大赛、超级杯和四强争夺赛之类的重大体育赛事后立即生产纪念 T 恤衫。在新年的大学生足球杯比赛结束后，不论是州立大学还是技术学院获胜，公司要依照合约为获胜的球队生产一套标准的 T 恤衫。公司负责生产的服装包括两件运动衫——一件前面有丝质的图案，一件前后都有图案，以及两件和运动衫设计一样的 T 恤衫。公司必须在比赛结束后的 72 小时之内完成生产，届时拖车就会来取这些运动衫。公司不得不 24 小时连续生产。卡车可以装下 1 200 个标准尺寸的盒子。每个标准尺寸的盒子可以装 12 件 T 恤衫，装 12 件运动衫的盒子的尺寸是标准盒子尺寸的 3 倍。公司有 25 000 美元的预算可用于生产的运行。库存中有 500 打没有印刷图案的运动衫和 T 恤衫可用来生产。这种情况如图 4－1 所示。

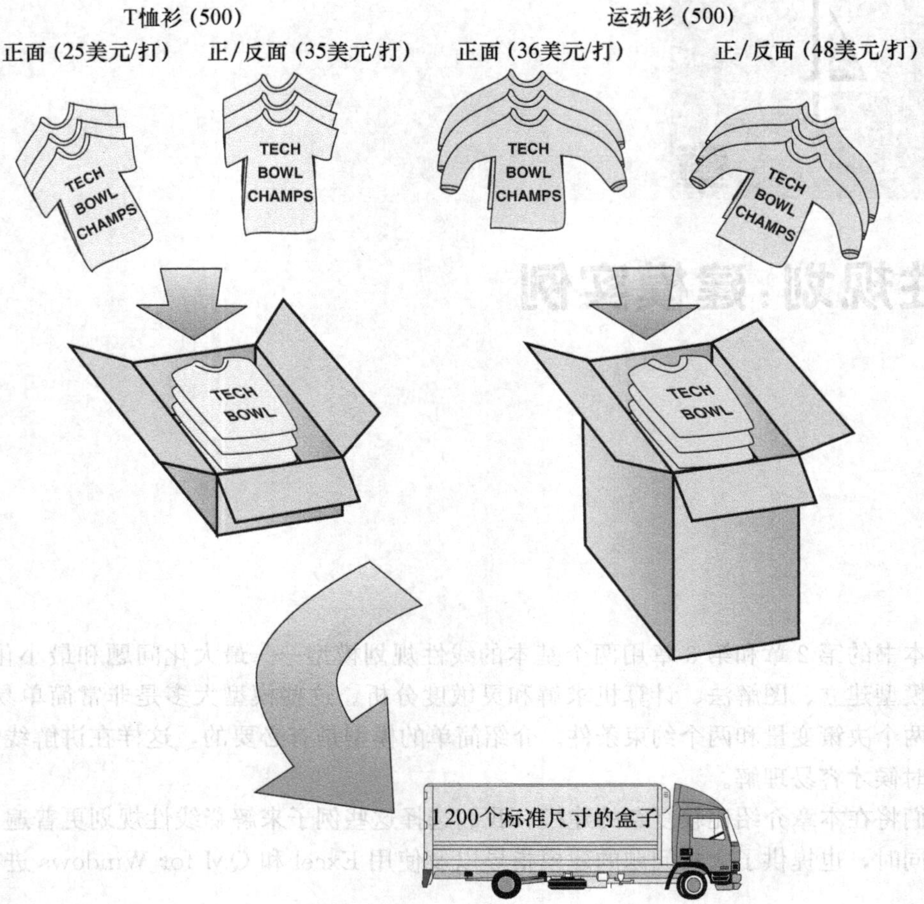

图 4－1 快速制衣

资源方面的需求、单价和每种 T 恤衫与运动衫的利润如下所示：

	每打加工时间（小时）	每打成本（美元）	每打利润（美元）
运动衫（正面）	0.10	36	90
运动衫（正/反面）	0.25	48	125
T 恤衫（正面）	0.08	25	45
T 恤衫（正/反面）	0.21	35	65

公司想知道生产每种产品各多少打（盒）可以使利润最大化。

下面是对这个问题建模步骤的回顾：

线性规划建模步骤总结

第一步：定义决策变量

每种 T 恤衫和运动衫各生产多少（打）

第二步：定义目标函数

利润最大化

第三步：定义约束变量

可以得到的资源，包括加工时间、没有印刷图案的 T 恤衫和运动衫、预算和发货能力

□ 决策变量

这个问题包括 4 个决策变量，代表每种 T 恤衫和运动衫各生产多少打（盒）。

x_1＝有正面图案的运动衫

x_2＝有正面和反面图案的运动衫

x_3＝有正面图案的 T 恤衫

x_4＝有正面和反面图案的 T 恤衫

□ 目标函数

公司的目标是利润最大化。总的利润是由每种产品获得的利润的和。目标函数表示为：

$$\max Z=90x_1+125x_2+45x_3+65x_4$$

□ 模型约束条件

第一个约束变量是加工时间。从比赛结束到卡车来装运的时间是 72 小时：

$$0.10x_1+0.25x_2+0.08x_3+0.21x_4\leqslant 72$$

第二个约束条件是 1 200 个标准尺寸盒子的发货能力。装运动衫的盒子的尺寸是标准盒子的 3 倍，因此每个装运动衫的盒子在尺寸上有 3 个装 T 恤衫的盒子那么大。相对尺寸的不同表示为如下约束条件：

$$3x_1+3x_2+x_3+x_4\leqslant 1\,200$$

第三个约束条件是成本预算。用于生产的预算是 25 000 美元：

$$36x_1+48x_2+25x_3+35x_4\leqslant 25\,000$$

最后两个约束条件反映公司库存中尚未印刷图案的 T 恤衫和运动衫：

$$x_1+x_2\leqslant 500$$

$$x_3+x_4\leqslant 500$$

□ 模型综述

快速制衣公司的线性规划模型总结如下：

$$\max Z=90x_1+125x_2+45x_3+65x_4$$

$$\text{s.t.}\begin{cases}0.10x_1+0.25x_2+0.08x_3+0.21x_4\leqslant 72\\3x_1+3x_2+x_3+x_4\leqslant 1\,200\\36x_1+48x_2+25x_3+35x_4\leqslant 25\,000\\x_1+x_2\leqslant 500\\x_3+x_4\leqslant 500\\x_1,x_2,x_3,x_4\geqslant 0\end{cases}$$

□ 用 Excel 进行计算机求解

用 Excel 电子表格求解这个产品配比例子的过程如界面 4－1 所示。决策变量位于单元格 B14:B17。单元格 B18 用来计算利润，计算利润的公式，＝B14＊D5＋B15＊E5＋B16＊F5＋B17＊G5，显示在电子表格顶部的公式栏中。约束条件公式嵌在单元格 H7:H11 中，标题栏是“使用数”（Usage）。例如，H7 中的加工时间约束条件公式为＝D7＊B14＋E7＊B15＋F7＊B16＋G7＊B17。单元格 H8:H11 中的公式也是相似的情况。

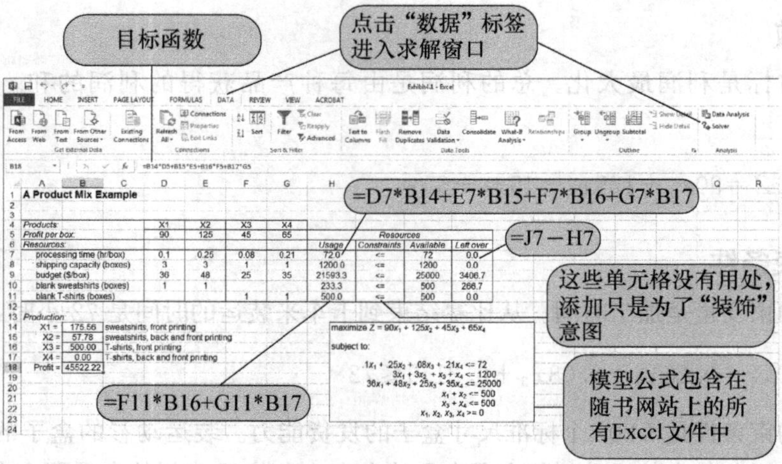

界面 4－1

单元格 K7:K11 包含剩余（松弛）资源的公式。例如，K7 包含公式＝J7－H7。这些剩余资源的公式可以使我们在开发电子表格模型的时候，节约操作电子表格的时间。首先，如已经演示的那样在单元格 K7 中输入剩余资源的公式＝J7－H7。接下来，用鼠标右键点击“复制”（Copy）。然后，用光标选中单元格 K8:K11（按住鼠标的左键）。再按鼠标的右键，然后点击“粘贴”（Paste）。这将自动地把剩余资源的正确公式插入单元格 K8:K11，而不用一个一个地输入公式。当公式中的变量位于同一行或同一列时，可以使用这样的复制操作。复制操作只是将复制进公式的每个单元格的行数加 1（也就是，J8 和 H8，J9 和 H9，J10 和 H10，J11 和 H11）。

注意界面 4－1 中电子表格右下角的方框内的模型公式。本章其他的线性规划模型以及其他章的模型公式都包含在随书网站上的 Excel 文件中。

这个模型的求解窗口如界面 4－2 所示。注意：我们可以把所有 5 个约束条件公式都插入“服从约束条件”（Subject to the Constraints）窗口的同一行。我们使用约束 H7:H11≤J7:J11 表示在 H7:H11 中计算的约束条件“使用数”小于在 J7:J11 中表示的相应的资源“拥有数”。

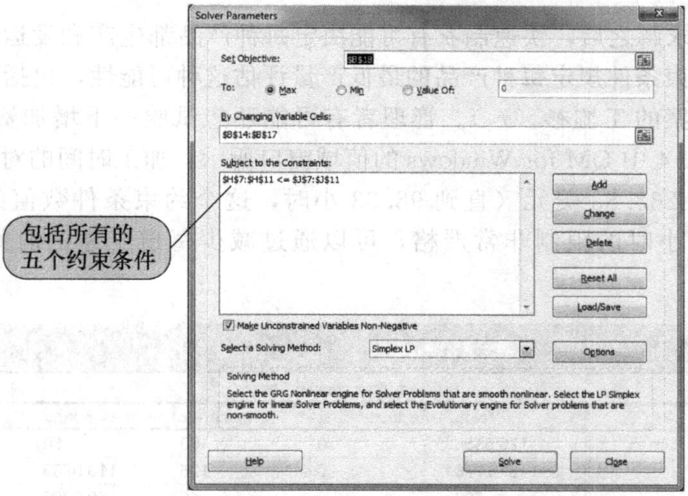

界面 4-2

□ 用 QM for Windows 进行计算机求解

用 QM for Windows 对这个问题的求解如界面 4-3 所示。

Original Problem w/answers

Product Mix Example Solution

	X1	X2	X3	X4		RHS	Dual
Maximize	90	125	45	65			
Processing time (hrs)	.1	.25	.08	.21	<=	72	233.3333
Shipping capacity (boxes)	3	3	1	1	<=	1,200	22.2222
Budget ($)	36	48	25	35	<=	25,000	0
Blank sweats (dozens)	1	1	0	0	<=	500	0
Blank T's (dozens)	0	0	1	1	<=	500	4.1111
Solution->	175.5556	57.7778	500	0	Optimal Z->	45,522.22	

界面 4-3

□ 解的分析

模型的解是：

x_1=175.56 盒有正面图案的运动衫

x_2=57.78 盒有正面和反面图案的运动衫

x_3=500 盒有正面图案的 T 恤衫

Z=45 522.22 美元

快速制衣公司的经理可能需要把解值求整，以便整盒发运。例如，175 盒有正面图案的运动衫、57 盒有正面和反面图案的运动衫、500 盒有正面图案的 T 恤衫。这样求出的利润是 45 375.00 美元，只比最优利润值 45 522.22 美元少 147.22 美元。

我们将在第 5 章中详细讨论如何实现“整数”解决方案。

□ 灵敏度分析

模型建立和求解之后，快速制衣有可能决定每种产品都生产和发运一些。管理层会通过增加 4 个约束条件规定每种产品的最低产量评估这种可能性，包括现在没有生产的有正面和反面图案的 T 恤衫（x_4）。管理者有可能还想试验一下增加资源对解的影响。例如，如界面 4－4 中 QM for Windows 的值域窗口所示，加工时间的对偶值显示每小时的利润可以增加 233.33 美元（直到 98.33 小时，这个约束条件数值的灵敏度范围上限）。看起来 72 小时的限制非常严格，可以通过减少每道工序的时间来达到同样的效果。

Ranging

Product Mix Example Solution

Variable	Value	Reduced Cost	Original Val	Lower Bound	Upper Bound
X1	175.5556	0	90	50	101.9231
X2	57.7778	0	125	113.0769	138.2143
X3	500	0	45	40.8889	Infinity
X4	0	10.3333	65	-Infinity	75.3333
Constraint	Dual Value	Slack/Surplus	Original Val	Lower Bound	Upper Bound
Processing time (hrs)	233.3333	0	72	63.3333	98.3333
Shipping capacity (boxes)	22.2222	0	1,200	884	1,460
Budget ($)	0	3,406.666	25,000	21,593.33	Infinity
Blank sweats (dozens)	0	266.6667	500	233.3333	Infinity
Blank T's (dozens)	4.1111	0	500	0	685.7144

界面 4－4

延伸阅读　　乔治·B. 丹齐格

在开发解决线性规划问题的单纯形法之后，乔治·B. 丹齐格需要一个很好的问题来测试它。他选择的问题是诺贝尔经济学奖获得者乔治·斯蒂格勒（George Stigler）于 1945 年提出的“饮食问题”。该问题是要以最低的成本（这是第二次世界大战期间一个重要的军事和民生问题）来确定适当的营养饮食。作为一个线性规划模型，饮食问题包括 77 个未知数和 9 个方程。手工操作（机械）台式计算器的人员达到了 90 人，从而获得了最佳的单纯溶液：主要由小麦面粉、卷心菜和干海军豆组成，每年花费 39.69 美元（1939 年的价格）。斯蒂格勒用自己的数值方法开发的解决方案只比最优解决方案多 24 美分。

■配餐的例子

布里斯特科（Breathtakers）健身中心为老年人开办了一个晨练计划。这个计划包括有氧运动、游泳或踏步练习，然后是在餐厅的健康早餐。营养专家需要研究一套早餐，要做到高热量、高钙、高蛋白、高纤维，但是要低脂肪和低胆固醇。这些对老年人非常重要。她同时要做到成本最低。她选择了下列备选食物，并在下表中列出了可用来准备一份标准早餐菜单的备选食物的营养成分和价格：

早餐食物	热量（卡路里）	脂肪（克）	胆固醇（毫克）	铁（毫克）	钙（毫克）	蛋白质（克）	纤维（克）	成本（美元）
1. 麦片（杯）	90	0	0	6	20	3	5	0.18
2. 谷物（杯）	110	2	0	4	48	4	2	0.22
3. 燕麦（杯）	100	2	0	2	12	5	3	0.10
4. 麦麸（杯）	90	2	0	3	8	6	4	0.12
5. 鸡蛋	75	5	270	1	30	7	0	0.10
6. 熏肉（片）	35	3	8	0	0	2	0	0.09
7. 橙子	65	0	0	1	52	1	1	0.40
8. 牛奶2%（杯）	100	4	12	0	250	9	0	0.16
9. 橙汁（杯）	120	0	0	0	3	1	0	0.50
10. 小麦面包（片）	65	1	0	1	26	3	3	0.07

营养专家需要早餐包括至少420卡路里热量、5毫克铁、400毫克钙、20克蛋白质和12克纤维素。另外，她要限制脂肪的含量不超过20克，胆固醇的含量不超过30毫克。

□ 决策变量

这个问题包括10个决策变量，代表可以组成早餐的每种食物的标准单位：

x_1＝麦片的杯数
x_2＝谷物的杯数
x_3＝燕麦的杯数
x_4＝麦麸的杯数
x_5＝鸡蛋的个数
x_6＝熏肉的片数
x_7＝橙子的个数
x_8＝牛奶的杯数
x_9＝橙汁的杯数
x_{10}＝小麦面包的片数

□ 目标函数

营养专家的目标是使早餐的成本最低。总的成本是每种食物的成本的和。

$$\min Z=0.18x_1+0.22x_2+0.10x_3+0.12x_4+0.10x_5+0.09x_6+0.40x_7+0.16x_8+0.50x_9+0.07x_{10}$$

□ 模型约束条件

约束条件是对营养成分的需求量：

$90x_1+110x_2+100x_3+90x_4+75x_5+35x_6+65x_7+100x_8+120x_9+65x_{10}\geqslant 420$ 卡路里
$2x_2+2x_3+2x_4+5x_5+3x_6+4x_8+x_{10}\leqslant 20$ 克脂肪
$270x_5+8x_6+12x_8\leqslant 30$ 毫克胆固醇
$6x_1+4x_2+2x_3+3x_4+x_5+x_7+x_{10}\geqslant 5$ 毫克铁
$20x_1+48x_2+12x_3+8x_4+30x_5+52x_7+250x_8+3x_9+26x_{10}\geqslant 400$ 毫克钙
$3x_1+4x_2+5x_3+6x_4+7x_5+2x_6+x_7+9x_8+x_9+3x_{10}\geqslant 20$ 克蛋白质
$5x_1+2x_2+3x_3+4x_4+x_7+3x_{10}\geqslant 12$ 克纤维

□ 模型综述

这个问题的线性规划模型总结如下：

$$\min Z = 0.18x_1 + 0.22x_2 + 0.10x_3 + 0.12x_4 + 0.10x_5 + 0.09x_6 + 0.40x_7 + 0.16x_8 + 0.50x_9 + 0.07x_{10}$$

$$\text{s. t.}\begin{cases} 90x_1 + 110x_2 + 100x_3 + 90x_4 + 75x_5 + 35x_6 + 65x_7 + 100x_8 \\ \quad + 120x_9 + 65x_{10} \geqslant 420 \\ 2x_2 + 2x_3 + 2x_4 + 5x_5 + 3x_6 + 4x_8 + x_{10} \leqslant 20 \\ 270x_5 + 8x_6 + 12x_8 \leqslant 30 \\ 6x_1 + 4x_2 + 2x_3 + 3x_4 + x_5 + x_7 + x_{10} \geqslant 5 \\ 20x_1 + 48x_2 + 12x_3 + 8x_4 + 30x_5 + 52x_7 + 250x_8 + 3x_9 + 26x_{10} \geqslant 400 \\ 3x_1 + 4x_2 + 5x_3 + 6x_4 + 7x_5 + 2x_6 + x_7 + 9x_8 + x_9 + 3x_{10} \geqslant 20 \\ 5x_1 + 2x_2 + 3x_3 + 4x_4 + x_7 + 3x_{10} \geqslant 12 \\ x_i \geqslant 0 \end{cases}$$

□ 用 Excel 进行计算机求解

界面 4－5 讲解了如何用 Excel 电子表格求解配餐的例子。问题的决策变量（也就是提供菜单中的每种食物）包含在单元格 C5:C14 中，F15:L15 是约束条件公式。单元格 F17:L17 包括约束条件数量（右边）。例如，F15 包含卡路里的约束条件公式，＝SUMPRODUCT(C5:C14，F5:F14)。当进入求解参数界面时，将输入约束条件 F15≥F17。F15 中的约束条件是由 C 列乘以相应的 F 列得来的。F15 中的 SUMPRODUCT 公式可以展开为约束条件等式＝C5＊F5＋C6＊F6＋C7＊F7＋C8＊F8＋C9＊F9＋C10＊F10＋C11＊F11＋C12＊F12＋C13＊F13＋C14＊F14。

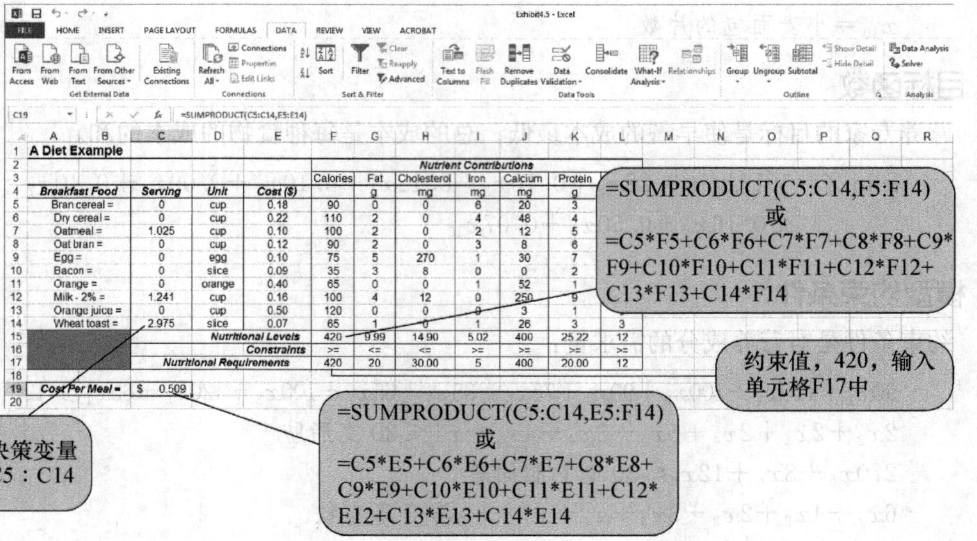

界面 4－5

单元格 C19 中是目标函数公式，＝SUMPRODUCT(C5:C14，E5:E14)。在这个例子

中，目标函数的值是使用 Excel 的 SUMPRODUCT 命令计算的，而不是使用 C 列中的值分别乘以 E 列中相应的值再相加得到的。这种做法是相当冗长乏味的。而使用 SUMPRODUCT() 公式，所有 C5:C14 中的值会和 E5:E14 的值相乘，然后再相加。

求解对话框如界面 4－6 所示。

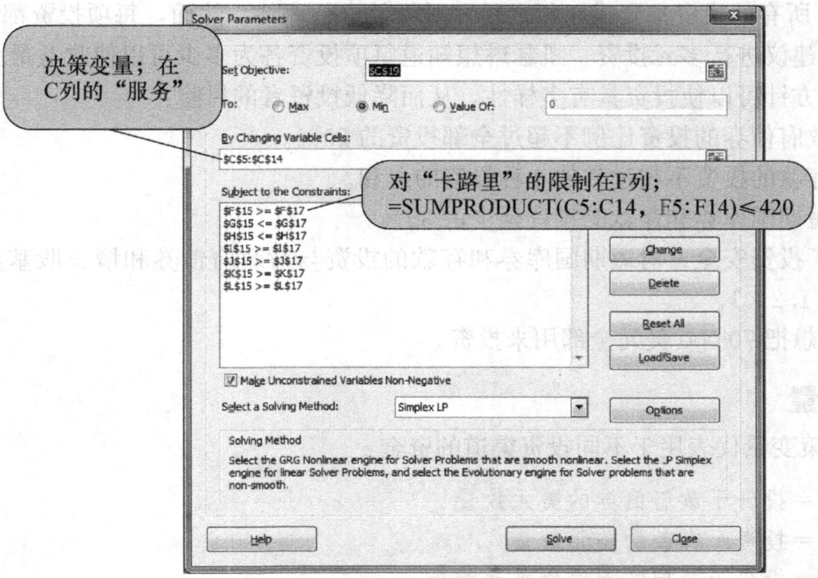

界面 4－6

□ 解的分析

解为：

x_3＝1.025 杯燕麦

x_8＝1.241 杯牛奶

x_{10}＝2.975 片小麦面包

Z＝每餐 0.509 美元

这个简化版的菜单计划模型的结果非常有趣，它给出了一份非常实用的早餐菜单。对任何人都是一份非常健康的早餐。

□ 灵敏度分析

这个模型包括每天需要的最小卡路里（420）。对成年人推荐的每天卡路里需求量是 2 000。因此，早餐的需求量只有成人每天正常需求量的 21%。在这个模型中，营养学家认为低热量的早餐是必需的，因为老年人的午餐和晚餐热量都较高。健康饮食的另外一种方法是高热量的早餐，一天中随后的时间是低热量和清淡的饮食与零食。然而在这个模型中，卡路里的需求量在 420 以上，模型只是简单地增加了燕麦的数量。例如，700 卡路里需求量的结果是 5 或 6 杯燕麦，这不是非常可口的早餐。这个困难可以通过提高每种食物成分的上限和卡路里的需求量来解决。

投资的例子

凯瑟琳·艾伦（Kathleen Allen）是一个个人投资者，有 70 000 美元可用于不同的投资。不同投资的年回报率分别为：政府债券 8.5%，存款 5%，短期国库券 6.5%，增长股基金 13%。所有的投资都要满 1 年之后才对收益进行评估。然而，每项投资都会有不同的风险，因此建议进行多元投资。凯瑟琳想知道每项投资各为多少可以使收益最大化。

下面的方针可以使投资具有多样性，从而降低投资者的风险：

1. 对政府债券的投资比例不超过全部投资的 20%。
2. 对存款的投资不超过其他 3 种投资的总和。
3. 对短期国库券和存款的投资至少占 30%。
4. 为了投资安全，对短期国库券和存款的投资与对政府债券和增长股基金的投资的比例至少是 1.2∶1。

凯思琳想把 70 000 美元全部用来投资。

□ 决策变量

4 个决策变量代表用于不同投资渠道的资金：

x_1＝投资于政府债券的美元数量

x_2＝投资于存款的美元数量

x_3＝投资于短期国库券的美元数量

x_4＝投资于增长股基金的美元数量

□ 目标函数

投资者的目标是使投资于 4 个投资渠道的总回报最多。总的回报是每种投资回报的和。所以，目标函数表示为：

$$\max Z=0.085x_1+0.05x_2+0.065x_3+0.130x_4$$

式中，Z 为所有投资的总回报；$0.085x_1$ 为投资于政府债券的回报；$0.05x_2$ 为投资于存款的回报；$0.065x_3$ 为投资于短期国库券的回报；$0.130x_4$ 为投资于增长股基金的回报。

□ 模型约束条件

这个问题中的约束条件是那些保证投资多样性的方针。每个方针要被分别转换成数学约束条件。

第一个方针规定对政府债券的投资不能超过总投资的 20%。总投资额是 70 000 美元；20%是 14 000 美元。因此这个约束条件为：

$$x_1\leqslant 14\,000$$

第二个方针规定对存款的投资不要超过其他 3 种投资的总和。因为对存款的投资是 x_2，其他投资是 $x_1+x_3+x_4$，约束条件为：

$$x_2\leqslant x_1+x_3+x_4$$

这个约束条件与第 3 章讲述的计算机求解的标准格式不一样。在标准格式中，所有变量是在不等式（≤）的左边，所有数字在右边。这种约束条件可以在 Excel 中直接引用，然而在 QM for Windows 中所有约束条件必须是标准格式。我们将把模型中的这个约束条件和其他约束条件转换为标准格式，但是当我们用 Excel 求解时，我们将解释如何使用其原来（非标准）的格式。为了把这个约束条件转换为标准格式，必须把 $x_1+x_3+x_4$ 从≤符号两边减去。

$$x_2-x_1-x_3-x_4\leqslant 0$$

第三个方针规定至少 30%的投资应该用于短期国库券和存款。因为 70 000 美元的 30%是 21 000 美元，对短期国库券和存款的投资表示为 x_2+x_3，约束条件表示为：

$$x_2+x_3\geqslant 21\,000$$

第四个方针规定对短期国库券和存款的投资与对政府债券和增长股基金的投资的比例至少是 1.2∶1。

$$[(x_2+x_3)/(x_1+x_4)]\geqslant 1.2$$

由于决策变量 $(x_2+x_3)/(x_1+x_4)$ 之间的小数关系，这个约束条件不是标准的线性规划的形式。应该转换成：

$$x_2+x_3\geqslant 1.2(x_1+x_4)$$
$$-1.2x_1+x_2+x_3-1.2x_4\geqslant 0$$

最后，投资者希望把所有的 70 000 美元都投入到 4 种不同的投资渠道。因此，4 种投资渠道的投资总额必须等于 70 000 美元：

$$x_1+x_2+x_3+x_4=70\,000$$

□ 模型综述

这个问题的完整线性规划模型总结如下：

$$\max Z=0.085x_1+0.05x_2+0.065x_3+0.130x_4$$

$$\text{s.t.}\begin{cases}x_1\leqslant 14\,000\\x_2-x_1-x_3-x_4\leqslant 0\\x_2+x_3\geqslant 21\,000\\-1.2x_1+x_2+x_3-1.2x_4\geqslant 0\\x_1+x_2+x_3+x_4=70\,000\\x_1,x_2,x_3,x_4\geqslant 0\end{cases}$$

□ 用 Excel 进行计算机求解

投资例子的 Excel 电子表格解法如界面 4－7 所示，求解窗口如界面 4－8 所示。电子表格的设置和界面 4－1 中产品配比的电子表格设置非常相似。决策变量位于单元格 B13∶B16。总的收益 Z 在单元格 B17 中计算，Z 的计算公式在电子表格的顶部。投资方针的约束公式嵌入在单元格 H6∶H10 中。例如，H6 中的第一个方针＝D6 * B13，H7 中的第二个方针＝D7 * B13＋E7 * B14＋F7 * B15＋G7 * B16（注意在单元格 H6∶H10 中直接输入公式比在 D6∶G10 中创建约束系数组更容易，然而，为了讲解目的，我们要显示所有的参数值）。

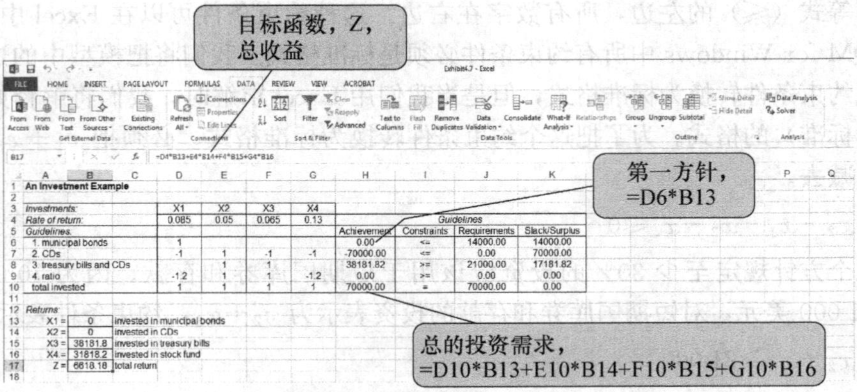

界面 4－7

界面 4－8

正如前面提到的，使用 Excel 求解时不必把原来的模型约束条件转换为标准格式。例如，存款的约束条件 $x_2 \leqslant x_1 + x_3 + x_4$，可以在界面 4－7 所示的电子表格第 7 行直接输入。x_2 的系数 1 可以输入在单元格 E7，＝E7＊B14 可以输入在单元格 J7，不等式右边的其余部分可以在单元格 H7 输入为＝B13＋B15＋B16。在求解窗口这个约束条件可以以它原来的形式 H7⩽J7 输入。第四个方针的约束条件可以以相似的原始形式输入单元格中。

□ 解的分析

问题的解是：

x_3＝38 181.82 美元投资于短期国库券

x_4＝31 818.18 美元投资于增长股基金

Z＝6 818.18 美元

□ 灵敏度分析

Excel 电子表格对这个问题的解的灵敏性报告如界面 4－9 所示。

注意第五个约束条件（也就是投资总额必须等于 70 000 美元）的对偶值（影子价格）是 0.095。这就表明根据现在的投资方针，凯瑟琳·艾伦每增加 1 美元投资（70 000 美元以上），都可能带来 9.5％的收益。灵敏度范围表明在这种投资回报率的情况下，对她的投资上限没有限制。

Adjustable Cells

Cell	Name	Final Value	Reduced Cost	Objective Coefficient	Allowable Increase	Allowable Decrease
B13	X1 =	0	-0.045	0.085	0.045	1E+30
B14	X2 =	0	-0.015	0.050	0.015	1E+30
B15	X3 =	38181.82	0	0.065	0.065	0.015
B16	X4 =	31818.18	0	0.13	45354.805	0.045

Constraints

Cell	Name	Final Value	Shadow Price	Constraint R.H. Side	Allowable Increase	Allowable Decrease
H6	1. municipal bonds Achievement	0.00	0.000	14000	1E+30	14000
H7	2. CDs Achievement	-70000.00	0.000	0	1E+30	70000
H8	3. treasury bills and CDs Achievement	38181.82	0.000	21000	17181.82	1E+30
H9	4. ratio Achievement	0.00	-0.030	0	70000	37800
H10	total invested Achievement	70000.00	0.095	70000	1E+30	31500

可用投资数量的影子价格

界面 4－9

这个问题中一个有意思的变化是去掉规定必须用于投资的资金量（在这个例子中是 70 000 美元）。这对第一个和第三个方针的约束条件以及所有 70 000 美元用于投资的约束条件是一个改变。

回想一下第一个方针是“对政府债券的投资比例不超过全部投资的 20%”。全部投资不再正好是 70 000 美元，只是在 4 个投资渠道投入的资金总和 $x_1+x_2+x_3+x_4$。规定对政府债券的投资 x_1 占总额的比例不能超过 20%的约束条件就写成：

$$\frac{x_1}{x_1+x_2+x_3+x_4}\leqslant 0.20$$

把这个约束条件重写成与线性规划求解统一的格式（去掉变量间的小数关系），就是

$$x_1\leqslant 0.2(x_1+x_2+x_3+x_4)$$

和

$$0.8x_1-0.2x_2-0.2x_3-0.2x_4\leqslant 0$$

第三个方针规定所有投资（$x_1+x_2+x_3+x_4$）的至少 30%应该用来购买短期国库券和存款（x_2+x_3），约束条件相似地写为：

$$\frac{x_2+x_3}{x_1+x_2+x_3+x_4}\geqslant 0.30$$

和

$$-0.3x_1+0.7x_2+0.7x_3-0.3x_4\geqslant 0$$

因为 70 000 美元不必都用于投资，最后一个约束条件变为：

$$x_1+x_2+x_3+x_4\leqslant 70\,000$$

整个线性规划模型总结如下：

$$\max Z=0.085x_1+0.05x_2+0.065x_3+0.130x_4$$

$$\text{s. t.}\begin{cases}0.8x_1-0.2x_2-0.2x_3-0.2x_4\leqslant 0\\x_2-x_1-x_3-x_4\leqslant 0\\-0.3x_1+0.7x_2+0.7x_3-0.3x_4\geqslant 0\\-1.2x_1+x_2+x_3-1.2x_4\geqslant 0\\x_1+x_2+x_3+x_4\leqslant 70\,000\\x_1,x_2,x_3,x_4\geqslant 0\end{cases}$$

这个更改后的模型的解和原来的模型的解一模一样，只不过原模型所有 70 000 美元都用于投资了。这是基于投资都会带来收益，所以投资者会把所有的钱都投进去。如果把亏本的因素也考虑进去，那么就应该重新构建模型，不必把所有的钱都投进去。

管理科学应用

通用电气资产管理公司选择最优投资组合的线性规划模型

通用电气资产管理公司是通用电气公司的全资子公司，负责管理通用电气公司和其他客户（包括通用电气金融公司和通用电气公司保险公司的保险业务单位）的投资组合（价值数十亿美元）。根据现代投资组合理论，投资组合优化的目标是通过多元化来管理风险，并获得最优的风险收益权衡。因此，通用电气资产管理公司的资产组合管理的目标是在使资产组合的特征与相应的负债匹配的同时最大化回报或最小化风险。资产包括各种保险和金融产品的现金流量，主要以公司和政府债券的形式出现。线性规划用于确定资产组合的资产分配。通用电气资产管理公司制定的组合优化模型使用经济盈余的方差（资产和负债的市场价值之间的差额）作为总风险的一个度量。通用电气最初使用线性规划组合模型来优化超过 30 个价值超过 300 亿美元的投资组合。通过对这些投资组合的分析，它估计在 5 年内线性规划模型的潜在收益可能达到约 7 500 万美元。通用电气还利用这一模型为新的现金投资制定战略和基准，并管理寿险组合、房地产和股票组合以及抵押贷款保险组合。线性规划模型使投资组合经理执行投资组合分析（例如灵敏度分析）比以前的系统快得多，能够更快地响应不断变化的市场状况。

资料来源：K. Chalermkraivuth，S. Bollapragada，M. Clark，J. Deaton，L. Kiaer，J. Murdzek，W. Neeves，B. Scholz，and D. Toledano，"GE Asset Management，Genworth Financial，and GE Insurance Use a Sequential-Linear-Programming Algorithm to Optimize Portfolios，" *Interfaces* 35，no. 5 (September-October 2005)：370－80.

市场营销的例子

比格斯百货公司（Biggs Department Store）连锁店雇用了一家广告公司，以确定为它的门店在哪种广告渠道投入多大的广告投入量。三种广告形式是电视、商业电台和报纸广告。零售店想知道每种广告的受众量，以达到最好的宣传效果。据估计，每种广告或商业宣传的受众影响面和成本如下：

	影响面（人/广告或商业宣传）	成本（美元）
电视广告	20 000	15 000
电台广告	12 000	6 000
报纸广告	9 000	4 000

公司需要考虑如下资源约束：

1. 广告的预算是 100 000 美元。
2. 电视台只有播出 4 个商业宣传的时间。
3. 电台有播出 10 个商业宣传的时间。
4. 报纸的版面可以做 7 个广告。
5. 广告代理商只有制作 15 个商业宣传或广告的人员和时间。

□ 决策变量

模型有 3 个决策变量分别代表每种广告的数量：

x_1＝电视广告数量

x_2＝电台广告数量

x_3＝报纸广告数量

□ 目标函数

这个问题的目标和以前例子的目标不同，以前的例子只是追求利润最大化（或成本最小化）。在这个问题中，不是追求利润最大化，而是要求影响的受众最多。因此这个目标函数说明，虽然一个线性规划模型肯定追求某些目标的最大化或最小化，但目标本身可以是任何活动或估价。

对于这个问题，目标受众影响面是把每种广告可以影响的受众加在一起：

$$\max Z = 20\,000x_1 + 12\,000x_2 + 9\,000x_3$$

式中，Z 为所有被影响的受众；$20\,000x_1$ 为可以看到电视广告的人数；$12\,000x_2$ 为可以听到电台广告的人数；$9\,000x_3$ 为可以看到报纸广告的人数。

□ 模型约束条件

模型中的第一个约束表示可用于广告的有限预算是 100 000 美元。

$$15\,000x_1 + 6\,000x_2 + 4\,000x_3 \leqslant 100\,000 \text{ 美元}$$

式中，$15\,000x_1$ 为做电视广告的花费；$6\,000x_2$ 为做电台广告的花费；$4\,000x_3$ 为做报纸广告的花费。

下面的 3 个约束表示电视和电台广告被分别限制在 4 个和 10 个，报纸广告被限制在 7 个：

$$x_1 \leqslant 4 \text{ 个电视广告}$$
$$x_2 \leqslant 10 \text{ 个电台广告}$$
$$x_3 \leqslant 7 \text{ 个报纸广告}$$

最后一个约束是考虑到广告公司的限制，所有的商业宣传和广告数不能超过 15 个：

$$x_1 + x_2 + x_3 \leqslant 15 \text{ 个商业宣传和广告}$$

□ 模型综述

这个问题的完整线性规划模型总结如下：

$$\max Z = 20\,000x_1 + 12\,000x_2 + 9\,000x_3$$

$$\text{s. t.}\begin{cases} 15\,000x_1 + 6\,000x_2 + 4\,000x_3 \leqslant 100\,000 \\ x_1 \leqslant 4 \\ x_2 \leqslant 10 \\ x_3 \leqslant 7 \\ x_1 + x_2 + x_3 \leqslant 15 \\ x_1, x_2, x_3 \geqslant 0 \end{cases}$$

□ 用 Excel 进行计算机求解

界面 4－10 讲解用 Excel 求解市场营销的例子。模型决策变量包括在单元格 D6:D8 中。单元格 E10 中的目标函数公式显示在屏幕顶部的公式栏中。如界面 4－11 所示，当进入求解窗口时，有必要用一个公式 H6:H10≤J6:J10 输入模型的约束条件。

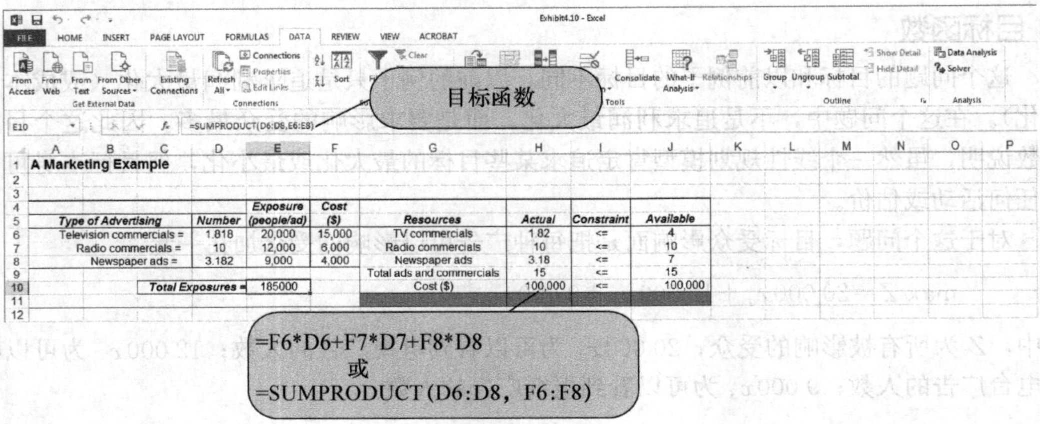

界面 4－10

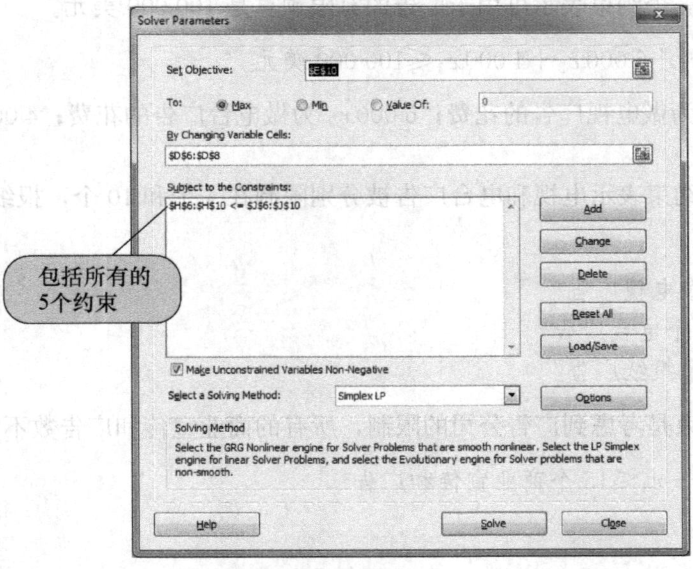

界面 4－11

□ 解的分析

模型的解是：

x_1＝1.818 个电视广告

x_2＝10 个电台广告

x_3＝3.182 个报纸广告

Z＝185 000 个受众

在这个例子中，非整数解会带来很多麻烦。把解四舍五入成 2 个电视广告、10 个电台广告和 3 个报纸广告是不切实际的。通过一些快速的算法就可以看出，这样的解已经超出了 100 000 美元的预算，虽然只超出了 2 000 美元。因此商店必须或者增加其广告投入，或者只计划 1 个电视广告、10 个电台广告和 3 个报纸广告。这样受众就只有 167 000 人，比最优数少 18 000 人，差不多少了 10%。事实上，应该有比这个“向下求整”更好的解。

应该使用整数线性规划技术，这可以把求出的解限制为整数。虽然在第 5 章才会详细讲述整数线性规划，但是现在就可以通过在求解窗口输入约束条件时，在 Excel 中做一个简单的改变，推导出整数的解。如界面 4－12 和界面 4－13 所示，在“约束条件修改窗口”(Change Constraint window)，我们可以定义变量单元格 D6:D8 是整数。当求解问题时，将出现如界面 4－14 所示的解，从中你会注意到结果会比“向下求整”更好（总受众数多 17 000 人）。

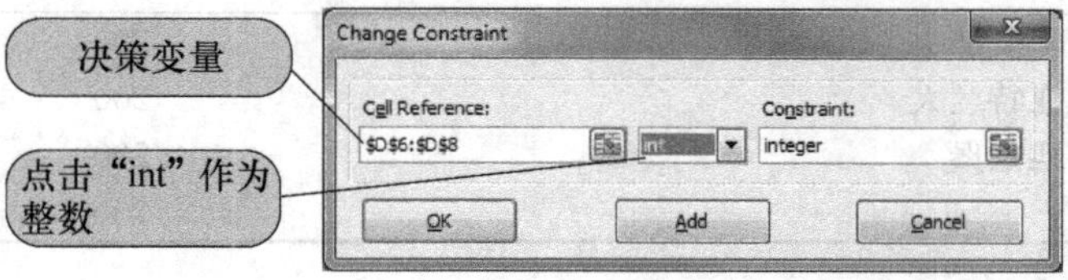

界面 4－12

界面 4－13

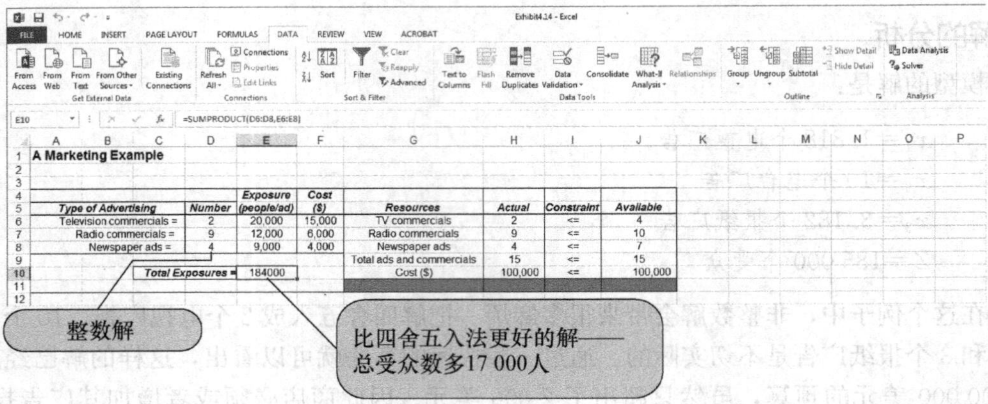

界面 4-14

运输的例子

Big Buy 零售连锁店每月将其 3 个配送中心/仓库的电视机运送到其 3 个零售店。每个月每个仓库的供货量和零售店的需求量都是固定的。公司想知道每个仓库应该给每个零售店发运多少台电视机可以使运输成本最小。

每个仓库每月的电视机供货量如下：

仓库	供货量（台）
1. 辛辛那提	300
2. 亚特兰大	200
3. 匹兹堡	200
	700

每个零售店每月的需求量如下：

零售店	需求量（台）
A. 纽约	150
B. 达拉斯	250
C. 底特律	200
	600

从仓库运输电视机到零售店的成本根据运输方式和距离的不同存在差异。每条运输路线运输一台电视机的成本如下所示：

从仓库	到零售店		
	A	B	C
1	16 美元	18 美元	11 美元
2	14 美元	12 美元	13 美元
3	13 美元	15 美元	17 美元

□ 决策变量

这个问题的模型包括 9 个决策变量，表示从每个仓库运往每个零售店的电视机台数。

x_{ij}＝从仓库 i 运往零售店 j 的电视机台数

式中，$i=1$，2，3；$j=\text{A}$，B，C。

变量 x_{ij} 是双下标变量。无论是单下标还是双下标变量，都只是给变量一个名字（以便把它和其他决策变量区分开来）。例如，决策变量 $x_{3\text{A}}$ 表示由匹兹堡的仓库 3 运往纽约的零售店 A 的电视机的台数。

□ 目标函数

电视机公司的目标函数是使所有运输的总成本最低。因此，目标函数是每个仓库到每个零售店的运输成本的总和最小。

$$\min Z=16x_{1A}+18x_{1B}+11x_{1C}+14x_{2A}+12x_{2B}+13x_{2C}+13x_{3A}+15x_{3B}+17x_{3C}$$

□ 模型约束条件

这个模型的约束条件是每个仓库的电视机供货量和每个零售店的电视机需求量。有 6 个约束条件，每个仓库有一个供货量的约束，每个零售店有一个需求量的约束。例如，辛辛那提的仓库 1 可以为 3 个零售店共提供 300 台电视机。因为发运给 3 个零售店的数量是 $x_{1\text{A}}$，$x_{1\text{B}}$ 和 $x_{1\text{C}}$ 的总和，仓库 1 的约束条件就是：

$$x_{1\text{A}}+x_{1\text{B}}+x_{1\text{C}}\leqslant 300$$

约束条件是≤不等式的原因有两个。首先，最多可以发运 300 台电视机，因为仓库只有这么大。其次，可以发运少于 300 台电视机，因为并不需要发运所有 300 台电视机以满足 600 台的需求量。这里的需求总量小于供应总量（700）。为了满足 3 个零售店的总需求量，并不需要把 3 个仓库的供应量全部发运出去。因此，仓库 2 和 3 的另外两个供应约束条件也是不等式：

$$x_{2\text{A}}+x_{2\text{B}}+x_{2\text{C}}\leqslant 200$$
$$x_{3\text{A}}+x_{3\text{B}}+x_{3\text{C}}\leqslant 200$$

3 个需求量约束条件与供货量约束条件的建立方法相似，只是相加的变量是从 3 个仓库发出的电视机数量。因此运到一个零售店的数量是从 3 个仓库发出的数量的总和。因为所有的需求都可以被满足，所以它们是等式：

$$x_{1\text{A}}+x_{2\text{A}}+x_{3\text{A}}=150$$
$$x_{1\text{B}}+x_{2\text{B}}+x_{3\text{B}}=250$$
$$x_{1\text{C}}+x_{2\text{C}}+x_{3\text{C}}=200$$

□ 模型综述

这个问题的完整线性规划模型总结如下：

$$\min Z=16x_{1\text{A}}+18x_{1\text{B}}+11x_{1\text{C}}+14x_{2\text{A}}+12x_{2\text{B}}+13x_{2\text{C}}+13x_{3\text{A}}+15x_{3\text{B}}+17x_{3\text{C}}$$

$$
\text{s.t.}\begin{cases}x_{1A}+x_{1B}+x_{1C}\leqslant 300\\ x_{2A}+x_{2B}+x_{2C}\leqslant 200\\ x_{3A}+x_{3B}+x_{3C}\leqslant 200\\ x_{1A}+x_{2A}+x_{3A}=150\\ x_{1B}+x_{2B}+x_{3B}=250\\ x_{1C}+x_{2C}+x_{3C}=200\\ x_{ij}\geqslant 0\end{cases}
$$

□ 用 Excel 进行计算机求解

在界面 4－15 中列出了用 Excel 对这个模型的计算机解法。注意单元格 C11 中的目标函数显示在屏幕顶端的公式栏中。供应量约束条件包括在单元格 F5，F6 和 F7 中；需求量约束条件包括在单元格 C8，D8 和 E8 中。因此，辛辛那提的供货量约束条件为 C5＋D5＋E5≤H5。求解窗口显示在界面 4－16 中。

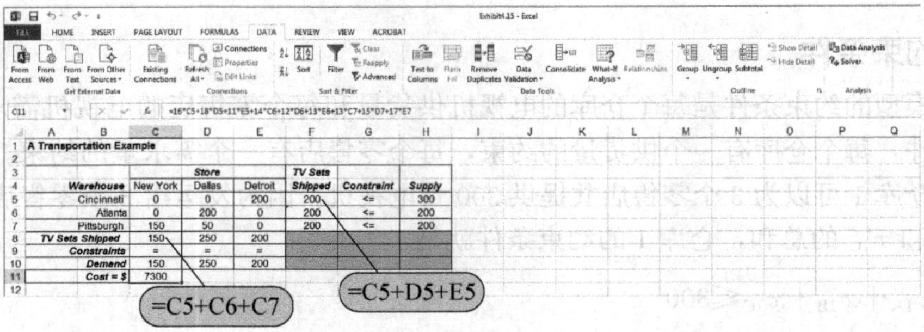

界面 4－15

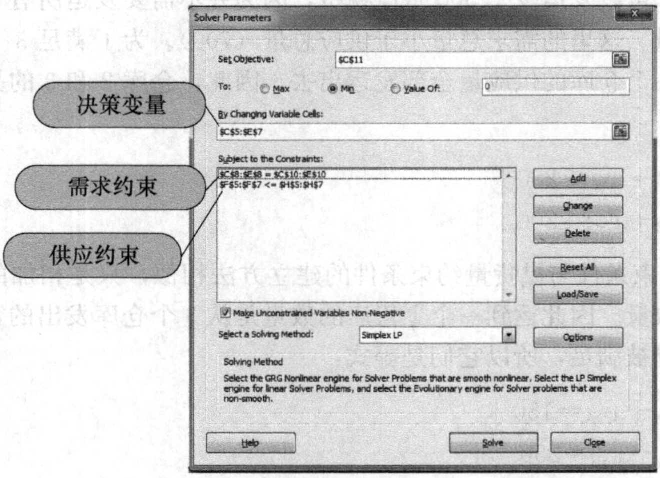

界面 4－16

□ 解的分析

问题的解是：

$x_{1C}=200$ 台电视机从辛辛那提运到底特律

$x_{2B}=200$ 台电视机从亚特兰大运到达拉斯

$x_{3A}=150$ 台电视机从匹兹堡运到纽约

$x_{3B}=50$ 台电视机从匹兹堡运到达拉斯

$Z=7\,300$ 美元运输成本

注意第一个约束条件，即辛辛那提仓库的供货量，剩余 100 台电视机。这意味着 100 台电视机留在了辛辛那提仓库，经理需要考虑其库存和与储存相关的事宜。

这是有关运输问题的一类线性规划模型，将在第 6 章详细讨论。注意所有的解都是整数值，在运输问题中都是这样，因为所有的系数参数值不是 0 就是 1。

■混合的例子

某家石油公司生产 3 种等级的机油，包括 super，premium 和 extra 3 种等级。公司想求得 3 种成分在每种等级的机油中的最佳混合比以达到利润最大化。每种成分的最大拥有量和每桶的成本如下：

成分	每天最大拥有量（桶）	每桶成本（美元）
1	4 500	12
2	2 700	10
3	3 500	14

为了保证适当的混合比，每种等级都有一些通用的标准。每种等级必须由一定数量的成分 1 加上一些其他成分：

等级	成分标准	每桶售价（美元）
super	成分 1 至少 50% 成分 2 不超过 30%	23
premium	成分 1 至少 40% 成分 3 不超过 25%	20
extra	成分 1 至少 60% 成分 2 至少 10%	18

每种等级的机油都至少生产 3 000 桶。

□ 决策变量

这个问题的决策变量必须定义为每种等级的机油中 3 种成分中的每一种各用多少。这需要 9 个决策变量。x_{ij} 表示每天在 j 等级的机油中使用的 i 成分的桶数，其中 $i=1$，2，3；$j=\mathrm{s}$（super），p（premium），e（extra）。例如，在 super 机油中的成分 1 的数量表示为 x_{1s}。每种机油的数量为：

super：　$x_{1s}+x_{2s}+x_{3s}$

premium：$x_{1p}+x_{2p}+x_{3p}$

extra：　$x_{1e}+x_{2e}-x_{3e}$

□ 目标函数

公司的目标是利润最大化。这就需要由每桶的收入减去成本求得。收入是每种等级机油的售价乘以生产的每种等级机油的桶数。成本是每种成分的成本乘以使用的每种成分的桶数。

$$\begin{aligned}\max Z=&23(x_{1s}+x_{2s}+x_{3s})+20(x_{1p}+x_{2p}+x_{3p})+18(x_{1e}+x_{2e}+x_{3e})\\&-12(x_{1s}+x_{1p}+x_{1e})-10(x_{2s}+x_{2p}+x_{2e})-14(x_{3s}+x_{3p}+x_{3e})\end{aligned}$$

通过合并同类项得到如下目标函数：

$$\max Z=11x_{1s}+13x_{2s}+9x_{3s}+8x_{1p}+10x_{2p}+6x_{3p}+6x_{1e}+8x_{2e}+4x_{3e}$$

□ 模型约束条件

这个模型有多个约束条件。第一组反映的是每天各种成分的限制量：

$x_{1s}+x_{1p}+x_{1e}\leqslant 4\,500$ 桶

$x_{2s}+x_{2p}+x_{2e}\leqslant 2\,700$ 桶

$x_{3s}+x_{3p}+x_{3e}\leqslant 3\,500$ 桶

下一组约束条件是对每种等级的机油的混合比例规定。第一个规定是 super 至少包含 50%的成分 1，表示为：

$$\frac{x_{1s}}{x_{1s}+x_{2s}+x_{3s}}\geqslant 0.50$$

这个约束条件表明在 super 中成分 1 占全部数量 $x_{1s}+x_{2s}+x_{3s}$ 的比例必须至少是 50%。把约束条件改写成与线性规划求解一致的形式：

$$x_{1s}\geqslant 0.50(x_{1s}+x_{2s}+x_{3s})$$

和

$$0.50\,x_{1s}-0.50\,x_{2s}-0.50\,x_{3s}\geqslant 0$$

这是把线性规划约束条件输入计算机进行求解前必须转换成的通用模式。所有变量位于不等式的左边，只有数值在右边。

super 等级的其他混合规格约束条件，成分 2 不超过 30%，也用相同的方法表示：

$$\frac{x_{2s}}{x_{1s}+x_{2s}+x_{3s}}\leqslant 0.30$$

和

$$0.70x_{2s}-0.30x_{1s}-0.30x_{3s}\leqslant 0$$

premium 的两个混合规格是：

$$0.60x_{1p}-0.40x_{2p}-0.40x_{3p}\geqslant 0$$

$$0.75x_{3p}-0.25x_{1p}-0.25x_{2p}\leqslant 0$$

extra 的两个混合规格是：

$$0.40\,x_{1e}-0.60\,x_{2e}-0.60\,x_{3e}\geqslant 0$$
$$0.90\,x_{2e}-0.10\,x_{1e}-0.10\,x_{3e}\geqslant 0$$

最后一组约束条件反映的是每种等级的机油都至少生产 3 000 桶。

$$x_{1s}+x_{2s}+x_{3s}\geqslant 3\,000\text{ 桶}$$
$$x_{1p}+x_{2p}+x_{3p}\geqslant 3\,000\text{ 桶}$$
$$x_{1e}+x_{2e}+x_{3e}\geqslant 3\,000\text{ 桶}$$

□ 模型综述

这个问题的完整线性规划模型总结如下：

$$\max Z=11\,x_{1s}+13x_{2s}+9x_{3s}+8x_{1p}+10x_{2p}+6x_{3p}+6x_{1e}+8x_{2e}+4x_{3e}$$

$$\text{s. t.}\begin{cases}x_{1s}+x_{1p}+x_{1e}\leqslant 4\,500\\ x_{2s}+x_{2p}+x_{2e}\leqslant 2\,700\\ x_{3s}+x_{3p}+x_{3e}\leqslant 3\,500\\ 0.50x_{1s}-0.50x_{2s}-0.50x_{3s}\geqslant 0\\ 0.70x_{2s}-0.30x_{1s}-0.30x_{3s}\leqslant 0\\ 0.60x_{1p}-0.40x_{2p}-0.40x_{3p}\geqslant 0\\ 0.75x_{3p}-0.25x_{1p}-0.25x_{2p}\leqslant 0\\ 0.40x_{1e}-0.60x_{2e}-0.60x_{3e}\geqslant 0\\ 0.90x_{2e}-0.10x_{1e}-0.10x_{3e}\geqslant 0\\ x_{1s}+x_{2s}+x_{3s}\geqslant 3\,000\\ x_{1p}+x_{2p}+x_{3p}\geqslant 3\,000\\ x_{1e}+x_{2e}+x_{3e}\geqslant 3\,000\\ x_{ij}\geqslant 0\end{cases}$$

□ 用 Excel 进行计算机求解

界面 4－17 显示的是这个混合例子的 Excel 电子表格解法。求解窗口显示在界面 4－18 中。界面 4－17 中的单元格 B7:B15 是决策变量所在的位置。总利润在单元格 C16 中用公式＝SUMPRODUCT(B7:B15，C7:C15）计算，同时这一公式在电子表格的顶部也有显示。约束条件公式嵌入在单元格 H6:H17 中。注意：我们没有为这个模型在电子表格内创建一个约束条件系数数组，而是直接把约束条件公式输入到单元格 H6:H17 中，这样会更简单一些。例如，在单元格 H6 中的约束条件公式是＝B7＋B10＋B13，在单元格 H9 中的约束条件公式是＝0.5＊B7－0.5＊B8－0.5＊B9。在 H 列的其他单元格都有类似的约束条件公式。

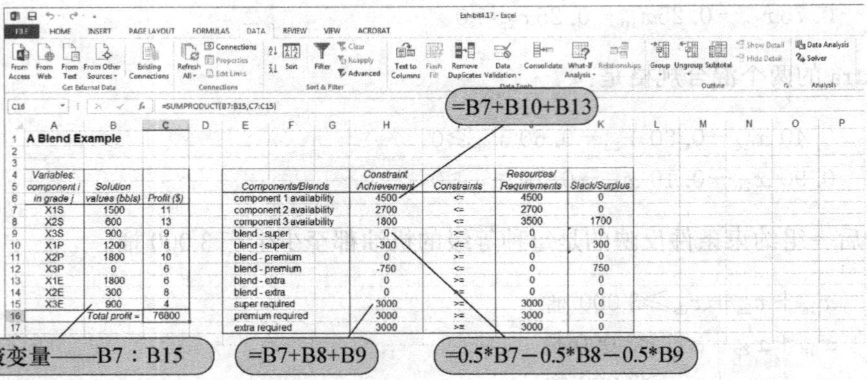

界面 4－17

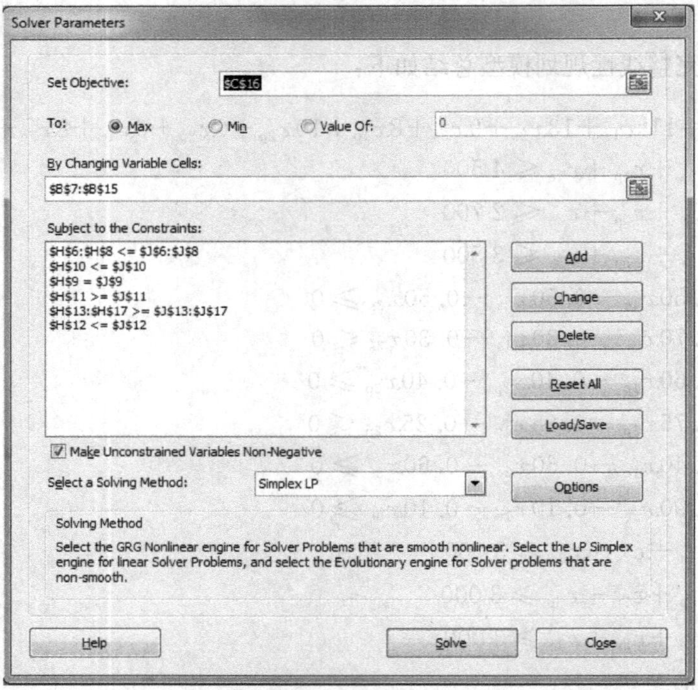

界面 4－18

□ 解的分析

其解为：

$x_{1s}=1\ 500$ 桶

$x_{2s}=600$ 桶

$x_{3s}=900$ 桶

$x_{1p}=1\ 200$ 桶

$x_{2p}=1\ 800$ 桶

$x_{1e}=1\ 800$ 桶

$x_{2e}=300$ 桶

$x_{3e}=900$ 桶

$Z=76\,800$ 美元

总结这些结果，super，premium 和 extra 等级的机油各生产了 3 000 桶。同时使用了成分 1，2，3 各 4 500，2 700 和 1 800 桶。（这是一个包含多个最优解的问题。）

□ 灵敏度分析

界面 4－19 展示了这个混合问题的 Excel 求解的灵敏性报告。注意：成分 1 的影子价格是 20 美元。这表明成分 1 是目前增加利润的最关键的资源。每桶额外的成分 1 都会带来 20 美元的利润增长。例如，现在的成分 1 由 4 500 桶增长到 4 501 桶，利润将由 76 800 美元增长到 76 820 美元。（这个对偶值直到 6 200 桶依然有效，即这个约束量值的灵敏度范围的上限。）

Adjustable Cells

Cell	Name	Final Value	Reduced Cost	Objective Coefficient	Allowable Increase	Allowable Decrease
B7	X1S values (bbls)	1500	0	11	1E+30	3
B8	X2S values (bbls)	600	0	13	0	0
B9	X3S values (bbls)	900	0	9	0	0
B10	X1P values (bbls)	1200	0	8	3	1E+30
B11	X2P values (bbls)	1800	0	10	2	0
B12	X3P values (bbls)	0	0	6	0	1E+30
B13	X1E values (bbls)	1800	0	6	3	1E+30
B14	X2E values (bbls)	300	0	8	0	1E+30
B15	X3E values (bbls)	900	0	4	22.67	0

Constraints

Cell	Name	Final Value	Shadow Price	Constraint R.H. Side	Allowable Increase	Allowable Decrease
H13	blend - extra Achievement	0	-18	0	1.1E-05	8.5E+02
H14	blend - extra Achievement	0	0	0	6.0E+02	3.0E+02
H15	super required Achievement	3000	0	3000	2.2E-05	1.0E+30
H16	premium required Achievement	3000	-1	3000	2.7E-05	8.3E+02
H17	extra required Achievement	3000	-7	3000	1.8E-05	3.0E+03
H12	blend - premium Achievement	-750	0	0	1.0E+30	7.5E+02
H11	blend - premium Achievement	0	-18	0	1.1E-05	6.0E+02
H9	blend - super Achievement	0	-18	0	1.1E-05	8.5E+02
H10	blend - super Achievement	-300	0	0	1.0E+30	3.0E+02
H6	component 1 availability Achievement	4500	20	4500	1.7E+03	1.1E-05
H7	component 2 availability Achievement	2700	4	2700	3.0E+02	6.0E+02
H8	component 3 availability Achievement	1800	0	3500	1.0E+30	1.7E+03

成分1的影子价格为20美元

成分1的灵敏度范围上限为4 500+1 700=6 200

界面 4－19

在炼油工业中，随着原油的质量和组成的不同，油品的等级也不同。因此随着原油品质的变化，混合要求也应该变化，成分也会发生变化。这个模型的结构可用于日常根据成分和混合要求的变化计划生产。

管理科学应用

线性规划在石油工业中的应用

从 20 世纪 50 年代起，私营企业开始使用乔治·丹齐格的线性规划方法。线性规划的第一项广泛应用是在石油工业。正如丹齐格后来回忆的："他们从如何将汽油混合到正确的闪点、合适的黏度和正确的辛烷值这个简单的问题开始，尝试以最便宜的方式做到这一点。"1955 年，吉福·西蒙兹（Gifford Symonds）写了《线性规划：炼油问题的解决方案》，是石油行业线性规划应用的第一个正式报告，其中涉及的问题包括航空汽油混合、满足生产要求的原油选择、生产率和库存水平的确定、满足不同的季节性要求的库存等级。今天，炼油厂的混合和生产计划问题仍然是线性规划最流行和最有效的应用。

不同等级的汽油是由中间炼油产品（如蒸馏汽油、重整汽油和催化裂化汽油）以及添加剂（如辛烷增强剂）等各种可用原料混合而成的。一个典型的炼油厂可能有多达 20 种不同的组分，混合成 4 个或更多等级的汽油。混合物的性质或属性由混合成分的特性决定，并且可以包括蒸气压、硫含量和辛烷值等。线性规划模型通常将确定每种混合物的量值，并受到每种混合物的库存可用性、需求和特性规格（例如，配方）的约束。在典型的包括 4 种混合油的分析中，问题可能包括 40 多个变量和 70 多个约束条件。

资料来源：C. E. Bodington and T. E. Baker, "A History of Mathematical Programming in the Petroleum Industry," *Interfaces* 20, no. 4 (July-August 1990): 117-27.

多阶段作业计划的例子

PM 计算机服务公司通过从国内外购买零部件组装成自有品牌的个人电脑。PM 把大部分的电脑销售给美国当地的各家百货公司，也有一部分销售给附近地区的个人和商业机构。

正常生产能力下，PM 公司每周可以生产出 160 台电脑，通过加班还可以再生产出 50 台。在正常工作时间组装、测试和包装一台电脑的成本是 190 美元。加班时间生产电脑的成本为 260 美元。另外，每台电脑每周的库存成本是 10 美元。PM 公司想满足所有的客户订单，不要出现缺货，提供符合质量标准的产品。PM 公司未来 6 周的订单计划如下：

周	电脑预订数
1	105
2	170
3	230
4	180
5	150
6	250

PM 公司想确定一个作业计划，以便决定每周要在正常工作时间和加班时间各生产多少台电脑，从而以最低的成本满足订单。公司需要在第 6 周周末时使库存为 0。

□ 决策变量

这个模型包括 3 组决策变量，分别表示每周在正常工作时间生产的电脑、加班时间生产的电脑和每周的电脑库存。这就需要 17 个决策变量。因为这个问题包括的决策变量较多，我们将用比较容易记忆的方式命名决策变量：

r_j = 当周正常工作时间生产的电脑 (j=1,2,3,4,5,6)

o_j = 当周加班时间生产的电脑 (j=1,2,3,4,5,6)

i_j = 当周电脑库存 (j=1,2,3,4,5)

这样会有 6 个决策变量表示正常工作时间生产的电脑（r_1，r_2，等等），6 个决策变量表示加班时间生产的电脑。只有 5 个变量表示库存，因为问题规定第 6 个周末的库存必须为 0。

□ 目标函数

这个问题的目标是使生产成本最小化，总成本是正常工作时间生产成本、加班时间生产成本和库存成本的总和。

$$\min Z=190(r_1+r_2+r_3+r_4+r_5+r_6)+260(o_1+o_2+o_3+o_4+o_5+o_6)+10(i_1+i_2+i_3+i_4+i_5)$$

□ 模型约束条件

这个模型包括 3 组约束条件。前两组反映正常工作时间和加班时间的生产能力，第 3 组说明每周的生产计划。

6 周中每周的正常工作时间的生产能力为 160 台，由此 6 个约束条件是：

$r_j \leqslant$ 当周 160 台电脑 $(j=1,2,3,4,5,6)$

每周加班时间的生产能力为 50 台的约束条件表示为：

$o_j \leqslant$ 当周 50 台电脑 $(j=1,2,3,4,5,6)$

下一组的 6 个约束条件表示满足每周订单需求的正常工作时间产量、加班产量和库存量：

第一周：$r_1+o_1-i_1=105$

第二周：$r_2+o_2+i_1-i_2=170$

第三周：$r_3+o_3+i_2-i_3=230$

第四周：$r_4+o_4+i_3-i_4=180$

第五周：$r_5+o_5+i_4-i_5=150$

第六周：$r_6+o_6+i_5=250$

例如，第一周电脑的预订量是 105 台。正常工作时间产量 r_1 和加班产量 o_1 就可以满足订单的需要。但是多余的产品可以留在未来某一周供应其他的订单，所以要减去，因为不需要它去满足这周的订单。随后，第二周的 110 台订单可以由正常工作时间产量 r_2 和加班产量 o_2，加上第一周的库存 i_1 来满足。

□ 模型综述

这个问题的完整线性规划模型总结如下：

$$\min Z=190(r_1+r_2+r_3+r_4+r_5+r_6)+260(o_1+o_2+o_3+o_4+o_5+o_6)+10(i_1+i_2+i_3+i_4+i_5)$$

$$\text{s. t.}\begin{cases} r_j \leqslant 160\ (j=1,2,3,4,5,6) \\ o_j \leqslant 50\ (j=1,2,3,4,5,6) \\ r_1+o_1-i_1=105 \\ r_2+o_2+i_1-i_2=170 \\ r_3+o_3+i_2-i_3=230 \\ r_4+o_4+i_3-i_4=180 \\ r_5+o_5+i_4-i_5=150 \\ r_6+o_6+i_5=250 \\ r_j,o_j,i_j \geqslant 0 \end{cases}$$

管理科学应用

员工调度与管理科学

管理科学模型的最大应用领域之一是员工调度，这通常被称为产能规划问题。总体问题和后续的模型开发涉及一个人员配备组件，即何时何地需要多少员工，以及一个调度组件，该组件确定每个员工何时何地被分配到工作岗位。这个问题一般由两部分来解决。首先使用需求预测、排队分析、仿真和/或库存管理等管理科学建模技术来解决人员配置问题。一旦制定了人员配置计划，就可以在特定的时间将雇员分配到特定的工作岗位或地点，大部分人员使用的往往是线性规划。这类问题的一个具体例子是护士调度问题，在该问题中，必须将医院中的特定数量的护士按日期分配并在特定时间段内移动。这个问题的解决方案的目标通常是尽量减少护士的数量，以避免浪费（并节省资金），同时确保为病人护理提供足够的服务。一个好的解决方案还必须能够满足医院、立法和工会的政策，并提升护士和病人的士气。在过去的 40 年里（主要是因为高速计算机可用），已经为员工调度问题和专门的护士调度问题开发了许多解决方案。在最近的一项调查中，估计目前系统软件开发供应商提供了超过 570 个系统用于护士调度问题。

资料来源：D. Kellogg and S. Walczak，"Nurse Scheduling：From Academia to Implementation or Not?" *Interfaces* 37，no. 4（July-August 2007）：355－69.

□ 用 Excel 进行计算机求解

界面 4－20 表示这个多阶段作业计划的 Excel 电子表格，求解窗口在界面 4－21 展示。目标函数的公式嵌入在单元格 C13 中，并在屏幕顶部的公式栏中显示。正常工作时间产量的决策变量包括在单元格 B6：B11，加班产量的决策变量包括在单元格 D6：D11。在 G 列表示的每周电脑拥有量包括正常工作时间产量、加班产量和上周的库存。例如，单元格 G7（第二周的电脑拥有量）中的公式为＝B7＋D7＋I6。单元格 I7（第二周遗留的库存）中的公式为＝G7－H7（也就是电脑拥有量减去电脑订单量）。

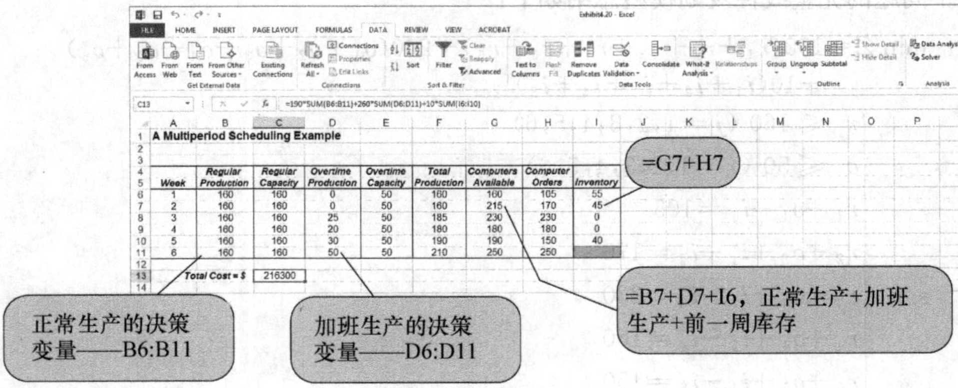

界面 4－20

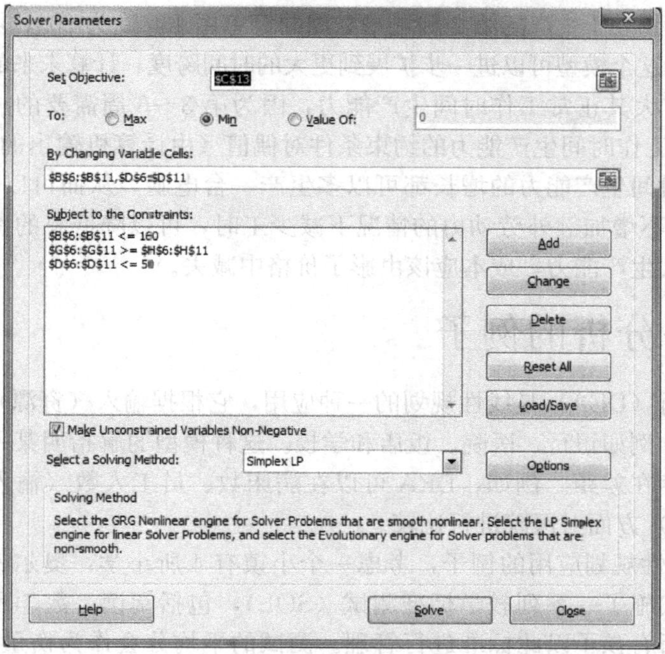

界面 4 - 21

第二个周的实际约束为 G7≥H7。我们也有必要把正常工作时间和加班时间的可用生产能力约束输入求解窗口中。例如，正常工作时间生产能力的约束为 B6∶B11≤160。

□ 解的分析

问题的解为：

r_1＝第一周正常工作时间生产电脑 160 台
r_2＝第二周正常工作时间生产电脑 160 台
r_3＝第三周正常工作时间生产电脑 160 台
r_4＝第四周正常工作时间生产电脑 160 台
r_5＝第五周正常工作时间生产电脑 160 台
r_6＝第六周正常工作时间生产电脑 160 台
o_3＝第三周加班生产电脑 25 台
o_4＝第四周加班生产电脑 20 台
o_5＝第五周加班生产电脑 30 台
o_6＝第六周加班生产电脑 50 台
i_1＝第一周在库存中储存电脑 55 台
i_2＝第二周在库存中储存电脑 45 台
i_3＝第三周在库存中储存电脑 40 台

PM 公司必须在为期 6 周的时间里用足正常工作时间生产能力，同时必须借助第 3，4，5，6 周的加班时间以满足第 3～6 周的较高的订单需求。

□ 灵敏度分析

随着时间的推移，PM 公司可以利用这个模型根据订单数量的变化更改其生产计划。例如，现在PM公司正处于生产的第2周，第5周的订单由150变为200，可以更改模型计算出新的生产计划。这个模型可以进一步扩展到更大的时间跨度，计算未来的生产计划。

PM公司想扩大其正常工作时间生产能力，因为第3～6周需要的加班时间太长。代表第3～6周正常工作时间生产能力的约束条件对偶值（由计算机输出的灵敏度分析报告）表示，正常工作时间生产能力的增长都可以多生产一台电脑，从而可以降低70～80美元的成本。（如果在不增加额外劳动力的情况下减少工时，可以降低总的费用。如果需要通过增加劳动力扩大生产能力，成本应该由影子价格中减去。）

数据包络分析的例子

数据包络分析（DEA）是线性规划的一种应用，它根据输入（资源）和输出比较一些同类的服务机构，例如银行、医院、饭店和学校。这种模型的解指明某一机构是否与其他机构在效率方面存在差距。例如，DEA可以在病床数、员工人数（输入）和不同年龄组的病人/天（输出）方面对医院进行比较。

作为DEA线性规划应用的例子，考虑一个小镇有4所小学：奥尔顿、比克、凯里和迪兰西。州政府实施了一系列教学标准测试（SOL），包括阅读、数学和历史，要求所有学校对五年级的所有孩子以此标准进行管理。测试的平均分会作为衡量学校业绩的输出。学校委员会确定了3个主要的资源或输入，它们会影响学校的SOL分数，这些要素是教师对学生的比例、每名学生的补充基金（PTA产生的基金、在正常预算之上由私人提供的部分）以及家长的平均教育水平（其中12＝高中水平，16＝大学水平，等等）。这些输入和输出总结如下：

输入1＝教师对学生的比例
输入2＝每名学生的补充基金
输入3＝家长的平均教育水平
输出1＝平均阅读SOL分数
输出2＝平均数学SOL分数
输出3＝平均历史SOL分数

每个学校的平均输入和输出值为：

学校	输入			输出		
	1	2（美元）	3	1	2	3
奥尔顿	0.06	260	11.3	86	75	71
比克	0.05	320	10.5	82	72	67
凯里	0.08	340	12.0	81	79	80
迪兰西	0.06	460	13.1	81	73	69

例如，在奥尔顿，教师对学生的比例是0.06（或者大约16.67个学生对1个教师），每个学生有260美元的补充基金，家长的平均教育水平是11.3。奥尔顿在阅读、数学和历史方面的平均分分别为86，75和71。

学校委员会想找出哪些学校在把输入转化成输出方面效率较低。DEA线性规划模型将把一个学校与其他学校进行比较。为了进行完整的分析，每个学校都必须有一个单独的模型。在这个例子中，我们将把迪兰西和其他学校进行比较。

□ 决策变量

DEA 线性规划模型的公式不如本章前面的例子明显。用有意义的方法定义决策变量特别困难。

在 DEA 模型中，决策变量定义为每单位输入和输出的价格。这些不是输入和输出的实际价格。用经济学的术语，这些价格叫作含蓄价格或机会成本。这些价格是学校中的输入和输出相比的相对值。这些对我们的意义不大，随着建模的过程，这些价格变得越来越明显。现在，决策变量可定义为：

x_i＝每单位输出的价格（$i=1,2,3$）
y_i＝每单位输入的价格（$i=1,2,3$）

□ 目标函数

模型的目标是确定迪兰西是否有效。在 DEA 模型中，在需要确定一个单位（例如学校）是否有效时，简单的方法是调整输入价格，以使单位输入的总值等于 1。其有效性将等于单位的输出值。对于这个例子，一旦调整迪兰西的输入价格使其等于 1（可通过构建一个约束条件做到），迪兰西的有效性就等于输出值。问题的目标就是使迪兰西的输出值最大化，得出的值也就是有效性：

$$\max Z=81x_1+73x_2+69x_3$$

因为学校的输入值被调整成 1，目标函数中列出的迪兰西输出最大值只能是 1。如果目标函数等于 1，学校的运转有效；如果目标函数小于 1，则学校在低效运转。

□ 模型约束条件

调整迪兰西学校输入为 1 的约束条件定义为：

$$0.06y_1+460y_2+13.1y_3=1$$

把输入值设为 1，最后让输出值等于或小于 1。这样同时也会使决策变量的值失去意义。

下一组约束条件将使输出值小于等于 1。通俗地讲，学校（或任何生产性单位）的有效性可以定义为：

$$有效性=\frac{输出值}{输入值}$$

对于学校或任何服务机构，有效性不可能超过 100%，因此学校的有效性肯定小于或等于 1：

$$\frac{学校的输出值}{学校的输入值}\leqslant 1$$

把它转换成标准线性模式：

$$学校的输出值\leqslant 学校的输入值$$

把输入和输出的模型决策变量和参数替换成标准约束条件格式，可以为每一个学校建立一个约束条件。

$$86x_1+75x_2+71x_3\leqslant 0.06y_1+260y_2+11.3y_3$$
$$82x_1+72x_2+67x_3\leqslant 0.05y_1+320y_2+10.5y_3$$
$$81x_1+79x_2+80x_3\leqslant 0.08y_1+340y_2+12.0y_3$$
$$81x_1+73x_2+69x_3\leqslant 0.06y_1+460y_2+13.1y_3$$

管理科学应用

用数据包络分析方法评估美国红十字会分会

美国红十字会（ARC）是世界最大的非营利社会服务机构之一。它向普通民众提供救灾、武装部队应急通信和健康安全培训等服务。它由大约 1 000 个分会和 8 个监督分会的服务区域办事处组成，其总部设在华盛顿特区。分会靠地方筹款运动、接受捐赠，并通过提供健康和安全课程的费用产生收入。

ARC 获得并保留支持其服务基础设施的赠款和合同，包括设施、材料、设备及员工招聘和培训。因此，ARC 面临来自公众的压力，要证明它对提供服务和取得成果所获得的资金和资源负责。然而，在 2001 年之前，虽然分会向国家总部报告了绩效数据，但没有单独评估或提供改进的反馈，而且关于客户满意度的信息也很少。ARC 希望通过提供可量化的绩效评估和对投入（即资源、工作时间、用于提供服务的资金）如何有效地转化为产出（即服务提供的结果的度量）的评估来帮助分会。为此，ARC 开发了数据包络分析（DEA）模型。

ARC 的 DEA 模型是根据四个活动领域的投入转化为产出的效率来比较各个分会，这四个活动领域分别为：筹资、能力创造和利用、提供的服务的数量和质量以及结果的有效性。每个 DEA 模型要求每年为每个分会的这四项活动运行一个线性规划模型——总共有 4 000 个线性规划模型需要使用 Excel 运行。该方法除了每年在数据分析和报告方面能节省约 70 万美元的费用之外，新 DEA 的绩效衡量和报告系统也使 ARC 能够根据各个分会之间的比较向个别分会提出改进意见，还提供了大众可以理解的明显的和透明的结果。

资料来源：K. Pasupathy and A. Medina-Borja, "Integrating Excel, Access, and Visual Basic to Deploy Performance Measurement and Evaluation at the American Red Cross," *Interfaces* 38, no. 4 (July-August 2008): 324-37.

□ 模型综述

确定迪兰西学校有效性的完整线性规划模型如下：

$$\max Z=81x_1+73x_2+69x_3$$

$$\text{s. t.}\begin{cases}0.06y_1+460y_2+13.1y_3=1\\86x_1+75x_2+71x_3\leqslant 0.06y_1+260y_2+11.3y_3\\82x_1+72x_2+67x_3\leqslant 0.05y_1+320y_2+10.5y_3\\81x_1+79x_2+80x_3\leqslant 0.08y_1+340y_2+12.0y_3\\81x_1+73x_2+69x_3\leqslant 0.06y_1+460y_2+13.1y_3\\x_i,y_i\geqslant 0\end{cases}$$

这个模型的目标是确定迪兰西是否有效运转。如果目标函数的值等于 1，学校运转有效；如果小于 1，运转效率低。如前所述，决策变量 x_i，y_i 的值对我们没有明显的意义。它们是把输入转换成输出的含蓄价格，但是为了简化模型，它们已经被调整为 1。模型的解选择 x_i 和 y_i 的值使学校的有效值最高，其最大值为 1，但是这些值除此之外没有更深的含义。

□ 用 Excel 进行计算机求解

这个 DEA 案例里的 Excel 电子表格显示在界面 4－22 中。求解窗口显示在界面 4－23 中。决策变量位于单元格 B12：B14 和 D12：D14。

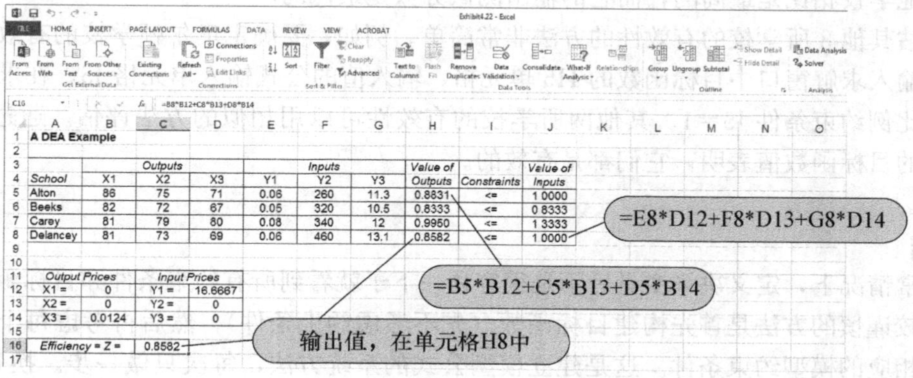

界面 4－22

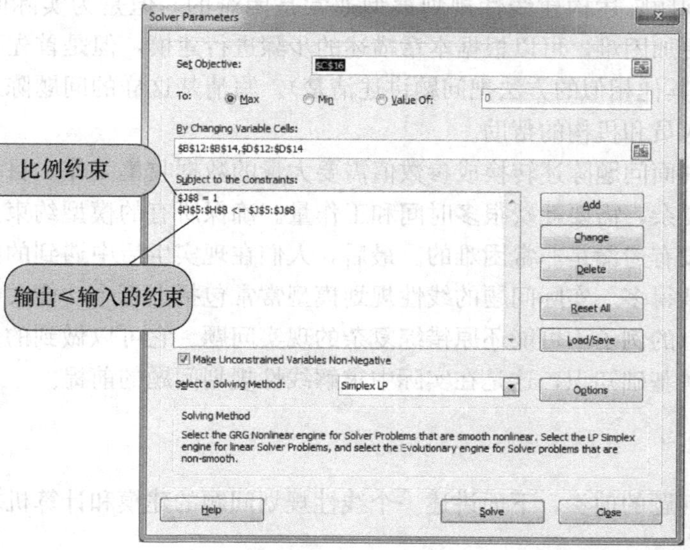

界面 4－23

目标函数值 Z，也是迪兰西是否有效运转的标志，位于单元格 C16。这个值根据定义迪兰西学校输出值的公式＝ B8 * B12＋C8 * B13＋D8 * B14 计算得到，这个公式显示在单元格 H8，是对学校有效性的评价。

每个学校的输入和输出分别位于单元格 H5：H8 和 J5：J8。这些值用来定义求解窗口中定义的模型约束条件 H5：H8≤J5：J8。比例约束条件显示为 J8＝1，用来调整迪兰西学校的输入值公式＝E8＊D12＋F8＊D13＋G8＊D14，这个公式位于单元格 J8。

□ 解的分析

与这个问题唯一相关的解值是目标函数的值：

$$Z=0.8582$$

因为这个值小于 1，迪兰西与其他学校相比是低效率的。它在将输入转化为输出方面，比其他学校的效率低。这表明，其他学校只需要较少的资源就能达到与迪兰西学校相同的输出水平。回过头去看，发现学校的输入和输出之间是存在逻辑关系的。迪兰西学校的输入与其他学校相比是最高的，而它的输出测试分数是最低的。

评估其他 3 所学校的有效性的方法非常简单。例如，要确定奥尔顿学校的有效性，把输出值输入求解窗口中目标函数的 H5 单元格，输入值的公式输入单元格 I5，在求解窗口中设置比例约束条件 J5＝1。其他两所学校的有效性可以用相似的方法评估。通过计算 3 个学校的目标函数值表明，它们都是有效的。

小　结

通常情况下，定义决策变量后不是很容易一下子就看到所有约束条件和目标函数的公式。比较谨慎的方法是首先构建目标函数（先不考虑约束条件），然后再考虑每个问题的限制和相应的模型约束条件。这是建立模型公式的系统方法，每次只做一步。换句话说，不要在一开始就试图把整个问题都吞下去。

由书面的问题陈述构建线性规划模型通常是困难的，但是为实际问题（没有书面描述）构建模型更加困难。可以根据本章描述的步骤进行建模，但是首先要把问题定义清楚（用问题陈述或其他相似的方法把问题讲述清楚）。写清楚这样的问题陈述是困难的，需要组织内部很多人员和机构的帮助。

把本章的书面问题陈述转换成参数值需要大量的数据收集工作。目标函数和模型约束条件可能非常复杂，需要耗费很多时间和工作量。确保所有的模型约束条件已被定义、重要的问题限制没有遗漏是非常困难的。最后，人们在现实生活中遇到的问题往往要比本章陈述的问题复杂得多。实际问题的线性规划模型常常包括上百个功能关系和决策变量。遗憾的是，书本上的例子不可能还原错综复杂的现实问题。它可以做到的是提供线性规划模型的建模和求解基础知识，这是在实际中求解线性规划问题的前提。

解题实例

作为这个问题的前奏，下面讲述一个线性规划问题的建模和计算机求解过程。

问题描述

咆哮宠物食品公司生产名为 Meow Chow 的罐装猫粮和名为 Bow Chow 的罐装狗粮。宠物食品由马肉、底栖鱼肉和谷类添加物组成。每周公司可以有 600 磅马肉、800 磅底栖鱼肉和 1 000 磅谷类添加物用于生产这两种宠物食品。Meow Chow 至少有一半的成分是鱼肉，Bow Chow 至少有一半的成分是马肉。公司每周有 2 250 个 16 盎司的罐子可供使用。每罐 Meow Chow 的利润是 0.80 美元，每罐 Bow Chow 的利润是 0.96 美元。公司想知道每周生产 Meow Chow 和 Bow Chow 各多少罐可以使利润最大化。

A. 为这个问题建立一个线性规划模型。

B. 用计算机求解该模型。

求解过程

A. 建模

第一步：定义决策变量

这个问题包括 6 个决策变量，代表每种成分 i 在宠物食品 j 中的含量：

$$x_{ij}=\text{每周在宠物食品 } j \text{ 中使用多少成分 } i$$

其中，$i=h$（马肉），f（鱼肉）和 c（谷类）；$j=m$（Meow Chow），b（Bow Chow）。

为了计算每周各种宠物食品生产多少罐，生产的 Meow Chow 总盎司数 $x_{hm}+x_{fm}+x_{cm}$ 和 Bow Chow 总量 $x_{hb}+x_{fb}+x_{cb}$ 应该除以 16 盎司。

第二步：建立目标函数

目标函数是使每周的总利润最高，计算方法是用生产的每种宠物食品的罐数乘以每罐的利润。然而，因为决策变量的单位定义为盎司，必须除以 16 盎司得到相应的罐数：

$$\max Z=\frac{0.80}{16}(x_{hm}-x_{fm}+x_{cm})+\frac{0.96}{16}(x_{hb}+x_{fb}+x_{cb})$$

或

$$\max Z=0.05(x_{hm}+x_{fm}+x_{cm})+0.06(x_{hb}+x_{fb}+x_{cb})$$

第三步：建立模型约束条件

第一组约束条件表示每周可以得到的各种成分的数量。这个问题把马肉、底栖鱼肉和谷类添加物的单位定义为磅。因为决策变量以盎司为单位，要得到每种成分的标准数量必须把磅数乘以 16 得到盎司数。这样得到如下 3 个约束条件：

$$x_{hm}+x_{hb}\leqslant 9\,600 \text{ 盎司马肉}$$
$$x_{fm}+x_{fb}\leqslant 12\,800 \text{ 盎司鱼肉}$$
$$x_{cm}+x_{cb}\leqslant 16\,000 \text{ 盎司谷类添加物}$$

其次，还有两个配方方面的要求规定，Meow Chow 至少含有一半的鱼肉，Bow Chow 成分的一半必须是马肉。Meow Chow 在配方上的要求表示为：

$$\frac{x_{fm}}{x_{hm}+x_{fm}+x_{cm}}\geqslant\frac{1}{2}$$

或

$$-x_{hm}+x_{fm}-x_{cm}\geqslant 0$$

Bow Chow 产品约束条件也用相似的方法表示为：

$$\frac{x_{hb}}{x_{hb}+x_{fb}+x_{cb}}\geqslant\frac{1}{2}$$

或

$$x_{hb}-x_{fb}-x_{cb}\geqslant 0$$

最后，问题陈述中指出公司每周可用的 16 盎司的罐子是 2 250 个。应该计算出这些罐子的总容量，以便与决策变量进行比较：

$$x_{hm}+x_{fm}+x_{cm}+x_{hb}+x_{fb}+x_{cb}\leqslant 36\,000 \text{ 盎司}$$

第四步：模型总结

完整的模型总结如下：

$$\max Z=0.05x_{hm}+0.05x_{fm}+0.05x_{cm}+0.06x_{hb}+0.06x_{fb}+0.06x_{cb}$$

$$\text{s. t.}\begin{cases}x_{hm}+x_{hb}\leqslant 9\,600\\ x_{fm}+x_{fb}\leqslant 12\,800\\ x_{cm}+x_{cb}\leqslant 16\,000\\ -x_{hm}+x_{fm}-x_{cm}\geqslant 0\\ x_{hb}-x_{fb}-x_{cb}\geqslant 0\\ x_{hm}+x_{fm}+x_{cm}+x_{hb}+x_{fb}+x_{cb}\leqslant 36\,000\\ x_{ij}\geqslant 0\end{cases}$$

B. 计算机求解

Original Problem w/answers

Example Problem Solution

	Xhm	Xfm	Xcm	Xhb	Xfb	Xcb		RHS	Dual
Maximize	.05	.05	.05	.06	.06	.06			Max .05Xhm +
Horse meat (oz)	1	0	0	1	0	0	<=	9,600	.02
Fish (oz)	0	1	0	0	1	0	<=	12,800	0
Cereal additive (oz)	0	0	1	0	0	1	<=	16,000	0
Meow Chow recipe	-1	1	-1	0	0	0	>=	0	0
Bow Chow recipe	0	0	0	1	-1	-1	>=	0	-.01
Cans (oz)	1	1	1	1	1	1	<=	36,000	.05
Solution->	0	8,400	8,400	9,600	4,400	5,200	Optimal Z->	1,992	Xhm + Xfm +

使用 QM for Windows 计算机软件包求得的模型解为：

$$x_{hm}=0$$
$$x_{fm}=8\,400$$
$$x_{cm}=8\,400$$
$$x_{hb}=9\,600$$
$$x_{fb}=4\,400$$
$$x_{cb}=5\,200$$
$$Z=1\,992$$

为了得到每种宠物食品各生产了多少罐，我们必须把每种宠物食品的成分相加再除以 16 盎司（罐子的大小）：

$$x_{hm}+x_{fm}+x_{cm}=0+8\,400+8\,400$$
$$=16\,800(\text{盎司 Meow Chow})$$

或

$$16\,800\div 16=1\,050(\text{罐 Meow Chow})$$

$$x_{hb}+x_{fb}+x_{cb}=9\,600+4\,400+5\,200$$
$$=19\,200（盎司 Bow Chow）$$

或

$$19\,200\div16=1\,200（罐 Bow Chow）$$

注意这个问题有多个最优解。另一个最优解是 $x_{fm}=10\,400$，$x_{cm}=6\,400$，$x_{hb}=9\,600$，$x_{cb}=9\,600$。折合成每种宠物食品的罐数还是一样的，但是每罐中的成分比例就不一样了。

习　题

11. 匹兹堡老鹰酒馆的老板贝蒂·麦劳正在为周日的超级杯棒球赛做准备。她要决定储存多少啤酒。贝蒂准备 3 种品牌的啤酒：岳得尔歌、首兹和雨水。每种品牌每加仑的成本（对酒馆老板）如下：

品牌	每加仑成本（美元）
岳得尔歌	1.5
首兹	0.9
雨水	0.5

酒馆为周日的比赛准备了 2 000 美元的啤酒预算。贝蒂的啤酒的售价为每加仑岳得尔歌 3 美元、每加仑首兹 2.5 美元和每加仑雨水 1.75 美元。根据以往的比赛情况，贝蒂预测顾客对啤酒的最大需求量为：岳得尔歌 400 加仑、首兹 500 加仑和雨水 300 加仑。酒馆可以储存 1 000 加仑的啤酒。贝蒂想知道每种啤酒各订多少加仑可以使利润最大化。

a. 为这个问题建立一个线性规划模型。

b. 用计算机求解该模型。

17. 一个众议员所在的区刚刚通过法案审批，得到拨款 400 万美元来开发一些项目。众议员可以决定怎样分配这些资金。众议员决定把拨款用于 4 个在建项目，因为它们对本区至关重要，它们分别是：一个工作培训计划、一个公园项目、一个卫生项目和一个移动图书馆项目。然而，众议员想通过拨款的分配取悦大多数选民，换句话说，在即将到来的选举中，为自己多拉一些选票。他的助手对投资在每一个不同项目上的每一美元可以带来多少选票进行了估计：

项目	选票/美元
工作培训	0.02
公园	0.09
卫生	0.06
移动图书馆	0.04

同时为了兼顾当地几个资助他竞选的有影响力的居民，他必须遵守如下几个准则：

- 任何一个项目得到的拨款不超过总拨款的 40%；
- 分配到公园项目的拨款不超过卫生和移动图书馆项目的总和；
- 分配到工作培训项目的拨款至少与卫生项目的拨款相同。

所有未分配的拨款必须退回政府，因此，众议员倾向于用掉所有的拨款。众议员想知道在每个项目上分配多少拨款可以使自己得到的选票最多。

a. 为这个问题建立一个线性规划模型。

b. 用计算机求解该模型。

18. 安娜·布罗德里亚是州立大学足球队的营养师，她正在为球队研究一套营养午餐的食谱。她对午餐规定的营养要求为：

- 热量介于 1 500～2 000 卡路里之间；
- 至少 5 毫克铁；
- 脂肪介于 20～60 克之间；
- 至少 30 克蛋白质；
- 至少 40 克碳水化合物；
- 不超过 30 毫克的胆固醇。

她用 7 种食物搭配食谱，每磅食物的营养含量和成本如下：

	卡路里（每磅）	铁（毫克/磅）	蛋白质（克/磅）	碳水化合物（克/磅）	脂肪（克/磅）	胆固醇（毫克/磅）	美元/磅
鸡肉	520	4.4	17	0	30	180	0.80
鱼肉	500	3.3	85	0	5	90	3.70
牛肉	860	0.3	82	0	75	350	2.30
干豆	600	3.4	10	30	3	0	0.90
生菜	50	0.5	6	0	0	0	0.75
土豆	460	2.2	10	70	0	0	0.40
牛奶（2%）	240	0.2	16	22	10	20	0.83

营养师计划制定一份食谱满足营养的需要，同时使每餐的成本最低。

a. 为这个问题建立一个线性规划模型。

b. 用计算机求解该模型。

c. 如果午餐中的食物（不包括牛奶）限定为不能超过半磅，对解有什么影响？

21. 安普科制造公司与客户签订了从 4 月到 9 月提供零件的合同。然而，在此期间安普科没有足够的空间储存零件，所以需要在这 6 个月期间租用其他仓库。下面是安普科公司的储存空间需要量：

月份	需要的空间（平方英尺）
4	47 000
5	35 000
6	52 000
7	27 000
8	19 000
9	15 000

租赁服务商为安普科提供了仓库租赁的成本计划书。计划书显示，租期越长越便宜。例如，如果租用 6 个月，成本为每平方英尺每月 1.00 美元；如果只租用一个月，成本为每平方英尺每月 1.70 美元：

租期（月）	美元/月/平方英尺
6	1.00
5	1.05
4	1.10
3	1.20
2	1.40
1	1.70

安普科可以随时按月租用任意期限任意面积的仓库。安普科想知道如何签订最经济的租赁合同，既可以满足每个月的仓库需求，同时又不浪费面积。

a. 为这个问题建立一个线性规划模型。

b. 用计算机求解该模型。

c. 假如公司允许价格便宜就可以超面积租用，这对最优解有何影响？

22. 布鲁克斯市有3所联合高中，每所学校可供1 200名学生就读。学校董事会把城区分成5个巴士服务区域：东、西、南、北、中，每个区域服务于不同的高中学生。3所学校位于中、西、南区域。一些学生必须乘车到他们居住所在地之外的区域上学。校董事会希望尽可能缩短学生乘车的距离。每个区域的学生分布数和每个区域到3所学校的平均距离如下所示：

区域	距离（英里）			学生分布数
	中区学校	西区学校	南区学校	
北	8	11	14	700
南	12	9	—	300
东	9	16	10	900
西	8	—	9	600
中	—	8	12	500

学校董事会想知道用巴士把学生从某个区域送到某所学校的具体数量，从而使巴士的行驶距离最短。

a. 为这个问题建立一个线性规划模型。

b. 用计算机求解该模型。

29. 西雅图一家百货公司的经理正在计划商店的广告种类和数量。他邀请了当地电台、电视台和报业的代表介绍他们的受众。电视台代表表示一个电视广告需要15 000美元的支出，观众可以多达25 000人。观众的分类如下：

	男性	女性
年长人群	5 000	5 000
年轻人群	5 000	10 000

报业代表表示使多达10 000名读者看到广告只需4 000美元，读者的分类如下：

	男性	女性
年长人群	4 000	3 000
年轻人群	2 000	1 000

电台代表表示只需6 000美元就可以使15 000名听众收听到广告，听众的分类如下：

	男性	女性
年长人群	1 500	1 500
年轻人群	4 500	7 500

商店的广告策略如下：

- 电台的广告量至少是报纸广告的 2 倍；
- 受众至少达到 100 000 人；
- 受众中年轻人必须至少是年长者的 2 倍；
- 至少 30%的受众是女性。

版面的限制使报纸广告只能做到 7 个。商店想知道购买每种广告的最佳数量以使成本最低。

a. 为这个问题建立一个线性规划模型。

b. 用计算机求解该模型。

c. 假设第二家电台找到商店表示只要花 7 500 美元就可以使 18 000 名听众收听到广告，听众分类如下：

	男性	女性
年长人群	2 400	3 600
年轻人群	4 000	8 000

如果商店将这家电台和其他媒体一并考虑，会对解产生什么影响？

36. 莫林·贝克尔医生是杰斐逊郡地方医院的行政主管，她要制定一份护士值班计划，以保证全天有足够的护士值班。每天的各个时段对护士的需求量差别很大。莫林把每天分成每段 2 小时的 12 个时段。从午夜开始到早上 6 点的 3 个时段对护士的需求量最少，分别最少需要 30，20 和 40 个护士。从早晨 6 点到 8 点开始的随后 4 个时段，对护士的需求量就会开始稳定地增长，分别需要至少 50，60，80，80 个护士。从下午 2 点开始直到晚上，护士的需求量开始下降。从下午 2 点直到午夜的 5 个时段中，分别需要至少 70，70，60，50，50 个护士。护士应该从每个 2 小时时段的开始工作，连续值班 8 小时（护士合同的规定）。贝克尔医生想制定一个护士值班计划，既可以满足医院对护士数量的最低要求，同时又使雇用的护士数量最少。

a. 为这个问题建立一个线性规划模型。

b. 用计算机求解该模型。

38. 州立大学的入学办公室打算为下一学年的一年级新生课程开发一个计划模型。学校可以招收 4 500 名新生。本州学生的学费是 8 600 美元，外州学生的学费是 19 200 美元。学校计划收到尽可能最多的学费，但是州政府规定至多只能招收 47%的外州学生，而且大学的每个学院一年级新生中至少要有 30%的本州学生。为了进入几份国家级杂志的学校排名，学校要求一年级新生的平均 SAT 分数达到 1 150 分。去年每个学院一年级本州和外州学生的 SAT 平均分以及每个学院最多可以接收的学生数如下：

学院	SAT 平均分		最多接收新生数
	本州学生	外州学生	
1. 建筑	1 350	1 460	470

续前表

学院	SAT 平均分		最多接收新生数
	本州学生	外州学生	
2. 艺术和科学	1 010	1 050	1 300
3. 农业	1 020	1 110	240
4. 商科	1 090	1 180	820
5. 工程	1 360	1 420	1 060
6. 人力资源	1 000	1 400	610

a. 建立和求解线性规划模型，决定每个学院应该各招收多少名本州和外州新生。

b. 如果 a 中的解没有达到最多招生数，讨论应如何调整模型以达到最多招生数。

40. 一家炼油厂把 4 种石油成分混合成 3 种等级的燃油：标准、额外和柴油。每种成分的可用量和每桶的成本如下：

成分油	每天最大可用量（桶）	每桶成本（美元）
1	5 000	9
2	2 400	7
3	4 000	12
4	1 500	6

为了保证每种燃油保持某些必要的特性，炼油厂对每种混合油中成分油的百分比做出了限制。每种等级油的混合比例和售价如下所示：

等级	成分规格	每桶售价（美元）
标准	成分 1 不少于 40%	12
	成分 2 不超过 20%	
	成分 3 不少于 30%	
额外	成分 3 不少于 40%	18
柴油	成分 2 不多于 50%	10
	成分 1 不少于 10%	

炼油厂准备每种等级的混合燃油至少各生产 3 000 桶。公司想知道最优的 4 种成分油混合比，从而使利润最大。

a. 为这个问题建立一个线性规划模型。

b. 用计算机求解该模型。

42. 坐落在弗吉尼亚州一个小镇上的泰克大学现有学生 30 000 名。DirectCast Cable TV 是一家小型电视安装及接线公司，公司的技工能够基本满足全年的服务需求。但是在每年 8 月秋季学期开始前后，由于有大量学生需要安装电视，公司需要从公司的其他办事处调用 14 位技工。DirectCast 公司在以下 7 个城市的办事处有技工可供调用，如表所示：

城市	可调用技工人数	距离（英里）	成本（美元）
里士满	4	211	3 400
夏洛特	3	173	3 920

续前表

城市	可调用技工人数	距离（英里）	成本（美元）
亚特兰大	5	410	4 760
格林斯博罗	2	152	3 560
DC	6	263	4 980
纳什维尔	3	414	4 050
诺福克	2	302	3 240

表中的距离是各办事处到此地的距离（单位为英里），成本包括技工 1 个月的工资和奖金，每位技工的成本按月结算。由于每位技工在调用工作期间每周至少回家一次，公司希望在技工调用成本总计不超过 60 000 美元的限制下使技工回家的总距离最短。

a. 为这个问题建立一个线性规划模型。

b. 用计算机求解该模型。

c. 如果 DirectCast 公司想要使调用技工的总成本而非他们回家的总路程最小化，最优解将会发生怎样的变化？

43. 开时开利建筑材料公司接到了如下订购 3 种尺寸板材的订单：

尺寸	订单数量
7 英尺	700
9 英尺	1 200
10 英尺	300

公司库存有标准 25 英尺的板材。因此，标准长度的板材需要截成必要的长度以满足订单的需求。当然，公司希望尽量减少标准尺寸板材的使用量。公司必须决定如何切割 25 英尺长的板材以满足订单的需求，同时把标准长度板材的用量控制在最少。

a. 为这个问题建立一个线性规划模型。

b. 用计算机求解该模型。

c. 当板材被切割成特定长度时，板材剩下的部分称为“碎头”。假设目标是把“碎头”量而不是板材的使用量控制在最低，重新构建线性规划模型并求解。这对解有何影响？

44. 一家投资公司有 100 万美元，希望投入股票、债券、存款和不动产领域。公司想确定投资比例，目标是在第 6 年年末现金值最大。

在随后 6 年的每年开始时有投资股票和债券的机会。投资股票的每一美元，2 年后可以收回 1.20 美元（利润为 0.20 美元）；所有的回报可以马上再投到其他地方。投资债券的每一美元，3 年后可以收回 1.40 美元；所有的回报可以马上再投到其他地方。

投资存款的机会只有一次，在第二年的开始。投到存款的每一美元，4 年后可以收回 1.80 美元。投资不动产的机会出现在第 5 和第 6 年的开始。投到不动产的每一美元，1 年后可以收回 1.10 美元。

为了使风险最小，公司决定进行多元化投资。股票的投资不能超过 30%，至少 25% 的投资必须放在存款方面。

公司管理部门想知道在各种渠道的最佳投资组合，以期在第 6 年年末现金值最大。

a. 为这个问题建立一个线性规划模型。

b. 用计算机求解该模型。

48. 潮水城市银行有 4 家分行，其输入和输出如下：

输入 1＝柜员工时（单位：100 小时）
输入 2＝营业面积（单位：100 平方英尺）
输入 3＝费用（单位：1 000 美元）
输出 1＝存取款和支票业务处理（单位：1 000 笔）
输出 2＝贷款申请
输出 3＝新账户开立（单位：100 笔）

每个分行每个月的输入和输出值如下：

分行	输出			输入		
	1	2	3	1	2	3
A	76	125	12	16	22	12
B	82	105	8	12	19	10
C	69	98	9	17	26	16
D	72	117	14	14	18	14

使用数据包络分析（DEA）评估哪家分行效率较差。

53. 格莱斯工具和机械加工厂生产一种包括 3 种部件的机械产品。3 个部件的生产需要 2 台车床和 3 台冲床。3 个部件在每台设备上的加工时间（分钟/单位）如下所示：

	加工时间（分钟）		
	部件 1	部件 2	部件 3
车床	10	8	6
冲床	9	21	15

工厂要求两台车床的工作量均衡，三台冲床的工作量也要均衡。另外公司还希望车床和冲床间的工作量也尽可能均衡，平均而言，设备的运行时间之间不会相差 1 小时。每台设备每天可以运行的时间是 8 小时。

公司同时也希望出产的所有部件都可以组装成产品，不出现任何半成品（在制品库存）。公司的目标是每天出产的产品最多。

a. 为这个问题建立一个线性规划模型。

b. 用计算机求解该模型。

c. 格莱斯工具和机械加工厂制定的生产原则是比较严格的。如果公司放松对设备均衡使用的要求（任何设备的运行时间不会相差 1 小时）或者在制品库存的限制，哪一个对产量的影响最大？如果两个限制都不存在，会造成何种影响？

54. 一条船有船尾和船头两个船舱。船头舱可以装载 70 000 磅和 30 000 立方英尺的货物。船尾舱可以装载 90 000 磅和 40 000 立方英尺的货物。船主签订了运输成箱牛肉和散装谷物的合同。牛肉的总重量是 85 000 磅，谷物的总重量是 100 000 磅。每磅牛肉的体积是 0.2 立方英尺，每磅谷物的体积是 0.4 立方英尺。运输每磅牛肉的利润是 0.35 美元，每磅谷物的利润是 0.12 美元。船主接受预订全部或部分船舱；船主想知道运输多少牛肉和谷物可以使利润最大。

a. 为这个问题建立一个线性规划模型。

b. 用计算机求解该模型。

57. 白马苹果制品公司从当地果农处购买苹果生产苹果沙司和苹果汁。生产一扎苹果沙司的成本是 0.60 美元，生产一瓶苹果汁的成本是 0.85 美元。公司的政策规定苹果沙司在产品中的比例必须介于 30%～60%之间。

公司希望满足但不要超过每种产品的需求。市场部经理估计对苹果沙司的需求不会超过 5 000 扎，再加上作为市场推广的每 1 美元 3 扎的广告促销。对苹果汁的最大市场需求估计为 4 000 瓶，再加上作为促销的每 1 美元 5 瓶的广告宣传。公司有 16 000 美元用于苹果沙司和苹果汁的生产和广告促销。苹果沙司的售价为每扎 1.45 美元，苹果汁的售价为每瓶 1.75 美元。公司想知道每种产品生产多少、做多少广告可以获利最多。

a. 为这个问题建立一个线性规划模型。

b. 用计算机求解该模型。

59. 实业系统公司是一家咨询公司，为客户开发电子商务系统和网站。现在公司有 6 个顾问和 8 个合同项目。顾问有不同的技术专长和经验，因此，公司提供的服务的收费标准也是不一样的。同样，某些顾问的技术专长比其他顾问更适合某些项目，而且客户有时也更偏好某些顾问。顾问与项目是否匹配可以用 5 分的标准进行评判，1 分是最差的，5 分是最好的。下表表示每个顾问和每个项目的匹配程度，同时包括每个顾问的可用工时、合同总工时和每个项目的最大预算。

顾问	小时工资（美元）	项目								可用工时（小时）
		1	2	3	4	5	6	7	8	
A	155	3	3	5	5	3	3	3	3	450
B	140	3	3	2	5	5	5	3	3	600
C	165	2	1	3	3	2	1	5	3	500
D	300	1	3	1	1	2	2	5	1	300
E	270	3	1	1	2	2	1	3	3	710
F	150	4	5	3	2	3	5	4	3	860
项目总工时		500	240	400	475	350	460	290	200	
合同预算（1 000 美元）		100	80	120	90	65	85	50	55	

公司想知道把每个顾问指派到每个项目多少小时可以充分利用顾问的技术专长，同时满足客户的要求。

a. 为这个问题建立一个线性规划模型。

b. 用计算机求解该模型。

c. 如果公司的目标是追求利润最大化而不顾及客户的偏好和顾问与项目的匹配，这对 b 中的解有改变吗？

62. 蓝山电力和照明公司在位于美国东海岸的弗吉尼亚州、北卡罗来纳州、马里兰州和特拉华州的 4 个火力电厂发电。公司从弗吉尼亚西南部、西部和肯塔基的 6 个生产商处购买煤炭。蓝山和以下 3 个生产商有供煤的固定合同：

煤炭生产商	吨	每吨成本（美元）	每吨百万 BTU
安科	190 000	23	26.2
布恩小溪	305 000	28	27.1
世纪	310 000	24	25.6

这些生产商生产的煤炭的发电能力因为煤炭的质量而有所不同。例如，安科生产的煤炭每吨可以产生 26.2 百万 BTU 的热量，而布恩小溪生产的煤炭每吨可以产生 27.1 百万 BTU 的热量。蓝山也从 3 家后备生产商按需购买煤炭（与这些生产商没有固定合同）。通常情况下，这些生产商提供的煤炭质次价高：

煤炭生产商	可用吨数	每吨成本（美元）	每吨百万 BTU
戴克	125 000	31	21.4
伊顿	95 000	29	19.2
富兰克林	190 000	34	23.6

蓝山 4 家工厂的供电需求量如下所示（注意，大约需要 1 000 万 BTU 产生 100 万瓦·小时的电量）：

发电厂	供电需求量（百万 BTU）
1. 亚峰	4 600 000
2. 萨日	6 100 000
3. 皮德蒙特	5 700 000
4. 切萨皮克	7 300 000

例如，亚峰发电厂明年至少需要生产 4 600 000 百万 BTU，大约合 460 000 百万瓦·小时的电量。

煤炭首先通过铁路从生产商运到发电厂，每个发电厂处理煤炭的成本是不同的。下表显示了从每个生产商向每个发电厂供应煤炭的运输和处理成本的总和：

煤炭生产商	发电厂（美元）			
	1. 亚峰	2. 萨日	3. 皮德蒙特	4. 切萨皮克
安科	12.20	14.25	11.15	15.00
布恩小溪	10.75	13.70	11.75	14.45
世纪	15.10	16.65	12.90	12.00
戴克	14.30	11.90	16.35	11.65
伊顿	12.65	9.35	10.20	9.55
富兰克林	16.45	14.75	13.80	14.90

建立并求解线性规划模型，计算从每个煤炭生产商到每个发电厂需要运送多少吨煤以使成本最小。

63. 山谷联合足球俱乐部有 16 支男、女球队。俱乐部秋天的赛季可以在镇体育场训练。1 号场地可以容纳 2 支球队同时训练，3 号场地可以容纳 3 支球队同时训练，2 号场地只可以容纳 1 支球队训练。球队每周训练 2 次，时间是在周一和周三的下午 3—5 点或 5—7 点，或者是在周二和周四的下午 3—5 点或 5—7 点。3 号场地的条件最差，球队一般会倾向于其他场地，另一个原因是 3 个球队在一起，场地会太拥挤。通常情况下，青年队喜欢在放学后训练，成年队喜欢在较晚的时间训练。另外一些球队必须在较晚的时间训练，因为必须等到教练下班以后训练才能开始。有些队偏好某些场地是因为离队员的家比较近。俱乐部场地协调员要求每支球队按照喜好顺序选择 3 个场地和训练时间，他们的回馈如下：

球队	喜好顺序		
	1	2	3
U11B	2，3—5M	1，3—5M	3，3—5M
U11G	1，3—5T	2，3—5T	3，3—5T
U12B	2，3—5T	1，3—5T	3，3—5T
U12G	1，3—5M	1，3—5T	2，3—5M
U13B	2，3—5T	2，3—5M	1，3—5M
U13G	1，3—5M	2，3—5M	1，3—5T
U14B	1，5—7M	1，5—7T	2，5—7T
U14G	2，3—5M	1，3—5M	2，3—5T
U15B	1，5—7T	2，5—7T	1，5—7M
U15G	2，5—7M	1，5—7M	1，5—7T
U16B	1，5—7T	2，5—7T	3，5—7T
U16G	2，5—7T	1，5—7T	3，5—7T
U17B	2，5—7M	1，5—7T	1，5—7M
U17G	1，5—7T	2，5—7T	1，5—7M
U18B	2，5—7M	2，5—7T	1，5—7M
U18G	1，5—7M	1，5—7T	2，5—7T

例如，11 岁以下的男子队选择了周一和周三下午 3—5 点的 2 号场地为首选，周一和周三下午 3—5 点的 1 号场地为第二选择，等等。

建立和求解线性规划模型，用最优化的方法，按照他们的喜好顺序把球队安排到合适的场地和时间。有球队没有机会按照他们的前 3 个选择分配场地吗？如果有，怎样更改和利用现有的模型把这些队安排到尽可能好的场地和时间？怎样保证模型不把球队安排到他们不愿接受的场地和时间，例如某些教练只能 5 点开始训练的球队？

65. 美国南方航空公司在匹兹堡国际机场建立了一个换乘中心。在夏季，航空公司每天安排了 7 个从匹兹堡到奥兰多的航班和 10 个从奥兰多到匹兹堡的航班，具体时间如下：

航班	离开匹兹堡	到达奥兰多	航班	离开奥兰多	到达匹兹堡
1	6A. M.	9A. M.	A	6A. M.	9A. M.
2	8A. M.	11A. M.	B	7A. M.	10A. M.
3	9A. M.	中午	C	8A. M.	11A. M.
4	3P. M.	6P. M.	D	10A. M.	1P. M.
5	5P. M.	8P. M.	E	中午	3P. M.
6	7P. M.	10P. M.	F	2P. M.	5P. M.

续前表

航班	离开匹兹堡	到达奥兰多	航班	离开奥兰多	到达匹兹堡
7	8P. M.	11P. M.	G	3P. M.	6P. M.
			H	6P. M.	9P. M.
			I	7P. M.	10P. M.
			J	9P. M.	午夜

机组人员住在匹兹堡或奥兰多，每天一个新机组必须在匹兹堡和奥兰多之间飞一个往返。例如，一个在奥兰多组成的机组飞往匹兹堡，必须再飞一个由匹兹堡到奥兰多的回程。机组至少在到达的城市休息 1 小时。某些航班的组合是不可能的，例如，由匹兹堡出发的航班 1 上的机组不可能从奥兰多搭乘航班 A，B 或 C 返回。也有可能由于某个城市没有足够的机组成员，一个航班可以多搭载一个机组到那个城市。

航空公司希望合理安排机组人员，以便尽可能缩短机组人员的地面时间（机组人员在两个航班之间停留在地面的时间）。过多的地面时间延长了机组的工作天数，对机组的士气有不良影响，对航空公司则成本过高。建立一个线性规划模型，计算最优的航班计划，并用计算机求解。每个城市需要多少个机组？每个机组的地面时间是多少？

案例 4-1

州立大学体育夏令营

玛丽·凯利是州立大学奖学金足球运动员。夏天，她在大学的几个教练开设的青年体育夏令营工作。体育夏令营在 7—8 月开设 8 周。营员在夏令营的一周内住在大学宿舍，使用大学的体育场和设施。周末的时候，一批新营员会入营。玛丽的主要工作是作为夏令营足球教练员。她还要负责管理营员在宿舍使用的床单。玛丽需要制定一个购买计划和每周以最低的成本清洗床单。

在每周的开始需要清洗床单，之后营员连续使用一周。周末营员把撤掉的床单放入一个大箱子中。玛丽必须组织购买新床单或清洗旧床单。购买一套新床单需要 10 美元，当地洗衣店清洗一套床单需要 4 美元。玛丽的一些朋友要求承包清洗床单的一部分工作，清洗每套床单的费用只需要 2 美元。然而，洗衣店可以每周清洗完床单，玛丽的朋友每两周才能清洗完床单。他们计划搬到夏令营学校，在附近的洗衣房晚上清洗床单。

下面的表格列出了 8 周中的每一周登记的营员。根据与夏令营管理员的讨论，基于过去几年和一些过去夏令营的记录和收据，玛丽估计每周清洗回来的床单大约有 20%要丢弃和替换。营员把食物和饮料沾在床单上，有时污迹没有被清洗掉。有时营员偶尔会弄破床单或在清洗中将床单撕破。不管哪种情况，当床单清洗回来铺到床上时，有 20%会被丢弃或更换。

在夏季开始的时候，所有床单需要购买，夏天结束的时候，床单将全部替换。

周	注册营员
1	115
2	210
3	250

续前表

周	注册营员
4	230
5	260
6	300
7	250
8	190

玛丽在大学的专业是管理科学，她想使用线性规划建立一个购买和清洗床单的计划。帮助玛丽为这个问题建立一个线性规划模型并用计算机求解。

案例 4-2

泉水园艺工具

泉水家族从1952年开始经营一家园艺工具和设备制造公司。公司把园艺工具销售给分销商，同时也会直接出售给工具商店和家庭用品折扣连锁店。泉水公司最著名的4种小型园艺工具是泥刀、锄头、耙子和铁铲。每种工具由优质钢材和木柄组成。泉水家族以他们高质量的工具为傲。

加工过程包括两步。第一步包括两道工序，冲压出金属工具头并钻出螺丝孔。完整的工具头将进入第二步，包括组装程序，在这里木柄和工具头会被组装在一起，然后是完工和包装工序。下面的表格显示了每种工具每道工序的加工时间。

工序	工具（小时/单位）				每月可用时间（小时）
	泥刀	锄头	耙子	铁铲	
冲压	0.04	0.17	0.06	0.12	500
钻孔	0.05	0.14		0.14	400
组装	0.06	0.13	0.05	0.10	600
完工	0.05	0.21	0.02	0.10	550
包装	0.03	0.15	0.04	0.15	500

公司使用的钢材由日本的一家钢铁厂提供。厂家每个月可提供10 000平方英尺的铁片。每种工具需要的钢材以及每种工具的月合同销售量如下表所示：

	铁片（平方英尺）	月合同销售量
泥刀	1.2	1 800
锄头	1.6	1 400
耙子	2.1	1 600
铁铲	2.4	1 800

公司可以一直生存和繁荣的首要原因是，总可以按时满足客户的需求和生产高质量的产品。因此，公司会采取加班生产的方式以满足销售需求，同时公司与当地的工具和模具公司有长期的合同生产工具头。公司愿意把第一步加工过程外包，因为这样在组装和完工之前进行质检比较容易。基于同样的原因，公司不会外包整个工具，因为工具完工和包装

之后不容易进行质检。公司每个月有100小时的加班时间，可用于每个加工过程的每道工序。每种工具的两个加工过程的常规和加班生产成本如下表所示：

	加工过程1		加工过程2	
	常规生产成本（美元）	加班生产成本（美元）	常规生产成本（美元）	加班生产成本（美元）
泥刀	6.00	6.20	3.00	3.10
锄头	10.00	10.70	5.00	5.40
耙子	8.00	8.50	4.00	4.30
铁铲	10.00	10.70	5.00	5.40

外包加工过程1的成本比常规生产成本多20%。

泉水公司想制定一个生产计划，包括每个加工过程的常规和加班生产计划，以及外包的工具头数量，以使生产成本最低。为这个问题建立一个线性规划模型并用计算机求解。在生产过程中哪种资源最关键？

案例4-3

苏珊个人预算模型

苏珊在州立大学取得管理科学学位以后，进入华盛顿的一家计算机系统开发公司工作。在大学读书的时候，她用父母给她建立的一个账户支付她每个月正常的公寓租赁、餐饮和娱乐费用。每个月父母都往账户内存入一定的金额。父母每个月也会收到苏珊消费的汽油、电话和银行信用卡账单，并为她支付。苏珊不必为健康、汽车、房屋险和寿险、公共设施、驾照、杂志订阅和其他费用担心。因此，她已经习惯了在大学每个月从固定的账户支出费用，她找到工作后，不太习惯自己支付每个月不固定的费用。

有些月份，苏珊的支出比较正常，她还可以应付。但有时下个月会面临一大笔额外的保险费、不动产税金或信用卡账单、杂志订阅费等。这些没有预料到的费用会造成支票账户不平，不得不用信用卡付账，然后再分期付款，从而需要支付大量利息费用。从学校毕业一年后，她原本希望可以有一些积蓄，开始自己的投资计划，可结果发现自己处在负债中。

处在如此困境中，苏珊决定开始整顿自己的财务状况。首先她卖掉父母帮她购买的不动产，搬进一间较便宜的公寓。这样她就有了足够的现金偿还其所有的债务，最后还剩下3 800美元开始新的一年。苏珊决定应用她在大学学到的一些管理科学知识制定一个预算计划。特别是她打算建立一个线性规划模型，帮助她规划每个月需要将多少钱进行短期投资，以应对每个月临时出现的支出需要和进行一些储蓄。

苏珊首先检查了她一年的财务记录，并对未来一年每个月可能发生的负债进行了计算，数据如下所示：

月份	账单金额（美元）	月份	账单金额（美元）
1	2 750	5	1 205
2	2 860	6	1 600
3	2 335	7	3 050
4	2 120	8	2 300

续前表

月份	账单金额（美元）	月份	账单金额（美元）
9	1 975	11	2 710
10	1 670	12	2 980

苏珊的税后年收入是 29 400 美元，平均到每个月存入其银行账户。

苏珊决定把一部分暂时不用的钱进行为期 1 个月、3 个月或 7 个月的投资，而不是只存款赚取利息，以应对每个月的负债。1 个月的投资为年回报 6%，3 个月和 7 个月的年回报分别为 8%和 12%。作为投资策略的一部分，当短期投资到期后，她用本金作为预算的一部分，把利息部分投入到一项长期投资（在预算过程中不再考虑这部分投资）。例如，如果在 1 月有 100 美元结余，进行了 3 个月的投资，在 4 月，当投资到期时，她把原始投入的 100 美元作为预算，但是 100 美元赚取的利息会被投入到其他的地方。（因此，利息在这一年剩余的时间里不会再以复利计算。）

苏珊想建立一个线性规划模型帮助她在一年的投资时间里获得最大的回报，以便可以把钱在年底投入到长期投资项目中。然而，她不必把自己局限于年底到期的短期投资，如果投资要到明年才到期，她不必在今年把钱取出。她的预算流程第二年可以继续，所以她可以等到 12 月以后取出增值部分，再投入到长期投资项目。

A. 帮助苏珊建立一个整年的模型，既要应对每个月的临时财务债务，又要达到投资目标，并求解模型。

B. 如果苏珊决定在年初的时候不把所有 3 800 美元全部放入预算，而是把一些直接投入到长期投资，需要多少才可以建立一个可行的预算？

案例 4－4

沃尔什果汁公司

沃尔什果汁公司使用葡萄原汁制造 3 种产品：瓶装果汁、冷冻浓缩汁和果冻。公司从五大湖附近的 3 家葡萄园购买葡萄汁。葡萄在葡萄园采摘之后，马上在葡萄园的工厂里加工成葡萄汁，储存于冷冻罐中。葡萄汁随后运输到位于弗吉尼亚、密歇根、田纳西和印第安纳的 4 个工厂，在那里被制成瓶装果汁、冷冻浓缩汁和果冻。在收获季节，葡萄园的出产每个月都不同，每个工厂的加工能力也各有差别。

在特定的月份，纽约的葡萄园可以出产葡萄原汁 1 400 吨，而俄亥俄和宾夕法尼亚的葡萄园可以出产 1 700 吨和 1 100 吨。弗吉尼亚的工厂每个月处理葡萄原汁的能力是 1 200 吨，密歇根、田纳西和印第安纳工厂的处理能力分别为 1 100，1 400 和 1 400 吨。从葡萄园运输葡萄原汁到工厂的成本为：

葡萄园	工厂			
	弗吉尼亚	密歇根	田纳西	印第安纳
纽约	850 美元	720 美元	910 美元	750 美元
宾夕法尼亚	970 美元	790 美元	1 050 美元	880 美元
俄亥俄	900 美元	830 美元	780 美元	820 美元

每个工厂的新旧程度、设备情况、工资水平都不同，所以加工每吨每种产品的成本也就有如下的不同：

产品	工厂			
	弗吉尼亚	密歇根	田纳西	印第安纳
果汁	2 100 美元	2 350 美元	2 200 美元	1 900 美元
浓缩汁	4 100 美元	4 300 美元	3 950 美元	3 900 美元
果冻	2 600 美元	2 300 美元	2 500 美元	2 800 美元

这个月公司要在4个工厂总共生产1 200吨瓶装果汁、900吨浓缩汁和700吨果冻。然而，浓缩汁的加工过程会导致果汁脱水，果冻的加工工序需要蒸煮使水分蒸发。加工1吨冷冻浓缩汁需要2吨原汁；1吨果冻需要1.5吨原汁；1吨果汁需要1吨原汁。

沃尔什管理者需要决定从每个葡萄园运输多少吨原汁到每个工厂，每个工厂加工每一种产品多少吨。因此，需要一个包括运输和生产两方面的模型，使包括从葡萄园到工厂的运输成本和生产成本的总成本最小的解。帮助沃尔什建立线性规划模型并用计算机求解，从而解决这一问题。

案例4-5

国王登陆娱乐公园

国王登陆是一家坐落在弗吉尼亚的大型主题公园。公园在夏季的5—9月雇用高中生和大学生为其工作。学生员工操作所有的机电一体化设备，作为演艺人员表演，承担大部分的监护工作，为餐厅、食档、零售点和各种商店提供服务，驾驶有轨电车、公园服务车辆。公园管理者根据上年夏季的游客数和期望的劳动力数对每个月需要的工作人员数做出了估计。5月，公园的游客数相对减少，直到学校放假，6—8月数量持续增加，9月劳动节后学校开学，游客数又会急剧减少。公园在夏季每周开放7天，9月开始只在周末开放。公园估计5月的前两周，每周需要22 000小时的劳动力，后两周分别需要25 000和30 000小时。6月的前两周至少需要35 000小时，最后两周需要40 000小时。7月和8月每周需要45 000小时。9月，第1周只需要12 000小时，第2和第3周每周需要10 000小时，最后1周8 000小时。

从5月的第1周直到8月，公园每周都雇用新员工。新员工第1周基本上只是观察和帮助有经验的员工，从而接受培训。然后，他们在有经验的员工指导下大约工作10小时。一周后，他们就会成为有经验的员工。有经验的员工会作为临时员工每周工作30小时，这样可以避免加班和福利的成本，也可以给更多的学生工作的机会。没有人会被解雇或工作的时间少于（或多于）30小时，即使员工比需要的多。公园管理者相信这是雇用的必要条件，因为在夏季许多学生仅仅是为了在公园里工作才来到这个地方，并且就住在附近的海滩。如果这些员工被偶然解雇，他们的租赁和其他费用就会没有着落，以后夏季的雇用工作和公共关系都会受到损失。即使没有人被解雇，每周都会有15%的有经验的员工因为各种原因而退出，包括思乡、生病和其他个人原因，再加上有人因为非常糟糕的工作表现而被要求离开。

公园管理者可以依靠住在本地区的上年就在公园工作的 700 名有经验的员工，从 5 月的第 1 周就开始开放公园。这些员工通常可以在周末工作许多小时，在周一到周五也可以工作一定的时间。但是，在 5 月的周末游客非常多，这时需要大量的工作时间。公园期望 5 月第 1 周有 1 500 人可供雇用。第 1 周以后，这些可供雇用的人员随着前一周录用的人数而减少，直到 6 月的每一周都有 200 名新申请者加入其中，在夏季剩余的时间里，每周新的申请者则减少到 100 名。例如，5 月第 2 周的可供雇用人员就是前一周的人员数，在第 1 周是 1 500 名，减去第 1 周雇用的新员工数，加上 200 个新申请者。在 8 月的最后一周，75%的有经验的员工将离开并回到学校，公园在 9 月也不再雇用新的员工。公园在 9 月必须利用住在本地区的有经验的员工保持运营，但是这些员工在 9 月的每周离职率也降到 10%。

建立和求解一个线性规划模型，帮助公园的管理者计划每周雇用的新员工数，使得整个夏季雇用的新员工数最少。

第 5 章

整数规划

在前几章用公式表示和解决的线性规划模型中，暗含有解决方案可以是小数或者实数（例如非整数）的假设。但是，非整数的解决方案并不一定是可行的。

当只有整数的解决方案是可行或者符合逻辑的时候，有时假定非整数方案的数值可以被调整到最相近的可行的整数值。有时这种方法不会产生太大的问题，如 $x_1 = 8\,000.4$ 个钉子被调整为 8 000 个，由于每个钉子只要几美分，所以这种调整是没有问题的。但是，如果我们考虑的是喷气飞机的生产，当生产量 $x_1=7.4$ 时，若此时将它调整为近似的整数值就会引起收益（或成本）成百上千万美元的差异。在这种情况下需要解决这类问题，以确保找到最优的整数解。本章会为读者呈现不同形式的整数线性规划模型。

整数规划模型

有三种最基本的整数线性规划模型——全整数模型、0－1 整数模型和混合整数模型。在全整数模型中，所有的决策变量都要求有整数解。在 0－1 整数模型中，所有的决策变量的值都是 0 或者 1。在混合整数模型中，有一些决策变量（不是所有的）要求有整数解。接下来的三个例子各演示了一种整数规划模型。

□ 一个全整数模型例子

一个机器商店的老板正打算购买一些新的机器——磨床和车床，来扩展自己的店铺。他估计购买一台磨床每天会增加 100 美元的利润，而购买一台车床每天会增加 150 美元的利润。商店老板可以购买的机器数量受机器成本和店铺空间大小的制约。机器购买价格和空间要求如下：

机器	要求占地面积（平方英尺）	购买价格（美元）
磨床	15	8 000
车床	30	4 000

商店老板购买新机器的预算是 40 000 美元，可用的面积为 200 平方英尺。现在商店的老板想知道每种机器各买多少台才能使每天增加的利润最大化。

整数规划问题的线性规划模型的建立与之前第 2～4 章中提到的线性规划例子一样。唯一的不同就是在本章的问题中，决策变量被限定为整数值，因为商店老板不能购买一台机器的一部分。线性规划模型如下：

$$\max Z=100x_1+150x_2$$
$$\text{s. t.}\begin{cases}8\,000x_1+4\,000x_2\leqslant 40\,000\\15x_1+30x_2\leqslant 200\\x_1,x_2\geqslant 0\text{ 且为整数}\end{cases}$$

式中，x_1 为磨床的数量；x_2 为车床的数量。

本模型中的决策变量限定为完整的机器。也就是，两个决策变量 x_1 和 x_2 被设定为任意大于等于 0 的整数，这也就是这个模型叫作全整数规划的原因。

□ 一个 0-1 整数模型例子

一个社区的理事会要决定在社区建设哪种娱乐设施，有四种备选方案——游泳池、网球场、运动场和健身房。理事会希望建设的设施能使居民对它的预期日使用量最大化，受到土地和成本的约束。每种设施的预期日使用量和成本、土地约束条件如下：

娱乐设施	预期使用（人/天）	成本（美元）	土地需求（英亩）
游泳池	300	35 000	4
网球场	90	10 000	2
运动场	400	25 000	7
健身房	150	90 000	3

理事会有 120 000 美元的建设预算和 12 英亩的土地。因为游泳池和网球场必须建在同一块地上，所以这两种设施只能建一种。理事会想知道建设怎样的娱乐设施组合能使预期日使用量最大化。模型建立如下：

$$\max Z=300x_1+90x_2+400x_3+150x_4$$
$$\text{s. t.}\begin{cases}35\,000x_1+10\,000x_2+25\,000x_3+90\,000x_4\leqslant 120\,000\\4x_1+2x_2+7x_3+3x_4\leqslant 12\\x_1+x_2\leqslant 1\\x_1,x_2,x_3,x_4=0\text{ 或 }1\end{cases}$$

式中，x_1 为建设游泳池；x_2 为建设网球场；x_3 为建设运动场；x_4 为建设健身房。

在这个模型中，决策变量的值不是 0 就是 1。如果某种设施未被选择建设，就用其决策变量等于 0 来表示。若某种设施被选择建设，则其决策变量的值是 1。

最后一个约束，$x_1+x_2\leqslant 1$，反映的是要么选择游泳池（x_1）要么选择网球场（x_2），两者不能同时被选择。为了保证总数小于等于 1，只有一个变量可以是 1 或者都为 0。这也被称为互斥约束。

如果理事会已经指定游泳池（x_1）和网球场（x_2）中必须建一个，但不能都建，那么最后一个约束条件就变成等式 $x_1+x_2=1$。这样计算的结果将是 $x_1=1$ 或者 $x_2=1$，但是两者不能同时为 1（也不能同时为 0）。这样，模型强制在两个设施之间选择。由于这个原因，它常被称为多项选择约束。

指定设施总数中一个具体数量必须建设时，可以使用多项选择约束的一个变化来描述这种情形。例如，如果社区理事会已指定 4 种设施中必须正好建设 2 种，那么约束条件就可以写成：

$$x_1+x_2+x_3+x_4=2$$

或者，如果理事会已指定必须建设不超过 2 种设施，这个约束条件为：

$$x_1+x_2+x_3+x_4\leqslant 2$$

另一种 0－1 模型约束是条件约束。在条件约束中，一种设施是否建设依赖于另一种是否建设。例如，假定理事会的领导者比较倾向于选择游泳池，并且认为网球场的建设还不成熟。这个理事会的领导者又是很有影响力的，因此其他委员就认为如果游泳池没有选上，那网球场也是不可能选上的。可是，即使游泳池被选上了，也不能保证网球场一定会被选择。因此，网球场（x_2）建设的条件是游泳池的建设（x_1）。这种情形表达如下：

$$x_2\leqslant x_1$$

我们注意到，除非游泳池（x_1）等于 1，否则网球场（x_2）不可能等于 1（也就是被选择）。如果游泳池（x_1）等于 0（也就是没有被选择），那么网球场（x_2）一定为 0。当然，这种约束允许游泳池（x_1）等于 1 即被选择，而网球场（x_2）等于 0 即没有被选择的情况存在。

这类条件约束的一个变形就是并列约束，即如果一种设施被建设，则另一种也要被建设，反之则相反。例如，假设理事会讨论出一个政策，如果游泳池被建设，那么网球场一定也要建设，反之则相反。则约束条件如下：

$$x_2=x_1$$

这个约束条件让 x_1 和 x_2 的值相同，或者为 0 或者为 1。

□ 一个混合整数模型例子

南希・史密斯（Nancy Smith）有 250 000 美元可以用于投资三个可选择的项目——公寓、地产和地方债券。她想投资于能在一年后获得最大投资回报的项目。

每套公寓要花费 50 000 美元，若一年之后卖掉可以得到 9 000 美元的收益；每英亩土地的花费为 12 000 美元，一年后收益为 1 500 美元；每一份地方债券花费为 8 000 美元，如果在一年后卖掉可以得到 1 000 美元的收益。另外只有 4 套公寓、15 英亩土地和 20 份地方债券可以选择购买。

这个问题的线性规划模型如下：

$$\max Z=9\,000x_1+1\,500x_2+1\,000x_3$$

$$\text{s. t.}\begin{cases}50\,000x_1+12\,000x_2+8\,000x_3\leqslant 250\,000\\x_1\leqslant 4\\x_2\leqslant 15\\x_3\leqslant 20\\x_2\geqslant 0\\x_1,x_3\geqslant 0\text{ 且为整数}\end{cases}$$

式中，x_1 为购买的公寓数；x_2 为购买的土地英亩数；x_3 为购买的债券数。

我们注意到，在这个模型中公寓数（x_1）和债券数（x_3）最优解的值必须为整数，因为只购买一套公寓的部分或一份债券的部分是不可能的。但购买的土地小于 1 英亩（例如，1 英亩的一部分）是可以的。因此，其中的两个决策变量（x_1 和 x_3）被约束为整数值，而另一个变量（x_2）可以是大于等于 0 的任意实数。

管理科学应用

礼来公司的服务贫困社区志愿者团队选择

总部坐落在美国印第安纳波利斯的礼来公司（Eli Lilly and Company）在全球有 38 000 名员工，作为世界第十大制药公司，它的产品销往 125 个国家和地区。基于对员工和顾客诚信和尊重的企业文化，该公司被认为是世界上最好的公司之一。

每年，该公司旨在提升全球健康的“心连海外”（Connecting Hearts Abroad）项目都会为其员工提供前往亚洲、非洲或中南美洲的为期两周的社区服务之旅。由 8 名或 9 名员工组成的团队会在医疗诊所工作，他们照顾儿童和老人，并帮助社区发展项目。该项目的员工选择过程非常有竞争力，在每年大约 23 次社区服务之旅中，1 000 多名合格的申请者中只有 10%～20%被接受。之前公司试图使用手动过程来匹配申请人的任务，这很耗时（需要几个星期的时间），而且往往无法对员工与他们的技能、兴趣和偏好相一致的团队这两者进行匹配。一个有更高效的团队选择流程的整数数学规划模型被研发出来，所有的志愿者都能最大限度地满足他们的技能、兴趣和偏好的各种限制，并创造了团队多样性，这将是透明的并被所有申请人认为是公平的。模型约束包括团队人数、各国的成员人数限制、工作职能、就业类型、从每个国家选择的团队成员的数量和工作职能占申请人总数的比例、女性人数占女性申请人总数的比例、选定的成员人数来自每个地区的限制。调查工具收集旅行偏好、性别、就业类型、工作职能、国家和地区的数据。该模型实现了公司所有的团队平衡和公平目标，配置在不到 15 秒内完成；除了三名申请人外的所有人都接受模型为他们推荐的第一选择，剩下的三个申请人则接受了他们的第二选择。

资料来源：S. Mahar, W. Winston, and P. D. Wright, “Eli Lilly and Company Uses Integer Programming to Form Volunteer Teams in Impoverished Countries,” *Interfaces* 43, no. 3 (May-June 2013): 268-84.

整数规划的图解法

把小数值近似等于整数值这种解决整数规划问题的简单方法看起来是合理的。然而，这样得到的结果可能不是最优的（例如，次优的）结果。这种结果可以由图形分析看出。例如，上一节提到的机器商店的全整数模型：

$$\max Z=100x_1+150x_2$$

$$\text{s. t.}\begin{cases}8\,000x_1+4\,000x_2\leqslant 40\,000\\15x_1+30x_2\leqslant 200\\x_1,x_2\geqslant 0\text{ 且为整数}\end{cases}$$

首先，把这个模型当作没有整数要求的一般线性规划模型来用 Excel 求解，结果显示见界面 5 - 1。

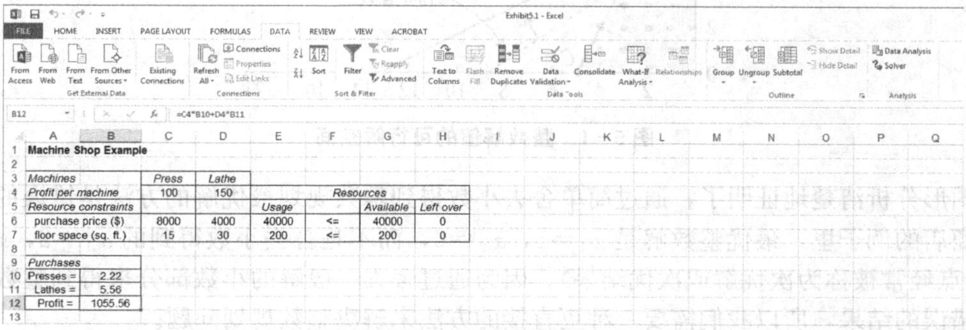

	A	B	C	D	E	F	G	H
1	Machine Shop Example							
2								
3	Machines		Press	Lathe				
4	Profit per machine		100	150		Resources		
5	Resource constraints				Usage		Available	Left over
6	purchase price ($)		8000	4000	40000	<=	40000	0
7	floor space (sq. ft.)		15	30	200	<=	200	0
8								
9	Purchases							
10	Presses =	2.22						
11	Lathes =	5.56						
12	Profit =	1055.56						
13								

界面 5 - 1

我们可以看到求解这个模型得出了 2.22 台磨床和 5.56 台机床的非整数解决方案，也就是 $x_1=2.22$ 和 $x_2=5.56$。因为解值一定要为整数，所以先把两个值近似等于最接近的整数值，也就是 $x_1=2$ 和 $x_2=6$。但是，如果把这些值代入模型的第二个约束条件中，我们发现不符合这个约束条件，因此这不是可行解。

$$15x_1+30x_2\leqslant 200$$
$$15(2)+30(6)\leqslant 200$$
$$210\nleqslant 200$$

在一个约束条件都是 $\leqslant$（且约束条件的系数都为正）的模型中，通过舍去小数部分能够保证得到一个可行解。因此这个问题的一个可行的整数解是：

$$x_1=2$$
$$x_2=5$$
$$Z=950$$

然而，简单地舍去非整数解的小数部分的困难之一是，可能有另一个整数解会带来更高的收益（例如，在这个问题中，可能存在一个整数解使得收益大于 950 美元）。为了检验是否有另一个更好的整数解存在，让我们来分析这个模型的图形，参见图 5 - 1。

在图 5 - 1 中，各点表示的是整数解点，点 $x_1=2$，$x_2=5$ 表示的是舍去小数的解。我们注意到随着目标函数在可行解空间向外移动，存在一个能比舍去小数的解得到更大收益的整数解的点。这个点就是 $x_1=1$，$x_2=6$。在这个点上，$Z=1\,000$ 美元，这比通过舍去小数部分得到的解使商店每天多获得 50 美元的利润。

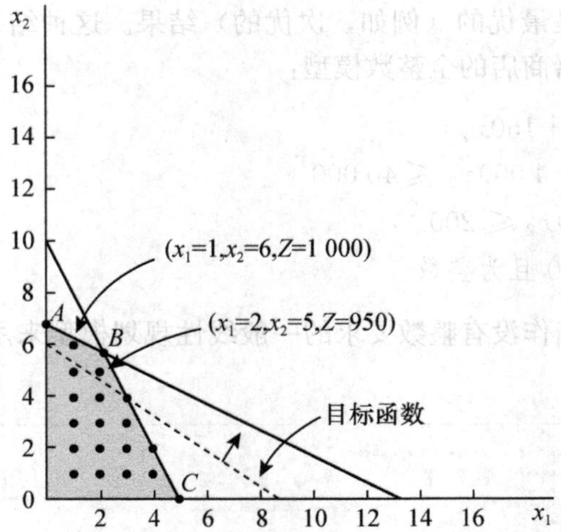

图 5－1　整数解值的可行解空间

图形分析清楚地证明了，通过简单舍去小数得到整数规划最优解的方法是错误的。在机器商店的例子里，最优整数解是 $x_1=1$，$x_2=6$，而不是舍去小数得到的 $x_1=2$，$x_2=5$（这个点经常被称为次优解或次优结果）。因为通过舍去一般解的小数部分来得到整数解会产生错误的结果，所以我们需要一种更直接的方法来解决整数规划问题。

解决整数规划问题的传统方法是分支定界法。这是一个可以解决多种不同类型问题的数学方法。分支定界法所基于的原则是可行解的全集（如同图 5－1 中的可行域）可以被分为一些小的子集。这些小的子集可以被系统地评估直至找到最优解。分支定界法是一种冗长且很复杂的数学方法。幸运的是，Windows 的 Excel 和 QM 都可以解决整数规划的问题，因此在本章我们依赖计算机来解决不同类型的整数规划模型。有兴趣的读者可以参看本书随附的网站上的附加模块，“Integer Programming：The Branch and Bound Method”，它详细地展示了分支定界法。

用 Excel 和 QM for Windows 求解整数规划问题

整数规划问题可以用 Excel 电子表格和 QM for Windows 来解决。在本节中我们要用前面提到的 0－1 规划、全整数规划和混合整数规划的例子来示范这两种计算机解决方法。

□ 用 Excel 求解 0－1 模型

回顾前面娱乐设施的例子：

$$\max Z=300x_1+90x_2+400x_3+150x_4$$

$$\text{s. t.}\begin{cases}35\,000x_1+10\,000x_2+25\,000x_3+90\,000x_4\leqslant 120\,000\\4x_1+2x_2+7x_3+3x_4\leqslant 12\\x_1+x_2\leqslant 1\\x_1,x_2,x_3,x_4=0\text{ 或 }1\end{cases}$$

式中，x_1 为建设游泳池；x_2 为建设网球场；x_3 为建设运动场；x_4 为建设健身房；Z

为每天总的预期日使用量（人数）。

界面 5-2 展示了 Excel 电子表格中建立的该例子的模型。设施的决策变量在 C12:C15 单元格，目标函数（Z）在 C16 单元。目标函数显示在电子表格顶端的公式栏里。模型的约束条件包含在 G7，G8 和 G9 单元格中。例如，单元格 G7 包含的成本约束条件是＝C7 ∗ C12＋D7 ∗ C13＋E7 ∗ C14＋F7 ∗ C15。可支配预算 120 000 美元则在单元格 I7 中。因此，在求解程序中成本约束条件会被写成 G7≤I7。

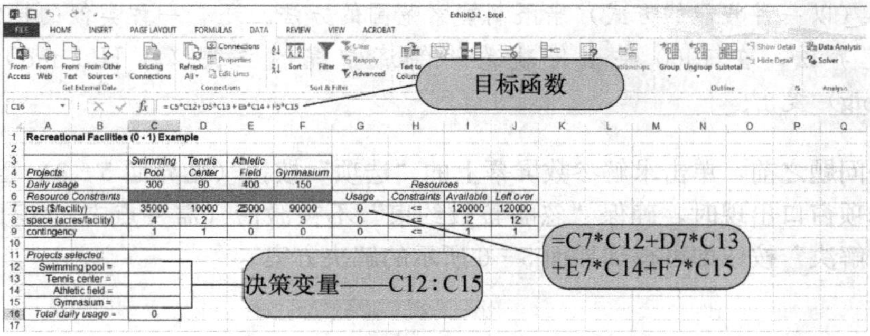

界面 5-2

界面 5-3 显示的是本例电子表格的求解程序。注意：我们已经通过限制决策变量单元格为二进制（即 0 或 1）来建立变量的 0-1 条件，如界面 5-4 中的“添加约束”窗口所示。

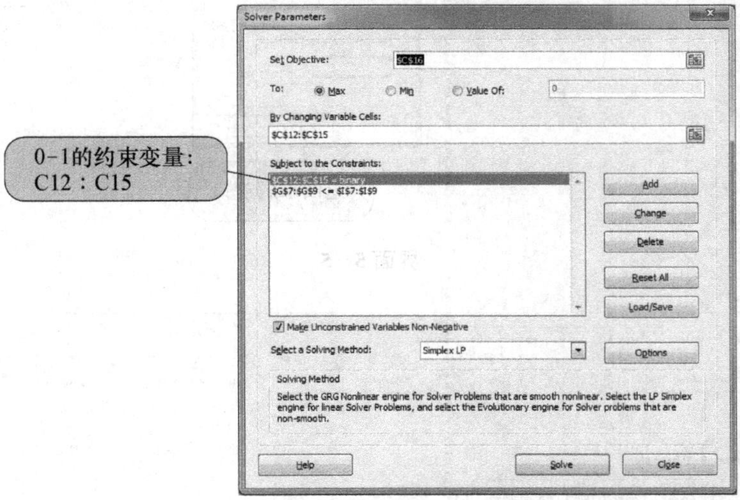

界面 5-3

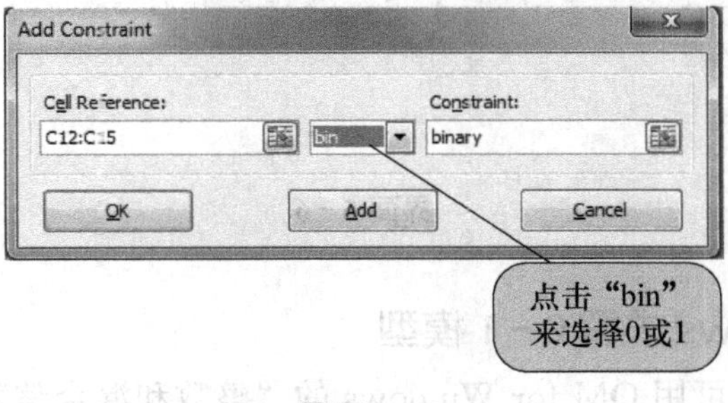

界面 5-4

延伸阅读　　　　拉尔夫·E. 戈莫里

1958 年，拉尔夫·戈莫里（Ralph Gomory）第一个用系统的（算法的）方法来解决线性整数规划问题。他的“切平面法”（cutting plane method）是一种基于新的（或分开的）约束条件的系统增加的代数方法，这只能被整数解满足，而连续变化的解则不行。除了戈莫里的这种代数方法外，另一种是列举的方法，是一种搜索所有可行整数解（以一种智能的方式）来限制搜索范围的方法。还有一种类似的搜索方法就是分支定界法，在 1960 年由伦敦政治经济学院的兰德（A. H. Land）和迪歌（A. C. Doig）提出。

在解决问题之前，单击求解参数屏幕上的“选项”按钮（见界面 5－3）。当界面 5－5 中显示的选项窗口出现时，确保“忽略整数约束”不被激活（需要点击）。返回求解参数窗口点击“解决”按钮即可得到界面 5－6 所示的解决方案。

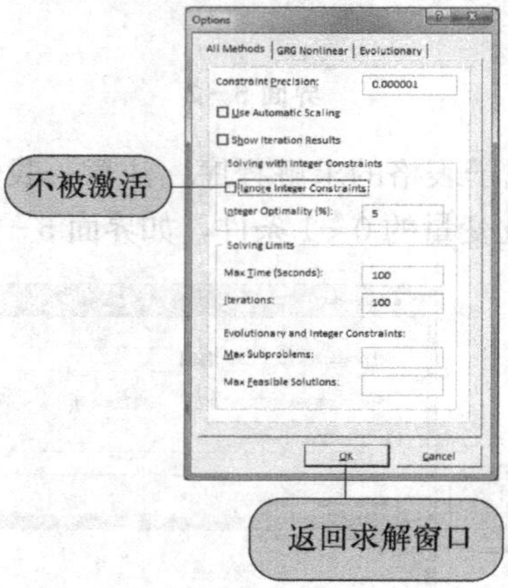

界面 5－5

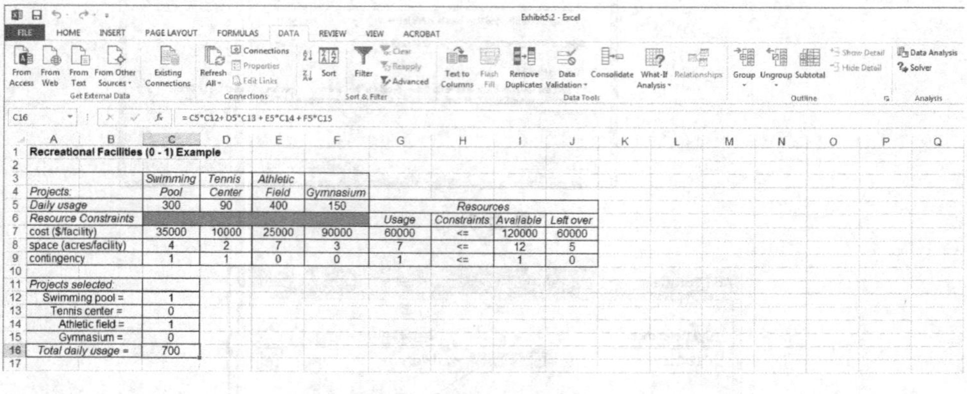

界面 5－6

□ 用 QM for Windows 求解 0－1 模型

0－1 整数规划问题可用 QM for Windows 的“整数和混合整数”（Integer and Mixed

Integer）模型来求解。我们用刚刚在 Excel 中求解的选择娱乐设施的例子来演示这个模型。

界面 5 - 7 显示了娱乐设施选择案例的数据输入窗口。在窗口底端，当你点击一个变量的“变量类型”（Variable Type）时，会弹出一个菜单，可以设置变量为 0 - 1、整数或实数。本例中所有的变量都应被设置为 0 - 1。点击窗口上端的“求解”按钮来运行模型，结果将显示在界面 5 - 8 中。

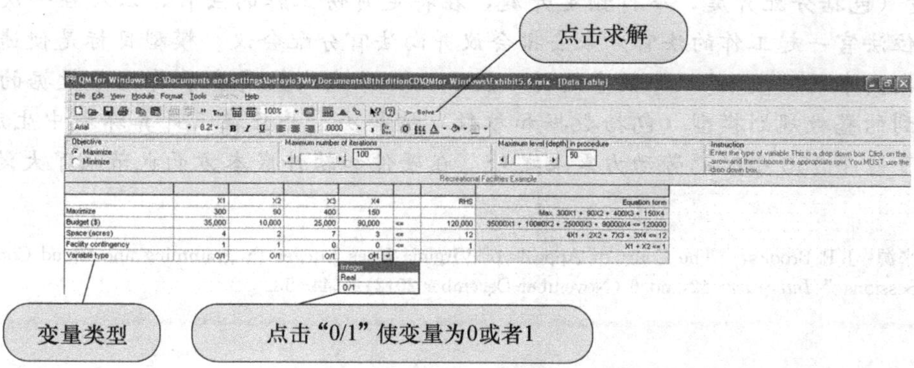

界面 5 - 7

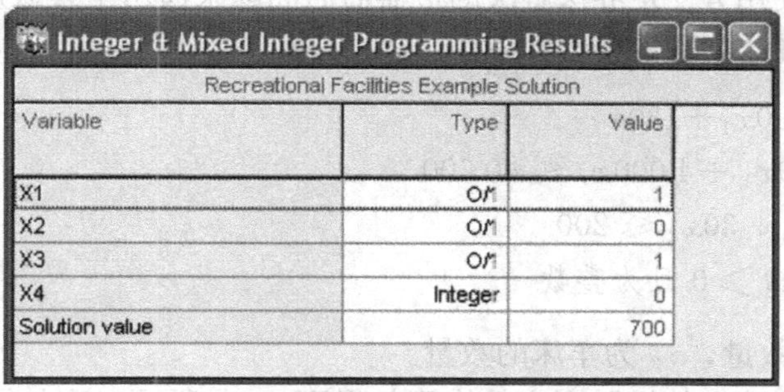

Integer & Mixed Integer Programming Results

Recreational Facilities Example Solution

Variable	Type	Value
X1	O/1	1
X2	O/1	0
X3	O/1	1
X4	Integer	0
Solution value		700

界面 5 - 8

QM for Windows 中输出的解为：

$x_1=1$（游泳池）

$x_2=0$（网球场）

$x_3=1$（运动场）

$x_4=0$（健身房）

$Z=700$（每天预期的使用人数）

管理科学应用

用整数规划模型安排弗吉尼亚州的上诉法庭会议

弗吉尼亚州上诉法庭副书记每年 5 月进行为期 3 个月的人工调度程序，这需要 150 小时的直接劳动。这个时间表是用一个 12 个月的日历以及颜色编码的磁铁制作的，可以随时移动，以满足各种法庭日程安排的限制，包括案件需求、法庭规则、法官审判日期（如假期、节日、法官旅行）、开庭的时间安排和地点、法官的工作量，以及每个法官必须至少每年一次与三审法官小组中的其他法官坐在一起的要求。该时间表由法庭书记审查并修改，直至制定了主审法官可以接受的最终时间表。任何变化可以在整个时间表上产生多米诺骨牌效应，从而从头开始对时间表的重新制定。弗吉尼亚州最高法院的 IT 部门与弗吉尼亚联邦大学（Virginia Commonwealth University）的研究人员共同开发了一个基于整数规划的模型，以产生一年一度的开庭时间表。该模型使用 4 组整数（0-1）变量（包括分配开庭，举行预定开庭，在特定月份工作的法官，以及在一次开庭中与另一位法官一起工作的法官）来安排会议并向法官分配会议。模型目标是使违反法官避免日期要求的"成本"（即数字惩罚）最小化。开庭次数是基于前几年数据的预测数量。得到的整数规划模型（包括数据和参数）被解决，并且在云计算环境中生成计划，除节省了每年 150 小时的劳动力需求之外，在硬件和软件成本方面也节省了大约 10 000 美元。

资料来源：J. P. Brooks，"The Court of Appeals of Virginia Uses Integer Programming and Cloud Computing to Schedule Sessions，" *Interfaces* 42，no. 6 (November-December 2012)：544-53.

□ 用 Excel 求解全整数规划的模型

我们将用之前使用分支定界法解决的机器商店问题来演示全整数规划问题的 Excel 解决方案。这个机器商店问题的模型如下：

$$\max Z=100x_1+150x_2$$

$$\text{s. t.}\begin{cases}8\,000x_1+4\,000x_2\leqslant 40\,000\\ 15x_1+30x_2\leqslant 200\\ x_1,x_2\geqslant 0 \text{ 且为整数}\end{cases}$$

式中，x_1 为磨床的数量；x_2 为车床的数量。

在电子表格式中建立的机器商店的模型如界面 5-9 所示，这与线性规划模型的基本格式是一样的。解决一般线性规划问题和整数规划问题的基本不同是，必须把代表决策变量的单元格指定为"整数"（integer）。这通过在求解程序中添加一个约束条件即设定 B10：B11 为整数来实现，见界面 5-11。完整的求解程序，包括所有约束条件，如界面 5-10 所示。点击"求解"（Solve）按钮将得到解值，如界面 5-12 所示。

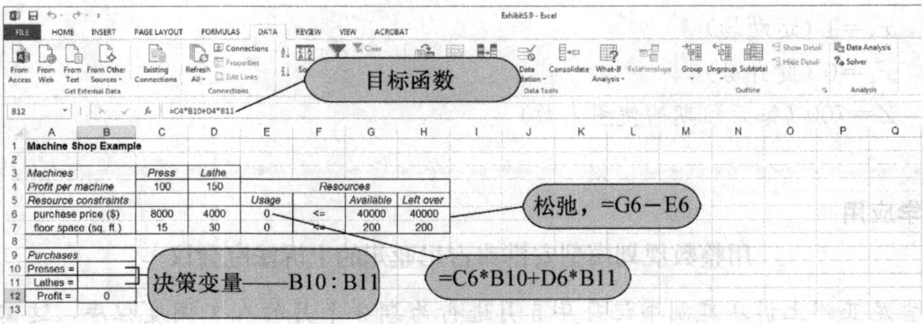

界面 5-9

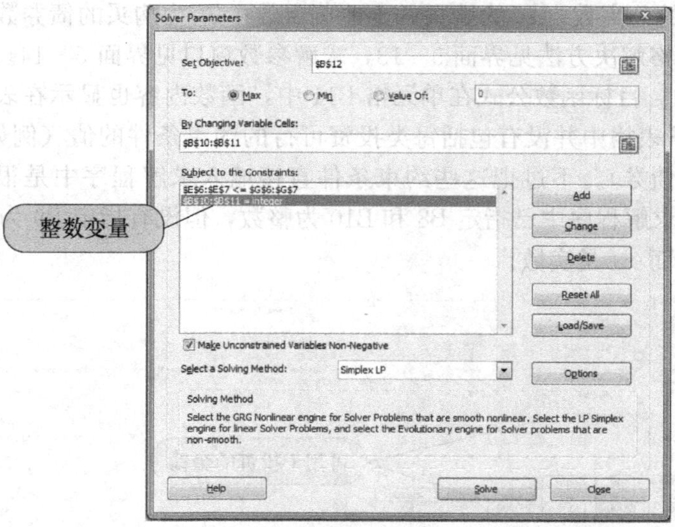

界面 5-10

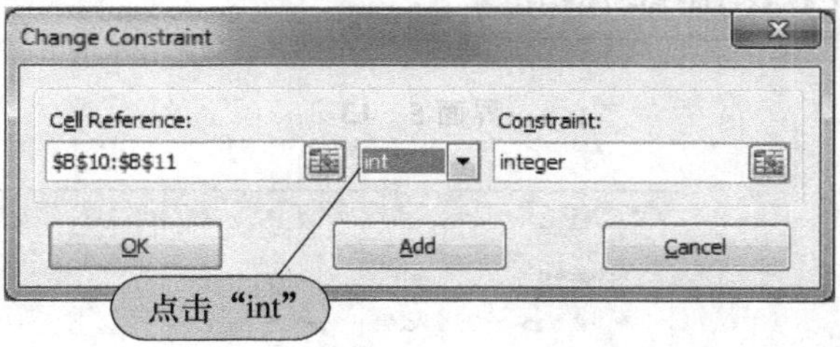

界面 5-11

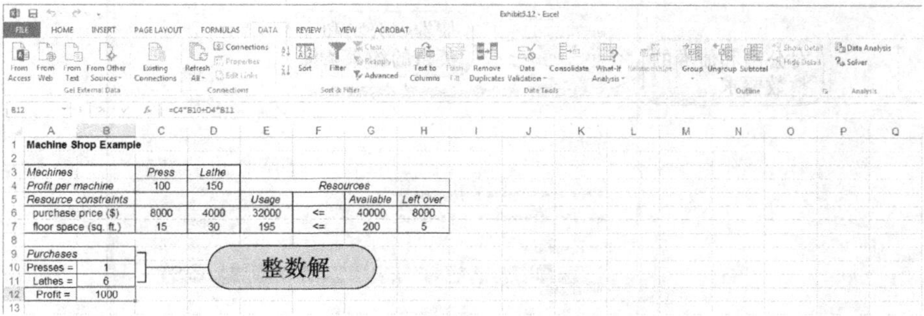

界面 5-12

□ 用 Excel 求解混合整数模型

我们用本章前面的投资案例来演示用 Excel 解决混合整数规划问题，模型如下：

$$\max Z = 9\,000x_1 + 1\,500x_2 + 1\,000x_3$$

$$\text{s.t.}\begin{cases} 50\,000x_1 + 12\,000x_2 + 8\,000x_3 \leqslant 250\,000 \\ x_1 \leqslant 4 \\ x_2 \leqslant 15 \\ x_3 \leqslant 20 \\ x_2 \geqslant 0 \\ x_1, x_3 \geqslant 0 \text{ 且为整数} \end{cases}$$

式中，x_1 为购买的公寓数；x_2 为购买的土地英亩数；x_3 为购买的债券数。

Excel 电子表格解决方法见界面 5－13，求解参数窗口见界面 5－14。决策变量包含在单元格 B8:B10 中。目标函数公式在单元格 B11 中，函数内容也显示在表格顶端的公式栏中。注意，在电子表格中并没有包括每类投资可行的约束条件的值（例如，4 个公寓、15 英亩土地和 20 份债券）。不过把这些约束条件直接输入求解程序中是很简单的，见界面 5－14。注意，在求解程序中已指定 B8 和 B10 为整数，但没有指定 B9 为整数，这表示 x_1 和 x_3 都是整数，而 x_2 是实数。

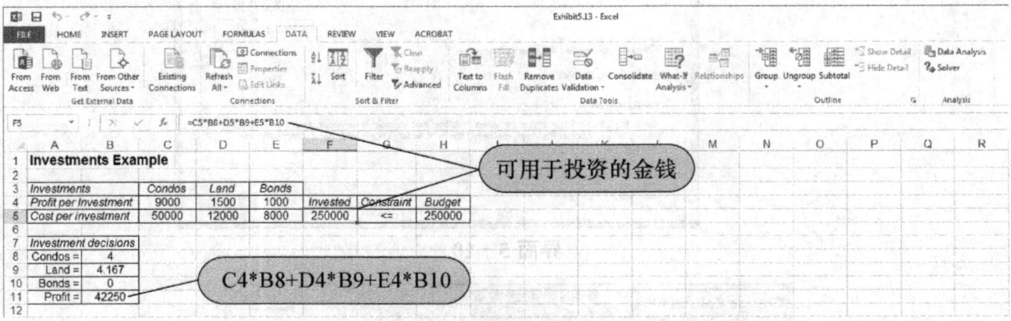

界面 5－13

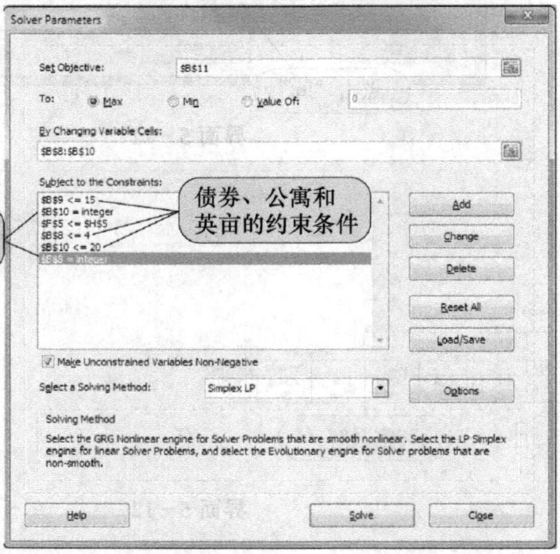

界面 5－14

□ 用 QM for Windows 求解混合整数模型

我们用 QM for Windows 中的“整数和混合整数”模块来解决上面投资的案例。当问题的数据输入时，我们必须指定每一个决策变量的变量类型。在本例中，x_1 和 x_3 作为整数变量输入，x_2 作为实数变量输入。投资案例的 QM for Windows 输入窗口见界面 5－15，最后的解决方案见界面 5－16。

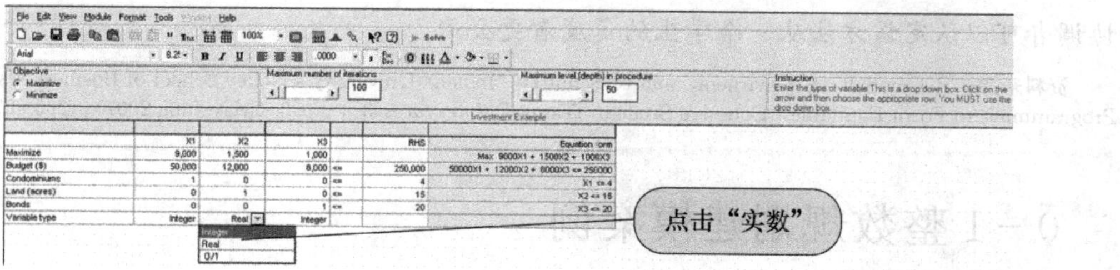

界面 5 - 15

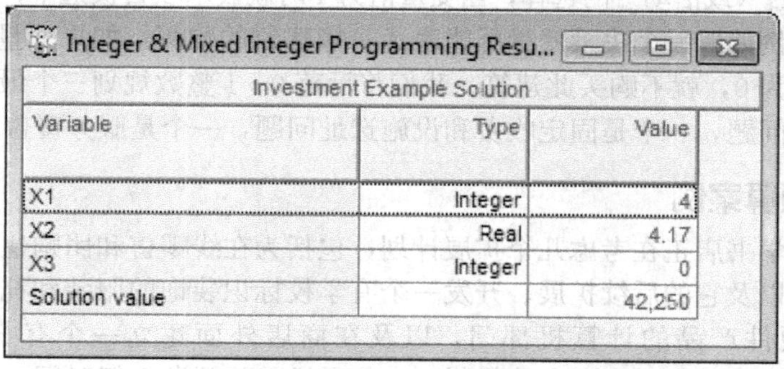

Variable	Type	Value
X1	Integer	4
X2	Real	4.17
X3	Integer	0
Solution value		42,250

界面 5 - 16

管理科学应用

在印第安纳大学组建商业案例学生团队

印第安纳大学（布鲁明顿）的凯利商学院有 4 000 多名学生。该学院有一个“整体核心”计划，其中包括同时提供的 4 门课程，商学院的学生必须至少得到 C 等级，才能修读他们专业领域内的更高级课程。一个计划要求是学生必须将他们的财务、营销、运营和策略知识应用到一个假定商业情境的案例研究中。为了做案例，学生被分到含 6 个或以上成员的小组，在 4 个计划课程中，这占到了学生分数的 25%。大约 800 名学生在秋季学期选修了这一课程，300 名在秋春季，产生了 50～130 个小组。把这些学生合理地分配到每一组，以使没有小组成员认为在面临困难且复杂的小组任务时，他们将会处于劣势。项目协调者尽可能多地确立了需要保证的条件，即小组必须是合理分配的，包括平等的学术绩效、商业职能领域的多样性，以及避免单一女生或留学生存在。小组内平均学术绩效的需求是明显的，自从学期的最后 10 天案例启动，到那一点每一个学生的学术绩效能及时确定。职能多样性被认为是一个期望的小组特征，然而，自从学校有了更多的财务和营销专业，把学生任意分配将不会得到功能多样性的团队组合。最后，以往的经验表明，单一的女生或留学生小组成员有时会阻碍团队交流，对这样的一个成员，并不总能产生积极的经验。建立一个整数线性规划模型来为每一个组分配学生，以满足这些条件，确保得到合理公平的小组分配。目标函数是使来自全部等级平均学术绩效的小组的最大偏差最小化。模型约束要确保所有的学生都被分配到了一个小组；每个小组有 6 个学生；没有小组有多于 2 个学生来自财务或营销专业；女生和留学生以 2 的倍数分配到每一组（即一个小组也许没有任何女生或留学生，如果有，将有至少两个）。整数规划模型应该产生这样的小组：要比之前的小组分配方法更有凝聚力，经历更少的摩擦，然后协调者可以认定该方法从一个学生的角度看更公平。

资料来源：R. Cutshall，S. Gavirneni，and K. Schultz，"Indiana University's Kelley School of Business Uses Integer Programming to Form Equitable，Cohesive Student Teams，" *Interfaces* 37，no. 3（May-June 2007）：265-276.

0-1 整数规划建模案例

一些在整数规划中最有趣和最实用的应用都是 0-1 规划方面的。在这些应用中，变量考虑到了一个项目（或活动）的选择，当变量值为 1 时就表示项目被选中，若变量值为 0 就表示没有选中。例如，一个决策变量可能表示一幢建筑的购买：如果变量的值为 1，购买此建筑；如果值为 0，就不购买此建筑。我们将示范 0-1 整数规划三个最普及的应用——一个是财务预算问题，一个是固定收费和设施选址问题，一个是服务覆盖问题。

一个财务预算案例

工学院的大学书店正在考虑几个扩展计划，包括为在线零售和团购建立网上商店、购买一个校外仓库以及它的后续扩展、开发一个有学校标识装饰的服装和礼品部门、开设一个出售软件和硬件产品的计算机部门，以及在商店外面建立一个有 3 台自动取款机（ATM）的银行业务厅。因为资金的限制，一些项目需要开发 2 年时间，一些需要 3 年时间。每个项目的每年净现值成本和 5 年后项目收益的净现值如下所示：

项目	收益的净现值（1 000 美元）	项目成本/年（1 000 美元）		
		1	2	3
1. 网站	120	55	40	25
2. 仓库	85	45	35	20
3. 服装部	105	60	25	—
4. 计算机部	140	50	35	30
5. ATM	70	30	30	—
每年可用的资金（1 000 美元）		150	110	60

另外，商店没有足够的空间来同时建设一个计算机部和一个服装部。书店的负责人希望知道选择哪些项目能使投资收益最大化。

这个问题要求使用一个 0-1 整数规划模型，如下：

x_1＝选择网站项目

x_2＝选择仓库项目

x_3＝选择服装部门

x_4＝选择计算机部门

x_5＝选择 ATM 项目

x_i＝1，若项目被选择；0，若项目没有被选择

$$\max Z = 120x_1 + 85x_2 + 105x_3 + 140x_4 + 70x_5$$

$$\text{s. t.} \begin{cases} 55x_1 + 45x_2 + 60x_3 + 50x_4 + 30x_5 \leqslant 150 \\ 40x_1 + 35x_2 + 25x_3 + 35x_4 + 30x_5 \leqslant 110 \\ 25x_1 + 20x_2 + 30x_4 \leqslant 60 \\ x_3 + x_4 \leqslant 1 \\ x_i = 0 \text{ 或 } 1 \end{cases}$$

界面 5－17 显示了财务预算问题在 Excel 电子表格中的形式。项目的决策变量在单元格 C7:C11 中，目标函数（Z）在单元格 D17 中。目标函数显示在表格顶部的公式栏里。模型的约束条件包含在单元格 E12:G12 中。例如，单元格 E12 包含的是第一年的预算约束：＝SUMPRODUCT(C7:C11，E7:E11)，而可用预算在单元格 E14 中。因此，在求解程序中预算约束为 E12≤E14。互斥约束条件 $x_3+x_4\leqslant 1$ 包含在单元格 E15 中，表示为＝C9＋C10。

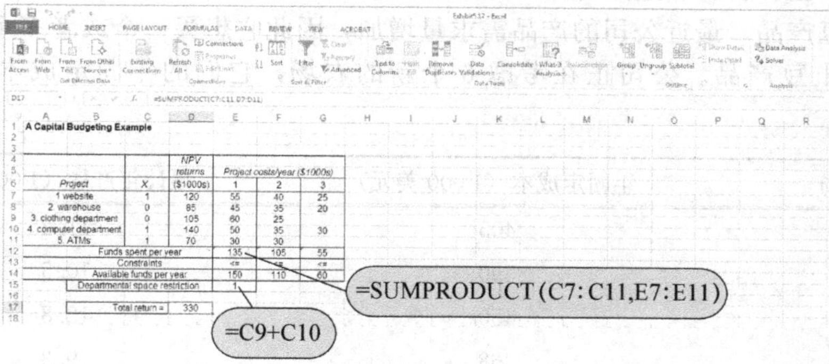

界面 5－17

界面 5－18 显示的是财务预算案例的求解结果。0－1 变量的限制通过点击“添加约束”（Add Constraint）窗口的“bin”（意思是变量是二进制的）按钮来确立。（界面 5－4 显示过“bin”选项。）互斥约束表示为 E15≤1。

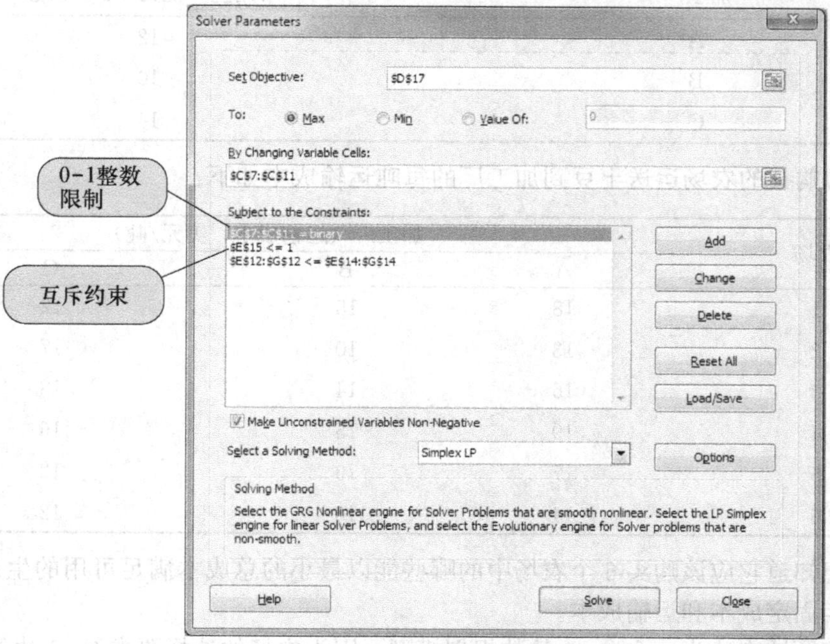

界面 5－18

模型的解为：

$x_1=1$（网站）

$x_4=1$（计算机部）

$x_5=1$（ATM）

$Z=330\ 000$（美元）

□ 一个固定收费和设施选址案例

Frijo-Lane 食品厂在西南部和中西部有种植和收获土豆的农场，然后把土豆运到位于亚特兰大、巴吞鲁日和芝加哥的 3 家加工厂，在这些加工厂中生产包括薯条在内的不同种类的土豆产品。最近公司的产品需求量增加，因此它想买一个或者多个新的农场来生产更多的土豆产品。公司正在考虑 6 个新的农场，它们的年固定成本和预计产量如下：

农场	年固定成本（1 000 美元）	预计年产量（1 000 吨）
1	405	11.2
2	390	10.5
3	450	12.8
4	368	9.3
5	520	10.8
6	465	9.6

公司当前在 3 个加工厂中有如下额外可用的生产能力：

加工厂	可用生产能力（1 000 吨）
A	12
B	10
C	14

从考虑购买的农场运送土豆到加工厂的每吨运输成本如下：

农场	加工厂（运输成本，美元/吨）		
	A	B	C
1	18	15	12
2	13	10	17
3	16	14	18
4	19	15	16
5	17	19	12
6	14	16	12

公司想知道它应该购买 6 个农场中的哪些能以最小的总成本满足可用的生产能力，总成本包括年固定成本和运输成本。

这个问题被表述为一个 0－1 整数规划模型，因为农场的选择要求 0－1 决策变量：

$y_i=0$，如果农场 i 没有被选择；1，如果农场 i 被选择

式中，$i=1$，2，3，4，5，6。

从每个预期的农场运到每个加工厂的土豆运输总量的变量是非整数的，定义如下：

x_{ij} = 从农场 i 运输到加工厂 j 的土豆（1 000 吨）

其中

$$i=1,2,3,4,5,6 \quad 且 \quad j=\mathrm{A,B,C}$$

目标函数（Z）结合了运输成本和年固定成本，此处 Z 的单位为 1 000 美元：

$$\begin{aligned}\min Z=&18x_{1A}+15x_{1B}+12x_{1C}+13x_{2A}+10x_{2B}+17x_{2C}+16x_{3A}+14x_{3B}+18x_{3C}\\&+19x_{4A}+15x_{4B}+16x_{4C}+17x_{5A}+19x_{5B}+12x_{5C}+14x_{6A}+16x_{6B}+12x_{6C}\\&+405y_1+390y_2+450y_3+368y_4+520y_5+465y_6\end{aligned}$$

生产能力的约束条件要求土豆只能从一个被选择的农场中运输（也就是 x_{ij} 变量的值为正），例如，对于农场 1 来说：

$$x_{1A}+x_{1B}+x_{1C}\leqslant 11.2y_1$$

在这个约束条件中，如果 $y_1=1$，那么农场 1 可以给一个或多个加工厂运输 11.2 千吨的土豆。其他 5 个农场有相似的约束条件。对每个加工厂来说，考虑生产能力的约束条件也是必要的。

完整的模型如下：

$$\begin{aligned}\min Z=&18x_{1A}+15x_{1B}+12x_{1C}+13x_{2A}+10x_{2B}+17x_{2C}+16x_{3A}+14x_{3B}+18x_{3C}\\&+19x_{4A}+15x_{4B}+16x_{4C}+17x_{5A}+19x_{5B}+12x_{5C}+14x_{6A}+16x_{6B}+12x_{6C}\\&+405y_1+390y_2+450y_3+368y_4+520y_5+465y_6\end{aligned}$$

$$\text{s.t.}\begin{cases}x_{1A}+x_{1B}+x_{1C}-11.2y_1\leqslant 0\\x_{2A}+x_{2B}+x_{2C}-10.5y_2\leqslant 0\\x_{3A}+x_{3B}+x_{3C}-12.8y_3\leqslant 0\\x_{4A}+x_{4B}+x_{4C}-9.3y_4\leqslant 0\\x_{5A}+x_{5B}+x_{5C}-10.8y_5\leqslant 0\\x_{6A}+x_{6B}+x_{6C}-9.6y_6\leqslant 0\\x_{1A}+x_{2A}+x_{3A}+x_{4A}+x_{5A}+x_{6A}=12\\x_{1B}+x_{2B}+x_{3B}+x_{4B}+x_{5B}+x_{6B}=10\\x_{1C}+x_{2C}+x_{3C}+x_{4C}+x_{5C}+x_{6C}=14\\x_{ij}\geqslant 0\\y_i=0 \text{ 或者 } 1\end{cases}$$

界面 5-19 显示的就是本案例在 Excel 电子表格中建立的模型。农场和加工厂之间运输的决策变量 x_{ij} 在单元格 C5:E10 中。关于农场选择的 0-1 决策变量 y_i 在单元格 C17:C22 中。目标函数（Z）被放在单元格 C24 中，并在电子表格顶部的公式栏里详细表示出来。模型中农场土豆产量的约束条件在单元格 H5:H10 中。例如，从农场 1 运出的土豆总量 $x_{1A}+x_{1B}+x_{1C}$ 在单元格 G5 中，表示为=C5+D5+E5。约束条件的公式表述在单元格 H5 中，为=G5−C17 * F5。运到某一加工厂的土豆总量的约束条件在单元格 C12:E12 中。例如，单元格 C12 中的约束条件的公式为=SUM(C5:C10)。

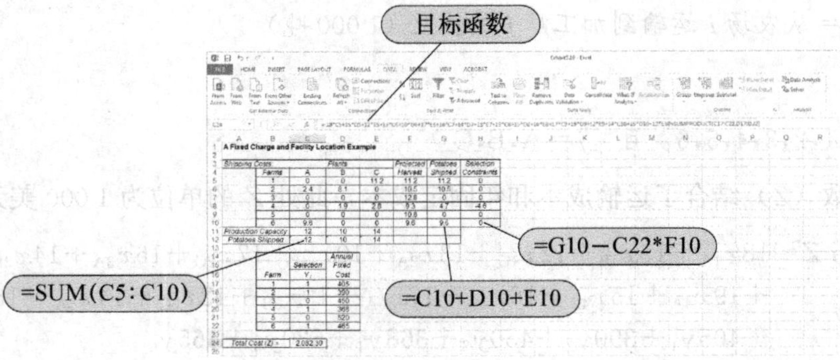

界面 5-19

界面 5-20 显示了本案例的求解程序。变量 y_i 的 0-1 变量限制由约束条件 C17:C22=binary 来实现。农场产量（可获得的土豆量）的约束条件表述为 H5:H10≤0，加工厂生产能力的约束条件表述为 C12:E12=C11:E11。

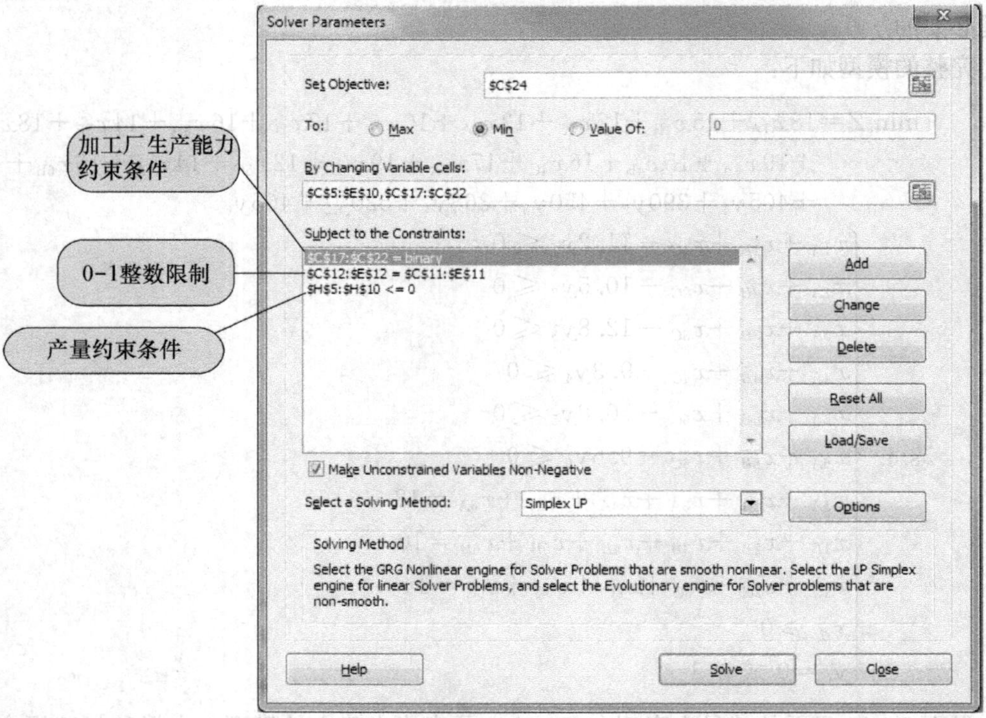

界面 5-20

模型的解为：

$x_{1C}=11\,200$（吨）　　$y_1=1$（农场 1）

$x_{2A}=2\,400$（吨）　　$y_2=1$（农场 2）

$x_{2B}=8\,100$（吨）　　$y_4=1$（农场 4）

$x_{4B}=1\,900$（吨）　　$y_6=1$（农场 6）

$x_{4C}=2\ 800$(吨)

$x_{6A}=9\ 600$(吨)　　　$Z=2\ 082\ 300$(美元)

□ 一个服务覆盖案例

美国包裹服务（APS）决定要增设几个新的包裹配送中心来为密西西比河以东的城市服务。公司想在下面 12 个城市中建立最少的配送中心，但要满足每个城市 300 英里之内有一个配送中心的要求（即每个城市都要被配送中心覆盖）：

城市	300 英里之内的城市
1. 亚特兰大	亚特兰大、夏洛特、纳什维尔
2. 波士顿	波士顿、纽约
3. 夏洛特	亚特兰大、夏洛特、理查蒙德
4. 辛辛那提	辛辛那提、底特律、印第安纳波利斯、纳什维尔、匹兹堡
5. 底特律	辛辛那提、底特律、印第安纳波利斯、密尔沃基、匹兹堡
6. 印第安纳波利斯	辛辛那提、底特律、印第安纳波利斯、密尔沃基、纳什维尔、圣路易斯
7. 密尔沃基	底特律、印第安纳波利斯、密尔沃基
8. 纳什维尔	亚特兰大、辛辛那提、印第安纳波利斯、纳什维尔、圣路易斯
9. 纽约	波士顿、纽约、理查蒙德
10. 匹兹堡	辛辛那提、底特律、匹兹堡、理查蒙德
11. 理查蒙德	夏洛特、纽约、匹兹堡、理查蒙德
12. 圣路易斯	印第安纳波利斯、纳什维尔、圣路易斯

这个问题需要用一个 0－1 整数规划模型来解决，其中决策变量是可选的城市：

$$x_i = \text{城市 } i,\quad i=1\sim 12$$

式中，$x_i=0$，如果城市 i 没有被选为配送中心；$x_i=1$，如果城市 i 被选为配送中心。

目标函数（Z）是使配送中心的数目最小化：

$$\min Z=x_1+x_2+x_3+x_4+x_5+x_6+x_7+x_8+x_9+x_{10}+x_{11}+x_{12}$$

模型的约束条件要实现服务覆盖问题的要求（即每一个城市都要在某一个配送中心的 300 英里内）。例如，亚特兰大可以覆盖它自己、夏洛特和纳什维尔。

$$\text{亚特兰大：} x_1+x_3+x_8\geqslant 1$$

在这个约束条件下，至少有一个变量要等于 1 才能保证亚特兰大在 300 英里的范围内有一个配送中心。其他 11 个城市的约束条件是相同的。

完整的 0－1 整数规划模型总结如下：

$$\min Z=x_1+x_2+x_3+x_4+x_5+x_6+x_7+x_8+x_9+x_{10}+x_{11}+x_{12}$$

$$
\text{s. t.}\begin{cases}
\text{亚特兰大：} x_1+x_3+x_8\geqslant 1\\
\text{波士顿：} x_2+x_9\geqslant 1\\
\text{夏洛特：} x_1+x_3+x_{11}\geqslant 1\\
\text{辛辛那提：} x_4+x_5+x_6+x_8+x_{10}\geqslant 1\\
\text{底特律：} x_4+x_5+x_6+x_7+x_{10}\geqslant 1\\
\text{印第安纳波利斯：} x_4+x_5+x_6+x_7+x_8+x_{12}\geqslant 1\\
\text{密尔沃基：} x_5+x_6+x_7\geqslant 1\\
\text{纳什维尔：} x_1+x_4+x_6+x_8+x_{12}\geqslant 1\\
\text{纽约：} x_2+x_9+x_{11}\geqslant 1\\
\text{匹兹堡：} x_4+x_5+x_{10}+x_{11}\geqslant 1\\
\text{理查蒙德：} x_3+x_9+x_{10}+x_{11}\geqslant 1\\
\text{圣路易斯：} x_6+x_8+x_{12}\geqslant 1\\
x_i=0 \text{ 或 } 1
\end{cases}
$$

这个问题的 Excel 电子表格显示在界面 5－21 中。城市和配送中心的决策变量在单元格 B20∶M20 中，目标函数（Z）在单元格 B22 中。单元格 B22 中目标函数的公式是被选中建设配送中心的城市的集合，＝SUM(B20∶M20)。模型的约束条件在单元格 N7∶N18 中。注意在单元格 B7，D7 和 I7 中的值为 1，这说明了这些城市被可能在亚特兰大建立的配送中心覆盖。

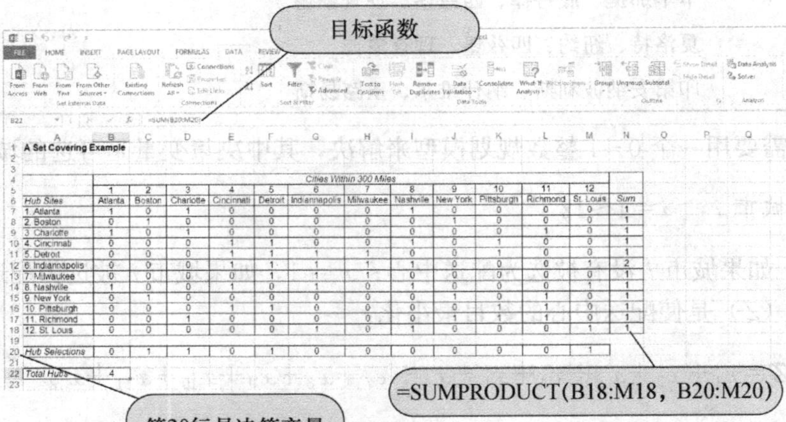

界面 5－21

界面 5－22 显示了该问题的求解参数窗口。0－1 变量约束由 B20∶M20＝binary 来实现。注意将单元格 N7∶N18 中的公式设为≥1（即 N7∶N18≥1），从而满足了模型"建立覆盖网"（set covering）的约束条件。

要注意到只有一个城市被两个配送中心覆盖，也就是印第安纳波利斯（即单元格 N12 的值为 2），它同时被底特律和圣路易斯的配送中心覆盖。此外，这个问题还有多个最优解（即含有 4 个配送中心的不同组合）。

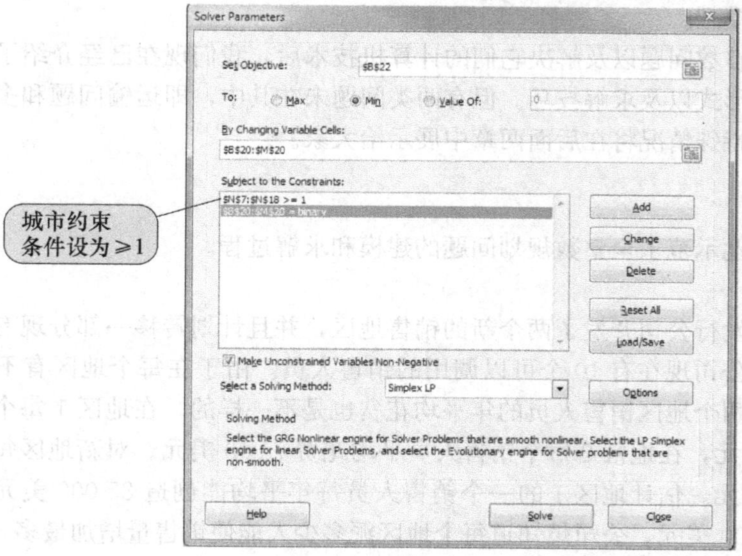

界面 5－22

管理科学应用

确定伊斯坦布尔消防局位置的覆盖模型

伊斯坦布尔拥有 1 350 万人口，是世界上最大的城市之一，也是文化和金融中心。伊斯坦布尔都会区（IMM）在城市中服务 790 个街区，其目标之一是在街区内设置消防站，以便消防车可以在消防站接到服务请求后 5 分钟内到达全市的住宅区和历史遗迹。消防站的有效位置对伊斯坦布尔尤为重要，因为这个城市位于地震带上并曾经历了大地震，这座有 2 500 年历史的城市还拥有许多罗马和奥斯曼时期的历史和考古遗址。有人提出了包含覆盖模型的解决方法，目标是在服务请求的 5 分钟内尽量减少为所有街区提供服务的新消防站数量。0－1 决策变量定义了街区内的消防站的位置（即如果消防站建立，则为 1，否则为 0），并且模型约束确保每个街区由至少一个消防站服务。GIS 被用来收集必要的输入数据。该模型最初是根据 60 个现有消防站提供的覆盖范围进行测试的，发现在 5 分钟内只能覆盖 56.6%的服务请求。该模型没有任何预算限制，表示将需要额外的 149 个消防站才能达到 100%的覆盖率，这在经济上是不可行的。当模型增加了 64 个新消防站的预算限制时，获得了更现实的解决方案，服务请求的总覆盖率为 93.9%，街区覆盖率为 85.9%。

资料来源：E. Aktas，O. Ozaydin，B. Bozkaya，F. Ulengin，and S. Onsel，“Optimizing Fire Station Locations for the Istanbul Metropolitan Municipality，” *Interfaces* 43，no. 3（May-June 2013）：240－55.

小　结

在本章中我们发现在模型要求整数解时，通过简单地舍去非线性解的小数部分来得到整数解的方法常常是不恰当的。舍去小数得到的解常常是次优的解。因此，我们需要使用计算机的直接解决方法来求解三种形式的线性整数规划问题——全整数模型、0－1 整数模型和混合整数模型。

在分析了整数问题以及解决它们的计算机技术后，我们现在已经介绍了线性规划模型的大部分基本形式以及求解技巧。但有两类问题未在其中，即运输问题和多目标规划。这些线性规划的特殊情况将在后面两章中展示给大家。

解题实例

下面的例题示范了全整数规划问题的建模和求解过程。

问题描述

一个教材发行公司开发了两个新的销售地区，并且计划转移一部分现有销售力量到这两个区域中。公司现在有 10 个可以调用的销售人员。由于在每个地区有不同的地理结构和学校分布，两个地区销售人员的年平均花费也是不一样的，在地区 1 每个销售人员平均花费 10 000 美元，在地区 2 每个销售人员平均花费 7 000 美元。对新地区每年总的花费预算是 72 000 美元。估计地区 1 的一个销售人员每年平均能创造 85 000 美元的销售量，在地区 2 是 60 000 美元。公司想知道每个地区派多少人能使销售量增加最多。

对此问题建模并用 QM for Windows 求解。

求解过程

步骤一：建立整数规划模型

$$\max Z = 85\,000x_1 + 60\,000x_2$$

$$\text{s. t.} \begin{cases} x_1 + x_2 \leqslant 10 \\ 10\,000x_1 + 7\,000x_2 \leqslant 72\,000 \\ x_1, x_2 \geqslant 0 \text{ 且为整数} \end{cases}$$

步骤二：用 QM for Windows 求解

Original Problem w/answers

Chapter5-Example Solution

	X1	X2		RHS
Maximize	85,000	60,000		
Salespeople	1	1	<=	10
Expense budget ($)	10,000	7,000	<=	72,000
Variable type	Integer	Integer		
Solution->	3	6	Optimal Z->	615,000

习　题

3. 有一个制作羊绒呢运动外套和羊毛裤的裁缝。他每个月可以从苏格兰运进 150 码的羊绒呢来制作外套和长裤，并且他每个月有 200 小时的劳动时间。制作一件外套需要 3 码羊绒呢和 10 小时劳动时间，一条裤子需要 5 码羊绒呢和 4 小时。裁缝做一件外套可获利 50 美元，做一条长裤获利 40 美元。他想知道制作多少件外套和长裤可以使得自己的利润最大。

a. 为此问题建立一个整数规划模型。

b. 用计算机求解这个整数规划模型。将所得的解与未用整数限制的解做比较，并说明舍去非整数解的小数部分得到的解是不是最优的。

8. 劳伦·摩尔卖掉自己的产业得到500 000美元，她想投资公寓（打算用来出租）和土地（打算租给农民）。预计每间公寓每年的回报是8 000美元，每英亩土地每年的回报是6 000美元。每间公寓的成本是70 000美元，每英亩土地的成本是30 000美元。每间公寓每年要花费1 000美元来维修和维护，每英亩土地每年则需要花费2 000美元，而每年可用作维护的总预算是14 000美元。劳伦想知道投资多少公寓和土地可以使自己的收益最大。

a. 为此问题建立混合整数规划模型。

b. 用计算机求解该模型。

14. 贝肯威尔的运动支持者俱乐部计划了一个为期两天的资金募捐活动，用来为当地所有的高中购买制服和改进设施。他们将全天候地以电话和面谈的形式来募集捐款。支持者俱乐部组织了当地的大学生志愿者进行募捐工作。下面是每种形式平均可以获得的捐赠和平均需要的时间：

	平均捐赠（美元）		平均访谈时间（分钟）	
	电话	面谈	电话	面谈
白天	16	33	6	13
晚上	17	37	7	19

支持者俱乐部已得到几个企业和汽车经销商的捐赠，它们能为大学生提供募集捐款时所需要的汽车和汽油，在募捐期间每天能进行最多575次面谈。在校大学生白天总计可以工作22小时，晚上可以工作43小时。

俱乐部的经理想知道在募捐期间每种募捐方式要安排多少次方能使得到的捐赠最大化。建立整数规划模型并求解此问题。将所得的解与未用整数限制的解做比较，说明舍去非整数解的小数部分所得到的解与该问题的解有什么不同。

16. 胡安·埃尔南德斯是一个经常在美国和欧洲之间来回参赛的古巴运动员，他被允许在回古巴的时候携带一定数量的在古巴不常见的商品。这些装在一个粗呢布包中的商品不能超过5磅。当胡安回到古巴的时候，他以高价出售这些商品。在古巴最流行的三种商品是牛仔服、CD播放器和美国摇滚乐团的CD。每种商品的重量和收益如下：

商品	重量（磅）	收益（美元）
牛仔服	2	90
CD播放器	3	150
CD	1	30

胡安想要决定他应该装在包里的商品组合，以使他的收益最大化。这个问题是一类叫作背包问题的整数规划模型的一个例子。建立模型并求解该问题。

19. 奥特希腊葡萄酒酿造厂生产3种酒——玫瑰红酒、白酒和红酒。葡萄酒厂在这一季有30 000磅的葡萄可以使用。一桶玫瑰红酒需要360磅葡萄，一桶白酒需要375磅葡萄，一桶红酒需要410磅葡萄。酿酒厂在地窖中可以存放67桶酒。酿酒厂有2 200小时的生产能力，生产一桶玫瑰红酒需要14小时的时间，生产一桶白酒需要10小时的时间，生产一桶红酒需要18小时的时间。根据往年的销售记录，酿酒厂知道玫瑰红酒的销量至少是红酒销量的2倍，白酒的销量至少是玫瑰红酒销量的1.5倍。每桶玫瑰红酒的利润是12 100美元，每桶白酒的利润是8 700美元，每桶红酒的利润是10 500美元。酿酒厂想要知道每种酒各应生产多少桶。为这个问题建立整数规划模型并求解。

32. 诺顿出租车公司有 70 个司机来进行 3 个 8 小时的换班安排。城市区域的出租车需求量在一天的不同时间段有很大的变化。最闲的时间是午夜到凌晨 4：00，因为该时段顾客数并不多，且这一时段很少有人去机场或者做其他长途旅行，因而司机的平均收益也是最少的。估计在这个时间段司机的平均收益为 80 美元。收益最高的时候是早上跑机场。因此在凌晨 4：00 到上午 8：00 间司机的平均收益达 500 美元，在上午 8：00 开始换班的司机可以收益 420 美元。在中午开始的司机平均收益 300 美元，在下午 4：00 开始的司机平均收益 270 美元。在晚上 8：00 开始到午夜的司机平均收益是 210 美元。

为了留住顾客和吸引新的顾客，诺顿公司必须保持高客户服务水平。为了达到这个目标，公司确定了在每 4 小时的时间段里需要工作的最少的司机数——午夜到凌晨 4：00 需要 10 个司机，凌晨 4：00 到上午 8：00 需要 12 个司机，上午 8：00 到中午需要 20 个司机，中午到下午 4：00 需要 25 个司机，下午 4：00 到晚上 8：00 需要 32 个司机，晚上 8：00 到午夜需要 18 个司机。

a. 建立整数规划模型并求解，帮助诺顿公司安排它的司机。

b. 如果诺顿公司从午夜到上午 8：00 的末班最多只有 15 个司机可以安排，考虑到这一新约束，请重新建立模型，并对模型求解。

c. 所有的司机都希望工作时间是从上午 8：00 到下午 4：00，因此公司决定轮这 8 小时班的司机数最多为 20 个，考虑到这一新约束，请重新建立 b 中的模型，并对模型求解。

33. 公交运营公司在 Draper 运营一条周末快线，为学生提供从泰克校区到华盛顿特区的公交服务。公交车有 55 个座位，公司希望选择最短的路线运营且车上至少搭载 30 名乘客。周末快线途经 11 个城镇，公交车的载客数量取决于周末快线选择的路径。11 个城镇的通达性和相应距离如下图所示：

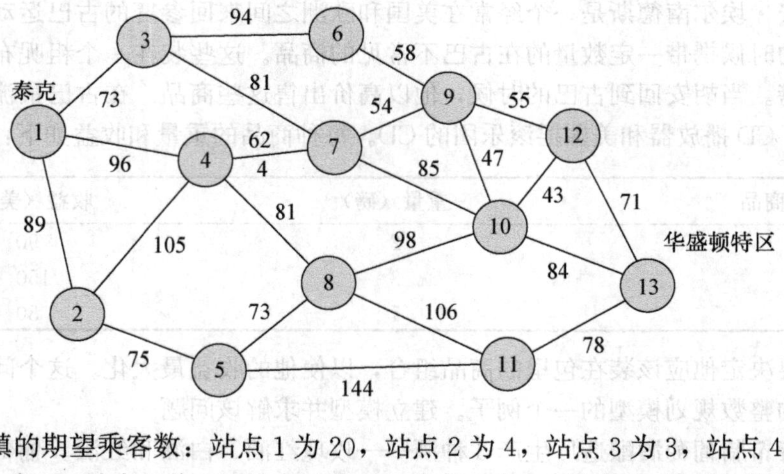

每个城镇的期望乘客数：站点 1 为 20，站点 2 为 4，站点 3 为 3，站点 4 为 5，站点 5 为 5，站点 6 为 7，站点 7 为 6，站点 8 为 4，站点 9 为 8，站点 10 为 6，站点 11 为 6，站点 12 为 5。请求解达到最少 30 个乘客数的最短路线。请说明与没有乘客数量要求的最短路线相比，该最短路线模型的乘客数量有何变化。

39. 泰克软件学院与公司订立合同，以培训其员工对各种软件产品和软件包的使用。培训计划通过 3 天的学习就可以完成，但是由于软件产品的不同，每天需要的培训时间不同。某周（包括周末），学校已与 8 家公司订立了合同，为其员工提供不同软件产品的培训服务。公司只可以在特定的某些天送自己的员工到泰克软件学院来学习，如下表所示，同时表中也显示了每天需要培训的小时数：

公司	小时数			最早开始时间	最晚开始时间
	第一天	第二天	第三天		
A	4	6	3	1	4
B	3	2	5	1	3
C	7	1	1	2	5
D	1	3	6	2	5
E	8	5	2	3	5
F	5	5	5	1	5
G	6	3	3	3	5
H	4	6	6	3	4

学校每天为这些培训项目提供了 20 小时的培训时间。

a. 为这 8 个公司建立一个可行的培训计划。

b. 使周末的培训时间（周末包括周六和周日）最小化，为公司建立可行的培训计划。

40. 海岸食品服务公司每天为亚特兰大地区的 4 家餐厅配送食品，由一辆卡车从它的仓库出发，途经各个餐厅然后返回仓库。仓库 1 和餐厅 2，3，4，5 间的距离（英里）如下表所示：

地点	地点				
	1	2	3	4	5
1	—	10	15	20	40
2	10	—	12	16	24
3	15	12	—	10	20
4	20	16	10	—	16
5	40	24	20	16	—

建立整数规划模型并求解，以决定卡车应该采用的路线（或巡回方式），使卡车能在行驶总路程最少的情况下，由仓库出发途经每个餐厅一次后返回仓库。

44. 双鹿咖啡公司目前在纳什维尔的市中心运营着 12 家咖啡店。最近公司一直在亏本，想通过关闭一些门店来缩小规模。公司过去的策略是使市中心的门店饱和，保证几乎总有一个门店在潜在或现有的客户视线范围内。公司的新策略是保证有足够的门店，使每一家门店距另一家门店保持在 5 分钟的步行距离之内。公司也希望年运营成本不多于 900 000 美元。

下面的表格显示了各家门店 5 分钟步行距离范围内的咖啡店及其年平均成本：

门店的位置	年平均运营成本（美元）	在 5 分钟步行距离内的门店
1. 第三街	456	第三街，玫瑰街
2. 第十街	207	第十街，南街，宽街
3. 南街	139	南街，西街，第十街

续前表

门店的位置	年平均运营成本（美元）	在 5 分钟步行距离内的门店
4. 桑大街	246	桑大街，卷轴机街
5. 玫瑰街	177	玫瑰街，第三街，教堂街
6. 威山姆街	212	威山姆街，宽街，第 23 街
7. 里士满路	195	里士满路，宽街
8. 西街	170	西街，南街
9. 第 23 街	184	第 23 街，威山姆街
10. 宽街	163	宽街，威山姆街，里士满路，第十街
11. 教堂街	225	教堂街，玫瑰街，卷轴机街
12. 卷轴机街	236	卷轴机街，桑大街，教堂街

建立一个线性规划模型并求解，用最少的门店实现公司的新策略目标。

案例 5-1

PM 计算机服务

鲍立特·史密斯和莫琳·贝克分别是美国某州立大学工程和商务方面的高年级学生。他们自己建立了一家公司——PM 计算机服务，来组装和销售自主品牌的个人电脑。他们从美国和国外公开市场的大量资源中购买配件，通常都是晚上在自己的三居室公寓中进行组装。他们主要把电脑销售给州立大学的各个系以及其他学生。他们还雇用了其他学生来进行组装操作，并测试和包装电脑。除了管理和操作工作之外，鲍立特和莫琳还帮忙做其他所有的工作，如销售和会计方面的工作。

他们所雇用的学生每小时工资为 8 美元，一周工作 40 个小时，或者每月 1 280 美元。学生们都是按月雇佣，他们的送货安排也是按月进行（每个月末）。PM 最近有 5 个雇员，公司规定每个雇员平均每月要生产 12.7 台电脑。当某个月电脑的需求高于正常生产能力时，PM 就会要求加班。加班生产的每台电脑要多支付 12 美元的劳动成本。一个 PM 的雇员通过加班每月可以多生产 0.6 台电脑。

鲍立特和莫琳接到的未来 6 个月的订单如下：

第 i 月	计算机订单
1	63
2	74
3	95
4	57
5	68
6	86

过去，PM 严格通过正常和加班生产能力来满足需求。在某些月份它没有足够的正常和加班生产能力来满足需求，所以公司将提前计划并在之前生产能力有余的时候生产电脑。然而，鲍立特和莫琳的公寓被零配件和工作区填满了，没有地方来存放电脑成品。所以，他们在城区租了一些仓库空间来存放那些以后才需要送货的电脑成品。他们必须自己

将电脑经城区送到仓库并且支付所有的费用，同时仓库也需要进行干湿度的控制。一台电脑存放在仓库的月储存成本是15美元。

鲍立特和莫琳正在考虑另一个生产策略，当需要时以月为单位雇用新的员工，当不需要的时候解雇他们。他们预计雇用新员工的成本为200美元，主要包括一些文书和培训工作。解雇员工的成本为320美元，或近似于一周的工资。他们可能想要重新雇用一些他们在近期已解雇的人，所以他们想让这些员工对PM保有好的印象。

为PM计算机服务公司制定一个计划安排，说明每个月雇用员工的数量，包括雇用和解雇的数量，每个月在正常时间和加班时间所生产的电脑数量，以及每个月用于库存的电脑数量。而且，他们希望6个月后没有库存。给这些不同的变量提供一个整数解，并比较没有整数约束时模型的解。

案例5-2

Tennessee Pterodactyls

Tennessee Pterodactyls是纳什维尔市的一支新的专业篮球队。篮球队的经理是杰瑞·伊斯特，教练是菲尔·瑞丽，他们正在确定球队成员的名册。联盟中其他每队提供2名队员，他们从中选定了7名。然而他们知道现有的这些队员只是其他篮球队作为任务派过来的。他们认为篮球队的核心队员应该是无约的自由球员。整个篮球队的薪水可以保证，篮球队的老板每年还提供了50 000 000美元用于与新选手签约。教练和经理总结了如下12个自由球员的信息，包括传闻他们在其他篮球队每年的收入等统计数据：

球员	位置	平均每场比赛				预计年收入（百万美元）
		得分	篮板球	助攻	上场时间（分钟）	
1. Mack Madonna	后卫	14.7	4.4	9.3	40.3	8.2
2. Darrell Boards	前锋	12.6	10.6	2.1	34.5	6.5
3. Silk Curry	后卫	13.5	8.7	1.7	29.3	5.2
4. Ramon Dion	后卫	27.1	7.1	4.5	42.5	16.4
5. Joe Eastcoast	后卫	18.1	7.5	5.1	41.0	14.3
6. Abdul Famous	前锋	22.8	9.5	2.4	38.5	23.5
7. Hiram Grant	前锋	9.3	12.2	3.5	31.5	4.7
8. Antoine Roadman	前锋	10.2	12.6	1.8	44.4	7.1
9. Fred Westcoast	前锋	16.9	2.5	11.4	42.7	15.8
10. Magic Jordan	后卫	28.5	6.5	1.3	38.1	26.4
11. Barry Bird	前锋	24.8	8.6	6.9	42.6	19.5
12. Grant Hall	前锋	11.3	12.5	3.2	39.5	8.6

杰瑞和菲尔想与5个自由球员签约。他们希望签约后球队可以达到平均每场比赛最少80分（平均每位选手16分），平均每场比赛投40个篮板球（平均每位选手8个），平均每场比赛25次助攻，以及在过去的记录中可以达到平均每场比赛190分钟（平均每位选手38分钟）。另外，他们的签约不想超过2名前锋和3名后卫。他们现在的目标是在成本最小化的前提下确定组成球队的队员。

A. 建立整数规划模型并用计算机求解来帮助经理和教练决定应该选择哪些队员。

B. 球队老板提供的资金是否能够签下在问题A中选择的那些球员？如果不够，加上资金的约束条件，以球队的平均得分最大化为目标重新建立模型。

案例5-3

亚特兰大管理系统公司的新办事处

亚特兰大管理系统公司是一家专门为计算机制造公司开发自动化决策支持系统的咨询公司。公司目前在芝加哥、夏洛特、匹兹堡和休斯敦都有办事处。公司现在希望在以下的一个或多个城市建立新的办事处——亚特兰大、波士顿、华盛顿特区、圣路易斯、迈阿密、丹佛和底特律——公司为此准备了14 000 000美元。由于该高科技咨询工作需要很高的专业才能，所以公司需要从现有的办事处调用最少量的员工到新办事处。然而，可以派往新办事处的员工数量是有限的。另外，派遣员工的成本取决于他们要从哪座城市转移到哪座城市。

下面的表格显示了在每个预期城市开设办事处的费用以及每个办事处启用时需要的员工人数：

预期办事处	建立成本（1 000 000美元）	人员需求（雇员）
1. 亚特兰大	1.7	9
2. 波士顿	3.6	14
3. 丹佛	2.1	8
4. 底特律	2.5	12
5. 迈阿密	3.1	11
6. 圣路易斯	2.7	7
7. 华盛顿特区	4.1	18

现有办事处可以派往新办事处的人员数量如下：

现有办事处	可用员工数
芝加哥	24
夏洛特	19
匹兹堡	16
休斯敦	21

根据住房费用和转移花费再加上生活适应费，一个雇员从现有的办事处转移到新办事处的转移成本如下：

现有办事处	预期的新办事处（成本，1 000美元）						
	1. 亚特兰大	2. 波士顿	3. 丹佛	4. 底特律	5. 迈阿密	6. 圣路易斯	7. 华盛顿特区
1. 芝加哥	19	32	27	14	23	14	41
2. 夏洛特	14	47	31	28	35	18	53
3. 匹兹堡	16	39	26	23	31	19	48
4. 休斯敦	22	26	21	18	28	24	43

公司根据其潜在的收益对新办事处进行了等级划分，其中华盛顿特区是最好的一个（它有最好的潜能），等级划分表如下：

新办事处	等级
华盛顿特区	1
迈阿密	2
亚特兰大	3
波士顿	4
丹佛	5
圣路易斯	6
底特律	7

另外，公司希望在中西部地区（底特律或圣路易斯）至少有一个新办事处，在东南部地区（亚特兰大或迈阿密）有一个新办事处。

为此问题建立整数规划模型并求解，从而帮助亚特兰大管理系统公司决定要开设多少新办事处，应该在哪里开设新办事处，以及需要派遣多少雇员。

案例 5-4

联合广播网络的电视广告时段安排

联合广播网络（UBN）向广告客户销售自己电视节目中的商业广告时段。它在春季就会公布自己秋季的电视安排，随后开始向客户销售广告时段。长期客户会给予优先购买广告时段的机会。新的秋季时段在 9 月的第 3 周开始。广告时段主要有 15 秒和 30 秒两种。公司制定了全年的详细销售计划，主要是基于每月制、双月制、6 周制或 3 月制。为了使广告能有效覆盖其营销的目标群体，广告客户一般会有一些较偏好的节目，同时他们也要考虑具体的广告预算问题。UBN 基于节目的收视率对广告时段进行收费，主要是由节目的受众人群种类和规模决定的。

Nanocom 是一家商业软件开发公司，公司希望这个秋季在几个节目中购买 30 秒和 15 秒的广告时段。Nanocom 希望拥有年长、较成熟、高收入的观众群，这类人群中可能包括从事高科技行业的商业人士。公司有广告预算 600 000 美元，它已经通知 UBN 广告人员，它比较倾向购买广告时段的节目是：*Bayside*，*Newsline*，*The Hour*，*Cops and Lawyers*，*The Judge*，*Friday Night Football* 和 *ER Doctor*。*Newsline* 和 *The Hour* 是新闻类节目，其他的除了 *Friday Night Football* 是专业的足球节目外，都是成人剧。Nanocom 希望它购买的广告时段中至少有 50%是节目 *Newsline*，*The Hour* 和 *Friday Night Football* 中的。Nanocom 希望 UBN 为自己制定一个从 10 月第 3 周开始到 11 月（包括整个 11 月）的为期 6 周的销售计划。

UBN 的销售计划是基于它不同节目的表现积分的。UBN 和广告客户的主要目标是制作一份可以达到最高表现积分的计划。表现积分基于几个因素，包括该节目与目标受众的吻合程度、该节目的观众密集度、该时间段的历史收视率、同时间段其他竞争性节目以及与之相关的节目的表现。UBN 根据节目的表现积分来为广告设定收费水平。表现积分和收费都乘以一个基于节目播放周的权重因素和这周的预期总观众，因为总观众会随一年中的不同周而变化。下面的表格显示了成本、表现积分和每个节目可出售的 15 秒和 30 秒商业广告的广告时段：

节目	商业广告长度（秒）	成本（1 000 美元）	表现积分	可用时段
Bayside	30	50.0	115.2	3
	15	25.0	72.0	3
Newsline	30	41.0	160.0	4
	15	20.5	100.0	1
The Hour	30	36.0	57.6	3
	15	18.0	36.0	3
Cops and Lawyers	30	45.0	136.0	4
	15	27.5	85.0	2
The Judge	30	52.0	100.8	2
	15	26.0	63.0	2
Friday Night Football	30	25.0	60.8	4
	15	12.5	38.0	2
ER Doctor	30	46.0	129.6	3
	15	23.0	81.0	1

UBN 提出了一个 Nanocom 也同意的建议，即在 6 周的每一周都有广告时段的一个最大和最小数量，并且 Nanocom 在每周每个节目中最多只有一个广告时段（15 秒的或 30 秒的）。下面的表格显示的是每周的权重因素和每周广告时段的最大数量、最小数量。

周	10 月		11 月			
	3	4	1	2	3	4
权重	1.1	1.2	1.2	1.4	1.4	1.6
最小量	1	1	2	2	2	3
最大量	4	5	5	5	5	5

帮助 UBN 为 Nanocom 公司制定一个 6 周的销售计划来使总的表现积分最大化。

案例 5-5

组建女子篮球队

每年秋天 Draperton Parks and Recreation Department 会举行一系列男子和女子少年篮球联盟的预选赛。所有联盟都由一定年龄群体组成，每一个队一般都只包括两个相邻年纪的队员。有这样的一个队伍，它由 12～13 岁的女生组成。这是一个竞争意识特别强烈的年纪，因为女生们都想提高自己的技术以便能在未来加入高中、大学的代表队。甚至有一些女生希望来年是新生的时候就加入高中的代表队。这也是第一个女生们不是以试验自己在队伍中的位置为目的的年龄层。在年龄层比较小的队伍中，队员都是分配给各个队伍的。这个年龄层的队伍有 4 个队，每队只有 7 个队员。这个政策由委员会认同，委员会包括娱乐部的指导、由之前选手的父母们组成的团队以及高中的男女生教练组。这个小的规模让每个队员都有很多练习时间，也让比赛竞争更加激烈。这也让队伍在接下来的联赛中比其他城镇的队伍更有竞争精神。这让那些女孩很善于竞争，也让他们的父母更加有竞争性。赛迪·邓肯是娱乐部的运动队指导，她根据以往的经验知道父母们在预赛的时候会做很多手脚。这像是给了父母们一个预赛的机会，一个关于如何选择选手以及如何组织队伍的机会。赛迪和选手评委经常被指责偏心或者做了错误的决定。

今年，为了避免被抨击，赛迪想出了一个预赛的过程可以让她（以及其他人）从选择选手的过程中脱离出来。首先，她组织 36 个选手来参加预赛，这些人要参加 2 个周末的比赛，每个周末有 4 场比赛，一场在周五晚上、两场在周六，还有一场在周日下午。她组织了其他城市的教练、一些现役的选手，以及州立大学女子篮球队的助理教练构成评审团。每个选手都有一个预赛的号码，然后评审团对每个选手的技术和能力进行评价，在预赛结束的时候，对每位选手进行 1～10 的打分，10 分是最好的，如下表所示：

选手	分数	选手	分数	选手	分数
1	7	13	10	25	8
2	6	14	9	26	4
3	9	15	9	27	9
4	5	16	4	28	9
5	7	17	5	29	3
6	8	18	5	30	3
7	3	19	6	31	3
8	3	20	3	32	6
9	4	21	2	33	6
10	6	22	1	34	7
11	4	23	7	35	8
12	8	24	5	36	10

赛迪在州立大学的时候学过管理科学的课程，所以她想用整数规划的方法来利用这些评分选择选手，并把她们公平地分配到 4 个队伍中。她希望能选择最有竞争力的选手，构成水平相当的队伍，她希望每个队伍所有队员的平均分在 6～7 分之间。她用了一晚上的时间来求解这个问题，很快她就意识到这需要相关的混合整数规划模型来解决。帮赛迪建立和求解此问题的整数规划模型，从而选择最好的选手，为每个队伍分配 7 名选手并使每个队伍获得平均的分数。比较通过模型所得出的各个队伍的情况，看是否有竞争力（模型是否符合赛迪的预期）。同时也看一下是否有被此模型错误淘汰的优秀选手。

案例 5-6

为管理 4394 建立项目团队

州立大学商学院的所有学生在毕业前的最后一学期被要求学一门毕业课程：管理

4394。这门课程主要包括一个有一学期长的案例项目，它把所有的商业科目联系在一起，来测试学生在专业商业领域，即管理、营销、财务、会计、定量方法和运作方面的知识。对课程指导者来说，他面临的一项困难的任务就是把一个班的学生合理地分到各团队，这样的团队应该能够加快学习进度并且保持团队合作。就学生能力和绩效而言，项目团队应该是比较均等的。进一步说，团队要反映出不同的功能技巧，也就是团队应该包括不同专业学生的组合。同时，为了使学生毕业参加工作后能与各种人相处，学校希望团队在性别和国籍方面是多样化的。考虑管理 4394 的一个班级有 18 个学生的情形。指导者想把班级分成 6 个项目团队，每个队 3 个成员。指导者进行团队分组的主要目标是学生在学术能力方面应该是比较均等的。评估学术能力唯一的方法是学生的平均学分绩（GPA）。指导者已经确定了获得该目标的一个方法，即对团队来说，要达到最小 2.8 的平均 GPA，同时要力求获得团队总体尽可能最大的平均 GPA。同时，团队要有不同专业成员的组合以提升团队的功能技巧，这也是很重要的，但是指导者不希望两个以上的相同专业学生在任何一个团队。为了获得团队成员间一定程度的多样化，指导者希望每一个团队至少有一个女生和一个国际生，但是不能有多于两个的女生或国际生在一个队的情况。下面的表格显示了该班级每个学生的 GPA、专业、性别和国际性。

学生	GPA	性别	国际生（是或否）	专业
1	3.04	男	是	财务
2	2.35	男	否	财务/会计
3	2.26	男	是	管理
4	2.15	男	是	营销
5	3.23	女	否	管理
6	3.95	女	否	财务
7	2.87	男	否	财务
8	2.65	女	否	财务
9	3.12	男	否	财务
10	3.08	男	是	营销
11	3.35	男	是	营销
12	2.78	男	否	会计
13	2.56	女	是	营销
14	2.91	女	否	会计
15	3.40	女	是	管理
16	3.12	男	是	财务
17	2.75	男	是	会计
18	3.06	女	否	管理

注意一些学生既是女生，又是国际生，学生 2 是双专业。

为该问题建立一个整数线性规划模型并求解，以满足指导者的团队建立方针。你认为你的模型可以成功地实现指导者的方针吗？换句话说，你认为团队在构成和学术能力方面是多样化和比较均等的吗？如果不是，你认为你需要怎样改变模型来更好地满足团队的建立方针？

资料来源：R. Cutshall，S. Gavirneni，and K. Schultz，"Indiana University's Kelly School of Business Uses Integer Programming to Form Equitable，Cohesive Student Teams，" *Interfaces* 37，no. 3（May-June 2007）：265-276.

案例 5－7

Lead Balloon 夏季巡回演出的日程安排

Lead Balloon 是 20 世纪 80 年代的一个流行摇滚乐团，在 90 年代解散，但是最近为了发行新的 CD 重新组合，并进行巡回演出。他们想安排一次涵盖美国东半部 16 个可能城市的夏季巡回演出。然而，由于家庭和商业上的原因，再加上他们不像以前那样年轻和精力充沛，该巡回演出只进行 12 周，从 5 月中旬到 8 月中旬，这期间，他们的孩子不上学，所以他们的家庭大部分时间可以参加巡回演出。乐队也想限制每周音乐会的数量。下面是一个可能城市的列表，包括每一个城市当地演出场所在巡回演出期间可用时的周（用√标记），同时包括每个城市演出场所音乐会的容量。基于其流行度和名声，毫无疑问，无论乐队到哪里，演出门票都会被抢购一空。因而，乐队想安排能使它的音乐会上总的出席人数最大化的城市，这基本上意味着如果可能的话，它想安排有最大演出场所的城市。乐队也讲明了它每周想演出至少一场音乐会，但是不多于两场。同时，由于乐队的高科技装备和设备，以及音响和舞台的安装需要等后勤的约束，要把任意一周内两个城市之间的行程限制在 500 英里以内。

为想使总的出席人数最大化的乐队制定一个夏季巡回演出日程安排方案。

城市	5月		6月				7月				8月		容量
	3	4	1	2	3	4	1	2	3	4	1	2	
亚特兰大		√			√		√		√				19 500
波士顿			√		√	√		√		√			18 500
辛辛那提	√	√		√					√		√	√	16 200
夏洛特	√	√		√		√		√			√	√	17 600
克利夫兰			√			√	√			√			22 700
底特律	√	√			√	√			√	√		√	24 200
华盛顿		√					√				√	√	21 500
费城	√		√	√	√			√	√				21 300
达拉斯					√	√				√		√	17 400
迈阿密	√	√		√			√				√		15 700
奥兰多	√		√			√		√	√				16 300
休斯敦		√		√	√	√					√		18 200
印第安纳波利斯			√	√				√	√		√	√	25 400
纳什维尔		√		√		√			√	√	√		16 500
芝加哥			√		√		√	√				√	22 800
纽约	√	√				√				√		√	20 700

案例 5－8

凯瑟琳·泰勒的 401（k）计划

凯瑟琳·泰勒（Kathleen Taylor）在华盛顿特区的一家政府承包商 Summit Solutions 工作了一年多。她现在有资格参加公司的 401（k）退休计划。该公司向凯瑟琳提供了有关她可以投资的各种基金的信息，如下表所示。

	"黄昏之星"评级	5 年收益率	基金规模（百万美元）	费率
国际				
Parham International Value	3	12.58	2 066	1.67
Jarus Overseas	4	6.94	7 404	1.97
U. S. Fund EuroPacific	2	7.86	19 859	1.19
Admiral Foreign Investor	5	7.54	42 035	1.32
SPS Emerging Market	3	5.57	11 139	1.15
小盘				
Maxam Small Cap Return	4	5.87	1 302	1.43
U. S. Small Cap Select	2	3.99	770	1.21
Veritas Small Cap Value	4	2.97	3 049	1.74
Oak Small Cap Growth	3	3.8	4 320	1.49
中型				
Federal Mid Cap Growth	3	4.13	729	1.05
T. Row Price Growth	2	6.30	4 145	1.33
Draper Structured Mid Cap	2	7.73	1 467	1.31
Jarus Mid Cap Value	3	4.05	4 632	1.52
Maxam Mid Cap Opportunity	4	5.76	2 537	1.17
大型				
T. Row Price Bluechip Growth	3	6.01	6 374	1.23
Jarus Diversified Equity Income	2	3.22	962	1.05
Draper Strategic Growth	4	7.81	9 991	1.16
Centennial Common Stock Growth	3	2.16	20 194	0.99
Marius Stock Growth	2	9.88	19 648	1.12
债券				
Maxam Global Bond	3	8.37	12 942	1.03
Parham High Yield	5	6.25	3 106	1.00
Madison Federated Bond Portfolio	3	5.66	8 402	1.14
Draper U. S. Government Bond	4	7.41	1 045	0.90
Federated High Income	3	5.85	11 211	0.82

国际基金投资于全球/海外公司；小盘基金投资于市值（即流通股数量乘以每股股价）的公司，一般在 3 亿～20 亿美元之间；中型基金投资于市值在 20 亿～100 亿美元之间的

公司；大型基金投资超过100亿美元的公司。“黄昏之星”评级由独立的投资分析公司开发，并根据各个时间段的风险调整表现对资金进行评级。“5”表示最好，“1”表示最差；接近其分析师公允价值预测的股票获得“3”评级，而与其分析师的公允价值估计相比，以较大折扣交易的股票获得“4”或“5”评级。费率是用于营业费用的基金资产（即行政、管理、广告等）的总百分比。

由于凯瑟琳年轻并期望长期建立自己的401（k）计划，所以她希望采用相对积极的投资策略。她阅读了投资文献，拟定了一个相对积极的投资计划，打算投资5%～35%的国际基金，5%～25%的小型基金投资，5%～35%的中型基金，20%～50%的大型基金，以及5%～10%的债券基金。凯瑟琳想每月向她的计划支付900美元，公司将与之匹配。她还制定了一些自己的投资指导方针：为了寻求多样化，她想投资5只基金，每个投资类别一只；达到至少3.7的平均评级；投资的平均规模至少达到10亿美元；希望投资的5只基金的平均费率不超过1.10；最大限度地提高她选择的5只基金的平均5年收益率，并以每只基金的投资金额加权。

使用线性规划为Kathleen制定投资计划。如果她希望最大限度地提高“黄昏之星”评级，她的投资计划如何改变？

案例5-9

棒球公园之旅

查克（Chuck）和他的女儿凯瑟琳（Kathleen）想要在7月为期一周的假期中，参观主要的大联盟棒球场以观看比赛。他们希望尽可能多地参观新球场，但是在查克休假的那个星期，他们受到了在当地打球的球队的制约。查克和凯瑟琳住在辛辛那提，查克度假的那一周，每天在迈阿密、纽约、匹兹堡、圣路易斯、明尼阿波利斯、芝加哥和达拉斯都有主场比赛。所有的比赛从下午7点开始。查克和凯瑟琳将开车去这7个城市并在星期六早上离开，为他们确定驾驶旅程，以尽量减少总驾驶里程。如果查克和凯瑟琳每天晚上睡6小时左右，请问他们可以在到下周日前访问所有7个城市并且返回辛辛那提，以使查克星期一回去工作吗？

第6章

运输、转运与指派问题

本章主要研究三种特殊的线性规划模型——运输问题、转运问题和指派问题，这些问题都属于一大类线性规划问题，即网络流问题。由于这些问题是线性规划的常见应用之一，所以我们专门用一章来研究这些问题。

这些问题所具有的特殊数学性质使得管理科学家能够开发出多种高效、独特的数学求解方法。这些求解方法通过对传统简单求解方法进行修改即可得到。和单纯形法一样，我们把这些详细的人工数学求解法——又叫运输法和指派法——放在与本章对应的网络站点上了。

和前几章一样，我们将主要介绍利用计算机，尤其是使用 Excel 和 QM for Windows 来建立模型并求解。

运输模型

运输模型适用于具有如下特征的一类问题：(1) 一种产品以尽可能低的成本从多个产地运输到多个目的地；(2) 每一产地可以供应固定数量的产品，并且每一目的地有固定的产品需求量。虽然一般的运输模型可以应用到许多问题中，但在商品运输问题中的应用却是最常见的，也因此而得名。

下面的例子描述了运输模型的建立过程。小麦种植于中西部，储存于位于以下 3 个不同城市的谷物仓库：堪萨斯、奥马哈和得梅因。这 3 个谷物仓库供应 3 个分别位于芝加哥、圣路易斯和辛辛那提的面粉厂。采用火车将谷物运输到面粉厂，每一火车车皮最多可装载 1 吨小麦。每个谷物仓库每月向面粉厂供应小麦的最大量如下表所示：

谷物仓库	供应量（吨）
1. 堪萨斯	150
2. 奥马哈	175
3. 得梅因	275
总计	600

每个面粉厂每月的小麦需求量如下表所示：

面粉厂	需求量（吨）
A. 芝加哥	200
B. 圣路易斯	100
C. 辛辛那提	300
总计	600

每吨小麦从每个谷物仓库（产地）到每个面粉厂（目的地）的运输成本不同，这取决于运输距离和铁路系统。例如，从奥马哈谷物仓库运输 1 吨小麦到芝加哥面粉厂需要的运输成本为 7 美元。

从各谷物仓库到各面粉厂的单位运输成本如下表所示：

谷物仓库	面粉厂		
	A. 芝加哥	B. 圣路易斯	C. 辛辛那提
1. 堪萨斯	6 美元	8 美元	10 美元
2. 奥马哈	7 美元	11 美元	11 美元
3. 得梅因	4 美元	5 美元	12 美元

此问题要求确定使总运输成本最小的每月从每个谷物仓库到每个面粉厂的小麦运输量。图 6 - 1 显示了包含供应量和需求量的不同的运输路线。

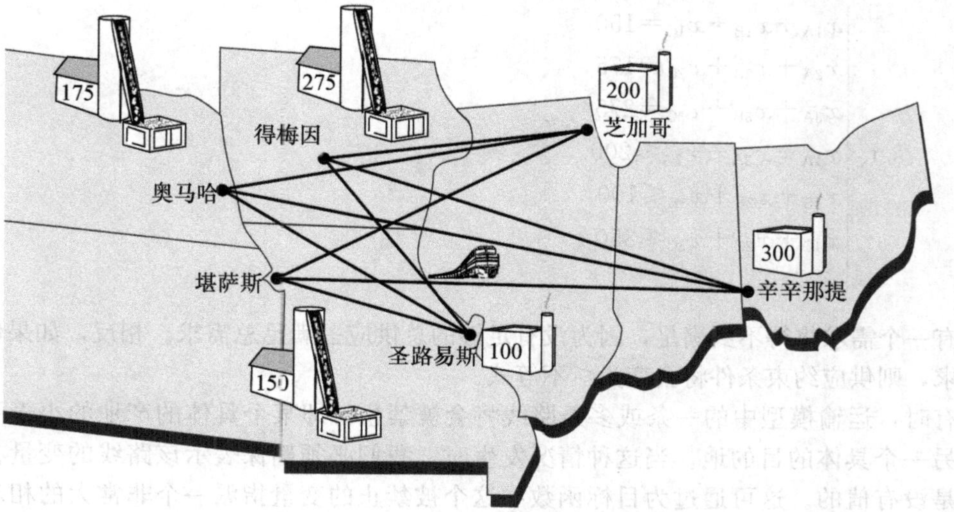

图 6 - 1　小麦运输路线网络图

这一问题的线性规划模型如下：

$$\min Z=6x_{1A}+8x_{1B}+10x_{1C}+7x_{2A}+11x_{2B}+11x_{2C}+4x_{3A}+5x_{3B}+12x_{3C}$$

$$\text{s. t.}\begin{cases}x_{1A}+x_{1B}+x_{1C}=150\\x_{2A}+x_{2B}+x_{2C}=175\\x_{3A}+x_{3B}+x_{3C}=275\\x_{1A}+x_{2A}+x_{3A}=200\\x_{1B}+x_{2B}+x_{3B}=100\\x_{1C}+x_{2C}+x_{3C}=300\\x_{ij}\geqslant 0\end{cases}$$

在此模型中，决策变量 x_{ij} 表示从每个谷物仓库（$i=1$，2，3）到每个面粉厂（$j=$ A，B，C）的小麦运输量。目标函数表示每一条运输路线的总运输成本，目标函数中的每一项都表示一条路线的运输成本。例如，从谷物仓库 1 运输 20 吨小麦到面粉厂 A，单位运输成本 6 美元与 x_{1A}（$=20$）相乘可得 120 美元。

线性规划模型的前 3 个约束条件表示各仓库的供应约束，后 3 个约束条件表示各面粉厂的需求约束。以第一个供应约束 $x_{1A}+x_{1B}+x_{1C}=150$ 为例，此约束表示从堪萨斯到 3 个面粉厂的小麦运输总量：芝加哥（x_{1A}）、圣路易斯（x_{1B}）和辛辛那提（x_{1C}）。从堪萨斯运出的小麦量限于 150 吨。注意，此约束条件（以及其他约束条件）是一个方程式，而不是不等式，因为所有可获得的小麦都将需要用于满足 600 吨的总需求。换句话说，这 3 个面粉厂的总需求量 600 吨，正好是 3 个谷物仓库的总供应量，因此，所有可以供应的小麦都将用于满足需求。这类供应量正好与需求量相等的模型，称为平衡运输模型。然而，在现实中，供应超过需求或需求超过供应的非平衡问题更有可能发生。在这个小麦运输的例子中，如果辛辛那提的需求量由 300 吨增加到 350 吨，就会产生一个新的情形：总需求量为 650 吨，总供应量为 600 吨，这将导致此问题的线性规划模型发生如下变化：

$$\min Z=6x_{1A}+8x_{1B}+10x_{1C}+7x_{2A}+11x_{2B}+11x_{2C}+4x_{3A}+5x_{3B}+12x_{3C}$$

$$\text{s. t.}\begin{cases}x_{1A}+x_{1B}+x_{1C}=150\\x_{2A}+x_{2B}+x_{2C}=175\\x_{3A}+x_{3B}+x_{3C}=275\\x_{1A}+x_{2A}+x_{3A}\leqslant 200\\x_{1B}+x_{2B}+x_{3B}\leqslant 100\\x_{1C}+x_{2C}+x_{3C}\leqslant 350\\x_{ij}\geqslant 0\end{cases}$$

其中有一个需求将得不到满足，因为没有足够的总供应去满足总需求。相反，如果供应超过需求，则供应约束条件将会变为≤不等式。

有时，运输模型中的一条或多条路线将会被禁止，即某个具体的产地的小麦不能被运到另一个具体的目的地。当这种情况发生时，我们必须确保表示该路线的变量在最优解中是没有值的。这可通过为目标函数中这个被禁止的变量指派一个非常大的相对成本系数来实现。例如，在小麦运输的例子中，如果从堪萨斯到芝加哥的路线被禁止（可能是由铁路工人罢工引起的），为目标函数中的变量 x_{1A} 赋予系数 100 而不是 6，由于 x_{1A}

的相对成本较大，因此，其最优解将为 0。或者，将被禁止的变量从构建的模型中剔除。

延伸阅读　　弗兰克 · L. 希契科克和查林 · C. 科普曼斯

在乔治 · 丹齐格建立线性规划方法许多年前的 1941 年，弗兰克 · L. 希契科克（Frank L. Hitchcock）基于不同的运费率，将运输问题构建为由多个工厂向多个城市供应一种产品的解决方法。1947 年，查林 · C. 科普曼斯（T. C. Koopmans）独立构建了同类问题的模型。这位来自荷兰的美国经济学家、芝加哥大学和耶鲁大学的教授于 1975 年获得诺贝尔奖。

管理科学应用

加利福尼亚州插花工业运输成本的减少

加利福尼亚州插花工业的销售额超过 3 亿美元，超过美国插花工业总产值的 75%。然而，在过去的 20 年，加利福尼亚州的市场份额由 64%减少至 20%，主要是由于南美花农的激烈竞争，他们拥有 70%的美国市场。南美花农最大的竞争优势是他们位于迈阿密的配送中心。南美的鲜花在运往美国的客户之前，将被进口到这个单一的集合和取货地点。在这个中心，大量业务允许花农与卡车司机谈判运费率；而加州花农独立种植和运送花卉，要求运送者前往所有花农的农场取花。如果加州花农能够降低运输成本并将这些节约的成本转移给他们的客户，那么他们就可以变得更有竞争力。因此，加州花卉委员会启动了一个研究项目，开发一个模型来评估加州的奥克斯纳德（位于洛杉矶以西 55 英里的太平洋海岸）作为一个可能的综合配送中心的可行性和成本。开发了一种运输模型，可以使从花农到位于奥克斯纳德的配送中心再到全美国客户的运输成本最小化。决策变量包括从花农到中心、从中心到客户的全部和部分满载卡车的数量，以及由快递员发送的小批量。一旦收到订单，鲜花将被运送到合并中心，在合并中心停留不超过一天。该模型是针对花农的不同参与程度进行的。模型结果显示，如果 20 个最大的花农（占出货量的 63%）合并在中心，他们将减少 30%的年度运输成本；更多花农的参与将进一步降低运输成本。模型结果由加州议会代表团申请联邦资助，建设中心。

资料来源：C. Nguyen，A. Toriello，M. Dessouky，and J. E. Moore Ⅱ，“Evaluation of Transportation Practices in the California Cut Flower Industry，” *Interfaces* 43，no. 2 (March-April2013)：182－93.

运输问题的计算机解法

运输问题可以构建为线性规划模型，可以使用 Excel 和前几章介绍的 QM for Windows 中的线性规划模块进行求解。然而，管理科学软件包，例如 QM for Windows 也含有能够使运输问题以特殊形式输入并求解的模块。首先，我们将演示利用 Excel 电子表格来求解本章前面提到的小麦运输问题。

□ 使用 Excel 求解

首先，我们将演示如何利用 Excel 来求解运输问题。正如第 3 章和第 4 章所介绍的，运输问题必须构建成线性规划模型，才能使用 Excel 的“求解”模块进行求解。界面 6－1 显示了用于求解小麦运输例子的电子表格的设置情况。可以看到，单元格 C10 包含计算总成本的目标函数公式，该公式显示在电子表格顶部的公式栏中，可由单元格 C5:E7 中的决策变量和单元格 K5:M7 中的成本矩阵进行 SUMPRODUCT 得到。G 列中的单元格 G5:G7 和第 9 行的单元格 C9:E9，分别包含了供应约束和需求约束。例如，单元格 G7 中的约束公式表示由得梅因运往 3 个面粉厂的谷物量，其值＝C7＋D7＋E7，约束右边的值（可获得的小麦量 275 吨）在单元格 F7 中。

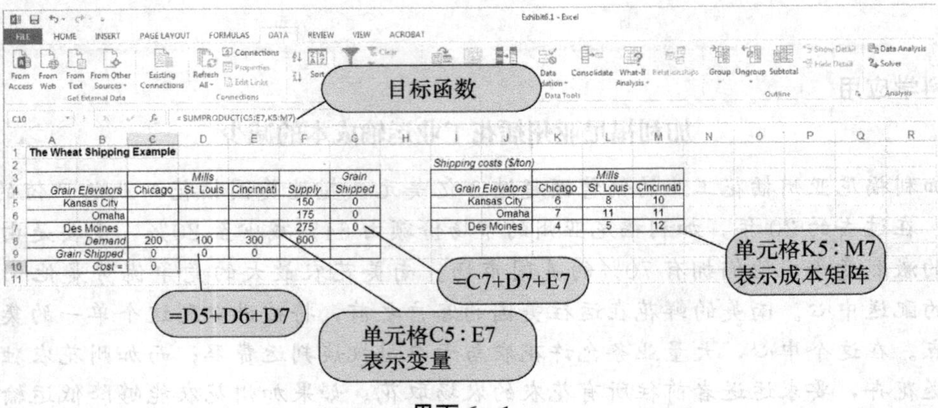

界面 6－1

界面 6－2 显示了这个例子的“求解参数”对话框。要使包含目标函数公式的单元格 C10 最小化，约束公式 C9:E9＝C8:E8 包含了 3 个需求约束，约束公式 G5:G7＝F5:F7 包含了 3 个供应约束。在求解问题之前，选择“单纯线性规划”（Simplex LP）以调用线性规划求解方法。

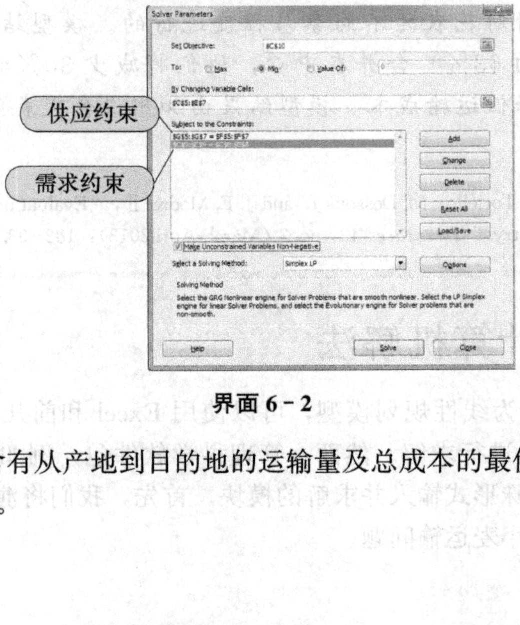

界面 6－2

界面 6－3 显示了含有从产地到目的地的运输量及总成本的最优解决方案。图 6－2 显示了最优的运输网络图。

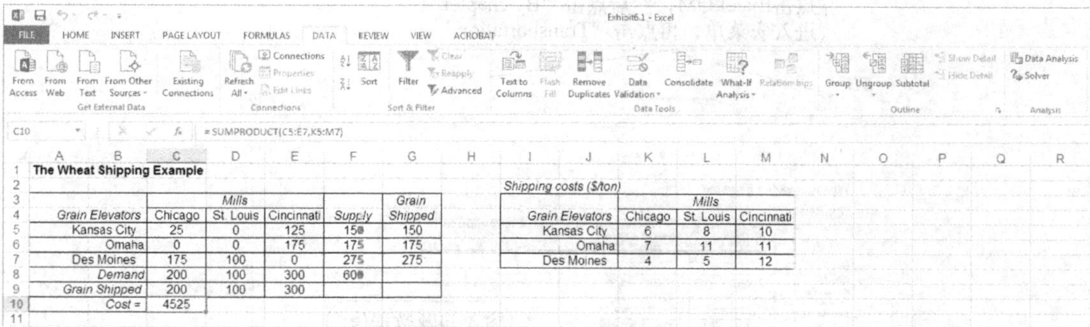

The Wheat Shipping Example

	Mills				Grain
Grain Elevators	Chicago	St. Louis	Cincinnati	Supply	Shipped
Kansas City	25	0	125	150	150
Omaha	0	0	175	175	175
Des Moines	175	100	0	275	275
Demand	200	100	300	600	
Grain Shipped	200	100	300		
Cost =	4525				

Shipping costs ($/ton)

	Mills		
Grain Elevators	Chicago	St. Louis	Cincinnati
Kansas City	6	8	10
Omaha	7	11	11
Des Moines	4	5	12

界面 6 - 3

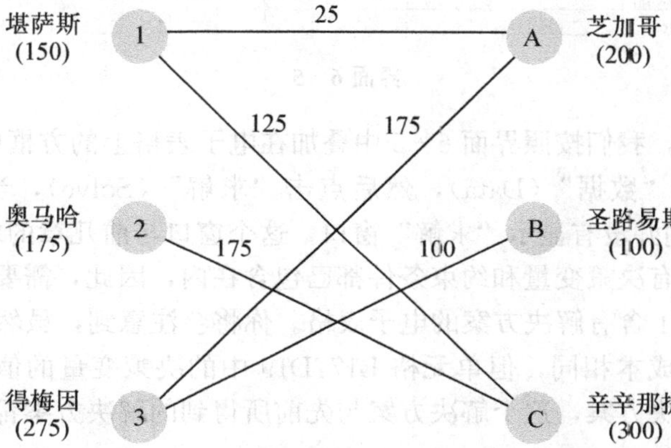

图 6 - 2　小麦运输例子的运输网络解决方案

□ 使用 Excel QM 求解

我们在第 1 章介绍的 Excel QM 包含可用来解决运输问题的电子表格宏。回忆第 1 章，当 Excel QM 被激活后，“QM”就会显示在电子表格顶部的菜单栏中。单击“QM”然后选择“运输”(Transportation)，便会出现电子表格初始化窗口，如界面 6 - 4 所示。在此窗口中，我们将产地（即来源地）和目的地的数量设置为 3，将目标选定为“最小化”(Minimize)，并键入这个例子的标题。点击“OK”退出此窗口，此时电子表格如界面 6 - 5 所示。运输问题完全按照指示进行设置，所需的公式都已在单元格中。然而，一开始单元格 B10:E13 没有初始值，界面 6 - 5 所示的电子表格包括已经键入的数据。

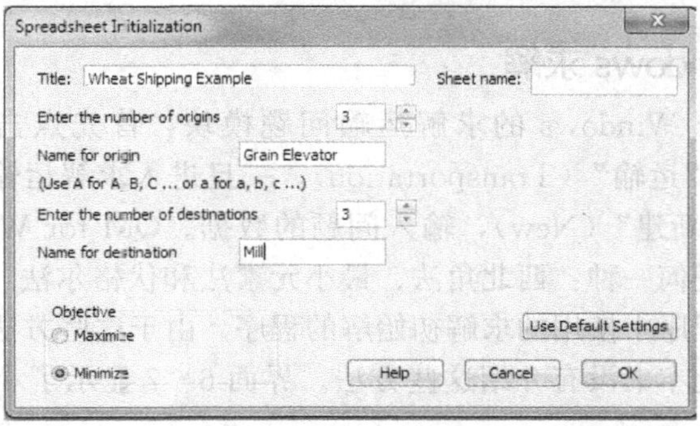

界面 6 - 4

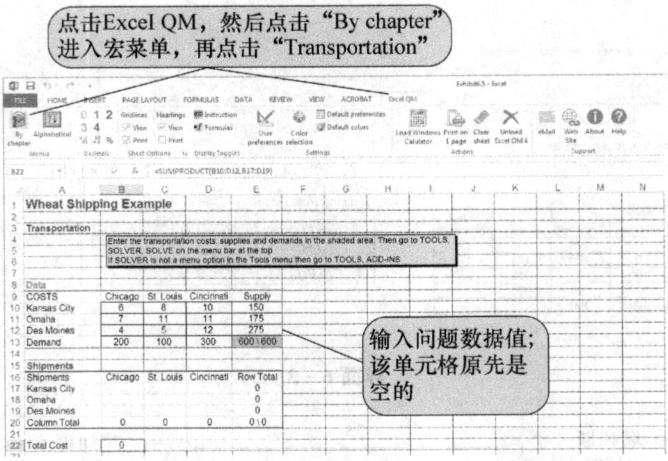

界面 6-5

为了求解此问题，我们按照界面 6-5 中叠加在电子表格上的方框中的指令进行操作：点击电子表格顶部的“数据”（Data），然后点击“求解”（Solve），当“求解”出现时，再点击“求解”。我们并没有显示“求解”窗口，这个窗口与前几章的求解窗口非常相似，求解此问题所需的所有决策变量和约束条件都已包含在内，因此，需要做的只是点击“求解”。界面 6-6 显示了含有解决方案的电子表格。你将会注意到，虽然总成本与界面 6-3 所示的解决方案的总成本相同，但单元格 B17：D19 中的决策变量的值并不同，这是因为此问题有多个最优解决方案，这个解决方案与先前所得到的解决方案都是该问题的最优解决方案。

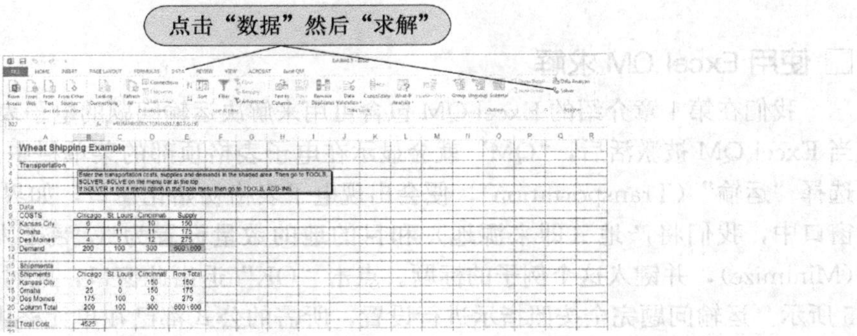

界面 6-6

□ 使用 QM for Windows 求解

要想进入 QM for Windows 的求解运输问题模块，首先点击窗口顶部的“模块”（Module），然后点击“运输”（Transportation）。一旦进入求解运输问题模块，点击“文件”（File），再点击“新建”（New），输入问题的数据。QM for Windows 允许选择三种求解初始解方法中的任何一种：西北角法、最小元素法和伏格尔法（VAM），这些方法是求解运输问题的数学程序中使用的求解初始解的程序。由于这些方法与我们所用的初始程序没有什么不同，因此本书没有介绍这些方法。界面 6-7 显示了小麦运输例子中需要输入的数据。

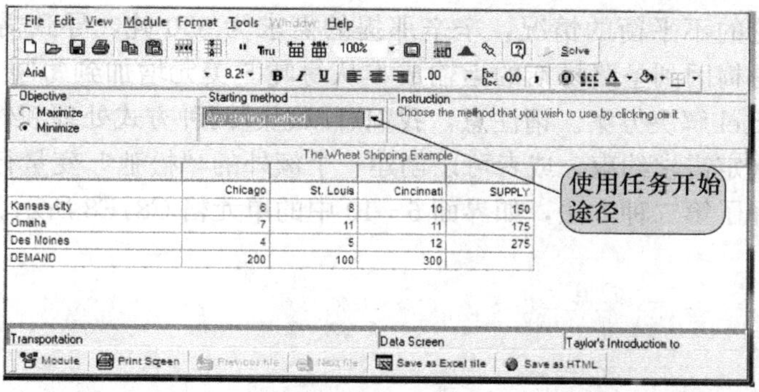

界面 6-7

当数据输入后，点击窗口顶部的“求解”，将会生成解决方案，如界面 6-8 和界面 6-9 所示。虽然 QM for Windows 能够显示是否有多种最优解决方案存在，但并不给出其他的可选最优方案。界面 6-8 和界面 6-9 用两个不同的表格或形式显示了解决方案的结果。界面 6-8 显示了每一个单元格（或决策变量）中的运输量和总成本。界面 6-9 列出了从每一个产地到目的地的运输量及其成本。

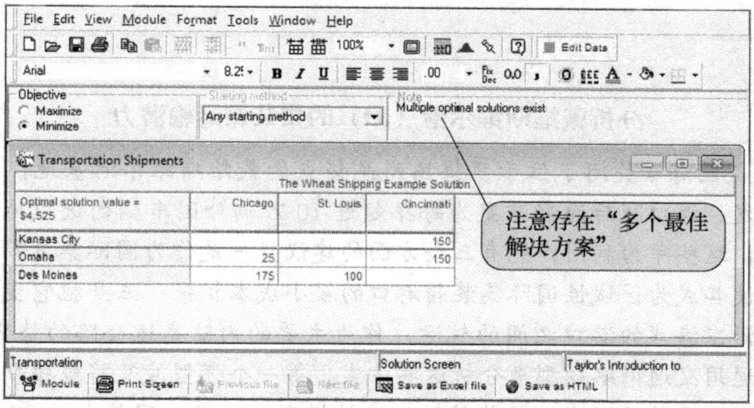

界面 6-8

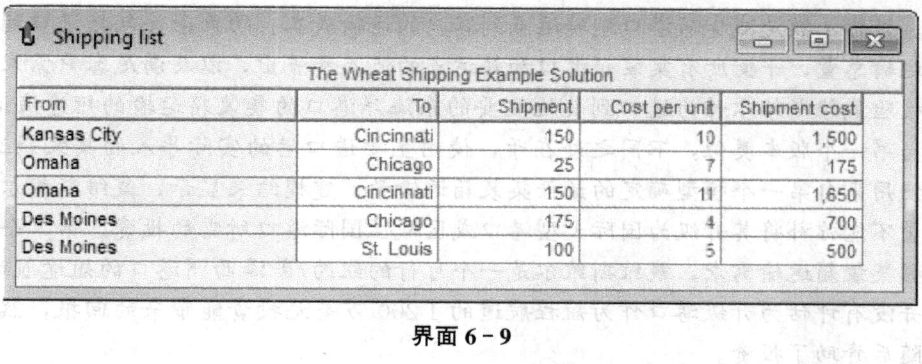

界面 6-9

□ 灵敏度分析

一旦以任何软件（Excel，Excel QM 或 QM for Windows）设置运输问题，通过更改模型大小或参数来执行灵敏度分析非常简单。例如，我们将对小麦运输示例进行修改，以反映我们前面讨论的不平衡的情况，辛辛那提的需求为 350 吨，导致需求超过可用的供应。我们还将从得梅因到圣路易斯的运输成本从每吨 5 美元增加到每吨 7 美元。界面 6－10 显示了新的 Excel 解决方案。请注意，我们可以通过两种方式处理额外的需求：我们可以在求解模块中制定需求约束，或者可以创建一个额外的“松弛”变量行来占用需求量但不供给。我们选择了第二种方法，如界面 6－10 中的单元格 C8：E8 所示。

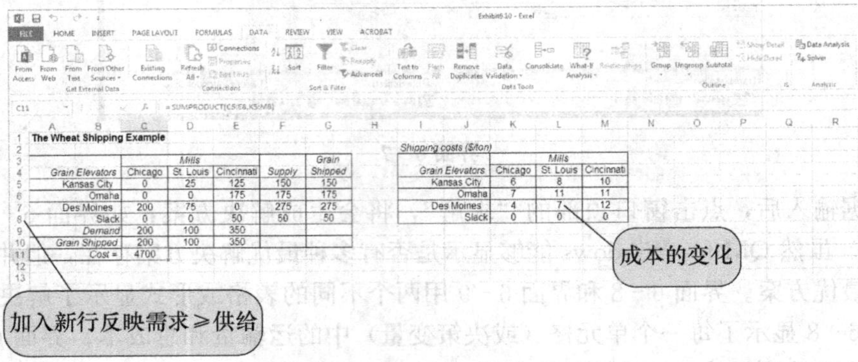

界面 6－10

管理科学应用

分析戴维斯维尔港（RI）的集装箱运输潜力

1974 年，美国海军关闭了位于罗得岛州昆锡点的戴维斯维尔港基地，并将其交给国家进行商业开发。港口随后逐渐演变为每年超过 10 万辆外国车辆的进口地。然而，港口仍然产能过剩，这些年为利用产能有三个方面的建议：一是作为国际集装箱大型港口的重大扩张；二是使其成为区域性国际集装箱港口的较小成本扩张；三是把它变成一个近海集装箱港口（即沿东海岸的港口之间的航运，作为主要的内陆高速公路的替代物）。共开发了两种版本的通用交通网络模型来分析这些方案。第一个模型涉及将戴维斯维尔扩展为集装箱大型港口，还是作为区域性集装箱港口。该模型检验了美国最大的 22 个集装箱港口加上戴维斯维尔港口，使用铁路作为节点之间的交通工具，使用卡车作为节点到客户的交通工具。目标函数是减少从港口到转运点到客户的运输成本。约束条件包括进口到美国的集装箱运输总量，平衡所有集装箱港口和转运点的流入和流出，以及满足客户需求。第二个模型检验戴维斯维尔作为进口到其他主要的东海岸港口的集装箱运输的短途海运港口。该模型与第一个版本类似，不同之处在于，使用主要进口港的实际导入的集装箱运输量，而不是使用来自第一个模型确定的最佳集装箱运输量。建模结果显示，戴维斯维尔的估计集装箱量不能弥补将其升级为国际大型港口或区域性国际港口所需的投资。第二个模型表明，根据集装箱运输需求，戴维斯维尔是一个可行的纽约/新泽西州港口的短途航运通道。该模型并没有评估为升级港口作为短程航道的 1 200 万美元投资能带来的回报，然而，联邦拨款随后资助了投资。

资料来源：J. R. Kroes，Y. Chen，and P. Mangiameli，“Estimating Demand for Container Freight Service at the Port of Davisville，” *Interfaces* 43，no. 2（March－April 2013）：170－81.

□ 转运模型

转运模型是运输模型的扩展形式，它包含位于产地和目的地之间的中间转运节点。一个转运节点的例子就是位于工厂和商店之间的分销中心或仓库。在一个转运问题中，商品可以由产地经转运点运到目的地，由一个产地运到另一个产地，由一个转运点运到另一个转运点，由一个目的地运到另一个目的地，或由产地直接运到目的地，或者是这些方案的某些结合。

我们将扩展小麦运输例子以说明转运模型的建立过程。小麦在内布拉斯加州和科罗拉多州的农场收割，而后被运往现在作为转运点的 3 个分别位于堪萨斯、奥马哈和得梅因的谷物仓库，最后被运往位于芝加哥、圣路易斯和辛辛那提的面粉厂。每个农场的小麦收获量为 300 吨，从谷物仓库到面粉厂的运输成本保持不变，从农场到谷物仓库的运输成本如下：

农场	谷物仓库		
	3. 堪萨斯	4. 奥马哈	5. 得梅因
1. 内布拉斯加州	16 美元	10 美元	12 美元
2. 科罗拉多州	15 美元	14 美元	17 美元

模型的基本结构见图 6－3 所示的网络图。

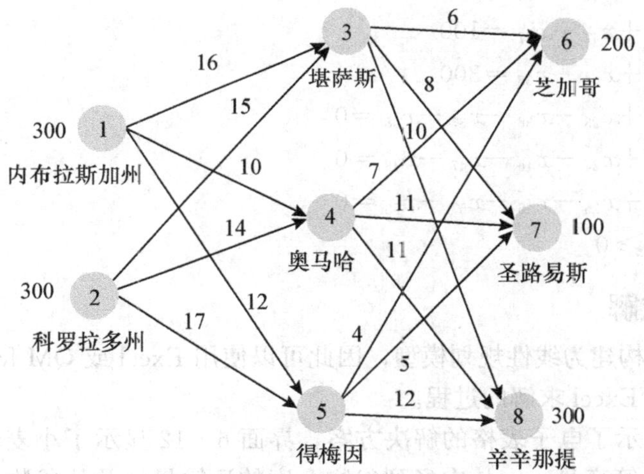

图 6－3　转运路线网络图

和运输问题一样，转运问题将构建为含有供需约束的线性规划模型。位于内布拉斯加州和科罗拉多州农场的供应约束如下：

$$x_{13}+x_{14}+x_{15}=300$$
$$x_{23}+x_{24}+x_{25}=300$$

芝加哥、圣路易斯和辛辛那提的面粉厂的需求约束如下：

$$x_{36}+x_{46}+x_{56}=200$$
$$x_{37}+x_{47}+x_{57}=100$$
$$x_{38}+x_{48}+x_{58}=300$$

接着，我们必须建立分别位于堪萨斯、奥马哈和得梅因的 3 个谷物仓库（即转运点）

的约束条件。为了建立这些约束条件，必须遵循如下原则：在每个转运点，运进的小麦量必须等于运出的小麦量。例如，运进堪萨斯的小麦量为：$x_{13}+x_{23}$，运出的小麦量为：$x_{36}+x_{37}+x_{38}$。由于运进的小麦必须运出，因此，这两个量必须相等，即

$$x_{13}+x_{23}=x_{36}+x_{37}+x_{38}$$

或

$$x_{13}+x_{23}-x_{36}-x_{37}-x_{38}=0$$

类似地，奥马哈和得梅因的转运约束建立如下：

$$x_{14}+x_{24}-x_{46}-x_{47}-x_{48}=0$$
$$x_{15}+x_{25}-x_{56}-x_{57}-x_{58}=0$$

包含目标函数的完整的线性规划模型归纳如下：

$$\min Z=16x_{13}+10x_{14}+12x_{15}+15x_{23}+14x_{24}+17x_{25}+6x_{36}+8x_{37}+10x_{38}+7x_{46}+11x_{47}+11x_{48}+4x_{56}+5x_{57}+12x_{58}$$

$$\text{s. t.}\begin{cases}x_{13}+x_{14}+x_{15}=300\\x_{23}+x_{24}+x_{25}=300\\x_{36}+x_{46}+x_{56}=200\\x_{37}+x_{47}+x_{57}=100\\x_{38}+x_{48}+x_{58}=300\\x_{13}+x_{23}-x_{36}-x_{37}-x_{38}=0\\x_{14}+x_{24}-x_{46}-x_{47}-x_{48}=0\\x_{15}+x_{25}-x_{56}-x_{57}-x_{58}=0\\x_{ij}\geqslant 0\end{cases}$$

□ 使用 Excel 求解

由于转运模型构建为线性规划模型，因此可以使用 Excel 或 QM for Windows 进行求解。下面介绍使用 Excel 求解的过程。

界面 6－11 显示了电子表格的解决方案，界面 6－12 显示了小麦转运例子的求解参数。除了有两组决策变量——从农场到谷物仓库的运输量以及从谷物仓库到面粉厂的运输量——之外，小麦转运例子的电子表格与界面 6－1 显示的一般运输问题的电子表格相似。因此，决策变量（即从产地到目的地的运输量）为单元格 B6:D7 和 C13:E15。单元格 F6 表示从内布拉斯加州农场到 3 个谷物仓库的运输量约束（内布拉斯加州农场的供应约束）＝SUM(B6:D6)，即 B6＋C6＋D6。B8 表示从两个农场运到堪萨斯的小麦运输量＝SUM(B6:B7)。类似地，我们建立了从谷物仓库到面粉厂的运输量约束。

单元格 I6:K7 和单元格 J13:L15 表示两组运输成本，将这两组运输成本分别与单元格 B6:D7 和 C13:E15 中的决策变量相乘，然后再相加，即可得目标函数＝SUMPRODUCT(B6:D7，I6:K7)＋SUMPRODUCT(C13:E15，J13:L15)，见界面 6－11 顶部的工具栏。

建立含有如此成本矩阵的目标函数要比存在大量的变量和成本时将所有的变量和成本键入一个单一目标函数中简单一些。图 6－4 显示了最优解决方案的网络图。

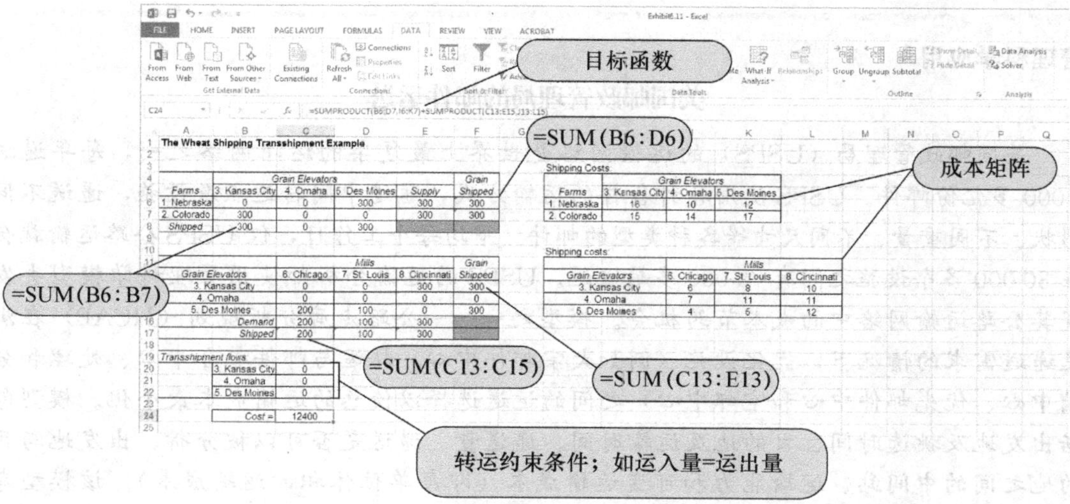

界面 6 - 11

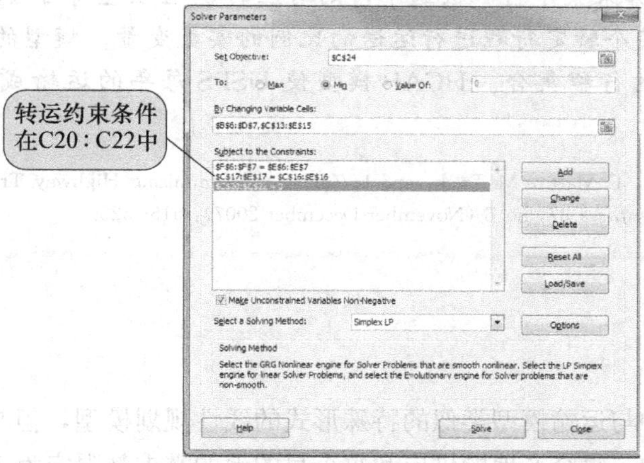

界面 6 - 12

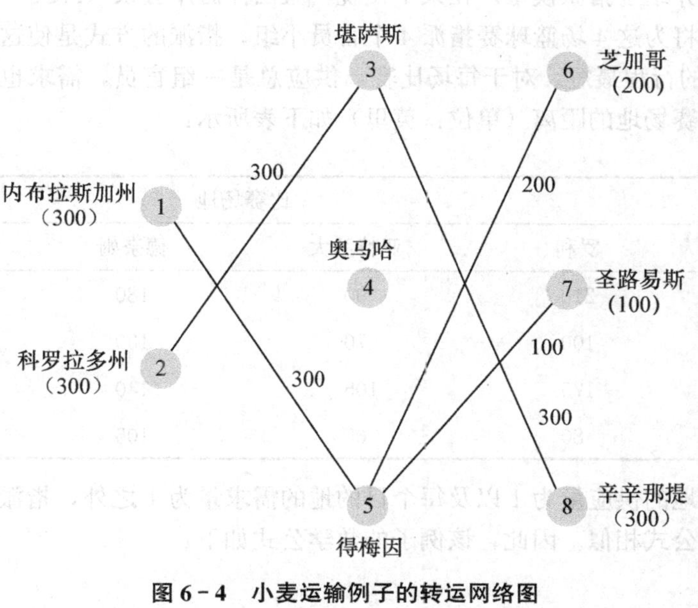

图 6 - 4　小麦运输例子的转运网络图

管理科学应用

美国邮政管理局的邮件运送

美国邮政管理局（USPS）的运输网络是世界上最复杂的运输网络之一，每年递送 2 000 多亿份邮件。USPS 使用各种各样的运输方式，通过中间转运点及设施，递送不同形状、不同重量、不同尺寸等各种类型的邮件。平均每个工作日，仅 USPS 公路运输就会在 30 000 多个设施之间有 75 000 多趟运送。USPS 的运输分析师使用管理科学模型去发现其公路运输网络中的成本节约机会。模型之一——公路走廊分析规划（HCAP）在满足递送需求的情况下，优化设施（例如大宗邮件中心、转运与邮件整合中心、处理和分销中心、优先邮件中心和空邮中心）之间的运送选择以使总的运输成本最小化。模型包括出发地及挑选时间、目的地及运输时间、递送量、递送是否可以被分拆、出发地与目的地之间的中间站、运输能力和可变运输成本（即每单位体积的运输成本）。该模型考虑了所有已经存在的及潜在的新的可以将邮件从出发地运送到目的地的行程，因此该模型包含 0－1 变量（如果某个行程被选中，则对应的 0－1 变量等于 1，否则等于 0）和表示一次递送中使用某个特定行程进行运送的比例的实数变量。模型的求解结果确定了满足递送需求的最优的行程集合。HCAP 模型使 USPS 每年的运输成本节省了 500 多万美元。

资料来源：A. Pajunas，E. Matto，M. Trick，and L. Zuluaga，"Optimizing Highway Transportation at the United States Postal Service，" *Interfaces* 37，no. 6（November-December 2007）：515－525.

指派模型

指派模型是一种与运输模型类似的特殊形式的线性规划模型，但与运输模型又不完全相同。在指派模型中，每个产地的供应和每个目的地的需求都限定为 1。

下面的例子介绍了指派模型。在某个夜晚，大西洋海岸会议（ACC）要举行 4 场篮球赛。会议办公室将为这 4 场篮球赛指派 4 个官员小组，指派的方式是使这 4 个官员小组到 4 个比赛场地总的行程最短。对于每场比赛，供应总是一组官员，需求也是一组官员。每组官员到每个比赛场地的距离（单位：英里）如下表所示：

官员	比赛场地			
	罗利	亚特兰大	德奈姆	克莱姆森
A	210	90	180	160
B	100	70	130	200
C	175	105	140	170
D	80	65	105	120

除了每个产地的供应量为 1 以及每个目的地的需求量为 1 之外，指派模型的线性规划公式与运输模型公式相似。因此，该例子的数学公式如下：

$$\min Z=210x_{AR}+90x_{AA}+180x_{AD}+160x_{AC}+100x_{BR}+70x_{BA}+130x_{BD}+200x_{BC}$$
$$+175x_{CR}+105x_{CA}+140x_{CD}+170x_{CC}+80x_{DR}+65x_{DA}+105x_{DD}+120x_{DC}$$

$$\text{s. t.}\begin{cases}x_{AR}+x_{AA}+x_{AD}+x_{AC}=1\\x_{BR}+x_{BA}+x_{BD}+x_{BC}=1\\x_{CR}+x_{CA}+x_{CD}+x_{CC}=1\\x_{DR}+x_{DA}+x_{DD}+x_{DC}=1\\x_{AR}+x_{BR}+x_{CR}+x_{DR}=1\\x_{AA}+x_{BA}+x_{CA}+x_{DA}=1\\x_{AD}+x_{BD}+x_{CD}+x_{DD}=1\\x_{AC}+x_{BC}+x_{CC}+x_{DC}=1\\x_{ij}\geqslant 0\end{cases}$$

这是一个平衡指派模型，当供应大于需求或需求大于供应时，就会产生非平衡指派模型。

指派问题的计算机解法

指派问题可以使用 QM for Windows 和 Excel QM 中的指派问题模块及 Excel 电子表格来求解。我们将先用 Excel，再用 Excel QM，最后用 QM for Windows 来求解为赛场指派官员的例子。

使用 Excel 求解

和运输问题一样，Excel 只能将指派问题构建成线性规划模型进行求解。界面 6－13 显示了 ACC 篮球官员例子的 Excel 电子表格。每组官员到每个比赛场地的距离位于单元格 C16:F19 中，将单元格 C16:F19 中的距离数值与单元格 C5:F8 中的决策变量相乘再相加得到该问题的目标函数，位于单元格 C11 中。该模型的可获得小组（供应）约束条件位于 H 列的单元格中。比赛场地对官员小组的需求约束位于第 10 行的单元格中。

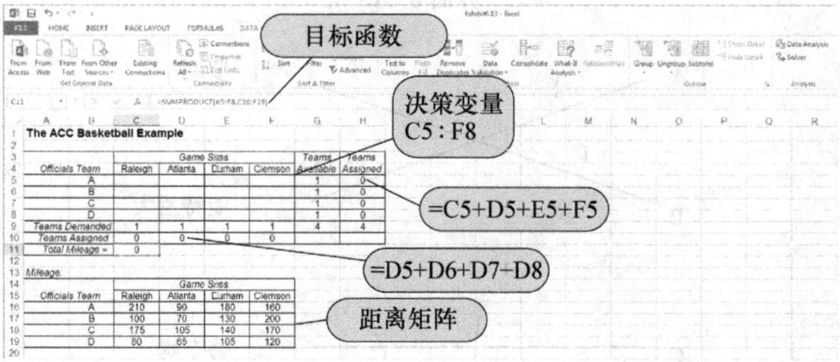

界面 6－13

界面 6－14 显示了例子的求解参数窗口。在点击“求解”之前，选择“单纯线性规划”(Simplex LP) 以调用线性规划求解方法。界面 6－15 显示了该问题的最优解决方案。图 6－5 显示了最优解决方案的网络图。

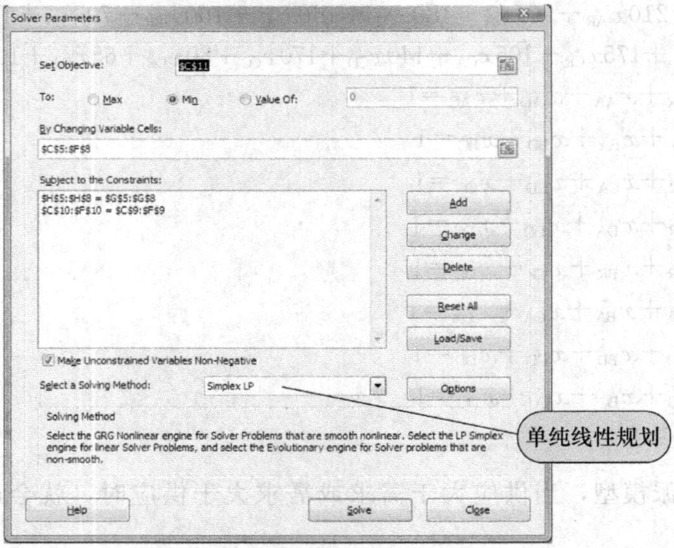

界面 6－14

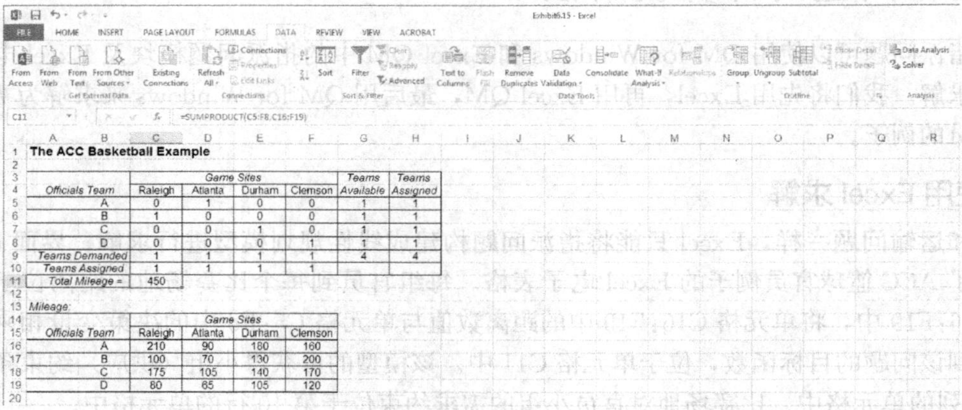

界面 6－15

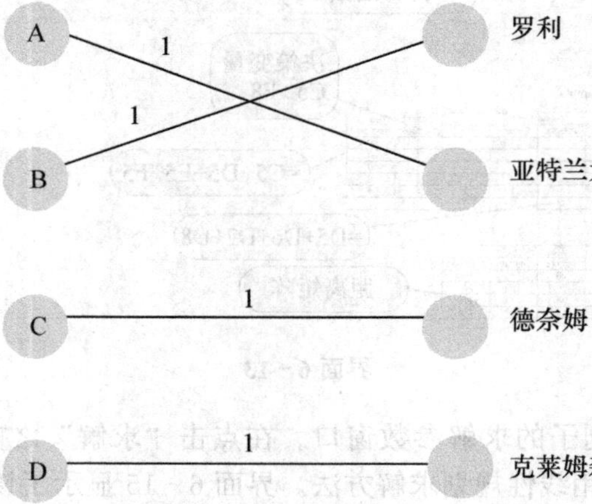

图 6－5　ACC 官员例子的指派网络图

□ 使用 Excel QM 求解

Excel QM 也包含指派问题的电子表格宏，与本章前面介绍的用于求解运输问题的 Excel QM 宏非常相似。电子表格的设置与界面 6-15 中的 Excel 电子表格非常相似。

指派问题“宏”与运输问题“宏”的进入（由菜单“QM”进入）和运用相似，它已经包含解决该类问题所需的所有单元格和约束公式。使用 Excel QM 求解 ACC 官员例子获得的解决方案见界面 6-16。

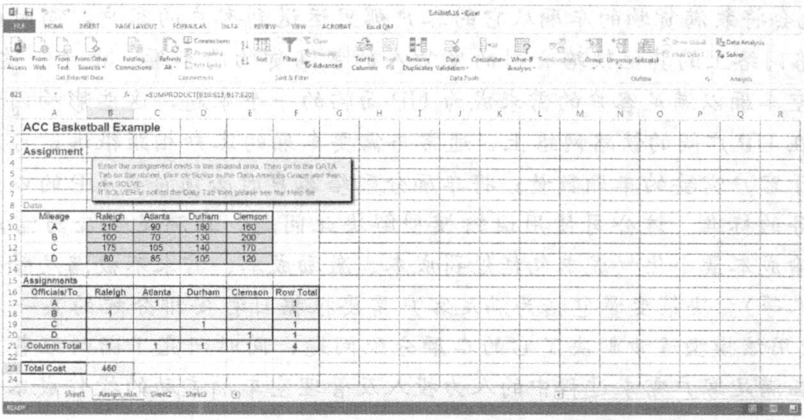

界面 6-16

□ 使用 QM for Windows 求解

界面 6-17 显示了例子所需输入的数据，界面 6-18 显示了求解得到的解决方案。

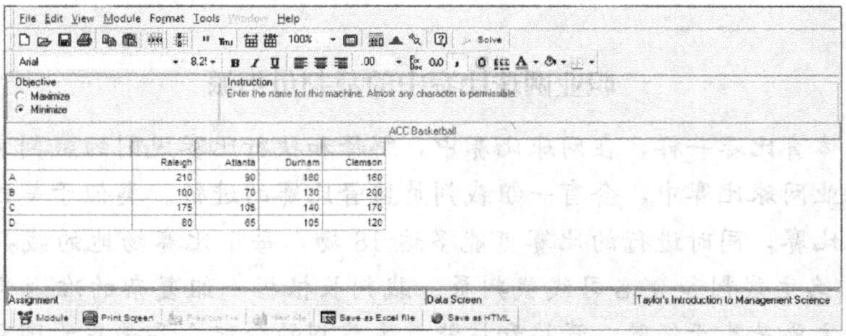

界面 6-17

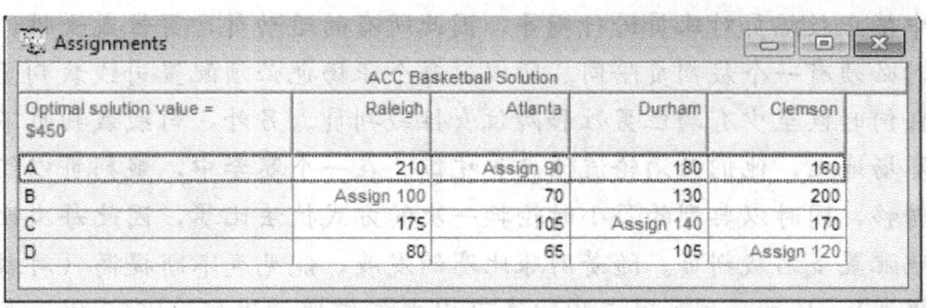

界面 6-18

管理科学应用

联合太平洋铁路公司空货车厢供应

联合太平洋铁路公司（UP）为占美国领土面积 2/3 的西部的 23 个州提供服务，是北美最大的铁路公司，拥有 32 000 多英里的铁轨，每年收入 370 亿美元。它拥有大约 105 000 个运货车厢，包括汽车车厢、货车车厢、平板车厢和无盖车厢。UP 将空的车厢交付给它的客户，客户再使用这些车厢在位于北美和墨西哥的不同地点之间运输货物。UP 也会将装满货物的车厢从它的客户那里运送到客户的客户，同时也运输客户位于 UP 铁路网络上的其他铁路公司的发货人的装满货物的车厢。由于一些因素的影响，如何分配空车厢以满足客户的需求成为 UP 面临的一个难题，这些影响因素包括：空的车厢分散在 UP 广阔的铁路网络上，通常与需要车厢的客户相距很远；可获得的车厢数量常常少于客户需要的车厢数量；将车厢分配给客户时必须符合 UP 的以最小成本提供最优质服务的标准。该公司使用运输模型解决此问题，在满足供应与需求约束的条件下，使运输成本最小化（成本包括惩罚成本、激励成本、需求不被满足带来的成本、库存持有成本等）。决策变量包括为满足客户需要根据日程安排分配的某一类型车厢的数量。UP 使用该模型逐步解决了它的车厢分配问题，同时研究了新的经营策略。该模型通过减少在满足客户需求过程中的人力投入及管理空车厢流动的操作成本使总投资减少了 35%。

资料来源：A. K. Narisetty, J. -P. P. Richard, D. Ramcharan, D. Murphy, G. Minks, and J. Fuller, "An Optimization Model for Empty Freight Car Assignment at Union Pacific Railroad," *Interfaces* 38, no. 2 (March-April 2008): 89-102.

管理科学应用

职业网球比赛中的裁判员指派

与所有的体育比赛一样，在网球比赛中，解释和执行比赛规则的裁判员的角色是非常关键的。在职业网球比赛中，会有一组裁判员监督比赛的进行。类似于美国网球公开赛这样的大型网球比赛，同时进行的比赛可能多达 18 场，每个比赛场地的裁判员可能会达到 10 人，包括 1 名主裁判和 9 名司线裁判员。裁判长根据一组复杂的准则为比赛分配裁判员，这些准则主要是基于经验、资格和技能。主裁判的分配主要是基于国籍、球员历史和经验，而司线裁判员的分配是基于特定位置（即球场上的各条线）的技能和经验。同时，在比赛过程中禁止教练员对球员进行指导，因此所有的运动员，男性或女性，他们需要离开比赛场地时必须有一个裁判员陪同。所以，每个球场也必须配置司线裁判员，以保证每个比赛场地任何时候至少有两位男性和两位女性裁判员。另外，司线裁判员不能一整天都待在一个比赛场地上，他们必须轮流休息和吃饭。在一个赛季中，裁判员以组的形式在各个比赛之间转移，同时以典型的每小时轮换一次的方式执法比赛，因此每次比赛都需要给各个比赛场地配置多名裁判员。随着网球比赛的发展，能见度不断提高（对裁判员技能的要求也不断提高），从第一周到第三周比赛可以在任何地方进行。2002 年，在观看美国网球公开赛时，本文的作者之一注意到了裁判长在下雨引起比赛大范围延期的情况下对裁判员重新安排时所面临的困难。他和合作者随后构建了一个为一次赛事中各场比赛指派裁判员的线性规划模型。该模型基于技能评级制度，根据裁判员的历史表现将其分为 1（最好）到 7 共 7 个等级。每个球场被分配了一个优先级，同时基于需要的最大和最小的技能等级对球场上的位置（线）进行分配。模型的总目标是使球场每个位置上指定的裁判员的技能等级偏离球场各个位置（即主裁与司线裁判）上的目标技能等级的值的加权和最小。该模型包含多个约束：首先，每个可分配的裁判员在一个计划周期（即时间段）内只能被分配一次；其次，每组裁判员必须有恰当数量的裁判员，并且对于每次分配，每个被分配的裁判员必须具备与球场相应位置相一致的技能等级；最后，每组裁判员必须具备恰当的性别构成。2004 年，美国网球协会花费了 2 513 小时对所有在美国举行的网球比赛进行裁判员安排，该文作者构建的这个模型使这一时间缩短了 68%～91%，从而使裁判长在为比赛安排裁判时只需花费之前所用时间的 75%。

资料来源：A. Farmer，J. Smith，and L. Miller，"Scheduling Umpire Crews for Professional Tennis Tournaments，" *Interfaces* 37，no. 2 (March-April 2007)：187-196.

小　结

本章介绍了 3 种特殊类型的线性规划问题——运输问题、转运问题和指派问题。正如本章开头所说，它们都属于线性规划问题中的一个大类——网络流问题。在下一章，我们将研究其他几个网络流问题，包括最短路径问题、最小生成树问题和最大流问题。虽然这些问题的目标不同，但都与运输问题和指派问题有相同的一般特征，即从产地到目的地的商品的流动。

解题实例

此例将说明运输问题的求解过程。

问题描述

某混凝土公司从 3 个工厂运输混凝土到 3 个建筑工地，3 个工厂的供应能力、3 个建筑工地的需求量及每吨混凝土的运输成本如下表所示：

工厂	建筑工地			供应量（吨）
	A	B	C	
1	8 美元	5 美元	6 美元	120
2	15 美元	10 美元	12 美元	80
3	3 美元	9 美元	10 美元	80
需求量(吨)	150	70	100	280

建立此问题的线性规划模型并用 Excel 进行求解。

求解过程

第 1 步：建立线性规划模型

$$\min Z=8x_{1A}+5x_{1B}+6x_{1C}+15x_{2A}+10x_{2B}+12x_{2C}+3x_{3A}+9x_{3B}+10x_{3C}$$

$$\text{s. t.}\begin{cases}x_{1A}+x_{1B}+x_{1C}=120\\x_{2A}+x_{2B}+x_{2C}=80\\x_{3A}+x_{3B}+x_{3C}=80\\x_{1A}+x_{2A}+x_{3A}\leqslant 150\\x_{1B}+x_{2B}+x_{3B}\leqslant 70\\x_{1C}+x_{2C}+x_{3C}\leqslant 100\\x_{ij}\geqslant 0\end{cases}$$

第 2 步：使用 Excel 进行求解

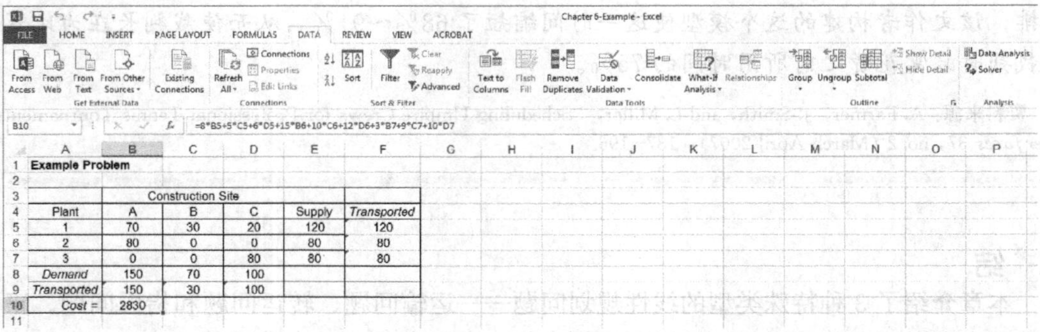

习　题

2. 考虑如下运输问题：

起始地	目的地（成本，美元）			供应量
	1	2	3	
A	6	9	100	130
B	12	3	5	70
C	4	8	11	100
需求量	80	110	60	

构建此问题的线性规划模型并用计算机求解。

4. 考虑如下运输问题：

起始地	目的地（成本，美元）			供应量
	1	2	3	
A	6	9	7	130
B	12	3	5	70
C	4	8	11	100
需求量	80	110	60	

请用计算机求解此问题。

8. 橘子经种植、采摘、挑选后储存在位于坦帕、迈阿密和弗雷斯诺的 3 个仓库中。这些仓库向纽约、费城、芝加哥和波士顿的市场供应橘子。下表显示了每卡车橘子的运输成本（单位为 100 美元）、供应量及需求量。由于分销商之间签有协议，从迈阿密到芝加哥的运输被禁止。

起始地	目的地（成本，100 美元）				供应量
	纽约	费城	芝加哥	波士顿	
坦帕	9	14	12	17	200
迈阿密	11	10	6	10	200
弗雷斯诺	12	8	15	7	200
需求量	130	170	100	150	

构建此问题的线性规划模型，并用计算机求解。

13. 无限计算机公司向东海岸的大学和学院销售微型计算机，它从 3 个分销仓库运输计算机。公司在学年开始时可向各大学供应如下数量的微型计算机：

分销仓库	供应量（微型计算机）
1. 里士满	420
2. 亚特兰大	610
3. 华盛顿	340
总计	1 370

有 4 所大学订购了微型计算机，这些微型计算机必须在学年开始时运到大学并安装好：

大学	需求量（微型计算机）
A. 理工学院（Tech）	520
B. 农机学院（A&M）	250
C. 州立大学（State）	400
D. 中央大学（Central）	380
总计	1 550

每台计算机从每个分销仓库到每所大学的运输和安装成本如下表所示：

起始地	目的地（成本，美元）			
	A	B	C	D
1	22	17	30	18
2	15	35	20	25
3	28	21	16	14

用计算机求解此问题。

14. 在习题 13 中，无限计算机公司希望能够更好地满足它所供应的 4 所大学的需求。目前，这家公司正在考虑两种方案：(1) 将里士满仓库的容量扩大到 600 台，这样花费的成本相当于每台微型计算机的处理和运输成本再额外增加 6 美元；(2) 购买一个位于夏洛特的新仓库，此仓库可供应的微型计算机量为 300 台，该仓库到理工学院的运输成本为 19 美元，到农机学院的运输成本为 26 美元，到州立大学的运输成本为 22 美元，到中央大学的运输成本为 16 美元。如果只考虑运输成本（即不考虑资本成本），管理人员应该选择哪一种方案？

15. 习题 13 中的无限计算机公司已经确定，当公司不能满足它所供应的大学对微型计算机的需求时，大学以后将会购买其他公司的微型计算机，因此，公司估计出了需求没有被满足的每台微型计算机的缺货成本，这反映了未来销售量和商誉的损失。每所大学的缺货成本如下：

大学	成本（美元）/微型计算机
A. 理工学院	40
B. 农机学院	65
C. 州立大学	25
D. 中央大学	50

求解包含这些缺货成本的习题 13 中的问题，并计算运输总成本和缺货总成本。

30. PM 计算机服务公司使用从开放市场上购买的元件来生产个人计算机。公司每月最多可以生产 300 台个人计算机。PM 公司想制定新的一年里上半年的生产计划。1 月生产一台个人计算机的成本为 1 200 美元。然而，PM 公司知道计算机元件的成本每月都将下降，所以生产一台计算机的总成本每月会降低 5%。每台计算机的月库存持有成本为 15 美元。下表显示了每月的计算机需求量。请为 PM 计算机服务公司制定一个使总成本最小的生产计划。

月份	需求量	月份	需求量
1	180	4	210
2	260	5	400
3	340	6	320

31. 在习题 30 中，假设每月的个人计算机需求量都增加了，见下表：

月份	需求量	月份	需求量
1	410	4	620
2	320	5	430
3	500	6	380

除了每月 300 台的正常生产能力之外，PM 计算机服务公司也可通过加班的方式每月再额外生产 200 台计算机。一台个人计算机的加班生产成本比正常生产成本高 20%。请为 PM 计算机服务公司制定一个使总成本最小的生产计划。

34. 东方快递公司是一家全球配送公司，负责将其客户的产品运送给中国香港、新加坡和中国台北的顾客。东方快递公司运输的所有产品储存在 3 个配送中心，一个位于洛杉矶，一个位于萨凡纳，另一个位于加尔维斯敦。对于未来的一个月，公司在洛杉矶的配送中心有 450 个装载计算机零件的集装箱可供使用，在萨凡纳的配送中心有 600 个集装箱可供使用，在加尔维斯敦的配送中心有 350 个集装箱可供使用。公司收到来自中国香港的集装箱订货量为 600 个，来自新加坡的订货量为 500 个，来自中国台北的订货量为 500 个。每个集装箱从每个美国港口到每个海外港口的运输成本见下表：

美国分销中心	海外港口（成本，1 000 美元/集装箱）		
	中国香港	新加坡	中国台北
洛杉矶	300	210	340
萨凡纳	490	520	610
加尔维斯敦	360	320	500

作为其美国顾客的海外经纪人，东方快递公司对未履行的订单负责。如果公司没有满足一个订单，将会给公司带来较高的惩罚成本。对于未实现的需求，中国香港顾客收取的惩罚成本是每个集装箱 800 美元，新加坡顾客收取的惩罚成本是每个集装箱 920 美元，中国台北顾客收取的惩罚成本是每个集装箱 1 100 美元。构建模型并求解此问题以确定使运输成本最小的从每个美国分销中心到每个海外港口的运输方案，同时指出惩罚成本占总成本的比例。

41. 某国家批发及网络零售商在全国拥有 3 个仓库和 3 个主要的分销中心。通常情况下，商品从仓库直接运输到分销中心。然而，每个分销中心也可用作中间的转运点。下表显示了仓库和分销中心之间的运输成本（美元/单位）、每周每个仓库的供应量（100 单位）及每个分销中心的需求量（100 单位）。

仓库	分销中心			供应量
	A	B	C	
1	12	11	7	70
2	8	6	14	80
3	9	10	12	50
需求量	60	100	40	

分销中心之间的运输成本见下表：

分销中心	分销中心		
	A	B	C
A	—	8	3
B	1	—	2
C	7	2	—

请制定使总运输成本最小的仓库和分销中心之间的最优运输方案。

44. 肯泰科公司是一家电子零件和电子元件的全球销售商，其客户为美国的电子产品公司，包括计算机制造商和音频/视频产品制造商。肯泰科公司与俄罗斯、东欧和西欧以及地中海沿岸地区的制造商签订了采购元件和零件的合同，将购买的元件和零件运到位于格但斯克、汉堡和里斯本这 3 个欧洲港口的仓库中。基于美国顾客的需求，公司将各种零部件装进集装箱。每个欧洲港口每月可供使用的集装箱的数量是限定的。公司用轮船将这些集装箱运送到诺福克、杰克逊维尔、新奥尔良和加尔维斯敦港口。然后，通常再用汽车将集装箱从这些港口运送到内陆的 3 个港口——皇家前线镇（弗吉尼亚）、堪萨斯和达拉斯。每月每个港口有固定数量的货物拖车可供使用。这些港口有时被称为“货运之乡”或联合运输点，在这里，集装箱被收集起来并由一种运输方式转为另外一种运输方式（即由汽车运输转为铁路运输或反之）。最后，这些集装箱从内陆港口被运送到肯泰科公司位于图森、丹佛、匹兹堡、纳什维尔和克利夫兰的分销中心。下表是这个海外供应链上从每个起始点到每个目的地的处理和运输成本（美元/集装箱）以及每个港口可供使用的集装箱数。

欧洲港口	美国港口				可用的集装箱数
	4. 诺福克	5. 杰克逊维尔	6. 新奥尔良	7. 加尔维斯敦	
1. 格但斯克	1 725	1 800	2 345	2 700	125
2. 汉堡	1 825	1 750	1 945	2 320	210
3. 里斯本	2 060	2 175	2 050	2 475	160

美国港口	内陆港口			联合运输能力（集装箱数）
	8. 达拉斯	9. 堪萨斯	10. 皇家前线镇	
4. 诺福克	825	545	320	85
5. 杰克逊维尔	750	675	450	110
6. 新奥尔良	325	605	690	100
7. 加尔维斯敦	270	510	1 050	130
联合运输能力（集装箱数）	170	240	140	

内陆港口	工厂				
	11. 图森	12. 丹佛	13. 匹兹堡	14. 纳什维尔	15. 克利夫兰
8. 达拉斯	450	830	565	420	960
9. 堪萨斯	880	520	450	380	660
10. 皇家前线镇	1 350	390	1 200	450	310
需求量	85	60	105	50	120

构建线性规划模型并求解，以制定使总的运输成本最小的从供应链上的每个装载点到每个目的地的最优运输方案。

45. 在习题 44 中，肯泰科公司担心由于美国分销商正在压缩运输成本，因此它们只接受花费时间最短的运输方案。假设每个美国分销商每月只接受一次主要的集装箱运输。下表总结了肯泰科的海外供应链上每个装载点和每个目的地之间的运输时间（单位：天）。这些时间不仅包括运输时间，而且包括在每个港口的加工、装载和卸载的时间。

欧洲港口	美国港口			
	4. 诺福克	5. 杰克逊维尔	6. 新奥尔良	7. 加尔维斯敦
1. 格但斯克	22	24	27	30
2. 汉堡	17	20	23	26
3. 里斯本	25	21	24	26

美国港口	内陆港口		
	8. 达拉斯	9. 堪萨斯	10. 皇家前线镇
4. 诺福克	10	8	6
5. 杰克逊维尔	12	9	8
6. 新奥尔良	8	7	10
7. 加尔维斯敦	12	6	8

内陆港口	分销中心				
	11. 图森	12. 丹佛	13. 匹兹堡	14. 纳什维尔	15. 克利夫兰
8. 达拉斯	5	6	5	7	8
9. 堪萨斯	6	4	4	5	7
10. 皇家前线镇	10	5	7	4	6

a. 建立线性规划模型并求解，为此供应链上每一个分销中心制定最优运输路线以使总的运输时间最少。确定每一个美国分销商的运输路线和运输时间。

b. 假设每个欧洲港口只能提供 3 次运输，这对 a 求解出的方案有何影响？

47. Pinnacle 公司是美国的一家家庭用品制造商，该公司早在十余年前就把它的制造车间转移到了亚洲。公司在美国东海岸建立了许多配送中心，这些配送中心位于港口附近。产品通过集装箱进口，在很多情况下，Pinnacle 公司的家庭用品以半成品的形式到达美国东海岸，公司在配送中心组装后将成品运往各地的零售商，例如，摩托车零部件、电子零件、家居用品和半成品家具等是从不同的亚洲制造商进口的。现在，公司打算在欧洲一些港口的附近新建 3 个配送中心，用于欧洲市场需要的产品的组装和分销，还有部分半成品将会最终运往美国的分销中心。下表显示了位于欧洲港口附近的 7 个可能的备选点和它们的处理能力、亚洲港口的发运能力以及从亚洲港口到各备选点的单位运输费用。

	备选的分销中心							
亚洲港口	F. 鹿特丹	G. 汉堡	H. 安特卫普	I. 不来梅	J. 瓦伦西亚	K. 里斯本	L. 勒阿弗尔	发送能力
中心成本	$16 725 000	$19 351 000	$13 766 000	$15 463 000	$12 542 000	$13 811 000	$22 365 000	
A. 香港	$3 466	$3 560	$3 125	$3 345	$3 060	$3 120	$3 658	235
B. 上海	$3 190	$3 020	$3 278	$3 269	$2 987	$2 864	$3 725	170
C. 釜山	$2 815	$2 700	$2 890	$3 005	$2 465	$2 321	$3 145	165
D. 孟买	$2 412	$2 560	$2 515	$2 875	$2 325	$2 133	$2 758	325
E. 高雄	$2 600	$2 800	$2 735	$2 755	$2 473	$2 410	$2 925	405
处理能力	565	485	520	490	310	410	605	

下表是欧洲的备选配送中心到美国各港口的单位运输费用（美元）和美国各港口的需求：

备选分销中心	美国港口			
	M. 纽约	N. 萨凡纳	O. 迈阿密	P. 新奥尔良
F. 鹿特丹	$2 045	$1 875	$1 675	$2 320
G. 汉堡	$2 875	$2 130	$1 856	$2 415

续前表

备选分销中心	美国港口			
	M. 纽约	N. 萨凡纳	O. 迈阿密	P. 新奥尔良
H. 安特卫普	$2 415	$2 056	$1 956	$2 228
I. 不来梅	$2 225	$1 875	$2 075	$2 652
J. 瓦伦西亚	$1 865	$1 725	$1 548	$1 815
K. 里斯本	$1 750	$1 555	$1 420	$1 475
L. 勒阿弗尔	$3 056	$2 280	$2 065	$2 425
需求	440	305	190	365

建立一个混合整数规划模型，帮助 Pinnacle 公司选择三个欧洲港口，并求解。

51. 某商店需要为 4 台机器指派 4 名机工。每个机工操作每台机器的每小时费用如下：

操作工	机器（成本，美元/小时）			
	A	B	C	D
1	12	11	8	14
2	10	9	10	8
3	14	8	7	11
4	6	8	10	9

然而，机工 3 没有足够的经验，不能操作机器 B。

a. 请制定最优指派方案，并计算最小总成本。

b. 将此问题构建成一个一般的线性规划模型。

71. 全国大学生长曲棍球联盟正在筹备一年一度的全国冠军赛。16 支参加最终淘汰赛的队伍从联赛冠军和州赛排名最高的队伍中产生。这 16 支队伍从强到弱进行了排名，排在第 1 位的最强，排在第 16 位的最弱。在八强赛中，主办方希望每场比赛中的两支队伍按照第 1 名对第 16 名，第 2 名对第 15 名的规律进行。8 场比赛的场馆已经根据场馆规模、设施条件和当地球迷历史数量预先选定。但是，由于大学生联赛预算限制，并且为了尽可能鼓励球队参赛，主办方想制定一个场馆分配方案，以使每支队伍到达场馆的交通距离最短。下表是 16 支队伍的排名情况和每支队伍到达 8 个场馆的距离（英里）：

队伍	排名	场馆							
		1	2	3	4	5	6	7	8
Jackets	1	146	207	361	215	244	192	187	467
Big Red	2	213	0	193	166	312	233	166	631
Knights	3	95	176	348	388	377	245	302	346
Tigers	4	112	243	577	0	179	412	276	489
Bulldogs	5	375	598	112	203	263	307	422	340
Wasps	6	199	156	196	257	389	388	360	288

续前表

队伍	排名	场馆							
		1	2	3	4	5	6	7	8
Blue Jays	7	345	231	207	326	456	276	418	374
Blue Devils	8	417	174	178	442	0	308	541	462
Cavaliers	9	192	706	401	194	523	233	244	446
Rams	10	167	157	233	294	421	272	367	521
Eagles	11	328	428	175	236	278	266	409	239
Beavers	12	405	310	282	278	344	317	256	328
Bears	13	226	268	631	322	393	338	197	297
Hawks	14	284	161	176	267	216	281	0	349
Lions	15	522	209	218	506	667	408	270	501
Panthers	16	197	177	423	183	160	510	344	276

建立一个线性规划模型，帮助主办方确定每支队伍应在哪个场馆进行比赛。

案例 6-1

Tech 的管理科学和信息技术部

Tech 的管理科学和信息技术部每学期提供 36～40 个三小时课程。其中一些课程由研究生导师授课，而另外 20 个课程则由该系的 10 名普通教师授课。在每年年初，系主任会给教师发一份问卷，要求他们用 1～5 的等级来评价他们对教授每门课程的偏好，其中 1 是"强烈偏爱"，2 是"喜欢但不像 1"，3 是"中性"，4 是"不喜欢教，但不强烈"，5 是"非常不喜欢教这门课"。教师反馈了他们的喜好，如下表所示。

教师	课程							
	3424	3434	3444	3454	4434	4444	4454	4464
Clayton	2	4	1	3	2	5	5	5
Houck	3	3	4	1	2	5	5	4
Huang	2	3	2	1	3	4	4	4
Major	1	4	2	5	1	3	2	2
Moore	1	1	4	4	2	3	3	5
Ragsdale	1	3	1	5	4	1	1	2
Rakes	3	1	2	5	3	1	1	1
Rees	3	4	3	5	5	1	1	3
Russell	4	1	3	2	2	5	5	5
Sumichrast	4	3	1	5	2	3	3	1

秋季学期，该系将提供 3424 和 4464 课程各两节；3434，3444，4434，4444 和 4454 课程各三节；3454 一节。普通教师在正常学期负责教授两门课。（一旦部门负责人确定课程，他将给教师安排课程时间，以免冲突。）帮助部门负责人制定一个教学计划，尽可能满足教师的教学偏好。

案例 6－2

斯德特兰运输公司

雷切尔是斯德特兰运输公司南大西洋办公处的经理。目前，她正和一家名叫化聚的工业用化学品制造公司谈判一份新的运输合同。化聚公司想让斯德特兰公司负责将其 6 个工厂的废物装载并运送到 3 个垃圾处理点。雷切尔非常担心化聚公司的这项提议。这些需要运输的化学废物一旦泄漏将会给人类和环境造成极大危害。此外，这 6 个工厂所在地区的一些城镇和社区禁止在它们所管辖的区域中运输危险物质。因此，不但要谨慎处理每次运输并减速行驶，而且在很多情况下必须绕道而行。

雷切尔估计出了从每个工厂运输一桶废物到每个垃圾处理点的运输成本，如下表所示：

工厂	垃圾处理点（成本，美元）		
	白水	罗斯堪洛	杜拉斯
金斯波特	12	15	17
丹维尔	14	9	10
美肯	13	20	11
塞尔玛	17	16	19
哥伦布	7	14	12
亚兰敦	22	16	18

6 个工厂每周产生的废物量如下：

工厂	每周的废物量（桶）
金斯波特	35
丹维尔	26
美肯	42
塞尔玛	53
哥伦布	29
亚兰敦	38

位于白水、罗斯堪洛和杜拉斯的 3 个垃圾处理点每周最多可容纳的废物量分别为 65 桶、80 桶和 105 桶。

除了考虑将废物从每个工厂直接运到每个垃圾处理点之外，雷切尔还考虑使用将每个工厂和垃圾处理点当作中间运输点的运输方法。汽车可将废物卸到某个工厂或垃圾处理点，然后再由另一辆汽车将废物装载上并运到目的地，反之亦然。斯德特兰公司不承担任何处理成本，因为化聚公司已同意承担废物在工厂和垃圾处理点的所有处理成本。或换句话说，斯德特兰公司将只承担实际运输成本。因此，雷切尔希望能够发现在中间点卸货或装货而不是直接运输货物从而使运输成本降低的可能性。

雷切尔估计了 6 个工厂之间每桶废物的运输成本，如下表所示：

工厂	工厂（成本，美元）					
	金斯波特	丹维尔	美肯	塞尔玛	哥伦布	亚兰敦
金斯波特	—	6	4	9	7	8
丹维尔	6	—	11	10	12	7
美肯	5	11	—	3	7	15
塞尔玛	9	10	3	—	3	16
哥伦布	7	12	7	3	—	14
亚兰敦	8	7	15	16	14	—

3个垃圾处理点两两之间每桶废物的运输成本估计值如下：

垃圾处理点	垃圾处理点（美元）		
	白水	罗斯堪洛	杜拉斯
白水	—	12	10
罗斯堪洛	12	—	15
杜拉斯	10	15	—

雷切尔希望确定使斯德特兰公司的总成本最小的运输路线，以制定一份有关垃圾处理的合同提议提交给化聚公司。她特别想知道是直接从工厂运到垃圾处理点更便宜，还是在这些工厂和垃圾处理点卸下和装载一些废物更便宜。请建立一个模型帮雷切尔解决此问题，并求解该模型以确定最优路线。

案例6-3

柏林罕纺织公司

布伦达是柏林罕纺织公司的人事主管。目前，公司正在扩建工厂，布伦达必须填补梳理、纺纱、织造、检验和运输5个部门的5个新的管理职位的空缺。职位申请人需要参加一个测试心理和能力倾向的笔试。考试内容包含不同的模块，这些模块可以测试申请者的能力和对某一具体领域与岗位的适应性。例如，其中一个模块测试申请者是否具备最适合检验部门的心理特征和智力技能，而这些与运输部门所要求的心理特征和技能不同。布伦达有10名申请者申请这5个职位，他对这些申请者的测试结果进行了汇总。每名申请者每个职位模块的测试分数如下：

申请者	检测模块得分				
	梳理	纺纱	织造	检验	运输
Roger Acuff	68	75	72	86	78
Melissa Ball	73	82	66	78	85
Angela Coe	92	101	90	79	74
Maureen Davis	87	98	75	90	92
Fred Evans	58	62	93	81	75

续前表

申请者	检测模块得分				
	梳理	纺纱	织造	检验	运输
Bob Frank	93	79	94	92	96
Ellen Gantry	77	92	90	81	93
David Harper	79	66	90	85	86
Mary Inchavelia	91	102	95	90	88
Marilu Jones	72	75	67	93	93

布伦达想把这 5 个空缺职位提供给 5 名最合格的应试者。请为布伦达制定一个最优指派方案。

有一种可能的情况是，成功应聘职位的申请者中有一个或更多的人将会拒绝所提供的某个职位。如果有人拒绝了所提供的某个职位，布伦达希望能够雇用次优的人在此职位上工作。如果为梳理工作挑选的应聘者拒绝了提供给他的职位，布伦达应将此职位提供给另外的哪个申请者；如果为梳理工作和纺纱工作挑选的应聘者都拒绝了提供给他们的职位，布伦达应将这两个职位分别提供给其余哪两位申请者？如果有 3 个职位被拒绝了，那么怎样选择另外的申请者？

布伦达相信这组申请者都非常优秀。他想从这些人中留几位，以填补他相信不久将空缺的额外几个管理岗位。他有两个空缺的办事员职位可以提供给没有被初始的 5 个管理职位选中的 2 名最优秀的申请者。一旦有管理职位空缺时，他可以让他们填补。布伦达应如何选出这两个人？

案例 6－4

图像调色板公司

图像调色板公司位于南卡罗来纳州查尔斯顿市，主要制作美术艺术品，并生产彩色和黑白海报、平版画以及条幅。公司所有者凯瑟琳和林德赛·泰勒目前正与某位客户联系生产一种壮丽的彩色海报，以迎接即将到来的艺术节。此海报比凯瑟琳和林德赛以前所制作的任何产品都复杂。它需要 3 个颜料筛选阶段，并且加工过程必须快速进行才能产生预期的颜色效果。

他们通过停止其他所有的工作，可以为第 1 阶段提供 3 台机器，为第 2 阶段提供 4 台机器，为之后的加工阶段提供 2 台机器。每个阶段生产出来的海报可以在其后阶段的任何一台机器上进行加工。然而，所有机器的型号各不相同，使用年数的长短也不同，因此这些机器不可能在完成工作所必需的明确的时间范围内加工相同数量的海报。每个阶段不同机器的生产能力如下：

阶段 1	阶段 2	阶段 3
机器 1＝750	机器 4＝530	机器 8＝620
机器 2＝900	机器 5＝320	机器 9＝750
机器 3＝670	机器 6＝450	
	机器 7＝250	

由于这些机器的使用年数和型号各不相同，因此在这些机器上加工海报的成本也不相同。例如，海报先在机器1上加工，然后再在机器4上加工的成本是18美元。如果这张海报在机器4上加工后再在机器8上加工，这又需要额外花费36美元。

各阶段各台机器的每个组合的加工成本如下：

机器	机器（成本，美元）			
	4	5	6	7
1	18	23	25	21
2	20	26	24	19
3	24	24	22	23

机器	机器（成本，美元）	
	8	9
4	36	41
5	40	52
6	42	46
7	33	49

凯瑟琳和林德赛·泰勒不能确定应该按照怎样的路线从一个阶段到另一个阶段，才能以最小的成本生产尽可能多的海报。

案例6-5

猎鹰计算机系统公司的计划安排

吉姆·黄和洛德里克·惠勒（简称洛）是位于弗吉尼亚州阿灵顿市的大型购物中心的一家计算机商店的销售代表。当时，他们想在刚刚兴起且竞争非常激烈的微型计算机市场做生意。吉姆在整个夏季前往中国台湾探亲，并联系了一家生产微型计算机监视器的新公司，该公司当时正在寻找一家美国东海岸分销商。吉姆与该公司签订了一个每月最多供应500台监视器的暂定交易，并打电话让洛看看是否能找到一栋楼房作为运营地点，以及一些潜在的顾客。

洛去工作了。他做的第一件事是向马里兰州、弗吉尼亚州和宾夕法尼亚州的几所大学发送价目表，以签订作为这些学校的授权监视器销售商合同。接着，他开始寻找运营设施。吉姆和经营人员将为显示器提供一些小的实体改进，包括贴标签、检测、包装，然后储存起来以备运输。他知道他需要一幢安全性好，有空调系统和存储空间的楼房。然而，他的调查证明这比他预期的困难。他所需要的类型和大小的空房在该地区非常有限，并且很贵。洛开始担心他根本找不到合适的设施。他决定在弗吉尼亚州和马里兰州的郊区和乡村寻找空地。虽然他找到一些比较好的地点，但到那些地点的运输成本非常高。

洛对他的不成功而感到沮丧，于是向他的弟媳米里亚姆寻求帮助。米里亚姆是一家当地的房地产代理商。洛在他母亲家吃饭时向米里亚姆细说了他的困境，米里亚姆非常同情他。她告诉洛她在阿灵顿有一栋房屋可能正好是他所寻找的。第二天，她将领他去看看房子。和承诺的一样，米里亚姆带她看了看房子的底层，房子很好，有足够大的空间，安全性好，还有一间很好的办公室，位于有很多好餐馆的高消费购物区。洛非常高兴，这正是他们自己创业想要的环境。然而，当他问米里亚姆房租是多少的时候，洛的高兴劲全没有了。米里亚姆说她还没有详细计算租金，但大约为一年 100 000 美元。洛听了非常震惊，所以米里亚姆说她将为他提供一个备选方案：在经营的第 1 个月内，每台监视器的购买和储存费用为 10 美元，在该年剩余的月份中，每台监视器每月的储存费用增加 2 美元。米里亚姆解释说，根据他所告诉她的有关生意的事情，他们将在大约 8 月底或 9 月 1 日大学开学时才会有销售量。并且，他们的销售量将会在 5 月或 6 月降为 0。她说她的方案意味着她将与他们共担风险。如果他们与一些大学履行完合同，她将和他们一起获得奖励；如果他们销售的监视器不多，她将亏损。在学校放假的夏季，如果没有监视器存货，他们将不用付给她钱。

洛考虑了一下，这个方案听起来很公平。他喜欢这栋房子，也喜欢这个他们不用为一成不变的租金负责以及租金基本上是按台计算的想法。如果他们失败了，至少他们不会欠下一大笔租金，所以他同意了米里亚姆的方案。当吉姆从中国台湾回来时，他对洛与米里亚姆的租金商议非常怀疑。他对洛没有更加透彻地分析成本感到懊恼，但洛解释说当时不清楚他们的成本、潜在销售量或销售价格，做出分析是一件困难的事情。吉姆说他明白这是怎么回事了，他的担心多少得到了洛已与 5 所大学签订了授权每台监视器的销售价格为 180 美元的监视器授权销售商的合同这一事实的补偿。因此，他们两个坐下来开始计划他们的经营。

首先，吉姆说他已经为他们计算出了包括监视器的购买成本、运输成本以及他们自己的原材料、劳动力和管理成本在内的监视器的总成本。在前 4 个月，每台监视器每月的成本降为 100 美元，但在其后的 4 个月，每台监视器每月的成本将降为 90 美元，最后，在该年剩余的 4 个月，每台监视器每月的成本将为 85 美元。吉姆说中国台湾公司预料能够降低采购价格，因为当公司获得了经验时，生产成本将会降低。

吉姆认为，他们自己的成本也将下降。他也解释说他们将不能够退回任何商品，所以制定一个使成本最小的订购计划是非常重要的。这一点现在比吉姆原先考虑的要重要得多，因为他们特殊的租金协议是基于库存水平的。洛说他已经调查过和他们签约的几所大学过去的计算机销售量，并且提出了该学年以后 9 个月（从 9 月到下一年 5 月）的销售量预测值，如下：

9 月	340
10 月	650
11 月	420
12 月	200
1 月	660
2 月	550
3 月	390
4 月	580
5 月	120

洛向吉姆解释，大学的计算机设备购买量在秋季上升，然后下降至1月再上升，并刚好在该学年末，学校预算用完之前的4月，再次达到最高峰。接着，吉姆问洛他们应该制定怎样的每月从台湾订购监视器的计划才能满足需求，同时又使他们的成本最小。洛说这是一个很困难的问题。但他记得当他在大学里学习管理科学课程时，他看到过使用运输模型制定生产计划。吉姆建议他找出他的旧课本并抓紧时间工作，否则他们将把赚取的所有利润都交给米里亚姆。然而，在洛制定出好的计划之前，吉姆接到一个从中国台湾公司打来的电话，台湾公司在电话中说他们后来又接到了更多的生意，因此，他们再没有能力每月供应多达500台的监视器。相反，台湾公司可以在前4个月供应700台监视器，后5个月供应300台。吉姆和洛非常担心这将会给他们的库存成本带来怎样的影响。

A. 建立一个运输模型，并求解此模型，为猎鹰计算机系统公司制定一个使成本最小的最优订购和销售计划。

B. 如果猎鹰系统公司必须借大约20万美元创业，在第1年结束时，它能盈利吗？

C. 中国台湾公司供应模式的变化将给猎鹰计算机系统公司带来怎样的损失？

D. 米里亚姆是怎样进行她的备选的租金协议方案的？施行不变的10万美元租金方案将会对她更有利吗？

案例 6-6

Tech 的“回馈”周末

Tech 学生会（SGA）每年春天都组织一个名为“回馈周末”的活动。SGA 要求学生组队在4月份连续4个星期六为大学社区的居民开展项目工作。学生团队一般由3～5名学生组成，来自各个宿舍、兄弟会、姐妹会、学生俱乐部和组织。SGA 通过居民在城镇水电费账单上以及报纸广告和互联网网站上填写的表格选择项目。居民简要填写了他们想要完成的项目的表格，主要是院子清理工作，另外还有窗户清洗、绘画，把不需要的物品拖到 Goodwill 或垃圾场等杂项工作。一旦表格被提交，SGA 的协调员与团队组长一起到居民家中评估所涉及的项目，团队组长提供他们团队完成该项目所需时间的估计。大部分项目都涉及体力劳动，因为团员的数量、团队的技能以及团队的实际构成不同，完成项目的时间将因团队而异。以下是6支队伍提交的第一个周六的12个项目的时间估计(小时)。

团队	工作											
	1	2	3	4	5	6	7	8	9	10	11	12
1	5	1.5	6	4	3.5	3	6	1.5	5	1	3	3.5
2	4	2	5	5	3	3	5.5	2	4	1.5	4	2.5
3	5	1.5	6.5	3.5	2.5	4	4.5	3	3.5	1	3.5	4
4	3.5	2	5.5	4	3.5	2.5	5	2.5	4	1.5	2.5	4
5	3.5	3	5	3	2	4	5	2	5	2	4	3
6	4	2.5	6	5	3	3	6	3	3	2	3	3.5

SGA 的主要目标是在可能的情况下完成所有12个项目。每个团队可以参与多个项

目，但不能工作超过 8 小时。SGA 希望每个团队至少参与一个项目。

a. 确定最佳的项目分配，以使完成的项目数量最大化。

b. 如果 SGA 希望完成所有 12 个项目，同时使所有 6 个团队所需的总时间最小化，请确定项目团队的分配。如果有的话，两种解决方案之间的区别是什么？每个团队的平均工作时间是多少？

案例 6-7

尔肯国际服装公司的全球运输业务

尔肯国际服装公司在全世界制造服装。目前，它与美国服装批发商签订了一份在下一个圣诞节期间供应男士山羊皮和羔羊皮夹克的合同。此销售商在印第安纳州、北卡罗来纳州和宾夕法尼亚州都有分销中心。销售商向折扣零售连锁店、大型购物中心中的小连锁商店以及百货商店供应皮夹克。到达分销中心的夹克都未完工，销售商在分销中心为皮夹克添加一层特殊的衬里和对于每位顾客来说特定的标签。销售商和尔肯公司已签订了合约，在下个秋季，尔肯向销售商的 3 个分销中心交付如下数量的皮夹克：

分销中心	山羊皮夹克	羔羊皮夹克
印第安纳	1 000	780
北卡罗来纳	1 400	950
宾夕法尼亚	1 600	1 150

尔肯在西班牙、法国、意大利、委内瑞拉和巴西拥有生产皮夹克的鞣皮厂和服装制造厂。其中，鞣皮厂位于法国的曼地、意大利的福贾、西班牙的萨拉戈萨、巴西的费拉和委内瑞拉的提格雷。制造厂位于欧洲的里摩日、那不勒斯和马德里，以及南美洲的圣保罗和加拉加斯。下表显示了从每个鞣皮厂可获得的皮革供应量，以及每个工厂为了这个特殊的皮夹克订单的加工能力。

鞣皮厂	山羊皮供应量（磅）	羔羊皮供应量（磅）
曼地	4 000	4 400
福贾	3 700	5 300
萨拉戈萨	6 500	4 650
费拉	5 100	6 850
提格雷	3 600	5 700

制造厂	生产能力（磅）
马德里	7 800
那不勒斯	5 700
里摩日	8 200
圣保罗	7 600
加拉加斯	6 800

在制造厂生产皮上衣的过程中，有 37.5%的山羊皮革和 50%的羔羊皮革被浪费掉了。(也就是说，它们在生产过程中被丢弃了，或为了交换其他副产品而被卖掉。）经过生产之后，一件山羊皮上衣大约重 3 磅，一件羔羊皮上衣大约重 2.5 磅（都不含衬里，衬里在美国添加)。

下表是每磅未剪皮皮革的鞣皮、运输以及在每个制造厂生产成为皮上衣的成本。

鞣皮厂	工厂（美元/磅）				
	马德里	那不勒斯	里摩日	圣保罗	加拉加斯
曼地	24	22	16	21	23
福贾	31	17	22	19	22
萨拉戈萨	18	25	28	23	25
费拉	—	—	—	16	18
提格雷	—	—	—	14	15

注意，夹克的生产成本对于山羊皮和羔羊皮而言是相同的。同样，皮革可以在法国、西班牙和意大利鞣皮，然后直接运到南美洲的工厂来生产夹克。但是，反过来，由于高关税的限制就不可能了（也就是说，鞣好的皮革不会被运到欧洲生产夹克)。

欧洲和南美洲的工厂一旦生产好皮夹克，尔肯就将这些皮夹克运到位于里斯本、马赛和加拉加斯的港口，然后从这些港口运到位于新奥尔良、杰克逊维尔和萨凡纳的美国港口。每个港口可用的运输能力以及从每个工厂到每个港口的运输成本如下：

工厂	港口（美元/磅）		
	里斯本	马赛	加拉加斯
马德里	0.75	1.05	—
那不勒斯	3.45	1.35	—
里摩日	2.25	0.60	—
圣保罗	—	—	1.15
加拉加斯	—	—	0.20
能力（磅）	8 000	5 500	9 000

从欧洲和南美洲的每个港口到每个美国港口的运输成本以及每个美国港口可使用的卡车和铁路的运输能力如下表所示：

港口	美国港口（美元/磅）		
	新奥尔良	杰克逊维尔	萨凡纳
里斯本	2.35	1.90	1.80
马赛	3.10	2.40	2.00
加拉加斯	1.95	2.15	2.40
能力（磅）	8 000	5 200	7 500

从美国港口到 3 个分销中心的转运成本如下：

美国港口	分销中心（美元/磅）		
	印第安纳	北卡罗来纳	宾夕法尼亚
新奥尔良	0.65	0.52	0.87
杰克逊维尔	0.43	0.41	0.65
萨凡纳	0.38	0.34	0.50

尔肯希望制定一个成本最小且能够满足美国的 3 个分销中心的需求的原材料和上衣运输方案。为尔肯建立一个将生成使成本最小的解的转运模型。

案例 6-8

WeeMow 草坪服务公司

WeeMow 为德雷珀城市社区的住宅和商业客户提供草坪服务，服务项目包括修剪草坪、草坪护理、景观绿化和草坪维护等。在夏季，WeeMow 每天有 3 个工作组可被安排工作，第一组有 5 名成员，第二组有 4 名成员，第三组有 3 名成员。WeeMow 每天大概有 14 份工作。每个小组每天工作 10 小时，但由于天气炎热和工作中断，每个小组每小时的实际工作时间仅为 45 分钟。下表显示了每个小组某一天中完成这 14 份工作所需的时间（分钟）及成本（美元）。

工作	第一组		第二组		第三组	
	时间	成本	时间	成本	时间	成本
A	45	48	65	55	78	50
B	67	70	72	60	85	55
C	90	94	105	84	125	75
D	61	65	78	65	97	60
E	75	80	93	75	107	66
F	48	55	70	65	95	60
G	65	70	83	70	110	67
H	67	72	84	74	100	65
I	95	100	110	90	130	80
J	60	65	78	65	95	62
K	47	55	64	57	84	56
L	114	118	135	110	155	95
M	85	90	107	98	125	75
N	63	67	81	72	102	68

WeeMow 公司的经理想制定这一天给这些工作指派工作组的指派方案。假设一天的预算为 1 000 美元，建立线性规划模型并求解该模型，确定使总的工作时间最少的给这些工作指派工作组的方案，并计算这一天每个工作组的工作时间。接下来，将总成本最小作为目标函数重新构建并求解此模型。在这两个模型中，你认为经理应该选择哪一个，并说明理由。

第7章

网络模型

网络是由传输内容的不同节点连接而成的路径组合，一个或者更多的项目都是通过类似的网络由一个节点转移到另一个节点。每个人都很熟悉这种网络，如高速公路系统、电话网络、铁路网络和电视网络。以铁路网路为例，它由一些铁轨（路径）组成，这些铁轨由不同的中转车站连接在一起。

近年来由于以下一些原因，网络模型成为很流行的一种管理科学方法。首先，网络可以画出，就像为分析后的系统画出来的一幅图表，这让管理人员可以直观地解释系统，从而可以加强对系统的了解。其次，很多实际存在的系统可以很容易地设想和构建为网络模型。

在本章和下一章，我们会看到不同类型的网络模型。本章将介绍一类系统中由事物流引导的网络模型，这类网络称为网络流模型。我们将讨论如何使用网络流模型来分析三类不同的问题：最短路径问题、最小生成树问题和最大流量问题。在第 8 章，我们将演示广泛应用于项目分析的网络模型方法 PERT 和 CPM。

网络构成

网络是由两个要素组成的图形：节点和分支。节点代表了联结点——例如，多个街道的交叉点。分支把各个节点连接在一起并表现网络中的流从一个节点到另一个节点的状态。节点在网络图中表示为圆圈，分支表示为连接各个节点的线。节点一般表现为地点，例如城市、十字路口或者航空铁路中转站；分支是连接各个节点的路径，比如公路连接了城市和各个十字路口，航空线路和铁轨连接了各个中转站。举例来说，连接佐治亚州亚特兰大和密苏里州圣路易斯之间的不同中转站的铁路线路如图 7－1 所示。

图 7－1 显示的网络由 4 个节点和 4 个分支组成。代表亚特兰大的节点表示初始节点，

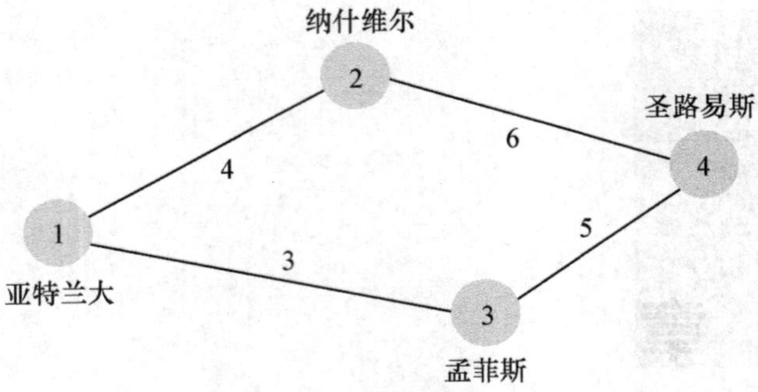

图 7-1 铁路线网络

根据我们希望从网络中得到的信息，其他 3 个节点中任意一个都可以表示目的地。我们可以看到每一个节点都用一个数字表示。数字可以比名称更好地区分节点和分支。例如，我们将起始节点（亚特兰大）定义为 1，从亚特兰大到纳什维尔的分支就可以表示为分支 1—2。

一般来说，每个分支上都有一个表示距离、时间长度或者成本的数字。因此，网络模型的目标是决策出网络中点与点之间的最短路径、最少时间、最低成本。在图 7-1 中，在每个分支上分别标有 4，6，3 和 5，这些数字代表相邻两个节点之间以小时计算的时间长度。旅行者由此可以知道从亚特兰大经由纳什维尔到圣路易斯需要 10 小时的路程，经由孟菲斯需要 8 小时的路程。

■最短路径问题

最短路径问题是确定初始点与几个目标点之间的最短距离。比如，Stagecoach 运输公司用 6 辆卡车把橘子从洛杉矶运到西部和中西部的 6 个城市。洛杉矶与目标城市之间的路线以及一辆卡车通过每条线路以小时计算的时间都显示在图 7-2 中。

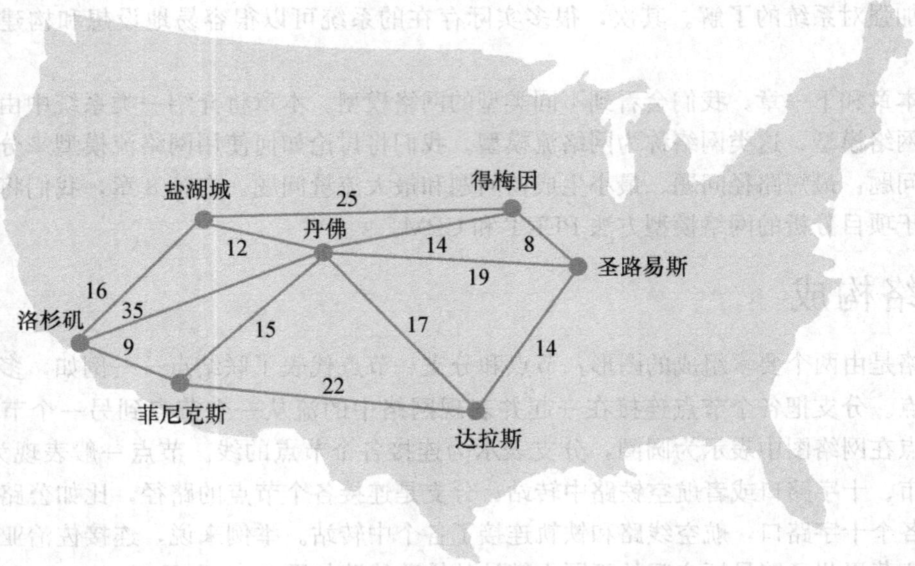

图 7-2 从洛杉矶出发的运输图

运输公司的经理希望能为卡车到达它们的目的地确定最佳的路径（以最少运输时间为表现形式）。这个问题可以用最短路径的方法来解决。应用此方法的时候可以很便利地将系统的运输路线表示为网络，如图 7－3 所示。

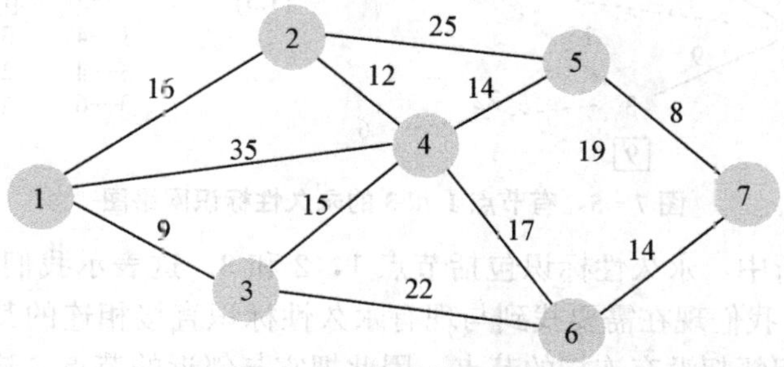

图 7－3 运输线路网络

再次强调一下，我们在图 7－3 中的目标是决定从起始点（节点 1）到 6 个目的地（节点 2 到节点 7）的最短距离。

□ 最短路径问题的解决

我们先从节点 1（起始点）开始研究最短路径问题的解决方法，我们要求从起始点到它直接连接的点（相邻点）的最短时间。与节点 1 直接相连的是节点 2，3 和 4，如图 7－4 所示。在这三者中，最短时间是到节点 3 的 9 小时。因此，我们得到了第一条从节点 1 到节点 3（从洛杉矶到菲尼克斯）的最短路径。现在我们要将节点 1 和 3 作为永久性标识来表示我们已经找到在这些点中的最短路径。（因为没有路径到达节点 1，它就自动成为永久性标识。）

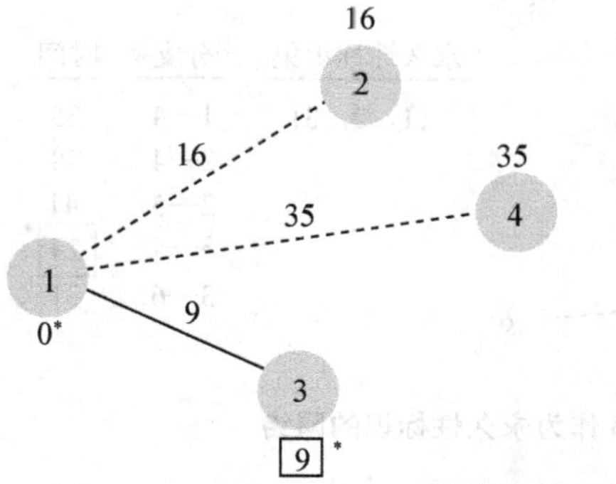

永久性标识集	分支	时间
{1}	1—2	16
	1—4	35
	1—3	[9]*

图 7－4 节点 1 作为永久性标识的网络

在图 7－4 中到节点 3 的最短路径用实线标出，到节点 3 的最短时间（9 小时）用方框框起来了。随图形表示的表格描述了选择最短路径的过程。从节点 1 出发的三条分支为 1—2，1—4 和 1—3，最后一条路径包含最少的时间 9 小时。

接下来重复前述步骤来选择到节点 3 的最短路径。首先，我们要知道所有直接连接到永久性标识（节点 1 和 3）的节点。如图 7－5 所示，节点 2，4 和 6 直接连接到节点 1 和 3 上。

下一步是决策 3 个节点（2，4 和 6）直接连接到永久性标识节点的最短路径。有两个分支从节点 1（1—2 和 1—4）开始，两个分支从节点 3（3—4 和 3—6）开始。最短时间的分支是到节点 2 耗时 16 小时的分支。因此，节点 2 成为永久性标识的一部分。在图 7－5 附带的计算表格中，到节点 6（分支 3—6）的时间是 31 小时，这由分支 3—6 的 22 小时加上到达节点 3 的最短路径 9 小时得到。

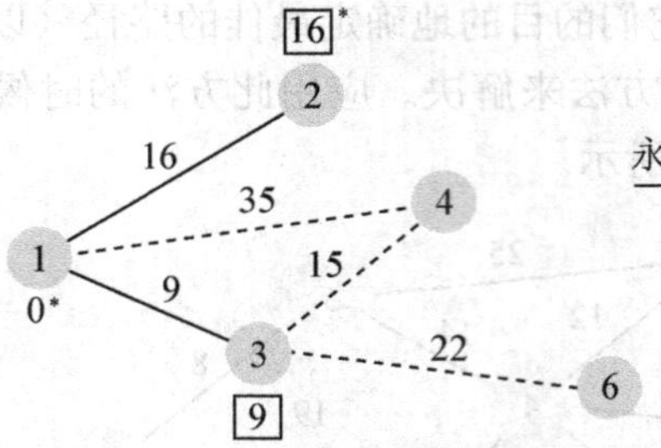

永久性标识集	分支	时间
{1,3}	1—2	16*
	1—4	35
	3—4	24
	3—6	31

图 7－5　有节点 1 和 3 的永久性标识网络图

在接下来的分析中，永久性标识包括节点 1，2 和 3。这表示我们找到了到达节点 1，2 和 3 的最短路径。我们现在需要找到与现有永久性标识直接相连的其他节点。节点 5 是唯一与永久性标识相邻却没有连接的节点，因此把它与邻近的节点 2 连接起来。另外，节点 4 现在直接与节点 2 连接（因为节点 2 已经是永久性标识之一了）。在图 7－6 中可以看到添加的这些标识。

从永久性标识节点（1，2 和 3）到它们直接相连的点的 5 条分支显示在图 7－6 附带的表格中。最短时间的分支 3—4 耗时 24 小时。因此，我们已经选出到节点 4 的最短路径，并将到达节点 4 的路径加入永久性标识中。到节点 4 的最短路径从节点 1 出发经过节点 3。从节点 1 出发经过节点 2 到达节点 4 的路径比较长，因此之后我们都将不再考虑这些路径作为到达节点 4 的最短路径。

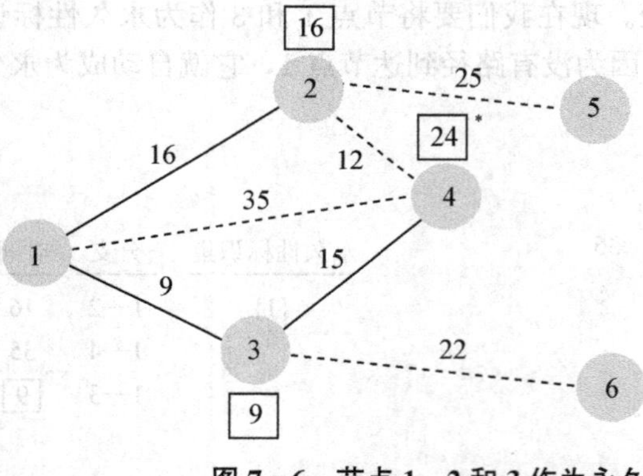

永久性标识集	分支	时间
{1，2，3}	1—4	35
	2—4	28
	2—5	41
	3—4	24*
	3—6	31

图 7－6　节点 1，2 和 3 作为永久性标识的网络

总结如下：到节点 1，2，3 和 4 的最短路径已经确定，现在这些节点形成了新的永久性标识。

接下来重复确定直接连接到永久性标识节点的过程。这些直接相连的节点为 5，6 和 7，如图 7－7 所示。在图 7－7 中去掉了从节点 1 和 2 到节点 4 的分支，因为我们已经可以肯定到节点 4 的最短路径并不包括这些分支。

从图 7－7 附带的表格中可以看到，在连接到节点 5，6 和 7 的分支中，分支 3—6 最短，累计耗时 31 小时。因此，节点 6 加入永久性标识中。这意味着我们已经找到了到达节点 1，2，3，4 和 6 的最短路径。

重复上述过程，可以发现直接连到（相邻）永久性标识的节点是节点 5 和 7，如图 7－8 所示。（分支 4—6 已经被去掉，因为通过节点 3 到达节点 6 的路径比通过节点 4 到达节点 6 的路径更优。）

永久性标识集	分支	时间
{1，2，3，4}	2—5	41
	3—6	31*
	4—5	38
	4—7	43
	4—6	41

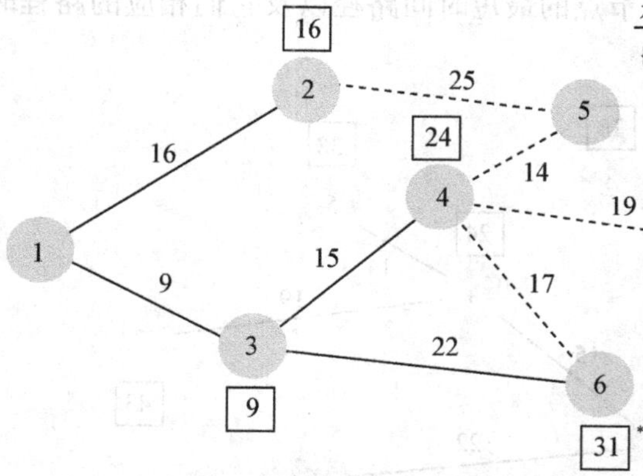

图 7-7 节点 1，2，3 和 4 作为永久性标识的网络

永久性标识集	分支	时间
{1，2，3，4，6}	2—5	41
	4—5	38*
	4—7	43
	6—7	45

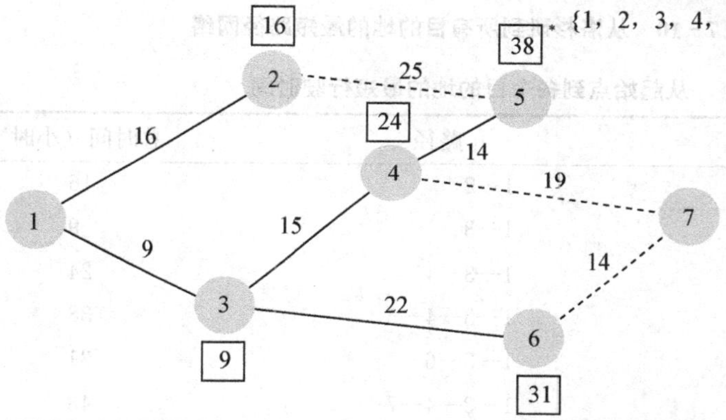

图 7-8 由节点 1，2，3，4 和 6 组成永久性标识的网络

在连接到节点 5 和 7 的分支中，分支 4—5 耗时 38 小时，是所有分支中累计耗时最少的。因此，节点 5 加入了永久性标识中。现在可以确定到达节点 1，2，3，4，5 和 6 的最短路径（在图 7-8 中用实线表示）。

剩下的唯一与永久性标识相连的就是节点 7，如图 7-9 所示。在节点 7 连接到永久性标识的 3 条分支中，分支 4—7 耗时 43 小时，为时间最短的路径。所以，节点 7 加入永久性标识中。

永久性标识集	分支	时间
{1，2，3，4，5，6}	4—7	43*
	6—7	45
	5—7	46

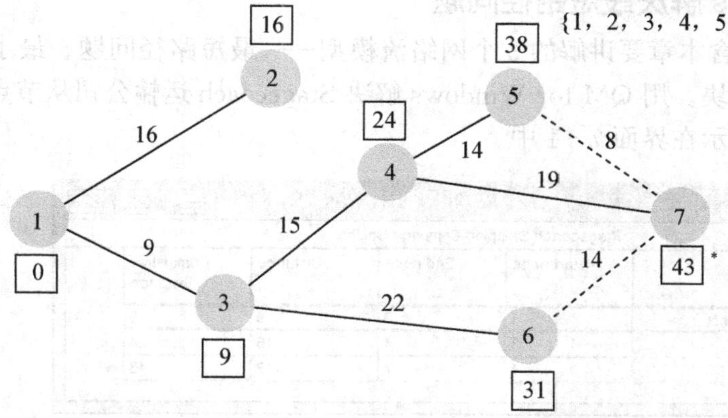

图 7-9 由节点 1，2，3，4，5 和 6 组成永久性标识的网络

从初始点（节点 1）到其他 6 个节点的最短时间路径以及它们相应的路程时间总结在图 7－10 和表 7－1 中。

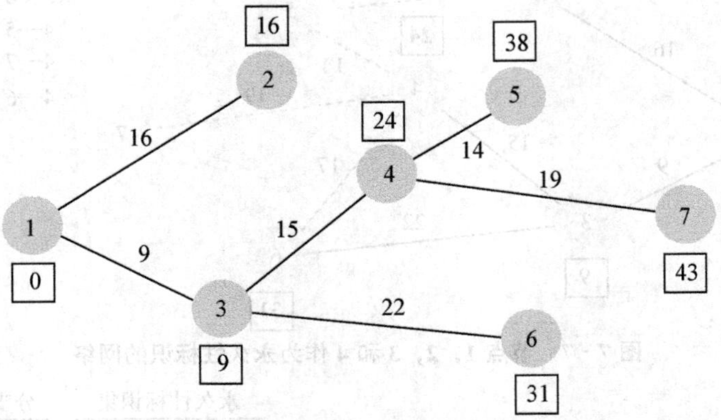

图 7－10　从洛杉矶到所有目的地的最短路径网络

表 7－1　从起始点到各个目的地的最短行驶时间

从洛杉矶到	路径	总时间（小时）
盐湖城（节点 2）	1—2	16
菲尼克斯（节点 3）	1—3	9
丹佛（节点 4）	1—3—4	24
得梅因（节点 5）	1—3—4—5	38
达拉斯（节点 6）	1—3—6	31
圣路易斯（节点 7）	1—3—4—7	43

现总结最短路径解决方法的步骤如下：

1. 选择从初始点出发的最短路径。
2. 用初始点以及步骤 1 中选取的点建立永久性标识集。
3. 确定所有与永久性标识直接相连的点。
4. 从直接连接到永久性标识的点中选取最短路径（分支）。
5. 重复步骤 3 和步骤 4，直到所有的点都成为永久性标识。

□ 用 QM for Windows 解决最短路径问题

QM for Windows 包含本章要讲解的 3 个网络流模型——最短路径问题、最小生成树问题和最大流量问题的模块。用 QM for Windows 解决 Stagecoach 运输公司从节点 1 到节点 7 的最短路径的方法显示在界面 7－1 中。

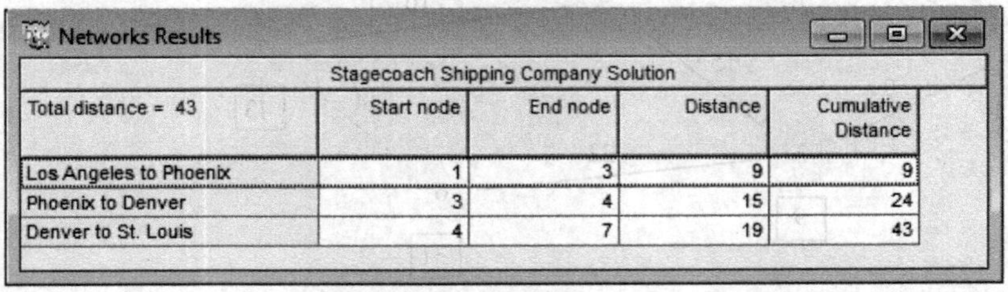
Networks Results

Stagecoach Shipping Company Solution

Total distance = 43	Start node	End node	Distance	Cumulative Distance
Los Angeles to Phoenix	1	3	9	9
Phoenix to Denver	3	4	15	24
Denver to St. Louis	4	7	19	43

界面 7－1

在界面7-1的解决窗口中提供了从初始节点1（洛杉矶）到最终节点7（圣路易斯）的最短路径。从网络中任何节点到其他节点的最短路径都可以通过在解决窗口顶端指出初始和目标节点来确定。例如，从节点1到节点5的最短路径显示在界面7-2中。

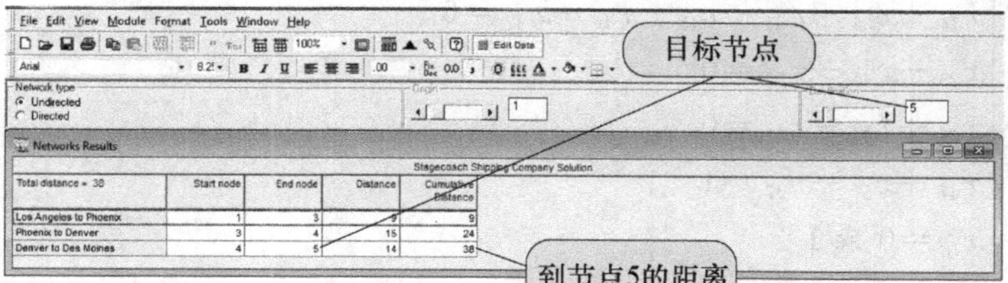

界面7-2

□用Excel解决最短路径问题

我们还可以用Excel电子表格像解决0-1整数线性规划问题一样，建模来解决最短路径网络问题。为了建立线性规划模型，首先要为网络中每个分支定义一个决策变量，如下所示：

$$x_{ij}=\begin{cases}0,\text{分支 } i\text{—}j \text{ 没有被选为最短路径中的一部分}\\1,\text{分支 } i\text{—}j \text{ 被选择}\end{cases}$$

为了降低模型的复杂性，我们也假设只能从数字比较小的节点流到数字比较大的节点（即可以从3到4，但不能从4到3）。这大大减少了变量的数量以及要考虑的分支的数量。

目标函数通过使每个分支的决策变量值乘以每个分支的运输时间的总和最小化来获得：

$$\min Z=16x_{12}+9x_{13}+35x_{14}+12x_{24}+25x_{25}+15x_{34}+22x_{36}+14x_{45}+17x_{46}\\+19x_{47}+8x_{57}+14x_{67}$$

每个节点都有一个约束条件用来表示无论什么进入一个节点后一定要能输出。这涉及流量的守恒。这也意味着一辆卡车要离开洛杉矶，要么选择分支1—2，要么选择分支1—3，要么选择分支1—4。对节点1的约束显示如下：

$$x_{12}+x_{13}+x_{14}=1$$

在节点2，卡车从分支1—2进入，从分支2—4或者2—5离开，显示如下：

$$x_{12}=x_{24}+x_{25}$$

这个约束也可以表示成：

$$x_{12}-x_{24}-x_{25}=0$$

节点3，4，5，6和7的约束条件类似。完整的线性规划模型如下：

$$\min Z=16x_{12}+9x_{13}+35x_{14}+12x_{24}+25x_{25}+15x_{34}+22x_{36}+14x_{45}+17x_{46}\\+19x_{47}+8x_{57}+14x_{67}$$

$$
\text{s.t.}\begin{cases}
x_{12}+x_{13}+x_{14}=1\\
x_{12}-x_{24}-x_{25}=0\\
x_{13}-x_{34}-x_{36}=0\\
x_{14}+x_{24}+x_{34}-x_{45}-x_{46}-x_{47}=0\\
x_{25}+x_{45}-x_{57}=0\\
x_{36}+x_{46}-x_{67}=0\\
x_{47}+x_{57}+x_{67}=1\\
x_{ij}=0 \text{ 或 } 1
\end{cases}
$$

这个模型在 Excel 中的解决方法和其他线性规划问题一样，利用电子表格顶端的“工具”菜单中的“求解”选项。界面 7－3 显示了用 Excel 电子表格解决 Stagecoach 运输公司的问题。决策变量在单元格 A6：A17 中表示。因此，这些单元格中值为 1 时就意味着该分支是最短路径中的一部分。单元格 F6：F17 包含的是每个分支的运输时间（小时），目标函数在单元格 F18 里面，显示在表格顶端的公式栏中。模型关于通过每个节点的流量限制包含在右边的表中。比如，单元格 I6 包含对节点 1 的约束公式，＝A6＋A7＋A8，单元格 I7 包含对节点 2 的约束公式，＝A6－A9－A10。

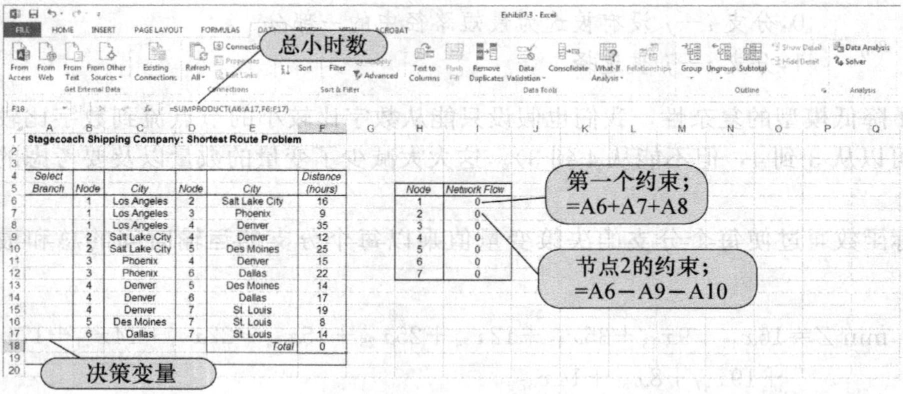

界面 7－3

界面 7－4 显示了从屏幕顶端“工具”（Tools）菜单获得的求解参数的对话框。可以看

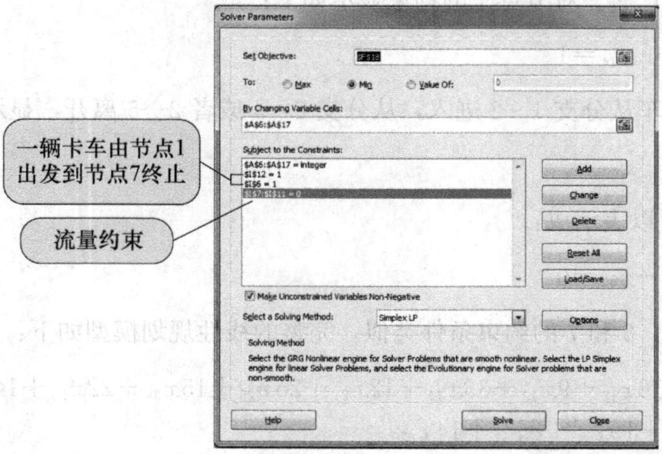

界面 7－4

到，包含在单元格 I6 中对节点 1 的约束值为 1，这表示有一辆卡车从节点 1 出发；包含在单元格 I12 中对节点 7 的约束条件也为 1，表示一辆卡车会在节点 7 终止。这是一个整数规划模型，所以一定要点击“选项”（Options），并取消“忽略整数限制”（Ignore Integer Constraints）按钮。

Excel 运行结果显示在界面 7 - 5 中。注意单元格 A7，A11 和 A15 中的值都为 1，它们表示的是以下分支：1—3，3—4 和 4—7 是最短路径。如单元格 F18 中显示的，所有路程的运输总时间为 43 小时。

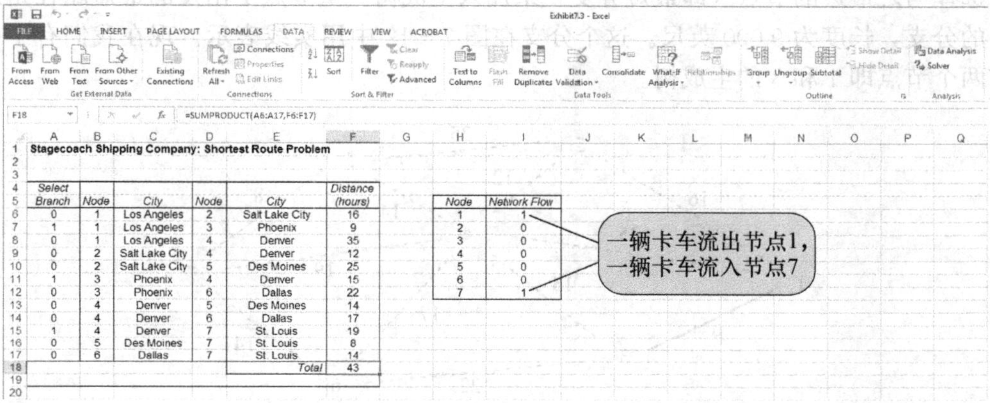
F18 =SUMPRODUCT(A6:A17,F6:F17)

Stagecoach Shipping Company: Shortest Route Problem

Select Branch	Node	City	Node	City	Distance (hours)
0	1	Los Angeles	2	Salt Lake City	16
1	1	Los Angeles	3	Phoenix	9
0	1	Los Angeles	4	Denver	35
0	2	Salt Lake City	4	Denver	12
0	2	Salt Lake City	5	Des Moines	25
1	3	Phoenix	4	Denver	15
0	3	Phoenix	6	Dallas	22
0	4	Denver	5	Des Moines	14
0	4	Denver	6	Dallas	17
1	4	Denver	7	St. Louis	19
0	5	Des Moines	7	St. Louis	8
0	6	Dallas	7	St. Louis	14
				Total	43

Node	Network Flow
1	1
2	0
3	0
4	0
5	0
6	0
7	1

界面 7 - 5

最小生成树问题

上一节提到的最短路径问题的目标是确定网络中初始节点与目标节点之间的最短路径。在这个例子中，我们确定了从洛杉矶到其他 6 个城市的最短路径。最小生成树问题与最短路径问题相似，但它的目标是将网络中所有的节点连接起来，从而使总的分支长度达到最短。最终的网络用最短的总路程（或长度）包含（连接）网络中所有的点。

为了论证最小生成树的问题，我们引入下面的案例。大都市有线电视公司要建设由 7 个郊区作为一个整体的电视电缆系统。每个郊区都要连接到主电缆系统。有线电视公司希望能铺设一条与所有的郊区距离总和最小的主电缆系统。有线电视公司可以铺设的路线（经镇理事会同意）以及每条路线需要的电缆长度（1 000 英尺）显示在图 7 - 11 中。

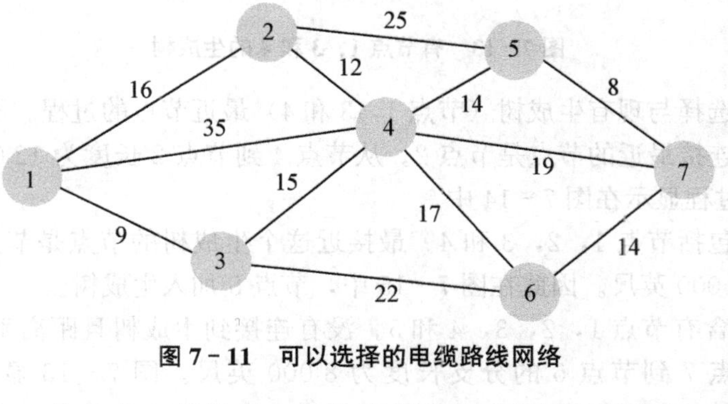

图 7 - 11　可以选择的电缆路线网络

在图 7 - 11 中，从节点 1 到节点 2 的分支代表从郊区 1 到郊区 2 可用的电缆路线。

这条路线需要 16 000 英尺的电缆。可以看出，图 7－11 中的网络与图 7－2 中最短路径问题的网络是一样的。这两个网络被有意画成相同的，以证实两类网络模型结果的不同。

□ 最小生成树问题的解决过程

最小生成树问题的解决方法比最短路径问题更加简单。在最小生成树问题的解决方法中，我们可以从网络中任意节点开始，不过为了方便通常从节点 1 开始。从节点 1 开始，我们选择与之最近的节点（即最短分支）来加入生成树。从节点 1 出发的最短路径是到节点 3 的分支，长度为 9 000 英尺。这个分支在图 7－12 中用实线表示。现在我们有了一个含有两个节点即 1 和 3 的生成树。

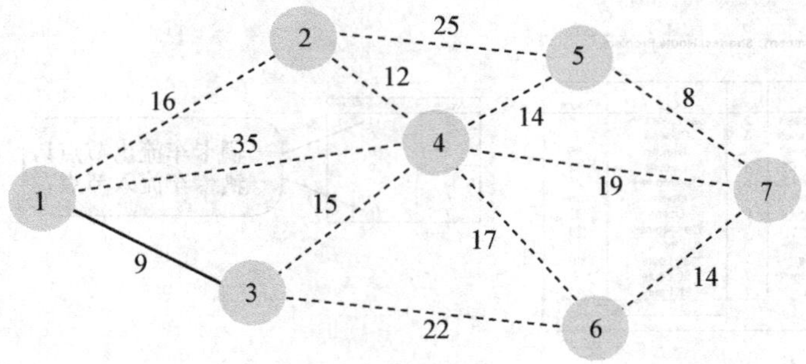

图 7－12　有节点 1 和节点 3 的生成树

下一步是选择与生成树最近的且并未加入的节点。到节点 1 或节点 3（现有生成树中的节点）最近的节点是节点 4，最短分支的长度是 15 000 英尺。节点 4 加入生成树显示在图 7－13 中。

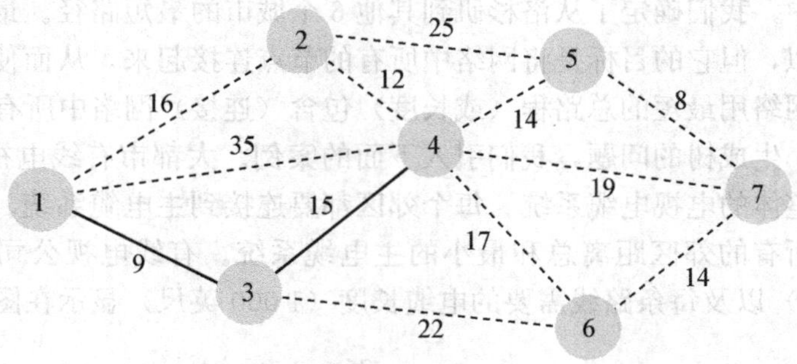

图 7－13　有节点 1，3 和 4 的生成树

接下来重复选择与现有生成树（节点 1，3 和 4）最近节点的过程。不属于现有生成树且与现有生成树连接最近的节点是节点 2。从节点 4 到节点 2 长度为 12 000 英尺。将节点 2 加入生成树的过程显示在图 7－14 中。

现在生成树包括节点 1，2，3 和 4。最接近这个生成树的节点是节点 5，它到节点 4 的分支长度为 14 000 英尺。因此在图 7－15 中，节点 5 加入生成树。

现在生成树含有节点 1，2，3，4 和 5。没有连接到生成树且距离生成树最近的点为节点 7。连接节点 7 到节点 5 的分支长度为 8 000 英尺。图 7－16 显示了节点 7 加入生成树。

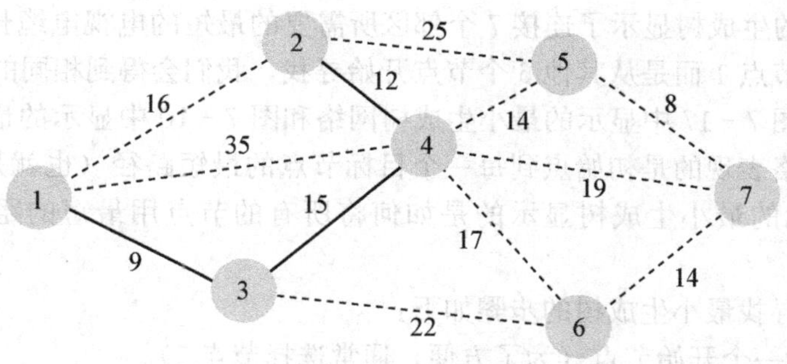

图 7－14　有节点 1，2，3 和 4 的生成树

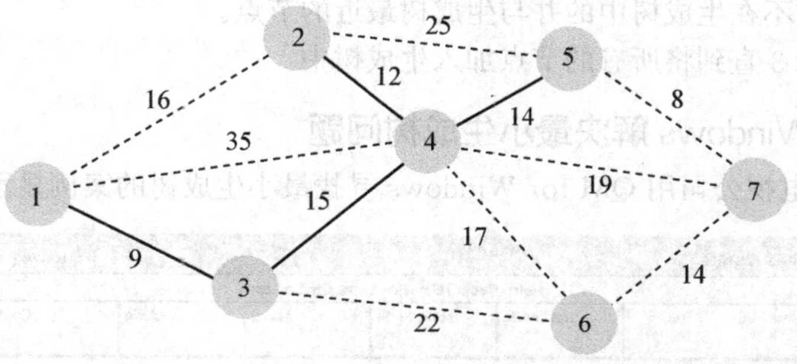

图 7－15　有节点 1，2，3，4 和 5 的生成树

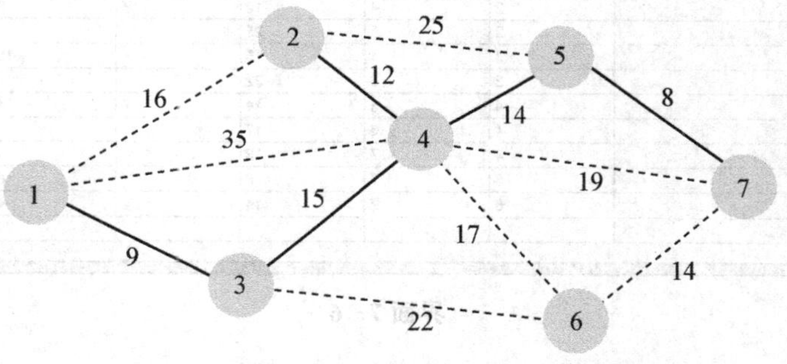

图 7－16　有节点 1，2，3，4，5 和 7 的生成树

现在生成树包括节点 1，2，3，4，5 和 7。唯一剩下的没有加入生成树的节点是节点 6。生成树中与节点 6 最近的点为节点 7，它们之间分支长度为 14 000 英尺。图 7－17 显示的是包含所有节点的完整的生成树。

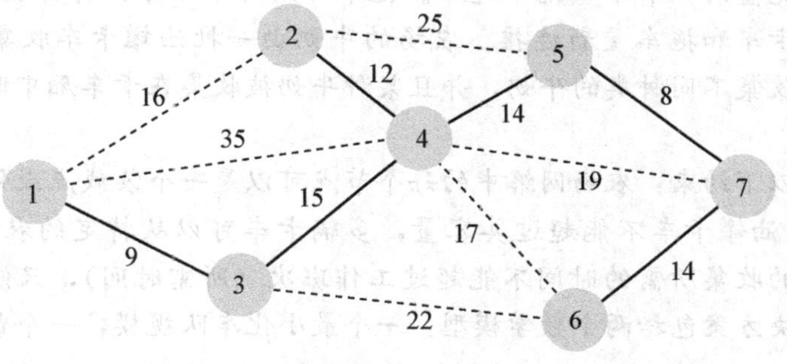

图 7－17　电视电缆网络最小生成树

图 7 - 17 中的生成树显示了连接 7 个郊区所需要的最短的电视电缆长度——72 000 英尺。如果不是从节点 1 而是从其他 6 个节点开始寻找，我们会得到相同的最小生成树。

我们要注意图 7 - 17 中显示的最小生成树网络和图 7 - 10 中显示的最短路径网络的不同。最短路径网络表现的是初始点到每一个目标节点的最短路径（也就是，6 条不同的路径）。与之相对比的最小生成树显示的是如何将所有的节点用最短的距离（长度）连接起来。

总的来说，寻找最小生成树的步骤如下：

1. 选择任意一个开始节点（为了方便，通常选择节点 1）。
2. 选择与开始节点最近的节点加入生成树。
3. 选择现在不在生成树中的并与生成树最近的节点。
4. 重复步骤 3 直到将所有的节点加入生成树中。

□ 用 QM for Windows 解决最小生成树问题

大都市有线电视公司用 QM for Windows 寻找最小生成树的案例显示在界面 7 - 6 中。

Networks Results

Metro Cable Television Company Solution

Branch name	Start node	End node	Cost	Include	Cost
1	0	2	16		
2	1	3	9	Y	9
3	1	4	35		
4	2	4	12	Y	12
5	2	5	25		
6	3	4	15	Y	15
7	3	6	22		
8	4	5	14	Y	14
9	4	6	17		
10	4	7	19		
11	5	7	8	Y	8
12	6	7	14	Y	14
Total					72

界面 7 - 6

管理科学应用

确定意大利最佳牛奶收集路线

ASSO. LA. C. 是一家意大利乳制品公司，收集不同城镇农民的原料奶。这些农场很小，无法通过“完整的”卡车和拖车进入。拖车必须与卡车分开并停放，卡车进入农场，收集牛奶，然后卡车和拖车重新连接。农场的牛奶由一批油罐卡车收集并运送到中央仓库。这些卡车要收集不同种类的牛奶，并且某种牛奶被收集在卡车厢中时，该车厢不能用于收集其他牛奶。

这个问题有以下约束：农场网络中的每个节点可以是一个装载点或停车区域（用于分离卡车和拖车），油罐卡车不能超过其容量，多辆卡车可以从特定的农民那里收集牛奶，对于一条路线上的收集所需的时间不能超过工作班次（所需时间），只能将一种牛奶分配给一个车厢。解决方案包括两个数学模型：一个最小化车队规模，一个最小化城镇收集路线长度。

在解决方案的测试中，该公司从位于意大利南部卡拉布里亚的 4 个城镇的 158 名农民那里采集牛奶，并将其运送到卡斯特罗维拉里市的一个中央仓库。该模型解决方案使整个卡车行驶距离减少了 14.4%，平均卡车载货率从 85%增加到 95%，这意味着每年可节约成本 166 000 欧元。收集和运输成本的降低使得公司能够向农民支付更高的牛奶价格，从而提高容量。

资料来源：M. Caramia and F. Guerriero, "A Milk Collection Problem with Incompatibility Constraints," *Interfaces* 40, no. 2 (March-April 2010): 130-43.

最大流量问题

在最短路径问题中，我们选择了从初始点（洛杉矶）到 6 个目的地的最短的卡车行驶路径。在最小生成树问题中，我们为有线电视公司找到了连接各点的最短网络。这两个问题都没有涉及各分支流量限定的问题。然而，网络中却存在着分支流量受限的问题。这类网络问题的目的是找到从初始点到最终节点的最大流量。这些问题叫作最大流量问题。

最大流量问题可以涉及水、煤气或者管道石油的流量；文件处理系统中的文件流（比如政府部门）；公路网络中的交通流；生产线系统中的产品流。在这些例子中，网络中的各个分支都有限定的流量且流量常常不同。考虑到这些情况，决策制定者需要确定通过系统可以获得的最大流量。

最大流量问题的一个例证就是如图 7-18 所示的奥马哈与圣路易斯之间的铁路系统网络。斯科特拖拉机公司要用火车从奥马哈运送拖拉机部件到圣路易斯。然而，合同限定了一周内每条线路该公司可以保证使用的火车数。

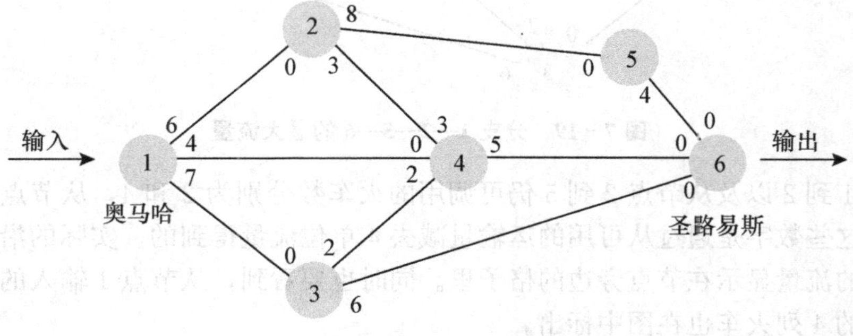

图 7-18　铁路系统网络

根据以上限制条件，公司想知道一周内从奥马哈到圣路易斯运走的拖拉机部件，可以使用火车的最大数量。每条分支上的数字是拖拉机公司运输到右边每个节点（代表的是铁路的联结点）可以使用的火车数量。例如，从节点 1（奥马哈）到节点 2 可以调用 6 列火车，从节点 2 到节点 5 可以调用 8 列，从节点 4 到节点 6（圣路易斯）可以调用 5 列火车。每个分支到它相邻的左边的节点的数字是相反方向运输可以调用的火车数量。例如，从节点 2 到节点 1 没有火车可以运输。从节点 1 到节点 2 的分支因其流只能在一个方向，所以可以认为是定向的分支（可以从节点 1 到节点 2，但是不可以从节点 2 到节点 1）。可以看到，在节点 2 和 4 以及节点 3 和 4 的分支上，流是可以双向流动的，这样的分支称为非定向的分支。

延伸阅读　艾兹格·W. 迪科斯彻、莱斯特·伦道夫·福特和德尔伯特·雷·富尔克森

1959 年，荷兰的艾兹格·W. 迪科斯彻（E. W. Dijkstra）提出了最小生成树问题和最短路径问题的解决方案（本章所示）。早在 1955 年，RAND 公司的莱斯特·伦道夫·福特（L. R. Ford，Jr.）和德尔伯特·雷·富尔克森（D. R. Fulkerson，乔治·丹齐格的同事）就引入了解决最大流量问题的过程，这个问题是从运输问题的研究中发展而来的。原来分析的问题是连接城市的铁路网络，其中每条铁路线路都有能力限制。

□ 最大流量问题的解决方法

在解决铁路系统火车数量的最大流量问题时，第一步是从初始点到目的地间的任意分支中随机选择一条，并在该分支上尽可能多地调用火车。在图 7-19 中，我们任意选择分支 1—2—5—6，通过这条分支的火车数为 4。我们把数量限定为 4 列火车是因为节点 5 和节点 6 之间可用的最大数量为 4。

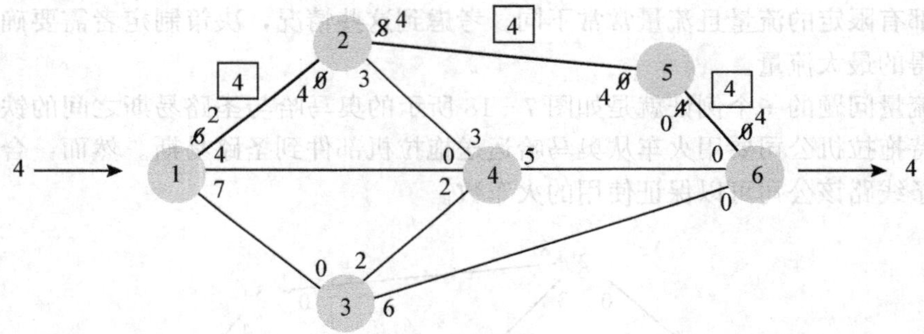

图 7-19　分支 1—2—5—6 的最大流量

从节点 1 到 2 以及从节点 2 到 5 仍可调用的火车数分别为 2 和 4，从节点 5 到 6 没有火车可用。这些数字是通过从可用的运输量减去 4 单位流量得到的。实际的沿着每条分支的 4 列火车的流量显示在节点旁边的格子里。同时也要看到，从节点 1 输入的 4 列火车与节点 6 输出的 4 列火车也在图中标出。

这条分支上的最终调整是将指定好的 4 列火车流量添加到分支 1—2—5—6 的每个节点左边。这些是反方向的流量。因此数值 4 在节点 2，5 和 6 被加上了 0 值。在一个不可能的方向上指定流量是不合适的。但这是该解决方法用来计算分支净流量的方式。（例如，在下一次循环中，从节点 5 到节点 2 有 1 列火车流量，那么正确方向的净流量可以通过从原来正确方向的 4 列火车流量减去这 1 列火车的错误方向流量。结果就是正确方向的净流量变为 3 个单位。）

我们现在已经完成了这个方法过程的一个迭代，需要进一步重复之前的步骤。再一次任意选择一条分支。这一次我们选择分支 1—4—6，如图 7-20 所示。这条分支的最大流量是 4 列火车，每个节点都减去了 4。这使得总的网络流量增加为 8 列火车（由我们把分支 1—4—6 的 4 单位流量加上之前图 7-19 中已确定的流量所得）。

最后一步是 4 列火车被增加到沿着分支节点 4 和 6 之间的反方向的流量上。

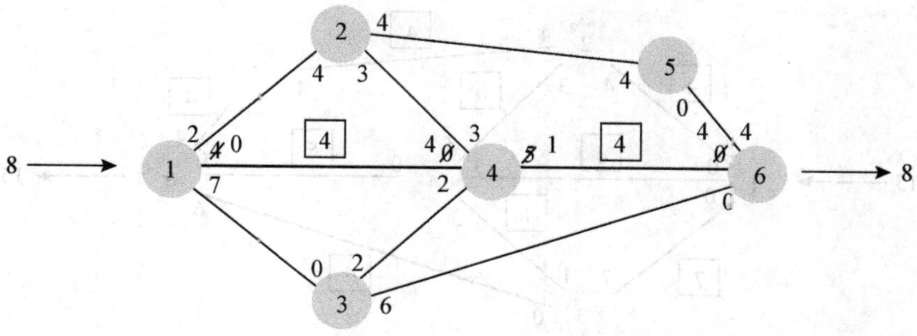

图 7-20　分支 1—4—6 的最大流量

现在任意选择一个分支，这次选择分支 1—3—6，该分支的最大可能流量为 6 列火车。沿着分支 1—3—6 减去这 6 单位流量，沿着反方向增加到分支上，如图 7-21 所示。这条分支的 6 单位流量加上之前确定的 8 单位流量，得到最终的 14 列火车的总流量。

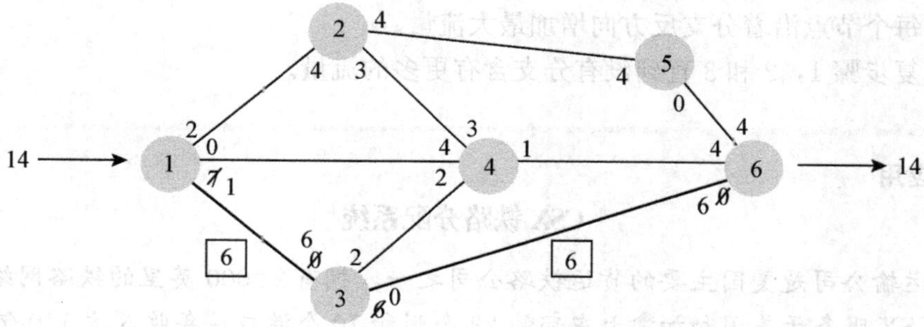

图 7-21　分支 1—3—6 的最大流量

注意到此刻我们可以选择的分支数量是有限的。例如，因为只允许 0 单位的流量通过，所以不能选择节点 3 到节点 6 的分支。同样，包含节点 1 到节点 4 分支的路线也是不能选择的。

沿着分支 1—3—4—6 可以通过的流量为 1 单位，如图 7-22 所示。这将总的流量从 14 增加到 15。最终结果显示在图 7-23 中。进一步观察图 7-23 中的网络可以发现，没有更多的有流量通过的路径。所有从节点 3，4 和 5 出来的分支都只有 0 单位的流量，这限制了网络中更多的分支。

我们完成了案例中最大流量的问题。其中最大的流量为 15 列火车。沿着各条分支的流量显示在图 7-23 的方框中。

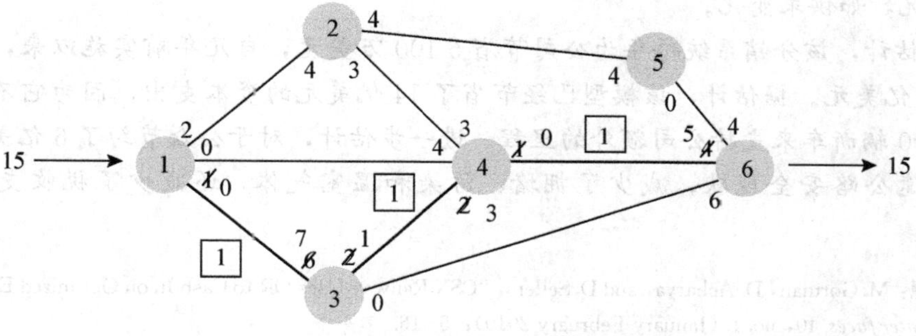

图 7-22　分支 1—3—4—6 的最大流量

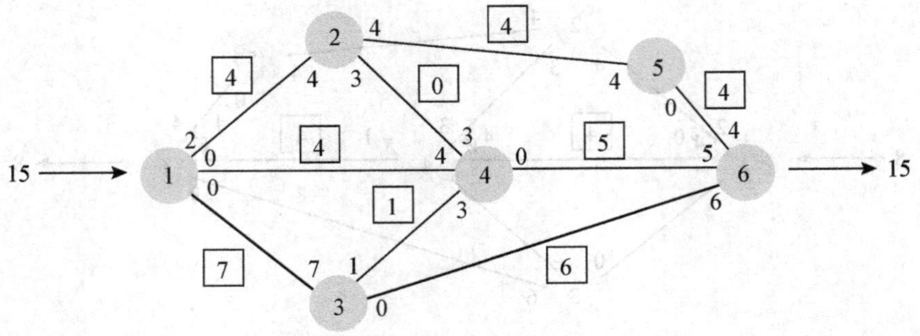

图 7－23　火车网络的最大流量

总结最大流量问题的解决步骤如下：

1. 在网络中从起点到终点任意选择一条分支。
2. 通过减去步骤 1 中选择分支的最大流量来调整每个节点的能力。
3. 在每个节点沿着分支反方向增加最大流量。
4. 重复步骤 1，2 和 3 直到没有分支含有更多的流量。

管理科学应用

CSX 铁路分配系统

CSX 运输公司是美国主要的货运铁路公司之一，拥有 21 000 英里的铁路网络和 35 000 名员工。CSX 服务于美国和加拿大东部的 23 个州和 70 个港口，年收入达 110 亿美元。每天 CSX 都会向客户分配数百个空车厢（即厢式车、吊船、料斗、油罐车）。CSX 将空车厢送到客户正在装货的位置，车厢被装载，然后运送到客户的目的地。在目的地，车厢卸货并可用于下一个订单。空车分配问题庞大而复杂，成本很重要。

CSX 拥有 90 000 辆铁路车辆，每天经过数千个铁路网点。每天行驶数十万英里的空车消耗轨道和车厢，需要额外的列车牵引车箱，这占用铁路却不产生收入。公司希望以最低的成本为客户提供他们所需要的列车，但可用的列车全天不断变化。

CSX 的解决方案是建立网络优化模型，其目标函数可以最大限度地减少运输空车（模型变量）的成本，包括列车的行程距离成本、时间和处理成本以及迟到和交错列车的罚款成本。模型约束确保所有列车订单得到满足，每种车辆都不过量供应，车辆在允许的时间范围内交付，并且交付的车型都是预订的车型。该模型每 15 分钟运行一次，以应对迅速变化的情况，如供求变化。

CSX 估计，该分销系统每年为公司节省 5 100 万美元，自几年前实施以来，该公司节省了 5.61 亿美元。据估计，该模型已经节省了 14 亿美元的资本支出，因为它不需要购买大约 18 000 辆新车来支持公司额外的里程。进一步估计，对于公众节约了 6 亿美元，因为改善了高速公路安全现状，减少了拥堵、污染和温室气体，还减少了税收支持的道路维修。

资料来源：M. Gorman，D. Acharya，and D. Sellers，"CSX Railway Uses OR to Cash In on Optimized Equipment Distribution，" *Interfaces* 40，no. 1（January-February 2010）：5-16.

□ 用 QM for Windows 解决最大流量问题

用 QM for Windows 解决斯科特拖拉机公司案例的程序输入和最大流量方案显示在界面 7－7 中。(注意，这个问题有多种最优解且方案中的分支流明显不同。)

Networks Results

Scott Tractor Company Solution

Branch name	Start node	End node	Capacity	Reverse capacity	Flow
Maximal Network Flow	15				
1	1	2	6	0	5
2	1	3	7	0	6
3	1	4	4	4	4
4	2	4	3	3	1
5	2	5	8	0	4
6	3	4	2	2	0
7	3	6	6	0	6
8	4	6	5	0	5
9	5	6	4	0	4

界面 7－7

□ 用 Excel 解决最大流量问题

最大流量问题也可以用 Excel 解决，方法和解决最短路径问题时差不多，都是通过建立整数线性规划模型并利用“工具”菜单中的求解功能来实现的。

代表每条分支流量的决策变量表示如下：

x_{ij}＝分支 i—j 的流量且为整数

为了减少模型的规模和复杂性，我们要排除反方向上的分支流量（例如，从节点 4 到节点 2 流量为 0）。

在继续建模和确立目标函数之前，必须将模型稍稍改变来建立线性规划模型。我们要建立一个从节点 6 到节点 1 的分支 x_{61}。从网络终点回到网络起点的这条流分支代表的是从节点 6 回到节点 1 的最大流量，然后再沿着网络回到节点 6。实际上，我们创建了一个持续的流分支，从而使从节点 6 流出的量是从开始节点 1 通过的最大量。因此，从节点 6 回到节点 1 的最大流量目标是：

$$\max Z = x_{61}$$

约束条件的提出与最短路径问题类似，即每个点的流入流出量要一样。因此在节点 1 有如下的限制，这显示了从分支 6—1 进入的流量要与从分支 1—2，1—3 和 1—4 流出的流量相同：

$$x_{61} = x_{12} + x_{13} + x_{14}$$

这个约束条件也可以写成：

$$x_{61} - x_{12} - x_{13} - x_{14} = 0$$

类似地，节点 2 的约束条件如下：

$$x_{12}-x_{24}-x_{25}=0$$

我们还要为每个分支的运输能力设立约束，如下所示：

$$x_{12}\leqslant 6 \qquad x_{34}\leqslant 2$$
$$x_{13}\leqslant 7 \qquad x_{36}\leqslant 6$$
$$x_{14}\leqslant 4 \qquad x_{46}\leqslant 5$$
$$x_{24}\leqslant 3 \qquad x_{56}\leqslant 4$$
$$x_{25}\leqslant 8 \qquad x_{61}\leqslant 17$$

x_{61} 的能力可以是任意相关的比较大的数字（相比其他的分支能力），我们将它设定为离开节点 1 的分支的能力之和。

斯科特拖拉机公司的完整的线性规划模型总结如下：

$$\max Z=x_{61}$$

$$\text{s. t.}\begin{cases}x_{61}-x_{12}-x_{13}-x_{14}=0\\x_{12}-x_{24}-x_{25}=0\\x_{13}-x_{34}-x_{36}=0\\x_{14}+x_{24}+x_{34}-x_{46}=0\\x_{25}-x_{56}=0\\x_{36}+x_{46}+x_{56}-x_{61}=0\\x_{12}\leqslant 6\\x_{13}\leqslant 7\\x_{14}\leqslant 4\\x_{24}\leqslant 3\\x_{25}\leqslant 8\\x_{34}\leqslant 2\\x_{36}\leqslant 6\\x_{46}\leqslant 5\\x_{56}\leqslant 4\\x_{61}\leqslant 17\\x_{ij}\geqslant 0\text{ 且为整数}\end{cases}$$

用 Excel 电子表格来解决斯科特拖拉机公司案例的整数线性规划模型显示在界面 7－8 中。决策变量 x_{ij} 显示在单元格 C6：C15 中。单元格 D6：D15 包括的是各个分支的能力。分支 6—1 流量最大化的目标函数在单元格 C16 中。每个节点的模型约束包含在电子表格右边的方框中。例如，单元格 G6 包含的是节点 1 的约束条件，＝C15－C6－C7－C8；单元格 G7 包含的是节点 2 的约束条件，＝C6－C9－C10。分支能力约束通过增加求解中的公式 C6：C15≤D6：D15 来获得。如界面 7－9 显示的求解参数窗口所示。

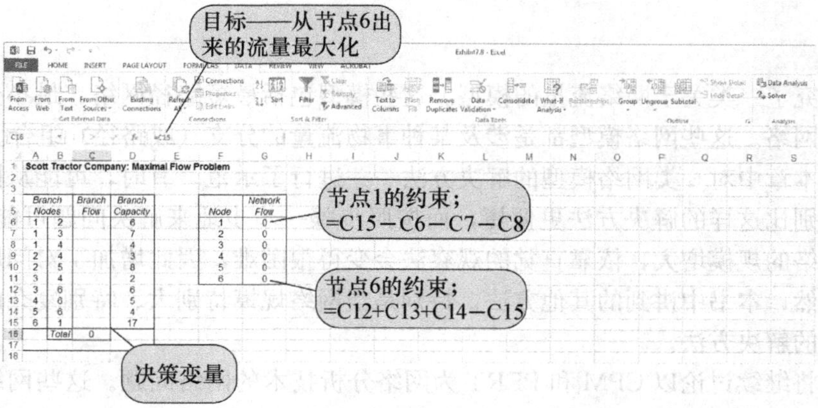

界面 7 - 8

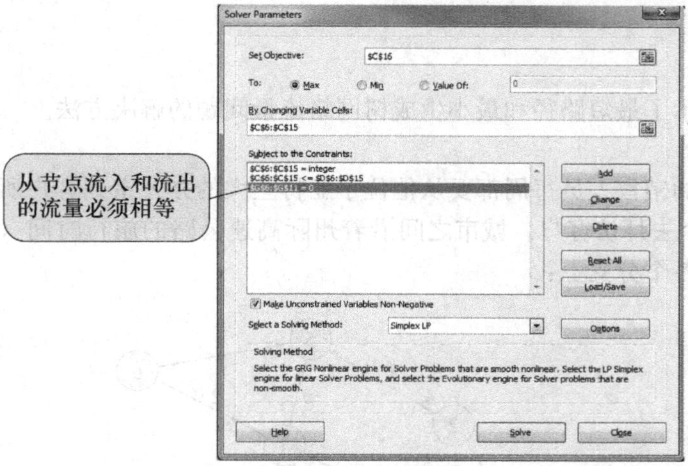

界面 7 - 9

Excel 的结果显示在界面 7 - 10 中。注意单元格 C6:C15 显示的是沿着每个分支的流量，总的网络流量为 15，显示在单元格 C16 中。

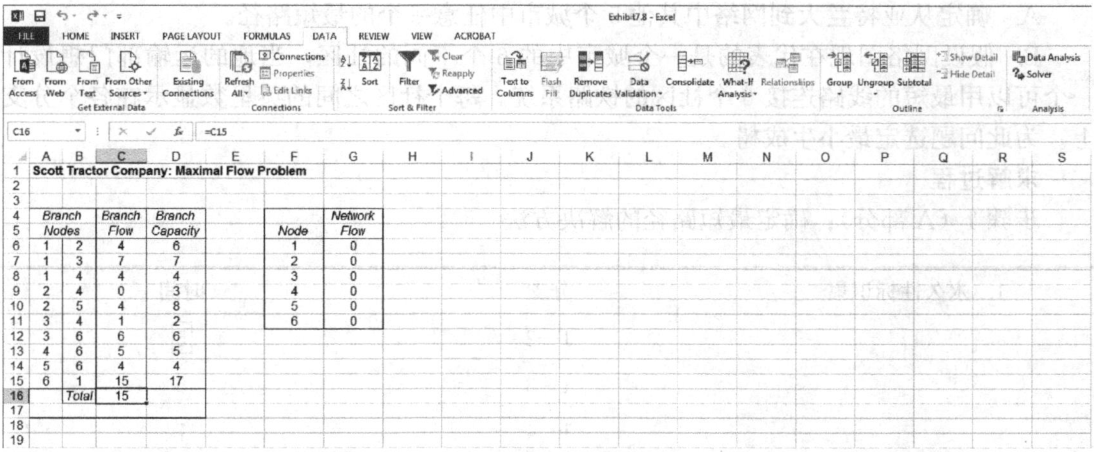

界面 7 - 10

小　结

本章研究了一类关于网络流量的模型。这些模型包括最短路径网络、最小生成树网络和最大流量网络。这些网络模型都是涉及某种事物流量的分支（或路径）组合。

我们在本章中对 3 类网络模型的解决方法一一进行了示范。有时，可能从网络中简单地用眼睛识别比这样的解决方法更便捷，而按照步骤一步步地来解决问题可能会很乏味。然而，当网络的规模增大，依靠直觉的观察法会变得很困难，因此增加了对问题解决程序的需求。当然，本书中讲到的其他方法，特别是当网络规模特别大、特别复杂时，使用计算机是最好的解决方法。

下一章将继续讨论以 CPM 和 PERT 为网络分析技术的网络问题。这些网络技术主要用于项目分析，它们不仅是最流行的网络分析方式，也是管理科学中两类应用最广泛的技术。

解题实例

以下案例演示了最短路径和最小生成树网络流量问题的解决方法。

问题描述

某制药公司的销售人员每周都要从他位于亚特兰大的办公室到客户所在的东南部地区 5 个城市中的一个去拜访客户。城市之间沿着州际高速公路的旅行时间（小时）显示在下图所示网络中的各个分支上：

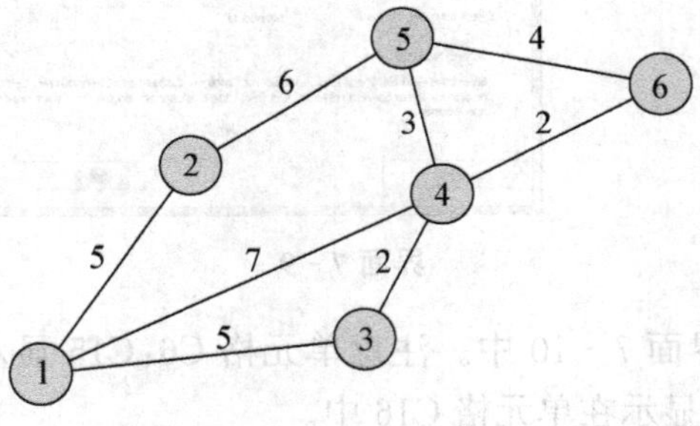

A. 确定从亚特兰大到网络中其他 5 个城市中任意一个的最短路径。

B. 假设网络图现在代表的是一个城市中的 6 个不同的社区，当地的运输部门想设计一个可以用最短的线路连接 6 个社区的铁路系统。每个社区之间的英里数显示在各个分支上。为此问题选定最小生成树。

求解过程

步骤 1（A 部分）：确定最短路径的解决方法

1. 永久性标识集	分支	时间
{1}	1—2	[5]
	1—3	5
	1—4	7

2. 永久性标识集	分支	时间
{1，2}	1—3	5
	1—4	7
	2—5	11

3. 永久性标识集	分支	时间
{1，2，3}	1—4	7
	2—5	11
	3—4	7

4. 永久性标识集	分支	时间
{1，2，3，4}	4—5	10
	4—6	9

5. 永久性标识集	分支	时间
{1，2，3，4，6}	4—5	10
	6—5	13

6. 永久性标识集
{1，2，3，4，5，6}

最短路径问题网络图如下：

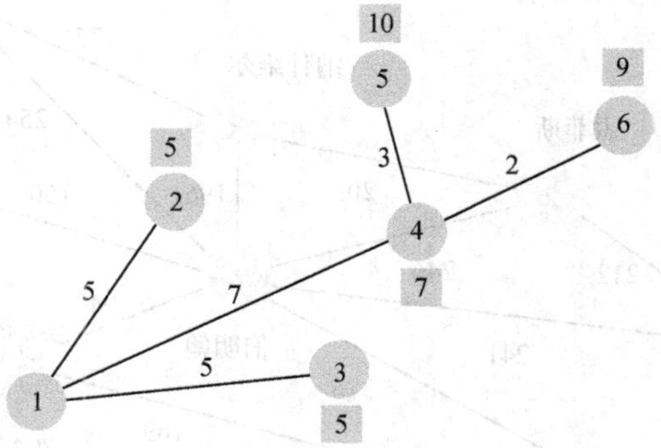

步骤 2（B 部分）：确定最小生成树

1. 最接近节点 1 的不相连节点为节点 2。
2. 最接近节点 1 和 2 的不相连节点为节点 3。
3. 最接近节点 1，2 和 3 的不相连节点为节点 4。
4. 最接近节点 1，2，3 和 4 的不相连节点为节点 6。
5. 最接近节点 1，2，3，4 和 6 的不相连节点为节点 5。

最小生成树如下，最短距离的总长度为 17 英里。

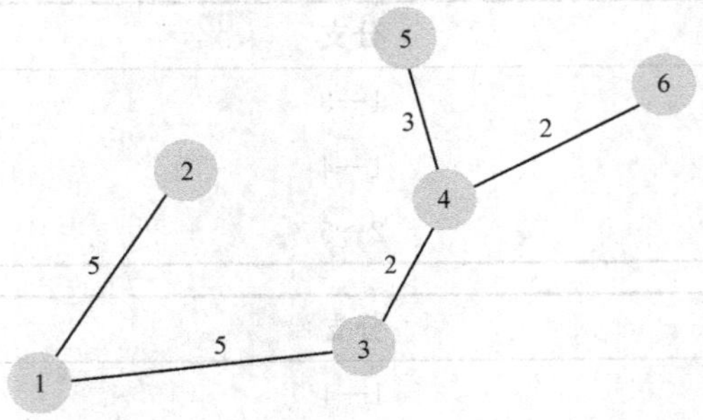

习　题

1. 下图显示了网络及其各个节点之间的距离（英里）。确定从节点 1 到其他 6 个节点（2，3，4，5，6，7）的最短路径。

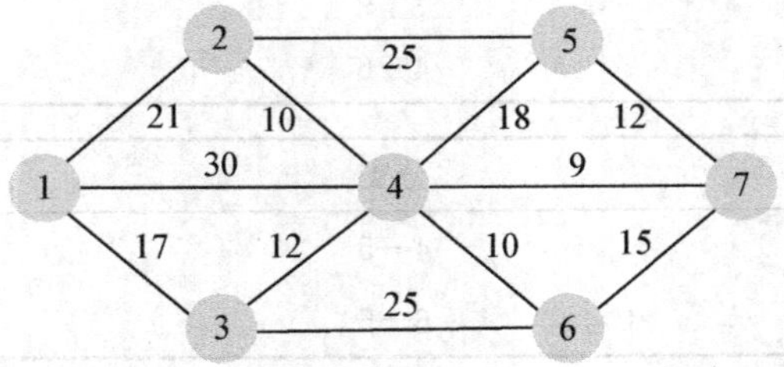

6. 位于密西西比州杰克逊的 Petroco 汽油分销商为东南部其他 9 个城市的服务站供应汽油，网络图显示如下：

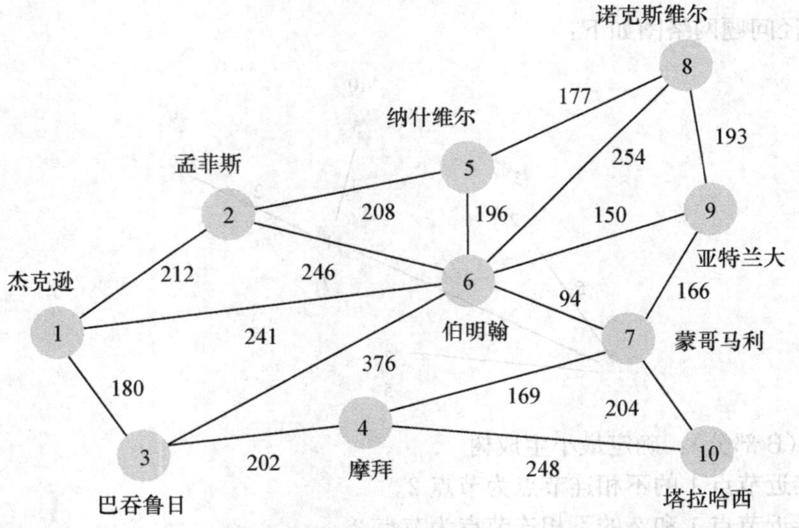

每条分支上都显示了以英里为单位的距离。确定从杰克逊到其他 9 个城市的最短距离。

13. 1862 年，托马斯·杰克逊将军在弗吉尼亚州谢纳多山谷指挥了一场精彩的战役。其中最著名的一次胜利是麦克道尔之战。利用如下的图形（单位为天）以及你的想象，确定最短路径以及杰克逊将军需要用多长时间将他的军队从温彻斯特转移到麦克道尔来进行这次战斗。

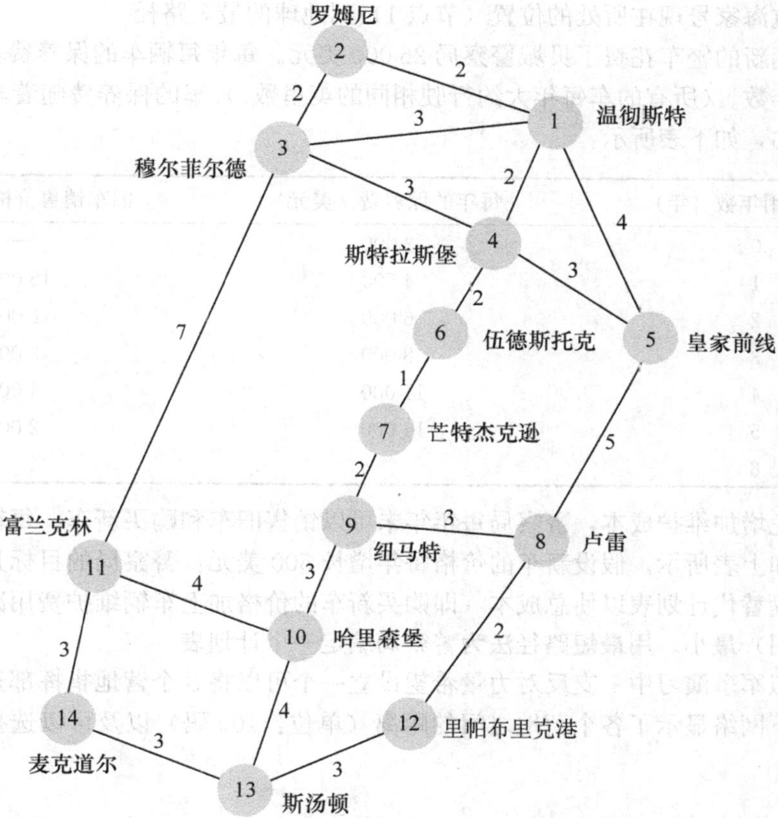

14. 航海家号太空船被外国送到了太空中的 Delta 信号区，该区域距离地球有数百万光年的距离。詹韦船长和他的队员们正在试图找到最短的回家路径。如下是穿过 Delta 信号区的可能的路径网络，节点代表的是不同的星球、行星系统以及异常空间。每个分支上的数字代表的是节点之间以年为单位的实际时间。

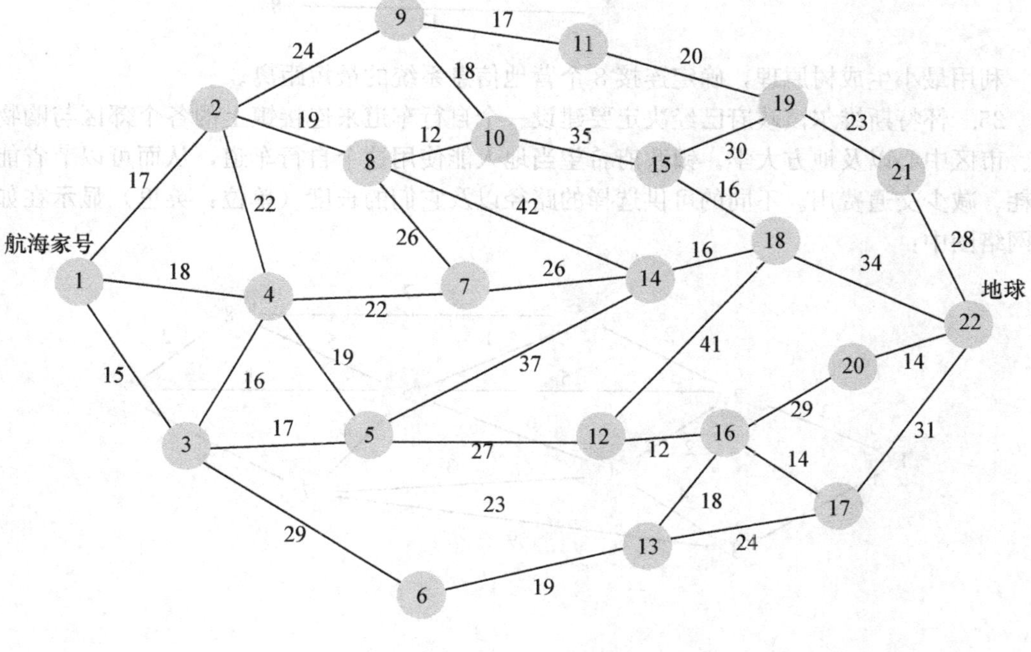

确定从航海家号现在所处的位置（节点 1）到地球的最短路径。

17. 一辆新的警车花费了贝城警察局 26 000 美元。每年每辆车的保养费基于年初这辆车已使用的年数。（所有的车每年大约行驶相同的英里数。）车的保养费随着车已使用年数的增加而增加，如下表所示：

车已使用年数（年）	每年的保养费（美元）	旧车销售价格（美元）
0	3 000	—
1	4 500	15 000
2	6 000	12 000
3	8 000	8 000
4	11 000	4 000
5	14 000	2 000
6		0

为了避免增加维护成本，警察局每年年末可以销售旧车和购买新车。每辆车年末可以销售的价格如上表所示。假设新车的价格每年增长 500 美元。警察局的目标是设立一份未来 6 年的车辆替代计划表以使总成本（即购买新车的价格加上车辆维护费用减去销售旧车所获得的费用）最小。用最短路径法为警察局编定一个计划表。

20. 模拟军事演习中一支反对力量希望设立一个可以将 8 个营地指挥部连接起来的信息系统。如下网络显示了各个营地之间的距离（单位：100 码）以及可以选择架构的不同路径：

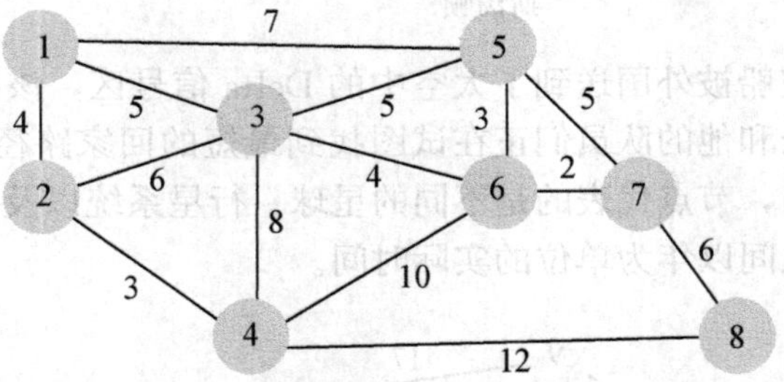

利用最小生成树原理，确定连接 8 个营地信息系统的最短距离。

25. 怀特斯维尔镇政府已经决定要建设一个自行车道来连接镇上的各个郊区与购物中心、市区中心以及地方大学。镇政府希望当地人能使用这个自行车道，从而可以节省能源消耗、减少交通费用。不同的可供选择的路径以及它们的长度（单位：英里）显示在如下的网络图中：

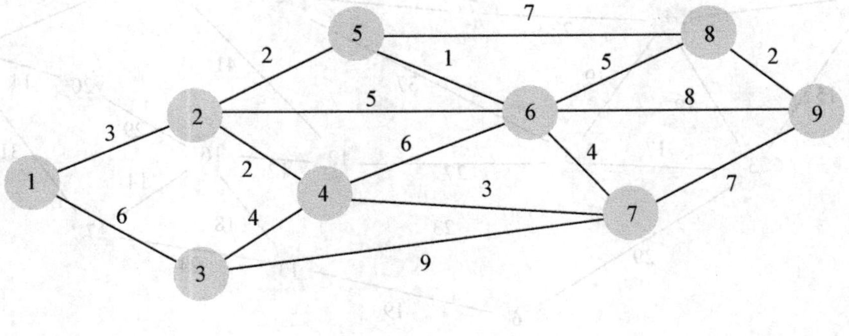

确定需要连接城镇各个地区的自行车道的最少建设工作的方案，并指出最终需要的总的车道长度。

33. 丹佛市要新建一个大型露天运动场。丹佛市交通工程局在考察运动场与州际高速公路之间的街道是否可以满足每场比赛后预计的 21 000 辆车的流量。从运动场（节点 1）到州际高速（节点 8）的不同的交通要道显示在下面的网络图中：

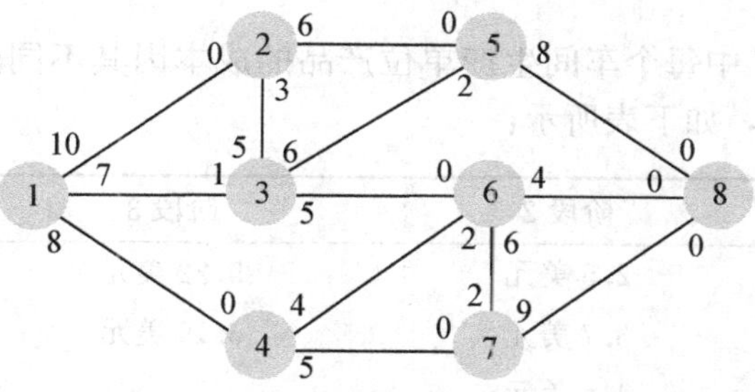

每条街道的流量由它连接的通路数、使用交警和交通灯的数量以及道路是单行还是双行来决定。流量以 1 000 辆为单位。确定街道可以提供的最大流量以及每条街道的流量数。这些街道能满足比赛后的预计车流量吗？

34. FAA 批准给 Omniair 一个新的航空许可，准许它运行从洛杉矶到芝加哥的多条航线。每条航线的航班数显示在下面的网络图中：

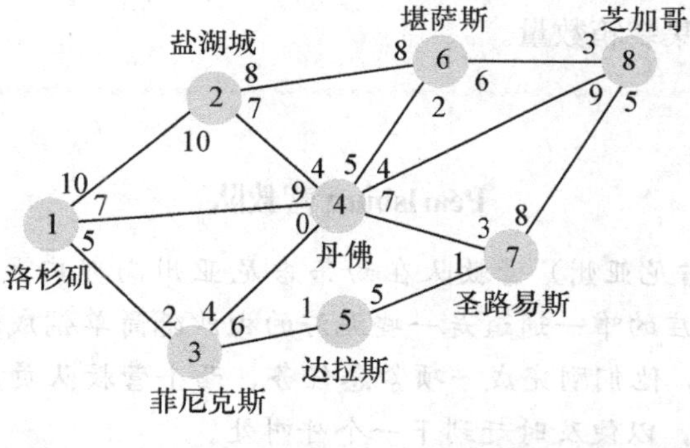

确定每天从芝加哥到洛杉矶的最大航班数，并确定每条路线的航班数。

37. Dynaco 公司生产一种产品需要 5 个阶段。每一阶段的生产都需要在不同的车间进行。如下的网络图显示了 5 个不同阶段的半成品在不同阶段运送到不同车间的路线：

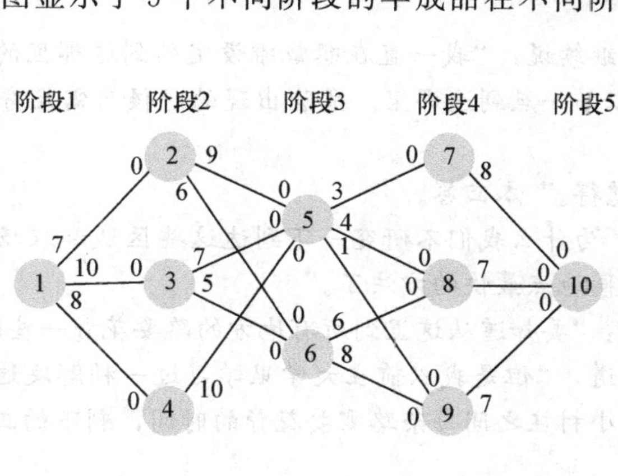

阶段 5（节点 10）是储存最终产品的分销中心。尽管每个节点代表不同的车间，同一阶段的车间进行的是同样的加工操作。（例如，在生产过程的阶段 2，车间 2，3 和 4 进行的是同样的生产操作。）每个节点发散出来的分支上的数值代表的是某个车间能生产和运送到下一阶段另一个车间的最大数量（单位：1 000 件）。（例如，车间 3 有生产并运输 7 000 件产品的能力。）确定 5 个阶段生产过程的最大产量以及每个车间生产的单位数量。

38. 假设在习题 37 中每个车间生产单位产品的成本因其不同的机器、工人能力、管理费用等的差异而不同，如下表所示：

阶段 1	阶段 2	阶段 3	阶段 4
1.3 美元	2.5 美元	5.22 美元	7.12 美元
	3.7 美元	6.19 美元	8.14 美元
	4.4 美元		9.16 美元

在阶段 5 分销中心没有成本差别。假设预算为 700 000 美元，确定能满足 5 个阶段生产过程要求的最大产量。

42. 在第 6 章习题 44 中，肯泰科公司将电子配件通过集装箱从欧洲的港口运往美国的港口，先由卡车或者火车运送到欧洲内陆的港口，再选择合适的运输模式转运到肯泰科公司美国分销商。利用每个港口的运输能力，设计一个最大流量网络，以决定满足分销中心需求的所需要运输的集装箱数量。

案例 7-1

Pearlsburg 营救队

Pearlsburg（西弗吉尼亚州）营救队在西弗吉尼亚州南部广大的山村地区提供服务。进入住宅、农场和小村庄的唯一通道是一些泥泞的由沙砾简单铺成的乡村小路。营救队正从 Blake 十字路口返回，他们刚完成一项紧急任务，两个营救队员迈内·哈特和本·克鲁斯负责开回和清洁卡车，以便及时赶到下一个呼叫处。

“本，你知道吗？”迈内说，“如果我们再晚几分钟到达他们的农场，我们就要失去小兰迪了。”

“是啊。”本回答。

过了一会儿，迈内继续说：“我一直在想戴维设定的到达那里的路线，如果我们沿着 Cedar Creek 走，就可以早一点到达那里。危险出现的时候只需几分钟就会导致很大的不同，你觉得呢？”

“是啊，我也这样觉得。”本回答。

“嗯，我在想，本，为什么我们不研究一下到达这些区域和农场的不同线路？那样我们就能知道到达所有不同地点最快的方法了。”

本想了一下回答道：“要知道从这里到所有地方的路要花费一些时间。”

“没错，”迈内回答道，“但是我以前在大学里学习过一种解决这种问题的方法。我们所要做的就是了解这些小村庄之间每条路需要花费的时间，剩下的工作我可以来做。你愿意帮我吗？”

“那当然。”本回答道。

“那好，现在我们就开始吧。我来写下所有你需要测量时间的路线，其他到 Holbrook 的路线由我来测量。”

如下是迈内和本编辑的 Pearlsburg 和 Holbrook 之间的所有路线的整合时间列表（分钟）：

路段	时间	路段	时间
Pearlsburg to Kitchen Corner	10	Cedar Creek to Blake's Crossing	10
Pearlsburg to Quarry	15	Cedar Creek to Wellis Farm	17
Pearlsburg to Morgan Creek	12	Cedar Creek to Homer	5
Kitchen Corner to Cutter's Store	20	Cutter's Store to Blake's Crossing	12
Kitchen Corner to Stone House	14	Cutter's Store to Bottom Town	14
Kitchen Corner to Quarry	8	Blake's Crossing to Bottom Town	6
Quarry to Blake's Crossing	18	Blake's Crossing to Holbrook	15
Quarry to Cedar Creek	9	Blake's Crossing to Wellis Farm	9
Morgan Creek to Quarry	16	Homer to Wellis Farm	11
Morgan Creek to Cedar Creek	7	Homer to McKinney Farm	8
Morgan Creek to Homer	18	McKinney Farm to Wellis Farm	21
Morgan Creek to McKinney Farm	11	Wellis Farm to Holbrook	10
Stone House to Cutter's Store	10	Bottom Town to Holbrook	12
Stone House to Blake's Crossing	6		

确定营救队从 Pearlsburg 到所有不同的村庄和农场的最短路线。

案例 7－2

环游世界 80 天

在儒勒·凡尔纳的小说《环游世界 80 天》中，福格在伦敦与 Reform 俱乐部的 4 个成员以 5 000 英镑为赌注，看他是否能在 80 天内环游世界。这在 1872 年，也就是小说发表的那年，成为一个了不起的壮举。当时最快的旅行方式是火车和轮船，然而世界上大部分地区还靠马车、货车、马、大象、驴子或者步行来旅行。福格并不是一个夸夸其谈的人，如果他不能很仔细地研究旅途中的变数，以及对于获胜充满信心的话，那他就不会进行这么大额的赌博。尽管他肯定分析了环绕地球的各条路线，但是他并没有像求解最短路径问题这样的知识，也没有计算机来帮助选择最优路径。如果他有了以上的知识和工具，那么他就可以选择一条能在少于 80 天的时间完成旅行的路线或者不会如此快就与人打赌。下面是一个从伦敦出发环游世界的不同路线的网络图。福格选择的是向东走。每条分支的时间（天）显示在图上。旅行的时间基于 1872 年能采用的旅行方式以及距离。利用最短路径法（以及计算机），为福格选择一条最佳路径。你选择的路线能赢过他吗？

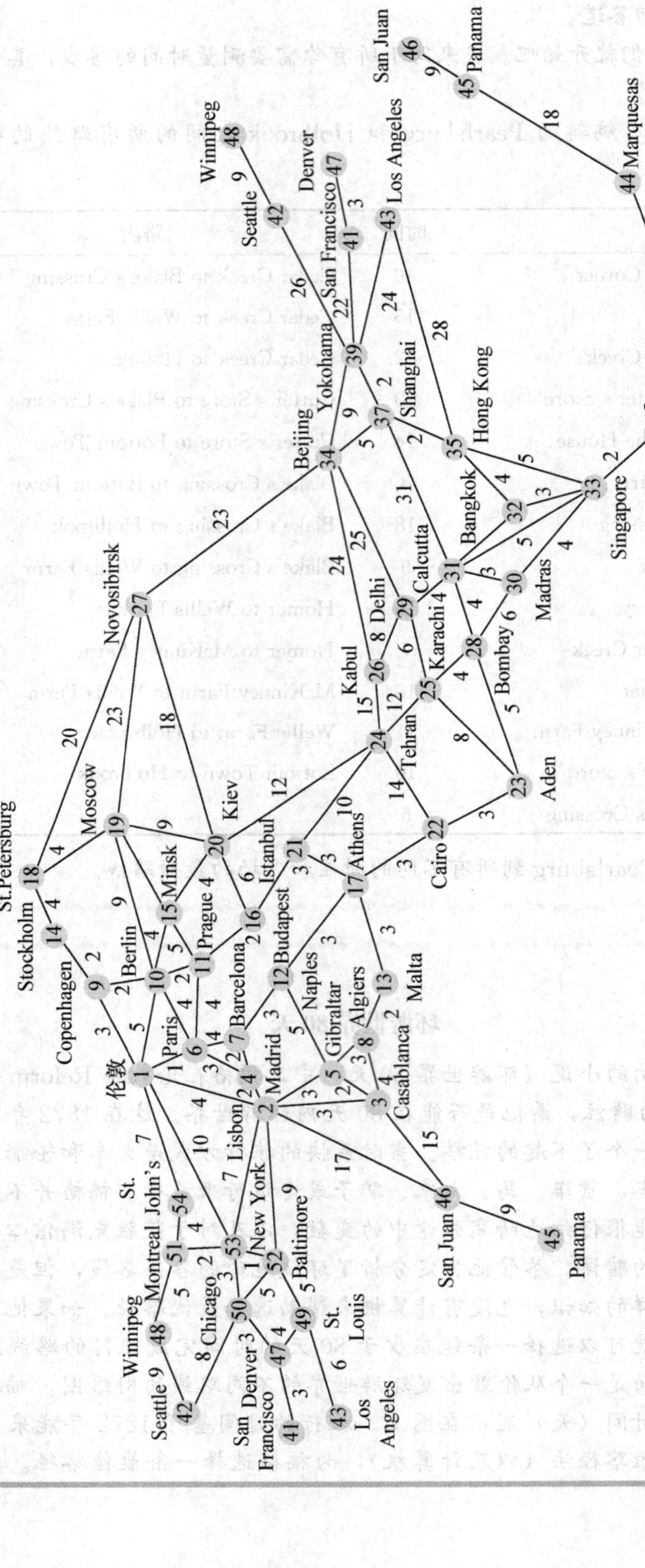
San Juan
Panama
Marquesas
Port Moresby
Darwin
Jakarta
Singapore
Winnipeg
Seattle
Denver
San Francisco
Los Angeles
Yokohama
Shanghai
Hong Kong
Beijing
Bangkok
Calcutta
Madras
Novosibirsk
Delhi
Karachi
Bombay
Kabul
Tehran
Aden
St.Petersburg
Moscow
Stockholm
Copenhagen
Kiev
Minsk
Berlin
Prague
Istanbul
Athens
Cairo
Budapest
伦敦
Paris
Barcelona
Madrid
Naples
Gibraltar
Algiers
Malta
Lisbon
Casablanca
St.
Montreal John's
New York
Baltimore
Chicago
Denver
St. Louis
Winnipeg
Seattle
San Francisco
Los Angeles

案例 7-3

突出部之役

1944 年 12 月 16 日，也就是第二次世界大战结束前一年，由第三步兵支持的两支德国装甲部队在法国南部集结了 250 000 人，进行了一次强有力的反击，在阿登高地以绝对优势战胜了美国第一军队。攻势由德国防御线发起，沿着卢森堡北部地区奥尔河直接向西边的比利时的那慕尔和列日市出发。结果是经过几天的战斗，盟军防线被突破，第二次世界大战最后一次大规模陆战由此以突出部之役闻名。

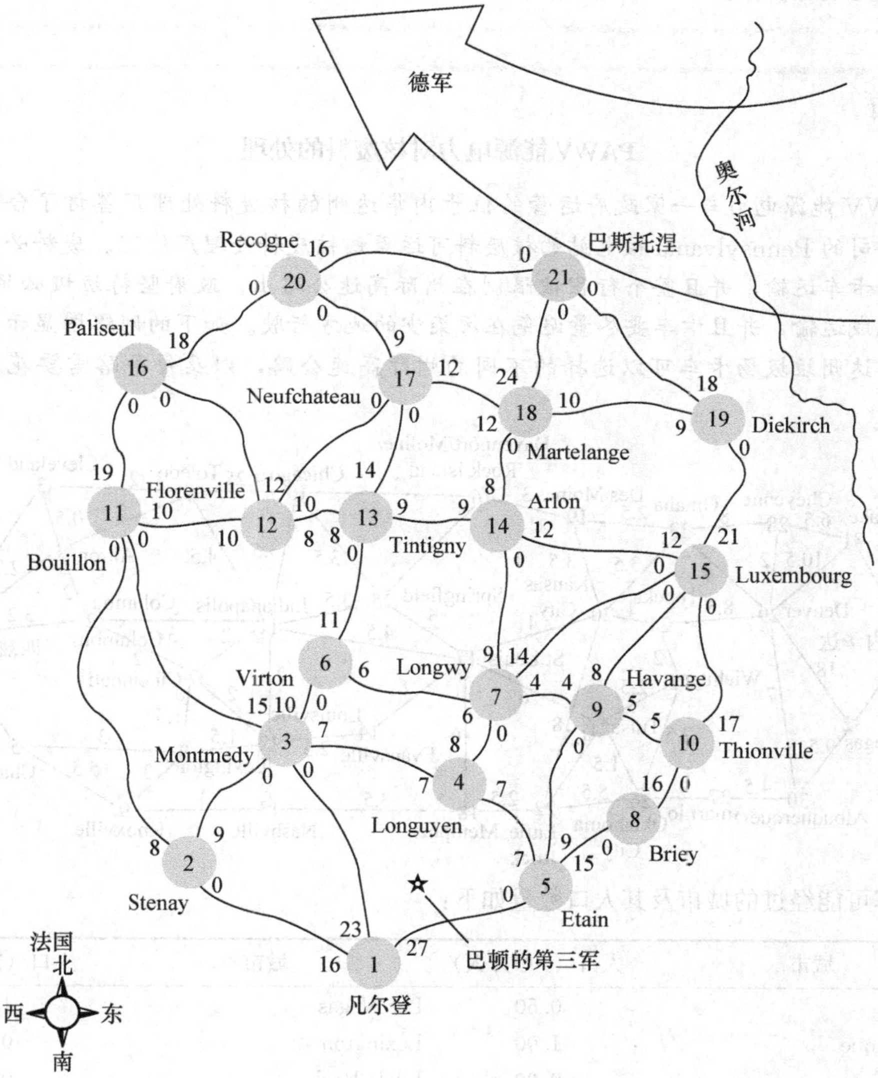

12 月 20 日，盟军最高指挥官德怀特·艾森豪威尔将军命令乔治·巴顿将军率领他的第三军，从德国军队南部左翼大概 100 英里的地方开始攻击德国位于凡尔登的防线。巴顿最直接的目标是协助被围困在巴斯托涅的第 101 军空降部队及他自己的第 9 军和第 10 军装甲部队。48 小时后，也就是 12 月 22 日，巴顿可以凭借这 3 支队伍大概 62 000 人开始

反攻。

冬天天气很冷且有雪有雾，道路结冰，这些都让运兵舰、坦克，以及补给和设备的移动成了后勤部门的难题。然而在 12 月 26 日巴顿获得了救援。1945 年 1 月 12 日坦克大决战以盟军的胜利正式宣告结束。

巴顿的士兵没有最大流量问题解决方法的技术，也没有计算机帮助他们来计划第三军运兵舰在坦克大决战中的运输问题。前图显示了凡尔登和巴斯托涅之间的公路网络以及村落之间每条公路的运载能力（以 1 000 人计，设想的）。利用最大流量的方法（以及你的想象）来确定每条路上要运送多少人可以使到达巴斯托涅的人最多，以及最终能够到达巴斯托涅的人总数为多少。

案例 7－4

PAWV 能源电力对核废料的处理

PAWV 能源电力与一家政府运营的位于内华达州的核废料处理厂签订了合同，该能源电力公司的 Pennsylvania 核电站的核废料可运至该核废料处理厂处理。废料必须用加固的集装箱卡车运输，并且整个行程被限制在州际高速公路上。政府坚持垃圾必须在 42 小时之内完成运输，并且卡车要尽量避免在污染少的地方行驶。如下的网络图显示了从匹兹堡到内华达州垃圾场卡车可以选择的不同的州际高速公路，以及每条路需要花费的时间（小时）。

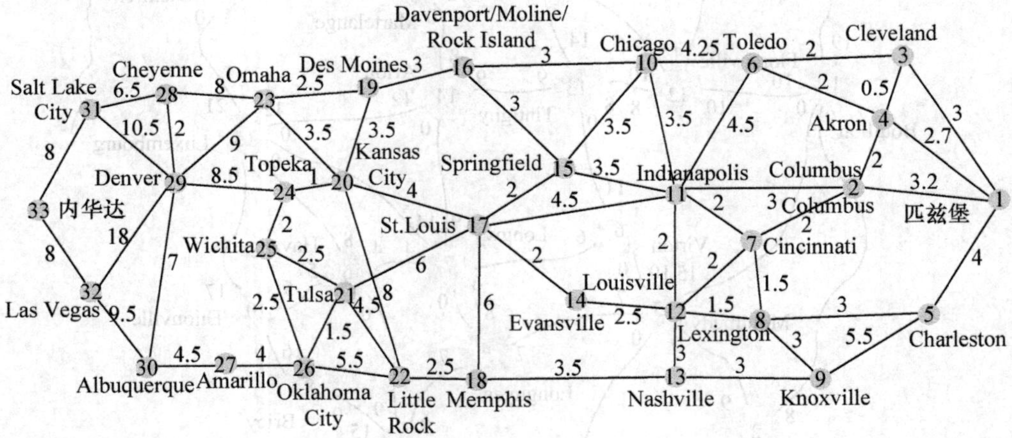

卡车可能经过的城市及其人口数量如下：

城市	人口（100 万人）	城市	人口（100 万人）
Akron	0.50	Las Vegas	1.60
Albuquerque	1.00	Lexington	0.50
Amarillo	0.30	Little Rock	0.60
Charleston	1.30	Louisville	0.93
Cheyenne	0.16	Memphis	1.47
Chicago	10.00	Nashville	1.00
Cincinnati	1.20	Oklahoma City	1.30

续前表

城市	人口（100万人）	城市	人口（100万人）
Cleveland	1.80	Omaha	1.40
Columbus	0.75	Salt Lake City	1.20
Davenport/Moline/Rock Island	1.00	Springfield	0.36
Denver	2.20	St. Louis	2.00
Des Moines	0.56	Toledo	0.76
Evansville	0.30	Topeka	0.30
Indianapolis	1.60	Tulsa	1.00
Kansas City	2.10	Wichita	0.73
Knoxville	0.54		

确定卡车在42小时内从匹兹堡到内华达行驶的最佳路径，并使卡车尽可能在人口最少的地区活动。

案例7-5

巴黎的一天

Tech的学生凯瑟琳·泰勒（Kathleen Taylor）计划在暑假期间拜访住在法国图卢兹的妹妹林赛（Lindsey）。她将从华盛顿的杜勒斯机场飞往巴黎的戴高乐机场，由于时差，飞行将需要一整天的时间。在巴黎，凯瑟琳将要花两晚一整天，然后坐火车前往图卢兹。凯瑟琳从来没有去过巴黎，所以她想在那里度过一天，尽可能多地看看著名的景点，包括埃菲尔铁塔、卢浮宫、巴黎圣母院、凯旋门、万神殿和凡尔赛宫。她计划住在蒙马特的圣心大教堂附近的一家青年旅馆，从那里乘坐巴黎地铁参观景点。她从法国铁路网站 http://www.ratp.fr 下载了详细的地铁地图，发现地铁系统庞大，在巴黎有近250个车站和14条线路。

毫无疑问，凯瑟琳可以通过地铁到达所有的景点，但她担心的是她的时间有限，能否快速从一个景点到另一个。她已经确定了以下各线路每站之间的平均间隔时间（单位：分钟）：

线路	时间	线路	时间
1	2.1	8	1.8
2	1.5	9	1.6
3	1.5	10	1.6
4	1.3	11	1.6
5	2.1	12	1.6
6	1.5	13	2.3
7	1.3	14	3.4

她猜测地铁在每站停靠大约1分钟。如果她不得不换乘，她认为至少需要5分钟。她计划在景点开放时提早出发，但她没有回到旅馆的具体时间。

凯瑟琳想用一些合乎逻辑的系统的方法来帮助她利用城市周围的地铁到不同的景点。帮助凯瑟琳设计一条能参观所有景点的路线，从位于蒙马特的青年旅馆开始，一整天她将在巴黎。你认为她能看到所有景点吗？

案例 7-6

Suntrek 全球集装箱运输网络

Suntrek 总部位于中国，是世界各地服装公司的牛仔服装的全球供应商。它从阿肯色州、密西西比州和得克萨斯州的生产商采购原棉，在当地采摘、轧制和打包，然后用平板卡车运送到位于休斯敦、新奥尔良、萨凡纳和查尔斯顿的港口，在那里原棉被装载到 80 英尺集装箱中运往海外工厂。从美国港口购买的棉花将运往上海、卡拉奇和胡志明市的海外港口，牛仔布厂也在那里。Suntrek 在这些工厂生产牛仔面料后，将其重新装入容器，然后运往位于中国台湾、印度、日本、土耳其和意大利的牛仔裤生产厂。它向客户在纽约和新奥尔良的美国分销中心以及利物浦和马赛的欧洲分销中心提供成品牛仔服装的集装箱。供应链物流的一个关键组成部分就是在需要的时间和地点拥有足够的可用集装箱，以便最终为其重要市场的牛仔裤公司客户提供快速交货。因此，任何时候，公司通常会根据可用的集装箱来选择其将订购哪种面料和牛仔裤的生产地点，特别是如果客户要求快速交货的话。Suntrek 与美国棉花公司订购了一批将装满 200 个集装箱的棉花包。在休斯敦将装载 60 集装箱，在萨凡纳装载 40 集装箱，在新奥尔良装载 70 集装箱，在查尔斯顿装载 30 集装箱，最终将完成 200 集装箱成品牛仔裤订单，交付给分销中心在美国和欧洲的客户，纽约 50 集装箱、利物浦 50 集装箱、马赛 60 集装箱、新奥尔良 40 集装箱。以下是每个港口或生产商的可用集装箱。

美国港口	终点	可用集装箱	港口/厂商	终点	可用集装箱	港口/厂商	终点	可用集装箱
休斯敦	上海	40	上海	中国台湾	30	中国台湾	纽约	10
(60 集装箱)	卡拉奇	30		印度	30		利物浦	30
	胡志明市	30		日本	40		马赛	10
萨凡纳	上海	20		土耳其	20		新奥尔良	20
(40 集装箱)	卡拉奇	40		意大利	30	印度	纽约	40
	胡志明市	20	卡拉奇	中国台湾	20		利物浦	20
新奥尔良	上海	40		印度	10		马赛	50
(70 集装箱)	卡拉奇	30		日本	40		新奥尔良	40
	胡志明市	10		土耳其	30	日本	纽约	20
查尔斯顿	上海	20		意大利	10		利物浦	20
(30 集装箱)	卡拉奇	20	胡志明市	中国台湾	30		马赛	10
	胡志明市	30		印度	20		新奥尔良	20
				日本	20	土耳其	纽约	20
				土耳其	30		利物浦	30

续前表

美国港口	终点	可用集装箱	港口/厂商	终点	可用集装箱	港口/厂商	终点	可用集装箱
				意大利	10		新奥尔良	20
							新奥尔良	20
						意大利	纽约	20
							利物浦	30
							马赛	20
							新奥尔良	10

通过运输网络确定每个港口或生产商的集装箱运输数量，指出网络中是否有足够的集装箱来满足 Suntrek 客户的需求。

第8章 项目管理

网络图最普遍的应用之一是进行项目分析。诸如建造一栋楼房、开发一种药品、安装计算机系统之类的项目都可以用网络图来表示。这些网络图描述了项目各部分的组织方式，并且可以用来确定项目的工期。CPM 和 PERT 是用来进行项目分析的网络技术。CPM 代表关键路径法（critical path method），PERT 是计划评审技术（project evaluation and review technique）首字母的缩写，这两种技术非常相似。

从根本上说，CPM 和 PERT 有两个主要的不同。在 CPM 中，使用的是单一的或确定的活动时间估计值；而在 PERT 中，使用的是概率时间估计值。另外一个区别与绘制项目网络图的技巧有关。在 PERT 中，用弧或箭线来表示两个节点或圆圈之间的活动。而在 CPM 中，用节点或圆圈表示活动。然而，这些都是小区别。随着时间的推移，CPM 和 PERT 有效地整合成一种技术，通常简称为 CPM/PERT。

CPM 和 PERT 大约是 20 世纪 50 年代后期在同一时间发展起来的（尽管二者是独立发展的）。它们已经得到广泛应用的事实为它们作为一种管理科学技术的价值提供了证据。

项目管理要素

通常认为，管理和计划、组织以及对正在进行的过程或活动的控制相关。例如，生产一种产品或交付一项服务。项目管理却不同，因为它反映了资源和人在一段相对较短的时间内对一项典型的重要活动的贡献，在这段时间之后，管理努力将会结束。项目不具有生产管理过程中连续性监督的性质。因此，项目管理的特征多少有些独特。

图 8-1 是项目管理的一个框架。图 8-1 包含三个主要过程——计划、进度安排和控制，同时，也包含与这些过程相关的显著要素。在本节的其余部分，我们将讨论项目规划过程的一些特征。

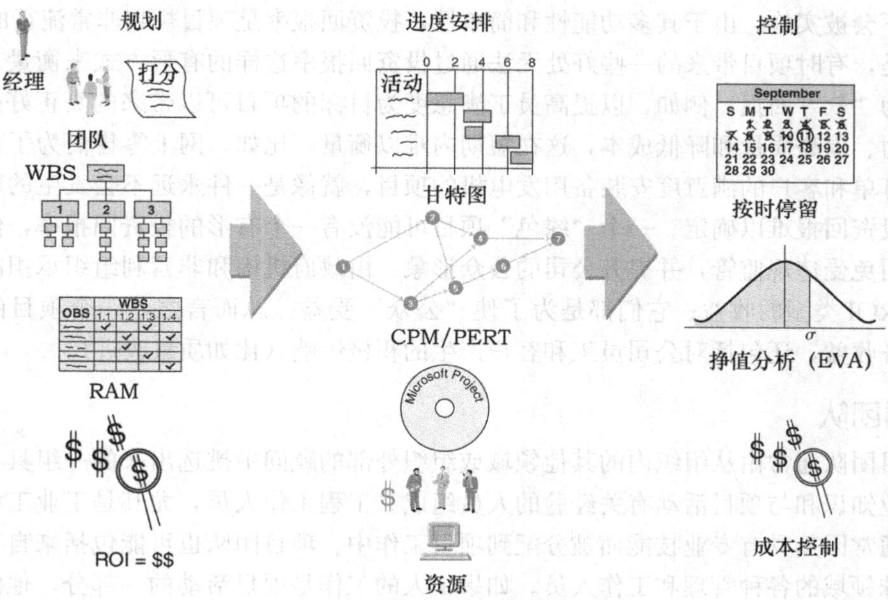

图 8-1　项目管理过程

□ 项目规划

项目规划一般包括以下几个基本要素。

● 目标：项目将要完成的任务的详细描述。项目将怎样实现企业的目标及战略计划，以及对项目完成所需的时间、成本和盈利的估计。

● 项目范围：对怎样实现项目，技术和资源的可行性，所涉及的主要任务以及初始的进度安排进行讨论；这部分内容包含对项目及项目成功所需条件的证明。

● 合同要求：一个关于管理、报告和执行责任的总体结构。包括一个有关工作人员、供应商、分包商、管理要求和协议、报告要求及项目组织结构的详细列表。

● 进度安排：一个有关所有主要事件、任务和进度安排的列表。由此列表可以建立主进度计划。

● 资源：对所有的资源需求和预算控制程序的总预算。

● 人员：识别和招聘项目团队所需的人员，包括特殊技能和培训。

● 控制：用于监控和评估项目进度与绩效，包括日程计划和成本的程序。

● 风险和问题分析：对有可能增加项目延迟和/或失败风险，以及对项目成功产生威胁的不确定性、问题和潜在的困难进行预测和评估。

□ 项目收益

当选择并采纳一个项目时，项目通常为组织提供某种正面的收益或好处。在企业中，最受欢迎的衡量标准之一是投资回报率。投资回报率（ROI）是一种经常用于评估项目的预期结果或比较多个项目的绩效指标。计算 ROI 的方法是，项目的收益（回报）除以项目的成本；结果以百分比或比率表示：

$$\text{ROI}=\frac{\text{项目收益}-\text{项目成本}}{\text{项目成本}}$$

如果一个项目没有正的投资回报率，或者另一个项目的投资回报率较高，那么这个项目可能不会被实施。由于其多功能性和简单性，投资回报率是项目规划非常流行的指标。

但是，有时项目带来的一些好处无法通过投资回报率这样的有形方式来衡量。这些好处被称为“软”回报。例如，以提高员工满意度为目标的项目可以带来的真正好处——提高生产力、提高质量和降低成本，这在短期内难以衡量。比如，网上零售商为了在停电期间保持订单和客户的满意度安装备用发电机的项目，就像是一件永远不会发生的事情的保险，使投资回报难以确定。一个“绿色”项目可能没有一个有形的投资回报率，但它可以保护公司免受违规监管，并提升公司的公众形象。由政府机构和非营利组织承担的项目通常没有 ROI 类型的收益；它们都是为了使“公众”受益。总而言之，一个项目的收益不仅是财务收益，还包括对公司员工和客户产生的积极影响（比如质量改进）。

□ 项目团队

项目团队通常由从组织内的其他领域或组织外部的顾问中挑选出来的一组具有特殊技能、专业知识和与项目活动有关经验的人员组成。工程工作人员，尤其是工业工程的工作人员，通常因其具有专业技能而被分配到项目工作中。项目团队也可能包括来自与项目相关的特殊领域的各种管理和工作人员。如果工人的工作是项目活动的一部分，他们也可能被包含在项目团体中。例如，一个负责为一家工厂建设一个新的装货码头设施的项目团队，从逻辑上说可能包括汽车驾驶员、叉式升降机驾驶员、码头工人，来自采购、运输、接货、包装部门的工作人员和管理人员，以及评估车辆流、路线和空间方面的工程师。

分配给项目团队的任务通常是临时性的，因此可能既有正面的又有负面的影响。工人和工作人员临时失去他们的固定工作可能会扰乱工作。有时，从某种意义上说，一个员工必须为“两个主人”服务，在某种意义上，同时向项目经理和常规经理汇报工作。另外，由于项目通常会“令人兴奋”，因此它们为员工提供了一个从事新颖的和创新性的工作的机会。在项目结束后，员工可能不愿回到普通的常规性工作中。

项目团队最重要的成员是项目经理，从事管理一个项目的工作会遇到许多不确定性因素，并且很可能会失败。由于每个项目都是独一无二的，并且以前没有尝试过，因此其结果并不像正在进行的流程的结果那样明确。对连续性的流程进行监控，可以获得一定程度的安全感，但这在项目管理中不存在。

项目团队的成员通常来自组织中不同的领域，拥有不同的技能，他们必须协调成一个单一、聚合的团队，为了成功完成项目而付出努力。此外，一个项目通常受到时间和预算的约束，这一点与常规工作的进度安排以及一个正在进行的流程中的资源消耗不同。总的来说，项目管理通常比常规管理涉及更多可感知的真实压力。然而，项目管理也存在一些潜在的回报，包括能在复杂的环境中展示个人的管理才能，从事独特的项目工作的挑战，以及接触新鲜事物的乐趣。

管理科学应用

谷歌、脸书和苹果公司的“云”项目

近年来，苹果公司开发了一个占地 50 万平方英尺、耗资 10 亿美元的数据中心，谷歌建造了一座新的大楼，耗资 6 亿美元可支持 46 000 台服务器，而脸书有一个耗资 4 亿美元的 30 万平方英尺的新数据中心。脸书的项目是将 1TB（即 1 万亿字节）数据从快要满载的旧数据

中心移动到新数据中心。该项目必须无缝地进行，且不会中断其为10亿活跃用户服务以及依靠网络创收的内部工作的服务，并且必须在3个月内尽快完成。在不中断站点的情况下，在较短时间内移动一个TB级数据（相当于脸书上2 500亿次“喜欢”）对于项目团队是一项艰巨任务。该项目的第一阶段涉及建立基础设施。团队成员必须选择和测试硬件，所有硬件运输、安装并组合起来，包括必要的接线、冷却和管道建设，所有这些都涉及项目团队、硬件团队和供应商之间的协调。供应商必须在短时间内交付硬件，项目团队必须全天候测试设备，以确保它与公司的系统兼容。在第二阶段，数据必须安全快速地传输。项目团队冒险地没有把大量的数据加载到数千台服务器上或者实际移动它们；相反，他们加强了公司的私人网络，冒着在短时间内流入大量信息而破坏脸书整个网站的风险，在3周内成功地将数据传输到新网站。该项目按时完成，没有延误或宕机。项目完成后，新中心可存储的数据比旧中心多8倍，可以更有效地管理数据，并使脸书的能耗财务账单减少数百万美元，同时减少中心的生态浪费。

资料来源：S. F. Gale，“A Closer Look，Facebook，Palo Alto，California，” *PM Network* 24，no. 9（September 2010），34–7；P. Thibodeau，“Apple，Google，Facebook Turn N. C. into Data Center Hub，” Computerworld（June 3，2011），http://www.computerworld.com；J. Teicher，“The Brain of the Beast：Google Reveals the Computers Behind the Cloud，” http://www.npr.org（October 17，2012）.

□ 范围说明

范围说明是一份提供对于一个项目常规理解的文件，包括一份描述在公司内部什么因素导致了项目需求产生的项目理由，还说明了有关项目的预期结果是什么，以及什么构成了项目成功的指标。而且，范围说明可能包括一系列各种类型的计划报告和部分项目管理流程的文件。

一个类似的计划文件是工作声明（SOW）。在大型项目中，工作声明文件通常是为了团队中的个体成员、小组、部门、分包商和供应商而准备的。工作声明详细地描述了此项工作，以便负责此项工作的团队成员知道准时并成功地完成工作所需的是什么，以及他是否有足够的资源。对于供应商和分包商而言，工作声明常常是决定他们能否完成工作和对工作进行标价的基础。一些公司要求它们与供应商或分包商的正式合同中必须包括工作声明。

□ 工作分解结构

工作分解结构（WBS）是一个用于进行项目计划的组织图表。它通过把项目分解成几个主要的部分（称为模块）的方式，把项目将要完成的工作组织起来。这些部分又细分成子部分，子部分再进一步分成活动，最后又分成独立的任务。最终的结果是由顶层为总体项目、底层为独立任务的不同层级构成的项目组织结构。WBS可以帮助识别活动并确定独立的任务、项目的工作负荷和所需的资源，也可以帮助识别模块和活动之间的关系和避免不必要的重复活动。WBS为建立和管理项目进度、资源及其修改提供了基础。

尽管WBS通常以图或表的形式出现，但它没有明确的模型。一般，建立WBS的方法有两种。一种是从顶部开始，并按照询问“这个层级由哪些部分组成”的方式进行下去，直到非常详细地建立WBS。另一种方法是集体讨论整个项目，并记下关联节点的每一个条目，然后再将关联节点组织成一个WBS。WBS的顶层通常包含总结性的活动、主要组成部分或指出项目所完成的工作的功能范围。较低层通常描述了主要组成部分或模块的详细工作活动。这些活动通常指出了完成工作的方法。

图8-2显示了为某制造公司安装一个新的连接顾客、制造商以及制造商的供应商的

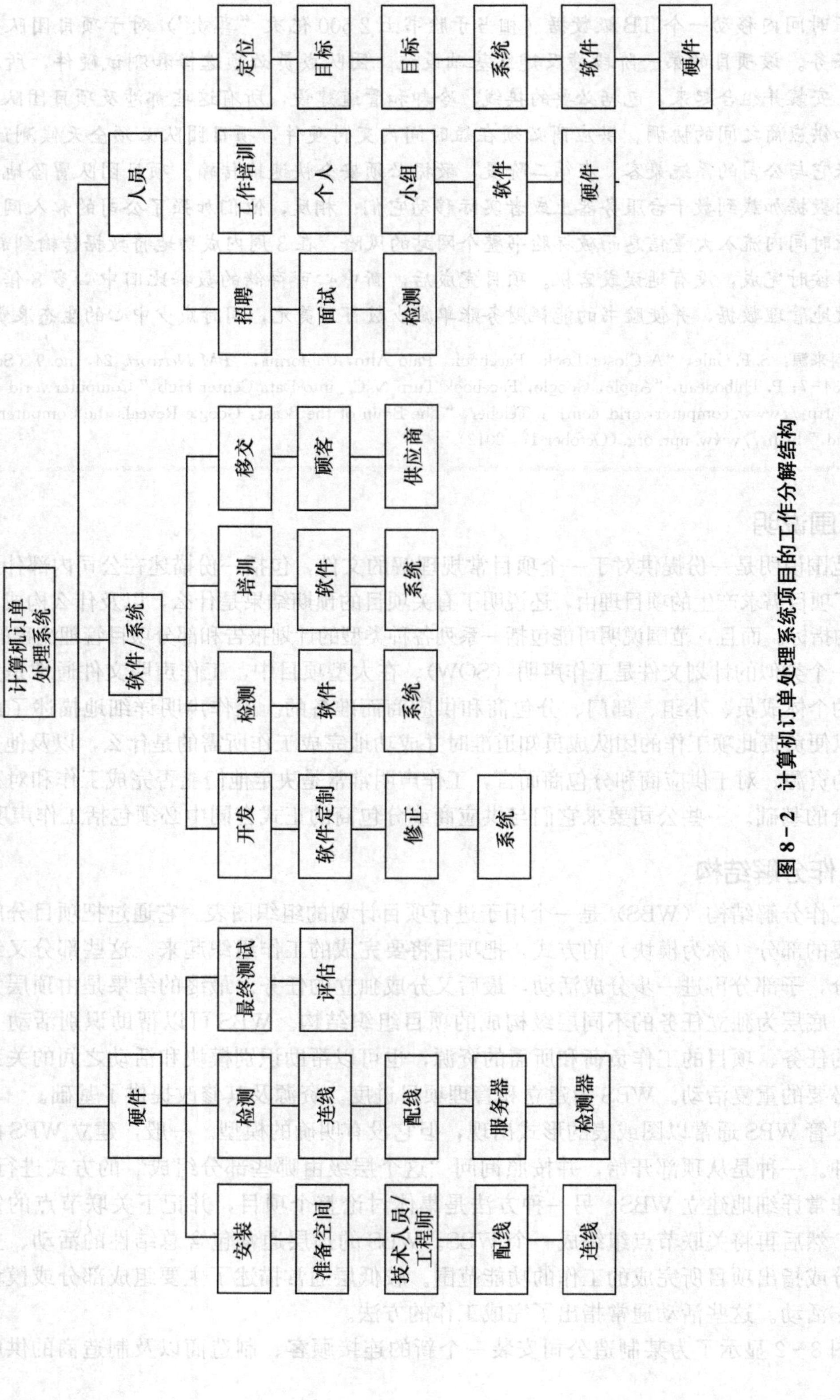

图 8-2　计算机订单处理系统项目的工作分解结构

计算机订单处理系统项目的 WBS。根据建立系统的三个主要的项目范畴来组织 WBS：硬件、软件/系统和人员。在这三种范畴中，详细列出了这些任务下面的主要任务和活动。例如，在硬件下面，一个主要任务是安装，安装部分所需要的活动包括准备安放空间、技术/工程规划和配置、接线等。

□ 责任分配矩阵

在建立 WBS 以后，为了把工作组织成更小的可管理的要素，项目经理通过使用组织分解结构图（OBS）把工作要素分配给组织单元——部门、小组、个人或分包商。OBS 是一个显示哪些组织单元负责哪些工作条目的表格或图形。在建立组织分解结构之后，项目经理才可以建立责任分配矩阵（RAM）。RAM 指出了在组织中谁负责实施项目工作。图 8-3 显示了图 8-2 中计算机订单处理系统项目 WBS 中的“硬件/安装”范畴的责任分配矩阵。注意，在矩阵中，工作分配有三个层次，反映了谁来负责工作，谁真正执行工作，以及谁来完成支持性活动。和 WBS 一样，OBS 和 RAM 可以采取多种形式，这取决于公司、项目团队和项目经理的需求和偏好。

OBS 单元	WBS 活动——硬件/安装			
	1.1.1 准备空间	1.1.2 技术人员/工程师	1.1.3 配线	1.1.4 连线
硬件工程	3	1	1	
系统工程		3		3
软件工程		3		
技术支持	1	2		2
电工	2		2	2
硬件供应商	3	3	3	3
质量管理				3
顾客/供应商联系人				3

责任层级：1=总体责任 2=实施责任 3=支持

图 8-3 责任分配矩阵

□ 项目进度

项目进度是由前面讨论的计划文件发展而来的。一般来说，项目进度是项目管理过程中，尤其是在实施阶段（即真正的项目工作）最关键的部分，并且是大多数冲突和问题产生的根源。部分原因是，项目成功唯一的最重要的准则通常是，项目必须按时完成。如果一个体育场应该及时完工以赶上举行本赛季的第一场比赛，而体育场没有及时完工，那么许多已买到票的人将会非常生气；如果学校的大楼在新学期开始之前没有竣工，许多家长将会非常生气；如果一款新产品在计划推出的日期之前没有完成，则可能会损失一大笔钱；如果一种新型军事武器没有准时完成，则可能会影响国家的安全。而且，显然，时间作为度量进度的一种工具具有可见性，它是一种弹性很小的绝对值；你可以花比较少的钱或使用较少的人员，但你不能延缓工期。

进度计划的建立包括 4 个基本步骤。第一，定义完成项目必须执行的活动；第二，把这些活动按照完成它们必须遵循的顺序进行排序；第三，估计完成每项活动所需的时间；第四，根据排序和时间估计值制定进度计划。

由于进度安排涉及测量工具和时间，因此，包括甘特图和 CPM/PERT 网络图在内的几种定量技术可以用来制定项目进度计划。包括目前流行的 Microsoft Project 在内的各种计算机软件包也可以用来制定项目进度计划。下面将更加详细地讨论 CPM/PERT 和 Microsoft Project。现在，我们将介绍最古老、使用最广泛的一种进度安排技术——甘特图。

延伸阅读　　　　亨利·甘特

CPM/PERT 的基础都是由为了控制项目时间要素而设计的条形图或甘特图发展而来的网络图。在第一次世界大战爆发的 1914 年，工业工程领域的先锋亨利·甘特（Henry Gantt）首次在美国弗兰克福军工厂（Frankford Arsenal）的炮弹车间使用了甘特图。此图用图形描述了实际的和预计的生产时间。

□ 甘特图

甘特图是一种为含有相对较少活动和优先级关系的小型项目制定进度和计划的传统管理技术。这种进度计划技术（又叫条形图）是 1914 年由弗兰克福军工厂炮弹车间的工业工程领域的先锋——甘特发明的。甘特图已发展成为一种流行的项目进度计划工具，今天仍在广泛使用。它是下面将要讨论的 CPM/PERT 技术的直接前提。

甘特图用一个长条表示要分析的项目中每项活动的时间。图 8-4 显示了一个简化的房屋建筑项目甘特图。此项目只包含 7 项一般活动，例如设计房屋、打地基、订购材料等。第 1 项活动是“设计房屋和获得资金”，这需要 3 个月来完成，由从左到右横穿甘特

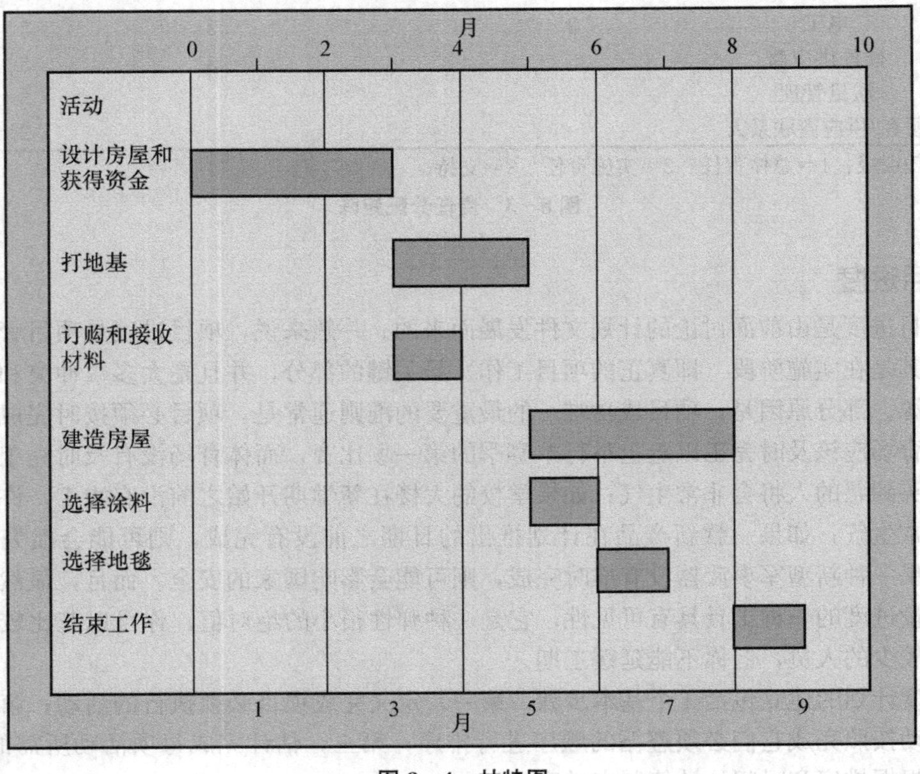

图 8-4　甘特图

图的长条表示。第 1 项活动完成后，接下来的两项活动是“打地基”与“订购和接收材料”，这两项活动可以同时开始。这一系列的活动显示了活动的前后顺序；设计房屋和获得资金必须在接下来的两项活动的前面。

“打地基”活动需要 2 个月来完成，所以这项活动将最早完成，即在第 5 个月月底完成。“订购和接收材料”需要 1 个月的时间完成，可能在第 4 个月之后完成。然而，可以观察到此活动可能延迟 1 个月，到第 4 个月才开始。这个延迟仍将使此活动在第 5 个月月底下一项活动“建造房屋”计划开始之前完工。“订购和接收材料”的这个额外时间叫作松弛时间。松弛是一项活动可以延迟却不会使其后续的任何活动或整个项目延迟的量。甘特图其余的部分也是以类似的方式构建的。项目计划在第 9 个月月底完工。

甘特图提供了项目计划的直观展示，它指出了活动何时开始、何时结束，在哪里可以得到额外的时间，以及活动可能在哪里被延迟。项目经理可以使用甘特图来监控活动的进展，清楚哪些活动提前了，哪些活动落后了。甘特图也指出了活动之间的优先关系；然而，这些关系不是总能容易地辨别出来。这个问题是甘特图方法的一个缺点，它使甘特图的应用只局限于含有相对较少活动的小型项目。我们之后将要介绍的 CPM/PERT 网络技术没有此缺点。

□ 项目控制

项目控制是确保项目实施朝成功方向进展的过程。对项目进行监控，对进度进行测量，以使与项目计划尤其是项目进度计划的偏差最小。如果发现项目偏离了计划（即项目没有按时进行、成本花费过多、活动结果不像预期的那样等），就必须采取纠正措施。在本节其余的部分，我们将介绍项目控制的几个关键要素，包括时间、成本管理和绩效控制。

时间管理是确保项目进度没有出现问题和项目准时进行的过程。这需要对单项活动的进度进行监控，并经常进行更新。如果进度被延迟的程度危及项目的成功，则项目经理有必要转移资源以加快关键活动的进展。一些活动可能有松弛时间，所以可以把资源从这些活动转移到没有准时进行的活动中，这称为时间-成本权衡。然而，这也可能使项目成本高于预算。在某些情况下，可能需要对工作进行纠正或使工作更加有效率。在其他情况下，可能会发生活动实施时间的原估计值经证明是不现实的情况，此时必须对进度计划进行修改，同时也必须就这些变化对项目成功的影响进行评价。

由于发生上面提到的时间-成本权衡，成本管理经常与时间管理紧密相关。如果进度被延迟了，为了使项目回到进度计划，成本往往会上升。而且，随着项目的推进，一些成本估计值可能被证明是不现实的或错误的。因此，可能需要修改成本估计值和更新预算。如果成本过度超出限度，就必须采取纠正措施。

绩效管理是对项目进行监控，建立时间（即每天、每周和每月）状态报告以确保实现目标和执行计划的过程。把活动和里程碑式的计划预定日期与截至该日期项目真实完成的工作量相比较，可以确定项目是按原计划进行还是落后于计划。关键的绩效测量包括偏离计划的偏差、资源使用和成本超出限度的数额。项目经理以及承担绩效工作的个人和组织单元负责建立这些状况报告。

挣值分析（EVA）是一个专门进行绩效管理的体系。当活动完成时，它们就挣得了价值。EVA 是一个得到认可的用于定量测量项目进度，预测项目的完工时间和最终成本，以及当活动完成时提供对进度和预算的变动进行测量的标准程序。一个挣值分析的度量指标，例如进度变动比较了一段时间内实际完成的工作量与该段时间内计划完成的工作量；当进度变动为负时，表示项目落后了。成本变动是完成工作的预算成本减去工作所花费的真实成本的值；此变动为负时表示项目超出了预算。当 EVA 与将项目工作划分为易测量的“小单元”的 WBS 一起使用时，效果最好。EVA 的缺点是：有时很难测量工作的进展；数据测量需要大量的时间。

管理科学应用

弗吉尼亚州的州际公路建设项目

项目管理最常见的应用之一是建设项目。许多公司和政府机构在合同上要求具有正式的项目管理过程，作为投标的一部分。有这样一个项目，要建设四个新的高占用率收费（HOT）车道，共计 96 英里，位于华盛顿特区附近的国家最繁忙的交通要道之一——I-495。该项目的成本估计为 14 亿美元。

HOT 车道是与现有高速公路一起运行的收费车道，在收费条件下为司机提供更快，更可靠的旅行选择。弗吉尼亚交通部（VDOT）制定的 5 年计划还包括更换 50 多座老桥和立交桥，升级 10 座立交桥，改善自行车和行人通道，改善当地社区的安保措施，计划于 2013 年完成。该项目在施工现场雇用了多达 500 名技术工人，在非常安全的条件下工作。每天有 25 万辆车通过这个要道，所以所有工作都是在交通繁忙的条件下完成的，其中大部分工作是在晚上，或非工作时间和周末进行的，这增加了额外工作时间和晚班工资。所有这些因素使调度变得复杂和困难。

使 HOT 项目复杂性增加的一个方面是它需要 VDOT 和私人承包商之间建立公私合作关系。虽然 VDOT 作为一个政府机构有责任仔细（有时会很慢）审查和评估每个合同包，但私人承包商希望加快合同的签订和授予过程，以保持进度。在设计不合格，合同未投标的情况下，承包商可能无法保持工作进度，工作会放缓滞后。因此，项目管理过程需要团队成员之间的高度沟通和协调，以及项目负责人的重点管理。

资料来源：S. Gale，“A Closer Look：Virginia Department of Transportation，” *PM Network* 23，no. 4（April 2009）：48–51；and the Virginia Department of Transportation Web site，http://virginiadot.org.

□ 项目风险

每个项目都有不同规模和程度的风险。风险是可能会干扰项目的进展和完成的任何不确定的因素或事件。风险不是一个问题；它是对可能发生问题的认识。通过提前识别、理解和发现潜在的问题，并对其进行规划，项目组和管理人员可以尝试阻止它们。项目经理的工作就是管理和减少项目风险。

项目风险管理最好在规划阶段进行。风险管理计划记录了在整个项目过程中如何管理风险。除了识别潜在风险之外，还规定了哪些团队成员负责管理不同类型的风险，如何在整个项目生命周期中监控风险，如何制定和实施风险应急计划，以及如何分配项目资源来处理风险。

项目风险管理是主动的。第一步是确定项目可能会遇到的所有可能的风险。这可能包括资源变化、错误假设、公司目标和需求变化以及技术变化等。应该根据其影响和可能性

（即概率）来评估已确定的风险，并进行量化。尽管任何一种风险评估和测量都是一种估计，但目标是通过一个过程来比较风险，以确定哪些风险对项目的成败最有威胁。可以控制的最重要的风险是可以减轻的，应该制定策略来减轻那些无法控制的风险。

敏捷项目管理是一种相对较新的项目管理方法，更侧重于项目不确定性和风险的适应性。IT 和软件开发业务尤其如此。这是一种通过迭代和渐进的方式处理项目管理变化的方法。它与传统的项目管理过程不同，传统的项目管理过程有一个预定的和计划的步骤（例如范围说明、项目网络等）。举个例子，对于一个建设项目，敏捷方法是将任务分解成小计划实现进度。它适应变化并不断调整，鼓励对变化做出快速、灵活的反应。这种类型的迭代过程更有利于软件项目，例如，受到非常迅速和不可预见的变化的影响，这可能是由于从一开始就不知道用户可能想要什么样的产品。迭代是可能持续几个星期的短时间框架（称为“时间框”）。它降低了整体风险，并使项目能够快速适应变化。

敏捷项目的团队通常是跨职能的，包括客户代表。强调团队成员之间的面对面沟通，而且是日常的，这有助于揭示出现的问题。团队规模通常很小（5～9 人），以简化团队沟通和协作。当团队在不同的地点工作时，他们通过视频会议、语音和电子邮件等方式保持每天的联系。在每次迭代结束时，都会检查项目进度并重新评估优先级，以提高项目回报率，并确保项目符合客户需求和目标。通过这种方式，敏捷项目管理方法不同于传统的项目管理：它响应变化而不是遵循计划；依靠互动而不是正式的流程或工具；经常与用户沟通和协作。

CPM/PERT

关键路径法（CPM）和计划评审技术（PERT）在最初建立的时候是两种独立的技术（见后面的延伸阅读）。二者都是由甘特图发展而来，因此非常相似。CPM/PERT 从根本上说有两个主要的区别。在 CPM 中，使用的是活动时间的单一评估值，不允许发生变化，活动时间是确定已知的；而在 PERT 中，每个活动使用多种时间估计值，反映了活动时间的变动性。另一个区别在于，绘制网络图的技术不同。在 PERT 中，活动用圆圈表示的节点之间的弧或箭线来表示；而在 CPM 中，活动用节点表示，节点之间的箭头表示优先关系（即哪一个活动在另一个活动的前面）。然而，随着时间的推移，CPM 和 PERT 有效地整合成了一种技术，通常称为 CPM/PERT。

CPM/PERT 与甘特图相比的优势是，使用网络（而不是图）来显示活动之间的优先关系。简言之，CPM/PERT 网络提供了一种更好的图形，它看起来更容易使用，这使得 CPM/PERT 成为项目计划者和管理人员最喜爱的一种技术。

箭线式网络图

CPM/PERT 网络图是使用箭线和节点绘制而成的，如图 8-5 所示。如前所述，在 CPM/PERT 最初建立的时候，使用了不同的传统方法来绘制网络图。在 CPM 中，图 8-5 中的节点表示项目活动，节点之间带有箭头的线段表示活动之间的优先关系。例如，在图 8-5 中，用节点 1 表示的活动 1 在活动 2 之前，活动 2 在活动 3 开始之前必须完工。这种构建网络的方法叫作节点法（AON）。而在 PERT 方法中，节点之间的箭线表示活动，节点反映了事件或时间点，例如一个活动的结束和另一个活动的开始，这种方法称作箭线法（AOA）。活动由一个活动的开始节点数和结束节点数表示（例如，图 8-5 的活动 1→2 在活动 2→3 的前面）。本章将主要介绍传统的节点法，但是首先概括地介绍箭线式网络图。

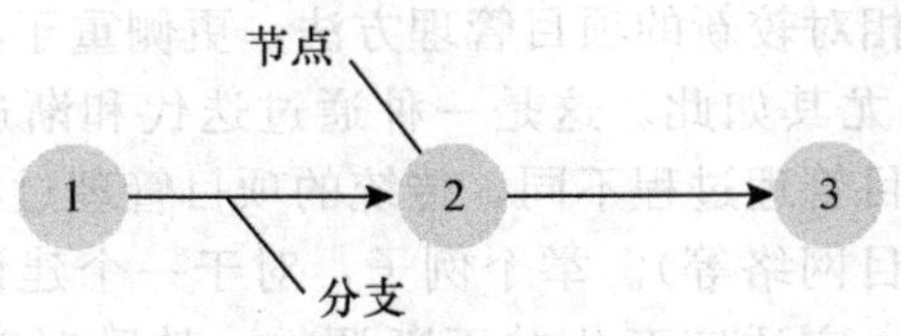

图 8-5　节点和分支

为了说明如何绘制箭线式网络图，我们再次考虑图 8-4 中作为甘特图应用例子的房屋建造项目。此项目对应的 CPM/PERT 网络图如图 8-6 所示。在此网络图中，活动的优先关系用带有箭头的（或有方向的）线段表示。在此项目中，第 1 项活动是设计房屋和获得资金。该活动必须在其后的任何活动开始之前完成。因此，活动 2→3（打地基）和活动 2→4（订购和接收材料），只能在节点 2 实现后才能开始，这表明活动 1→2 已经完成。此箭线上的数字 3 表示完成此活动可能需要 3 个月的时间。活动 2→3 和活动 2→4 可以同时发生，两者并不相互依赖，两者都只依赖于活动 1→2 的完工。

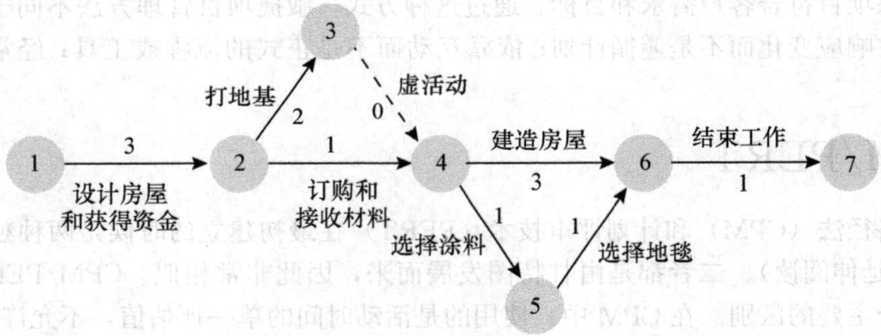

图 8-6　显示有并发活动的房屋建造网络扩展图

当打地基活动（2→3）及订购和接收材料活动（2→4）完成后，活动 4→5 和 4→6 可以同时开始。然而，注意，活动 3→4 称为虚活动。在箭线式网络图中使用虚活动是为了显示一个优先关系，但不表示它真正地消耗时间。图 8-7（a）显示了这些活动之间存在的优先关系。然而，在箭线式网络图中，不允许两个或更多的活动有相同的起始节点和终止节点，因为这将给它们赋予相同的名称（即 2→3）。插入活动 3→4，可以使这两个活动有单独的终止节点，因此也就具有单独的特性，如图 8-7（b）所示。

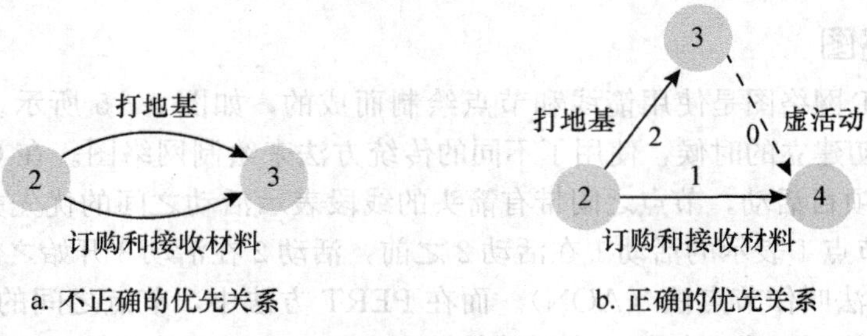

图 8-7　虚活动

返回到图 8-6 所示的网络，我们看到有两项活动在节点 4 处开始。活动 4→6 是真实的房屋建造，活动 4→5 是为室内外搜索和选择涂料。活动 4→6 和活动 4→5 可以同时开始，同时进行。在选择涂料（活动 4→5）和实现节点 5 之后，可以选择地毯（活动 5→6），因为地毯的颜色取决于涂料的颜色。该活动也可以和建造房屋（活动 4→6）同时进行。当房屋建好，涂料和地毯选好后，房屋就可以完工了（活动 6→7）。

延伸阅读　摩根·沃克、小詹姆斯·凯利和 D. G. 马尔科姆

1956 年，在美国杜邦公司，一支由杜邦公司的工程师摩根·沃克（Morgan R. Walker）和雷明顿-兰德公司的计算机专家小詹姆斯·凯利（James E. Kelley, Jr.）领导的研究团队发起了开发一个能够改善公司工程项目（包括工厂维护和建筑项目）规划、进度安排和报告的计算机系统的项目。由此产生的网络方法被称为关键路径法（CPM）。与此同时，美国海军建立了一支由 D. G. 马尔科姆（D. G. Malcolm）领导，由海军特别项目办公室、洛克希德（主要合同商）以及 Booz, Allen, Hamilton 咨询公司共同组成的研究团队。该团队为了设计北极星导弹项目（一种弹道导弹燃料核潜水艇）的管理控制系统，开发了计划评审技术（PERT）。导弹项目最初包含 23 个 PERT 网络、2 000 个事件和 3 000 项活动。

□ 节点式网络图

图 8-8 显示了与图 8-6 中建造房屋项目的箭线式网络图相对应的节点式网络图。注意，活动和活动时间都在节点上，而不像箭线式网络图那样在活动上。分支或箭线仅仅表示活动之间的优先关系。而且，注意，不存在虚活动；在节点式网络图中不需要虚活动，因为没有两个活动有相同的起始节点和终止节点，所以它们永远不会混淆。尽管箭线法和节点法都有一些小的优点和缺点，但这一点是节点法的一个优点。

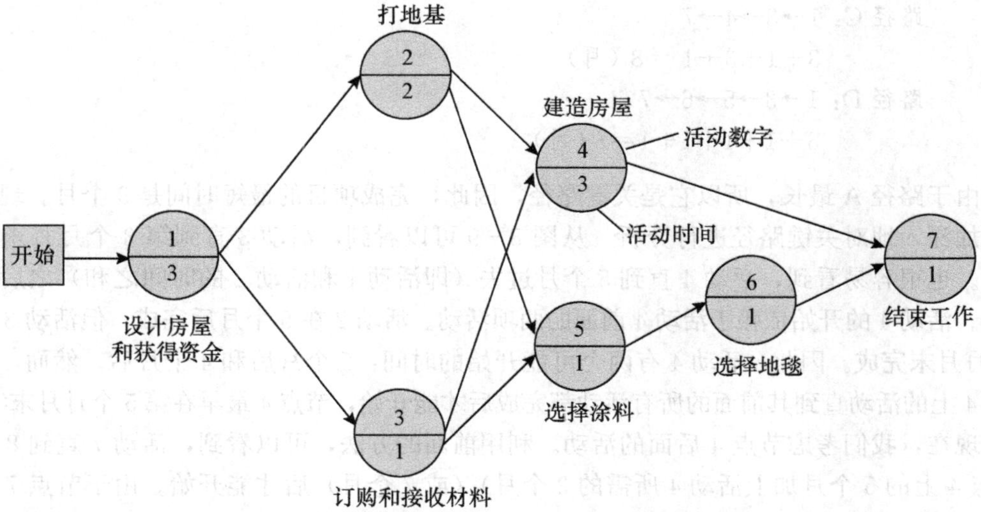

图 8-8　房屋建造项目的节点式网络图

总之，这两种方法都可以完成相同的事情，使用哪种方法通常是个人偏好问题。然而，就我们的目的而言，节点式网络图具有一个明显的优势：它可以应用在流行的 Microsoft Project 软件包中。由于将在本章末演示怎样使用此软件，所以我们将使用节点式网络图。

□ 关键路径

网络路径是从网络开始运行到网络结束的一系列相关活动。图 8-8 所示的网络有多条路径。事实上，仔细观察此网络可以发现有 4 条路径，见表 8-1 中的 A，B，C 和 D。

表 8-1　贯穿房屋建造网络的路径

路径	事件
A	1→2→4→7
B	1→2→5→6→7
C	1→3→4→7
D	1→3→5→6→7

只有在网络中最长的路径完成后，项目才能完工（即房屋才能建成）。这是完成项目的最短时间。

最长的路径称作关键路径。为了更好地理解最短项目时间和关键路径之间的关系，我们将确定图 8-8 所示的 4 条关键路径的长度。

通过把这 4 条关键路径每条路径上的活动时间（见图 8-8）相加，可以计算出每条路径的长度，如下：

路径 A：1→2→4→7
3+2+3+1=9（月）

路径 B：1→2→5→6→7
3+2+1+1+1=8（月）

路径 C：1→3→4→7
3+1+3+1 =8（月）

路径 D：1→3→5→6→7
3+1+1+1+1=7（月）

由于路径 A 最长，所以它是关键路径，因此，完成项目的最短时间是 9 个月。现在我们更加深入地对关键路径进行分析。从图 8-9 可以看到，活动 3 直到第 3 个月月末才能开始。也很容易看到，活动 4 直到 5 个月过去（即活动 1 和活动 2 的时间之和）之后才将开始。活动 4 的开始依赖于活动 4 前面的两项活动。活动 2 在 5 个月后完成，但活动 3 在第 4 个月月末完成。因此，活动 4 有两个可能开始的时间：5 个月后和 4 个月后。然而，由于节点 4 上的活动直到其前面的所有活动都完成后才能开始，节点 4 最早在第 5 个月月末实现。

现在，我们考虑节点 4 后面的活动。利用前面的方法，可以看到，活动 7 直到 8 个月（节点 4 上的 5 个月加上活动 4 所需的 3 个月）（或 7 个月）后才能开始。由于节点 7 前面的所有活动必须完成后，活动 7 才能开始，因此，活动 7 最早可以在第 8 个月开始。在节点 7 时间的基础上再加上活动 7 的 1 个月就是 9 个月的项目工期。回想一下，这是网络图中最长路径或关键路径的时间。

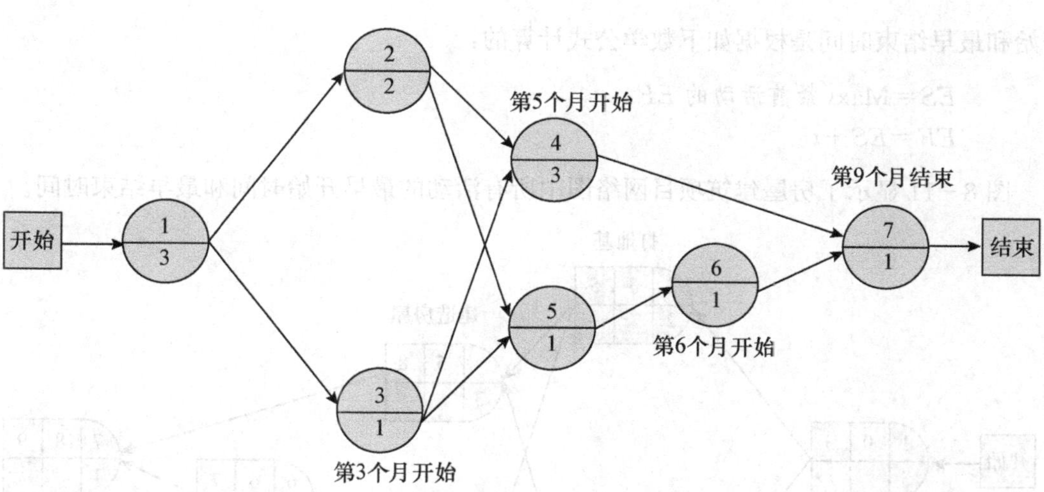

图 8-9　活动开始时间

这一简单分析说明了关键路径的概念和项目最短完工时间的确定方法。然而，用这种方法确定关键路径比较麻烦。接下来，我们将讨论制定项目活动的进度计划和确定关键路径的数学方法。

□ 活动进度安排

在对关键路径的分析中，我们确定了每项活动可能完成的最早时间。例如，我们发现活动 4 最早可能开始的时间是在第 5 个月月末。这个时间称为最早开始时间，用符号 *ES* 表示。

为了在网络上显示最早开始时间和制定进度安排过程中将建立的其他活动时间，我们将对节点结构稍做修改。图 8-10 显示了节点 1 的结构。这是房屋建造项目网络图例子中的第 1 项活动——设计房屋和获得资金。

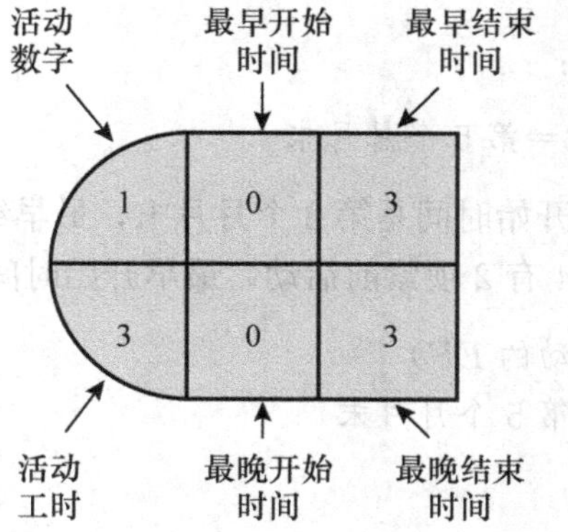

图 8-10　节点式结构

为了确定每项活动的最早开始时间，我们向前推动来通过网络，也就是说，我们从第 1 个节点开始，通过网络来向前移动。一项活动的最早时间是所有以前的活动都完成的最大时间，也就是活动开始节点实现的时间。

活动的最早结束时间 *EF* 是由最早开始时间加上活动工时估计值得出的。例如，如果活动 1 的最早开始时间是 0 时刻，那么最早结束时间是 3 个月后。一般而言，活动的最早开始和最早结束时间是根据如下数学公式计算的：

$$ES=\text{Max}(\text{紧前活动的 }EF)$$
$$EF=ES+t$$

图 8-11 显示了房屋建筑项目网络图中所有活动的最早开始时间和最早结束时间。

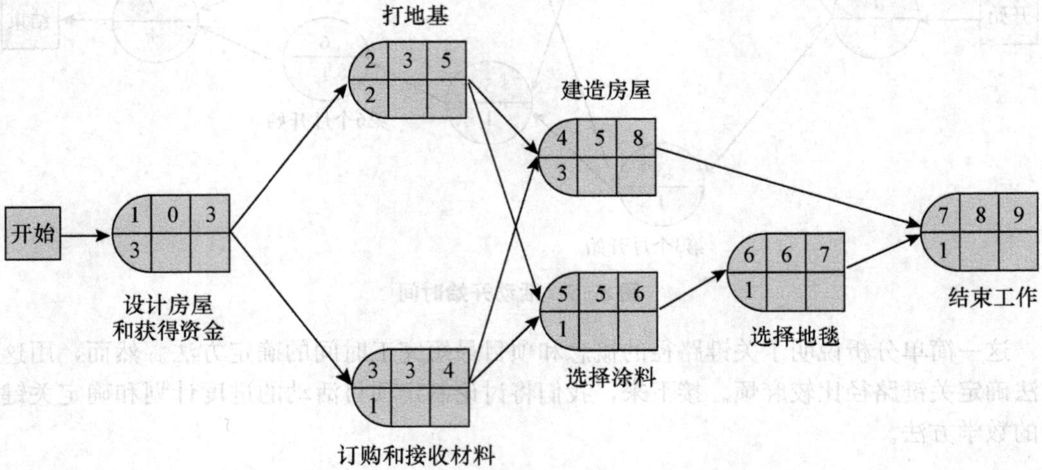

图 8-11　活动最早开始和结束时间

网络图中第 1 项活动（此活动无紧前活动）的最早开始时间总是为 0，或者 $ES=0$。这使我们能够计算出活动 1 的最早结束时间为：

$$EF=ES+t=0+3=\text{第 3 个月月末}$$

活动 2 的最早开始时间为：

$$ES=\max(\text{紧前活动的 }EF)=\text{第 3 个月月末}$$

相应的最早结束时间为：

$$EF=ES+t=3+2=\text{第 5 个月月末}$$

对于活动 3 而言，最早开始时间是第 3 个月月末，最早结束时间是第 4 个月月末。现在考虑活动 4。活动 4 有 2 项紧前活动，最早开始时间计算如下：

$$\begin{aligned}ES&=\max(\text{紧前活动的 }EF)\\&=\max(5,4)=\text{第 5 个月月末}\end{aligned}$$

最早结束时间为：

$$EF=ES+t=5+3=\text{第 8 个月月末}$$

其余所有活动的最早开始时间和最早结束时间的计算方法类似。注意，在图 8-11 中，网络图中的最后一项活动——活动 7 的最早结束时间是第 9 个月月末，这是总项目工时或关键路径时间。

与最早开始和结束时间对应的是最晚开始（LS）和最晚结束（LF）时间。最晚开始时间是一项活动不延迟项目的实施，以致工期超过关键路径时间而最晚可以开始的时间。

在房屋建造项目网络图的例子中，节点 7 的项目完成时间是 9 个月，因此，确定最晚时间的目的是每一项活动可以被延迟多长时间，而不使项目超过 9 个月。

通常，活动的最晚开始和最晚结束时间可以根据以下公式计算得到：

$LS = LF - t$

$LF = \text{Min}(\text{紧后活动的 } LS)$

然而，正推网络法是用来确定最早时间的，最晚时间使用逆推网络法来计算。我们从网络的末端节点 7 开始，向后推动网络来计算每项活动的最晚时间。由于我们希望确定网络中每项活动可以被延迟多长的时间而不会延长项目的总时间，所以，节点 7 的最晚结束时间不能超过最早结束时间。因此，节点 7 的最晚结束时间是第 9 个月月末。这个最晚时间及其他所有的最晚时间如图 8－12 所示。

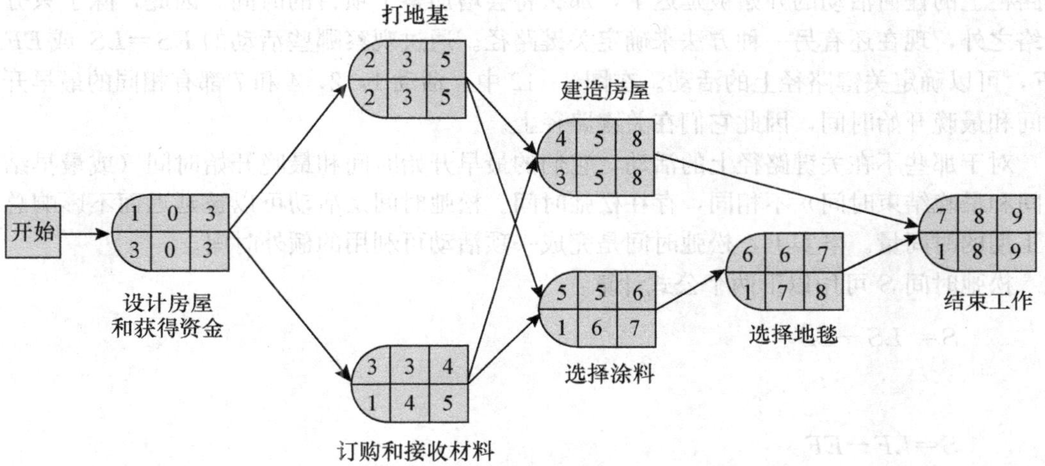

图 8－12　活动最晚开始和结束时间

从网络终端开始，关键路径时间为 9 个月，这也等于活动 7 的最早结束时间。这个时间自动成为活动 7 的最晚结束时间，或

$LF = \text{第 9 个月月末}$

利用此值可以计算活动 7 的最晚开始时间：

$LS = LF - t = 9 - 1 = \text{第 8 个月月末}$

活动 6 的最晚结束时间是节点 6 的后续活动的最晚开始时间的最小值。由于活动 7 在节点 6 之后，因此活动 6 的最晚结束时间计算如下：

$LF = \min(\text{后续活动的 } LS) = \text{第 8 个月月末}$

活动 6 的最晚开始时间是：

$LS = LF - t = 8 - 1 = \text{第 7 个月月末}$

活动 4 的最晚结束时间是第 8 个月月末，最晚开始时间是第 5 个月月末；对于活动 5 而言，最晚结束时间是第 7 个月月末，最晚开始时间是第 6 个月月末。

现在考虑活动 3，活动 3 有两项后续活动，最晚结束时间计算如下：

$LF=\min$(后续活动的 LS)$=\min(5,6)=$第 5 个月月末

最晚开始时间是：

$LS=LF-t=5-1=$第 4 个月月末

用类似的方法计算所有剩余活动的最晚开始和最晚结束时间。图 8－12 列出了所有活动的最早和最晚开始时间以及最早和最晚结束时间。

□ 活动松弛时间

图 8－12 中包含有所有活动的开始和结束时间的项目网络图突出了我们早已通过分析确定的关键路径（1→2→4→7）。注意，对于关键路径上的活动而言，最早开始时间和最晚开始时间相同，这意味着关键路径上的这些活动必须准时开始，根本不能延迟。如果关键路径上的任何活动的开始被延迟了，那么将会增加整个项目的时间。因此，除了只分析网络之外，现在还有另一种方法来确定关键路径。通过观察哪些活动的 $ES=LS$ 或 $EF=LF$，可以确定关键路径上的活动。在图 8－12 中，活动 1，2，4 和 7 都有相同的最早开始时间和最晚开始时间，因此它们在关键路径上。

对于那些不在关键路径上的活动，它们的最早开始时间和最晚开始时间（或最早结束时间和最晚结束时间）不相同，存在松弛时间。松弛时间是活动可以被延迟而不影响总项目工期的时间量。事实上，松弛时间是完成一项活动可利用的额外时间。

松弛时间 S 可用以下两个公式计算：

$$S=LS-ES$$

或

$$S=LF-EF$$

例如，活动 3 的松弛时间计算如下：

$S=LS-ES=4-3=1$(月)

如果活动 3 延迟 1 个月开始，此活动仍然能够在第 5 个月月末完工，从而不会延迟项目的完工时间。表 8－2 和图 8－13 显示了房屋建造项目例子网络图中每项活动的松弛时间。

表 8－2　活动松弛时间

活动	LS	ES	LF	EF	松弛时间 S
1*	0	0	3	3	0
2*	3	3	5	5	0
3	4	3	5	4	1
4*	5	5	8	8	0
5	6	5	7	6	1
6	7	6	8	7	1
7*	8	8	9	9	0

* 关键路径活动。

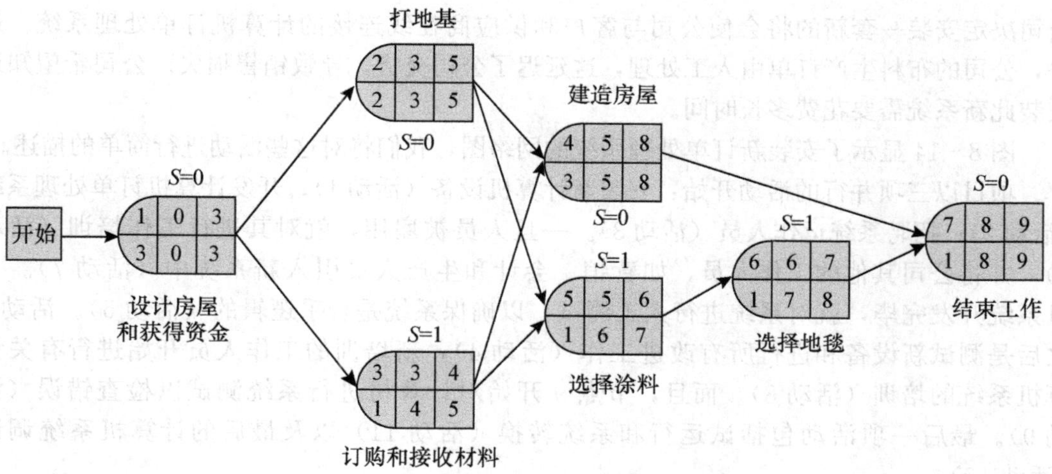

图 8-13 活动松弛时间

注意，在图 8-13 中，活动 3 可以延迟 1 个月，其后续活动 5 可再延迟 1 个月，但活动 6 根本不会被延迟，即使它有 1 个月的松弛时间。如果活动 3 的开始被延迟了，在第 4 个月月末而不在第 3 个月月末开始，它将在第 5 个月月末完工，活动 5 直到第 5 个月月末才允许开始。如果活动 5 延迟 1 个月再开始，它将在第 7 个月月末完工。活动 6 根本不可能在不增加关键路径时间的同时被延迟。这 3 个活动的延迟时间称为共享型松弛时间，这表示活动序列 3→5→6 可以总共延迟 2 个月，而不会使项目被延迟，但不是 3 个月。

松弛时间显然对项目经理是有利的，因此松弛时间可以使资源临时从含有松弛时间的活动中撤出，用到可能由于各种原因被延迟或经证明时间估计值不准确的其他活动中。

网络活动时间是对那些通常没有大量历史基础的活动的简单估计（因为项目往往是独特的工作）。因此，活动时间的估计值具有一定的不确定性。然而，活动时间估计值固有的不确定性，在某种程度上可以通过使用概率性时间估计值，而不是到目前为止一直使用的单一确定性时间估计值反映。

概率性活动时间

在上节介绍的房屋建造项目网络图中，所有的活动时间估计值都是单一数值。通过只使用单一活动时间估计值，我们有效地假设活动时间是确定已知的（即它们是确定性的）。例如，在图 8-8 中，活动 2 的时间估计值（打地基）为 2 个月。由于只给出了这一个值，所以必须假设活动时间不会变为 2 个月以外的其他值（或改变少许）。然而，事实上，很难确切地确定活动时间估计值。由于项目活动可能是独特的，因此，几乎没有历史资料可作为依据来预测活动时间。然而，前面早已指出 CPM 和 PERT 的一个主要区别是，PERT 使用概率性活动时间。在本节，我们使用此方法来估计项目网络的活动时间。

概率性时间估计

我们将用一个新例子来介绍概率性活动时间的使用方法。（可以使用前一节的房屋建造网络图，但是，更大、更复杂的网络将提供更多有关不同类型项目的经验。）南方纺织公司决定安装一套新的将会使公司与客户和供应商在线连接的计算机订单处理系统。过去，公司的布料生产订单由人工处理，这延迟了公司交货，导致销售损失。公司希望知道安装此新系统需要花费多长时间。

图 8-14 显示了安装新订单处理系统的网络图，我们将对这些活动进行简单的描述。

项目以三项并行的活动开始：安装新计算机设备（活动 1）；开发计算机订单处理系统（活动 2）；招聘系统运作人员（活动 3）。一旦人员被雇用，就对其进行工作培训（活动 6），并将公司其他的工作人员，如营销、会计和生产人员引入新系统中（活动 7）。一旦系统开发完毕，就对系统进行人工测试，以确保系统是合乎逻辑的（活动 5）。活动 1 之后是测试新设备和进行所有改进工作（活动 4），新培训的工作人员开始进行有关计算机系统的培训（活动 8）。而且，节点 9 开始对计算机进行系统测试以检查错误（活动 9）。最后一项活动包括试运行和系统转换（活动 11）以及最后的计算机系统调试（活动 10）。

在项目网络的这一阶段，以前我们为每项网络活动分配一个单一的时间估计值。然而，在 PERT 项目网络图中，我们为每项活动确定了 3 个时间估计值，这样可以估计出服从 β 分布的活动时间的均值和方差。假设活动时间可以用 β 分布来描述的原因有多个：第一，β 分布的均值和方差可能与 3 个估计值接近。第二，β 分布是连续的，但它没有预先确定的形状（例如正态曲线是钟形的）。β 分布将根据指示呈现自己的形状，也就是说，它的不对称性由给定的时间估计值决定。这是有利的，因为通常我们没有关于一个特殊项目网络活动时间的分布状况的先验知识。第三，虽然其他类型的分布和 β 分布一样都不准确，但传统上使用 β 分布来分析概率性网络图。

每项活动的 3 个时间估计值是最可能时间、乐观时间和悲观时间。最可能时间是如果活动重复进行多次，最经常出现的时间。乐观时间是最短的可能时间，即如果每件事情都进行得很顺利，完成活动可能所需的时间。悲观时间是假设每件事情都发生了错误，完成活动将需要的最长的可能时间。一般，最熟悉活动的人会尽量利用其知识和能力来确定这些估计值。换句话说，这些估计值具有主观性。

我们随后用这 3 个估计值来估计 β 分布的均值和方差。如果

a＝乐观时间估计值

m＝最可能时间估计值

b＝悲观时间估计值

则均值和方差计算如下：

$$\text{均值（期望时间）：}t=\frac{a+4m+b}{6}$$

$$\text{方差：}v=\left(\frac{b-a}{6}\right)^2$$

这些公式提供了一种合理估计 β 分布均值和方差的方法，β 分布是一个连续型的可能呈现各种形状，即表现出不对称性的分布。

表 8-3 和图 8-14 显示了每项活动的 3 个估计值。图 8-14 显示的网络中所有活动的均值和方差同样也在表 8-3 中列出了。

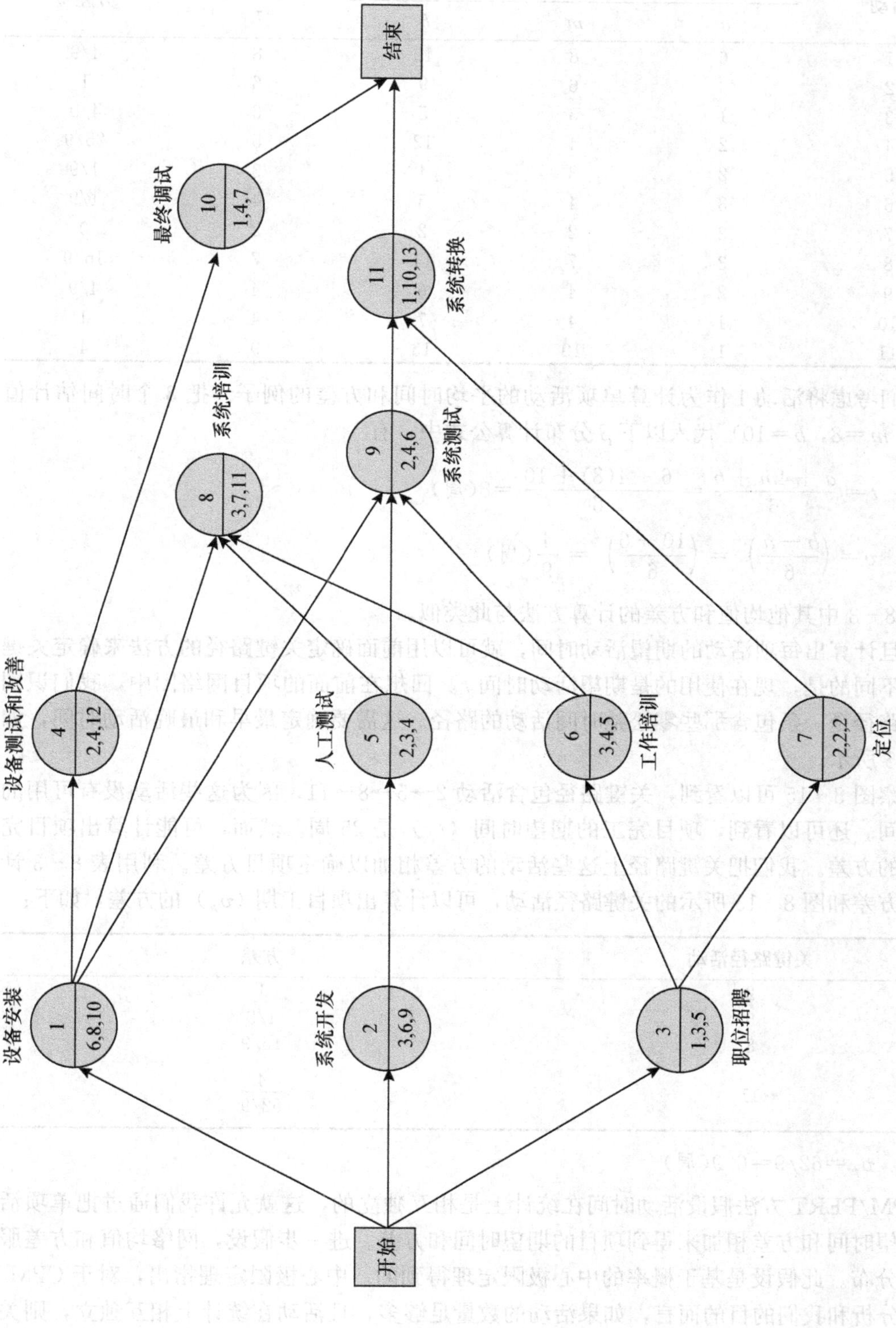

图 8-14　订单处理系统安装网络图

表 8-3　图 8-14 中的活动估计值

活动	时间估计值（周）			时间	方差 v
	a	m	b	t	
1	6	8	10	8	4/9
2	3	6	9	6	1
3	1	3	5	3	4/9
4	2	4	12	5	25/9
5	2	3	4	3	1/9
6	3	4	5	4	1/9
7	2	2	2	2	0
8	3	7	11	7	16/9
9	2	4	6	4	4/9
10	1	4	7	4	1
11	1	10	13	9	4

我们考虑将活动 1 作为计算单项活动的平均时间和方差的例子。把 3 个时间估计值（$a=6$，$m=8$，$b=10$）代入以下 β 分布计算公式中，有

$$t=\frac{a+4m+b}{6}=\frac{6+4(8)+10}{6}=8(\text{周})$$

$$v=\left(\frac{b-a}{6}\right)^2=\left(\frac{10-6}{6}\right)^2=\frac{4}{9}(\text{周})$$

表 8-3 中其他均值和方差的计算方法与此类似。

一旦计算出每项活动的期望活动时间，就可以用前面确定关键路径的方法来确定关键路径，不同的是，现在使用的是期望活动时间 t。回想在前面的项目网络图中，我们识别出关键路径是一条包含那些零松弛时间活动的路径。这需要确定最早和最晚活动时间，如图 8-15 所示。

观察图 8-15 可以看到，关键路径包含活动 2→5→8→11，因为这些活动没有可用的松弛时间。还可以看到，项目完工的期望时间（t_p）是 25 周。然而，可能计算出项目完工时间的方差。我们把关键路径上这些活动的方差相加以确定项目方差。利用表 8-3 计算出的方差和图 8-15 所示的关键路径活动，可以计算出项目工期（v_p）的方差，如下：

关键路径活动	方差
2	1
5	1/9
8	16/9
11	4
	62/9

$$v_p=62/9=6.9(\text{周})$$

CPM/PERT 方法假设活动时间在统计上是相互独立的，这就允许我们通过把单项活动的期望时间和方差相加来得到项目的期望时间和方差。进一步假设，网络均值和方差服从正态分布。此假设是基于概率的中心极限定理得到的。中心极限定理指出，对于 CPM/PERT 分析和我们的目的而言，如果活动的数量足够多，且活动在统计上相互独立，则关键路径上活动的均值之和将趋于正态分布的均值。对于本章中的小例子，是否有足够多的

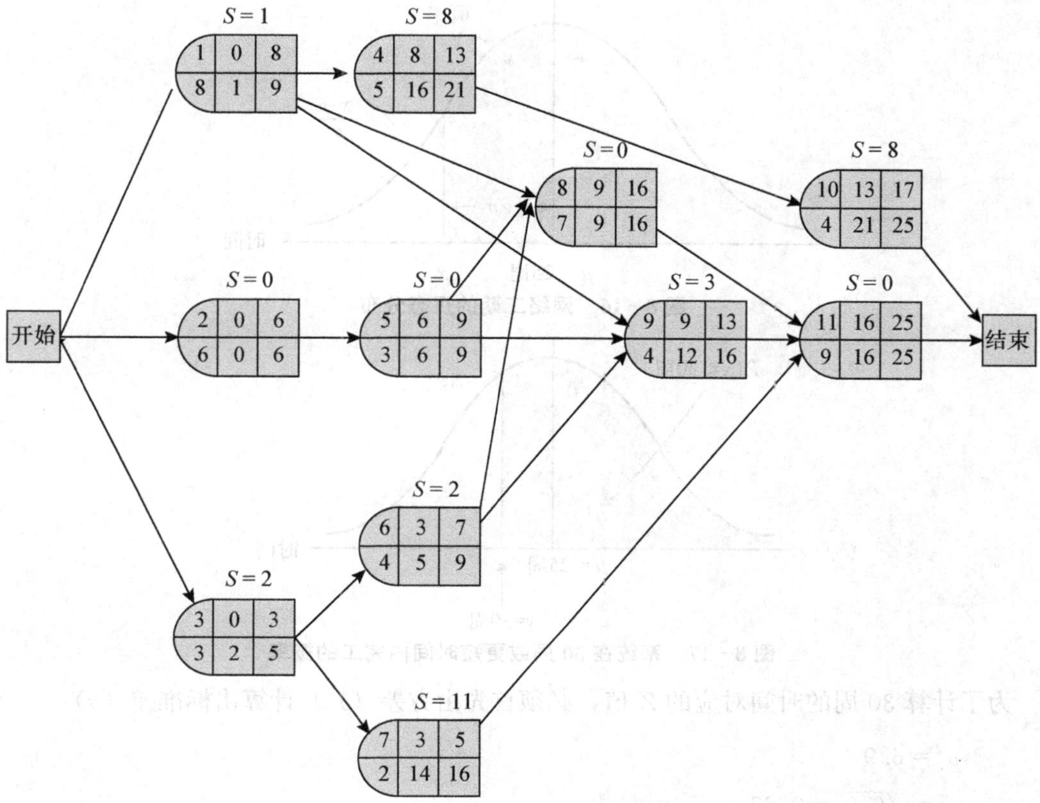

图 8-15　最早和最晚活动时间

活动以保证项目平均完工时间和方差服从正态分布是令人怀疑的。虽然在 CPM/PERT 分析中，无论网络有多大都使用正态分布进行概率分析已成为传统，但是谨慎的 CPM/PERT 分析使用者应该记住此限制。

基于这些假设，可以把期望项目时间（t_p）和方差（v_p）当作正态分布的均值（μ）和方差（σ^2）：

$$\mu = 25(\text{周})$$
$$\sigma^2 = 6.9(\text{周})$$

接着，我们可以利用这些统计参数指出项目的概率值。

□ 项目网络的概率分布

利用正态分布，通过计算一个数值偏离均值的标准差（Z）可以确定概率的大小，如图 8-16 所示。

Z 值可用下式计算：

$$Z = \frac{x - \mu}{\sigma}$$

然后，利用此值可以在附录的表 A-1 中找到相应的概率。

例如，假设纺织公司经理告诉顾客新订单处理系统将在 30 周内全部安装完毕。而实际上，在 30 周之内安装好的概率为多大呢？图 8-17 中的阴影部分显示了这一概率。

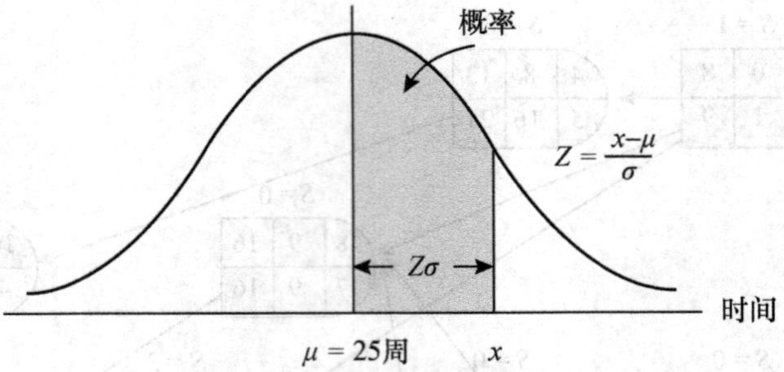

图 8－16　网络工期的正态分布

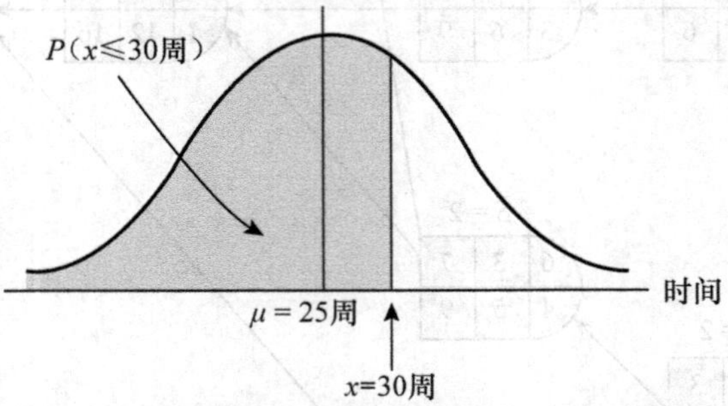

图 8－17　系统在 30 周或更短时间内完工的概率

为了计算 30 周的时间对应的 Z 值，必须首先由方差（σ^2）计算出标准差（σ）：

$$\sigma^2=6.9$$

$$\sigma=\sqrt{6.9}=2.63$$

接下来，把这个标准差、均值和我们提出的项目完工时间（30 周）代入下式中：

$$Z=\frac{x-\mu}{\sigma}=\frac{30-25}{2.63}=1.90$$

在表 A－1 中，1.90 的 Z 值对应的概率为 0.471 3。这表示在 30 周内完成项目的概率为 0.971 3（0.500 0＋0.471 3）。

假设某位顾客对延迟交货感到很不满意，她告诉纺织公司如果新订单系统在 22 周内不能工作，她将和其他公司做这笔生意。项目在 22 周以内完工的概率计算如下：

$$Z=\frac{22-25}{2.63}=\frac{-3}{2.63}=-1.14$$

在表 A－1 中，1.14 的 Z 值（负号不计）对应的概率为 0.372 9。因此，留住此顾客的概率只有 0.127 1（0.500 0－0.372 9），如图 8－18 所示。

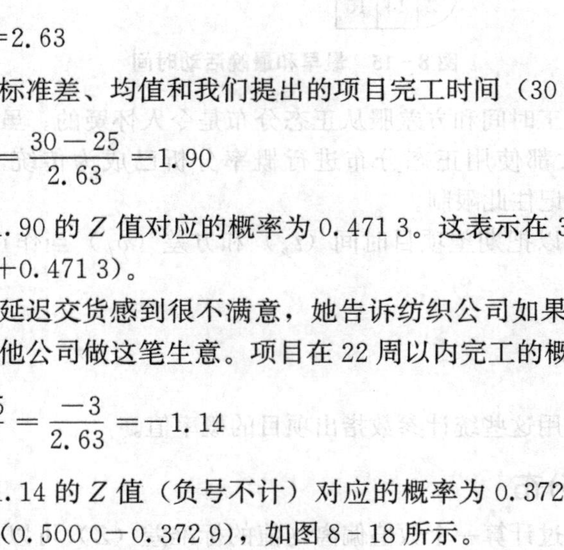

图 8－18　22 周内系统完工的概率

管理科学应用

全球巨型建筑项目

关于项目管理的主要应用传统上是建设项目。公共和商业建筑项目合同通常需要正式的项目管理程序，包括指定的项目组和经理、范围说明、项目网络等。研究估计，到 2020 年，中国、印度和俄罗斯等全球新兴市场的建筑项目（投资）将占 GDP 的 16%以上。中国政府在 2011—2015 年间拨出 1 万亿美元用于基础设施建设，其中包括北京新机场建设，青岛港口扩建（150 亿美元），3 600 万套保障性住房建设，高铁建设（320 亿美元），再加上铁路和公路的扩建。墨西哥在 5 年内为港口、机场、道路、水路、炼油厂（耗资 70 亿美元）以及水和能源需求投入了共 1 410 亿美元。巴西承诺为 2014 年世界杯足球赛和 2016 年夏季奥运会投入 9 000 亿美元建设发电厂、水坝、港口设施和高速铁路。英国在连接伦敦和北英格兰及苏格兰的高铁系统上花费了 460 亿美元；伦敦中心城区的 Crossrail 项目耗资 260 亿美元；能向全国近 1/4 的地区提供电力的海上风电场耗资 180 亿美元。俄罗斯正在投资超过 200 亿美元建设从俄罗斯通过黑海到保加利亚的天然气管道。印度近期完成了 5 140 亿美元的基础设施项目，预计到 2017 年将在基础设施项目上花费约 1 万亿美元，其中包括德里的 257 英里地铁交通系统，政府的目标是每天建造 12.5 英里的新道路。

资料来源：Sarah Gale, "Emerging Developments," *PM Network* 25, no. 9 (September 2011), 12-13; Sarah Gale, "Bigger Isn't Always Better," *PM Network* 25, no. 3 (March 2011), 26-36; and "India on the Move," *PM Network* 24, no. 11 (November 2010), 14-15.

□ 用 QM for Windows 和 Excel QM 进行 CPM/PERT 分析

能够进行 CPM/PERT 网络分析是大多数用于个人计算机的管理科学软件包的一个普遍特征。我们将使用在南方纺织公司安装订单处理系统的例子来介绍 QM for Windows 和 Excel QM 的使用。界面 8-1 显示了 QM for Windows 输出的求解结果。界面 8-2 显示了 Excel QM 输出的求解结果。

Project Management (PERT/CPM) Results

Southern Textile Company Solution

Activity	Activity time	Early Start	Early Finish	Late Start	Late Finish	Slack	Standard Deviation
Project	25						2.62
1	8	0	8	1	9	1	.67
2	6	0	6	0	6	0	1
3	3	0	3	2	5	2	.67
4	5	8	13	16	21	8	1.67
5	3	6	9	6	9	0	.33
6	4	3	7	5	9	2	.33
7	2	3	5	14	16	11	0
8	7	9	16	9	16	0	1.33
9	4	9	13	12	16	3	.67
10	4	13	17	21	25	8	1
11	9	16	25	16	25	0	2

界面 8-1

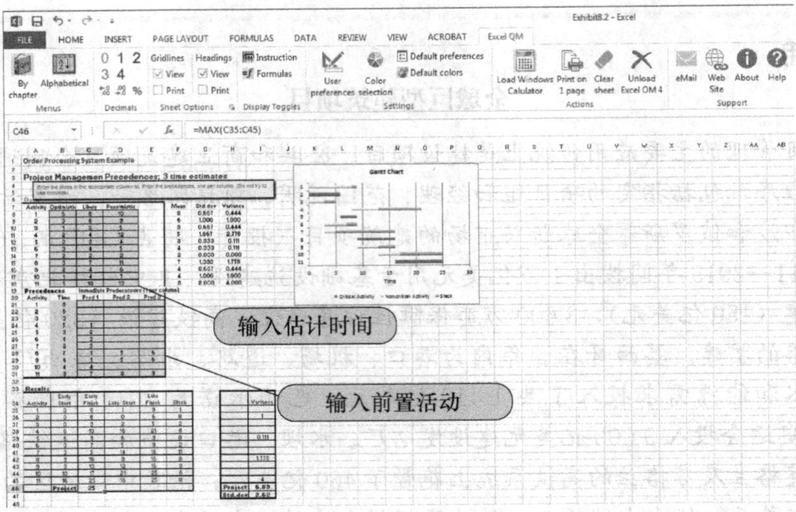

界面 8-2

Microsoft Project

Microsoft Project 是一个用于项目管理和 CPM/PERT 分析的非常流行和应用广泛的软件包。它相对来说也比较容易使用。我们将用图 8-13 中显示的房屋建造项目网络图来介绍如何使用 Microsoft Project 。（注意，此例子的 Microsoft Project 文件可以从本书的网站下载。）

当打开 Microsoft Project ，并为新项目打开一个新文档时，会出现一个界面，如界面 8-3 所示。请注意在屏幕顶部工具栏上高亮的“甘特图工具”选项卡。第一步是在这个窗口中设置项目。首先，在“任务名称”（Task Name）列下输入活动名称“设计房屋和获得资金”，然后在“持续时间”（Duration）列中输入活动持续时间，该活动持续 3 个月。这只需要你输入“3 mo”，会识别为 3 个月。接下来，输入“开始”（Start）日期，例如“November 11，2013”。也可以从下拉日历中选择开始日期。（请注意，必须为所有没有前置活动的活动指定一个开始日期，在本例中，这是第一项活动。）这项活动没有前置活动，所以“前置活动”（Predecessor）空着，并下移到下一行，进入下一项活动，“打地基”。重复第一项活动的输入过程，输入持续时间，“2 mo”，但不输入开始和结束日期（当识别前置活动时，程序将自动执行此操作）。切换到此活动的“前置活动”（Predecessor）单元格并输入“1”（表示活动 1 是活动 2 的前置活动）。接下来，下拉到下一行，输入活动 3 名称“订购和接收材料”，“1 mo”的持续时间以及其“前置活动”是活动 1 的信息。界面 8-4 显示了上述操作。

在完成项目数据的输入之前，进行一些说明。首先，注意窗口的日历部分（屏幕的右侧部分）上出现的甘特图，用于我们输入的活动。启动时，此图可能不在界面上，因为日历上的时间表可能不符合开始日期。如果甘特图不在那里，可以通过移动屏幕上日历部分底部的滚动标签（如向右），直到开始日期出现，这个界面应该包含甘特图。另外，请注意窗口顶部切换到“视图”（View）选项卡。在此工具栏上，如果单击“时间单位”

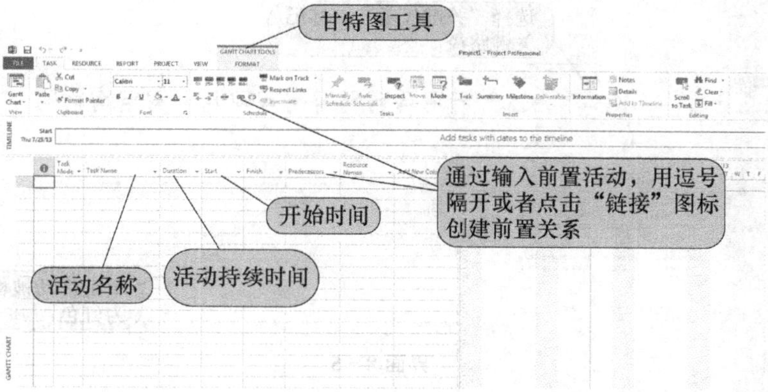

界面 8-3

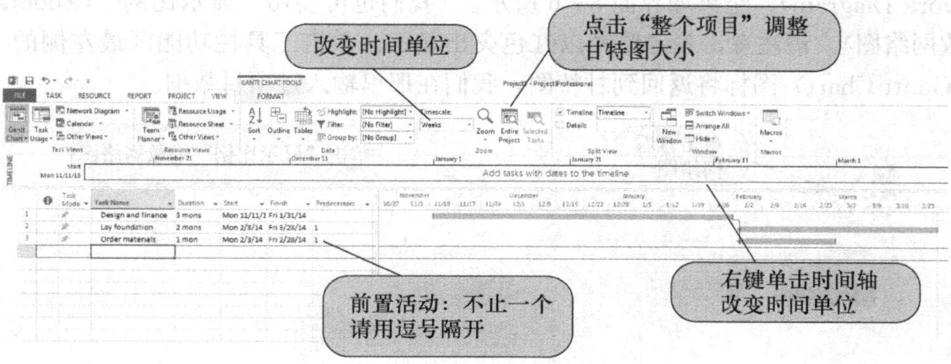

界面 8-4

(Timescale)，则可以插入项目的时间单位（在本例中为几个月），或者右键单击甘特图上方的时间轴即可完成相同的操作，然后从下拉菜单中点击“时间单位”。也可以通过单击工具栏上的“整个项目”(Entire Project) 的按钮来调整甘特图的大小，使其适合日历。

Microsoft Project 使用“标准”日历来安排项目活动；例如，它会自动从工作日清单中删除周末日。假期和节假日可以通过点击“项目”(Project) 标签，然后点击“更改工作时间”(Change Working Time) 来设置。进入一个日历和菜单窗口，可以改变工作时间。

前置关系设置，例如活动 1 在活动 2 之前，可以通过将光标放在活动 1 上，然后在按住“Ctrl”键同时点击活动 2，再点击“链接”(link) 图标（即“甘特图工具”下的“任务”选项卡中的小链接）。

接下来，我们将完成项目的其余信息的输入，如界面 8-5 所示。注意我们已经切换回“甘特图工具”(Gantt Chart Tools) 下的“格式”(Format) 选项卡，这允许我们选择“关键任务”(Critical Tasks) 来用红色标注关键路径。请注意，数据窗口中“任务模式”(Task Mode) 栏中每项活动旁边的单元格中的“别针”表示我们已经手动计划了活动（或任务）；另一个“任务模式”(Task Mode) 选项是允许 Microsoft Project 自动安排活动。就我们的目的而言，手动输入就足够了。

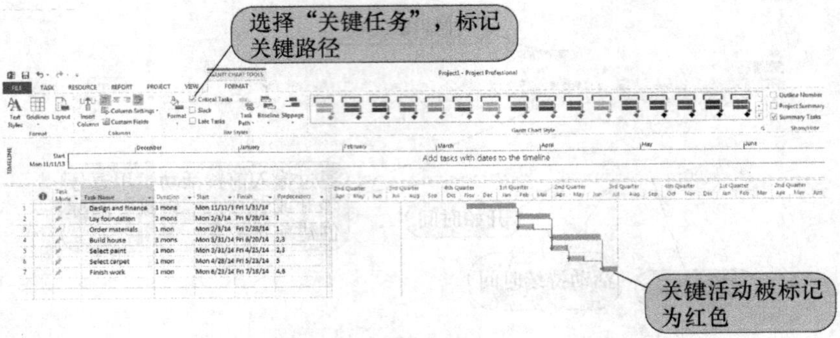

界面 8-5

为了显示项目的网络图，点击工具栏上的“视图”（View），然后点击“网络图”（Network Diagram），结果如界面 8-6 所示。（我们也可使用“显示比例”（Zoom）图标来缩放网络图）。请注意，关键路径以红色突出显示。单击工具栏功能区最左侧的“甘特图”（Gantt Chart）图标将返回到甘特图，我们在那里输入过项目数据。

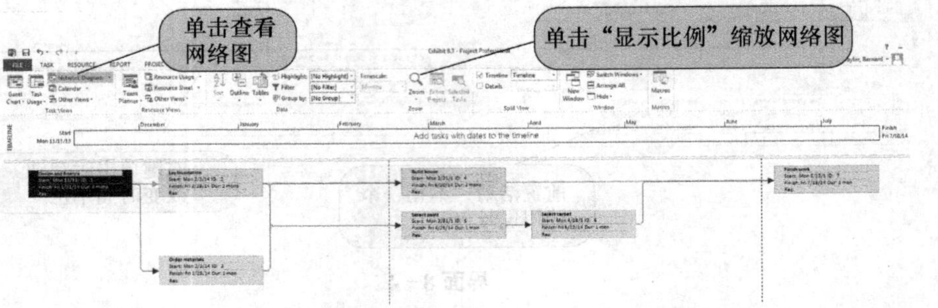

界面 8-6

Microsoft Project 没有 PERT（三个时间估计）功能，因此，如果需要使用 Microsoft Project 进行三个时间估计，可以先手动（或使用 Excel）计算平均活动时间并将它们用作 Microsoft Project 中的单个时间估算值。界面 8-7 显示了订单处理系统项目的甘特图，其中使用了平均活动时间估算。网络图如界面 8-8 所示。请注意，我们设置项目的开始日期为 2013 年 11 月 11 日，这个日期必须被指定为三项启动活动（无前置活动）——1，2 和 3 的开始日期。

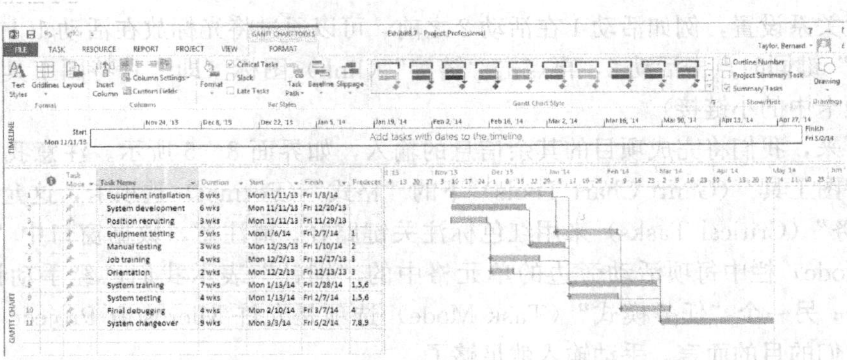

界面 8-7

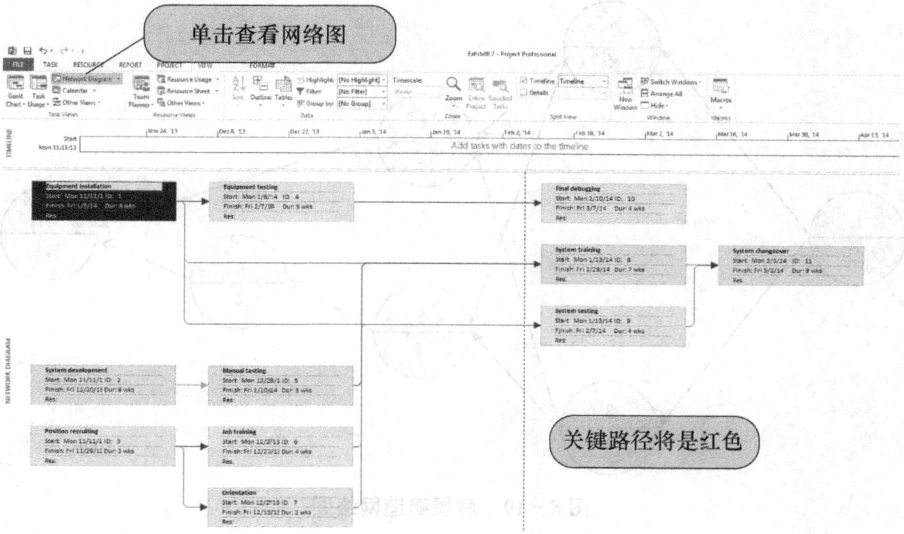

界面 8 - 8

Microsoft Project 还有许多额外的工具和功能，包括项目更新和活动完成、资源管理、停工、工作分解结构（WBS）的开发，以及改变工作时间（包括缩短的天、假期和节假日）的功能。要了解有关这些功能的信息，请访问 Microsoft Project 窗口的“帮助”（Help）页面或按 F1 键。

项目冲突和时间-成本权衡

到目前为止，我们已经介绍了用 CPM 和 PERT 网络分析来确定项目的时间进度。这本身对于规划项目的管理者来说是有价值的。然而，除了安排项目的进度之外，项目经理还经常遇到为了满足最后期限必须缩短项目计划完成时间的问题。换句话说，经理必须在 CPM 或 PERT 网络分析指出的时间之前完成活动。

通过加班形式给项目活动分配更多的人力或通过为项目活动分配更多的资源（原料、设备）通常可以缩短项目的工期。然而，额外的劳动力和资源是要花钱的，所以会增加项目的总成本。因此，缩减项目工期的决策必须基于时间和成本之间的权衡分析。

项目赶工是一种通过使一个或多个关键项目活动的时间缩短至一个小于正常活动时间的数值的方式来压缩项目工期的方法。这种压缩正常活动时间的方法就叫作“赶工”。通过为将被赶工的活动分配更多的以资金形式度量的资源可以实现赶工。

我们用图 8 - 8 中显示的房屋建造网络图来介绍怎样进行项目赶工。图 8 - 19 重新显示了此网络图，不同的是，以前显示的活动时间是用月表示的，而在此图中是用周表示的。虽然该网络图的例子只含有单项活动估计值，但是可以在含有概率性活动时间估计值的 PERT 网络图中应用相同的项目赶工程序。

在图 8 - 19 中，假设显示的网络活动时间（单位为周）是正常活动时间。例如，完成活动 1 通常需要 12 周。而且，假设在图中指出的时间内完成此活动所需的成本是 3 000 美元，这一成本称为“正常活动成本”。接下来，假设建筑承包商估计活动 1 可以在 7 周内完成，但这样将花费 5 000 美元而不是 3 000 美元来完成此活动。这个新的活动时间估计

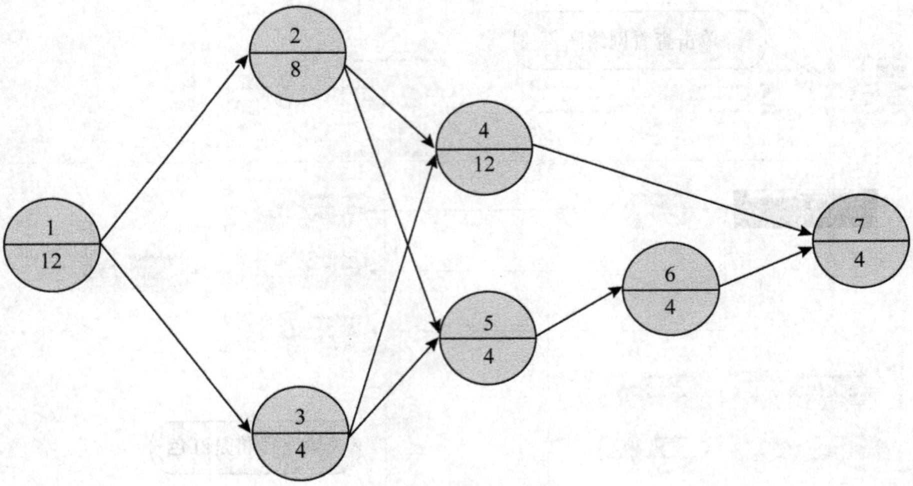

图 8－19　房屋建造网络图

值称作赶工时间，修改后的成本叫作赶工成本。

活动 1 总共可以赶工 5 周（正常时间－赶工时间＝12－7＝5 周），总的赶工成本为 2 000 美元（赶工成本－正常成本＝5 000－3 000＝2 000 美元）。用总赶工成本除以所允许的总赶工时间可以得到每周的赶工成本：

$$\frac{\text{总赶工成本}}{\text{总赶工时间}}=\frac{2\,000}{5}=400(\text{美元/周})$$

假设赶工成本和赶工时间之间是线性关系，活动 1 可以以 400 美元/周的价格赶工任意数量的时间（不超过可允许赶工时间的最大值）。例如，如果承包商决定活动 1 只赶工 2 周（活动时间为 10 周），则赶工成本将为 800 美元（400 美元/周×2 周）。图 8－20 描述了赶工成本和赶工时间之间的线性关系，以及正常成本和正常时间之间的线性关系。

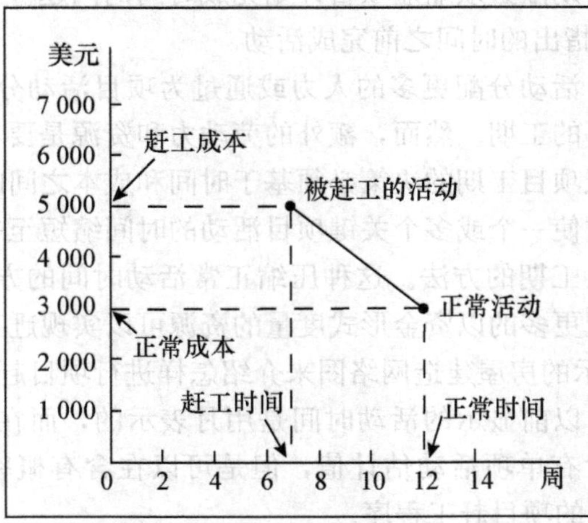

图 8－20　赶工活动 1 的时间-成本关系

表 8－4 总结了图 8－19 中每项活动的正常时间和正常成本、赶工时间和赶工成本、可允许的总赶工时间以及每周的赶工成本。

表 8-4 图 8-19 中的正常活动及赶工数据

活动	正常时间（周）	赶工时间（周）	正常成本（美元）	赶工成本（美元）	可允许的总赶工时间（周）	每周的赶工成本（美元）
1	12	7	3 000	5 000	5	400
2	8	5	2 000	3 500	3	500
3	4	3	4 000	7 000	1	3 000
4	12	9	50 000	71 000	3	7 000
5	4	1	500	1 100	3	200
6	4	1	500	1 100	3	200
7	4	3	15 000	22 000	1	7 000
			75 000	110 700		

回忆一下，房屋建造项目网络的关键路径包含活动 1→2→4→7，项目工期为 9 个月或 36 周。假设房屋建造者在 30 周内需要使用房屋，他希望知道在此时间内建成房屋额外需要多少成本。为了分析此处境，承包商将使用表 8-4 中的信息将项目网络赶工到 30 周。

项目赶工的目标是缩短项目工期，同时使赶工成本最小。由于只能通过赶工关键路径活动来缩短项目的完工时间，因此，可能的结果是并非所有的活动都必须赶工。然而，在活动赶工后，关键路径可能会发生变化，因此，为了进一步缩短项目的完工时间，就需要赶工以前的非关键活动。

通过观察关键路径看看哪项活动的周赶工成本最小，我们来开始赶工过程。观察表 8-4 和图 8-21，可以看到在关键路径上，活动 1 的赶工成本最小，为 400 美元，因此，将最大可能地缩短活动 1。虽然表 8-4 显示活动 1 最大可允许缩短 5 周，但是我们可以把活动 1 只缩短到另外一个路径变成关键路径的那个点上。当两条路径同时成为关键路径时，这两条路径上的活动必须缩短相同的量。（如果减少活动时间超过了另外一条路径成为关键路径的那个点，将可能导致不必要的成本。）最后一项规定表示当缩减单项活动时，必须跟上所有的网络路径，这种状况使手工赶工非常麻烦。之后，我们将介绍项目赶工的另一种方法——使用线性规划。然而，为了说明项目赶工的原理，现在继续分析此例。

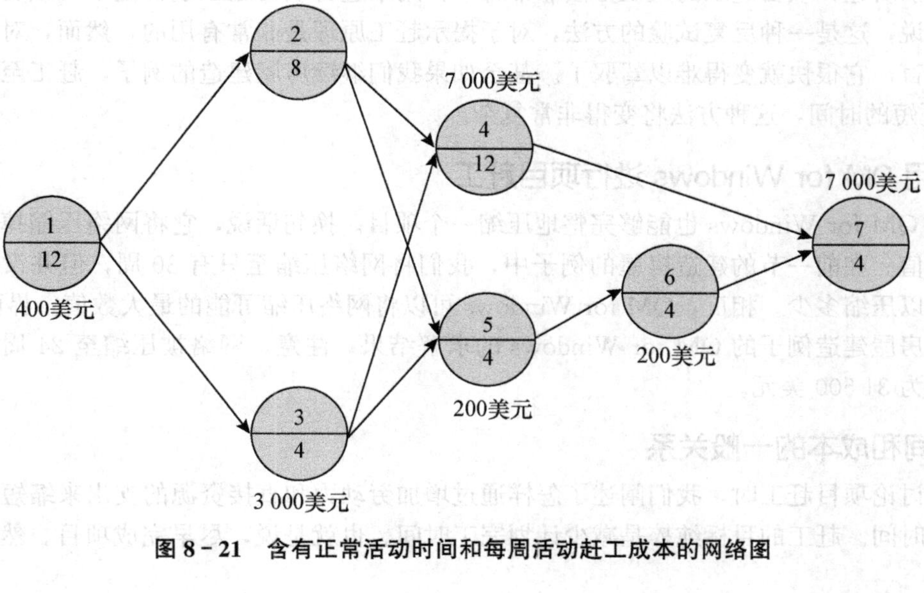

图 8-21 含有正常活动时间和每周活动赶工成本的网络图

经证明，由于网络中有 4 条路径都包含活动 1，因此在另外一条路径没有成为关键路径的时候，活动 1 总共可以赶工 5 周。赶工此活动将使项目工期变为 31 周，赶工成本为 2 000 美元。修改后的网络图如图 8－22 所示。

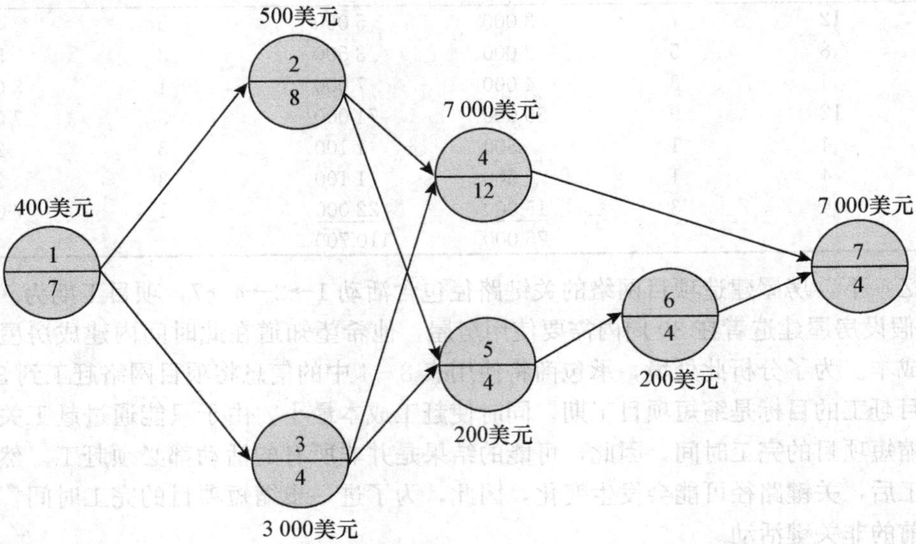

图 8－22　修改后的活动 1 赶工网络图

现在必须重复此过程。图 8－22 中的关键路径仍然相同，关键路径上新的最小赶工成本为活动 2 的赶工成本 500 美元。活动 2 总共可以赶工 3 周，但是由于承包商希望将网络赶工到只需 30 周的时间，因此，我们只需将活动 2 赶工 1 周。活动 2 只赶工 1 周不会导致其他路径成为关键路径，因此可以安全地使项目工期减少这个量。将活动 2 赶工到 7 周（即减少 1 周）花费的成本为 500 美元，这样将使项目工期减少到 30 周。

将项目赶工到 30 周所花费的额外成本为 2 500 美元，因此承包商可以告知顾客，在 30 周内建好房屋只会带来 2 500 美元的额外成本。

如前所述，项目赶工的人工方法非常棘手，用来进行项目赶工通常是不可接受的。从根本上说，这是一种反复试验的方法，对于揭示赶工原理是非常有用的，然而，对于大型网络而言，它很快就变得难以驾驭了。甚至如果我们继续房屋建造的例子，赶工至一个比 30 周更短的时间，这种方法将变得非常复杂。

□ 使用 QM for Windows 进行项目赶工

用 QM for Windows 也能够完整地压缩一个项目。换句话说，它将网络压缩掉可能的最大数值。在前一节的建造房屋的例子中，我们将网络压缩至只有 30 周，但并没有考虑网络可以压缩多少。相反，QM for Windows 可以将网络压缩可能的最大数值。界面 8－9 显示了房屋建造例子的 QM for Windows 的求解结果。注意，网络被压缩至 24 周的总赶工成本为 31 500 美元。

□ 时间和成本的一般关系

在讨论项目赶工时，我们阐述了怎样通过增加劳动力和直接资源的支出来缩短项目关键路径时间。赶工的目标纯粹是减少计划完工时间。也就是说，尽早完成项目。然而，减

Project Management (PERT/CPM) Results

House Building Example Solution

Activity	Normal time	Crash time	Normal Cost	Crash Cost	Crash cost/pd	Crash by	Crashing cost
Project	36	24					
1	12	7	3000	5000	400	5	2000
2	8	5	2000	3500	500	3	1500
3	4	3	4000	7000	3000	0	0
4	12	9	50000	71000	7000	3	21000
5	4	1	500	1100	200	0	0
6	4	1	500	1100	200	0	0
7	4	3	15000	22000	7000	1	7000
TOTALS			75000				31500

界面 8-9

少项目时间可能还有其他重要的原因。随着项目的进行，将消耗各种间接成本，包括：设施、设备和机器的成本；投资利息；能源、劳动力和人事成本；那些不能从事正常工作的项目团队成员的技能和劳动的损失成本。如果不能按时完成项目，还可能遭到直接的财务处罚。例如，许多建筑合同和政府合同都含有对超出项目完工日期的惩罚条款。

一般来说，项目赶工成本和间接成本之间存在着反向关系。当压缩项目时，赶工成本最高，而间接成本随着项目工期的增加而增加。图 8-23 说明了这一时间-成本关系。最好或最优的项目时间在总成本曲线上的最低点。

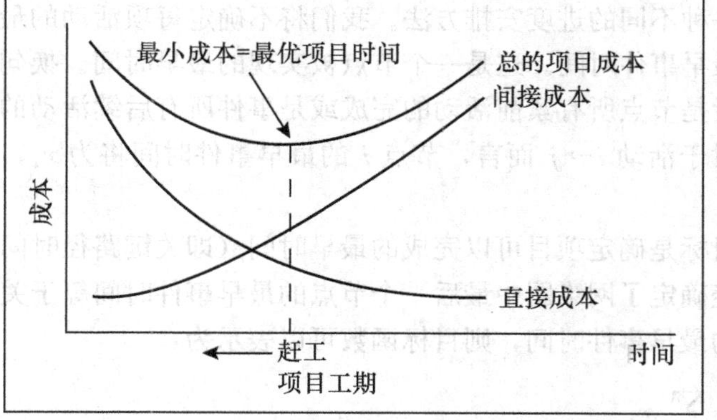

图 8-23 时间-成本权衡

管理科学应用

"9·11"之后重建五角大楼

2001 年 9 月 11 日上午 9：37，被恐怖分子劫持的美国航空公司的 77 号航班撞击了弗吉尼亚州阿灵顿的五角大楼的西侧。有 400 000 多平方英尺的办公区被摧毁，1 600 000 平方英尺受到损坏。当局立即启动了修复五角大楼的"凤凰计划"。项目的完成时间确定为 1 年。在修复五角大楼，包括修复石灰岩墙面之前，需要先将建筑被损坏的部分摧毁并移除。五角大楼由从建筑中心引出的五个环状办公楼构成，可容纳 25 000 名员工，A 环是最里面的一环，E 环是最外面的一环。10 条走廊从建筑的中心发出，将环一分为二，形成了五角大楼独特的 5 个角。五角大楼在受到袭击的时候，正在进行一项期限为 20 年、金额达 12 亿美元的修复计划。在遭受袭击时，被彻底摧毁的一角其修建工作已接近完工。因此，凤凰项目领导者可以把 1 号角的修复项目体系和计划用作重建计划和进度安排的基础，从而在执行过程中节省大量的时间。

项目领导者处于适当的位置，并且在受袭的那天就能够分配资源。此项目包含 30 000 多项活动和一个由 3 000 名成员组成的项目团队，并且需要每人 3 000 000 小时的工作量。从场地清除了 56 000 多吨受损的残骸、2 500 000 磅石灰岩。修复建筑面使用了 1941 年的最早绘图，浇筑使用了 21 000 立方码混凝土，安放了 3 800 吨强化钢。凤凰项目几乎比计划提前 1 个月完工，与初始的预算估计额 70 000 万美元相比，少花费了近 19 400 万美元。

资料来源：N. Bauer，"Rising from the Ashes，" *PM Network* 18，no. 5（May2004）：24-32.

建立 CPM/PERT 网络的线性规划模型

首先来看一般 CPM/PERT 网络模型的线性规划公式，然后再来看项目赶工网络的线性规划公式。

我们将采用箭线法建立 CPM/PERT 网络的线性规划模型。建立线性规划模型的第一步是定义决策变量。在讨论用箭线法建立 CPM/PERT 网络图时，我们用活动开始和结束的节点号来表示一项活动。因此，一项在节点 1 开始、在节点 2 结束的活动称为活动 1→2。我们将使用类似的表示方法来定义线性规划模型的决策变量。

我们将使用一种不同的进度安排方法。我们将不确定每项活动的最早开始时间，而是使用每个节点的最早事件时间。这是一个节点被实现的最早时间。换句话说，这是节点所代表的事件，或者是节点所有紧前活动的完成或是事件所有后续活动的开始可能发生的最早时间。因此，对于活动 $i \rightarrow j$ 而言，节点 i 的最早事件时间将为 x_i，节点 j 的最早事件时间为 x_j。

项目网络的目标是确定项目可以完成的最早时间（即关键路径时间）。在 CPM/PERT 分析中，我们已经确定了网络图中最后一个节点的最早事件时间等于关键路径时间。令 x_i 等于网络中节点的最早事件时间，则目标函数可以表示为：

$$\min Z = \sum_i x_i$$

由于 Z 的值是所有最早事件时间的和，因此 Z 没有任何实际意义，然而，它将保证得到每个节点的最早事件时间。

接下来，我们必须建立模型的约束条件。我们将活动 $i \rightarrow j$ 的时间定义为 t_{ij}（与本章前面的做法相同）。从前面 CPM/PERT 网络分析的讨论中可知，节点 j 的最早事件时间与节点 i 的最早事件时间的差至少等于活动时间 t_{ij}。表示此条件的一组约束可定义为：

$$x_j - x_i \geq t_{ij}$$

CPM/PERT 网络分析公式的一般线性规划模型可以总结为：

$$\min Z = \sum_i x_i$$

$$\text{s.t.}\begin{cases} x_j - x_i \geqslant t_{ij}, \text{对于所有活动 } i \rightarrow j \\ x_i, x_j \geqslant 0 \end{cases}$$

式中，x_i 为节点 i 的最早事件时间；x_j 为节点 j 的最早事件时间；t_{ij} 为活动 $i \rightarrow j$ 的时间。

此线性规划模型的解将指出网络中每个节点的最早事件时间和项目工期。

我们将使用前面用于介绍项目赶工的房屋建造网络来作为介绍项目网络线性规划模型的建模与求解例子。图 8－24 显示了含有以周为单位的活动时间和最早事件时间的房屋建造网络图。

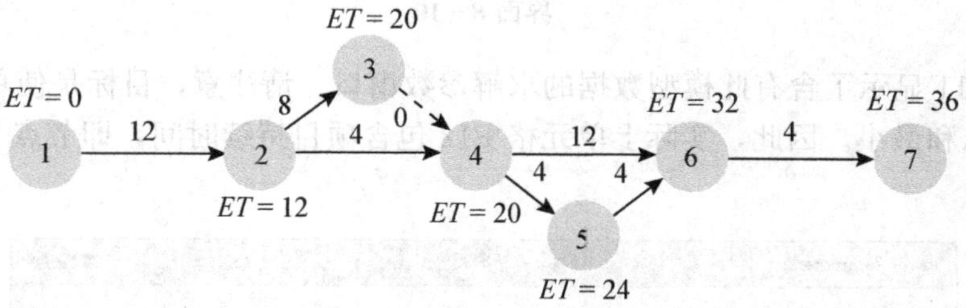

图 8－24　含有最早事件时间的房屋建造项目的 CPM/PERT 网络图

图 8－24 所示网络图的线性规划模型为：

$$\min Z = x_1 + x_2 + x_3 + x_4 + x_5 + x_6 + x_7$$

$$\text{s.t.}\begin{cases} x_2 - x_1 \geqslant 12 \\ x_3 - x_2 \geqslant 8 \\ x_4 - x_2 \geqslant 4 \\ x_4 - x_3 \geqslant 0 \\ x_5 - x_4 \geqslant 4 \\ x_6 - x_4 \geqslant 12 \\ x_6 - x_5 \geqslant 4 \\ x_7 - x_6 \geqslant 4 \\ x_i, x_j \geqslant 0 \end{cases}$$

注意，此模型包含网络图中每项活动的约束条件。

□ 使用 Excel 求解 CPM/PERT 线性规划模型

借助前一小节介绍的 CPM/PERT 网络的线性规划模型，我们可以用 Excel 来排定项目的进度。界面 8－10 显示了为了确定每个节点的最早事件时间，即房屋建造例子的线性规划模型中的 x_i 和 x_j 的值而建立的 Excel 电子表格。最早开始时间显示在单元格 B6:B12 中，单元格 F6:F13 中包含模型的约束条件。例如，单元格 F6 包含约束条件公式＝B7－B6，单元格 F7 包含公式＝B8－B7。当进入求解模块时，我们将把这些约束公式设置为≥ G 栏中的活动时间。（而且，由于活动 3→4 是虚活动，因此必须在求解模块中添加约束 F9＝0。）

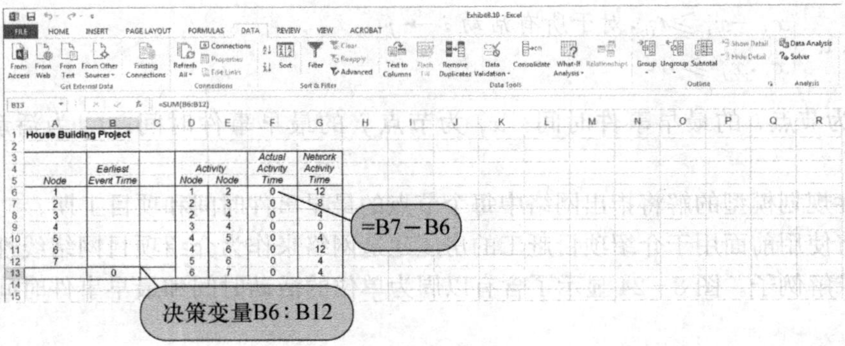

界面 8 - 10

界面 8 - 11 显示了含有此模型数据的求解参数窗口。请注意，目标是使单元格 B13 中活动时间的总和最小。因此，实际上单元格 B12 包含项目持续时间，即节点 7 的最早事件时间。

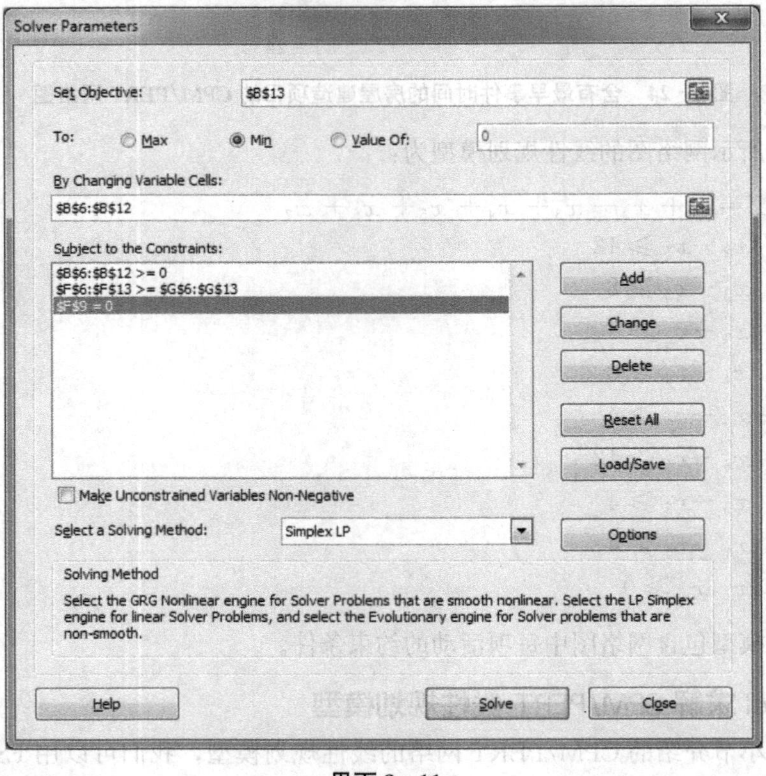

界面 8 - 11

求解结果显示在界面 8 - 12 中，注意单元格 B6:B12 中提供了每个节点的最早时间，总的项目工期是 36 周。然而，此输出结果并没有指出关键路径。通过使用此问题的灵敏度报告可以确定关键路径。回想一下，当点击求解模块中的“求解”按钮时，会出现一个指出求解模块已经得到一个求解结果的窗口。此窗口同时也提供了生成几种不同类型的报告的机会，包括方案报告和灵敏度报告。当点击报告选项下面的“灵敏度”时，就会出现界面 8 - 13 所示的信息。

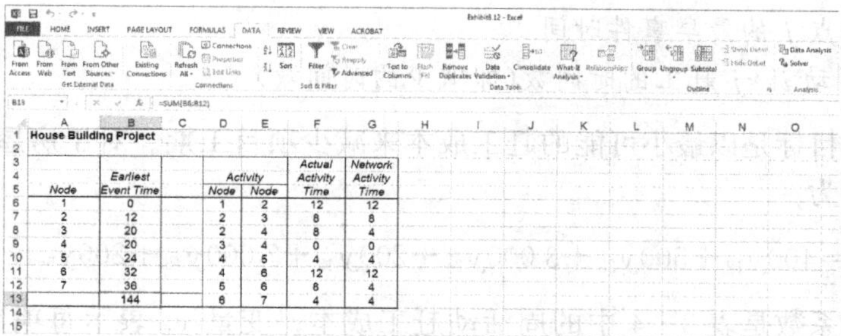

House Building Project

Node	Earliest Event Time		Activity Node	Activity Node	Actual Activity Time	Network Activity Time
1	0		1	2	12	12
2	12		2	3	8	8
3	20		2	4	8	4
4	20		3	4	0	0
5	24		4	5	4	4
6	32		4	6	12	12
7	36		5	6	8	4
	144		6	7	4	4

界面 8－12

Changing Cells

Cell	Name	Final Value	Reduced Cost	Objective Coefficient	Allowable Increase	Allowable Decrease
B6	Start Time	0	1	0	1E+30	1
B7	Start Time	12	0	0	1E+30	1
B8	Start Time	20	0	0	1E+30	1
B9	Start Time	20	0	0	1E+30	1
B10	Start Time	28	0	0	0	1
B11	Start Time	32	0	0	1E+30	1
B12	Start Time	36	0	1	1E+30	1

Constraints

Cell	Name	Final Value	Shadow Price	Constraint R.H. Side	Allowable Increase	Allowable Decrease
F6	Time	12	1	12	1E+30	12
F7	Time	8	1	8	1E+30	4
F8	Time	8	0	4	4	1E+30
F9	Time	0	1	0	1E+30	4
F10	Time	8	0	4	4	1E+30
F11	Time	12	1	12	1E+30	4
F12	Time	4	0	4	4	1E+30
F13	weeks Time	4	1	4	1E+30	36

1的影子价格指出了关键路径

界面 8－13

我们关心的信息是每个活动的约束条件的影子价格。每项活动的影子价格将为 1 或 0。活动的影子价格为 1，意味着可以通过使活动工时减少一定的量来使项目工期减少相同的量。相反，活动的影子价格为 0，意味着项目工期将不会改变，即使活动的工时减少相同的量。这表示影子价格为 1 的活动在关键路径上。单元格 F6，F7，F9，F11 和 F13 的影子价格为 1，参照前面的界面 8－12，可以看到这些单元格对应的活动为 1→2，2→3，3→4，4→6 及 6→7，这些活动都在关键路径上。

□ 用线性规划进行项目赶工

进行项目赶工分析所需的线性规划模型与前一小节建立的一般 CPM/PERT 网络的线性规划模型不同。项目赶工的线性规划模型更长且更复杂。

前一小节的一般线性规划模型的目标是使项目工期最小；项目赶工的目标是在给定单项活动可以赶工多少的限制条件下，使赶工成本最小。因此，必须对一般线性规划模型的公式进行扩展，把赶工时间和赶工成本包含进去。我们将继续定义活动 $i \rightarrow j$ 的最早事件时间为 x_i 和 x_j。此外，定义每项活动 $i \rightarrow j$ 赶工的时间数为 y_{ij}。因此，决策变量定义为：

x_i＝节点 i 的最早事件时间

x_j＝节点 j 的最早事件时间

y_{ij}＝活动 $i \rightarrow j$ 赶工的时间数(即减少的时间数)

项目赶工的目标是以最小可能的赶工成本来减少项目工期。对于房屋建造网络而言，其目标函数可写为：

$$\min Z = 400y_{12} + 500y_{23} + 3\,000y_{24} + 200y_{45} + 7\,000y_{46} + 200y_{56} + 7\,000y_{67}$$

目标函数的系数是表 8－4 中的周活动赶工成本；变量 y_{ij} 表示每项活动将减少的周数。例如活动 1 赶工两周，则 $y_{12}=2$，产生的成本为 800 美元。

模型的约束条件必须明确说明每项活动可赶工的时间数的限制。使用表 8－4 中每项活动可允许的赶工时间，可以建立如下约束：

$$y_{12} \leqslant 5$$
$$y_{23} \leqslant 3$$
$$y_{24} \leqslant 1$$
$$y_{34} \leqslant 0$$
$$y_{45} \leqslant 3$$
$$y_{46} \leqslant 3$$
$$y_{56} \leqslant 3$$
$$y_{67} \leqslant 1$$

例如，第一个约束条件 $y_{12} \leqslant 5$ 明确说明了活动 1→2 减少的时间不能超过 5 周。

正如原来的线性规划模型中的约束条件 $x_i - x_j \geqslant t_{ij}$ 那样，下一组约束条件必须从数学上明确表示网络中每项活动的最早事件时间之间的关系。然而，现在必须考虑到这一事实，即活动时间可能被赶工一个 y_{ij} 的量。回忆前一小节线性规划模型公式中活动 1→2 的约束条件公式：

$$x_2 - x_1 \geqslant 12$$

此约束条件也可以写为：

$$x_1 + 12 \leqslant x_2$$

后面的约束条件表明，节点 1 的最早事件时间（x_1）加上正常活动时间（12 周）不能超过节点 2 的最早事件时间（x_2）。为了反映此活动可能赶工这一事实，只需要在上述约束条件的左边减去此项活动可能赶工的时间数：

活动 1→2 可能赶工的时间数

$$x_1 + 12 - \underset{\uparrow}{y_{12}} \leqslant x_2$$

现在，修改后的约束条件表明，节点 2 的最早事件时间（x_2）不仅由节点 1 的最早事件加上活动时间决定，而且由活动赶工的时间数决定。网络中的每项活动必须有类似的约束条件，如下：

$$x_1 + 12 - y_{12} \leqslant x_2$$
$$x_2 + 8 - y_{23} \leqslant x_3$$

$x_2+4-y_{24}\leqslant x_4$

$x_3+0-y_{34}\leqslant x_4$

$x_4+4-y_{45}\leqslant x_5$

$x_4+12-y_{46}\leqslant x_6$

$x_5+4-y_{56}\leqslant x_6$

$x_6+4-y_{67}\leqslant x_7$

最后，必须指出预期的项目工期（即赶工后的项目时间）。由于房屋承包商希望将项目由 36 周的正常关键路径时间赶工至 30 周，所以最终的模型约束条件明确指出节点 7 的最早事件时间不应该超过 30 周：

$x_7\leqslant 30$

完整的线性规划模型公式总结如下：

$$\min Z=400y_{12}+500y_{23}+3\,000y_{24}+200y_{45}+7\,000y_{46}+200y_{56}+7\,000y_{67}$$

$$\text{s.t.}\begin{cases}y_{12}\leqslant 5\\y_{23}\leqslant 3\\y_{24}\leqslant 1\\y_{34}\leqslant 0\\y_{45}\leqslant 3\\y_{46}\leqslant 3\\y_{56}\leqslant 3\\y_{67}\leqslant 1\\y_{12}+x_2-x_1\geqslant 12\\y_{23}+x_3-x_2\geqslant 8\\y_{24}+x_4-x_2\geqslant 4\\y_{34}+x_4-x_2\geqslant 0\\y_{45}+x_5-x_4\geqslant 4\\y_{46}+x_6-x_4\geqslant 12\\y_{56}+x_6-x_5\geqslant 4\\y_{67}+x_7-x_6\geqslant 4\\x_7\leqslant 30\\x_{ij},y_{ij}\geqslant 0\end{cases}$$

□ 用 Excel 进行项目赶工

由于我们已经能够建立项目赶工的线性规划模型，所以也可以用 Excel 求解此模型。界面 8－14 显示了对界面 8－10 中先前为了确定房屋建造项目的 CPM/PERT 网络的最早事件时间而建立的 Excel 电子表格进行修改后的版本。我们增加了分别表示活动赶工成本、活动赶工时间及实际活动赶工时间的 H，I 和 J 列。单元格 J6:J13 对应于线性规划模型中的变量 y_{ij}。每项活动的约束条件公式包含在单元格 F6:F13 中。例如，单元格 F6 包含公式＝J6＋B7－B6，单元格 F7 包含公式＝J7＋B8－B7。这些约束条件及 F 列中的其他约束条件必须设置为≥G 列中的活动时间。单元格 B16 中的目标函数公式显示在电子表格顶部的公式栏中。30 周的赶工目标包含在单元格 B15 中。

使用求解模块求解界面 8－14 中的问题，如界面 8－15 所示。注意，单元格 B6:B12 和 J6:J13 中包含两组变量。界面 8－16 显示了项目赶工求解结果。

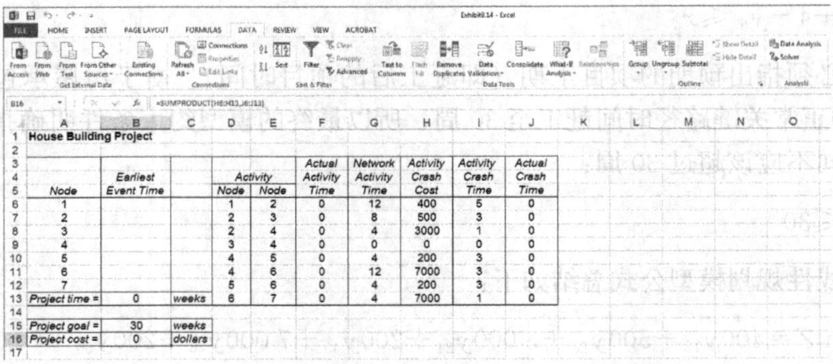

界面 8－14

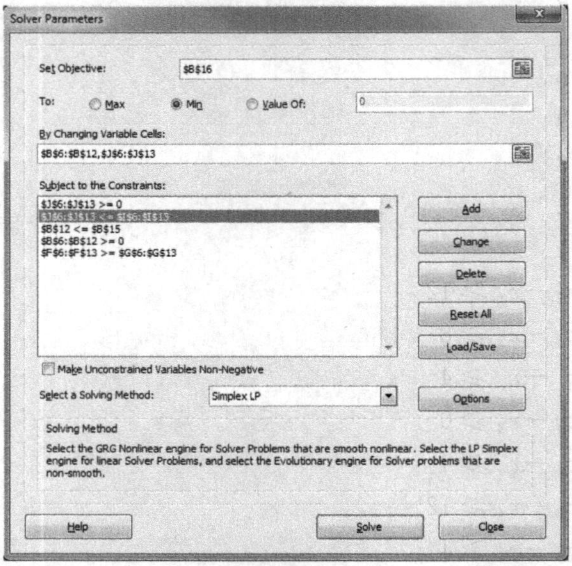

界面 8－15

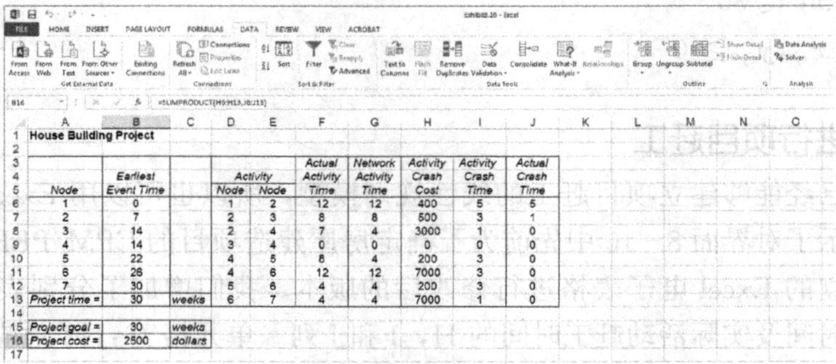

界面 8－16

小　结

本章讨论了两种最流行的管理科学技术——CPM/PERT 网络。这两种技术流行的主要原因在于，网络图所形成的被分析的系统的图形对于管理人员来说很容易理解。有时，向管理人员解释一组数学方程式是很困难的，但网络图常常很容易解释清楚。CPM/PERT 已在各种与项目控制有关的政府机构应用，包括军事机构、美国宇航局、美国联邦航空管理局和联邦总务署（GSA）。这些机构经常参与涉及几百万美元并且包含许多分包商的大型项目。这种政府项目的例子包括武器系统、航空器和 NASA 太空探索项目的开发。这些机构经常要求分包商建立和使用 CPM/PERT 分析，以对各种项目要素和子项目进行管理控制。

CPM/PERT 也经常应用于私人部门。CPM/PERT 在私人部门的两个主要的应用领域是研发（R&D）和建筑。CPM/PERT 已应用于各种研发项目，如开发新药品、计划和引进新产品以及开发新的更强大的计算机系统。CPM/PERT 分析尤其适用于建筑项目。几乎每种建筑项目，包括从建造房屋到建造大型运动会的体育馆，再到建造轮船以及修建石油管道等，都用到网络分析。

网络分析也适用于主要活动的计划和进度安排，例如，首脑会议、体育节活动、篮球锦标赛、橄榄球比赛、阅兵、政治会议、学校注册和摇滚音乐会等。强大的、用户友好的项目管理软件包可以应用于个人计算机，使这种技术的应用更加普遍。

解题实例

下面的例子将说明 CPM/PERT 网络分析和概率分析。

问题描述

基于下面的节点式网络图和活动时间估计值，求项目期望完工时间和方差，以及项目将在 28 天内完工的概率。

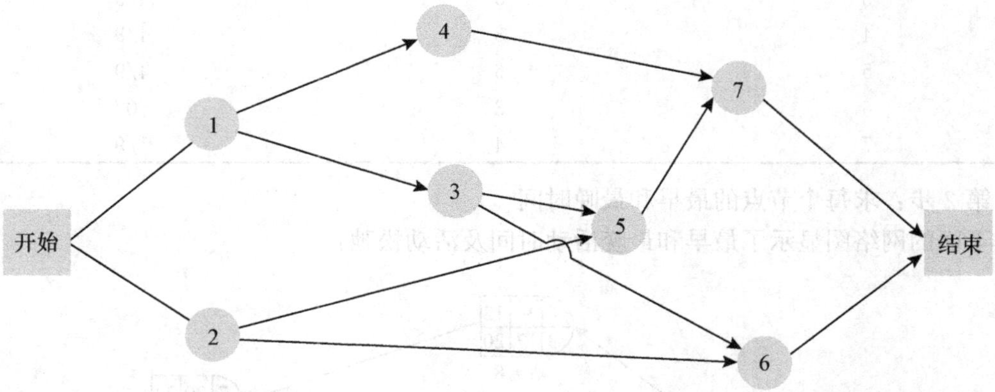

活动	时间估计值（周）		
	a	m	b
1	5	8	17
2	7	10	13
3	3	5	7
4	1	3	5

续前表

活动	时间估计值（周）		
	a	m	b
5	4	6	8
6	3	3	3
7	3	4	5

求解过程

第 1 步：计算期望活动时间和方差

利用下面的公式计算每项活动的期望时间和方差：

$$t=\frac{a+4m+b}{6}$$

$$v=\left(\frac{b-a}{6}\right)^2$$

例如，活动 1 的期望时间和方差为：

$$t=\frac{5+4(8)+17}{6}=9$$

$$v=\left(\frac{17-5}{6}\right)^2=4$$

这些值及其余每项活动的期望时间和方差如下：

活动	t	v
1	9	4
2	10	1
3	5	4/9
4	3	4/9
5	6	4/9
6	3	0
7	4	1/9

第 2 步：求每个节点的最早和最晚时间

下面的网络图显示了最早和最晚活动时间及活动松弛：

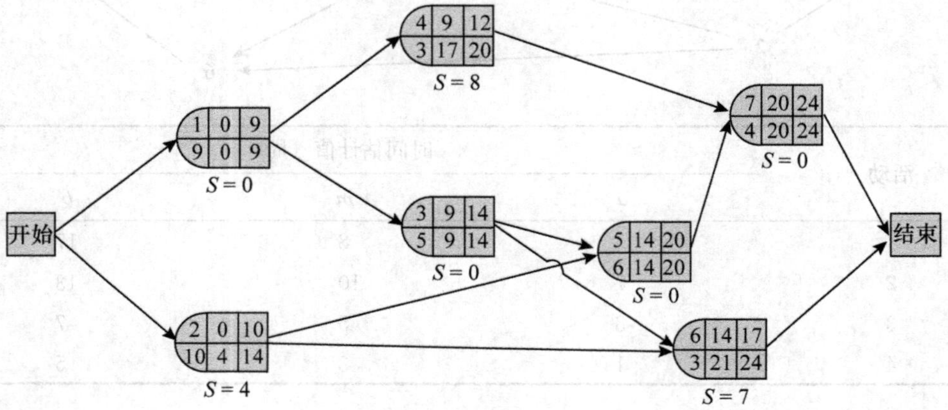

第 3 步：识别关键路径并计算项目期望完工时间和方差

观察上面的网络图及松弛为 0（即 $S=0$）的活动后，可以确定关键路径为 1→3→5→7。项目期望完工时间（t_p）为 24 天。将关键路径上活动的方差相加可以计算出项目完工时间的方差：

$$v_p=4+4/9+4/9+1/9=5(\text{天})$$

第 4 步：求项目将在 28 天内完工的概率

下面的正态概率分布描述了此概率分析：

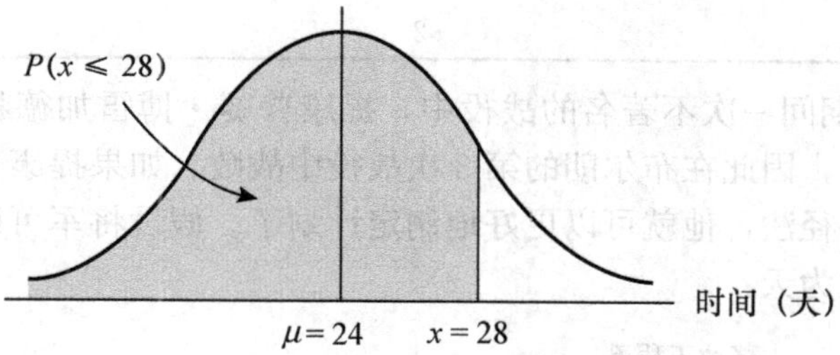

利用下面的公式计算 Z 的值：

$$Z=\frac{x-\mu}{\sigma}=\frac{28-24}{\sqrt{5}}$$
$$=1.79$$

从附录中的表 A-1 中找到对应此值的概率为 0.463 3，因此

$$P(x\leqslant 28)=0.500\,0+0.463\,3=0.963\,3$$

习 题

2. 构造下面一组活动的甘特图并指出项目的完成时间及每项活动的松弛时间。

活动	前置活动	时间（周）
1	—	3
2	—	7
3	1	2
4	2	5
5	2	6
6	4	1
7	5	4

3. 构造下面一组活动的甘特图和项目网络图，计算网络中每条路径的长度并指出关键路径。

活动	前置活动	时间（月）
1	—	4
2	—	7

续前表

活动	前置活动	时间（月）
3	1	8
4	1	3
5	2	9
6	3	5
7	3	2
8	4，5，6	6
9	2	5

8. 在南北战争期间一次不著名的战役中，提康普赛·博雷加德将军由于在敌军袭击时尚未做好作战准备，因此在布尔朗的第 3 次战役中战败。如果提康普赛·博雷加德将军当时能够使用关键路径法，他就可以更好地制定计划了。假设将军可以使用以下计划网络图，活动时间的单位为天：

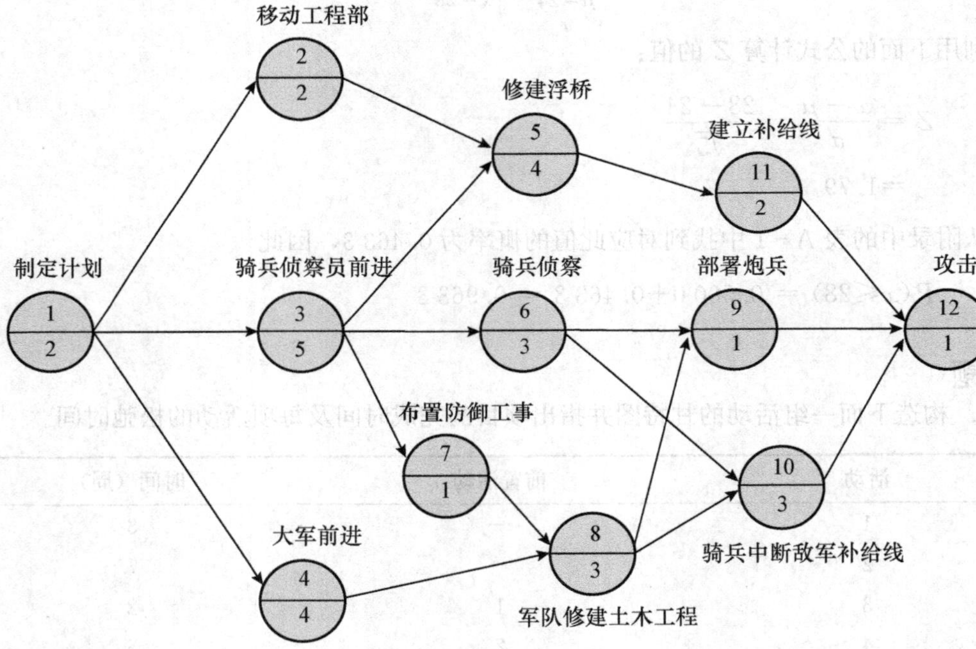

计算网络的最早和最晚活动时间以及活动松弛。指出关键路径和从将军接到战斗命令到战斗开始之间的时间。

10. 某农场主将要修建一栋包含发电机和水箱等的维护性建筑物。下表列出了活动、活动描述和活动工时估计值。

活动	活动描述	前置活动	活动工时（周）
a	挖掘	—	2
b	建造房屋	a	6
c	安装电机	a	4

续前表

活动	活动描述	前置活动	活动工时（周）
d	安装水箱	a	2
e	安装维护设备	b	4
f	将发电机和水箱连接到建筑物	b，c，d	5
g	完成喷漆	b	3
h	检查设施	e，f	2

（注意，这些活动不是由节点号定义的，而是由活动描述定义的。这是表示活动和优先关系的另外一种形式，在 CPM/PERT 中经常使用。）构造此项目的网络图，找出关键路径并计算项目工期。

12. 李斯堡市美国农村银行计划安装一套新的计算机账务系统。银行管理人员确定了完成此项目所需的活动、活动的先后关系及活动时间的估计值，如下表所示：

活动	活动描述	前置活动	时间估计（周）		
			a	*m*	*b*
a	职位招聘	—	5	8	17
b	系统开发	—	3	12	15
c	系统培训	a	4	7	10
d	设备培训	a	5	8	23
e	人工系统测试	b，c	1	1	1
f	初步系统转换	b，c	1	4	13
g	计算机-人员界面	d，e	3	6	9
h	设备改进	d，e	1	2.5	7
i	设备测试	h	1	1	1
j	系统调试和安装	f，g	2	2	2
k	设备转换	g，i	5	8	11

计算项目期望完工时间和方差。计算项目将在 40 周以内完工的概率。

20. 美国职业安全健康局（OSHA）检查石头河纺织厂时发现，该纺织厂违背了一些安全规章制度。OSHA 检查人员命令纺织厂改进某些现有的机器以使工厂更安全（及增加安保人员等）；购买一些新机器来替换旧的危险机器；重新布置某些设备以形成更安全的通道、畅通无阻的出入口。OSHA 给纺织厂 35 周的时间完成这些调整；如果到时没有完成这些调整，OSHA 将对纺织厂处 300 000 美元罚款。

纺织厂确定了 CPM/PERT 网络中必须完成的活动，并估计出了所列活动的时间，如下表所示：

活动	活动描述	前置活动	时间估计（周）		
			a	*m*	*b*
a	订购新机器	—	1	2	3
b	计划新的实体布置图	—	2	5	8

续前表

活动	活动描述	前置活动	时间估计（周）		
			a	m	b
c	制定现有机器的安全调整措施	—	1	3	5
d	接收设备	a	4	10	25
e	雇用新员工	a	3	7	12
f	制定工厂调整措施	b	10	15	25
g	对现有机器进行调整	c	5	9	14
h	培训新员工	d，e	2	3	7
i	安装新机器	d，e，f	1	4	6
j	重新布置旧机器	d，e，f，g	2	5	10
k	培育员工的安全意识	h，i，j	2	2	2

构建此项目的项目网络图，并计算下列各值：

a. 期望活动时间。

b. 最早活动时间、最晚活动时间和活动松弛。

c. 关键路径。

d. 期望项目工期和方差。

e. 纺织厂将被罚 300 000 美元的概率。

22. 县总医院发现一个病人从入院到出院的周期内存在一定的问题，导致医院手术室紧张，无法使医生和病人满意。医院想从一个每年能完成 3 000 台手术的手术室着手解决此问题。解决方案包括以下活动，各活动的前置活动和时间如下表所示：

活动	活动描述	前置活动	时间估计（天）		
			a	m	b
a	描绘床位指派流程	—	4	7	10
b	就该指派流程征求护士意见	a	6	12	15
c	设定床位周转目标时间	b	2	5	8
d	详细分析指派流程，发现缺陷	a，c	5	7	11
e	确定周转时间的影响变量	b	3	9	14
f	对变量进行统计分析	e	4	6	10
g	确定可能的解决方案	c，d，f	5	9	14
h	制定解决方法	g	3	7	9
i	改进流程	h	10	14	20
j	利用统计过程控制进行流程监控与控制	i	15	23	30
k	在全医院推广改进后的流程	j	12	18	25

构建该项目的网络图，确定每项活动的最早活动时间、最晚活动时间和关键路径。

24. RusTech 工具公司是一家大型加工厂，主要生产用于制造专门物品的机床和模具。这家公司主要投标与政府有关的合同，为诸如军用飞机和武器以及航天项目等生产零部件。目前，公司正在投标一项生产新的航天飞机机身的组成部件的合同。选择中标方的重要标准除了低成本，还有完成生产任务的时间。如果公司争取到了这项合同，就必须严格按照标书规定的日期完成，任何延迟都会导致经济惩罚。为了确定写入项目标书的完工日期，将公司项目的各项活动、各项活动的优先级和活动的工期数据在表中显示如下：

活动	前置活动	估计工期（周）		
		a	m	b
a	—	3	5	9
b	a	2	5	8
c	a	1	4	6
d	a	4	6	10
e	b	2	8	11
f	b	5	9	16
g	c	4	12	20
h	c	6	9	13
i	d	3	7	14
j	d	8	14	22
k	f，g	9	12	20
l	h，i	6	11	15
m	e	4	7	12
n	j	3	8	16
o	n	5	10	18

如果 RusTech 想以 90%的把握在不受到惩罚的情况下交付零部件，那么该公司在标书中应如何制定时间计划？

31. 下表提供了建立项目网络图的必需信息和项目赶工数据：

活动	(i, j)	前置活动	活动工期（周）		活动成本（美元）	
			正常	赶工	正常	赶工
a	(1，2)	—	20	8	1 000	1 480
b	(1，4)	—	24	20	1 200	1 400
c	(1，3)	—	14	7	700	1 190
d	(2，4)	a	10	6	500	820
e	(3，4)	c	11	5	550	730

a. 绘制项目网络图。

b. 计算每项活动总共允许的赶工时间和每项活动每周的赶工成本。

c. 确定网络的最大可能赶工时间，并用手工方式最大量地压缩网络。

d. 计算正常项目成本和赶工项目成本。

e. 构建此网络的一般线性规划模型并求解。

f. 构建最大量赶工此网络的线性规划赶工模型并求解。

36. 下表提供了习题 12 描述的项目网络图的赶工数据：

活动	活动时间（周）		活动成本（美元）	
	正常	赶工	正常	赶工
a	9	7	4 800	6 300
b	11	9	9 100	15 500
c	7	5	3 000	4 000
d	10	8	3 600	5 000
e	1	1	0	0
f	5	3	1 500	2 000
g	6	5	1 800	2 000
h	3	3	0	0
i	1	1	0	0
j	2	2	0	0
k	8	6	5 000	7 000

正常活动工期被认为是确定性的而不是随机性的。使用计算机将网络赶工到 26 周。计算银行的成本并指出关键路径。

案例 8-1

冷酷妙招音乐会

约翰·亚伦宣布学生会文艺节目委员会会议开始。

“大家静一静，我有一件重要的事情要宣布，”他在嘈杂声中扯着嗓子大喊。屋子里安静了下来，约翰接着说：“伙计们，我们可以有妙招。”

听众们感到很困惑，兰迪·琼斯问：“约翰，我们这次获得了什么妙招？”

“妙招，妙招！你们知道的，是一个摇滚乐团，冷酷妙招音乐会！”

屋子里所有的人都欢呼雀跃并开始兴奋地议论。约翰站起来，挥动着胳膊大声喊道：“嘿，大家静一静，听我说。”屋子里又一次安静下来，所有人的注意力都集中在约翰身上。“好消息是他们可以来。”他停顿了一下说，“坏消息是他们将在 18 天内来。”

学生们开始叹息，他们看起来与吉姆·黑斯廷斯有同样的感受：“不，先生，这是不可能的。为什么我们不能推迟两个星期呢？”

约翰回答说：“他们刚开始他们的新巡演，并期待举行一些热身音乐会。他们将去离我们这儿不远的华盛顿特区举行首场音乐会。他们看到了我们发出的邀请函，回复说他们现在可以顺便来访。但更精确地说，他们要么现在来，要么永远不来。”他环顾了一下四周严肃的面孔。“看，伙计们，我们可以处理这种情况。现在我们想想必须做些什么。赶快振作起来。我们现在列出必须准备好的事情，并且估计一下每件事情将花费的时间。所以大家需要告诉我，我们首先应该做什么！”

安娜·门德萨在房间后边喊道：“我们必须首先找到场所；你知道，找一个礼堂，我以前做过这样的事情。这大概需要 2～7 天的时间，最可能为 4 天。”

“好的，非常好，”约翰边说边在黑板上写下活动“找礼堂”，同时把活动所需的时间写在了旁边。"下一件事情是什么？"

"我们需要赶快印制一些门票，"特崔茜·西耶说，"如果打印员不忙的话，仅仅需要1天时间，但如果忙的话，则需要4天时间。最有可能的时间是2天。"

"但是由于涉及安全管理问题，因此要在确定音乐会在哪里举行之后，我们才能印制门票，"安德鲁·泰勒提醒说。

"对，"约翰说，"首先找到礼堂，然后印制门票，还有什么呢？"

"在妙招及其随行人员在这里期间，我们需要为他们安排旅馆和行程，"吉姆·黑斯廷斯提议，"但是在找到礼堂之前最好不要做这些事情，因为如果不能找到一个举行音乐会的地方，一切都会落空。"

"那你认为需要多长时间才能做好旅馆和行程安排？"约翰问。

"哦，大概3～10天吧，最可能是5天，"吉姆回答。

"我们也应该与当地的组织谈判，雇用一些音乐会工作人员、舞台管理人员以及其他我们需要的人员，"瑞格·威尔克斯说，"这需要1～8天的时间，我猜最可能需要3天时间。"

"但我们还是应该将这项谈判放到订好礼堂之后，"约翰又说，"可以把订礼堂这项加到谈判中。"

"在与当地协会谈好之后，我们可以雇用一些舞台管理人员，"瑞格继续说，"这最短需要2天时间，最长需要7天时间，我认为将会需要4天时间。如果我们能得到当地协会的支持，我们也应该同时找一些学生做引导员。这可能仅仅需要1天，但是以前用了5天时间，3天是最有可能的。"

"我们需要安排一场新闻发布会，"靠着墙的阿特·科恩说，"这是个重量级的活动，振奋人心。"

"但新闻发布会不是通常要在酒店举行吗？"约翰问道。

"是，非常正确，"阿特回答，"我们处理好旅馆的事情之后才能开新闻发布会。安排召开新闻发布会大约需要3天时间，如果幸运的话2天，最多4天时间。"

屋里很安静，大家都在思考。

"还有别的吗？"约翰问。

"嗨！我知道了，"安妮·劳克大声说，"雇用了后台工作人员之后就需要搭建舞台。这大概需要2天时间，但也有可能持续6天，最有可能的是3天完成。"她停顿一会儿接着说，"一旦雇用了引导员，我们也可以把他们分配到工作中。这不需要太长的时间，也许仅仅1天，最多3天，最可能的是2天时间。"

"我们同时需要做一些广告和宣传工作，"阿特提醒道，"但这需要门票印好之后做，这项工作持续的时间主要依赖于媒体、报纸和广播。我以前做过，如果我们签订了合理的合同仅需2天时间，如果遇到困难时间会长些，大概需要12天时间。最可能的时间是6天。"

"如果我们要宣传，难道不需要一些序幕和其他人员？"安妮问。

"呀，我把这些全忘了！"约翰惊叫，"租演其他节目将占用我4～8天时间；我可能要5天完成。我立刻开始工作，你们首先安排礼堂事项。"他想了一会儿说，"只有节目确定之后才能开始宣传工作。还剩下什么工作？"

"卖票，"几个人同时喊道。

“对，”约翰说，“我们必须等票印出来才能卖，但是我想并不需要等广告和促销工作开始之后才卖，不是吗？”

“不，”吉姆回应说，“我们应该首先租演序幕节目，这样人们就知道为什么要买票了。”

“对，”约翰说，“门票的事情应该快点，我想第一天就开始干。”

“噢，”迈克·埃格尔斯顿说，“可能占用的时间还会再长点，我记得两年前，用 12 天卖完了宇宙调制解调器的票。”

“噢，所以卖票的时间在 1～12 天之间，”约翰说，“但我想最可能的是 5 天时间，大家都同意吗？”

大家一致点头同意，并都立刻转向约翰写在黑板上的各项活动和活动时间。

使用 PERT 分析在预定时间内完成音乐会准备工作的概率。

案例 8-2

摩尔住房承包公司

摩尔住房承包公司正在与乡村房地产经纪公司谈一笔在一个新开发区建造 6 栋房屋的生意。乡村房地产经纪公司希望摩尔住房承包公司能在天气开始转暖的晚冬或者早春开工，施工将从整个夏季一直持续到秋天。夏季的几个月是房地产经纪公司非常繁忙的时候，房地产经纪公司相信房屋一旦建成就能够立即出售，甚至可能提前出售。所有房屋的建筑平面图都相似，并且尺寸基本相同，只有外观有显著的不同。建筑的完工期对乡村房地产经纪公司来说是非常重要的。房地产经纪公司坚决要求承包商的投标书中使用含有一栋房屋完工时间估计值的项目管理网络图。房地产经纪公司也需要能够制定出其夏季的供应和销售计划。房地产经纪公司希望每栋房屋能够在其开工 45 天之内完工。如果房屋在此时间段内没有完成，房地产经纪公司希望能够向承包商收取一定的罚款。摩尔住房承包公司的总经理玛丽和副总经理桑迪·摩尔非常担心将来被罚款。他们希望在签订任何有关惩罚的协议之前，能够非常确信他们可以在最终期限之前建好房屋。（如果存在一个合理的在 45 天内不能建好房屋的可能性，则他们希望提高投标价格以弥补潜在的罚款。）

摩尔公司是一家非常有经验的房屋建筑商，所以对于他们来说，列出建造房屋所涉及的各项活动，或者估计各项活动时间并不是困难的事情。但是，他们适当地对活动时间做出估计时，往往会增加他们对活动时间的悲观估计以考虑天气恶劣和员工变动的可能性。下表列出了建造房屋所需的各项活动及活动时间估计值：

活动	活动描述	前置活动	估计工期（天）		
			a	m	b
a	动工，浇筑地基	—	3	4	6
b	打地基	a	2	3	5
c	构架和屋顶	b	2	4	5
d	铺设管道	b	1	2	4
e	铺设地下排水道	b	1	2	3
f	安装绝缘层	c	2	4	5

续前表

活动	活动描述	前置活动	估计工期（天）		
			a	*m*	*b*
g	浇筑地下室地面	e	2	3	5
h	用铅锤探测管道	e	2	4	7
i	安装窗户	f	1	3	4
j	安装电线	f	1	2	4
k	安装地炉和空调	c，g	3	5	8
l	屋外砌砖	i	5	6	10
m	水泥、石膏板和泥灰	j，h，k	6	8	12
n	房顶安装木瓦和防水板	l	2	3	6
o	安装水槽和直浇口	n	1	2	5
p	分层	d，o	2	3	7
q	铺设底层地板	m	3	4	6
r	铺设车道、人行道和花园	p	4	6	10
s	完成木工工作	q	3	5	12
t	安装厨房家具、水池及器具	q	2	4	8
u	安装卫生间家具和固定设备	q	2	3	6
v	粉刷（室内和室外）	t，u	4	6	10
w	完成木制地板，铺地毯	v，s	2	5	8
x	最后安装电器和灯具	v	1	3	4

a. 为摩尔房屋承包公司构造 CPM/PERT 网络图，并计算该公司在 45 天之内可以建好房屋的概率。摩尔公司看起来是否需要提高投标价格以弥补潜在的惩罚？

b. 指出摩尔房屋承包公司为了确保工程按时进行，应当对哪些活动特别关注并投入足够的人力和物力资源。指出当需求增加时，应该从哪项活动转移工人。

第 9 章

多准则决策

在第 2～8 章中出现的所有线性规划模型，都只有一个最大化或最小化的单一目标。然而，一个公司或组织经常有多个目标，这些目标与利润或成本之外的其他要素相关。事实上，一个公司可能有几个准则，也就是说，在做决策时要考虑多准则而非单一目标。例如，在利润最大化的同时，一个面临工人罢工危机的公司可能想尽量避免员工失业；或者一个即将因环境污染而被罚款的公司可能要考虑环境污染扩散的最小化。一个公司在几个可能的研发项目中做出选择时，可能会考虑每个项目成功的概率、所需要的成本和时间以及每种选择的潜在收益。

本章将讨论可以解决多目标问题的三种技术：目标规划、层次分析法和计分模型。目标规划是线性规划的变形，与线性规划不同的是，目标规划中的目标函数考虑不止一个目标。目标规划的建模过程和线性规划模型一样，都有线性约束条件和一个线性目标函数，目标规划模型的求解方法也和线性规划模型极其相似。然而，层次分析法和计分模型的方法却与线性规划大不相同。这些方法都基于这样一种思想：不同准则下可用决策方案的对比会影响决策者的偏好。结果就是通过对每一个方案评分来帮决策者根据偏好将方案分出优先级。

目标规划

如上所述，目标规划与线性规划模型十分相似，有目标函数、决策变量和约束条件。像线性规划一样，有两个决策变量的目标规划也可以用图解法或 QM for Windows 和 Excel 求解。我们像介绍线性规划那样，从如何构建一个模型的例子开始介绍目标规划。我们将用此例说明目标规划和线性规划的主要不同。

□ 建模

我们还用海狸小溪陶瓷公司的例子来说明目标规划模型建立的过程及其与线性规划的不同。回顾第 2 章中建立的模型：

$$\max Z=40x_1+50x_2$$

$$\text{s.t.}\begin{cases}x_1+2x_2\leqslant 40 \text{ 小时劳动力}\\ 4x_1+3x_2\leqslant 120 \text{ 磅黏土}\\ x_1,x_2\geqslant 0\end{cases}$$

式中，x_1 为生产碗的数量；x_2 为生产杯子的数量。

目标函数 Z 代表碗和杯子的总利润，每单位碗的利润是 40 美元，而每单位杯子的利润是 50 美元。第一个约束条件是可用的劳动力时间，每单位碗所需的劳动力时间是 1 小时，而每单位杯子需要的劳动力时间是 2 小时，每天可获得的劳动力时间是 40 小时。第二个约束条件是关于黏土的，每单位碗需要 4 磅黏土，而每单位杯子需要 3 磅，每天最多有 120 磅黏土可用。

这是一个标准的线性规划模型，它有一个单一的利润目标函数。假如这个陶瓷公司的目标不止一个，而是有好几个，以重要性的先后次序排列如下：

1. 避免员工失业，公司不希望每天的劳动量少于 40 小时。
2. 公司希望达到的满意的利润是每天 1 600 美元。
3. 为了避免风干，黏土必须储存在一个特殊的地方，公司希望每天的存货量不多于 120 磅。
4. 因为加班产生了高额的加班费，公司想使加班的时间最小化。

在目标规划中，公司的这些要求称作目标。自然，公司希望尽可能更好地满足每个目标。鉴于前面章节的线性规划模型只考虑一个目标函数，我们必须找到可以有多个目标的模型。构建目标规划模型的第一步是把线性规划模型中的约束条件转化为目标。

□ 劳动力目标

公司的首要目标是避免劳动力闲置——也就是每天的劳动时间少于 40 小时。为了在模型中表现劳动力闲置的可能性，我们把线性规划中的劳动时间约束条件 $x_1+2x_2\leqslant 40$ 转化为：

$$x_1+2x_2+d_1^- - d_1^+=40$$

转化后的方程叫作目标约束。新增的两个变量 d_1^- 和 d_1^+ 称为偏差变量。它们分别表示劳动时间少于和多于 40 小时的数量。具体地说，d_1^- 表示劳动力闲置，d_1^+ 表示加班。例如，如果 $x_1=5$ 单位碗，$x_2=10$ 单位杯子，总劳动力时间为 25 小时，把这些值替换到我们的目标约束函数中：

$$(5)+2(10)+d_1^- - d_1^+=40$$

$$25+d_1^- - d_1^+=40$$

因为在生产中我们只用了 25 小时，所以劳动力闲置 15 小时（40－25＝15）。因此，如果令 $d_1^-=15$，$d_1^+=0$（因为显然没有加班），就得到

$25+d_1^- - d_1^+ = 40$

$25+15-0=40$

$40=40$

现在考虑 $x_1=10$，$x_2=20$ 的情况，这意味着总劳动时间为 50 小时，高于目标 10 小时，多出的 10 小时为加班时间。因此 $d_1^-=0$（因为没有劳动力闲置），$d_1^+=10$ 小时。

在这两个简单的例子中，至少有一个偏差变量为零。在第一个例子中 $d_1^+=0$，在第二个例子中 $d_1^-=0$，这是因为对劳动力的使用不能同时少于和多于 40 小时。当然，当使用时间等于 40 小时的时候，d_1^- 和 d_1^+ 可以同时等于 0。这些例子显示了目标规划的基本特征：在一个目标规划中，至少一个偏差变量为零，或两个偏差变量都为零。

构建目标规划模型的下一步是表示所用劳动力不少于 40 小时的目标，我们建立目标函数的新形式：

$$\min P_1 d_1^-$$

所有目标规划模型中的目标函数都是为了使目标约束中的偏差变量最小化。在这个目标函数中，目标是使劳动力闲置时间 d_1^- 最小化。如果 d_1^- 等于 0，我们不会使用少于 40 小时的劳动力。因此，我们的目标是让 d_1^- 等于零或使其最小，目标函数中的符号 P_1 代表最小化 d_1^- 是第一优先级目标。这意味着求解这个模型的第一步是在其他所有目标前最小化 d_1^-。

本例中的第四优先级目标也是和劳动力约束相关的，第四个目标 P_4 反映了最小化加班时间的要求。回想一下，加班时间用 d_1^+ 表示的，因此目标函数变为：

$$\min P_1 d_1^-, P_4 d_1^+$$

像前面一样，目标是使偏差变量 d_1^+ 最小化，换句话说，如果 d_1^+ 为零，将没有劳动力加班。解这个模型时，在达到第一、二、三目标之前，无法达到第四目标。

□ 利润目标

我们的目标规划模型中的第二目标是每天要实现利润 1 600 美元。初始线性规划模型的目标函数是：

$$Z=40x_1+50x_2$$

现在把这个目标函数重新表示为某个目标优先级下的目标约束，如下所示：

$$40x_1+50x_2+d_2^- - d_2^+ = 1\,600$$

偏差变量 d_2^- 和 d_2^+ 分别表示利润不足或多于 1 600 美元的量，这个陶瓷公司的利润目标在模型中表示如下：

$$\min P_1 d_1^-, P_2 d_2^-, P_4 d_1^+$$

请注意：是最小化 d_2^- 而不是 d_2^+，因为认为公司将接受多于 1 600 美元的利润收入是合乎情理的。在第二优先级水平上最小化 d_2^-，公司希望 d_2^- 为零，即利润不会少于 1 600 元。

□ 原材料目标

公司的第三个目标是避免每天手头的黏土多于 120 磅。目标约束是：

$$4x_1+3x_2+d_3^- - d_3^+ = 120$$

偏差变量 d_3^- 和 d_3^+ 代表黏土少于和多于 120 磅的数量。这个目标反映在如下所示的目标函数中：

$$\min P_1d_1^-, P_2d_2^-, P_3d_3^+, P_4d_1^+$$

$P_3d_3^+$ 代表公司最小化 d_3^+ 的目标，即手头的黏土不超过 120 磅。P_3 代表这是公司的第三优先级目标。

完整的目标规划模型现在可以总结如下：

$$\min P_1d_1^-, P_2d_2^-, P_3d_3^+, P_4d_1^+$$

$$\text{s. t.}\begin{cases}x_1+2x_2+d_1^- - d_1^+ = 40\\ 40x_1+50x_2+d_2^- - d_2^+ = 1600\\ 4x_1+3x_2+d_3^- - d_3^+ = 120\\ x_1, x_2, d_1^-, d_1^+, d_2^-, d_2^+, d_3^-, d_3^+ \geqslant 0\end{cases}$$

这个模型和线性模型的一个根本区别是目标函数的目标不是一个总和 Z，这是因为目标函数中的增量变量代表不同的测量单位。例如 d_1^-，d_1^+ 代表劳动时间；d_2^- 代表美元；d_3^+ 代表黏土的磅数，对这三个量进行求和是不合逻辑的。目标规划模型中的目标函数根据目标的优先级分别使目标的偏差量最小化。

□ 目标约束的其他形式

现在改变前面的目标规划模型，使第四个约束成为限定加班时间最多达 10 小时而不是加班时间最小化。回想一下，劳动力的目标约束是：

$$x_1+2x_2+d_1^- - d_1^+ = 40$$

在这个目标约束中，d_1^+ 代表加班时间，因为新的第四个目标是限定加班时间最多 10 小时，得出下面的目标约束：

$$d_1^+ + d_4^- - d_4^+ = 10$$

尽管这个目标约束看起来并不常见，但在目标规划中一个等式中只包含偏差变量是可以接受的。在这个等式中 d_4^- 代表少于 10 小时的加班时间，而 d_4^+ 代表多于 10 小时的加班时间，因为公司的目标是限制最长加班时间为 10 小时，目标函数中要最小化 d_4^+：

$$\min P_1d_1^-, P_2d_2^-, P_3d_3^+, P_4d_4^+$$

现在考虑本例中另外一个第五优先级目标。假设公司只有有限的库存空间，每天不能生产多于 30 单位碗和 20 单位杯子。如果可能的话，公司想要生产这些数量，但是因为杯子的利润比碗高，因此达到杯子的生产目标更重要。第五个目标要求两个新目标约束如下：

$$x_1+d_5^- = 30 \text{ 单位碗}$$
$$x_2+d_6^- = 20 \text{ 单位杯子}$$

请注意：在这些目标约束中删除了正的偏差变量 d_5^+，d_6^+。这是因为第五个目标定义为生产量“不多于 30 单位碗和 20 单位杯子”，换句话说，正的变量或者说生产过量是不可能的。

因为公司的实际目标是达到这两个目标约束所示的生产水平，因此，在目标函数中要最小化负偏差变量 d_5^- 和 d_6^-。然而，回想一下，因为杯子的利润较高，因此对于公司来说，达到杯子的生产目标更重要。这个条件反映在如下所示的目标函数中：

$$\min P_1d_1^-, P_2d_2^-, P_3d_3^+, P_4d_4^+, 4P_5d_5^- + 5P_5d_6^-$$

因为杯子的生产目标更重要，其重要程度应该和所产生的利润保持一致的比例（即每单位杯子的利润是 50 美元，每单位碗的利润是 40 美元）。因此，比例 5∶4 就反映了杯子的目标比碗更重要。

$P_5d_6^-$，$P_5d_5^-$ 的有效系数 5 和 4 可以认为是权重。换句话说，在第五优先级水平上，最小化 d_6^- 比最小化 d_5^- 的权重高。模型求解时，尽管两个目标处于相同的优先级，但最小化 d_6^- 的目标是更重要的。

需要注意的是，对这两个目标进行求和是因为它们处在相同的优先级上。它们的和代表了这一优先级目标的实现情况。包含超时加班和生产量新目标的完整目标规划模型如下所示：

$$\min P_1d_1^-, P_2d_2^-, P_3d_3^+, P_4d_4^+, 4P_5d_5^- + 5P_5d_6^-$$

$$\text{s.t.}\begin{cases} x_1 + 2x_2 + d_1^- - d_1^+ = 40 \\ 40x_1 + 50x_2 + d_2^- - d_2^+ = 1600 \\ 4x_1 + 3x_2 + d_3^- - d_3^+ = 120 \\ d_1^+ + d_4^- - d_4^+ = 10 \\ x_1 + d_5^- = 30 \\ x_2 + d_6^- = 20 \\ x_1, x_2, d_1^-, d_1^+, d_2^-, d_2^+, d_3^-, d_3^+, d_4^-, d_4^+, d_5^-, d_6^- \geqslant 0 \end{cases}$$

目标规划的图解法

在第 2 章中，我们用图解法分析了线性规划模型的求解过程。因为目标规划模型是线性的，因此也可以用图解分析。我们用本章开始提到的海狸小溪陶瓷公司的目标规划模型作为例子：

$$\min P_1d_1^-, P_2d_2^-, P_3d_3^+, P_4d_1^+$$

$$\text{s.t.}\begin{cases} x_1 + 2x_2 + d_1^- - d_1^+ = 40 \\ 40x_1 + 50x_2 + d_2^- - d_2^+ = 1\,600 \\ 4x_1 + 3x_2 + d_3^- - d_3^+ = 120 \\ x_1, x_2, d_1^-, d_1^+, d_2^-, d_2^+, d_3^-, d_3^+ \geqslant 0 \end{cases}$$

要图解该模型，需要把每个目标约束中的偏差变量设为零，然后在坐标系中画出基于每个等式的每个约束。图 9－1 是这个模型中 3 个目标约束的图示。

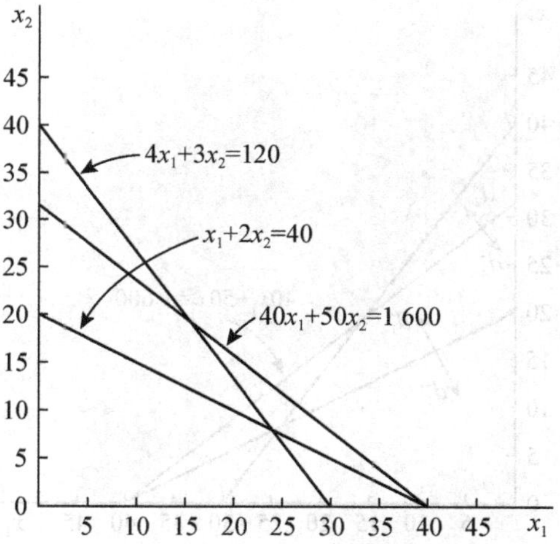

图 9-1　目标约束

我们可以注意到，在图 9-1 中没有像正规的线性规划模型那样表示出可行解空间。这是因为 3 个目标约束都是等式，因此所有解都在约束线上。

目标规划模型的求解逻辑是按照目标的优先级尽量达到每个目标的要求。一旦达到了一个目标，就开始考虑下一个最高优先级的目标。然而，绝不能放弃已实现的较高优先级的目标去实现较低优先级的目标。

在这个例子中，我们首先考虑第一优先级目标——最小化 d_1^-，图 9-2 所示的是 d_1^-，d_1^+ 和目标约束的关系。目标约束线 $x_1+2x_2=40$ 下面的区域代表 d_1^- 的可能值，上面的区域代表 d_1^+ 的可能值。为了最小化 d_1^-，在这条线下面的部分被排除，留下阴影区域作为可能解的区域。

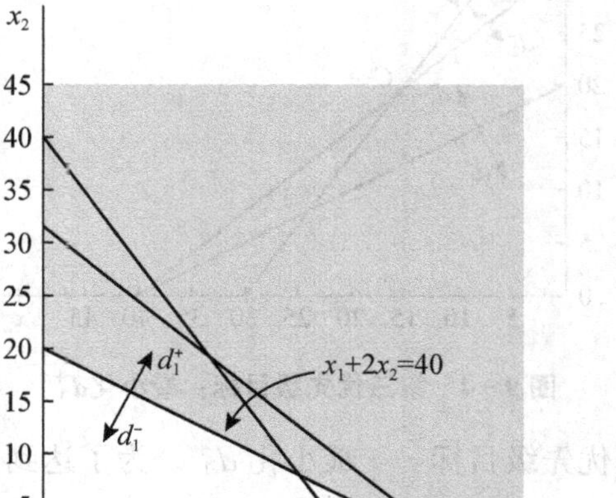

图 9-2　第一优先级目标：最小化 d_1^-

下面考虑第二优先级的目标——最小化 d_2^-。图 9-3 中，约束线 $40x_1+50x_2=1\ 600$ 下面的区域代表 d_2^- 的值，而其上面的区域代表 d_2^+ 的值。为了最小化 d_2^-，约束线下面的区域被排除。注意到排除 d_2^- 的区域并没有影响到第一优先级目标最小化 d_1^-。

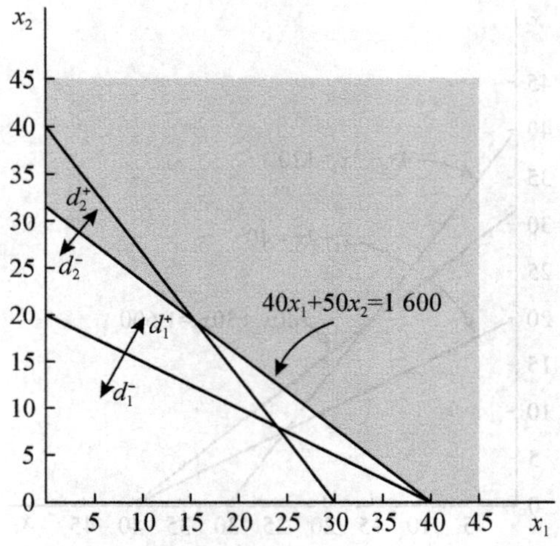

图 9－3　第二优先级目标：最小化 d_2^-

接下来，考虑第三优先级目标——最小化 d_3^+。图 9－4 显示了 d_3^- 和 d_3^+ 的相应区域。因为要最小化 d_3^+，所以可以排除约束线 $4x_1+3x_2=120$ 上方的区域。考虑这前三个目标，所剩的只有 AC 和 BC 之间的区域，在这个区域内存在满足前三个目标的可行解点。

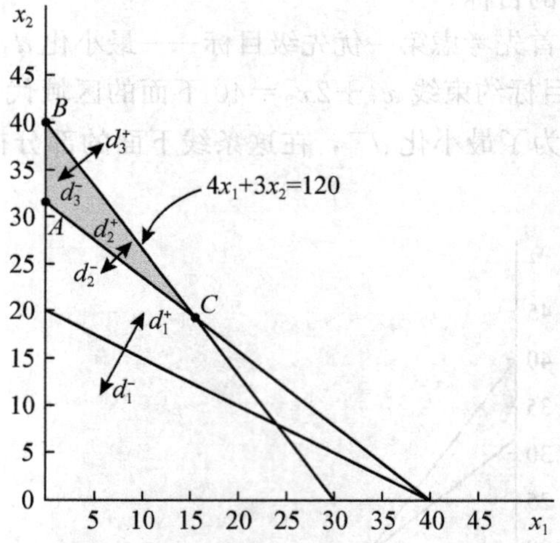

图 9－4　第三优先级目标：最小化 d_3^+

最后，必须考虑第四优先级目标——最小化 d_1^+。为了达到这个最终的目标，必须排除约束线 $x_1+2x_2=40$ 上方的区域。然而，如果排除了这个区域，偏差变量 d_2^- 和 d_3^- 都必须取正值。也就是说，在不影响第一、第二优先级目标的情况下，我们不能完全最小化 d_1^+。因此，我们希望找到这样一个解点，这个解点既满足前三个目标，又尽可能接近第四优先级目标。

图 9－5 中的点 C 是满足这些条件的一个解。我们注意到，如果把目标约束线 $4x_1+3x_2=120$ 向点 D 下移，d_1^+ 就可以更小，然而，当我们移过点 C 时，d_2^- 就会取正值。因此，d_1^+ 的最小化只能通过牺牲更高优先级的目标来达到。

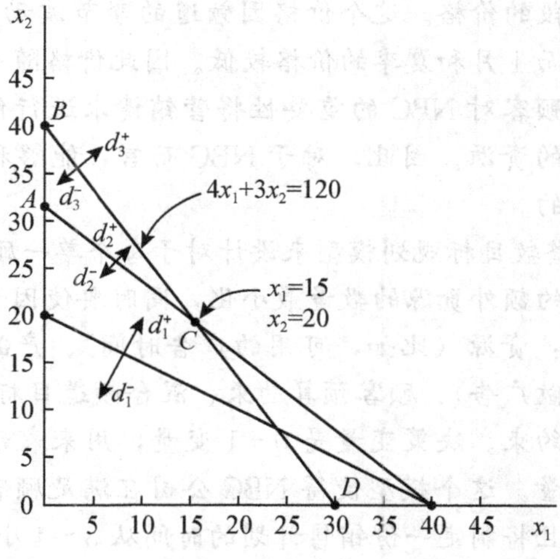

图 9-5　第四优先级目标（最小化 d_1^+）和解

点 C 的解是由交叉于这点的两个等式决定的，结果如下：

$x_1=15$ 单位碗

$x_2=20$ 单位杯子

$d_1^+=15$ 小时

因为偏差变量 d_1^-，d_2^- 和 d_3^+ 都等于零，它们达到了最小化，因此前三个目标都得以实现。而 $d_1^+=15$，超时了 15 小时，因此第四优先级目标没有实现。类似这样的目标规划模型解可认为是最满意解而非最优解，因为它尽可能地满足了给定目标。

目标规划问题的计算机求解——QM for Windows 和 Excel

目标规划问题可以通过 QM for Windows 和 Excel 得以解决。在前一节，我们用图解法解决了海狸小溪陶瓷公司的案例，在这一节，我们将示范如何使用计算机来解决这个问题。

管理科学应用

NBC 的电视广告销售开发计划

美国国家广播公司（NBC）在 5 月公布了其对于 9 月第 3 周开始的广播年的进度规划。公布后不久，广播网就开始了面向广告客户的电视频道广告时段详细目录的销售。在此期间，广告代理商就他们的顾客购买年内的广告时段向广播网提出请求。请求一般包括预算、顾客感兴趣的受众，以及期望的计划书。NBC 随后制定一个营销计划，在这个计划里包含能够满足顾客要求的电视广告进度。尽管 60 秒和 120 秒的广告时段也很常见，但最受欢迎的商业广告是 30 秒和 15 秒广告。

广播网最终确定其规划进度之后，就设计出了一份能够反映每个频道不同人群受众规模的排名预测。这些排名基于如下因素：频道的影响力、某个时间频段的历史排名、其他广播网上的竞争频道以及相近频道的收视率。继而，广播网又制定广告比率卡，以此来设定每个频道在不同广告时段的价格。这个价格因频道的季节波动而波动。例如，11 月、2 月和 5 月的价格比较高，而 1 月和夏季的价格较低。因此价格随一年中的不同时间而有所变化。营销管理人员基于顾客对 NBC 的重要性将营销请求进行优先级排序，同时，NBC 也想最有效地利用其有限的资源。因此，对于 NBC 而言，能够利用尽可能少的资源来满足每个顾客的需求是最优的。

NBC 利用一个 0－1 整数目标规划模型来设计对于每个单一顾客的广告营销年度计划。模型要使分配给营销计划的额外资源的数量最小化，同时要使因为不能满足其他目标而造成的损失最小化。目标有：资源（比如，可用的广告时间）、产品冲突（比如，两个相似的产品不能在同一个频道做广告）、顾客预算约束、混合频道目标、混合单位目标（比如，广告长度）和每周的额外约束。决策变量是 0－1 变量，用来表示营销计划中每周频道上每一时间长度的广告的数量。这个模型使得 NBC 公司在满足顾客需求的同时，节约了数百万美元的额外费用，并且将制定一份销售计划的时间从 3～4 小时缩减到 20 分钟。据估计，这个模型和相关的计划系统使 NBC 公司每年的收益至少增加了 5 000 万美元。

资料来源：S. Bollapragada，et al.，"NBC Optimization Systems Increase Revenues and Productivity，" *Interfaces* 32，no. 1（January-February 2002）：47－60.

□ QM for Windows

我们将用海狸小溪陶瓷公司的案例来说明如何求解目标规划模型，模型如下：

$$\min P_1 d_1^-, P_2 d_2^-, P_3 d_3^+, P_4 d_1^+$$

$$\text{s.t.}\begin{cases} x_1 + 2x_2 + d_1^- - d_1^+ = 40 \\ 40x_1 + 50x_2 + d_2^- - d_2^+ = 1\,600 \\ 4x_1 + 3x_2 + d_3^- - d_3^+ = 120 \\ x_1, x_2, d_1^-, d_1^+, d_2^-, d_2^+, d_3^-, d_3^+ \geqslant 0 \end{cases}$$

QM for Windows 自带一个目标规划模块，可以通过点击界面上方的"模块"（Module）按钮进入这个界面。如界面 9－1 所示，可以在数据输入界面输入模型参数。我们注意到，每一个优先级的偏差变量都必须赋予一个权重，在这个问题中，它们的权重都为 1。通过点击界面上方的"求解"按钮进行求解，上述模型的求解结果如界面 9－2 所示。

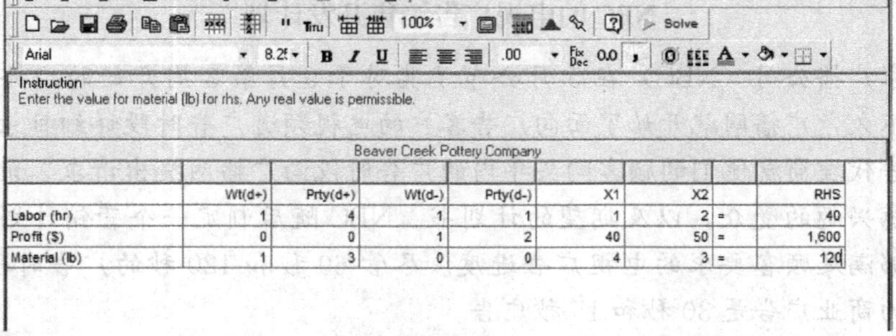

	Wt(d+)	Prty(d+)	Wt(d-)	Prty(d-)	X1	X2		RHS
Labor (hr)	1	4	1	1	1	2	=	40
Profit ($)	0	0	1	2	40	50	=	1,600
Material (lb)	1	3	0	0	4	3	=	120

界面 9－1

Beaver Creek Pottery Company Solution			
Item			
Decision variable analysis	Value		
X1	15		
X2	20		
Priority analysis	Nonachievement		
Priority 1	0		
Priority 2	0		
Priority 3	0		
Priority 4	15		
Constraint Analysis	RHS	d+ (row i)	d- (row i)
Labor (hr)	40	15	0
Profit ($)	1,600	0	0
Material (lb)	120	0	0

界面 9-2

QM for Windows 同时还可以进行目标规划模型的图形分析。点击“窗口”（Windows）按钮，并从菜单中选择“图形”（Graph）选项。上述模型的图形如界面 9-3 所示。

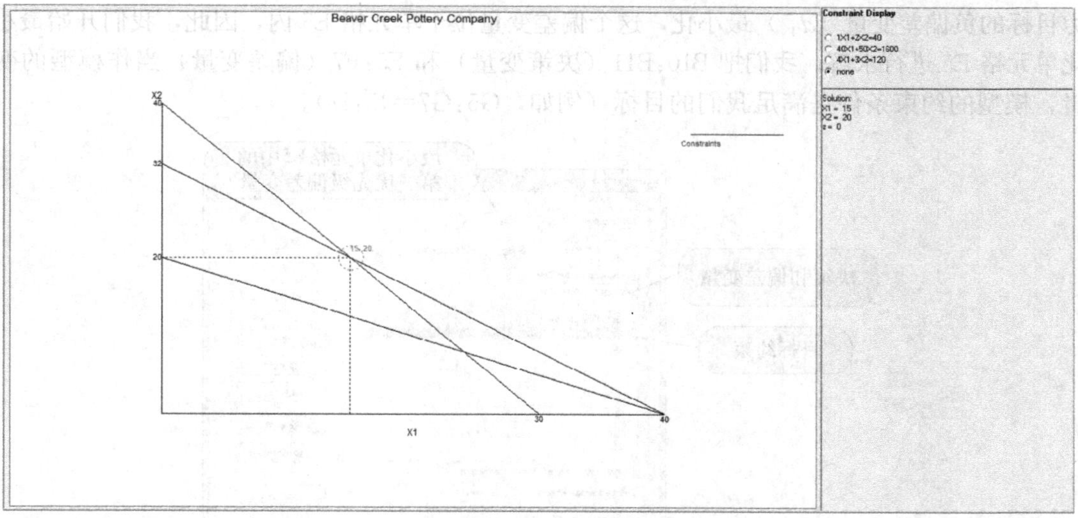

界面 9-3

□ Excel 电子表格

使用 Excel 求解目标规划问题虽然不像求解线性规划模型那么简单，但是所用的方法却很相似。界面 9-4 所示的是海狸小溪陶瓷公司案例的电子表格样式。标题“约束总量”（Constraint Total）下的单元格 G5，G6 和 G7 包含偏差变量的目标约束公式，劳动力约束公式如界面 9-4 上方的公式栏所示。模型决策变量在单元格 B10 和 B11 中，偏差变量在单元格 E5：F7 中。目标是让 G5：G7 的约束公式值等于单元格 I5：I7 的目标值。

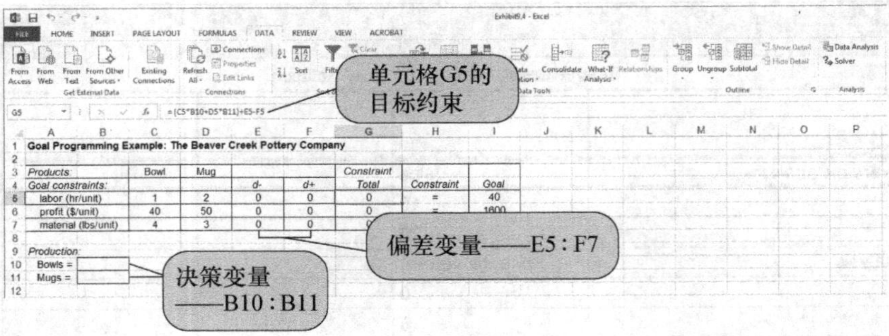

界面 9－4

当使用电子表格（或者任何一个常规的线性规划程序）解决目标规划问题时，都必须按次序求解。在这个例子中，从目标函数中的最高优先级目标开始，对每一个优先级目标都要建立一个新的问题并进行求解。也就是说，最高优先级的偏差变量最小化是首要目标。一旦求解出满足这个公式的解，目标中偏差变量的值就作为约束条件添加到模型中，此时，第二优先级的偏差变量就变成了新的目标。这样连续地求解出每个目标的新结果，直到所有的优先级目标都得以满足或者显然不存在一个更好的结果。这意味着，为了找出目标规划模型的解，对于每一个新的结果，都必须修改 Excel 的“求解”界面。

界面 9－5 所示的是我们所用例子的“求解参数”窗口。模型的一个优先级目标是劳动力目标的负偏差变量（d_1^-）最小化，这个偏差变量位于单元格 E5 内，因此，我们开始最小化单元格 E5 进行求解。我们把 B10:B11（决策变量）和 E5:F7（偏差变量）当作模型的变量，模型的约束条件是满足我们的目标（例如，G5:G7＝I5:I7）。

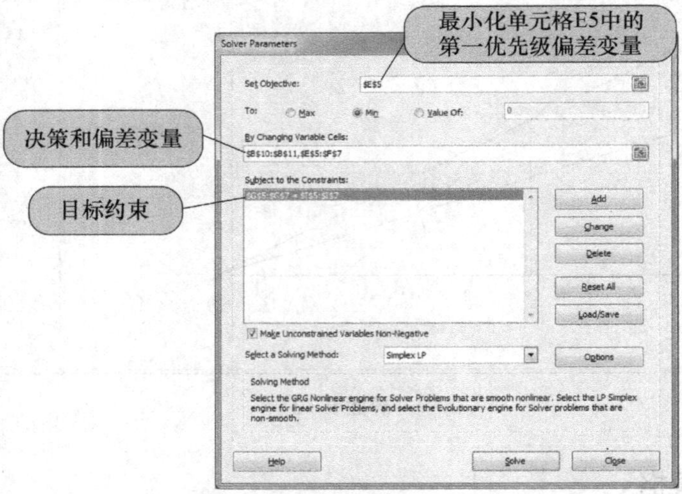

界面 9－5

界面 9－6 所示的是我们所用例子的求解结果表格。我们知道这是在 QM for Windows 中所能达到的最满意的结果，因此没有必要再进行后续的步骤。从电子表格中可以看到，最终解满足除第四优先级目标（最小化 d_1^+）之外的所有目标。然而，如果没有满足所有的目标，下一步就会将 E5＝0 作为约束条件添加到“求解”界面，并开始最小化下一优先级目标 E6（也就是 d_2^-）。

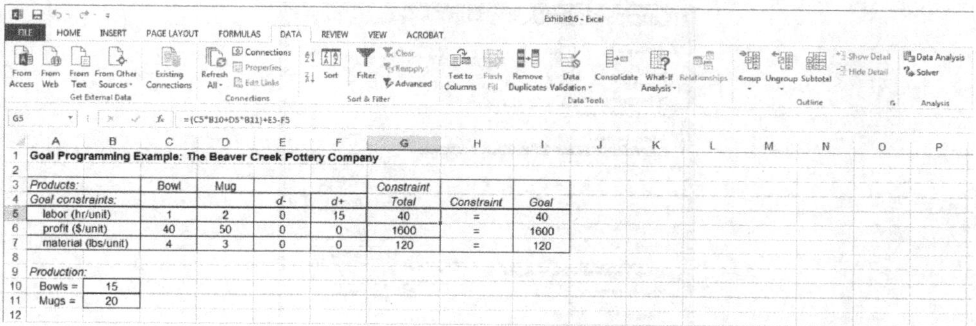

界面 9-6

接下来，我们将使用 Excel 来解决一个稍微复杂的目标规划模型，即我们在本章开始提出的海狸小溪陶瓷公司案例稍加修改的模型，在原模型的基础上，加入了加班目标和碗杯库存水平最大化的目标，模型如下：

$$\min P_1 d_1^-, P_2 d_2^-, P_3 d_3^+, P_4 d_4^+, 4P_5 d_5^- + 5P_5 d_6^-$$

$$\text{s. t.} \begin{cases} x_1 + 2x_2 + d_1^- - d_1^+ = 40 \\ 40x_1 + 50x_2 + d_2^- - d_2^+ = 1600 \\ 4x_1 + 3x_2 + d_3^- - d_3^+ = 120 \\ d_1^+ + d_4^- - d_4^+ = 10 \\ x_1 + d_5^- = 30 \\ x_2 + d_6^- = 20 \\ x_1, x_2, d_1^-, d_1^+, d_2^-, d_2^+, d_3^-, d_3^+, d_4^-, d_4^+, d_5^-, d_6^- \geqslant 0 \end{cases}$$

界面 9-7 所示的是模型修改后的表格形式。除增加了加班的目标约束外，所建的表格和初始模型的表格很相似。单元格 G8 包含目标约束的公式＝F5＋E8－F8。此外，单元格 G9 和 G10 中的公式包含最后两个目标约束的正偏差变量。例如，单元格 G9 中的约束公式是：＝C9 ∗ B13＋E9。

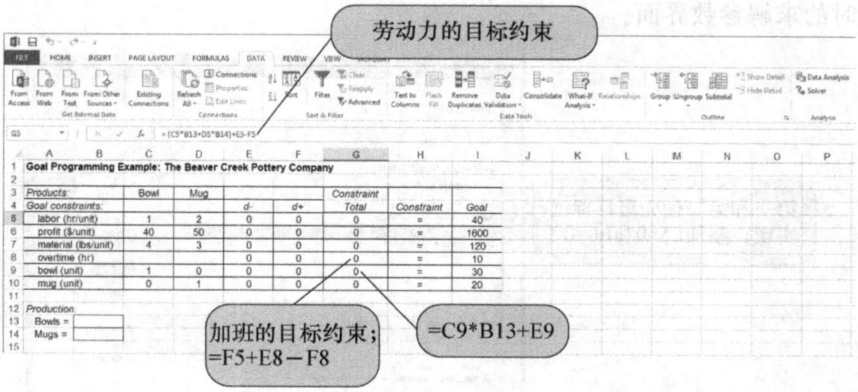

界面 9-7

界面 9-8 和界面 9-9 所示的分别是这个表格的求解参数窗口和最终求解结果。

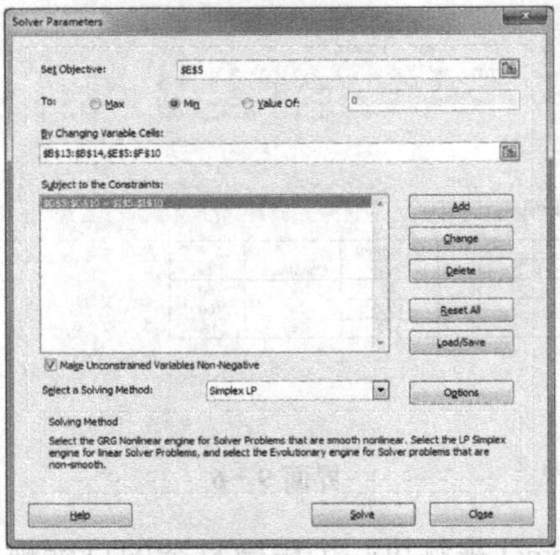

界面 9－8

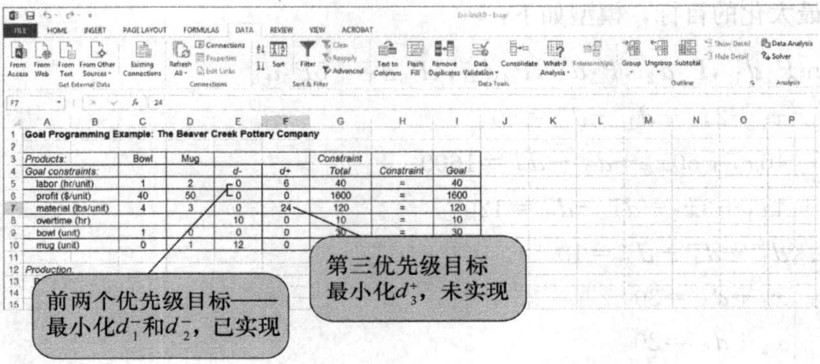

界面 9－9

我们可以看到，结果实现了前两个优先级目标，即最小化单元格 E5 中的 d_1^- 和 E6 中的 d_2^-。然而，因为单元格 F7 中有值 24，第三优先级目标最小化 d_3^+ 没有实现，因此，必须按照按次序求解的方法去寻找一个更优的解。因为已经实现了第一和第二个目标，因此，将 E5＝0 和 E6＝0 添加为约束条件进行求解，然后最小化单元格 F7。界面 9－10 所示的是此时的求解参数界面。

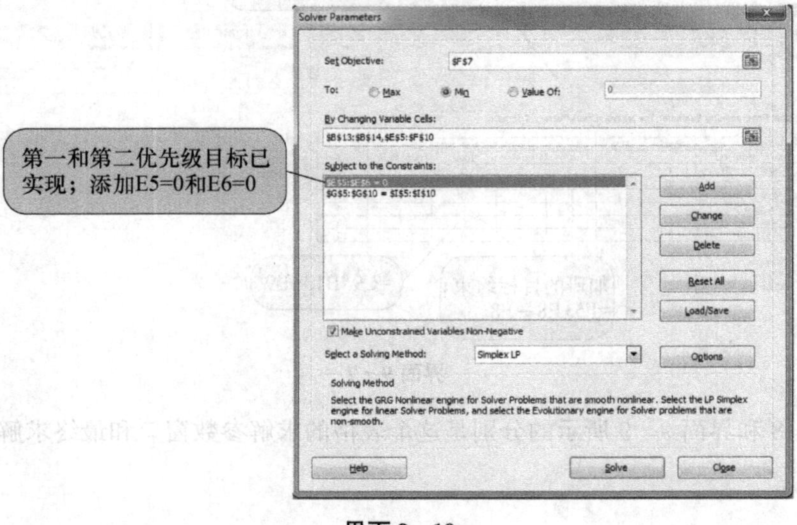

界面 9－10

界面 9－11 所示的是求解结果。这与不包括加班和产品水平的初始模型的求解结果一致，这个结果实现了前三个目标。我们可以继续尝试去实现第四优先级目标，将 F7＝0 作为求解的约束条件，并最小化单元格 F5（即 d_1^+），然而，这样并不能得出更好的解，除非以牺牲更高优先级目标为代价。因此，这是我们能得到的最好结果。

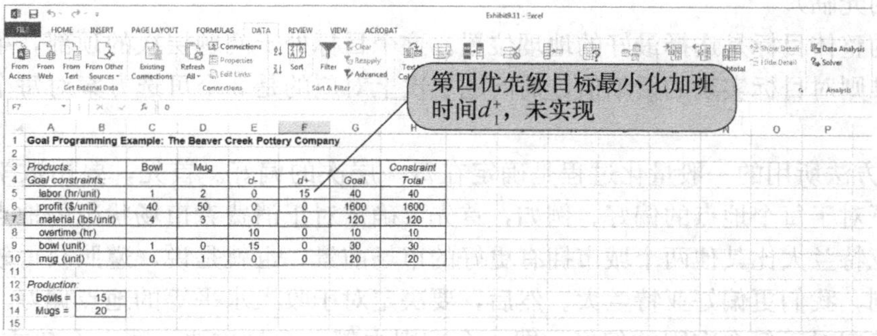

界面 9－11

> **延伸阅读　　亚伯拉罕·卡勒斯和威廉·W. 库珀**
>
> 目标规划的概念由卡内基技术协会的亚伯拉罕·卡勒斯（Abraham Charnes）、威廉·W. 库珀（William W. Cooper）和方法工程委员会的顾问 R. O. 费格森（R. O. Ferguson）在 1955 年首次提出。他们设计了一个用于通用电气公司某一部门高管人员薪酬计划的模型（将高管人员的不同薪酬要求作为混合目标），将问题简化为一个类似的线性规划模型进行求解。直到 1961 年，卡勒斯和库珀确定了目标规划这个名字。1965 年，斯坦福大学的井尻雄士（Yuji Ijiri）（和库珀之前在卡内基技术协会的一个博士生）提出了用来处理混合目标的优先级概念以及一般的解决方法。

层次分析法

目标规划是一种向我们提供能够最好地实现一系列目标的决策变量的数字化的“量”的方法。它回答了“多少”的问题。托马斯·桑梯（Thomas Saaty）提出的层次分析法（AHP）则是一种将可供选择的决策进行排序，并在决策者有多个目标或决策基于多准则的情况下选择最佳决策的方法。因此，它回答的是“哪个”的问题。一个决策者在制定决策时经常有多个可选方案。例如，一个想购买房子的人可能有多套在售的房子可以选择；一个想购买新车的人有多种性能和类型要考虑；一个有潜力的学生可能会在很多学校中选择进入某个学院。在每一个例子中，根据不同的准则，决策者都要基于如何比较不同的可选方案进行决策。例如，购房者在比较不同的房子时可能会考虑成本、邻近学校、绿化、邻居以及公共交通；购车者会基于价格、内部舒适性、每加仑汽油的英里数以及外观等因素比较不同的车型。每种情况下，决策者都会选择可以最好地满足其决策准则的可选方案。AHP 是一个基于每个可选方案能够满足决策者准则的程度，对每个可选决策进行评分并予以排序的过程。

我们将用一个例子来说明 AHP 方法。南方发展公司（Southcorp Development）在全国范围内建造并运营购物商场。公司已经为其最近的一个项目确定了 3 个可能的地点：亚特兰大、伯明翰和夏洛特。同时，公司也确定了比较这些地点的 4 个主要的准则：（1）消费者市场状况（包括整个市场规模和不同年龄的人口状况）；（2）收入水平；（3）基础设施（包括公共设施和道路状况）；（4）交通运输（即邻近州际高速公路以利于供应商的运输和顾客的光临）。

公司的整体目标是选择最好的地理位置。这个目标处于问题层次的顶部，第二层对应的是 4 个准则对目标实现的贡献值，而问题层次上对应的是 3 个可选方案对每个准则的贡献值。

AHP 方法所用的一般量化过程是确定在每一层次的偏好。首先，要用数学方法确定每个准则下对于每个地点的偏好。例如，首先要确定对于消费者市场状况的地点偏好，可能会觉得亚特兰大比其他两个城市拥有更好的市场前景，也就是说，遵照获得较大消费者市场的准则，我们更偏好亚特兰大。然后，要决定对于收入水平等的地点偏好。其次，用数学方法确定对于每个准则的偏好，即 4 个准则中哪一个最重要，哪一个较重要，等等。例如，我们可能觉得消费者市场状况比其他准则更重要。最后，综合这两类偏好——每一准则下的地点偏好和对 4 个准则的偏好——对每个地点进行评分，分数最高的将是最好的。

在接下来的小节中，我们将详细介绍这些步骤。

管理科学应用

利用 AHP 选择比利牛斯山脉的可持续交通路线

由于欧洲议会的立法，欧洲国家和地方政府开始关注如何在环境友好的领土上确定“低污染”的“绿色”交通路线。西班牙北部一个这样的社区——纳瓦拉启动了一个项目，以评估从潘普洛纳通过比利牛斯山脉到法国的五条主要道路。其目标是使用层次分析法来确定一套路线，将车辆交通对邻近路线的地理区域（被称为缓冲区）的环境影响降到最低。确定了三个主要标准来比较这些路线，分别是经济、社会和自然地区，并在这些主要标准中确定了各种次要标准，以更具体地描述其特征。例如，在经济标准中，次要标准是灌溉作物；在社会标准范围内，次要标准是娱乐区。两两比较主要是使用相关专家的采访，包括政府交通部门的工作人员、环境研究人员和运输公司的工作人员。该项目为物流公司制定了一套环保路线，用于规划其运输和运输路线。Hydro Inasa 和 GamesaEolica 两家公司实施了推荐路线。这些公司从使用推荐的路线中发现了三个主要的好处，包括运输车队对环境影响的减少，在营销过程中突出其环境问题的能力，以及司机降低油耗的意识的提升。

资料来源：J. Faulin，E. de Paz，F. Lera-Lopez，A. A. Juan，and I. Gil-Ramirez，“Practice Summaries：Distribution Companies Use the Analytical Hierarchy Process for Environmental Assessment of Transportation Routes Crossing the Pyrenees in Navarre，Spain，” *Interfaces* 43，no. 3 (May-June 2013)：285-87.

□两两比较

在 AHP 中，决策者通过两两比较来确定每一个可选方案在某个准则下的分值。两两比较中，决策者将两个（即一对）可选方案在某一准则下进行比较，并指出其偏好。例如，南方发展公司可以将亚特兰大（A）和伯明翰（B）对比，并决定在消费者市场状况准则下它更偏好哪一个。可以利用偏好尺度来做这些比较，偏好尺度是对不同偏好水平的数值描述。

表 9－1 所示的是 AHP 所用的标准偏好尺度。这个尺度是由 AHP 的专业研究人员确定的，是比较两个项目或可选方案的可信依据。尺度中的每一等级都基于两个项目的比较。例如，如果亚特兰大对于伯明翰是“较重要”，这项比较的结果值就是 3。3 这一等级衡量了决策者对于某一可选方案相对于其他方案的偏好。

表 9－1　两两比较的偏好尺度

偏好水平	数值等级
同等重要	1
介于同等重要和较重要之间	2
较重要	3
介于较重要和很重要之间	4
很重要	5
介于很重要和非常重要之间	6
非常重要	7
介于非常重要和极重要之间	8
极重要	9

如果南方发展公司将亚特兰大和伯明翰在消费者市场状况的准则下做比较时，认为亚特兰大较重要，就会产生一个比较结果值 3，那么它就没有必要再将伯明翰和亚特兰大做对比以确定这个“相反”比较的单独偏好值。B 对 A 的偏好值是 A 对 B 的偏好值的倒数。因此，在我们的例子中，如果亚特兰大对伯明翰的偏好值是 3，那么伯明翰对亚特兰大的偏好值就是 1/3。

南方发展公司对于这三个地点的每一地点在消费者市场状况准则下的两两比较等级都被包含在一个数字矩阵中。这个两两比较矩阵的行数和列数都等于决策可选方案的数量。

地点	消费者市场状况		
	A	B	C
A	1	3	2
B	1/3	1	1/5
C	1/2	5	1

由矩阵可以看出，亚特兰大（A）的消费者市场状况相对于夏洛特（C）而言是介于同等重要和较重要之间（2），但是夏洛特和伯明翰（B）相比却是很重要（5）。要注意的是，任何地点和它自身相比，比如 A 和 A 相比，都必须是“同等重要”，即偏好值是 1。因此，矩阵中对角线上的数值都必须是 1。

南方发展公司对于其他三个准则——收入水平、基础设施、交通运输——的两两比较矩阵如下所示：

	收入水平				基础设施				交通运输		
A	1	6	1/3	A	1	1/3	1	A	1	1/3	1/2
B	1/6	1	1/9	B	3	1	7	B	3	1	4
C	3	9	1	C	1	1/7	1	C	2	1/4	1

□ 计算准则的偏好

AHP 的下一步骤是将决策可选方案在每一准则下进行优先级排序。以我们的选址为例，这意味着要确定每一准则下我们对哪个地点是最偏好、第二偏好和第三偏好的。这一步骤在 AHP 中称为综合处理。进行综合处理所需的具体数学计算步骤非常复杂，不在本书的讨论范围内。但是，我们会用一个近似综合处理的方法相当好地来估计每一准则下的每个决策的偏好值。

计算偏好值的第一步是加总两两比较矩阵中每一列的值，选址问题的消费者市场状况矩阵的每一列的总和如下：

地点	消费者市场状况		
	A	B	C
A	1	3	2
B	1/3	1	1/5
C	1/2	5	1
	11/6	9	16/5

接下来，将列中的每一个值都除以它所在列的总和，这样会产生一个标准矩阵，如下所示：

地点	消费者市场状况		
	A	B	C
A	6/11	3/9	5/8
B	2/11	1/9	1/16
C	3/11	5/9	5/16

我们可以注意到，每一列中的数值之和是 1。下一步是计算每一行的平均值。这时，将矩阵中的分数转化为小数，如表 9－2 所示。每一个地点的行平均值也如表 9－2 所示。

表 9－2　含有行平均值的标准矩阵

地点	消费者市场状况			行平均值
	A	B	C	
A	0.545 5	0.333 3	0.625 0	0.501 2
B	0.181 8	0.111 1	0.062 5	0.118 5
C	0.272 7	0.555 6	0.312 5	0.380 3
				1.000 0

表 9－2 中的行平均值所示的是南方发展公司在消费者市场状况准则下对于 3 个地点的偏好。偏好最高的地点是亚特兰大，接下来是夏洛特，这个准则下最小偏好的是伯明

翰。我们可以将这些偏好写成一个一列的矩阵，称这个矩阵为向量。

消费者市场状况

A	0.501 2
B	0.118 5
C	0.380 3
	1.000 0

其他准则的偏好向量可以由同样的方法求得：

	收入水平		基础设施		交通运输
A	0.281 9	A	0.179 0	A	0.156 1
B	0.059 8	B	0.685 0	B	0.619 6
C	0.658 3	C	0.136 0	C	0.224 3

这 4 个准则的偏好向量可以组成一个单一的矩阵，如表 9－3 所示。

表 9－3　准则偏好矩阵

地点	准则			
	消费者市场状况	收入水平	基础设施	交通运输
A	0.501 2	0.281 9	0.179 0	0.156 1
B	0.118 5	0.059 8	0.685 0	0.619 6
C	0.380 3	0.658 3	0.136 0	0.224 3

□ 准则的优先级排序

AHP 的下一步骤是确定准则的相对重要性或权重，也就是说，将准则从最重要到最不重要进行优先级排序。这和在每一准则下对地点进行优先级排序的方法相同：利用两两比较矩阵。利用表 9－1 中的偏好尺度对例子中的 4 个准则进行比较得到的两两比较矩阵如下所示：

准则	消费者市场状况	收入水平	基础设施	交通运输
消费者市场状况	1	1/5	3	4
收入水平	5	1	9	7
基础设施	1/3	1/9	1	2
交通运输	1/4	1/7	1/2	1

转化为小数的标准矩阵如表 9－4 所示，矩阵中包括每一准则的行平均值。

表 9－4　含有行平均值的标准准则矩阵

准则	消费者市场状况	收入水平	基础设施	交通运输	行平均值
消费者市场状况	0.151 9	0.137 5	0.222 2	0.285 7	0.199 3
收入水平	0.759 5	0.687 8	0.666 7	0.500 0	0.653 5
基础设施	0.050 6	0.076 4	0.074 1	0.142 9	0.086 0
交通运输	0.038 0	0.098 3	0.037 0	0.071 4	0.061 2
					1.000 0

计算标准矩阵中的行平均值所得的偏好向量如下所示：

准则	
消费者市场状况	0.199 3
收入水平	0.653 5
基础设施	0.086 0
交通运输	0.061 2

显然，收入水平是最高优先级的准则，消费者市场状况其次，基础设施和交通运输在新商场的总体选址目标中似乎是相对不重要的第三和第四优先级准则。AHP 的下一步骤是综合考虑表 9-3 中的每一准则下地点的偏好矩阵和上述 4 个准则的偏好向量。

□ 计算总体优先级

回想一下表 9-3 所示的，南方发展公司在每个准则下对于每个地点的偏好矩阵，如下所示：

		准则			
		消费者市场状况	收入水平	基础设施	交通运输
地点	A	0.501 2	0.281 9	0.179 0	0.156 1
	B	0.118 5	0.059 8	0.685 0	0.619 6
	C	0.380 3	0.658 3	0.136 0	0.224 3

在前面的小节中，我们用两两比较来得出对于例子中 4 个准则的偏好向量，如下所示：

准则	
消费者市场状况	0.199 3
收入水平	0.653 5
基础设施	0.086 0
交通运输	0.061 2

将准则偏好向量中的值乘以上述准则矩阵并将乘积加总，就可以得到每个地点的综合分数，如下所示：

$$\begin{aligned}\text{A 地点的分数} &= 0.199\,3\times0.501\,2+0.653\,5\times0.281\,9+0.086\,0\times0.179\,0\\&\quad+0.061\,2\times0.156\,1\\&=0.309\,1\end{aligned}$$

$$\begin{aligned}\text{B 地点的分数} &= 0.199\,3\times0.118\,5+0.653\,5\times0.059\,8+0.086\,0\times0.685\,0\\&\quad+0.061\,2\times0.619\,6\\&=0.159\,5\end{aligned}$$

$$\begin{aligned}\text{C 地点的分数} &= 0.199\,3\times0.380\,3+0.653\,5\times0.658\,3+0.086\,0\times0.136\,0\\&\quad+0.061\,2\times0.224\,3\\&=0.531\,4\end{aligned}$$

根据 3 个地点的分值进行排序，就可以得到如下 AHP 排名：

地点	分数
夏洛特	0.531 4
亚特兰大	0.309 1
伯明翰	0.159 5
	1.000 0

基于 AHP 计算出的这些分数，在亚特兰大排第二、伯明翰排第三的情况下，就可以选择夏洛特作为新商场的地点。要依赖这个结果做选址决策，南方发展公司就必须确信其在两两比较时做的判断并相信 AHP。然而，不管南方发展公司是否做出了 AHP 所推荐的决策，这个过程可以帮助其识别准则、对准则进行优先级排序，并对公司如何制定决策起到很好的指导作用。

以下是找出 AHP 最优决策的数学处理过程概要：

1. 计算每一准则下对于每个决策可选方案的两两比较矩阵。

2. 综合处理：

a. 计算两两比较矩阵中每一列的和。

b. 将矩阵中的每一项除以其相应列的和——得到标准矩阵。

c. 计算标准矩阵中每一行的平均值——得到偏好向量。

d. 将每一准则下的偏好向量（由第 2c 步可得）组成一个偏好矩阵，这个矩阵所示的是每一准则下对于每个地点的偏好。

3. 计算准则的两两比较矩阵。

4. 将上述矩阵中的每一项都除以其相应的每一列的和，从而得到标准矩阵。

5. 计算标准矩阵的行平均值，得到偏好向量。

6. 将准则偏好向量（由第 5 步可得）乘以准则矩阵（由第 2d 步可得），计算出每个决策可选方案的综合分数。

7. 基于第 6 步计算出的分值，对决策可选方案进行排序。

□ AHP 的一致性

AHP 主要是基于决策者所做的两两比较来确定决策可选方案在不同准则下的偏好。AHP 中进行两两比较的标准程序是得到决策者对于可选方案的口头偏好，然后根据表 9－1 所示的偏好尺度将其量化。然而，当一个决策者必须做很多比较时（即 3 个或更多），他可能会忘记之前对于某个偏好的回答。因为 AHP 基于对这些偏好的回答，决策者做出正确的判断以及对偏好回答的一致性就显得格外重要。也就是说，对于一组两两比较的偏好必须和另外一组的比较保持一致。

以选址为例，假定在收入水平的准则下，南方发展公司认为 A 和 B 相比“非常重要”，并且 A 和 C 相比“较重要”。这并没有问题，但是如果南方发展公司认为 C 在同样的准则下和 B“同等重要”，此时，这个比较和前面两个两两比较就不是完全一致的。说 A 比 B“非常重要”，比 C“较重要”，转而又说 C 和 B“同等重要”，就没有反映出这 3 组两两比较偏好等级的一致性。更合乎逻辑的比较应该是 C 在某种程度上比 B 更重要。当决策者要对很多两两比较做出口头回答时，这种类型的不一致就会存在于 AHP 过程中。一般而言，这通常不是很严重的问题，轻微的不一致性是预料之中的。可以通过计算一个一致性比率来衡量两两比较中的不一致程度。

为了举例说明如何计算一致性比率，我们将检验 4 个选址准则下两两比较的一致性。如下所示的矩阵乘以准则偏好向量：

	消费者市场状况	收入水平	基础设施	交通运输		准则
消费者市场状况	1	1/5	3	4		0.199 3
收入水平	5	1	9	7	×	0.653 5
基础设施	1/3	1/9	1	2		0.086 0
交通运输	1/4	1/7	1/2	1		0.061 2

计算出矩阵和向量的乘积，如下所示：

$$(1)(0.199\,3)+(1/5)(0.653\,5)+(3)(0.086\,0)+(4)(0.061\,2)=0.832\,8$$
$$(5)(0.199\,3)+(1)(0.653\,5)+(9)(0.086\,0)+(7)(0.061\,2)=2.852\,4$$
$$(1/3)(0.199\,3)+(1/9)(0.653\,5)+(1)(0.086\,0)+(2)(0.061\,2)=0.347\,4$$
$$(1/4)(0.199\,3)+(1/7)(0.653\,5)+(1/2)(0.086\,0)+(1)(0.061\,2)=0.247\,3$$

接下来，将这些值除以准则偏好向量中相应的权重：

$$0.832\,8/0.199\,3=4.178\,6$$
$$2.852\,4/0.653\,5=4.364\,8$$
$$0.347\,4/0.086\,0=4.040\,1$$
$$0.247\,4/0.061\,2=\underline{4.042\,2}$$
$$16.625\,7$$

如果决策者南方发展公司追求完美一致性，那么每个比率都必须是 4，即比较项的个数——本例中是 4 个准则。接下来，将这些值加总并除以 4 求其平均值：

$$\frac{16.625\,7}{4}=4.156\,4$$

一致性比率 CI 可由如下公式计算得出：

$$CI=\frac{4.156\,4-n}{n-1}$$

式中，n 为比较项的个数；4.156 4 为之前计算的平均值。

$$CI=\frac{4.156\,4-4}{3}=0.052\,1$$

如果 $CI=0$，南方发展公司就是一个完美一致的决策者。因为南方发展公司没有达到完美一致，下一个问题就是可接受的不一致程度。通过比较 CI 和一个随机比率 RI 来决定一致性的可接受水平，RI 是随机产生的两两比较矩阵的一致性指标。RI 的值取决于比较项的个数 n，如表 9－5 所示。在这个例子中，因为我们对 4 个准则做比较，所以 $n=4$。

表 9－5　n 个比较项下的 RI 值

n	2	3	4	5	6	7	8	9	10
RI	0	0.58	0.90	1.12	1.24	1.32	1.41	1.45	1.51

决策准则矩阵中两两比较的一致性程度是由 CI 和 RI 的比值决定的：

$$\frac{CI}{RI}=\frac{0.0521}{0.90}=0.0580$$

一般而言，如果 $CI/RI<0.10$，则认为一致性程度是令人满意的，在本例中便是如此。如果 $CI/RI>0.10$，就可能会存在严重的不一致性，AHP 的结果可能也会是没有意义的。

回想一下在我们的例子中，我们仅仅计算了决策准则偏好矩阵中两两比较的一致性程度，这并不意味着我们验证了整个 AHP 的一致性。我们必须计算每个准则下两两比较的一致性程度，才能确定这个问题的整个 AHP 是否一致。

管理科学应用

利用 AHP 对 20 世纪军队将军的等级划分

10 位军事历史学家组成小组来参与一项研究，即用 AHP 方法对 20 世纪美军最伟大的将军排序。起初有 21 位将军，后被缩减为 7 位，这 7 位将军分别是：奥马尔·布雷德利（Omar Bradley）、德怀特·艾森豪威尔（Dwight Eisenhower）、道格拉斯·麦克阿瑟（Douglas MacArthur）、乔治·马歇尔（George Marshall）、乔治·巴顿（George Patton）、约翰·潘兴（John Pershing）和马修·李奇微（Matthew Ridgeway）。历史学家采用了两个主要准则——军事技术能力和实战行动能力。军事技能准则又分为 4 个子准则，分别是：运筹谋略、处理信息和不确定性的概念技能；与他人合作和交流的人际能力；熟练并精通的战术技能；组织和安排设备、人员、日程进度、预算、完成任务所需设施等的技术技能。实战行动准则分为：化解冲突的贡献（比如对战时冲突的影响力和对结果的贡献）；对部队的规模、位置和决策的重要性的责任心；战争胜利和整体战时服务。各个准则下每个将军的表现根据一个评分集合（优秀、很好、好、差）来评估。最后分为 3 个等级。第一组是排名居于首位的乔治·马歇尔和随后的德怀特·艾森豪威尔。第二组包括马修·李奇微、道格拉斯·麦克阿瑟和约翰·潘兴。最后一组是乔治·巴顿和奥马尔·布雷德利。

资料来源：T. Retchless，B. Golden，and E. Wasil，"Ranking U. S. Army Generals of the 20th Century：A Group Decision-Making Application of the Analytical Hierarchy Process，" *Interfaces* 37，no. 2（March-April 2007）：163–175.

□ AHP 的 Excel 求解

AHP 中的各个计算步骤都可以通过 Excel 电子表格实现。界面 9－12 所示的是南方发展公司选址案例的表格样式，包括消费者市场状况准则下的两两比较矩阵。我们可以注意到，两两比较的结果是以分数形式输入的，在 Excel 中输入分数的方法是拖动鼠标选择目标单元格，本例中是 B5:D7，点击屏幕上方的"格式"（Format）选项，在下拉菜单中点击"单元格"（Cells），然后选择菜单中的"分数"（Fraction）选项。

在单元格 B8 中插入公式＝SUM(B5:B7)，可以求出两两比较矩阵中 A 列的和。将鼠标定位到单元格 B8，点击右键进行"复制"（Copy），然后选定单元格区域 B8:D8，按"确定"（Enter）键，就可以求得 B 列和 C 列的和。

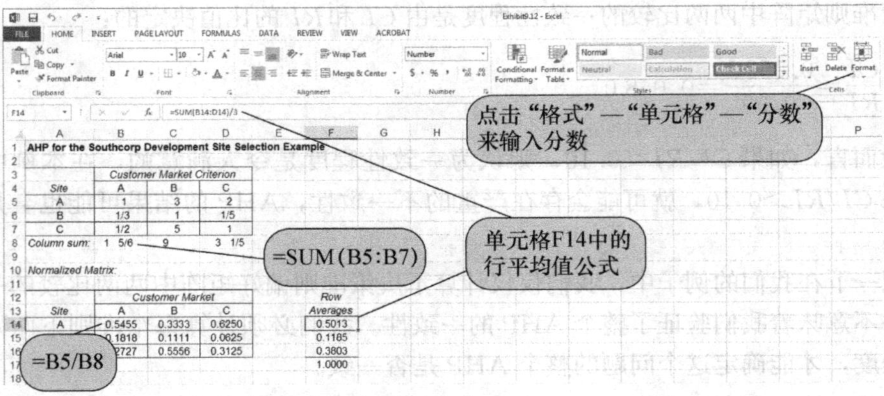

界面 9-12

在界面 9-12 中，表格底部的标准矩阵中单元格的值可以通过如下过程计算得出。首先，确定已经将单元格的值转化为小数，将单元格 B5 的值除以单元格 B8 中的列和，即在单元格 B14 中输入公式＝B5/B8，这时，在单元格 B14 中就会产生一个 0.545 5 的值。接下来，将鼠标定位在单元格 B14，单击鼠标右键进行“复制”，然后选定单元格区域 B14：D14，按“确定”键，就可以计算出单元格 C14 和 D14 的值。每一行都重复这个过程，从而得到标准矩阵。

为了计算标准矩阵中的行平均值，首先在单元格 F14 中输入公式＝SUM(B14：D14)/3，这个公式显示在电子表格顶端的公式栏中，这将计算出单元格 F14 的值 0.501 3。接下来，将鼠标定位在单元格 F14，单击鼠标右键，然后拖动鼠标选定单元格区域 F14：F16，将 F14 中的公式复制到单元格 F15 和 F16 中。

回想一下前面所说的，这些行平均值代表的是消费者市场状况准则下的偏好向量。为了完成 AHP 中的这一步骤，我们需要计算收入水平、基础设施和交通运输这 3 个准则下的偏好向量。

AHP 的下一步是列出 4 个准则的两两比较矩阵和标准矩阵。界面 9-13 所示的是实现这一步的电子表格。这两个矩阵和界面 9-12 所示的两个相似的矩阵的计算方法相同。

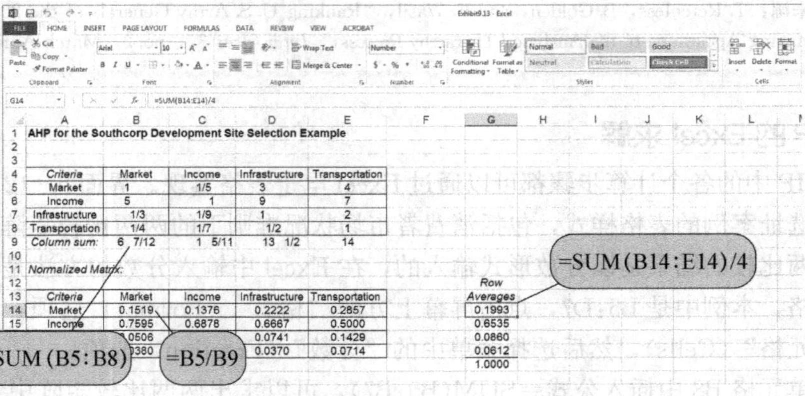

界面 9-13

AHP 的最后一步是进行总体排序。这需要用到南方发展公司在 4 个准则下对每一地点的偏好矩阵（见表 9-3）和对准则的偏好向量，它们都包含在界面 9-14 所示的电子表格中。

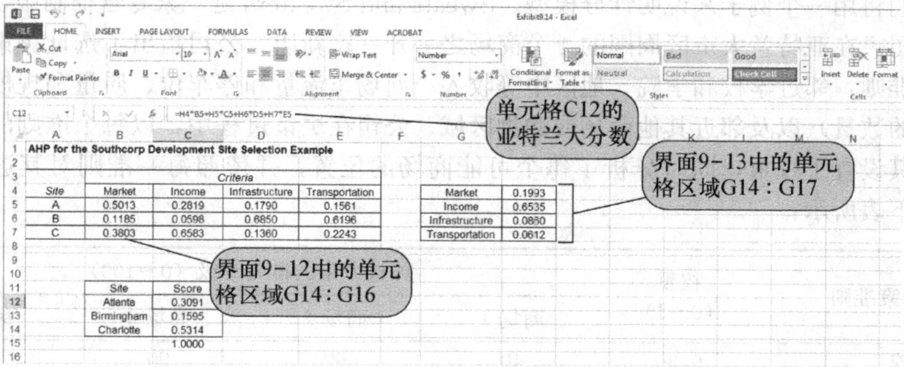

界面 9-14

界面 9-14 中两个矩阵的所有值都是由 AHP 之前的步骤所得。亚特兰大的分数由单元格 C12 中的公式计算得出，这个公式在公式栏中也可以看到。单元格 C13 和 C14 中类似的公式用来计算其他两个地点的分数。

界面 9-15 所示的是计算准则偏好矩阵中两两比较一致性程度的电子表格，制作这个表格的详细步骤在这里不再赘述。

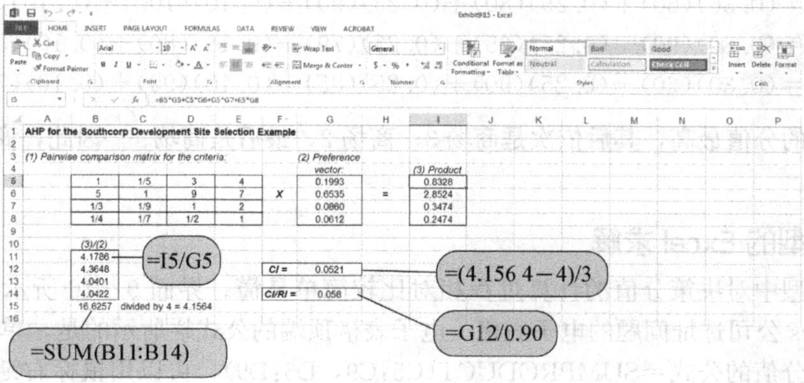

界面 9-15

计分模型

在多准则下，从几个可选方案中做选择时，计分模型是一种类似于 AHP 的方法，但是它的数学处理过程更简单。有几种不同的计分模型，在我们所用的计分模型中，对决策准则以其相对重要性设置权重，对每个决策可选方案以其满足准则的程度进行排序，计算公式如下所示：

$$S_i = \sum g_{ij} w_j$$

式中，w_j 为一个介于 0～1 的准则 j 的权重值，代表了准则 j 的相对重要性，1 表示极其重要，而 0 表示无关紧要，所有权重之和等于 1；g_{ij} 为介于 0～100 的等级值，代表了决策可选方案 i 满足准则 j 的程度，100 表示极高的满足程度，0 表示基本上不满足；S_i 为决策可选方案 i 的总分，分值越高，方案越好。

我们将用一个例子来说明计分模型。Sweats and Sweaters 是一家专营棉制服装的连锁店，公司想在亚特兰大市区周围的 4 个商场之一开一家新店。公司指出了选址决策中重要的 5 个准则：邻近学校和学院、地区中等收入、商场车流量和停车位、质量和规模（商场中门店的数量）以及邻近其他商场或购物区域。公司在决策过程中，以每个准则的相对重要性为其设置了权重，同时分析了每个可能商场的位置，并依照每一准则对其进行了排序，如下表所示：

决策准则	权重（0～1）	可选方案的排列等级（0～100）			
		商场 1	商场 2	商场 3	商场 4
邻近学校	0.30	40	60	90	60
中等收入	0.25	75	80	65	90
车辆交通	0.25	60	90	79	85
商场的质量和规模	0.10	90	100	80	90
邻近其他购物中心	0.10	80	30	50	70

决策可选方案的分值 S_i 的计算如下所示：

$$S_1=(0.30)(40)+(0.25)(75)+(0.25)(60)+(0.10)(90)+(0.10)(80)=62.75$$

$$S_2=(0.30)(60)+(0.25)(80)+(0.25)(90)+(0.10)(100)+(0.10)(30)=73.50$$

$$S_3=(0.30)(90)+(0.25)(65)+(0.25)(79)+(0.10)(80)+(0.10)(50)=76.00$$

$$S_4=(0.30)(60)+(0.25)(90)+(0.25)(85)+(0.10)(90)+(0.10)(70)=77.75$$

商场 4 的分值最高，其后依次是商场 3、商场 2，最后是商场 1，因此，商场 4 是推荐的决策选择。

□ 计分模型的 Excel 求解

计分模型中对决策分值的计算过程相对比较简单易懂。界面 9 - 16 所示的是 Sweats and Sweaters 公司选址问题的电子表格。电子表格顶端的公式栏所示的是，单元格 D10 中计算商场 1 分值的公式＝SUMPRODUCT(C5:C9，D5:D9)，可以用鼠标右键将此公式复制粘贴到单元格 E10，F10 和 G10 中。

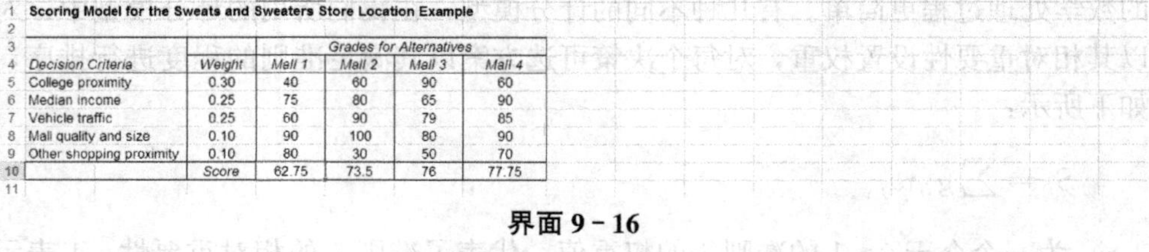

Decision Criteria	Weight	Mall 1	Mall 2	Mall 3	Mall 4
College proximity	0.30	40	60	90	60
Median income	0.25	75	80	65	90
Vehicle traffic	0.25	60	90	79	85
Mall quality and size	0.10	90	100	80	90
Other shopping proximity	0.10	80	30	50	70
	Score	62.75	73.5	76	77.75

界面 9 - 16

管理科学应用

运用计分模型来确定美国陆军设施安装区

2002年以前，美国陆军运用5个主要指挥部来管理军队设施安装，其中包括美国大约100个陆军基地。然而，上级领导注意到这种权力下放的程度并不能带来标准化服务和设施资源的公平分配。而且，权力分散增加了不必要的日常开支成本，并导致多余的支援活动。因此，成立了美国陆军设施管理局（IMA），总部位于华盛顿，主要根据区域组织计划来管理全球所有的美国军队设施，其中美国有4个区域。成立IMA主要起到三个作用：(1) 命令集权化和设施控制；(2) 保障作战能力（比如这些设施应该包括训练、部署、后勤、相关单位、士兵、家属的设施和设备）；(3) 通过分析和优先考虑资源需求，提高和保证资源分配过程的质量。美国军事学院被要求分析这4个地区的管理结构，并根据数目、位置、人力提出可能更好的可选的地区组织建议。从1个区域一直到8个区域，这8个选择对象都列入了分析范围。IMA的任务就是确定最初的8个地区可选对象、分配到每个区域的人力、区域数目、区域边界、总部位置。建立一个计分模型来度量每个区域对IMA各功能的表现水平。每个度量的权重基于它们的重要程度。该计分模型分析表明4个地区就能很有效地管理军队设施。将区域数目减到4个以下，有效性降低；反之，增加到4个以上，也只能增加很少的收益。

资料来源：T. Trainor，G. Parnell，B. Kwinn，J. Brence，E. Tollefson，and P. Downes，"The U. S. Army Uses Decision Analysis in Designing Its U. S. Installation Regions，" *Interfaces* 37，no. 3（May-June 2007）：253-264.

小 结

本章介绍了考虑多个目标或准则情况下的决策制定的概念，提出了3种精确的建模技术——目标规划、层次分析法（AHP）和计分模型来解决多准则决策制定问题。当考虑利润和成本之外的目标时，这些技术可以应用于广泛的决策制定情形。它们经常用来解决公共或政府组织的决策制定问题，因为这些组织的服务水平和实现众多目标的效率比利润和成本更重要。

对目标规划的介绍完善了线性规划领域。线性规划的隐含假设之一就是模型中的所有参数和数值都是确信可知的。在后面的章节中，我们将考虑用于不确定性情况的随机技术。

解题实例

作为习题部分的前奏，下面的案例示范了目标规划问题和AHP问题的计算求解过程。

问题描述

Rucklehouse公共关系公司签订了一份合同，主要对美国新罕布什尔州的选举情况进行跟踪调查，公司必须安排访谈者进行这项调查。访谈可以通过电话和会面的方式进行，一个人可以在一天内进行80次电话访谈或40次当面访谈。电话访谈者每天的花费是50美元，当面访谈者每天的花费是70美元。公司为了使调查具有代表性，确定了3个目标，这3个目标以其优先级的顺序如下所示：

a. 最少进行3 000次访谈。

b. 访谈者每天只能进行一种形式的访谈，公司想将其每天的预算维持在 2 500 美元。

c. 最少 1 000 次访谈是通过电话的方式进行的。

设计一个目标规划模型来决定要雇用的访谈者的数量以满足这些目标，并对模型进行求解。

求解过程

第一步：建立模型

$$\min P_1 d_1^-, P_2 d_2^+, P_3 d_3^-$$

$$\text{s. t.}\begin{cases} 80x_1+40x_2+d_1^- -d_1^+ =3\,000\text{（总访谈数）} \\ 50x_1+70x_2+d_2^- -d_2^+ =2\,500\text{（预算）} \\ 80x_1+d_3^- -d_3^+ =1\,000\text{（电话访谈数）} \end{cases}$$

式中，x_1 为电话访谈的次数；x_2 为当面访谈的次数。

第二步：QM for Windows 求解

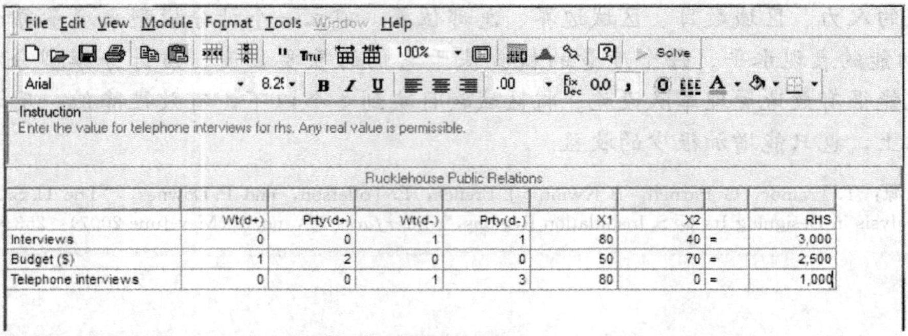

	Wt(d+)	Prty(d+)	Wt(d-)	Prty(d-)	X1	X2		RHS
Interviews	0	0	1	1	80	40	=	3,000
Budget ($)	1	2	0	0	50	70	=	2,500
Telephone interviews	0	0	1	3	80	0	=	1,000

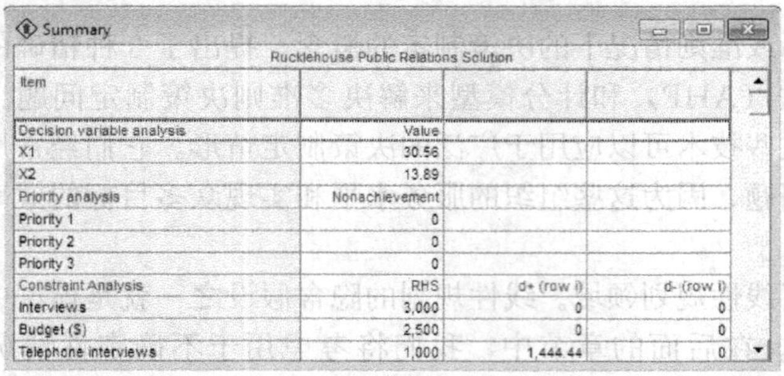

Item			
Decision variable analysis	Value		
X1	30.56		
X2	13.89		
Priority analysis	Nonachievement		
Priority 1	0		
Priority 2	0		
Priority 3	0		
Constraint Analysis	RHS	d+ (row i)	d- (row i)
Interviews	3,000	0	0
Budget ($)	2,500	0	0
Telephone interviews	1,000	1,444.44	0

问题描述

格蕾·李蒙斯想购买一辆新山地自行车，她正在考虑三款车型 Xandu Mark Ⅲ，Yellow Hawk Z9 和 Zodiak MB5。格蕾确定了其决策的 3 个准则——购买价格、变速操作和承重力/耐久性，并得出了对于这 3 个准则的两两比较矩阵，如下所示：

自行车	价格		
	X	Y	Z
X	1	3	6
Y	1/3	1	2
Z	1/6	1/2	1

自行车	变速操作		
	X	Y	Z
X	1	1/3	1/7
Y	3	1	1/4
Z	7	4	1

自行车	承重力/耐久性		
	X	Y	Z
X	1	3	1
Y	1/3	1	1/2
Z	1	2	1

格蕾依照如下所示的两两比较对其决策准则进行了优先级排序。

准则	价格	变速	承重力
价格	1	3	5
变速	1/3	1	2
承重力	1/5	1/2	1

格蕾考虑用 AHP 计算这 3 款车的综合分值。

求解过程

第一步：计算每一准则下两两比较矩阵的标准矩阵和偏好向量

自行车	价格			行平均值
	X	Y	Z	
X	0.666 7	0.666 7	0.666 7	0.666 7
Y	0.222 2	0.222 2	0.222 2	0.222 2
Z	0.111 1	0.111 1	0.111 1	0.111 1
				1.000 0

自行车	变速操作			行平均值
	X	Y	Z	
X	0.090 9	0.062 5	0.102 6	0.085 3
Y	0.272 7	0.187 5	0.179 5	0.213 2
Z	0.636 4	0.750 0	0.717 9	0.701 4
				1.000 0

自行车	承重力/耐久性			行平均值
	X	Y	Z	
X	0.428 6	0.500 0	0.400 0	0.442 9
Y	0.142 9	0.166 7	0.200 0	0.169 8
Z	0.428 6	0.333 3	0.400 0	0.387 3
				1.000 0

将偏好向量汇总到如下所示的矩阵中：

自行车	准则		
	价格	变速	承重力
X	0.666 7	0.085 3	0.442 9
Y	0.222 2	0.213 2	0.169 8
Z	0.111 1	0.701 4	0.387 3

第二步：对准则进行等级排序

准则	价格	变速	承重力	行平均值
价格	0.652 2	0.666 7	0.625 0	0.647 9
变速	0.217 4	0.222 2	0.250 0	0.229 9
承重力	0.130 4	0.111 1	0.125 0	0.122 2
				1.000 0

准则偏好向量为：

$$
\begin{array}{r}
\textbf{准则} \\
\begin{array}{r|c|}
\text{价格} & 0.647\,9 \\
\text{变速} & 0.229\,9 \\
\text{承重力} & 0.122\,2
\end{array}
\end{array}
$$

第三步：进行整体等级排序

$$
\begin{array}{c|ccc|}
 & \textbf{价格} & \textbf{变速} & \textbf{承重力} \\
X & 0.666\,7 & 0.085\,3 & 0.442\,9 \\
Y & 0.222\,2 & 0.213\,2 & 0.169\,8 \\
Z & 0.111\,1 & 0.701\,4 & 0.387\,3
\end{array}
\times
\begin{array}{r|c|}
\text{价格} & 0.647\,9 \\
\text{变速} & 0.229\,9 \\
\text{承重力} & 0.122\,2
\end{array}
$$

自行车 X 的分数 $=0.666\,7(0.647\,9)+(0.085\,3)(0.229\,9)+(0.442\,9)(0.122\,2)$
$=0.505\,7$

自行车 Y 的分数 $=0.222\,2(0.647\,9)+(0.213\,2)(0.229\,9)+(0.169\,8)(0.122\,2)$
$=0.213\,8$

自行车 Z 的分数 $=0.111\,1(0.647\,9)+(0.701\,4)(0.229\,9)+(0.387\,3)(0.122\,2)$
$=0.280\,6$

根据 3 款车型最终分值的大小，对其进行等级排序，如下所示：

自行车	分数
Xandu	0.505 7
Zodiak	0.280 6
Yellow Hawk	0.213 8
	1.000 0

习题

1. 一个制造企业生产产品 1，2 和 3，这三种产品的资源需求和利润如下所示：

产品	劳动力（小时）	原材料（磅）	利润（美元）
1	5	4	3
2	2	6	5
3	4	3	2

目前，公司的日均劳动力能力是 240 小时，原材料的日均供应量是 400 磅。这个问题的一般线性规划模型如下所示：

$$\max Z=3x_1+5x_2+2x_3$$

$$\text{s.t.}\begin{cases}5x_1+2x_2+4x_3\leqslant 240\\4x_1+6x_2+3x_3\leqslant 400\\x_1,x_2,x_3\geqslant 0\end{cases}$$

管理层制定了一组目标，按其对公司的重要程度排列如下：

(1) 因为最近劳资关系比较紧张，管理层想避免正常生产能力利用不完全的现象。

(2) 管理层确立了一个日均 500 美元的利润水平。

(3) 加班时间尽可能最小化。

(4) 为了避免处理和储存问题，管理层想使额外原材料的购买最小化。

构建一个目标规划模型来决定每种产品的生产量，以最好地满足这些目标。

3. 海湾市的公园娱乐部门得到了 600 000 美元的联邦拨款，以扩展其公共娱乐设施。城市委员会代表提出了 4 种不同类型的设施——健身房、田径场、网球场和游泳馆。事实上，市内多个社区的需求量是 7 个健身房、10 个田径场、8 个网球场和 12 个游泳馆。每种设施都需要一定的费用、占用一定的土地，并且期望有一定数量的使用者，如下所示：

设施	费用（美元）	所需英亩数	期望使用率（人/周）
健身房	80 000	4	1 500
田径场	24 000	8	3 000
网球场	15 000	3	500
游泳馆	40 000	5	1 000

公园娱乐部门已经规划了 50 英亩的土地用于设施建设（如果需要的话，还可以规划更多的土地）。这个部门还确立了一系列目标，按其优先级排列如下：

(1) 部门想用完所有的拨款，因为没用完的部分必须返还给政府。

(2) 部门希望每周至少能有 20 000 人使用这些设施。

(3) 部门希望尽量避免超过 50 英亩规划量的更多土地的使用。

(4) 部门想满足城市委员会增加新设施的要求。然而，这个目标应该根据使用每种设施的期望人数进行权衡。

a. 构建一个目标规划模型，决定建设每种设施的数量以最好地实现上述目标。

b. 使用计算机求解这个模型，确保结果是整数。

6. 巡检员要检查巴雷特纺织厂的职业安全和健康管理规范（OSHA）的执行情况。巡检员制定了 4 类违反情况：危险材料、防火措施、手动工具和机器监护，工厂在每种情况下的执行现状都不是 100%到位。每种情况执行水平的提高会减少事故的发生次数、人均事故成本，并使公司更好地满足 OSHA 的执行水平。然而，满足执行水平需要花费公司成本。下表显示了每种情况执行水平提高的收益（事故发生次数和人均事故成本减少）和成本。

类别	事故频率的减少（10 万小时的事故次数）	人均事故成本的减少（美元）	每个百分点的成本（美元）
1. 危险材料	0.18	1.21	135
2. 防火措施	0.11	0.48	87
3. 手动工具	0.17	0.54	58
4. 机器监护	0.21	1.04	160

为了达到 4 种情况 100%的落实，工厂必须将其危险材料的执行水平提高 60 个百分点（即它目前的执行水平是 40%），防火措施的执行水平提高 28 个百分点，手动工具的执行水平提高 35 个百分点，机器监护的执行水平提高 17 个百分点。然而，由于只有 52 000 美元可用于安全支出，工厂的管理层面临着进退两难的局面，任何大额的支出都会危害公司的经济状况。因此，管理层希望在不超出公司预算的情况下，使事故减少和执行情况能够达到尽量满足 OSHA 检查部门要求的水平，以拖延一下可能面临的处罚。因此，管理层确立了 4 个目标，按它们的重要程度排列如下：

（1）不要超过 52 000 美元的预算约束。

（2）达到能够实现每种情况 100%落实的执行水平百分比。

（3）实现总事故频率下降到每 10 万小时发生 20 起事故的水平。（这个目标表示即使不能实现所有情况 100%的落实，管理层也要最小化事故频率的要求。）

（4）将总事故成本缩减 115 美元。

a. 构建一个目标规划模型决定每种情况所需的执行水平百分比，以满足这些目标。

b. 使用计算机求解这个模型。

8. 使用图解法和计算机求解如下目标规划模型：

$$\min P_1 d_1^- + P_1 d_1^+, P_2 d_2^-, P_3 d_3^-, 3P_4 d_2^+ + 5P_4 d_3^+$$

$$\text{s.t.}\begin{cases} x_1 + x_2 + d_1^- - d_1^+ = 800 \\ 5x_1 + d_2^- - d_2^+ = 2\,500 \\ 3x_2 + d_3^- - d_3^+ = 1\,400 \\ x_j, d_i^-, d_i^+ \geqslant 0 \end{cases}$$

13. 一个乡村的门诊部以兼职的形式从周边的城镇雇用人员。门诊部想雇用一个全科医生、一个护士和一个内科医生，每周至少值一次班。门诊部每周的预算是 1 200 美元，全科医生每小时收费 40 美元，护士每小时收费 20 美元，内科医生每小时收费 150 美元。门诊部确立了一些目标，按其优先级排列如下：

（1）护士每周的工作时间不少于 30 小时。

（4）不超出每周 1 200 美元的预算。

（3）全科医生和内科医生每周的总工作时间不少于 20 小时。

（4）内科医生每周的工作时间不少于 6 小时。

a. 构建一个目标规划模型，决定雇用每个人员的时间，以满足这些目标。

b. 使用计算机求解这个模型。

17. Texmart 是得克萨斯州的一家连锁零售大卖场，它有 75 家门店，主要分布在达拉斯—沃斯堡地区。为了与全国范围内的其他连锁卖场相竞争，Texmart 打算在门店推行几个可持续（绿色）项目。其他全国连锁卖场都在努力打造可持续发展的公众形象，包括减少温室气体（GHG）排放等，事实证明这些措施有利于提高销量。同时，这些可持续发展项目也对减少成本（尤其是能源）发挥了积极的作用。目前，Texmart 所考虑的项目主要包括在它的一些或全部门店安装太阳能板，安装小型风力涡轮机，用高效混合动力叉车替换现有 165 台叉车的部分或全部，减少门店的浪费（包括循环利用），以及减少门店塑料购物袋的使用。这些项目每年的成本、减少的温室气体排放、节约的能源和成本如下表所示：

	可持续发展项目				
	太阳能	风能	叉车改造	循环利用	塑料袋项目
成本（美元）	2 600 000	950 000	38 000	365 000	175 000
GHG 排放减少量（吨）	17 500	8 600	25	1 700	900
成本节约（美元）	220 000	125 000	26 000	75 000	45 000
节能（kWh）	400 000	150 000	34 000	1 200	55 000
数量	75	75	165	75	75

Texmart 制定了四个目标，按其重要性排列如下：

（1）在这些可持续项目上的花费不超过 3 000 万美元的预算；

（2）每年减少温室气体排放不少于 250 000 吨；

（3）每年节约的成本不少于 400 万美元；

（4）每年节约的能源不少于 500 万千瓦时。

a. 构建一个目标规划模型，确定每种可持续项目所推行的数量，以满足上述目标。

b. 使用计算机求解这个模型。

18. Dampier 联盟是一家专门收购中小型纺织企业的控股公司。公司目前正在考虑收购位于卡罗来纳州的三家公司：Alton Textiles（A），Bonham Mills（B）和 Core Textiles（C）。公司用于决定收购哪家公司的主要准则是当前收益和增长潜力。Dampier 在做收购决策时，认为增长潜力和当前收益相比“较重要”。Dampier 对三家公司偏好的两两比较矩阵如下所示：

公司	收益		
	A	B	C
A	1	1/3	7
B	3	1	9
C	1/7	1/9	1

公司	增长潜力		
	A	B	C
A	1	1/2	1/5
B	2	1	1/3
C	5	3	1

使用 AHP 为 Dampier 联盟计算这三家公司的总体排名。

22. 迈根·马伯特是技术软件系统（TSS）的销售代表，她从其销售给客户的每一个新系统中提成。她在过去几年的收入特别高，因此想投资基金。她目前正在考虑三种基金——坦普尔全球基金、联盟蓝筹股基金和麦迪逊债券基金。她基于三个准则——潜在收益（基于历史趋势和预测）、风险和基金的负债系数做选择。迈根在每一准则下对这三种基金的两两比较矩阵以及三个准则的两两比较矩阵如下所示：

基金	收益		
	全球基金	蓝筹股基金	债券基金
全球基金	1	1/4	2
蓝筹股基金	4	1	6
债券基金	1/2	1/6	1

基金	风险		
	全球基金	蓝筹股基金	债券基金
全球基金	1	2	1/3
蓝筹股基金	1/2	1	1/5
债券基金	3	5	1

基金	负债		
	全球基金	蓝筹股基金	债券基金
全球基金	1	1	1/3
蓝筹股基金	1	1	1/3
债券基金	3	3	1

准则	收益	风险	负债
收益	1	3	5
风险	1/3	1	2
负债	1/5	1/2	1

请决定迈根应该投资哪种基金。

23. 在习题 22 中，如果迈根有 85 000 美元用于投资，并且为了使投资多样化，想投资于上述三种基金，每种基金她应该投资多少？

29. Rockingham 系统公司正在考虑 A，B，C 三个研发项目。公司不确定能否全部承担这三个项目，因此想根据偏好对它们进行排序。公司将用三个准则来对项目进行排序——潜在利润、成功概率和费用。如下所示的是公司在每一准则下对每个项目的两两比较矩阵以及对准则的两两比较矩阵：

项目	利润		
	A	B	C
A	1	4	6
B	1/4	1	2
C	1/6	1/2	1

项目	成功概率		
	A	B	C
A	1	2	1/3
B	1/2	1	1/6
C	3	6	1

项目	费用		
	A	B	C
A	1	1/3	1/4
B	3	1	1/2
C	4	2	1

准则	利润	成功概率	费用
利润	1	2	6
成功概率	1/2	1	4
费用	1/6	1/4	1

运用 AHP 对上述三个项目进行等级排序。

30. 拉格斯教授要从二年级的 MBA 学生中挑选一个新的研究生助理，他基于三个准则做选择——学生目前的学分绩（GPA）、GMAT 成绩和学士学位所属的学科。拉格斯教授对这些准则的两两比较如下所示：

准则	GPA	GMAT	学位
GPA	1	5	1/3
GMAT	1/5	1	1/6
学位	3	6	1

学生阿德里恩、波恩和科利的档案提供了如下信息：

学生	GPA	GMAT	学位
阿德里恩	3.6	560	商学
波恩	3.8	670	英语
科利	3.0	610	工程

运用 AHP 帮助拉格斯教授选择一个研究生助理。

36. Blackburg 镇需要一个更大的现代化中学。现在的中学位于镇中心，已有 40 多年的历史。对于新学校，有两种提案——修复镇上的老学校或者在郊区新建一所学校。镇上的人对于这两种提案有强烈的反响，一些居民希望能保持老学校的传统并期望学校能位于城镇内，以突出学校的社会性。有些人觉得老学校过于破旧不值得装修，认为学校位于城镇内，邻近酒吧、高校且交通拥挤，这对学生是有负面影响的。城镇的学校委员会将做最后的决定。学校委员会询问了当地学院的几个管理科学教授，让他们使用 AHP 来帮助评价这两个提案。学校委员会选定了四个不同的人群，根据他们的偏好来做 AHP 的分析——中学 PTA、中学教师、现在和以前的中学生以及城镇委员会。管理科学教授得出了这四个不同人群的两两偏好矩阵，如下所示：

提案	PTA	
	修复	新建
修复	1	1/3
新建	3	1

提案	教师	
	修复	新建
修复	1	1/9
新建	9	1

提案	学生	
	修复	新建
修复	1	2
新建	1/2	1

提案	城镇委员会	
	修复	新建
修复	1	5
新建	1/5	1

学校委员会对这四个不同人群的两两比较矩阵如下所示：

人群	PTA	教师	学生	城镇委员会
PTA	1	5	2	1/4
教师	1/5	1	1/4	1/7
学生	1/2	4	1	1/5
城镇委员会	4	7	5	1

a. 运用管理科学教授提出的 AHP 方法，学校委员会应该选择哪个提案？

b. 检验学校委员会对准则两两比较的一致性。

43. 理工学院的管理科学系在秋季学期提供了 4 门介绍定量方法的课程，每门课程由不同的老师来讲授。一组学生制定了如下 5 个准则来对这 4 门课程进行等级排序——日期时间、老师的评分情况、课堂气氛（即是轻松的还是严肃的）、家庭作业量和老师的幽默感。如下所示的是学生对这些准则的偏好矩阵：

准则	日期时间	评分情况	课堂气氛	家庭作业	幽默感
日期时间	1	2	7	3	8
评分情况	1/2	1	6	3	9
课堂气氛	1/7	1/6	1	1/4	2
家庭作业	1/3	1/3	4	1	7
幽默感	1/8	1/9	1/2	1/7	1

学生在这几个准则下对每门课程的两两比较矩阵如下所示：

课程	日期时间			
	1	2	3	4
1	1	3	5	7
2	1/3	1	2	5
3	1/5	1/2	1	3
4	1/7	1/5	1/3	1

课程	评分情况			
	1	2	3	4
1	1	1/7	1/8	2
2	7	1	2	6
3	8	1/2	1	5
4	1/2	1/6	1/5	1

课程	课堂气氛			
	1	2	3	4
1	1	6	3	3
2	1/6	1	3	2
3	1/3	1/3	1	1
4	1/3	1/2	1	1

课程	家庭作业			
	1	2	3	4
1	1	1/4	1/8	1/2
2	4	1	1/3	4
3	8	3	1	5
4	2	1/4	1/5	1

课程	幽默感			
	1	2	3	4
1	1	1/5	3	4
2	5	1	6	7
3	1/3	1/6	1	3
4	1/4	1/7	1/3	1

a. 运用 AHP 对这几门课程进行排序。

b. 运用这个框架和这些准则，以你熟悉的一门课为例，根据你对这门课不同章节的偏好，来对各章进行等级排序。

51. 拉布朗·琼斯签约克利夫兰职业棒球队 8 个赛季，成为联盟中的顶尖选手之一。现在，他与克利夫兰的合同已经到期，他既可以与克利夫兰续约，也可以加入其他球队。他很喜欢克利夫兰队，因为这是他家乡的球队，但这支球队从未真正地想成为冠军，所以他想与他认为可能成为冠军球队的另外三支队伍之一签约。他考虑签约球队的另外一些条件包括薪水（事实上，克利夫兰队提供的薪水比其他球队都高）、在其他城市打球时媒体的关注和支持力度，以及球队所在城市的生活节奏。下面是每一准则下对这四支球队的两两比较判断矩阵和这四个准则的两两比较判断矩阵：

城市	薪水（美元）			
	克利夫兰	迈阿密	纽约	芝加哥
克利夫兰	1	5	4	3
迈阿密	1/5	1	1/3	1/2
纽约	1/4	3	1	2
芝加哥	1/3	2	1/2	1

城市	媒体关注和支持			
	克利夫兰	迈阿密	纽约	芝加哥
克利夫兰	1	1	1/4	1/2
迈阿密	1	1	1/4	1/2
纽约	4	4	1	2
芝加哥	2	2	1/2	1

城市	生活节奏			
	克利夫兰	迈阿密	纽约	芝加哥
克利夫兰	1	1/4	3	2
迈阿密	4	1	5	4
纽约	1/3	1/5	1	1/2
芝加哥	1/2	1/4	2	1

城市	夺冠潜力			
	克利夫兰	迈阿密	纽约	芝加哥
克利夫兰	1	1/7	1/2	1/4
迈阿密	7	1	5	3
纽约	2	1/5	1	1/2
芝加哥	4	1/3	2	1

准则	薪水（美元）	媒体关注和支持	生活节奏	夺冠潜力
薪水（美元）	1	1/4	1/3	1/5
媒体关注和支持	4	1	1/2	1/3
生活节奏	3	2	1	1/2
夺冠潜力	5	3	2	1

运用 AHP 方法帮助拉布朗决定与哪支球队签约。

56. 军械电子公司打算投资 12 亿美元新建一个半导体工厂，并选择了中西部的 4 个小镇作为可能的地点。它所采用的重要决策准则以及每一准则下对每个小镇的评分如下所示：

决策准则	权重	城镇			
		Abbeton	Bayside	Cane Creek	Dunnvile
工作道德规范	0.18	80	90	70	75
生活质量	0.16	75	85	95	90
劳动法/工会	0.12	90	90	60	70
基础设施	0.10	60	50	60	70
受教育程度	0.08	80	90	85	95
劳动技能和教育	0.07	75	65	70	80
生活花费	0.06	70	80	85	75
税收	0.05	65	70	55	60
激励措施	0.05	90	95	70	80
政府法规	0.03	40	50	65	55
环境法规	0.03	65	60	70	80
交通运输	0.03	90	80	95	80
扩展空间	0.02	90	95	90	90
到市区的距离	0.02	60	90	70	80

设计一个计分模型，来决定工厂应该建在哪个小镇。

66. 选择你所在区的 4 个快餐店（如麦当劳、汉堡王、温迪、达美乐），设计一个包括决策准则、权重、分数的计分模型，从最好到最坏对这些快餐店进行排序。

案例 9-1

奥克代尔郡中学的学生分配

奥克代尔郡的中学管理委员会在开一个专题会议。一位联邦法官命令委员会在一周之内提出一个可行的学生分配计划，来平衡郡内 4 所高中的种族比例。法官之前给了委员会几次机会，让他们提出一个计划，可是委员会的成员之间往往达不成一致。每次开会的时候，有人提出一个计划，将一个高中的学生分配到另一个高中，总会有人提出反对意见，因此只能将会议延期。然而，这次他们知道法官已经失去了耐心，他们必须提出一个一致的方案。

在郡内的 4 所高中里，只有西部的高中达到了种族均衡，这所学校有 500 名白人学生、500 名黑人学生。北部高中有 1 000 名白人学生，只有 300 名黑人学生。东部高中的情况也同样糟糕，有 1 050 名白人学生和 400 名黑人学生。南部高中主要是黑人，有 800 名黑人学生和 450 名白人学生。总体来讲，在奥克代尔郡的 5 000 名学生中，60%是白人，40%是黑人。

“注意！”来自西部高中的学校委员会成员约翰·康纳说道，“不要一开始就尝试把一个地区的学生分配到另一个地区，为什么不先确定我们想要达成什么？也就是说，我们的目标是什么？”

其他几个成员点头表示同意，委员会主席弗雷德·哈维说：“好主意，约翰。”

“好，第一个目标显然是很明确的，”约翰说，“60%的学生是白人，40%的学生是黑人，因此我们需要每个学校的学生也达到 60%：40%的比例。”

“约翰，那对你来说没问题。”贝蒂·菲利普斯辩论道，“因为你们西部高中已经达到了那个比例——因此你们不会有任何的学生分配问题。但是，我们北部高中的学生比例与均衡比例还差得相当远，为了达到 60%：40%的比例，我们必须重新分配很多学生。”

“这不是我说的，贝蒂。”约翰说，“那是巴利法官 6 个月来一直强调的事情。”

“约翰是对的，贝蒂。我们还没有分配学生，现在仅仅是明确我们的目标。”弗雷德说，“我认为这必须是我们的最高优先级目标。大家怎么看？”

所有人都点头表示同意，尽管贝蒂·菲利普斯有些不情愿。

“既然我们已经知道要分配学生来使每个学校都达到这个比例，我认为我们应该试图使必须分配学生的数量最小化。”来自南部高中的成员迈克·吉布尼建议道。

弗雷德·哈维示意他们每个人手头资料的第 10 页有一个图表，这个图表显示了一个地区距离其他地区的平均英里数，图表内容如下：

地区/学校	距离（英里）			
	北部	南部	东部	西部
北部	—	30	12	20
南部	30	—	18	26
东部	12	18	—	24
西部	20	26	24	—

“为了考虑学生的便利和预算，我们为什么不设立一个合理的、总的分配英里的目标？”卡桑德拉·沃特金斯说，“基于现在校车的载客量，我建议每天的英里数是 30 000。如果超过这个目标，我们没有能力来支付这些费用，同时也意味着我们将到处分配这些学生。”

其他成员点头表示同意。

"好，"弗雷德·哈维说，"这是我们的第二个目标。"

贝蒂·菲利普斯再次说道："我想告诉你们我不希望发生的另一件事情，那就是南部高中不能再有更多的学生，现在我们已经多容纳了100名学生。"

"你觉得你们有麻烦！"鲍勃·威尔逊抱怨道，"在东部，我们的容纳能力是1 000人，但是我们现在有1 450名学生。我认为不让学校过度拥挤是一个好主意！"

"我同意，"迈克·吉布尼说，"在南部高中，有250名学生超出了我们的容纳能力。"

"那是一个好主意，"约翰·康纳回应道，"我意识到我们西部高中可以再容纳200名学生。然而，我们必须面对这个现实：在郡内，我们总的容纳能力是4 400人，我们却有5 000名学生。因此，超出学校容纳能力是难以避免的。我觉得我们的目标可以是4所学校按比例来分摊这些容纳能力之外的学生。"

"我觉得这是合理的，"弗雷德·哈维说，"大家觉得呢？同意我们的第三个目标是尽量接近每个学校的容纳能力但是按比例分摊多余的学生吗？"

他们都表示赞同。

"那么，"约翰·康纳总结道，"我想现在已经确定了我们要在计划中完成的事情。现在我们要做的是，通过一种快捷的途径来找到分配各区之间学生的安排，同时这个安排能够实现上述这些目标。"

其他人都点头同意并陷入了深思。

A. 构建一个目标规划模型来帮助委员会解决他们所面临的困境。

B. 使用计算机求解这个模型。

案例9-2

卡托巴山谷的公路巡逻

布罗德里克·克劳福德是宾夕法尼亚州西部卡托巴山谷公路巡逻管辖区的指挥官。他试图在其管辖区内的不同公路段安排公路巡逻车。公路巡逻人员的主要职责是在管辖区内的道路上巡逻，以阻止违反交通法规的行为和交通事故的发生。他们通过现场巡逻来实现这个目标——巡逻小组在一个固定的地方对违反交通规则的驾驶员给予警告、开出罚单等。巡逻小组的次要任务是为驾驶员提供帮助、响应危难求助电话、到事发地点处理突发事件和交通事故，以及在少数情况下抓捕罪犯。

克劳福德指挥官想将23辆巡逻车安排到如下6个主要的公路段区域：

公路段1，州北部

公路段2，市区，北部

公路段3，4号高速公路，东部

公路段4，2号高速公路，西部

公路段5，州际/4号高速公路，南部

公路段6，2号高速公路（卡车交通量大），南部

上述每个公路段包括之前提到的主通道以及周围的道路。这些公路段的交通密度和事故率都不相同，而交通密度和事故率是决定安排多少巡逻小组的关键因素。然而，这些因素并不总是一致的。例如，州际高速公路段的交通密度高、事故率低，而2号高速公路段

的交通密度低、事故率却较高。路面状况的不同导致了这些差异。（例如，急转弯、可见度和宽度。）其他状况，如卡车的交通量大（公路段 6 中）也会造成高事故率。

由于路面状况的差异，每个公路段需要不同的管理费用，包括维修、燃料等。指挥官最重要的目标是将每天的管理费用限制在 450 美元以内。每个公路段的日均管理费用如下所示：

公路段	管理费用（美元）
1	20
2	18
3	22
4	24
5	17
6	19

指挥官想降低管辖区内的事故率，也想增加身体接触和目视观察，这对于潜在的交通违法者会起到威慑作用。同时，他还希望每个公路段的巡逻小组对危难求助电话的平均响应时间能够达到一个理想的水平。每个公路段的平均事故率的减少量（每百万英里）和每辆车的身体接触和目视观察如下表所示：

公路段	巡逻小组		
	事故减少量（每百万英里）	身体接触（每天）	目视观察（每天）
1	0.27	18	1 700
2	0.21	26	900
3	0.28	10	650
4	0.19	34	230
5	0.23	25	1 600
6	0.33	17	520

指挥官的第二优先级目标是将管辖区内每百万英里的平均事故减少 5 例。下一个目标是每天实现 350 次身体接触和 30 000 次目视观察。

如果管辖区内不安排巡逻小组，响应管辖区内任何地方的危难电话的平均时间是 28 分钟，每辆安排到公路段的巡逻车能够减少的平均响应时间如下所示：

公路段	平均响应时间的减少量（分钟）
1	0.32
2	0.65
3	0.43
4	0.87
5	0.55
6	0.49

指挥官最后一个目标是使平均响应时间减少到 15 分钟。因为当地政府的压力，指挥

官必须在每个公路段至少安排两个巡逻小组。此外，他认为对于任意公路段，最多5个巡逻小组已经足够。

构建一个目标规划模型并进行求解，决定安排到每个公路段的巡逻小组数量，以满足指挥官的目标。

案例9-3

凯瑟琳·米勒的工作选择

凯瑟琳·米勒是理工学院信息技术系大四的学生。在过去的几个月里，她一直在忙于找工作。她的简历很出色——很高的学分绩和丰富的社团实践。因此，她收到了很多公司的面试通知。现在，有5家公司同意聘用她——美国系统开发公司、安德森咨询公司、国家计算机软件系统（NCSS）、南海湾公司和电子社区公司。

美国系统开发公司和安德森咨询公司都是大型的国有咨询公司，在几个主要的城市都有办事处。如果凯瑟琳接受这两家公司任意一家的聘用书，她将主要为公司的委托人开发决策支持信息系统。如果她去美国系统开发公司，她会待在公司在亚特兰大的总部；如果她接受安德森的聘用书，她将在华盛顿特区工作。然而，在这两种情况下，她都必须经常出差，有时甚至必须在委托人那里待上6～9个月。NCSS是一家软件和计算机系统开发公司，它在芝加哥拥有类似于校园环境的办公场所。尽管在NCSS的工作要求出差，但是每次都不会超过几周的时间。南海湾是一家银行控股公司，经营了8个不同的银行，在6个东南部的州有多个分支机构。如果凯瑟琳接受了这家公司的聘用书，她将会在坦帕的操作系统部门工作，负责开发用于银行运营的信息支持系统，这家公司的出差时间会是最少的。电子社区公司是一家国有的折扣连锁店，主要经营电子产品，如电视机、放电稳电器（DVR）、CD播放器、MP3播放器和电脑。她在电子社区公司的工作地点是位于田纳西州纳什维尔的公司总部，负责开发、维护计算机系统，来控制分布在全国各地的上百家商店的库存状况。这家公司几乎不要求出差。

美国系统开发公司给凯瑟琳的起薪是每年38 000美元，安德森咨询公司的年薪是41 000美元，NCSS年薪46 000美元，南海湾公司35 000美元，电子社区公司32 000美元。

凯瑟琳面临着选择的困境。所有的公司都有极好的声望、良好的财务状况和很好的发展机会。这5家公司都有工作量要求，同时，也只给了凯瑟琳几周的时间来考虑。

凯瑟琳决定采用AHP来分析她应该接受哪份工作。她设计了一系列她认为比较重要的准则，这些准则随意排列如下：(1) 薪酬；(2) 工作城市的生活花费；(3) 和工作相关的出差时间；(4) 工作城市的气候；(5) 娱乐和文化活动，包括运动场所、电影院、博物馆、公园等；(6) 工作城市的大学，她可以在那里读在职MBA；(7) 工作城市的犯罪率；(8) 工作的性质和内容；(9) 和亲友的距离。凯瑟琳意识到要基于这些准则比较这5份工作，她所掌握的信息还不够，因此，她需要去图书馆查一些和这5份工作所在城市相关的资料。

假设你是凯瑟琳，依据她所列出的所有或部分准则以及你自己的偏好和知识，运用AHP对这些工作进行等级排序。

案例 9 - 4

选拔国家棒球名人堂成员

每年 11 月，美国棒球作家协会（BBWAA）都会在纽约库珀斯敦村发布当年国家棒球名人堂成员的提名名单。BBWAA 有 575 名投票成员。每个候选人必须获得 75%以上的提名选票，才能选入国家棒球名人堂。对提名和入选的运动员人数没有限制。我们可以到 BBWAA 的网站（http://www.baseballwriters.org/）从当年的提名名单中选出 5 位或 6 位守场员（不是投手）——假设你认为这几位是参选人中的最佳候选人，并且用你自己的准则建立一个 AHP 模型来对这些候选人排序。除了一些其他方面，你的准则应该包括：命中率、安打率、全垒打、打点、得分、盗垒、获得奖励、职业年限、守备率、世界职业棒球大赛参赛次数，从全面的和他们所在的场内位置（比如捕手、一垒、外场）两个角度对整体名人堂做个比较。球员的含有统计数据的个人简历可以在网上找到。

案例 9 - 5

Suntrek 的全球牛仔布工厂和配送中心

Suntrek 是一家全球的牛仔面料和牛仔裤的制造商。它从世界各地（主要是美国和墨西哥）购买打包的棉花，并将其运往各个生产牛仔面料和牛仔裤的工厂（主要在亚太和印度洋地区）。它还将一些织物运送到生产粗斜纹棉布牛仔裤的其他工厂。它最终将所有的牛仔裤（和少量织物）运送到主要在美国、欧洲和日本的零售服装公司。它正在考虑建立一个新的牛仔裤工厂，包括一个打包棉花、牛仔面料和牛仔裤的仓储和分销中心。新设施的五个可能的港口位置是岘港、孟买、马尼拉、上海和卡拉奇。Suntrek 的加权决策标准是劳动力工资率（0.20）、棉花和织物供应（0.18）、运输/运输可用性和成本（0.15）、基础设施（0.12）、风险（0.10）、进出口管制和关税（0.09）、政府稳定性（0.06）、劳动力可持续性（0.05）和环境可持续性（0.05）。使用互联网，研究这五个可能的港口位置，并为每个位置的每个标准分配一个等级，为 Suntrek 确定位置的总体排名。

第 10 章

非线性规划

相对于其他主题，在本书中我们更多地关注了线性规划。它是一种可以解决多类问题的通用技术。除了专门讨论线性规划模型及其应用的章节，我们还分析了几种线性规划的变体：整数规划和目标规划，以及专门针对运输和分配问题的线性规划的应用。在所有这些情形中，目标函数和约束条件都是线性的；也就是说，它们形成空间中的线和面。但是，许多实际的商业问题中存在只能用非线性函数建模的关系。当问题符合通常的线性规划形式，但是包括非线性函数时，它们被称为非线性规划问题。

非线性规划问题之所以被赋予一个单独的名字，是因为它们的解决方式与线性规划问题不同。实际上，它们的解比线性规划问题的解要复杂得多，即使对于存在最优解的较小的问题，要求出最优解通常也是很困难的。在线性规划问题中，可以在线或面相交的地方找到最优解，即使有很多可能的解，这个数目也是有限的，最优解最终可以被找到。但是，在非线性规划中，可能没有交点或角点；解空间甚至可能是一个实际上包含无数多个点的起伏的线或面。对于一个现实的问题，解空间可能像有很多山峰和山谷的山脉，最大值和最小值的解点可以在任何波峰的顶端或任何波谷的底部。在非线性规划中，困难的是确定波峰顶部的点是局部区域内的最高点（在微积分中，称为局部最优解），还是整个区域内的最高点（称为全局最优解）。

非线性规划问题的求解技术通常需要在解平面中寻找波峰或波谷，即最高点或最低点。这些方法遇到的问题是它们有时难以确定已识别出的高点是否就是局部最优解或全局最优解。这样寻找解常常是困难的，而且包含超出本书范围的非常复杂的数学方法。

在本章中，我们介绍非线性规划的基本结构，并应用 Excel 求解简单的模型。

非线性利润函数分析

我们通过确定一个非线性函数的最优值开始非线性规划模型的介绍。为展示求解过程，我们使用一个基于盈亏平衡分析的利润函数。在第 1 章，我们使用盈亏平衡分析开始了建模的学习，因此，回到这个基本模型来结束对建模的学习是恰当的。

回想一下，在盈亏平衡分析中利润函数 Z 的公式是：

$$Z=vp-c_f-vc_v$$

式中，v 为销售量（即需求量）；p 为价格；c_f 为固定成本；c_v 为可变成本。

这种盈亏平衡模型的一个重要但稍不切实际的假设是，销售量或需求量与价格无关（即无论价格如何变动，销售量保持不变）。对于需求来说随着价格的增减而变化是更切合实际的。对第 1 章中西部制衣公司的例子，我们假设需求与价格之间的依赖关系可以用下面的线性函数来定义：

$$v=1\,500-24.6p$$

这种线性关系如图 10－1 所示。该图说明了随着价格的增加需求减少，达到一定的价格水平（60.98 美元）销售量为零。

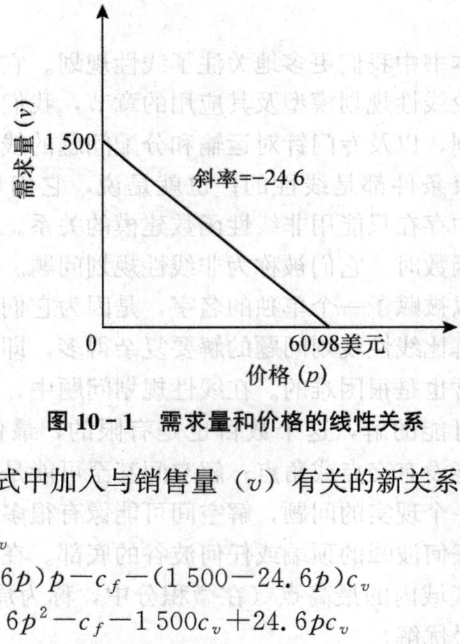

图 10－1　需求量和价格的线性关系

现在在原有的利润等式中加入与销售量（v）有关的新关系：

$$\begin{aligned}Z&=vp-c_f-vc_v\\&=(1\,500-24.6p)p-c_f-(1\,500-24.6p)c_v\\&=1\,500p-24.6p^2-c_f-1\,500c_v+24.6pc_v\end{aligned}$$

把固定成本（$c_f=10\,000$ 美元）和可变成本（$c_v=8$ 美元）代入这个新的利润函数中，得到下面的等式：

$$Z=1\,500p-24.6p^2-10\,000-1\,500(8)+24.6p(8)=1\,696.8p-24.6p^2-22\,000$$

由于含有平方项，该利润等式现在是一个关于价格的非线性的或二次方的利润函数，如图 10－2 所示。

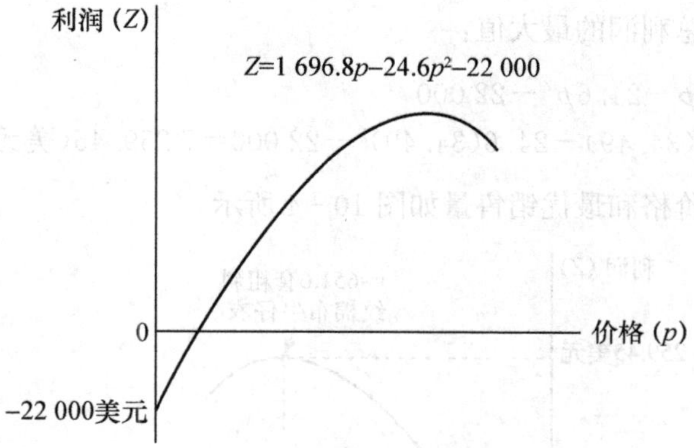

图 10－2　非线性的利润函数

在图 10－2 中，最大的利润发生在利润曲线的最高点。在那一点，曲线的斜率为零，如图 10－3 所示。

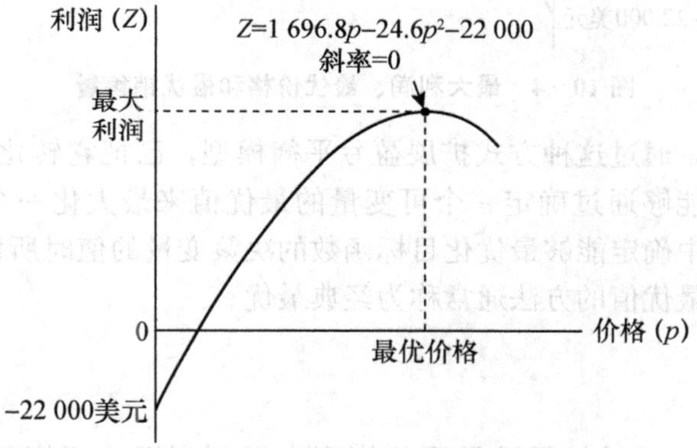

图 10－3　利润函数的最大值

在微积分中，任一点的曲线斜率等于定义这条曲线的数学函数的导数。利润函数的导数计算公式如下：

$$Z=1\,696.8p-24.6p^2-22\,000$$

$$\frac{\partial Z}{\partial p}=1\,696.8-49.2p$$

给定上述导数，利润曲线最高点的斜率通过下述关系式求得：

$$0=1\,696.8-49.2p$$

现在可以求解这个关系式得到能使总利润最大化的最优价格 p：

$$0=1\,696.8-49.2p$$

$$p=1\,696.8/49.2=34.49(\text{美元})$$

通过把价格代入先前设定的销售量的线性关系，可以计算出最优的粗斜纹棉布牛仔衣的生产量。

$$v=1\,500-24.6p=1\,500-24.6(34.49)=651.6(\text{套})$$

用如下公式计算总利润的最大值：

$$Z = 1\,696.8p - 24.6p^2 - 22\,000$$
$$= 1\,696.8(34.49) - 24.6(34.49)^2 - 22\,000 = 7\,259.45(\text{美元})$$

最大利润、最优价格和最优销售量如图 10－4 所示。

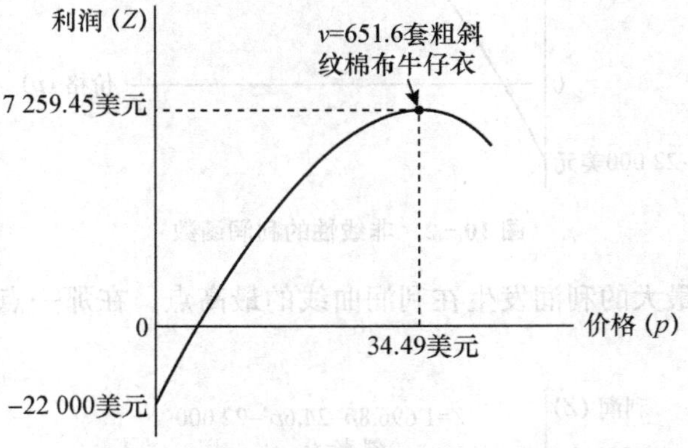

图 10－4　最大利润、最优价格和最优销售量

我们以前曾提到，通过这种方式扩展盈亏平衡模型，已把它转化成一个最优化模型。换句话说，我们现在能够通过确定一个可变量的最优值来最大化一个目标函数（利润）。这和我们在线性规划中确定能够最优化目标函数的决策变量的值时所做的是一样的。用微积分来找到可变量的最优值的方法通常称为经典最优。

约束优化

在先前的部分中，通过扩展盈亏平衡模型来得到利润分析模型。回想一下总利润函数：

$$Z = vp - c_f - vc_v$$

式中，v 为销售量（即需求量）；p 为价格；c_f 为固定成本；c_v 为可变成本。

需求函数是（即销售量是价格的函数）：

$$v = 1\,500 - 24.6p$$

将需求函数代入总利润方程式中，得到一个非线性函数：

$$Z = 1\,500p - 24.6p^2 - c_f - 1\,500c_v + 24.6pc_v$$

接着，将固定成本（$c_f = 10\,000$ 美元）和可变成本（$c_v = 8$ 美元）代入这个函数式中，得到

$$Z = 1\,696.8p - 24.6p^2 - 22\,000$$

我们接着求这个函数的微分，设它等于零，这样就得到了 p 的值（34.49 美元），这个值对应于利润曲线的最高点（斜率等于 0 的点）。

这种模型作为非约束优化模型，包含一个单一的非线性目标函数而没有约束条件。如果在这个模型中加入一个或多个约束条件，它就成为约束优化模型。一个约束优化模型更

多地被称为非线性规划模型。这种模型之所以被划归为一种数学规划，是因为所有数学规划模型事实上都是约束优化模型。也就是说，它们都具备一个目标函数和约束这个目标函数的一个或多个约束条件这样一种一般形式。线性规划的目标函数和约束条件都是线性的。非线性规划模型目标函数和约束条件是非线性的。此外，它和线性规划模型的一般形式是相同的。

但是，非线性规划在另一个重要方面不同于线性规划：非线性规划问题的解决比较复杂。在一个线性规划中，如果准确定义了问题，有一些特定步骤来得到一个解，然而，在非线性规划中不存在能保证得到最优解的解答步骤。这种复杂性的原因可以由利润分析模型图表来阐释。图 10－5 显示的是示例模型中的非线性利润曲线。

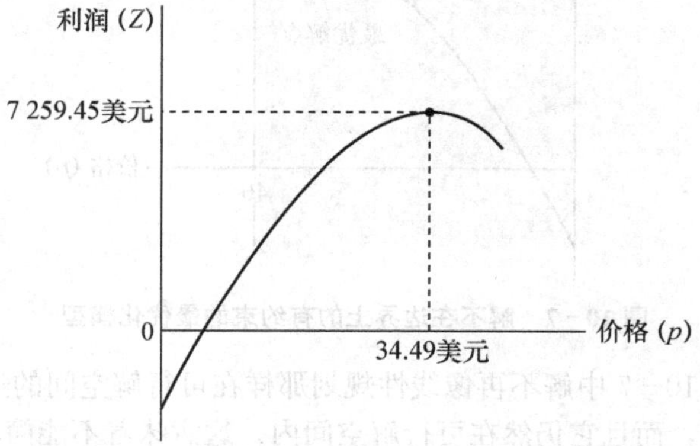

图 10－5　利润分析模型中的非线性利润曲线

像先前所说明的，通过求一个利润函数的导数来找到解，设它等于 0，求得 p（价格）。这样得到一个能够使利润最大化的 p 的最优值，如图 10－5 所示。

现在我们将通过增加一个约束条件来把这种非约束优化模型转化为非线性规划模型：

$p \leqslant 20$ 美元

换句话说，由于市场条件，我们将价格最高值定为 20 美元。这个约束条件导致一个可行解空间，如图 10－6 所示。

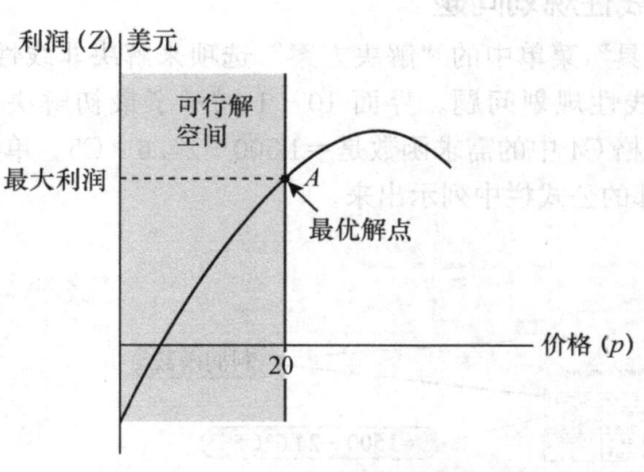

图 10－6　有约束的最优化模型

像在线性规划问题中一样，解位于约束条件形成的解空间的边界上。因此在图 10－6

中，点 A 是最优解。它对应于仍旧有可行性的部分目标函数的最大值。但是，非线性规划的困难之处在于：解并不总是在由约束条件形成的可行解空间的边界上。例如，将下面的约束条件加入原来的目标函数中：

$p\leqslant 40$ 美元

这个约束也可以产生一个可行解空间，如图 10－7 所示。

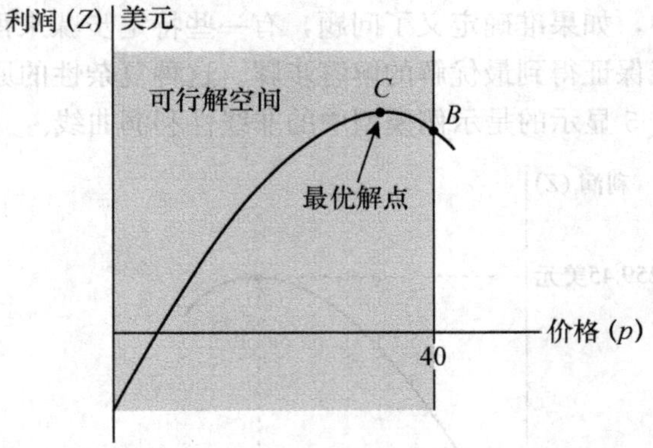

图 10－7　解不在边界上的有约束的最优化模型

但是注意：在图 10－7 中解不再像线性规划那样在可行解空间的边界上。点 C 表示一个比点 B 更大的利润，而且它仍然在可行解空间内。这意味着不能简单地在解空间的边界上寻找最优解；取而代之，我们必须考虑目标函数上的其他点。这使得非线性规划问题的求解过程极大地复杂化，增加可变量和约束条件的数目以及引入更高次的非线性函数进一步加大了这一困难。设想一个在由相交的圆锥、椭圆、曲面和平面组成的空间内的模型，而且解不在解空间的边界上，你可以想象求解这一模型是多么困难。

我们有许多现成的求解非线性规划问题的方法。就像我们已经提到的，它们代表了微积分和数学规划原则的结合。但是，正如更早提到的，这种解决技术是非常复杂的。因此，我们将非线性规划求解方法的讨论局限于几个不同模型的应用和使用 Excel 求解。

□ 用 Excel 求解非线性规划问题

可以用 Excel“工具”菜单中的“解决方案”选项来解决非线性规划问题——先前我们用这一选项来解决线性规划问题。界面 10－1 展示了最初解决西部制衣公司案例的 Excel 电子表格。单元格 C4 中的需求函数是＝1 500－24.6＊C5。单元格 C3 中包含利润公式，它在电子表格顶部的公式栏中列示出来。

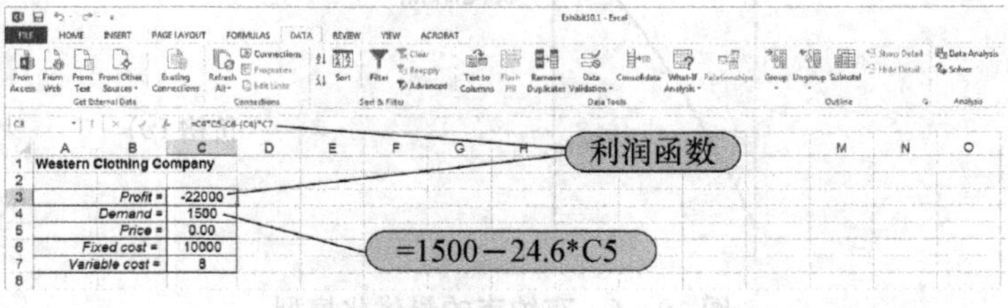

界面 10－1

这个问题的求解参数窗口如界面 10－2 所示。确保选择了“非线性”选项很重要。界面 10－3 展示了西部制衣公司案例的 Excel 解。

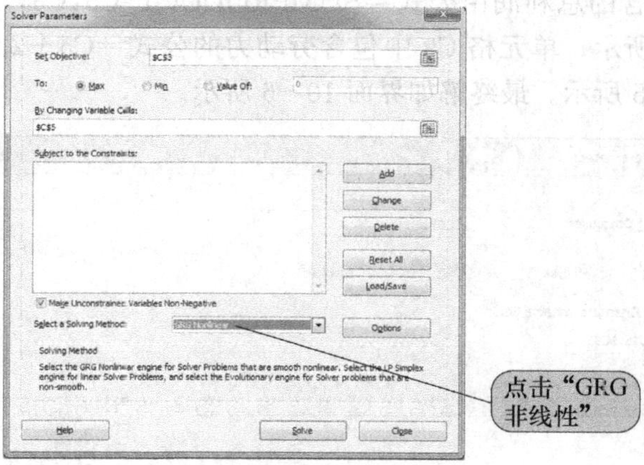

界面 10－2

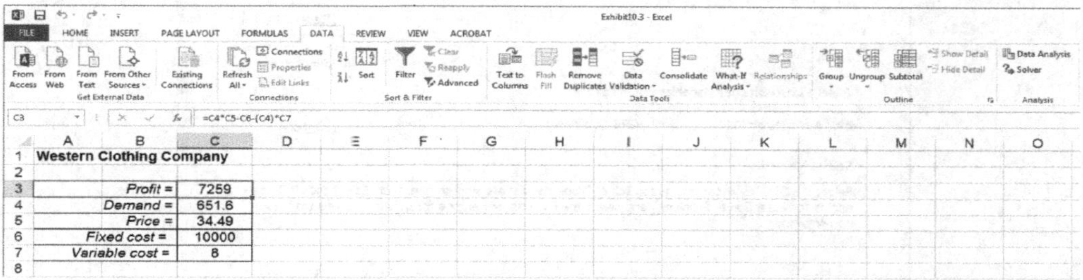

界面 10－3

界面 10－4 列示了建立 Excel 电子表格来解决第 2 章中海狸小溪陶瓷公司案例中的非线性模型，其公式为：

$$\max Z=(4-0.1x_1)x_1+(5-0.2x_2)x_2$$
$$\text{s.t.}\ x_1+2x_2=40(\text{小时劳动力})$$

式中，x_1 为生产碗的数量；x_2 为生产杯子的数量；$4-0.1x_1$ 为每单位碗的利润；$5-0.2x_2$ 为每单位杯子的利润。

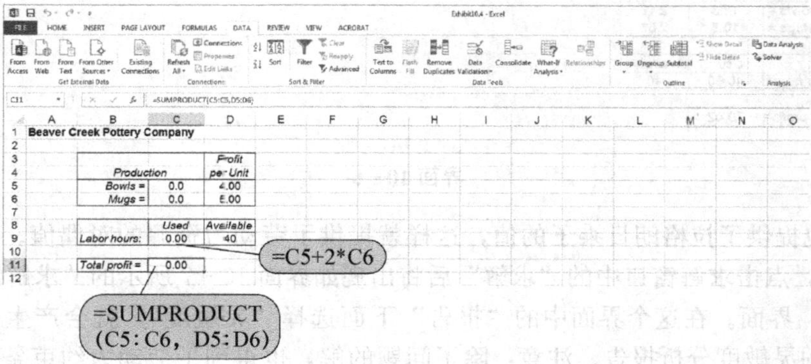

界面 10－4

制造的碗和杯子的数量分别在单元格 C5 和 C6 中。碗的利润公式包含在单元格 D5 中。单元格 C11 中包含的总利润由公式＝SUMPRODUCT（C5：C6，D5：D6）计算，如电子表格顶部的公式栏所示。单元格 C9 中包含劳动力的公式＝C5＋2 ∗ C6。该问题的求解参数窗口如界面 10－5 所示。最终解如界面 10－6 所示。

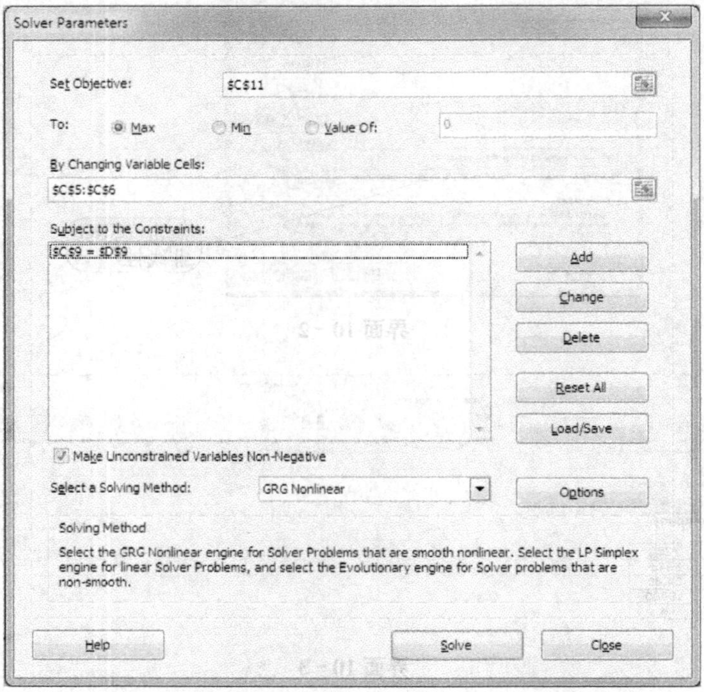

界面 10－5

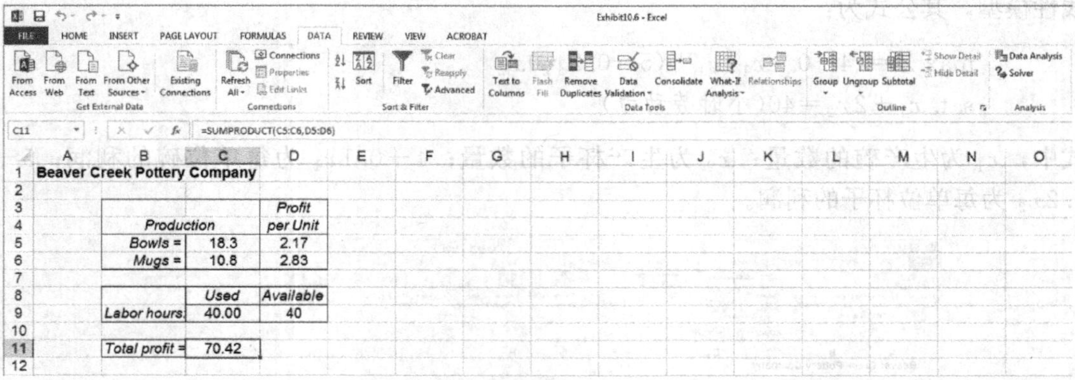

界面 10－6

Excel 也提供了拉格朗日乘子的值，这样就提供了劳动力资源的对偶值。为了导出拉格朗日乘子，点击求解窗口中的“求解”后将出现如界面 10－7 所示的“求解结果”（Solver Results）界面。在这个界面中的“报告”下面选择“灵敏度”，就会产生一个如界面 10－8 所示的灵敏度分析报告。注意：除了问题的解，也得到了劳动力约束条件的拉格朗日乘子。

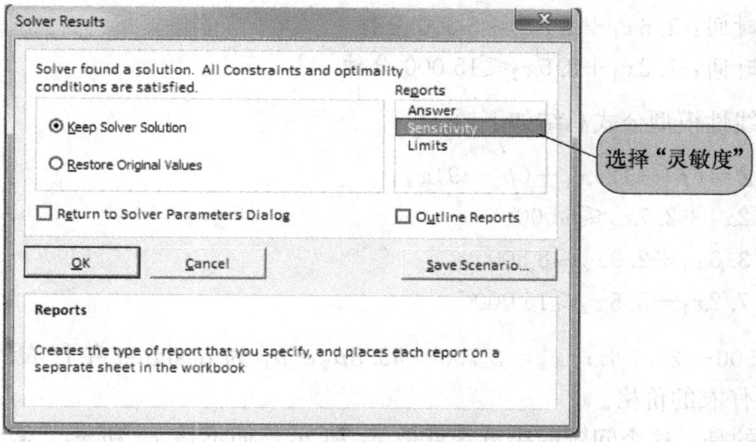

界面 10－7

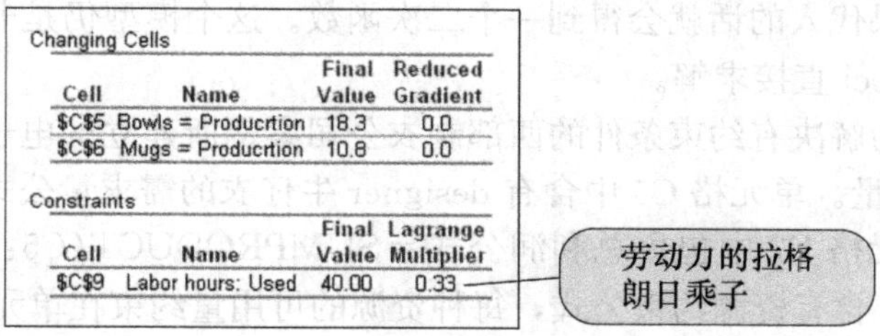

界面 10－8

拉格朗日乘子的值相当于线性规划中的对偶值。它反映了由约束等式（右端的）值的每单位变化带来的目标函数的近似变化。对于本例，如果劳动力时间从 40 增加到 41，Z 的值将增加 0.33 美元——从 70.42 美元增加到 70.75 美元。

有多个约束条件的非线性规划模型

既然我们已经展示了如何使用 Excel 来求解非线性问题，接下来看更复杂的问题，例如，有多个约束条件。考虑先前提到的西部制衣公司案例，稍有不同的是，现在公司制造两种牛仔衣：designer 和 straight-leg，产量受粗斜纹棉布布料、裁剪时间和缝制时间的约束。公司出售牛仔衣给几家迎合高层次消费者的服装连锁店，销售量依赖于公司卖出牛仔衣的价格。designer 和 straight-leg 的需求量用下面的关系式定义：

$$x_1=1\,500-24.6p_1$$
$$x_2=2\,700-63.8p_2$$

式中，p_1 为 designer 牛仔衣的价格；p_2 为 straight-leg 牛仔衣的价格。

生产 designer 牛仔衣的成本是每件 12 美元，生产 straight-leg 牛仔衣的成本是每件 9 美元，因此，利润目标函数是：

$$\max Z=(p_1-12)x_1+(p_2-9)x_2$$

牛仔衣的产量受以下资源的约束：可得到的布料、裁剪时间和缝制时间：

布料：$2x_1+2.7x_2\leqslant 6\,000$ 码

剪裁时间：$3.6x_1+2.9x_2\leqslant 8\ 500$ 分钟

缝制时间：$7.2x_1+8.5x_2\leqslant 15\ 000$ 分钟

完整的非线性模型公式总结如下：

$$\max Z=(p_1-12)x_1+(p_2-9)x_2$$

$$\text{s.t.}\begin{cases}2x_1+2.7x_2\leqslant 6\ 000\\3.6x_1+2.9x_2\leqslant 8\ 500\\7.2x_1+8.5x_2\leqslant 15\ 000\end{cases}$$

式中，$x_1=1\ 500-24.6p_1$；$x_2=2\ 700-63.8p_2$；p_1 为 designer 牛仔衣的价格；p_2 为 straight-leg 牛仔衣的价格。

需要注意的是，这个问题的决策变量是 p_1 和 p_2，而不是 x_1 和 x_2。需求变量，即 x_1 和 x_2，是价格的函数，因此是因变量。同时也应注意，我们不把 x_1 和 x_2 的函数关系代入目标函数中，如果代入的话就会得到一个二次函数。这个模型仍是非线性的，不过在这个例子中可以用 Excel 直接求解。

界面 10－9 是为解决有约束条件的西部制衣公司案例所建立的电子表格。单元格 D5：D6 包含价格决策变量。单元格 C5 中含有 designer 牛仔衣的需求量公式，显示在界面顶部的公式栏中。在单元格 E7 中包含总利润公式＝SUMPRODUCT(C5：C6，E5：E6)。单元格 C11，C12 和 C13 含有资源约束公式，每种资源的可用量约束在单元格 D11：D13 中。求解参数窗口和解分别如界面 10－10 和界面 10－11 所示。

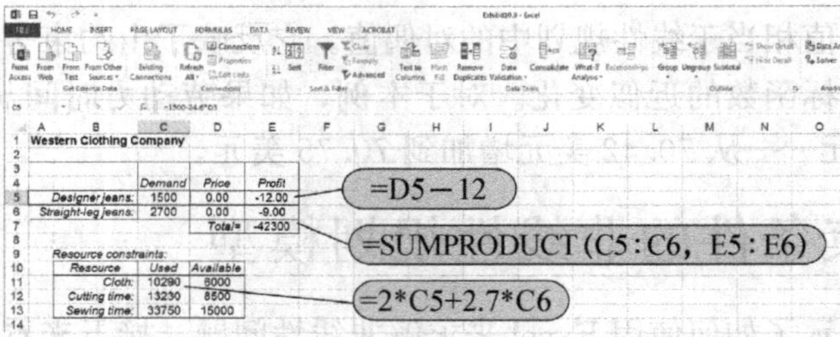

界面 10－9

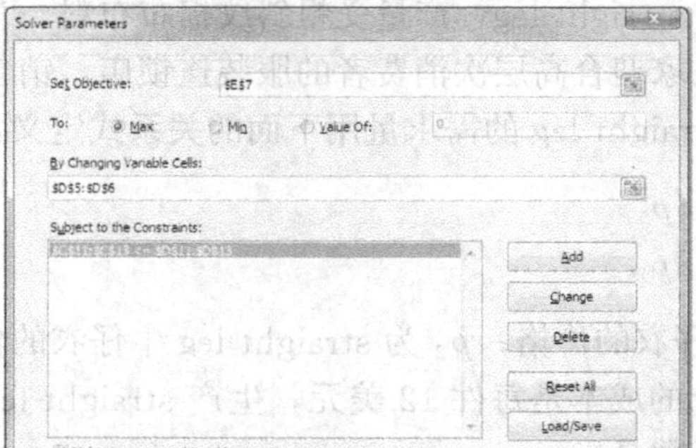

界面 10－10

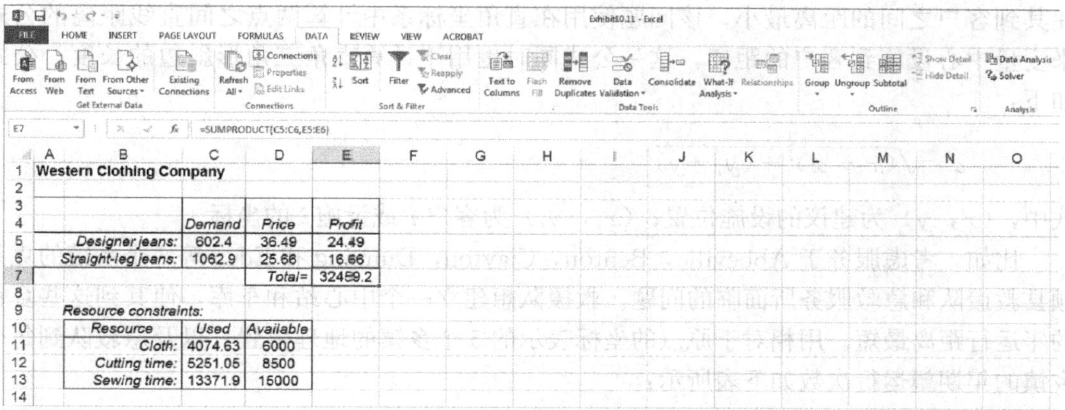

界面 10-11

管理科学应用

利用非线性规划在洛克希德·马丁公司做出太阳能决策

洛克希德·马丁公司是一家全球航空航天、国防、安全和先进技术公司，在全球拥有11.6万名员工，营业收入达470亿美元，设计了世界一流的集中式太阳能发电厂，可以轻松连接电网。建设这些工厂的两个最大的障碍是生产计划不确定和初始资本成本高。融资通常基于工厂偿还债务的能力，为分析一个项目的财务可行性，银行需要最少一年内的每小时的生产计划，以及最高和最低年度收入的估计。为了提供年度小时生产计划以帮助客户获得融资，洛克希德·马丁公司开发了一种使用非线性规划的建模方法。非线性模型的目标函数是使每年的总利润最大化，它是小时收入、生产成本和储存成本（储存供以后使用的能量）之和的函数。限制包括最大和最小生产要求；储存容量要求；平衡可用的热量、生产和储存；工厂预热要求和储存热量损失；决策变量是当前的发电量、蓄电量、需要的预热量和热损失量。总体而言，该模型在典型的1年规划期内具有78 840个决策变量和164 449个约束条件，该模型使用Excel实现。这一方法使洛克希德·马丁公司成功地与5家大型公用事业公司进行了项目谈判，预计总销售额超过50亿美元。

资料来源：A. Taber, A. Nikiforov, and A. Baveja, "Practice Summaries: An Optimization Mathematical Model for Concentrated Solar Power Financing Decisions at Lockheed Martin," *Interfaces* 42, no. 6 (November-December 2012): 591-94.

非线性规划的例子

在前面利润分析的例子中，模型遵循通常的数学（即线性的）规划表述方式，即有一个目标函数、决策变量和约束条件。但是，许多应用非线性函数解决的问题并不属于经典的数学规划模型框架。在这一部分，我们考虑其他几类包含常见的非线性函数的例子——设施定位模型和投资组合选择模型。

□ 设施定位

在设施定位问题中，目标通常是定位一个服务于周边客户或其他设施的中心设施，使其到客户之间的距离最小。该问题使用在直角坐标系中计算两点之间直线距离的公式来度量中心设施到客户的距离，这一公式同时也用于计算直角三角形斜边的长度，公式如下：

$$d=\sqrt{(x_i-x)^2+(y_i-y)^2}$$

式中，(x, y) 为建议的设施位置；(x_i, y_i) 为客户 i 或设施 i 的坐标。

比如，考虑服务于 Abbeville，Benton，Clayton，Dunning 和 Eden 等 5 个乡镇的克莱顿县救援队和急救服务所面临的问题。救援队想建立一个中心站和车库，使其到这些乡镇的年运行距离最短。用相对于原点的坐标表示的 5 个乡镇的地理位置，以及急救队到每个乡镇的年期望运行次数如下表所示：

乡镇	坐标		年运行次数
	x	y	
Abbeville	20	20	75
Benton	10	35	105
Clayton	25	9	135
Dunning	32	15	60
Eden	10	8	90

该问题的目标是按照下列函数为急救队确定一对能使其设施到各乡镇的总运行距离最小化的坐标 (x, y)：

$$\sum_i d_i t_i$$

式中，d_i 为到第 i 镇的距离；t_i 为到第 i 镇的年运行次数。

该问题的 Excel 求解如界面 10－12 所示。急救队设施的坐标 (x, y) 在单元格 C14：C15 中。急救队和每个镇的距离 (d_i) 计算公式在单元格 E6：E10 中。例如，急救队和 Abbeville 的距离 d_A 的计算公式＝SQRT((B6－C4)ˆ2＋(C6－C15)ˆ2)。总的年距离公式＝SUMPRODUCT(E6：E10，D6：D10) 在单元格 D18 中，该式也显示在电子表格顶部的公式栏中。在本问题的求解窗口中，D18 是最小化的目标单元格，而变化的单元格（即决策变量）是 C14：C15。没有约束。

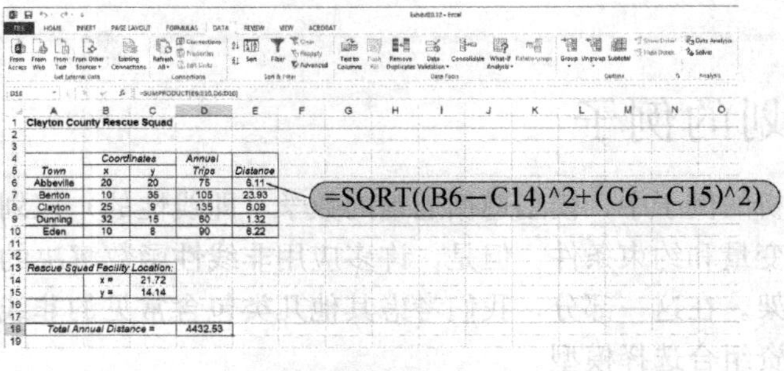

界面 10－12

急救队设施的位置如图 10－8 所示。

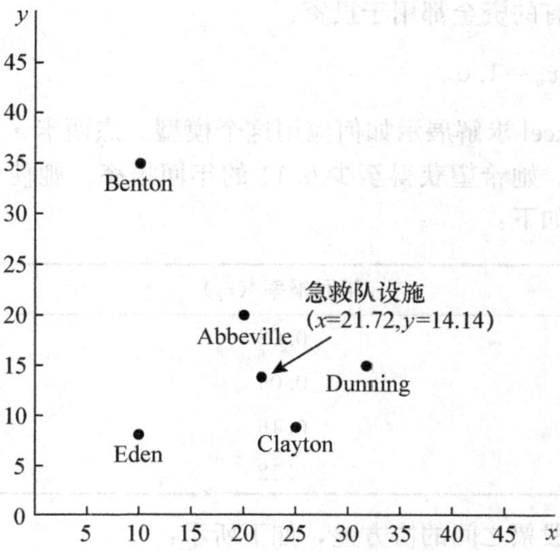

图 10-8　急救队设施的位置

□ 投资组合选择

由哈里·马克维茨（Harry Markowitz）在 1959 年开发的投资组合选择模型是一个经典的非线性规划的例子。该模型假设大多数投资者关心两个因素——投资回报和风险。这样，投资组合选择模型的目标是在保证投资组合获得一个最低的回报的前提下，使投资组合的风险最小化。投资价值的波动性反映风险的大小，在本模型中使用投资回报的方差来度量风险。

协方差，是一种度量相关性的统计指标，也用来反映风险的大小。一个投资组合中的各种投资的回报呈现出统计学的相关关系。在一段时间内，任何两只股票的回报可能呈现出正相关或负相关的关系；同时，同一类型的两只股票将会一起上涨或下跌。为了调整这种可能的相关性，投资者经常试图使他们的投资组合多样化。为了反映没有进行多样化投资所带来的风险，这种模型包括协方差。

模型的目标是使投资组合的风险最小化，这种风险是用投资组合的方差度量的。投资组合的年回报的方差 S 用下面的公式表示：

$$S = x_1^2 s_1^2 + x_2^2 s_2^2 + \cdots + x_n^2 s_n^2 + \sum_{i \neq j} x_i x_j r_{ij} s_i s_j$$

式中，x_i，x_j 分别为投资 i 和投资 j 的资金的比例；s_i^2 为投资 i 的方差；r_{ij} 为投资 i 和投资 j 的回报之间的协方差；s_i，s_j 为投资 i 和投资 j 的回报的标准差。

在前面计算投资组合年回报方差 S 的公式中，第一部分是方差的度量，第二部分是协方差的度量。在很多情况下，等式中的参数可能是估计值或样本值（样本方差、样本协方差等）。

通常的投资组合选择模型的公式如下。投资者希望达到一个最低的期望年投资收益，这样就构成一个如下的约束条件：

$$r_1 x_1 + r_2 x_2 + \cdots + r_n x_n \geqslant r_m$$

式中，r_i 为投资 i 的期望年收益；x_i 为投资 i 的资金的比例（或部分）；r_m 为投资组合的最低期望年回报。

第二个约束指定所有的资金都用于投资：

$$x_1+x_2+\cdots+x_n=1.0$$

接下来的例子和 Excel 求解展示如何应用这个模型。杰西卡·托德已经在投资组合中选定了 4 只想买的股票。她希望获得至少 0.11 的年回报率。她使用历史数据估计的 4 种投资的平均回报和方差如下：

股票（x_i）	年回报率（r_i）	方差（s_i）
1. Altacam	0.08	0.009
2. Bestco	0.09	0.015
3. Com. com	0.16	0.040
4. Delphi	0.12	0.023

她也估计出了各只股票之间的协方差，如下所示：

股票组合（i，j）	协方差（r_{ij}）
A，B（1，2）	0.4
A，C（1，3）	0.3
A，D（1，4）	0.6
B，C（2，3）	0.2
B，D（2，4）	0.7
C，D（3，4）	0.4

下面是本问题的非线性规划模型：

$$\begin{aligned}\min Z=S= & x_1^2(0.009)+x_2^2(0.015)+x_3^2(0.040)+x_4^2(0.230)\\ & +x_1x_2(0.4)(0.009)^{\frac{1}{2}}(0.015)^{\frac{1}{2}}+x_1x_3(0.3)(0.009)^{\frac{1}{2}}(0.040)^{\frac{1}{2}}\\ & +x_1x_4(0.6)(0.009)^{\frac{1}{2}}(0.023)^{\frac{1}{2}}+x_2x_3(0.2)(0.015)^{\frac{1}{2}}(0.040)^{\frac{1}{2}}\\ & +x_2x_4(0.7)(0.015)^{\frac{1}{2}}(0.023)^{\frac{1}{2}}+x_3x_4(0.4)(0.040)^{\frac{1}{2}}(0.023)^{\frac{1}{2}}\\ & +x_2x_1(0.4)(0.015)^{\frac{1}{2}}(0.009)^{\frac{1}{2}}+x_3x_1(0.3)(0.040)^{\frac{1}{2}}(0.009)^{\frac{1}{2}}\\ & +x_4x_1(0.6)(0.023)^{\frac{1}{2}}(0.009)^{\frac{1}{2}}+x_3x_2(0.2)(0.040)^{\frac{1}{2}}(0.015)^{\frac{1}{2}}\\ & +x_4x_2(0.7)(0.023)^{\frac{1}{2}}(0.015)^{\frac{1}{2}}+x_4x_3(0.4)(0.023)^{\frac{1}{2}}(0.040)^{\frac{1}{2}}\end{aligned}$$

$$\text{s. t.}\begin{cases}0.08x_1+0.09x_2+0.16x_3+0.12x_4\geqslant 0.11\\ x_1+x_2+x_3+x_4=1.00\\ x_i\geqslant 0\end{cases}$$

杰西卡·托德的投资组合的 Excel 电子表格如界面 10－13 所示。单元格 E6:E9 中是决策变量，表示投资组合中每只股票的比例（x_i）。总利润的计算公式＝SUMPRODUCT（B6:B9，E6:E9）在单元格 B19 中。目标是使总的投资组合方差最小化，该公式显示在电子表格顶部的公式栏中。这是个复杂的公式且不易键入。注意：它已经稍微地缩短了，缩短的方法是将等式中的最后一部分的协方差项加倍，以反映包含在 B14:E17 中的不同两两投资组合（即 2 倍化 AB，AC，AD，BC，BD 和 CD，这样就包含 BA，CA，DA，CB，DB 和 DC）。换句话说，将对角线右面的所有项加倍以包含对角线左边的相同的值。

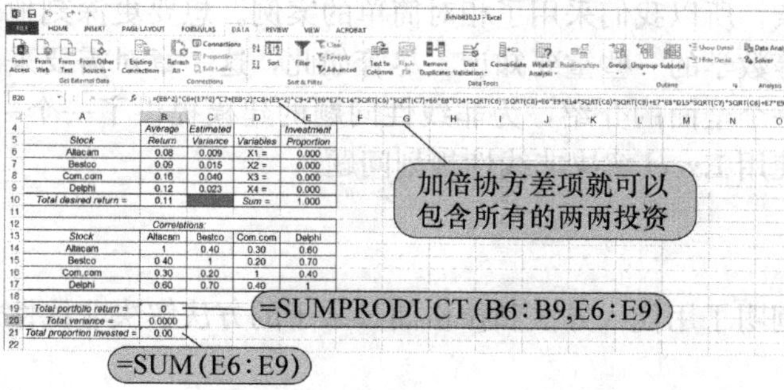

界面 10 - 13

求解参数窗口如界面 10 - 14 所示。注意：变量的非负约束包含在单元格 E6:E9。模型的解如界面 10 - 15 所示。它说明杰西卡·托德应该投资 Altacam（x_1）36.0%，投资 Bestco（x_2）27.2%，投资 Com. com（x_3）31.5%和 Delphi（x_4）5.3%。这样，可以得到她期望的最低投资组合年回报 0.11 且方差是 0.010 4。该方差意味着什么？方差 0.010 4 等价于均方差 0.102。如果回报是正态分布（很像），投资组合年回报有 0.95 的概率落在−0.089［0.11−(1.96)(0.102)］和 0.310［0.11+(1.96)(0.102)］之间。

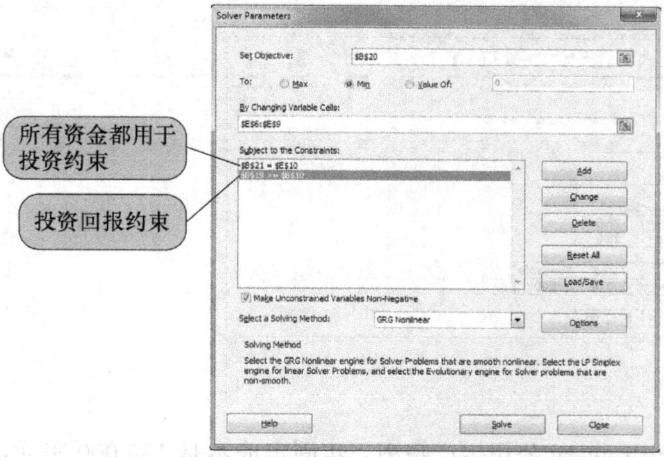

界面 10 - 14

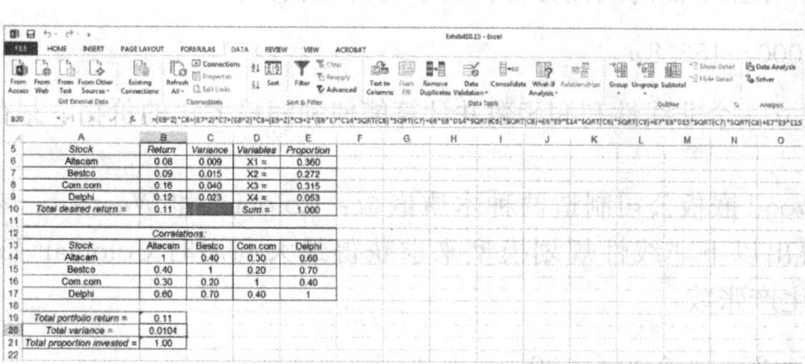

界面 10 - 15

小 结

在这一章中，我们大致介绍了非线性规划问题及其求解。由于对较大的问题来说，建模和求解都非常复杂，所以我们采用了相对简单的案例。想要更深刻地理解这一问题，需要掌握微积分和高等数学的一些重要知识。尽管如此，这一章对需要采用非线性规划方法解决的问题提供了一个全面的介绍，为非线性问题的建模提供了一个一般的框架。同时，本章也示范了如何使用 Excel 解决非线性规划问题。

解题实例

下面这个例子阐明了用代入方法和拉格朗日乘子的方法解决非线性规划问题。

问题描述

Hickory 家具公司制造椅子和桌子。在给定可用的桃木数量的约束条件下，公司开发出下面的非线性规划模型来确定每天应该生产椅子（x_1）和桌子（x_2）的最优量，以使利润最大化：

$$\max Z = 280x_1 - 6x_1^2 + 160x_2 - 3x_2^2$$

$$\text{s. t. } 20x_1 + 10x_2 = 800\text{bd. ft}$$

确定这个模型的 Excel 解决方案。

求解过程

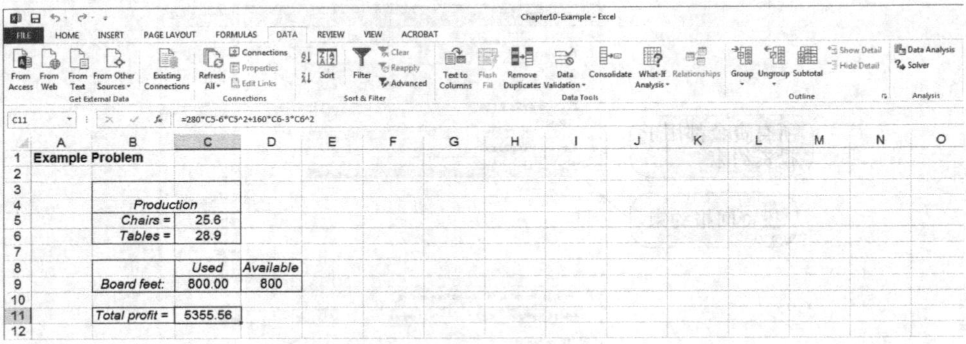

习 题

3. Rainwater Brewery 公司生产啤酒，年固定成本是 150 000 美元，每桶啤酒的可变成本是 16 美元。根据下面的线性方程，需求与价格相关：

$$v = 75\,000 - 153.8p$$

为该公司建立一个非线性利润函数并计算能使利润最大化的价格、最优的生产量和每年的最大利润。

12. Riverwood 嵌板公司制造两种木质嵌板：Colonial 和 Western。考虑到劳动力的约束，该公司得出以下非线性规划模型来求获得最大利润时 Colonial（x_1）和 Western（x_2）的最优的生产张数：

$$\max Z = 25x_1 - 0.8x_1^2 + 30x_2 - 1.2x_2^2$$

s. t. $x_1+2x_2=40$ 小时

计算该非线性规划模型的最优解。

13. 解释习题 12 中的拉格朗日乘子的含义。

16. Metro 市公安部门把城市分成 4 个区。该部门每天每次换班分配 20 辆可用的巡逻警车到每个区。在值班期间公安部门打算分配巡逻车到每个区，以追求最低的犯罪率，同时对报警电话的平均响应时间不超过 10 分钟。随着越多的巡逻车被分配到一个区域，这一区域的犯罪率和响应时间也随着减小，但是根据下列公式，减少的比率在下降：

$$y=a+(b/x)$$

日犯罪率（每 1 000 人的犯罪次数）和响应时间（分钟）的参数 a 和 b 如下表所示：

区	犯罪率		响应时间（分钟）	
	a	b	a	b
1	0.24	0.15	4	11
2	0.37	0.21	8	8
3	0.21	0.12	6	10
4	0.48	0.30	3	9

列出公式并求解本问题的非线性规划模型，以求出能使总犯罪率最小的分配到每个区域的巡逻警车的数量。

17. Burger Doodle 连锁餐馆从 4 个不同的食物供应商处购买原料。公司打算建造一个新的分销中心，在将原料运输到不同的餐馆之前来处理和包装每道菜使用的原料。供应商用 40 英尺的拖车运送食品原料。4 个供应商的坐标和运输到分销中心的年运输量如下：

供应商	坐标		年运输量
	x	y	
A	200	200	65
B	100	500	120
C	250	600	90
D	500	300	75

计算分销中心的坐标以使供应商的总运输距离最小化。

21. 马克·杜柯选定了 4 只股票作为其投资组合，他想要决定在每只股票上投入的资金占他的总资金的百分比。供选择的股票包括一个互联网公司、一个计算机软件公司、一个计算机制造公司和一个娱乐公司。他希望总的年回报率为 0.12。根据历史数据，他计算出每只股票的平均年回报率和方差如下：

股票	年回报率	方差
1. 互联网公司	0.18	0.112
2. 计算机软件公司	0.12	0.061
3. 计算机制造公司	0.10	0.045
4. 娱乐公司	0.15	0.088

他也估算出了股票之间的协方差，如下：

股票组合（i，j）	协方差
1，2	0.9
1，3	0.7
1，4	0.3
2，3	0.8
2，4	0.4
3，4	0.2

为了使他的总风险最小化，计算马克应该投入到每只股票的资金比例。

案例 10-1

州立大学的招生问题

过去 5 年内，州立大学提高了州内和州外学生的学费，目的是弥补州立法机关拨款不足所造成的预算缺口。该大学的管理机构一直认为收到的入学申请数与学费没有关系，但是，过去两年内申请和注册数的减少证明了这种想法是错误的。学校负责招生的人员发现被接受并且入学的申请数（x_1）和每学期的学费（t_1）之间存在以下关系：

$x_1=21\,000-12t_1$（州内）

$x_2=35\,000-6t_2$（州外）

州立大学想建立一个能表示州内学费、州外学费和期望入学的新生人数的计划模型。学校教室至多能够容纳 1 400 名新生，同时至少需要招收 700 名新生来达到所有的班级规模目标。学校根据历史数据了解到，所有州内的新生大约有 55%想住在学校宿舍，72%的州外新生想住在学校宿舍，而学校最多只有 800 个床位可供新生入住。

学校同时想确保入学标准能够维持其高学术水准。从历史数据得出，州内学生的 SAT 平均分数是 960 分，州外学生的 SAT 平均分数是 1 150 分。学校希望招收的新生的 SAT 平均分数至少是 1 000 分。

州立大学是一个州支持的机构，所以州政府也想确保学校不会因为州外的学生支付更高的学费且有较高的分数而仅仅招收的州外学生。因此政府制定了一项政策：招收的州外新生不能超过新生总数的 55%。

为州立大学建立一个非线性规划模型并求解，指出学校应该收取的学费、总的学费，在这样的收费下期望招收的州内和州外学生的数量。

案例 10-2

帮助美国国际汽车公司选择欧洲分销中心所在的位置

在美国、南美洲、加拿大、墨西哥、亚洲和欧洲，美国国际汽车公司（AIAI）为生产商和维修公司制造引擎、变速器和底盘零件。该公司通过集装箱运货船把零件运输到国外市场。在南美洲和亚洲，为了服务当地的客户，AIAI 建有大型的仓库和分销中心。在欧洲，它将货物运输到汉堡和格但斯克，在这些地方由与其签约的独立分销公司把零件运送给整个欧洲的客户。但是，AIAI 对近一段时间以来发生的交付延迟和粗糙处理产品的情况非常不满。由于欧洲市场不太大且欧洲的顾客对此并没有抱怨，加之其他地方还有一些更紧急的问题需要处理，AIAI 对此并没有特别关注。但是，在过去的几年里，欧洲贸易壁垒已经减少，东欧市场已经打开，尽管出现新的竞争对手，且客户更苛刻并对质量更关注，AIAI 的欧洲业务仍在不断扩展。因此 AIAI 启动了为欧洲的仓库和分销中心选择合适的地点的程序。尽管在欧洲它为许多较小的卡车和汽车维修服务公司提供零件，但它有 7 个主要的客户——位于维也纳、莱比锡、布达佩斯、布拉格、克拉科夫、慕尼黑和法兰克福的汽车和卡车制造商。它的客户采用的制造过程要求持续地更新零件和原材料。

AIAI 的欧洲总部在汉堡。分管建设和开发的副总裁位于俄亥俄州的代顿，他要求汉堡办公室做一个初步的位置调查，这一调查基于与客户的接近程度和运输距离。每个集装箱要转换为拖车装载。每年运送给每个客户的集装箱数目如下：维也纳 160 个，莱比锡 100 个，布达佩斯 180 个，布拉格 110 个，克拉科夫 90 个，慕尼黑 120 个，法兰克福 50 个。当代顿的分管建设的副总裁收到这一信息后，他取出欧洲地图开始寻求可能的位置。

帮助 AIAI 选择欧洲分销中心所在的位置，推荐一个能使每年的总运输距离最小化的城市。

第11章

决策分析

在前面有关线性规划的章节中，建立模型和求解模型都是为了帮助管理者做出决策。模型的解用决策变量的值表示。然而，线性规划模型是在假设一切都是确定的情况下建立的。换句话说，模型的系数、约束值和结果都假定为可以确切地知道且确定不变。

然而在现实中，很多决策发生在不确定的情况下。例如，下周的产品需求可能不是100单位，而是在50～200单位之间，具体数值取决于市场的状况，而市场的状况是不确定的。一些决策技术可以帮助决策者处理这类带有不确定性的决策情形。

决策情形可以分为两类：未来事件发生的概率可以确切地知道的情形和未来事件发生的概率无法确切地知道的情形。本章将分别讨论每一类决策情形，并且阐释与之相关的最常见的决策准则。有两个或多个决策者相互竞争的决策情形则是博弈论要讨论的主题。

决策的组成部分

一个决策情形包括以下几个组成部分——决策本身和将来可能实际发生的事件，后者称为自然状态。一项决策制定时，决策者不确定哪种自然状态将发生，而且不能控制它们。

假定一个分销公司正在考虑购买一台电脑以增加其处理的订单数量，这样可以增加公司的业务。如果经济状况保持良好，公司利润将有很大增长；如果经济状况低迷，公司将亏损。在这一决策情形下，可能的决策是购买电脑和不购买电脑。自然状态包括好的经济状况和差的经济状况。发生的自然状态将决定决策的结果——显而易见，决策者无法控制哪一种自然状态将会发生。

作为另一个例子，我们考虑一个特许经营商，他必须决定是否为11月足球赛中的特许加盟商储存咖啡。如果天气寒冷，大部分咖啡将售出；如果天气暖和，只有很少的咖啡能售出。决策是订购咖啡和不订购咖啡，自然状态是天气寒冷和天气暖和。

为方便分析这些类型的决策情形以制定最好的决策，我们将其列示在支付表中。通常，支付表是一类方法，它可以组织和说明在给定不同的自然状态下不同决策所产生的支付。支付表的结构如表 11－1 所示。

表 11－1　　　　支付表

决策	自然状态	
	a	b
1	支付 $1a$	支付 $1b$
2	支付 $2a$	支付 $2b$

在表 11－1 中，每一个决策（决策 1 或 2）针对将来发生的某种特定的自然状态将产生一个结果（或支付）。支付的典型表达是收益或成本（虽然它们可以用不同的数量单位表示）。例如，如果决策 1 是购买电脑，自然状态 a 是好的经济状况，支付 $1a$ 可以表达为 100 000 美元的利润。

通常可以给自然状态赋予概率，以帮助决策者选择能产生最好结果的决策。然而，在有些情况下，决策者无法确定自然状态的发生概率，而这是我们首先要讲述的决策类型。

没有概率的决策

接下来的例子将展示如何构造没有概率的支付表。一个投资者要购买三种不动产中的一种，如图 11－1 所示。该投资者必须在公寓楼、办公楼和仓库三者之间抉择。决定投资

图 11－1　固定资产投资的决策问题

者能够获得多少利润的将来的自然状态是好的经济状况和差的经济状况。在每一种自然状态下所做的每个决策带来的利润如表 11－2 所示。

表 11－2　不动产投资的支付表　单位：美元

决策（购买）	自然状态	
	好的经济状况	差的经济状况
公寓楼	50 000	30 000
办公楼	100 000	－40 000
仓库	30 000	10 000

□ 决策准则

一旦决策情形被组织成支付表，则一些准则可以帮助我们做出现实的决策。本部分将阐释的决策准则包括最大最大准则、最大最小准则、最小最大后悔准则、折中准则和等可能准则。有时这些准则会产生相同的决策，然而，通常它们会产生不同的决策。决策者必须选择最适合其需要的决策准则或决策准则的组合。

□ 最大最大准则

使用最大最大准则，决策者将选择能使最大支付最大化的决策。（实际上，这是该准则名字的由来——最大中的最大。）最大最大准则非常乐观。决策者假定不管做出哪种决策，最好的自然状态都会发生。比如，应用这个准则，投资者将乐观地假定未来的经济状况会很好。

最大最大准则的应用如表 11－3 所示。决策者首先为每个决策选择其最大的支付。我们可以注意到 3 个最大的支付均发生在好的经济状况下。在 3 个最大的支付即 50 000 美元、100 000 美元和 30 000 美元中，最大的是 100 000 美元，这样，相应的决策就是购买办公楼。

表 11－3　最大最大决策准则的支付表　单位：美元

决策（购买）	自然状态	
	好的经济状况	差的经济状况
公寓楼	50 000	30 000
办公楼	100 000	－40 000
仓库	30 000	10 000

最大支付（指向 100 000）

购买办公楼的决策会产生最大的支付（100 000 美元），这样的决策完全忽略了潜在损失 40 000 美元的可能性。应用最大最大准则的决策者假定，自然状态将有一个非常乐观的未来。

在讲述下一个决策准则之前，应该指出这里展示的最大最大准则针对的是利润。然而，如果支付表由成本构成，相对的选择表示为：最低成本的最小值，或最小最小原则。对于接下来我们面对的决策准则，本例的逻辑同样适用。

□ 最大最小准则

相对于最大最大准则的乐观性，最大最小准则是悲观的。采用最大最小准则，决策者能够得到最小支付中的最大值。对应每一个决策选项，决策者假定最小的支付会发生。然后，在这些最小的支付中选择一个最大的。最大最小原则的应用如表 11-4 所示。

表 11-4　　最大最小决策支付表　　单位：美元

决策（购买）	自然状态	
	好的经济状况	差的经济状况
公寓楼	50 000	30 000 ← 最大支付
办公楼	100 000	−40 000
仓库	30 000	10 000

该例中最小的支付分别是：30 000 美元、−40 000 美元和 10 000 美元。其中，30 000 美元最大，这样，采用最大最小准则所做出的决策是购买公寓楼。该决策相当保守，因为仅仅考虑决策得到的最坏的结果。采用最大最大原则的购买办公楼的决策包含一个较大的损失（−40 000 美元）。然而，购买公寓楼的最坏的支付是 30 000 美元。另一方面，购买公寓楼最大的收益远小于购买办公楼的最大收益（即 50 000 美元对 100 000 美元）。

如果表 11-4 中的数据是成本而非利润，这种保守的决策准则将选择每种决策的最大支付。这样，决策者会选择这些最大支付中的最小值做出决策。

□ 最小最大后悔准则

在我们的例子中，假定投资者决定购买仓库，却发现经济状况比预期的要好。自然而然，投资者将对于自己没有购买办公楼而感到失望，因为在好的经济状况下购买办公楼将产生最大的支付（100 000 美元）。实际上，投资者会后悔购买了仓库，后悔的程度是他的决策与最好的选择产生的支付之差 70 000 美元。

这个简单的例子阐释了隐含在最小最大后悔准则中的原理。应用这个决策准则，决策者试图通过选择能够使最大后悔值最小的决策来避免后悔。

要应用最小最大后悔准则，决策者首先选择在每一种自然状态下的最大支付。例如，在我们的例子中，在好的经济状况下最大的支付是 100 000 美元，在差的经济状况下最大的支付是 30 000 美元。然后，用这两个支付减去所有其他自然状态下的支付，如下所示：

好的经济状况	**差的经济状况**
100 000−50 000＝50 000(美元)	30 000−30 000＝0(美元)
100 000−100 000＝0(美元)	30 000−(−40 000)＝70 000(美元)
100 000−30 000＝70000(美元)	30 000−10 000＝20 000(美元)

这些数值表示如果决策者所做的决策产生的支付小于最大支付而感到后悔的程度。我们把这些值总结在一个修改过的支付表版本中，称为后悔表，如表 11-5 所示。（这样的表有时称为机会损失表，因为此时机会损失与后悔是同义的。）

表 11-5　　后悔表　　单位：美元

决策（购买）	自然状态	
	好的经济状况	差的经济状况
公寓楼	50 000	0
办公楼	0	70 000
仓库	70 000	20 000

按照最小最大后悔准则决策，我们必须确定每个决策的最大后悔值，然后选择这些后悔值中最小值对应的决策。这个过程如表 11－6 所示。

表 11－6　应用后悔表阐明最小最大后悔值准则　单位：美元

决策（购买）	自然状态	
	好的经济状况	差的经济状况
公寓楼	50 000	0
办公楼	0	70 000
仓库	70 000	20 000

最小后悔值

按照最小最大后悔准则，决策应该是公寓楼而不是办公楼和仓库。这个特别的决策基于这样的哲学：投资者通过购买公寓楼将承担最小的后悔值。换言之，如果投资者购买办公楼或仓库，将产生 70 000 美元的后悔值，然而，选择购买公寓楼最多产生 50 000 美元的后悔值。

□ 折中准则

折中准则在最大最大原则和最大最小准则之间折中。该准则隐含的原理是：决策者既不是完全的乐观（如最大最大准则假定），也不是完全的悲观（如最大最小准则假定）。应用折中准则，赋予决策支付一个乐观系数，乐观系数是对决策者乐观程度的度量。我们把乐观系数定义为大于 0 小于 1 的量 α（即 $0\leqslant\alpha\leqslant1.0$）。如果 $\alpha=1.0$，表示决策者是完全乐观的；如果 $\alpha=0$，那么决策者是完全悲观的。（给定这个定义，α 是乐观系数，$1-\alpha$ 则是悲观系数。）

折中准则要求针对每一个决策选择最大支付乘以 α，最小支付乘以 $1-\alpha$。例如在我们的投资例子中，如果 α 是 0.4（即投资者有点悲观），$1-\alpha=0.6$，将产生下面的结果：

决策	**数值**
公寓楼	50 000(0.4)＋30 000(0.6)＝38 000(美元)
办公楼	100 000(0.4)－40 000(0.6)＝16 000(美元)
仓库	300 00(0.4)＋10 000(0.6)＝18 000(美元)

折中准则选择对应于最大加权值的决策，本例中最大的加权值是 38 000 美元。这样，决策就是购买公寓楼。

应该指出，当 $\alpha=0$ 时，折中准则就是最大最小准则；当 $\alpha=1.0$ 时，就是最大最大准则。折中准则的一个缺陷是决策者必须确定 α。对决策者而言，确定他的乐观程度相当困难。不谈决策者如何确定 α，对决策者乐观程度的度量也是完全主观的。因此，折中准则是一个完全主观的决策准则。

□ 等可能准则

当最大最大原则应用到决策中时，决策者明确地假定每一个决策的最好状态会发生。当应用最大最小原则时，决策者假定最不喜爱的自然状态会发生。等可能准则或拉普拉斯准则相等地权衡每一种自然状态，这样就假定所有的自然状态等可能地发生。

因为例子中有两种自然状态，我们赋予每种状态 0.5 的权重。然后，针对每一个决策用权重乘以支付：

决策	**数值**
公寓楼	50 000(0.5)+30 000(0.5)=40 000(美元)
办公楼	100 000(0.5)−40 000(0.5)=30 000(美元)
仓库	30 000(0.5)+100 000(0.5)=20 000(美元)

应用等可能准则，我们选择加权值最大的决策。因为 40 000 美元是最大的加权值，投资者的决策是购买公寓楼。

应用等可能准则，我们假定有 50%的机会，或 0.5 的概率，每一种状态都会发生。应用同样的逻辑，多决策问题可以赋予自然状态不同的权重（即不相等的权重）。换言之，不同的自然状态被赋予不同的概率，这表明某种自然状态比另一种发生的可能性大。自然状态被赋予不同的概率是即将要讲述的基于期望值的决策准则的原理。

□ 决策准则结果的总结

到目前，应用决策准则做出的决策总结如下：

决策准则	**决策（购买）**
最大最大准则	办公楼
最大最小准则	公寓楼
最小最大后悔准则	公寓楼
折中准则	公寓楼
等可能准则	公寓楼

大多数决策准则指向购买公寓楼的决策。注意，没有任何一个决策准则表明选择购买仓库，因为购买公寓楼的支付在任何一种将来的自然状态下都优于购买仓库。这样，给定任何一种有两种选择的情形（和其他任何选择，比如购买办公楼），购买办公楼的决策将优于购买仓库的决策。实际上，在每一个决策准则下，购买仓库的决策都可以忽略。可以表达为：购买公寓楼的选择优于购买仓库的选择。通常，在应用不同的决策准则时，被占优的决策可以从支付表中移除而不予考虑。这或多或少地减少了决策的复杂性。然而，在这一章即应用决策准则的讨论中，我们为了叙述方便在决策表中保留被占优的选择。

应用多个决策准则常常产生几个不同的决策，其中没有任何一个决策比另一个被选择的次数多。使用的决策准则或决策准则的组合和决策结果取决于决策者的性格和哲学观点。例如，极端乐观的决策者可能避开先前决策中占多数的决策而选择购买办公楼，因为最大最大准则更准确地反映了他的个人决策哲学。

□ 应用 QM for Windows 解决无概率决策问题

QM for Windows 包含一个解决决策问题的模块。我们可以用 QM for Windows 表示如何使用最大最大准则、最大最小准则、最小最大后悔准则、等可能准则和折中准则解决不动产问题。很容易输入问题的数据。最大最大准则、最大最小准则、最小最大后悔准则的输入和解答输出展示在界面 11－1 中。等可能准则与乐观系数等于 0.5 的折中准则的决策结果一致。应用 α 等于 0.5 的等可能准则的解答结果在界面 11－2 中展示。应用最小最大后悔准则的决策在界面 11－3 中展示。

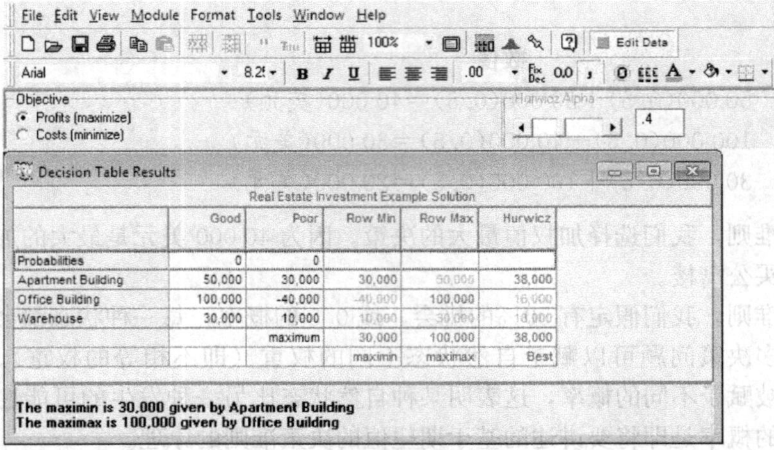

Real Estate Investment Example Solution

	Good	Poor	Row Min	Row Max	Hurwicz
Probabilities	0	0			
Apartment Building	50,000	30,000	30,000	50,000	38,000
Office Building	100,000	-40,000	-40,000	100,000	16,000
Warehouse	30,000	10,000	10,000	30,000	18,000
		maximum	30,000	100,000	38,000
			maximin	maximax	Best

界面 11－1

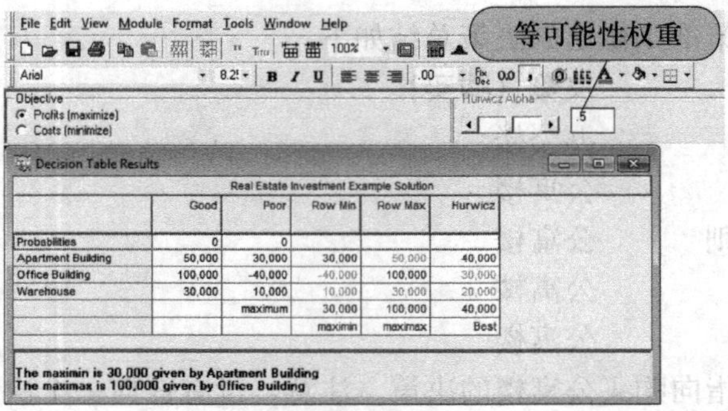

Real Estate Investment Example Solution

	Good	Poor	Row Min	Row Max	Hurwicz
Probabilities	0	0			
Apartment Building	50,000	30,000	30,000	50,000	40,000
Office Building	100,000	-40,000	-40,000	100,000	30,000
Warehouse	30,000	10,000	10,000	30,000	20,000
		maximum	30,000	100,000	40,000
			maximin	maximax	Best

界面 11－2

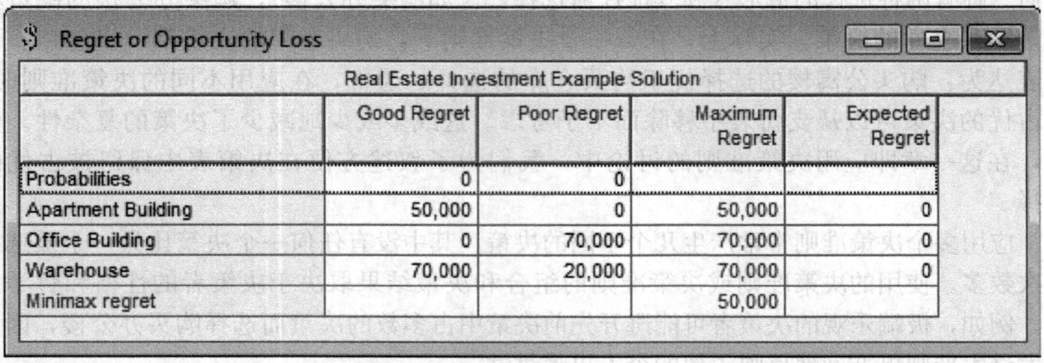

Real Estate Investment Example Solution

	Good Regret	Poor Regret	Maximum Regret	Expected Regret
Probabilities	0	0		
Apartment Building	50,000	0	50,000	0
Office Building	0	70,000	70,000	0
Warehouse	70,000	20,000	70,000	0
Minimax regret			50,000	

界面 11－3

□ 应用 Excel 解决无概率决策问题

Excel 可以应用本部分讲述的决策准则解决决策问题。界面 11－4 展示了应用最大最大原则、最大最小原则、最小最大后悔原则、折中原则和等可能原则解决不动产投资问题的例子。

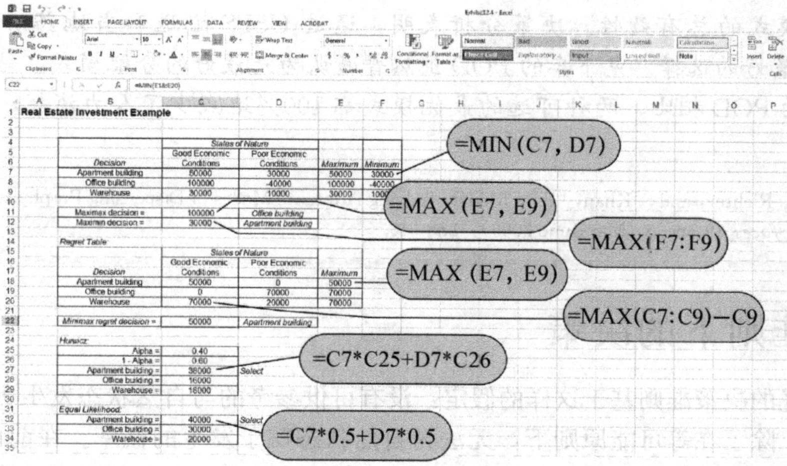

界面 11－4

在单元格 E7 中，公式＝MAX(C7，D7) 选出购买公寓楼决策的最大支付。接着，在单元格 C11 中由公式＝MAX(E7:E9) 得到最大支付。相似地，可以得到最大最小决策的结果。

在界面 11－4 中的支付表中，单元格 C18 的公式＝MAX(C7:C9)－C7 计算出在好的经济状况下购买公寓楼决策的后悔值，接着应用 E18 单元格的公式＝MAX(C18，D18) 得到购买公寓楼的最大后悔值。单元格 C22 中的公式＝MIN(E18:E20) 计算出最小最大的后悔值。

应用单元格 C27:C29 和 C32:C34 的公式可以分别得出折中原则和等可能原则的决策结果。

管理科学应用

洛杉矶恐怖袭击与流行病应对计划中的决策

美国疾病防御控制中心（CDC）要求美国所有的州立和地方卫生部门制定计划，以便在发生生物恐怖袭击以及自然疫情时向普通人群提供疫苗和抗生素（简称预防）。天花、流感一类疾病的爆发颇具传染性，同时炭疽等疾病的潜伏期很短，48 小时内就会致人死亡。因此，任何预防药物都需要在 48 小时内分发。然而像洛杉矶这样的地方，有 1 000 万合法居民，每天 100 万游客以及数千万非法居民，分配预防药物是一项复杂的工作。

CDC 要求使用药物配发中心（POD）作为分发预防药物的主要途径。POD 计划由 CDC 提供资金支持，并在很多地方进行过测试和验证。像洛杉矶这样大的地区需要 167 个地理位置分散的 POD 以及 48 000 个工作人员，这些工作人员要在同一站点集合、训练，并在几小时内分配到不同的 POD，期间安全要求也得到保证。

在这项管理科学应用中，研究者使用多准则决策分析来评估其他可替代的预防药物分配方式。之前已经在有限的基础和普通的流感季中测试过的预防药物分配方式包括：由美国邮政署（USPS）配送、通过当地药房分发以及免下车的 POD。测量每一种可替代的分配模式的值包括：配送速度、工作人员要求、安全要求的主观评估，这些值最终用来计算每个可替代模式的总有效性。决策分析表明，通过 USPS 配送和当地药房分发是替代 POD 的两个最好的选择。免下车的 POD 虽然普遍认为是最好的分配模式，结果却是最糟的。与传统的 POD 相比，两种可选的最优模式都 100%地减少了人力消耗，同时加快了分配速度。

资料来源：A. Richter, and S. Khan, "Pilot Model: Judging Alternate Modes of Dispensing Prophylaxis in Los Angeles County," *Interfaces* 39, no. 3 (May-June 2009): 238-40.

概率准则下的决策

刚才讲述的决策准则基于这样的假定：没有可供参考的与自然状态发生可能性相关的信息。这样，除了在等可能原则下，无法为自然状态赋予发生的概率。在前面的例子中，通过假定每种自然状态发生的可能性相等而赋予每种自然状态 0.5 的权重，我们隐含地给每种自然状态赋予 0.5 的发生概率。

决策者常常可能掌握关于将来的自然状态的足够信息，从而可以给它们赋予发生的概率。假定可以赋予那些概率，则一些决策准则可用来帮助决策者。我们将考虑两种这样的准则：期望值和期望机会损失（虽然还有其他一些可用的准则，包括最大可能准则）。

期望值

为了应用期望值概念作为一项决策准则，决策者必须预测每种自然状态发生的概率。一旦完成这些预测，就可以计算出每项决策选择的期望值。把每项决策的结果乘以它发生的概率，然后把这些乘积加在一起就得到了期望值。随机变量 x 的期望值用符号记为 $EV(x)$，$EV(x)$ 的计算公式如下：

$$EV(x)=\sum_{i=1}^{n} x_i P(x_i)$$

式中，n 为随机变量可能取值的个数。

以前面的不动产投资为例。基于几项经济预测，假定投资者能够预测好的经济状况发生的概率是 0.6，差的经济状况发生的概率是 0.4。这项新的信息展示在表 11-7 中。

表 11-7　　带有自然状态概率的支付表　　单位：美元

决策（购买）	自然状态	
	好的经济状况	差的经济状况
	0.60	0.40
公寓楼	50 000	30 000
办公楼	100 000	−40 000
仓库	30 000	10 000

每项决策的期望值（EV）计算如下：

EV(购买公寓楼)＝50 000(0.60)＋30 000(0.40)＝42 000(美元)

EV(购买办公楼)＝100 000(0.60)－40 000(0.40)＝44 000(美元)

EV(购买仓库)＝30 000(0.60)＋10 000(0.40)＝22 000(美元)

取得最大期望值的决策是最优决策。因为最大的期望值是 44 000 美元，所以最优决策是购买办公楼。这并不意味着，如果决策者购买办公楼就能得到 44 000 美元，更确切地说，是假定会得到支付值中的一个（100 000 美元或者−40 000 美元）。期望值意味着，如果这项决策的情形发生概率高将得到平均支付 44 000 美元。相对地，如果支付表示成本，对应于最低期望值的决策将是最优决策。

□ 期望机会损失

与期望值准则相近的决策准则是期望机会损失。应用该准则，我们把每个决策的后悔值（即机会损失）乘以概率，而不是像求期望值那样把决策结果乘以发生的概率。

在讨论最小最大后悔准则时，我们引入了后悔概念。在我们的例子中决策的后悔值表示在表 11 - 6 中。这些值重新表示在表 11 - 8 中，此外还有每种自然状态发生的概率。

表 11 - 8　　带有自然状态概率的后悔（机会损失）表　　单位：美元

决策（购买）	自然状态	
	好的经济状况	差的经济状况
	0.60	0.40
公寓楼	50 000	0
办公楼	0	70 000
仓库	70 000	20 000

每个决策的期望机会损失（*EOL*）计算如下：

$$EOL(\text{购买公寓楼}) = 50\,000(0.60) + 0(0.40) = 30\,000(\text{美元})$$

$$EOL(\text{购买办公楼}) = 0(0.60) + 70\,000(0.40) = 28\,000(\text{美元})$$

$$EOL(\text{购买仓库}) = 70\,000(0.60) + 20\,000(0.40) = 50\,000(\text{美元})$$

对于最小最大后悔准则，通过最小化后悔值，或者说最小化期望后悔值或期望机会损失（如该例子所示），得到最优的决策。因为 28 000 美元是最小期望后悔值，所以决策是购买办公楼。

需要注意的是，应用期望值和期望机会损失决策规则做出的决策是相同的——购买办公楼。这不是一个巧合，因为这两种方法总是得到相同的决策。因此，将这两种方法同时应用于一个决策情形是重复的，仅仅使用一种方法就足够了。

此外还要注意：根据期望值和期望机会损失准则得到的决策完全依赖于决策者预测的概率。如果使用不准确的概率，将得到错误的决策。因此，对于决策者来说，尽可能准确地确定每种自然状态发生的概率是非常重要的。

□ 应用 QM for Windows 解决期望值问题

QM for Windows 不仅可以解决无概率的决策问题，而且能够解决应用期望值准则的问题。不动产问题的输入和结果显示在界面 11 - 5 中。注意：期望值结果在第 3 列。

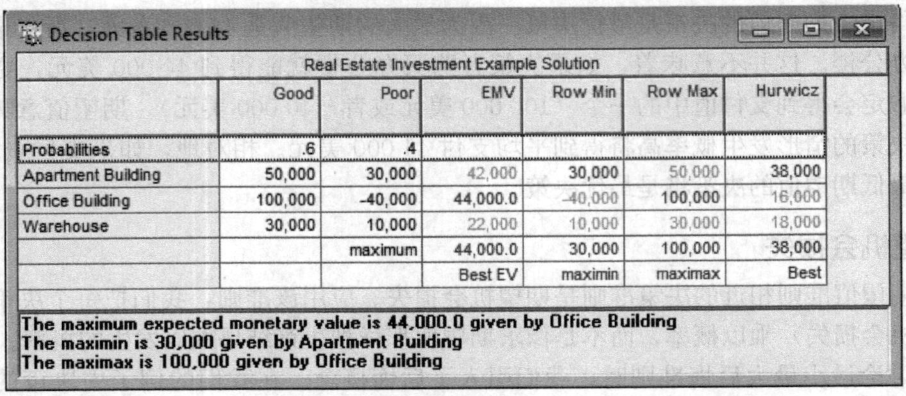

Decision Table Results

Real Estate Investment Example Solution

	Good	Poor	EMV	Row Min	Row Max	Hurwicz
Probabilities	.6	.4				
Apartment Building	50,000	30,000	42,000	30,000	50,000	38,000
Office Building	100,000	-40,000	44,000.0	-40,000	100,000	16,000
Warehouse	30,000	10,000	22,000	10,000	30,000	18,000
		maximum	44,000.0	30,000	100,000	38,000
			Best EV	maximin	maximax	Best

The maximum expected monetary value is 44,000.0 given by Office Building
The maximin is 30,000 given by Apartment Building
The maximax is 100,000 given by Office Building

界面 11-5

□ 应用 Excel 和 Excel QM 解决期望值问题

应用 Excel 电子表格也可以解决这类期望值问题。界面 11-6 以电子表格的形式显示了不动产投资的例子。单元格 E7，E8 和 E9 包含计算本例期望值的公式。第一个决策——购买公寓楼的期望值计算公式在单元格 E7 中，并显示在电子表格顶端的公式栏中。

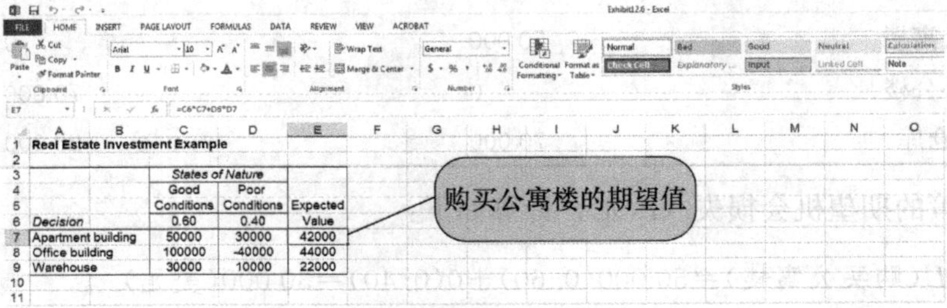

界面 11-6

Excel QM 是一组存储在与本书配套的网站中的电子表格宏，它包含一个解决决策分析问题的宏。一旦激活，就可以点击电子表格上端的工具条“Add-Ins”进入 Excel QM。点击“决策分析”（Decision Analysis），将出现一个电子表格初始化窗口。输入一些决策问题参数，包括决策和自然状态的数目，然后点击“确定”，将得到如界面 11-7 所示的电子表格。最初，电子表格在单元格 B8:C11 中含有示例数据。界面 11-7 显示了已经输入我们问题中数据的电子表格。输入数据，应用嵌在宏中的单元格公式可以自动计算出结果。

□ 完美信息的期望值

决策者常常可能通过购买与未来事件相关的额外信息做出更好的决策。例如，不动产投资者会雇用一位经济预测专家分析经济走势，以更精确地确定未来哪种经济状况会发生。然而，如果投资者（或任何决策者）支付的费用比他因为拥有这些信息而获得的额外利润多的话，这将是不明智的。换句话说，信息的价值有一个上限，该价值规定了决策者购买信息的花费的界限。信息的价值可以作为期望值计算得出，因此它被称作完美信息的期望值（EVPI）。

为了计算完美信息的期望值，我们首先看一下每种自然状态下的决策。如果能够获得

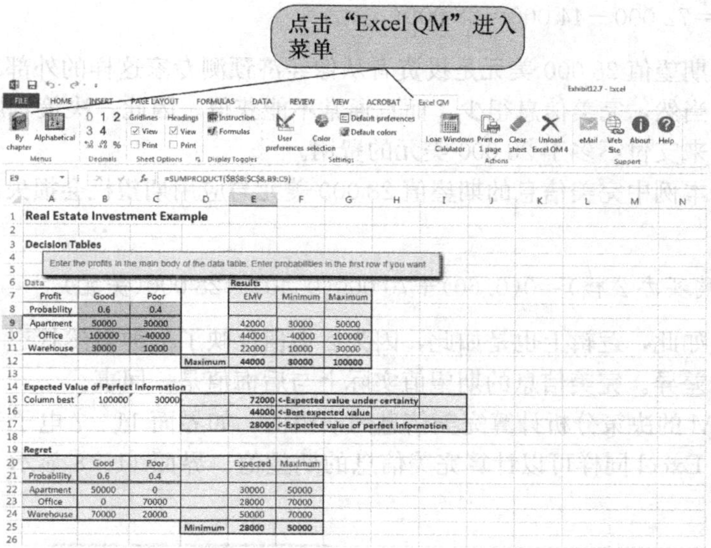

界面 11－7

可以确定哪种自然状态将发生的信息（即完美信息），我们就能够做出该种自然状态下的最佳决策。例如，在不动产投资例子中，如果确定经济状况好，我们会决定购买办公楼。相似地，如果确定经济状况差，我们将决定购买公寓楼。这些假定的“完美”决策总结在表 11－9 中。

表 11－9　　完美信息情况下决策的支付表　　单位：美元

决策（购买）	自然状态	
	好的经济状况	差的经济状况
	0.60	0.40
公寓楼	50 000	30 000
办公楼	100 000	－40 000
仓库	30 000	10 000

每种自然状态发生的概率（即 0.60 和 0.40）告诉我们，好的经济状况将在 60%的时间内发生，差的经济状况将在 40%的时间内发生（如果该决策情形重复很多次）。换言之，即使完美信息能够使决策者正确决策，每种自然状态也只是在某一段时间内发生。这样，使用完美信息得到的每一个决策结果必须用各自的概率加权：

$$100\,000(0.60)+30\,000(0.40)=72\,000(\text{美元})$$

72 000 美元是在给定完美信息的情况下决策的期望值，而不是完美信息的期望值。完美信息的期望值是为了比没有完美信息的情况下做出更好的决策而用于获取完美信息的最大支付。回忆一下：没有完美信息时的决策是购买办公楼，期望值计算如下：

$$EV(\text{购买办公楼})=100\,000(0.60)-40\,000(0.40)=44\,000(\text{美元})$$

用给定完美信息情况下决策的期望值（72 000 美元）减去没有完美信息情况下决策的期望值（44 000 美元），就得到了完美信息的期望值：

$EVPI=72\,000-44\,000=28\,000$(美元)

完美信息的期望值 28 000 美元是投资者从像经济预测专家这样的外部来源购买完美信息的最大花费。当然，完美信息很少，而且通常不能获得。因此，决策者愿意根据其认定的信息的精确度来支付不多于 28 000 美元的费用。

有趣的是，本例中完美信息的期望值 28 000 美元与应用期望机会损失准则决策的机会损失相等：

EOL(购买办公楼)$=0(0.60)+70\,000(0.40)=28\,000$(美元)

情况会一直如此，逻辑上也是如此，因为后悔值反映了一种自然状态下的最好决策和真实决策之间的差异。完美信息的期望值实际上与后悔值是一回事。

用 Excel QM 的决策分析计算完美信息的期望值，如界面 11－7 电子表格底部单元格 E17 所示。应用 Excel 同样可以计算完美信息的期望值。界面 11－8 显示了不动产投资例子的 $EVPI$。

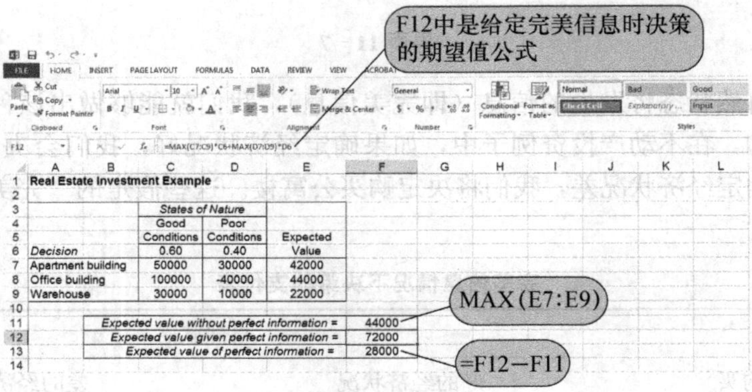

界面 11－8

□ 决策树

另一种分析决策情形的有用技术是决策树。决策树是由节点和分支组成的图形。在决策树中，使用者计算每个结果的期望值，而且基于这些期望值进行决策。决策树的一大好处是图解（或画出）决策过程。这使正确地计算必要的期望值和理解决策过程变得更加容易。

我们利用不动产投资的例子展示决策树分析的基本原理。该例中不同的决策、概率和结果都列在表 11－7 中，在此处重复列在表 11－10 中。本例的决策树如图 11－2 所示。

表 11－10　　不动产投资的支付表　　单位：美元

决策（购买）	自然状态	
	好的经济状况	差的经济状况
	0.60	0.40
公寓楼	50 000	30 000
办公楼	100 000	−40 000
仓库	30 000	10 000

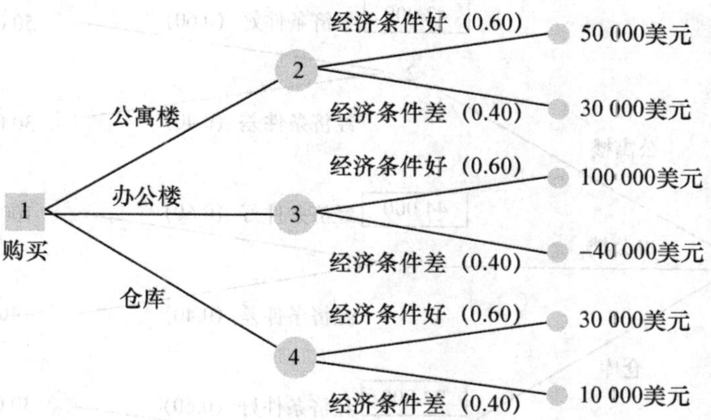

图 11 - 2　不动产投资的决策树

图 11 - 2 中圆（●）和正方形（■）称为节点。正方形是决策节点，从决策节点发出的分支代表在那一点的决策选择。例如，图 11 - 2 中，节点 1 表示购买公寓楼、办公楼或仓库的决策。圆是概率或时间节点，从它们发出的分支表示可能发生的自然状态：好的经济状况或差的经济状况。

决策树表示一个决策过程中各种事件发生的顺序。首先，在节点 1 的三种选择中选出一种。取决于选择的分支，决策者可能进入节点 2、节点 3 或节点 4，这些节点中的任何一种自然状态都有可能发生，从而产生六种可能的支付。

要应用决策树来做出最优的决策，需要计算每个概率节点的期望值。从最后的结果节点（支付）开始，通过决策节点逆向计算到节点 1。首先，计算每个概率节点的支付期望值：

$$EV(\text{节点 }2)=0.60(50\,000)+0.40(30\,000)=42\,000(\text{美元})$$
$$EV(\text{节点 }3)=0.60(100\,000)+0.40(-40\,000)=44\,000(\text{美元})$$
$$EV(\text{节点 }4)=0.60(30\,000)+0.40(10\,000)=22\,000(\text{美元})$$

如图 11 - 3 所示，这些数值是从节点 1 出发的三个分支的期望支付。在节点 2，3，4 的每一个期望值是节点 1 可能做出的决策的结果。向节点 1 移动，我们选择指向最高期望支付概率节点的分支。图 11 - 3 中，对应于最高支付 44 000 美元的是从节点 1 到节点 3 的分支。该分支表示购买办公楼的决策。期望支付为 44 000 美元的购买办公楼的决策与前面应用期望值准则得到的结果一致。实际上，当仅有一种决策（即不存在一系列决策）时，决策树总是得到与期望值准则一样的决策和期望支付。因此，在这些决策情形中，决策树不是特别有用。但是，当需要做出一系列决策时，决策树非常有用。

□ 应用 Excel QM 求解决策树

QM for Windows 和 Excel QM 都有可执行决策树分析的模块。然而，Excel QM 可以用来实际构建一个决策树，QM for Windows 则无法实现，它仅仅可以用来执行每一个决策点的计算。因此，我们将展示如何用 Excel QM 完成不动产投资实例中的决策树分析。

打开 Excel QM，依次点击“Add-Ins”以及“Taylor”，接着在下拉菜单中选择“决策分析”(Decision Analysis)，再点击“决策树”(Decision Trees)。将得到如界面 11 - 9

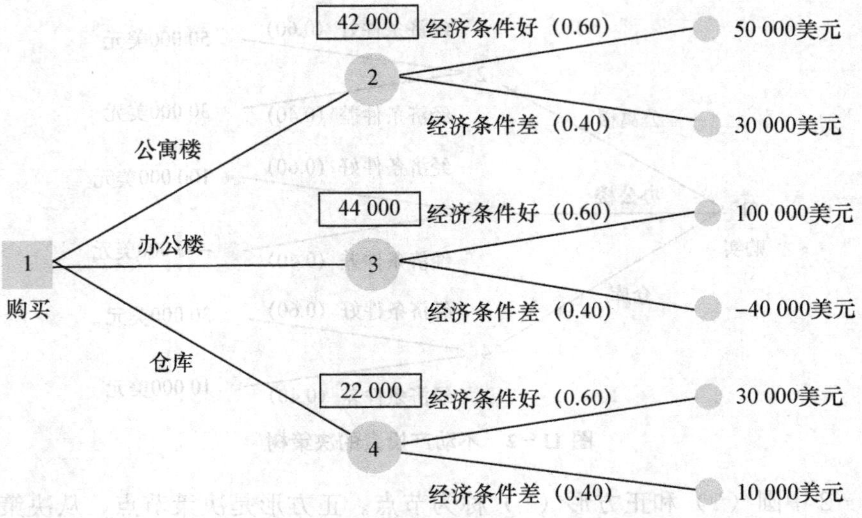

图 11－3　带有概率节点期望值的决策树

所示的决策树，此决策树只有一个节点，位于单元格 A10。同时，也会出现一个名为“决策树创建”（Decision Tree Creation）的窗口，这将是建立决策树的主要工具。“决策树创建”窗口默认“选择节点数”（Selected Node）为“1”，“添加分支数”（Number of branches to add）为“2”。所以要建立决策树，首先要将“添加分支数”增加为“3”，接着点击“从节点 1 添加 3 个分支”（Add 3 DECISIONS from node 1），将得到界面 11－9 中显示的节点 2，3，4 所连接的三个新的分支。

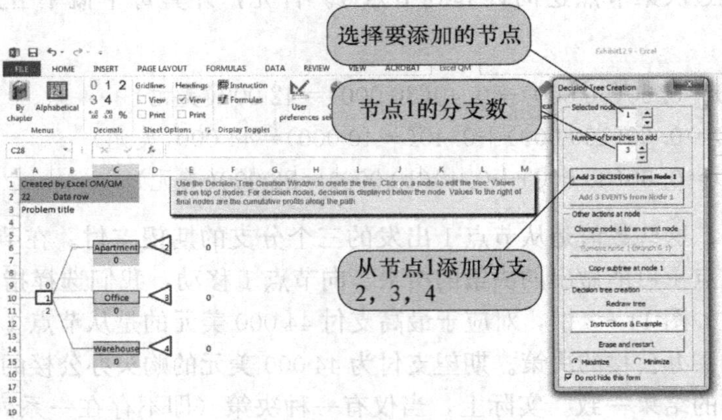

界面 11－9

接着使用“决策树创建”窗口在节点 2，3 和 4 添加两个新“事件”（Event）分支。得到的新窗口如界面 11－10 所示。需要注意的是，新的界面构建了 6 个新的分支。节点 5 旁边的单元格最初是空的，在单元格 F5 中输入“0.6”，同时在单元格 F7 中输入“50000”。当我们在单元格 F5 中输入“0.6”时，单元格 F9 中会自动出现“0.4”。对下面的四个新事件重复这一过程以重建图 11－3 中的决策树。注意最大期望值 44 000 美元出现在单元格 A15 中，刚好在节点 1 上方，而在节点 3 上方的单元格 D15 表明办公楼是最优选择。

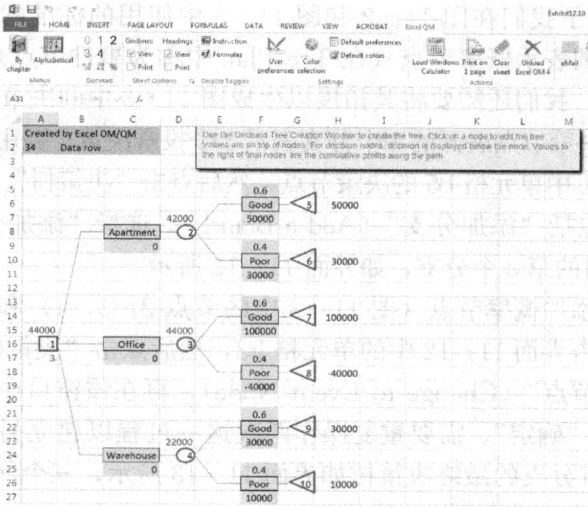

界面 11 - 10

□ 应用 Excel 和 TreePlan 求解决策树

TreePlan 是一个由迈克·米德尔顿（Michael Middleton）开发的以 Excel 电子表格形式构造和求解决策树的附加程序。虽然 Excel 能够画出和计算决策树，但这是一个困难而缓慢的过程。TreePlan 基本上是一个能大大简化在 Excel 中建立决策树的模板。

使用 TreePlan 的第一步是进入。进入 TreePlan 的最好方式是：把 TreePlan 的附加文件 TreePlan. xla 从本书的随书网站上拷贝到你的硬盘上，然后把它添加到电子表格顶端的 “Add-Ins” 菜单中。一旦把 TreePlan 添加到 “Add-Ins” 菜单中，就可以点击 “决策树” 菜单项调用它。

我们将展示如何用 TreePlan 求解如图 11 - 3 所示的不动产投资问题。应用 TreePlan 的第一步是生成一个开始工作的新的决策树。界面 11 - 11 显示了一个新的决策树，它的生成过程是：把光标定位于单元格 B1，激活 “Add-Ins” 菜单，点击 “决策树”（Decision Trees），产生一个菜单，在该菜单中点击 “新建决策树”（New Tree），最后产生如界面 11 - 11 所示的决策树。

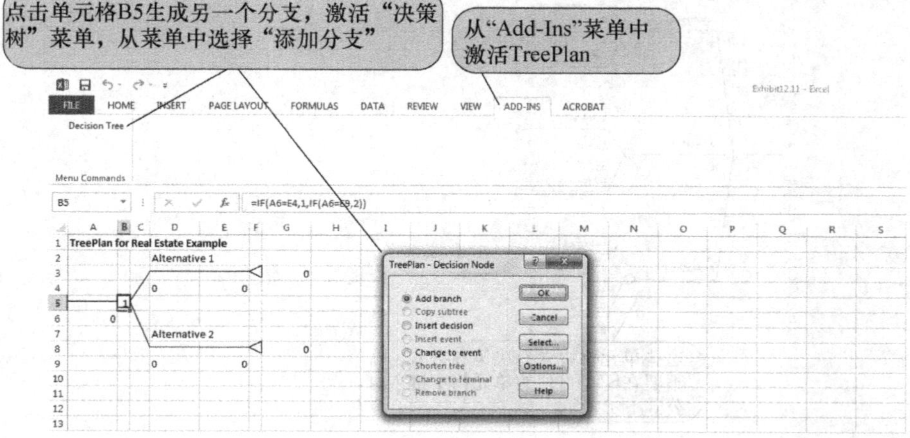

界面 11 - 11

界面 11－11 的决策树采用了我们在图 11－2 和图 11－3 中使用的标准的节点表示习惯——正方形表示决策节点，圆表示概率节点（在 TreePlan 中称为事件节点）。但是，这个决策树只是一个起点或模板。我们还需要将其拓展以生成图 11－3 中的决策树。

在图 11－3 中，从第一个决策节点展开的 3 个分支表示 3 个投资决策。要用 TreePlan 生成第 3 个分支，点击界面 11－11 中单元格 B5 的决策节点，然后点击“决策树”。将出现一个窗口，窗口中有一些菜单项，包括“添加分支”（Add a Branch）。选择“添加分支”，点击“确定”。这样，就会生成决策树的第 3 个分支，如界面 11－12 所示。

接下来需要扩展决策树：添加概率节点（图 11－3 中的节点 2，3，4）和从这些节点展开的分支。要添加节点，点击界面 11－12 中的单元格 F3，然后点击“决策树”。从出现的菜单窗口中选择“转至事件节点”（Change to Event Node），再在该窗口中选择“两个分支”（Tow Branches），点击“确定”。需要重复操作两次这一过程以建立另外两个终节点（在单元格 F8，F13 中）。有分支的最终决策树如界面 11－13 所示，三个新的概率节点在单元格 F5，F15 和 F25 中。

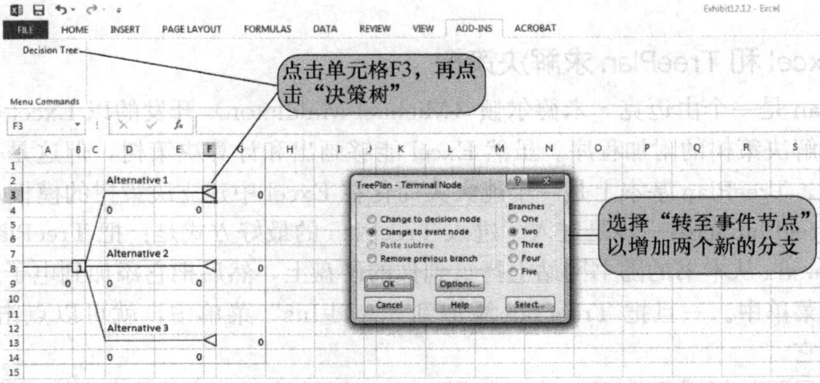

界面 11－12

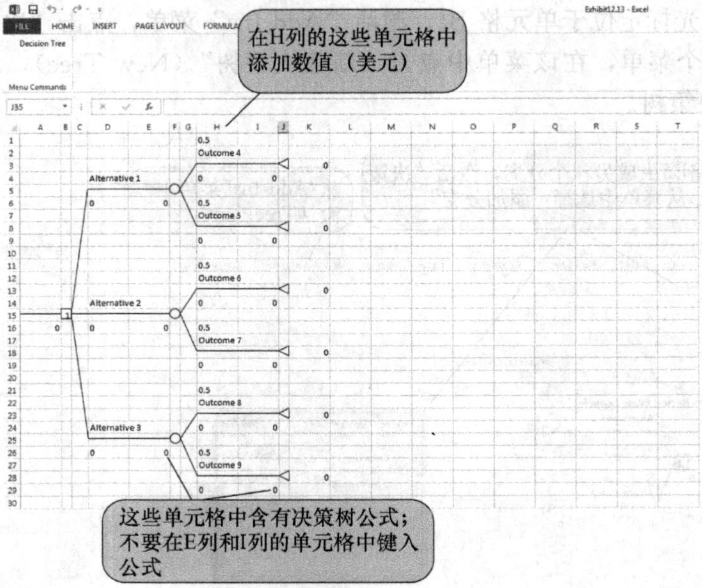

界面 11－13

下一步是编辑决策树的标签，添加例子中的数据。通用的描述性标签显示在界面 11 - 13 中的每一个分支上——例如，单元格 H2 中的“选择 1”（Alternative 1）和单元格 H12 中的“结果 4”（Outcome 4）。我们以同样的方式编辑电子表格的任何标签。例如，如果单击单元格 D4，在标有“决策 1”的地方输入“公寓楼”（Apartment Building），就可以反映图 11 - 3 中例子的该分支的决策。我们可以用同样的方式修改其他分支上的标签。界面 11 - 14 中展示的是例子中编辑标签后的决策树。

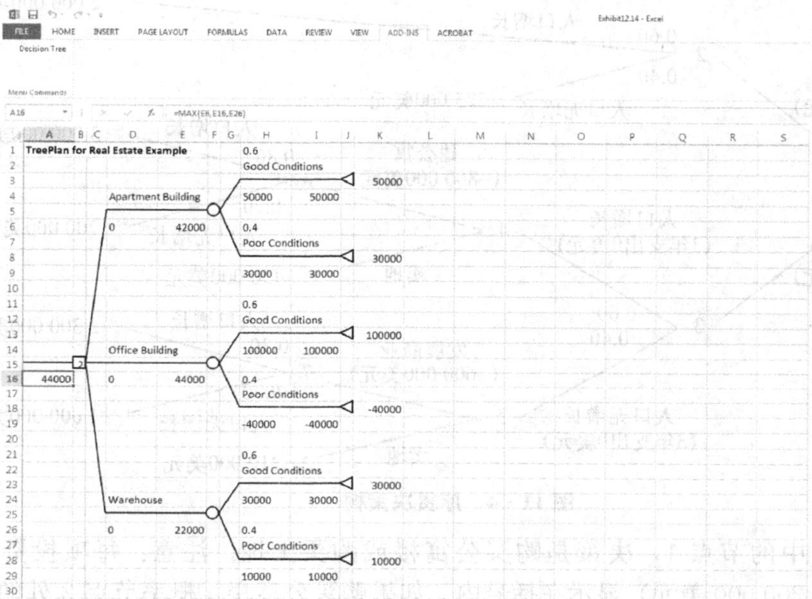

界面 11 - 14

回头看一下界面 11 - 13，注意每一分支下面的两个 0 值——例如，单元格 D6，E6，H9 和 I4。第一个 0 单元格是为那个分支输入的数值（即美元数量）。在例子中，将在单元格 H4 中输入 50000，在单元格 H9 中输入 30000，在单元格 H14 中输入 100000，等等。这些数值如界面 11 - 14 的决策树所示。类似地，我们在分支上面的单元格——H1，H6，H11 中输入分支的概率，等等。例如，在单元格 H1 中输入 0.60，在单元格 H6 中输入 0.40。这些概率如界面 11 - 14 所示。但是，需要特别注意：不要在第 2 个分支单元格——比如 E6，I4，I9，I9，E16 和 I14 中输入任何数值。这些单元格自动含有决策树公式，这些决策树公式计算每一个节点的期望值并且选出最好的决策分支，因此不要在这些单元格中输入任何东西。例如，在界面 11 - 12 中，单元格 E6 中的公式显示在屏幕上方的公式栏中。这是该概率节点的期望值。

本例决策树的期望值 44 000 美元显示在界面 11 - 14 的单元格 A16 中。

□ 序贯决策树

如前所述，当一种决策情形只要求做出单一的决策时，期望值支付表产生的结果与决策树产生的结果是一样的。但是，支付表通常局限于像不动产投资案例这样的单一决策情形。如果决策情形要求做出一系列决策，就不能生成支付表，这样决策树就成为决策分析最好的方法。

为了解释如何对序贯决策应用决策树，我们修改不动产投资的例子，使它包含一个 10

年的时间段，在这个时间段内，决策者需要做几个决策。在新的例子中，投资者的第一个决策是购买公寓楼还是购买土地。如果投资者购买公寓楼，将出现两种可能的自然状态：城镇人口增加（概率为 0.60）或者人口不增加（概率是 0.40）。每种自然状态都会产生一个支付。另一方面，如果投资者选择购买土地，未来的 3 年内必须做出与开发土地相关的另一个决策。本例的决策树如图 11－4 所示，该图包含所有相关数据，包括决策、自然状态、概率和支付。

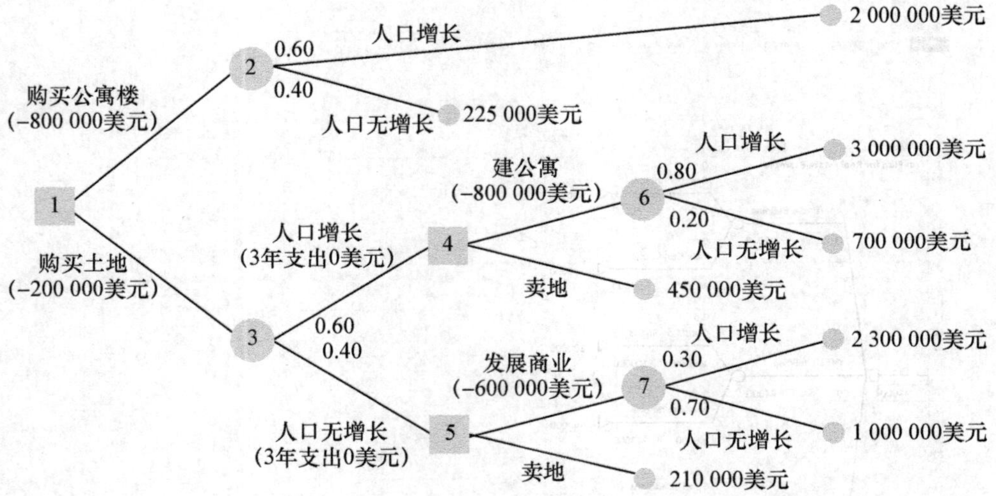

图 11－4　序贯决策树

在图 11－4 中的节点 1，决策是购买公寓楼或购买土地。注意：每项投资的成本（800 000 美元和 200 000 美元）显示在括号内。如果购买公寓楼，概率节点 2 处的两种可能状态是：城镇人口以 0.60 的概率增长，或者没有人口的增长（或人口下降），概率是 0.40。如果人口增长，投资者在 10 年中得到 2 000 000 美元的支付。（注意：整个决策情形跨度为 10 年。）但是，如果人口不增长，支付仅仅是 225 000 美元。

如果决策是购买土地，在概率节点 3 处有两种可能的自然状态。这两种自然状态及其概率与节点 2 处的相同，但是支付不同。如果人口在 3 年内增长，就不产生支付，但是在节点 4 投资者会就土地开发做另一个决策。在节点 4，或者决定以 800 000 美元的成本建公寓楼，或者以 450 000 美元出售土地。注意：只有人口首先增长了，才会在节点 4 进行决策。如果在节点 3 人口无增长，也没有支付产生，就有必要在节点 5 决策：或者以 600 000 美元的成本商业化开发土地，或者以 210 000 美元的价格出售土地。（注意：如果人口无增长，出售土地的利润比人口增长情况下小。）

如果在节点 4 建公寓，可能出现两种自然状态：人口以 0.80 的条件概率增长，或以 0.20 的条件概率不增长。人口增长的概率比以前高（不增长的概率比以前低），是因为从节点 3 到节点 4 的分支来看，前 3 年内人口已经增长。10 年末这两种自然状态的支付分别是 3 000 000 美元和 700 000 美元，如图 12－4 所示。

如果投资者在节点 5 决定采用商业化的方式开发土地，可能出现两种自然状态：人口可能以 0.30 的概率增长，最终可获得 2 300 000 美元的支付，或者以 0.70 的概率不增长，获得 1 000 000 美元的支付。人口增长的概率比较低（即 0.30），因为从节点 3 到节点 5 的分支来看，人口已经不增长。

应用前面（简单的）例子中描述的决策树可以分析涵盖一些序贯决策的决策问题。像以前一样，我们从决策树的终端开始逆向计算到节点 1。

首先，必须计算节点 6 和节点 7 的期望值：

EV(节点 6)＝0.80(3 000 000)＋0.20(700 000)＝2 540 000(美元)

EV(节点 7)＝0.30(2 300 000)＋0.70(1 000 000)＝1 390 000(美元)

这些期望值（和其他所有节点值）都显示在图 11－5 中的方框中。

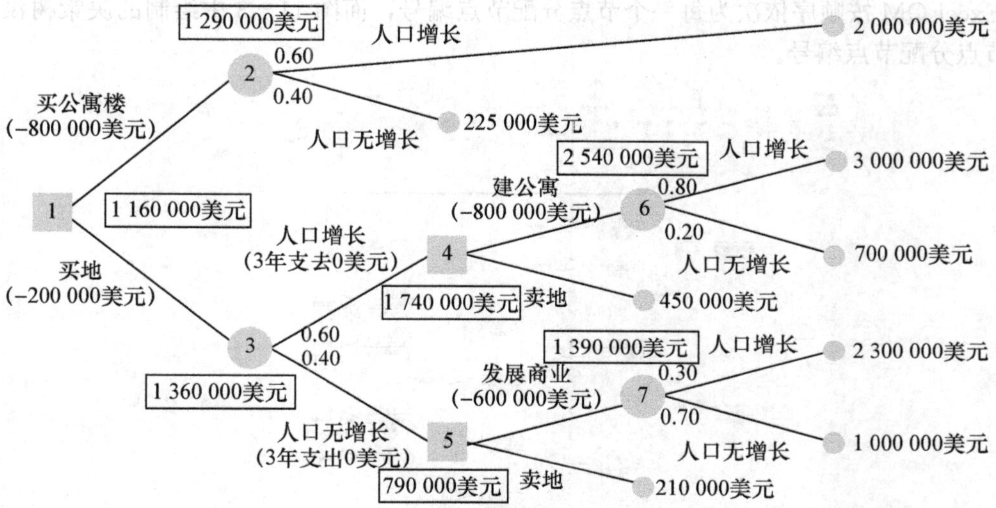

图 11－5　带有节点期望的序贯决策树

在节点 4 和节点 5，我们必须做决策。用通常的支付表，采用能得到最大期望值的决策。在节点 4 我们在两个值之间做决策：从期望值 2 540 000 美元减去建公寓楼的成本（800 000 美元）得到的 1 740 000 美元，或用概率 1.0 计算得到的出售土地的期望值 450 000 美元。决策是建公寓楼，在节点 4 的期望值是 1 740 000 美元。

在节点 5 重复该过程。在节点 5 的决策得到支付 790 000 美元（即 1 390 000－600 000＝790 000 美元）和支付 210 000 美元。因为 790 000 美元较大，所以决策是商业化开发土地。

接下来，我们必须计算节点 2 和节点 3 的期望值：

EV(节点 2)＝0.60(2 000 000)＋0.40(225 000)＝1 290 000(美元)

EV(节点 3)＝0.60(1 740 000)＋0.40(790 000)＝1 360 000(美元)

（注意：由节点 4 和节点 5 决定的值计算出节点 3 的期望值。）

现在必须在节点 1 做最后的决策。像以前那样，我们选择减去每种成本后期望值最大的决策：

购买公寓楼：1 290 000－800 000＝490 000(美元)

购买土地：1 360 000－200 000＝1 160 000(美元)

因为最大的净期望值是 1 160 000 美元，因此决策是购买土地，该决策的支付是 1 160 000 美元。

该例显示了决策树在决策分析中的用处。决策树能使决策者看见决策的逻辑，因为它描述了决策过程。决策树可用于比前面的例子更复杂的决策问题。

□ 用 Excel QM 进行序贯决策树分析

我们已经展示 Excel QM 可以用来构建决策树（见界面 11 - 9 和界面 11 - 10）。对前面描述的以及图 11 - 4 与图 11 - 5 中的序贯决策树实例，用 Excel QM 创建的决策树如界面 11 - 15 所示。需要注意的是，决策树的期望值（即投资决策）1 160 000 美元显示在单元格 A17 中。同时也能发现，界面 11 - 15 中的节点数与图 11 - 3 中也有所不同，其原因是 Excel QM 按顺序依次为每一个节点分配节点编号，而图 11 - 3 中绘制的决策树没有为终节点分配节点编号。

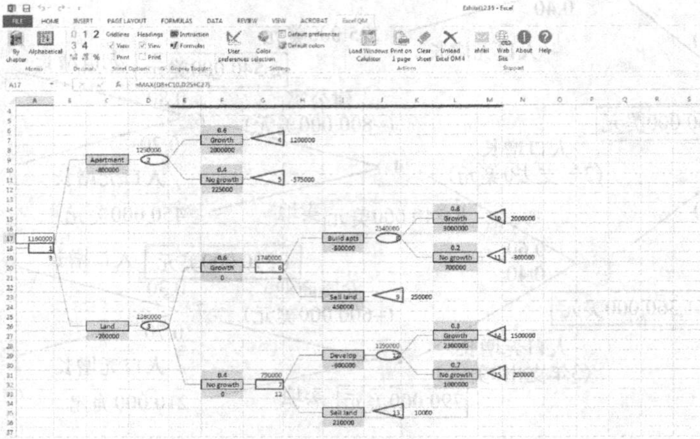

界面 11 - 15

□ 用 Excel 和 TreePlan 进行序贯决策树分析

我们在界面 11 - 16 中应用 TreePlan 生成并解决图 11 - 5 中的序贯决策问题。虽然这个决策树比界面 11 - 14 中的决策树大，但它是以同样的方式完成的。

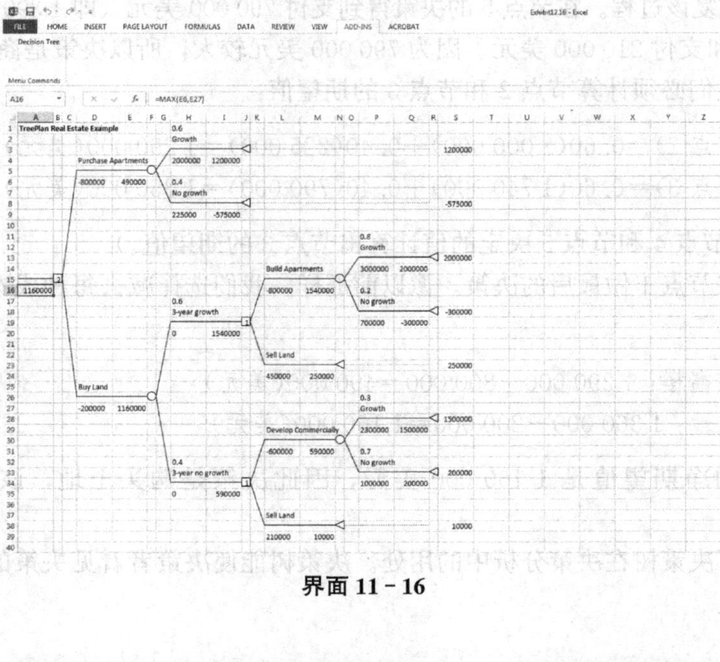

界面 11 - 16

有额外信息的决策分析

在本章的前面部分，我们讨论了完美信息的期望值的概念。我们注意到：如果可以得到与将要发生的自然状态相关的完美信息，决策者明显可以做出更好的决策。虽然完美信息几乎是不存在的，但获得一些能够改善决策的额外信息（非完美信息）在很多情况下却是可能的。

在本节，我们提出一个在决策中应用贝叶斯分析法来使用额外信息的过程。我们用贯穿本章的不动产投资的例子解释该过程。让我们简要回顾这个例子：一个不动产投资者考虑 3 种可选的投资方案，每种方案都面临两种可能的经济状况（自然状态），如表 11－11 所示。

表 11－11　　不动产投资的支付表　　单位：美元

决策（购买）	自然状态	
	好的经济状况	差的经济状况
	0.60	0.40
公寓楼	50 000	30 000
办公楼	100 000	－40 000
仓库	30 000	10 000

回想一下，应用期望值准则，我们得到最好的决策是购买办公楼，期望值是 44 000 美元。我们也可以计算出完美信息的价值是 28 000 美元。因此投资者愿意为有关自然状态的信息支付不超过 28 000 美元的费用，具体费用取决于该信息与完美信息的接近程度。

现在假定投资者已经决定雇用一位专业的经济分析师，他可以提供额外的与未来经济状况有关的信息。分析师不断地研究经济，投资者要购买的是其研究结果。

经济分析师为投资者提供了一份报告，该报告预测两种结果中的一种。它或者是肯定的：将来会出现好的经济状况；或者是否定的：差的经济状况可能发生。给定未来自然状态发生的概率，基于分析师对未来经济状况的预测，投资者决定不同报告结果的条件概率。我们用以下符号表示这些条件概率：

g＝好的经济状况
p＝差的经济状况
P＝肯定的经济报告
N＝否定的经济报告

给定每种自然状态的发生概率，每个报告结果的条件概率如下所示：

$$P(P|g)=0.80$$
$$P(N|g)=0.20$$
$$P(P|p)=0.10$$
$$P(N|p)=0.90$$

例如，如果未来的经济状况实际是好的（g），分析师提供肯定的报告（P）的概率是 $P(P|g)=0.80$。可以类似地解释其他三项条件概率。注意：这些条件概率表示分析师对未来的经济状况预测是相当准确的。

投资者现在有相当多可用的概率信息——不仅有报告的条件概率，还有每种自然状态发生的先验概率。这些关于未来经济状况发生的先验概率是：

$P(g)=0.60$

$P(p)=0.40$

给定条件概率，根据贝叶斯定理可以把先验概率修正为后验概率。如果我们知道肯定的报告的条件概率，且给定好的经济状况会发生，即 $P(P|g)$，应用贝叶斯定理可以得到好的经济状况发生的后验概率，即 $P(g/P)$，计算如下：

$$P(g|P)=\frac{P(P|g)P(g)}{P(P|g)P(g)+P(P|p)P(p)}$$

$$=\frac{(0.80)(0.60)}{(0.80)(0.60)+(0.10)(0.40)}=0.923$$

好的经济状况将发生的先验概率是 0.60。但是，获取肯定的报告这一额外信息后，投资者把好的经济状况要发生的先验概率修正为 0.923。其他后验（修正的）概率如下：

$P(g|N)=0.250$

$P(p|P)=0.077$

$P(p|N)=0.750$

□ 带有后验概率的决策树

图 11－2 和图 11－3 展示的是不动产投资例子的最初的决策树。应用这些决策树，合适的决策是购买办公楼，期望值是 44 000 美元。但是，如果投资者雇用一个经济分析师，只有分析师提出报告后，投资者才决定投资哪一项不动产。这样就产生另外一个决策阶段，如图 11－6 所示。

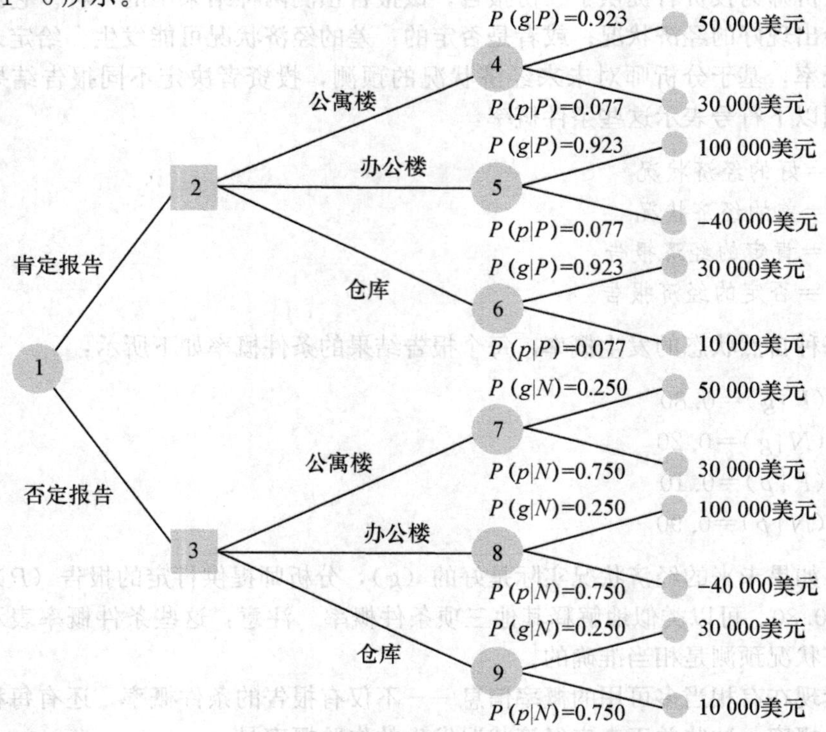

图 11－6 带有后验概率的决策树

这个决策树与图 11-2、图 11-3 中的决策树有两点区别。第一个区别是，该决策树的起始点有两个表示报告结果的新的分支。但是注意，在给定报告结果的前提下，决策选择、可能的自然状态和支付都与图 11-2、图 11-3 中的相同。

第二个区别是，每种自然状态的概率不再是图 11-2 中的先验概率，取而代之的是应用贝叶斯法则修正后的后验概率。如果经济分析师发布肯定的报告，就进入图 11-6 中上面的一个分支（从节点 1 到节点 2）。如果购买公寓楼（从节点 2 到节点 4），好的经济状况发生的概率是 0.923，而差的经济状况发生的概率是 0.077。这些概率是在给定肯定的报告后，经修正而形成的经济状况的后验概率。但是，在用决策树进行期望值分析之前，需要确定另外一些概率信息——肯定的报告和否定的报告最初的分支概率。

肯定的报告的概率 $P(P)$ 和否定的报告的概率 $P(N)$ 可用以下原理确定。相关的事件 A 和 B 同时发生的概率是：

$$P(AB)=P(A|B)P(B)$$

如果事件 A 是肯定的报告，事件 B 是好的经济状况，按照上面的公式，得

$$P(Pg)=P(P|g)P(g)$$

我们也可用同样的方法确定肯定的报告和差的经济状况同时发生的概率：

$$P(Pp)=P(P|p)P(p)$$

接着，我们考虑这两个概率 $P(Pg)$ 和 $P(Pp)$，它们也称为联合概率。它们分别是肯定的报告与好的经济状况同时发生的概率和肯定的报告与差的经济状况同时发生的概率。这两个事件集合是互斥的，因为在不久的将来好的经济状况和差的经济状况不会同时发生。经济状况可能是好的，或者是差的，但不会是既好又坏的。为了得到肯定的报告的概率，我们把以上两个互斥概率相加，如下所示：

$$P(P)=P(Pg)+P(Pp)$$

现在，如果把先前分析的与 $P(Pg)$ 和 $P(Pp)$ 相关的公式代入上面的公式，可以得到

$$P(P)= P(P|g)P(g)+ P(P|p)P(p)$$

你可能注意到该等式的右边是我们上节计算 $P(g\mid P)$ 的贝叶斯公式的分母。使用已经得出的条件概率和先验概率，可以得到肯定的报告的概率是：

$$P(P)= P(P|g)P(g)+ P(P|p)P(p)=(0.80)(0.60)+(0.10)(0.40)=0.52$$

类似地，否定的报告的概率是：

$$P(N)= P(N|g)P(g)+ P(N|p)P(p)=(0.20)(0.60)+(090)(0.40)=0.48$$

$P(P)$ 和 $P(N)$ 也称为边际概率。

现在，我们拥有进行决策树分析所需的全部信息。图 11-7 展示了本例的决策树分析。要了解如何开展决策树分析，首先考虑节点 4。给定两种自然状态，购买公寓楼的期

望值是 48 460 美元。该期望值计算如下：

$$EV(\text{购买公寓楼})=(50\,000)(0.923)+(30\,000)(0.077)=48\,460(\text{美元})$$

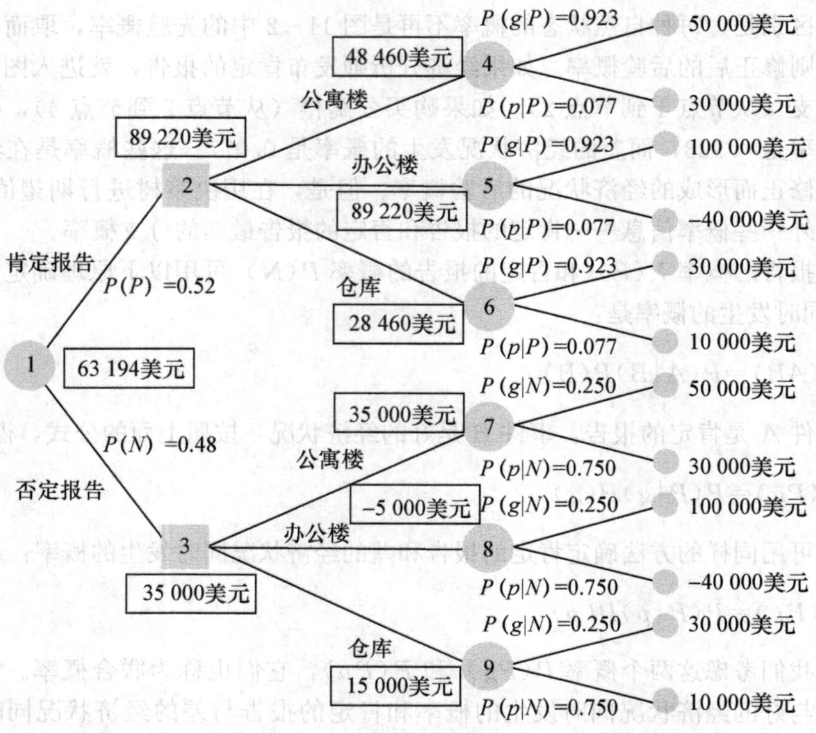

图 11－7　不动产投资的决策树分析

类似地，可以计算节点 5，6，7，8 的期望值。

投资者实际上会在节点 2 和节点 3 处做出决策。假定投资者在每一种情况下都会做出最好的决策。这样，节点 2 的决策是购买办公楼，期望值是 89 220 美元；节点 3 的决策是购买公寓楼，期望值是 35 000 美元。节点 2 和节点 3 的结果称为决策策略。在确定经济分析师的报告是肯定的或否定的前提下，它们构成了一个决策计划。

分析了经济状况，决策树分析的最后一步是计算决策策略的期望值。图 11－7 中节点 1 的期望值 63 194 美元计算如下：

$$EV(\text{决策策略})=(89\,220)(0.52)+(35\,000)(0.48)=63\,194(\text{美元})$$

一旦经济分析师得出未来经济情况的预测报告，投资者的决策策略的期望值就是 63 194 美元。

□ 用图表计算后验概率

带有额外信息的决策分析中一个可能出现的困难是：随着问题规模的扩大（即增加决策选择和自然状态），应用贝叶斯法则计算后验概率将变得复杂。在这样的情况下，可以应用图表计算后验概率。我们用不动产投资的例子解释图表法。表 11－12 是计算肯定的报告的后验概率和 $P(P)$ 的最初设置。

表 11－12　　计算后验概率

(1) 自然状态	(2) 先验概率	(3) 条件概率	(4) 先验概率×后验概率 (2)×(3)	(5) 后验概率 $(4)\div\sum(4)$
好的经济状况	$P(g)=0.60$	$P(P\mid g)=0.80$	$P(Pg)=0.48$	$P(g\mid P)=\frac{0.48}{0.52}=0.923$
差的经济状况	$P(p)=0.40$	$P(P\mid p)=0.10$	$P(Pp)=0.04$ $\sum=P(p)=0.52$	$P(p\mid P)=\frac{0.04}{0.52}=0.077$

给定否定的报告，每一种自然状态（好的或差的经济状况）下的后验概率的计算过程类似。

无论决策分析的规模多大，像在相对小的问题中一样，我们都可以执行图表法的所有步骤。这种方法比直接应用贝叶斯法则更系统，使较大问题的后验概率的计算更加容易。

□ 应用 Excel 计算后验概率

也可用 Excel 计算表 11－12 中的后验概率。界面 11－17 以电子表格的形式展示了表 11－12 的构成，也展示了用以计算 $P(N)$ 的表格。

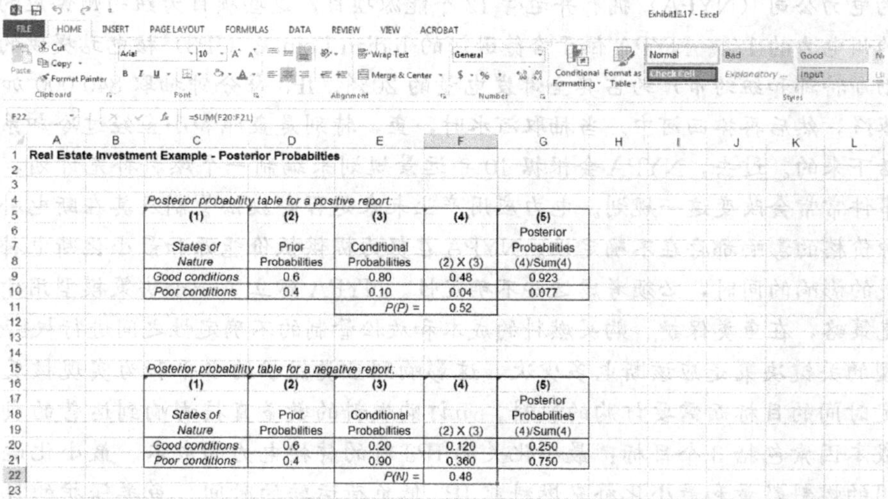
Real Estate Investment Example - Posterior Probabilities

Posterior probability table for a positive report:

(1) States of Nature	(2) Prior Probabilities	(3) Conditional Probabilities	(4) (2) X (3)	(5) Posterior Probabilities (4)/Sum(4)
Good conditions	0.6	0.80	0.48	0.923
Poor conditions	0.4	0.10	0.04	0.077
		P(P) =	0.52	

Posterior probability table for a negative report:

(1) States of Nature	(2) Prior Probabilities	(3) Conditional Probabilities	(4) (2) X (3)	(5) Posterior Probabilities (4)/Sum(4)
Good conditions	0.6	0.20	0.120	0.250
Poor conditions	0.4	0.90	0.360	0.750
		P(N) =	0.48	

界面 11－17

□ 样本信息的期望值

在没有任何额外信息时，我们计算出不动产投资例子的期望值是 44 000 美元。获取由经济分析师提供的额外信息后，应用图 11－7 的决策树计算的期望值是 63 194 美元。这两个期望值之间的差异称为样本信息的期望值（*EVSI*），计算如下：

$$EVSI=EV_{有信息}-EV_{无信息}$$

例如，该样本信息的期望值是：

$$EVSI=63\,194-44\,000=19\,194(美元)$$

这意味着，不动产投资者愿意支付经济分析师高达19 194美元，以得到未来经济状况的报告。

计算没有额外信息投资的期望值后，可以计算出完美信息的期望值28 000美元。然而，样本信息的期望值仅仅是19 194美元。这是合乎逻辑的，因为很难获得完美信息。由于获得的额外信息少于完美信息，因此对于决策者而言其价值较低。我们可以计算样本信息的完美程度，即样本信息效率，其计算方法如下：

$$样本信息效率=EVSI\div EVPI=19\,194/28\,000=0.69$$

这样，投资者认为分析师的经济报告与完美信息相比的有效程度是69%。通常，较高的比率表明信息质量较高或与完美信息接近，较低的比率表明额外信息不是非常好。例如，本例中0.68的效率相当高，这样，投资者就不大可能从其他途径寻求额外信息。（但是，这通常依赖于决策者有多少可用资金来购买信息。）如果效率低，投资者可能还要从其他途径获取额外信息。

管理科学应用

Indian Point 3核电站的燃料补充规划

纽约电力公司（NYPA）拥有并运营12个能源项目，这些项目为纽约州供应的电力约占整个纽约州电力的1/4。NYPA位于哈德逊河的Indian Point 3（IP3）核电站提供的电力（供应给威彻斯特郡和纽约市）约占其全部发电量的20%。IP3每分钟抽取840 000加仑河水用于冷却蒸汽，然后再排回河中。当抽取河水时，鱼，特别是鱼卵和小鱼经过冷却系统是不能完全存活下来的。过去，NYPA会根据10年远景规划来编制一个燃料补充计划，虽然不能预知的事件常常会改变这一规划。电力应用产业未来是否会放松管制及其在断电补充燃料期间对能源价格的影响都存在不确定性。NYPA在努力提供低价能源和最小化断电补充燃料期间对环境的影响的同时，必须考虑这些不确定性。NYPA建立了一个决策模型用于比较几个燃料补充策略，在鱼类保护、购买燃料的成本和放松管制的不确定性之间进行权衡。

模型的关键决策是应该断电多少次，这影响到鱼类保护的水平和为实现核反应堆堆芯运转特定时间的目标而需要订购的燃料，而订购燃料的数量直接影响到运营的成本。需要考虑的成本因素包括3个目标：最小化关闭IP3时的替换电力的成本、最小化运营周期末尚未使用的燃料数量和最小化补充燃料前IP3低负荷运转的时间。鱼类保护的目标是最小化10年内5种鱼由于IP3取水造成的平均死亡率。模型的3个主要的不确定性是燃料的价格，IP3补充燃料需要多长时间及其运营状况如何，以及纽约市什么时候放松对电力供应产业的管制。决策分析模型在考虑鱼类最脆弱的不同时间段的基础上制定了5种策略。模型显示，没有任何策略能在最小化鱼类死亡率的同时最小化补充燃料的成本。选中的决策是把补充燃料限制到5月的第3周，这样可以实现可接受的鱼类保护水平，相比以前的规划方案可以节省1 000万美元。NYPA应用决策分析模型制定了1999—2008年这10年期间的燃料补充规划。

资料来源：D. J. Dunning，S. Lockfort，Q. E. Ross，P. C. Beccue，and J. S. Stonebraker，"New York Authority Uses Decision Analysis to Schedule Refueling of Its Indian Point 3 Nuclear Power Plant，" *Interfaces* 31，no. 5（September-October 2001）：121-135.

效　用

本章目前所介绍的决策准则都是基于货币价值的。换言之，决策是基于可选方案的潜在的货币支付。但是，在一些决策情形中，人们不是基于期望的金钱得失来决策的。

例如，考虑某人要买汽车保险。决策是购买和不购买保险，自然状态是发生事故和不发生事故。表 11－13 展示了该决策情形的支付表和自然状态的发生概率。

表 11－13　　购买汽车保险的支付表　　单位：美元

决策	自然状态	
	不发生事故	发生事故
	0.992	0.008
购买保险	500	500
不购买保险	0	10 000

表 11－13 中的美元数是与每个结果相关的成本。无论是否发生事故，保险费是 500 美元。如果既没有购买保险又没有发生事故，就没有任何成本。但是，如果发生事故，个人要支付 10 000 美元。

每项决策的期望成本是：

$$EC(\text{购买保险})=(0.990)(500)+(0.008)(500)=500(\text{美元})$$
$$EC(\text{不购买保险})=(0.990)(0)+(0.008)(10\,000)=80(\text{美元})$$

因为 80 美元是较低的期望成本，所以决策应该是不买保险。但是，人们几乎都买保险（即使法律上不要求如此）。对所有的保险而言，包括事故、人寿或火灾保险，都是如此。

为什么人们在这种情况下避开较好的期望结果呢？答案是，人们希望避免破坏性的或痛苦的事情。面临一个相当小的成本和一场灾难，人们通常愿意花较小的成本来规避灾难。有这种特点的人被称为风险厌恶者，因为他们倾向于规避有风险的情形。

还存在这样一类人：到赛马场去赌马的人；到大西洋城玩轮盘赌的人；在商品市场投机冒险的人。这些人尽管知道如果持有手中的钱可以获得最大的期望价值，仍然愿意去冒险。他们宁愿去冒险以获得一个较大的收益，也不愿意通过一种无风险的方式（持有他们的钱）来获得一个较大的期望值。这样的人被称为风险承担者。

对于风险厌恶者和风险承担者（还有对风险无所谓的人）来说，决策准则已经不再是以货币度量的期望收益，而是其他类型的准则。这种准则就是效用。效用是对因为金钱而感受到的满意度的度量。在前面的风险厌恶者和风险承担者的例子中，他们决策的效用超过以金钱度量的期望值。比如，购买保险对一般的决策者而言，效用比不购买保险的大。

作为另一个例子，我们考虑两个人——支付给他们每人 100 000 美元去完成特别困难的任务。其中一个人年收入 10 000 美元，另一个人是千万富翁。这样的假定是合理的：年收入 10 000 美元的人会欣然接受这个机会以获得 100 000 美元收益，而千万富翁会拒绝。显然，100 000 美元对一个人的效用（即价值）大于对另一个人的效用。

通常，增加相同数量的金钱对每个人的内在价值是不同的。更多的金钱对于拥有大量财富的人来说，其价值通常不像这些金钱对财富较少的人的价值大。换言之，虽然金钱数额一样，但是用效用衡量的价值不同。这样，在这种情况下效用是对财富的增长所带来的快乐或满意程度的度量。

在一些决策情形中，决策者试图给效用赋予主观的价值。这种价值常常用单位效能度量。例如，支付给二者的 100 000 美元对低收入者效用值是 100 效能，对千万富翁是 0 效能。

在汽车保险的例子中，购买保险的期望效用是 1 000 效能，不购买保险的期望效用是 1 效能。这些效用值与表 11－13 的期望货币价值完全相反，这解释了人们购买保险的原因。

可以想象，要度量决策结果所带来的效用和效能是非常困难的。这是一个非常主观的过程，在这一过程中必须确定决策者的偏好。虽然效用的概念更加符合现实，常常能比以金钱度量的期望价值更准确地刻画真实的决策准则，但是应用起来非常困难。正因为如此，它的应用受到限制。

小　结

本章的目的是阐释存在不确定性时决策的概念和基本原理。在该背景下，介绍了几种决策准则。利用不能赋予结果发生概率的例子介绍了最大最大准则、最大最小准则、最小最大后悔准则、等可能准则和折中准则。在可以赋予自然状态发生概率的例子中，讨论了期望值准则和决策树。

本章通过相当简单的例子来学习所有的决策准则，真实的决策情形往往更复杂。然而，本章所介绍的决策过程是大多数决策者在决策时采用的逻辑方法。

解题实例

下面的例子将说明一个决策分析问题的求解过程。

问题描述

企业家本·帕克特正在为他的一家位于卡罗来纳州的主要工厂的未来谋划发展道路。他考虑 3 个可选决策：(1) 扩大工厂规模，生产可以销售给军队的轻质耐用材料，在这个市场中很少有国外竞争者；(2) 保持工厂现状，继续生产国外竞争激烈的纺织品；(3) 卖掉工厂。如果选择前两个决策，在年底仍然要卖掉工厂。在一年内卖掉工厂的获利依赖于国外市场状况，包括国会的贸易禁运法案的情形。下面的支付表描述了这个决策情形：

决策	自然状态	
	好的国外竞争状况	差的国外竞争状况
扩大规模	800 000 美元	500 000 美元
保持现状	1 300 000 美元	－150 000 美元
现在卖掉	320 000 美元	320 000 美元

A. 应用下列决策准则做出最优决策：

1. 最大最大准则
2. 最大最小准则

3. 最小最大后悔准则
4. 折中准则（$\alpha=0.3$）
5. 等可能准则

B. 假定现在可预测好的国外竞争状况发生的概率是 0.70，差的状况的发生概率是 0.30。应用期望值准则和期望机会损失准则做出最优决策。

C. 计算完美信息的期望价值。

D. 设计一个在概率节点有期望值的决策树。

E. 本·帕克特已雇用一家咨询公司来提供未来政治和市场状况的报告。报告可能是肯定的（P）或否定的（N），表明未来好的（g）或差的（b）国外竞争状况。给定每种自然状态，每种报告结果的条件概率是：

$$P(P|g)=0.70$$
$$P(N|g)=0.30$$
$$P(P|p)=0.20$$
$$P(N|p)=0.80$$

应用贝叶斯法则确定后验概率。

F. 应用 E 中得到的后验概率进行决策树分析。

求解过程

步骤 1（A 部分）：在没有概率的情况下做出决策

最大最大准则：

扩大规模	800 000 美元
保持现状	1 300 000 美元←最大值
现在卖掉	320 000 美元

决策：保持现状

最大最小准则

扩大规模	500 000 美元←最大值
保持现状	−150 000 美元
现在卖掉	320 000 美元

决策：扩大规模

最小最大后悔准则

扩大规模	500 000 美元←最小值
保持现状	650 000 美元
现在卖掉	980 000 美元

决策：扩大规模

折中准则（$\alpha=0.3$）

扩大规模	800 000(0.3)＋500 000(0.7)＝590 000(美元)
保持现状	1 300 000(0.3)－150 000(0.7)＝285 000(美元)
现在卖掉	320 000(0.3)＋320 000(0.7)＝320 000(美元)

决策：扩大规模

等可能准则

扩大规模　800 000(0.50)＋500 000(0.50)＝650 000(美元)

保持现状　1 300 000(0.50)－150 000(0.50)＝575 000(美元)

现在卖掉　320 000(0.50)＋320 000(0.50)＝320 000(美元)

决策：扩大规模

步骤 2（B 部分）：应用 EV 和 EOL 进行决策

期望值准则：

扩大规模　800 000(0.70)＋500 000(0.30)＝710 000(美元)

保持现状　1 300 000(0.70)－150 000(0.30)＝865 000(美元)

现在卖掉　320 000(0.70)＋320 000(0.30)＝320 000(美元)

决策：保持现状

期望机会损失准则：

扩大规模　500 000(0.70)＋0(0.30)＝350 000(美元)

保持现状　0(0.70)＋650 000(0.30)＝195 000(美元)

现在卖掉　980 000(0.70)＋180 000(0.30)＝740 000(美元)

决策：保持现状

步骤 3（C 部分）：计算 $EVPI$

给定完美信息的期望值＝1 300 000(0.70)＋500 000(0.30)＝1 060 000(美元)

没有完美信息的期望值＝1 300 000(0.70)－150 000(0.30)＝865 000(美元)

$EVPI$＝1 060 000－865 000＝195 000(美元)

步骤 4（D 部分）：构建决策树

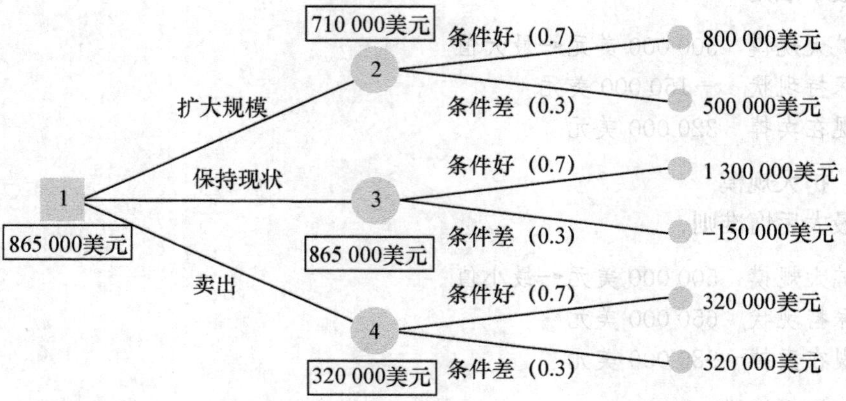

步骤 5（E 部分）：计算后验概率

$$P(g|P)=\frac{P(P|g)P(g)}{P(P|g)P(g)+P(P|p)P(p)}=\frac{0.70(0.70)}{0.70(0.70)+0.20(0.30)}=0.891$$

$P(p|P)=0.109$

$$P(g|N)=\frac{P(N|g)P(g)}{P(N|g)P(g)+P(N|p)P(p)}=\frac{0.30(0.70)}{0.30(0.70)+0.80(0.30)}=0.467$$

$$P(p|N)=0.533$$

步骤 6（F 部分）：利用后验概率进行决策树分析

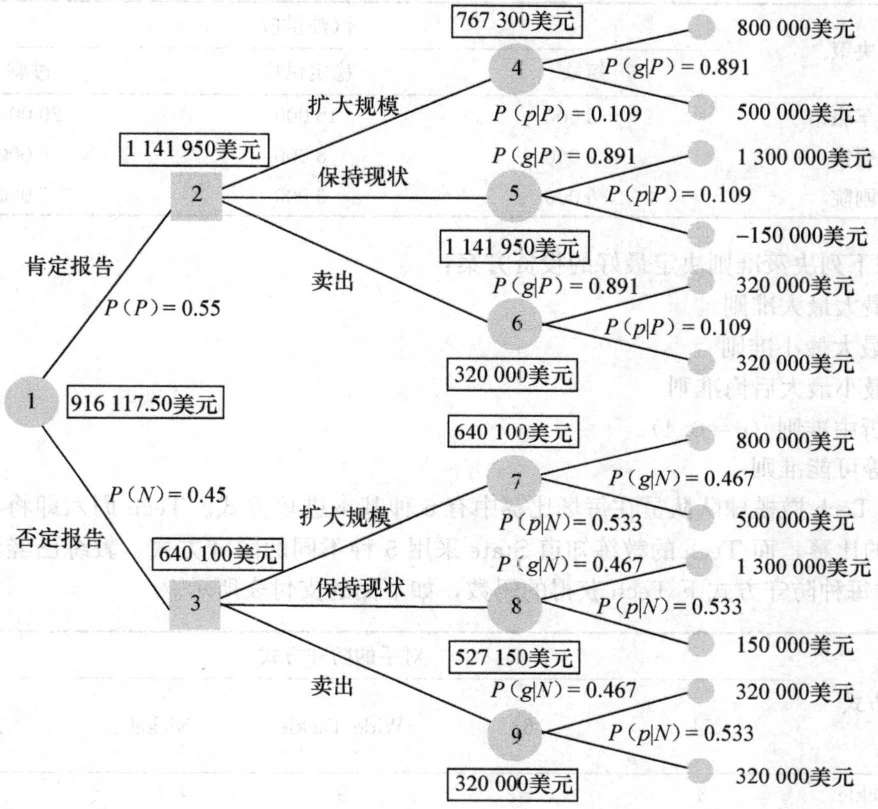

习　题

6. 一家公司必须决定下一年生产 3 种产品中的哪一种以便做计划和订购原料。制造每种产品的单位成本决定于新的工会劳动合同是否通过。下面的支付表展示了给定合同的每种结果后每种产品的单位成本。

单位：美元

产品	劳动合同	
	通过	没通过
1	7.50	6.00
2	4.00	7.00
3	6.50	3.00

应用下列决策准则做出应该生产哪种产品的决策：

a. 最小最小准则

b. 最小最大准则

8. 奥兰多的一个不动产投资者正考虑 3 种投资方案：汽车旅馆、餐馆或者剧院。汽车旅馆或餐馆的获利受汽油的供给情况和游客数量的影响；剧院的获利相对稳定。下面的支付表展示了每种投资的获利或损失。

单位：美元

决策	汽油供应		
	短缺	稳定供应	过剩
汽车旅馆	−8 000	15 000	20 000
餐馆	2 000	8 000	6 000
剧院	6 000	6 000	5 000

应用下列决策准则决定最好的投资方案：

a. 最大最大准则

b. 最大最小准则

c. 最小最大后悔准则

d. 折中准则（$\alpha=0.4$）

e. 等可能准则

11. Tech 橄榄球队队员在每场比赛中有 6 种基本进攻方式。Tech 周六即将有一场与 State 队的比赛，而 Tech 的教练知道 State 采用 5 种不同的防守方式。教练已经预计了每种进攻对每种防守方式下 Tech 获得的码数，如下面的支付表所示。

进攻方式	对手的防守方式				
	54	63	Wide Tackle	Nickel	Blitz
Off tackle	3	−2	9	7	−1
Option	−1	8	−2	9	12
Toss sweep	6	16	−5	3	14
Draw	−2	4	3	10	−3
Pass	8	20	12	−7	−8
Screen	−5	−2	8	3	16

a. 如果教练应用进攻计划，他们将采用最大最大决策准则。他们的最好进攻方式是什么？

b. 如果教练应用防守计划，他们将采用最大最小决策准则。他们最好的进攻方式是什么？

c. 如果 State 队等可能地使用 5 种防守方式中的任一种，Tech 最好的进攻方式是什么？

12. Microcomp 公司是美国的一家个人电脑生产商，它计划建设一个新的生产和分销设施，地点选在韩国、中国大陆、中国台湾、菲律宾或墨西哥。建造必要的基础设施（比如道路等）并投入运营大约需要 5 年时间。不同国家和地区的最终建设成本不同，并且根据包括汇率在内的金融、劳动力和政治环境等的变化而变化。公司已估算出在 3 种不同的未来经济和政治环境下每个国家或地区设施建造成本，如下所示。

单位：100 万美元

国家或地区	经济/政治环境		
	恶化	不变	改进
韩国	21.7	19.1	15.2
中国大陆	19.0	18.5	17.6
中国台湾	19.2	17.1	14.9
菲律宾	22.5	16.8	13.8
墨西哥	25.0	21.2	12.5

应用以下决策准则来做出最好的决策：

a. 最小最小准则

b. 最小最大准则

c. 折中准则（$\alpha=0.4$）

d. 等可能准则

18. Miramar 公司准备引进 3 种新产品：Widget，Hummer 或者 Nimnot。市场情况（喜爱、稳定或不喜爱）决定公司是获利还是亏损，如下面的支付表所示。

单位：美元

决策	市场状况		
	喜爱 0.2	稳定 0.7	不喜爱 0.1
Widget	120 000	70 000	−30 000
Hummer	60 000	40 000	20 000
Nimnot	35 000	30 000	30 000

a. 计算每种决策的期望值并选择最好的一个。

b. 制作机会损失表并计算每种产品的期望机会损失。

c. 计算公司为获得更好的未来市场情况愿意支付给市场研究公司多少钱。

22. 在习题 11 中，Tech 的教练观看了比赛录像并确定 State 将使用每种防守方式的概率，如下表所示：

防守	概率
54	0.40
63	0.10
Wide tackle	0.20
Nickel	0.20
Blitz	0.10

应用期望值准则，按最好到最差的顺序排列 Tech 的进攻方式。

29. Palm Garden Greenhouse 专门种植出售给花店的康乃馨。一打康乃馨以 3 美元的价格售出；种植一打康乃馨并运输到花店的成本是 2 美元。每天晚上将剩余的所有康乃馨以每打 0.75 美元的价格卖给本地的餐馆和旅馆。如果没有满足需求，客户不满的成本是每打 1 美元。每天康乃馨的期望需求如下表所示：

日需求（打）	概率
20	0.05
22	0.10
24	0.25
26	0.30
28	0.20
30	0.10
	1.00

a. 制作该决策问题的支付表。

b. 计算每种可以储存的康乃馨的数量（打）的期望价值，并做出最优决策。

c. 构造机会损失表并决定最优选择。

d. 计算完美信息的价值。

40. 美国联盟球队 BlueSox 打算到冬季的自由球员市场签约一位投手。他们考虑 5 位自由球员市场的投手。这 5 位球员都是 20 多岁，在核心联盟球队打球近 5 年，而且都相当成功。BlueSox 球队的主管从观察员报告和球员高中以来的历史中收集了大量的信息。他制作了一张表来展示每位球员未来 10 年内获胜的可能次数，不确定性来源于球员的身体状况，共有 3 种情况：没有伤病、一般伤病、严重伤病，如下表所示：

投手	身体状况		
	没有伤病	一般伤病	严重伤病
何塞·迪亚兹	153	122	76
杰里·达蒙	173	135	46
弗兰克·汤普森	133	115	88
德里克·罗德里格斯	105	101	95
肯·格里芬	127	98	75

应用下面的决策准则，计算该球队应该签约哪位投手。

a. 最大最大准则

b. 最大最小准则

c. 等可能准则

d. 折中准则（$\alpha=0.35$）

41. 在习题 40 中，BlueSox 总经理让超级观察员对每位球员在未来 10 年的身体状况赋予一个概率。观察员预测：这些球员没有伤病的概率是 0.1，一般伤病的概率是 0.6，严重伤病的概率是 0.3。

a. 应用期望值计算球队应该签约哪位球员。

b. 给定如下的 10 年期合同（单位：100 美元），你建议签约哪位球员？

何塞·迪亚兹	93.7
杰里·达蒙	121.5
弗兰克·汤普森	73.5

德里克 · 罗德里格斯　　103.4

肯 · 格里芬　　85.7

c. 假设观察员的预测如下表所示：

投手	身体状况		
	没有伤病	一般伤病	严重伤病
何塞 · 迪亚兹	0.30	0.45	0.25
杰里 · 达蒙	0.13	0.47	0.40
弗兰克 · 汤普森	0.45	0.35	0.20
德里克 · 罗德里格斯	0.50	0.40	0.10
肯 · 格里芬	0.15	0.60	0.25

计算每位球员未来 10 年内胜利的次数，结合 b 部分的合同，你推荐签约哪位球员？

47. 习题 18 中的 Miramar 公司正考虑与一家市场研究公司签约做一项市场调查，以确定未来的市场状况。调查的结果将指明未来的市场状况是好还是坏。在产品受客户欢迎的情况下，有 0.60 的概率是肯定的报告；在市场状况保持稳定的情况下，有 0.30 的概率是肯定的报告；在产品不受客户欢迎的情况下，有 0.10 的概率是肯定的报告。在产品不受客户欢迎的情况下，有 0.90 的概率是否定的报告；在市场状况保持稳定的情况下概率是 0.70，在产品不受客户欢迎的情况下概率是 0.40。应用决策树分析和后验概率表决定公司应该采用的决策策略、这种策略的期望值和公司为调研结果能付给市场研究公司的最高费用。

53. 杰 · 锡戈认为汽车的缺陷导致他出了事故，因此正在控告汽车生产商。这场事故使他失去工作一年。公司已经支付给他 700 000 美元，除去律师费，杰可以获得 600 000 美元。杰的律师告诉他有 50%的机会赢得官司。如果输掉官司，他将花费 75 000 美元的律师费和诉讼成本。如果赢了，也不能保证他可以获得要求的全部赔偿金。律师认为有 50%的机会可以获得全部的赔偿金，这样除去律师费，杰可以获得 200 万美元；有 50%的可能性公司会支付给杰不到 100 万美元，其中杰可以得到 50 万美元。

应用决策树分析，决定杰是否应该继续起诉汽车生产商。

56. Kroft Food Products 正在考虑是否引进一条新的叫作“特别选择”的沙拉酱生产线。公司可以在一个选定的地理区域内进行市场测试，或绕过市场测试，在全国范围内引入该产品。市场测试的成本是 150 000 美元。如果进行市场测试，公司必须在决定是否在全国范围内引入这种沙拉酱之前等待测试结果。预计出现肯定的市场测试结果的概率是 0.60。或者，公司可以不进行市场测试，直接决定是否引入这种沙拉酱。如果在全国范围内成功引入这种沙拉酱，公司预计可以实现 1 600 万美元的年利润；如果失败了，将导致 70 万美元的损失。公司认为不进行市场测试就引入沙拉酱成功的概率是 0.50。如果进行市场测试而且结果是肯定的，公司再引入这种沙拉酱，成功的概率增长到 0.80。如果测试结果是否定的而且公司仍然引入这种沙拉酱，成功的概率下降到 0.30。

应用决策树分析，决定公司是否应该进行市场测试。

57. 在习题 56 中，计算样本信息的期望值（*EVSI*）（即市场测试的价值）和完美信息的期望值（*EVPI*）。

59. Blue Ridge Power and Lighting 是一家拥有很多车辆的电力公司，包括汽车、轻型卡车和建造设备。公司正以最低成本标准来评估车辆维护的 4 种可选策略：(1) 不做任何预防性维护，零件有问题了再修理；(2) 定期对油料进行抽样并针对抽样分析发现的问题进行预防性维护；(3) 定期更换车油并在需要的时候进行维修；(4) 定期更换车油并对油料进行抽样，针对抽样分析指出的问题进行预防性维护。

对汽车和轻型卡车而言，策略 1（没有预防性维护）不花费执行费用，可能产生两种结果：有 0.10 的概率发生零件缺陷问题需要紧急维修，花费是 1 200 美元，或者 0.90 的概率不发生缺陷，不需要任何维修。

策略 2（对油料进行抽样）的执行（比如，采样）费用为 20 美元，有 0.10 的概率出现缺陷零件，有 0.90 的概率不出现缺陷零件。如果真的发现一个缺陷零件，抽样可以以 0.70 的概率发现它，这样预防性维护费用是 500 美元。但是，抽样有 0.30 的可能性检测不出缺陷而报告所有零件都完好，这样就造成了后来的紧急维修，费用是 1 200 美元。另一方面，如果真的没有缺陷零件，样本有 0.20 的概率错误报告有缺陷，造成不必要的维护费用 250 美元。样本以 0.80 的概率正确地指示没有缺陷，从而不用维护，费用为 0。

策略 3（定期换油）的执行成本是 14.80 美元，有两种结果：0.04 的概率有缺陷部件，从而需要的成本是 1 200 美元的紧急维护费用；0.96 的概率没有缺陷部件，从而不需要维护，也不发生任何成本。

策略 4（换油并抽样）的执行成本是 34.80 美元，有缺陷的概率和无缺陷的概率与策略 3 的一样。如果有缺陷部件，抽样以 0.70 的概率检测出来，预防性维护费用是 500 美元。或者，样本有 0.30 的概率检测不出缺陷，造成成本为 1 200 美元的紧急维护。如果没有缺陷部件，抽样有 0.20 的概率指示有缺陷，从而造成不必要的维护费用 250 美元。样本有 0.80 的概率正确地指示没有缺陷，因此也没有任何花费。

分析 Blue Ridge Power and Lighting 的决策策略并指出这种策略的期望值。

60. 习题 59 是针对 Blue Ridge Power and Lighting 的汽车和轻型卡车进行决策分析。Blue Ridge Power and Lighting 想为它的重型建筑设备重新定义问题。对重型设备而言，15 000 美元的紧急维护成本是很高的。需要的预防性维护成本是 2 000 美元，而不必要的维护成本是 1 200 美元。换油的成本是 100 美元，采油样并分析油样的成本是 30 美元。所有的概率和习题 59 中的一样。决定 Blue Ridge Power and Lighting 对重型设备应该采用的策略。

65. 拉布朗·琼斯在克利夫兰职业棒球队服务了 8 个赛季，成了联盟中的顶尖选手之一。现在，他与克利夫兰的合同已经到期，他既可以与克利夫兰续约，也可以加入其他球队。由于克利夫兰队从未真正地想成为冠军，所以他想离开这支球队并与迈阿密队签约，在那里他有更大的机会成为冠军，或者与纽约队签约，纽约市的媒体发达，因而他有更多的机会获得媒体的关注和支持。三支球队都为他提供了 6 年期的合同，但是因为薪水的上限要求，迈阿密队仅能为他提供 1 100 万美元，纽约队能为他提供 1 200 万美元，克利夫兰队则提供 1 250 万美元。行业观察家认为拉布朗加入迈阿密队后获得冠军的概率是 70%，留在克利夫兰队是 40%，加入纽约队则为 10%。如果获得冠军，他就会在获得冠军的球队中终生服务。如果加入纽约队，6 年之后他获得的媒体关注度和支持度将价值 5 000 万美元，但如果 6 年后在纽约队不能获得冠军的话，他可以选择与纽约队继续签约，薪水是 2 000 万美元，或者与一支新的球队重新签订 4 年期合同。如果他签约新的球队，他希望这支球队能让他有 50%的概率成为冠军。然而，由于他的体能下降，即使新球队获胜，给他的薪水也只有 1 200 万美元左右，而如果新球队不能获胜，他的薪水就只有 650 万美元。如果他签约迈阿密队，且在迈阿密队能够获得冠军的话，他就会一直留在迈阿密队，获得的薪水是 3 700 万美元，如果迈阿密队不能取得冠军，他可以选择继续留在迈阿密队，薪水是 900 万美元，或者考虑签约新的球队，此时的结果与签约纽约队不能获胜的情况相同。如果他继续与克利夫兰队签约，且克利夫兰队能够获得冠军，那么到他的职业生涯结束为止，他可以获得 3 000 万美元的薪水，但如果不能获得冠军，他可以选择继续留在该队，薪水是 1 400 万美元，或者考虑签约新的球队，此时预期收入与签约纽约队或迈阿密队但未拿到冠军时相同。应用决策树分析拉布朗应该与哪支球队签订新合同，他的期望收益是多少?

案例 11－1

Steeley 联营和 Concord Falls

一家物业发展公司——Steeley 联营公司买下了州立大学所在地 Concord Fall 的城市广场附近的老房子。这栋老房子建于 18 世纪中叶，Steeley 联营公司修复了它。Steeley 公司把它租给大学当学院办公室几乎长达 10 年。这栋房子位于一片宽阔的草坪上，已经成为城市的标志。

但是在 2003 年，与大学的合约到期，Steeley 公司决定用所有的空地建造一栋高密度的学生公寓楼。市民很愤怒并将此事诉至城镇委员会。城镇委员会法律顾问与 Steeley 公司的代表交流，并且暗示如果 Steeley 公司提出建设请求，城镇委员会就拒绝它。Steeley 公司回顾了城镇的建设法规确信它的计划符合其方针，但是这并不意味着会赢得对城镇的诉讼而迫使城镇准许这项计划。

Steeley 公司的主要负责人召开了一系列会议评估他们的选择方案。他们认为有 3 种方案可选择：申请政府许可、卖掉财产，或者申请建造政府不反对的低密度办公楼。关于后两种选择，如果卖掉房子和财产，Steeley 公司可以得到 90 万美元。如果建造新办公楼，其回报取决于以后城镇商业的发展。Steeley 公司感到城镇有 70%的概率会发展，这样它将得到 130 万美元的回报（在 10 年规划期内）；如果没有发展（或倒退），Steeley 公司仅仅收获 20 万美元。

假设 Steeley 公司申请建造公寓的许可有好或坏两种可能的结果。直接的好结果是城镇批准请求，这可以有 300 万美元的回报。但是，Steeley 公司认为这种情况仅有 10%的机会发生。或者，Steeley 公司认为城镇有 90%的可能性会拒绝这项申请，这将产生另外一组决策。

此时，Steeley 公司可以卖掉这些财产。然而，对申请的否决无疑降低了房子对潜在购买者的价值，而 Steeley 公司预测它仅能获得 70 万美元。或者，它可以建造办公楼而面临此前它所面对的相同的潜在结果，即 30%的机会没有发展而回报是 20 万美元或者 70%的机会有发展而回报是 130 万美元。第三种选择是控告城镇。表面上，Steeley 公司的诉讼处境不错，但是城镇的建设法规含糊不清，而且一个有同情心的法官可以驳回其诉求。无论输赢，Steeley 公司预计可能的诉讼费用达 30 万美元，而且它感到只有 40%的机会胜诉。然而，如果 Steeley 公司胜诉，预计回报接近 100 万美元，而它也可以因为建造公寓楼获得 300 万美元的回报。Steeley 公司也预计到诉讼有 10%的可能性在法庭上拖延很长时间以致在这一时期内可以忽略未来的回报，而且要花费额外的 20 万美元的律师费。

如果败诉，Steeley 公司将卖掉财产或者建造办公楼。但是，如果官司拖到将来，它的售价会或多或少依赖于城镇在那时的发展前景，Steeley 公司对其预测只能是五五开。如果城镇在很久的将来处于发展状态，Steeley 公司认为 90 万美元是一个保守的潜在销售价格，然而如果城镇发展停滞，它的预计销售价格很可能是 50 万美元。最终，如果 Steeley 公司建造办公楼，它认为城镇发展的机会是 50%，在这种情况下回报仅有 120 万美元。如果没有发展，保守的回报预测是 10 万美元。

A. 应用期望值，对 Steeley 公司的决策问题进行决策树分析，并指出在这些准则下的合适决策。

B. 指出你的决策并说明原因。

案例 11－2

Mountain 电力服务公司的变压器更换

Mountain 电力服务公司是一家为落基山脉附近几个州供电的电力公司。它在考虑更换一个变电站分站的设备，以决定是否取代含有 PCB 变压器的一个订单。即使 PCB 发电机满足当前所有的规则，如果发生意外，比如失火，PCB 将对邻近的商业区、农场或环境造成污染，公司要对这些污染负责。近来的诉讼案件表明，如果事故造成人身伤害，简单地满足规则并不能减轻应负的责任。而且，法院要求对遭受危险事件伤害的个人赔偿很多。

如果公司替换 PCB 变压器而且没有发生 PCB 污染事件，唯一的成本是变压器的成本 85 000 美元。如果公司决定保留现有的 PCB 变压器，管理人员预测高可能性发生事故和低可能性发生事故的概率五五开。在高可能性发生事故的情况下，变压器的剩余寿命中有 0.004 的概率发生火灾，有 0.996 的概率不发生火灾。如果发生火灾，有 0.20 的概率情况严重，且公司需要花近 9 000 万美元高额费用进行清理；有 0.80 的概率情况较轻，则公司需要较低的花费 800 万美元进行清理。如果没有发生火灾，就不需要清理费用。在低可能性发生事故的情况下，在变压器的剩余寿命中有 0.001 的概率发生火灾，有 0.999 的概率不发生火灾。如果发生火灾，情况严重和较轻时的清理费用的概率像前一种情况指定的一样。类似地，如果不发生火灾就不需要清理费用。

为 Mountain 电力服务公司的这个问题做决策树分析并指出建议的解决方案。你认为该公司应采用这个方案吗？说明理由。

案例 11－3

加利福尼亚 Cougars

加利福尼亚 Cougars 是一家正开始其第 3 年运作的主要联盟棒球队。该队成绩不佳。但是，这个队很年轻且颇具竞争力。该队的总经理富兰克·雷恩和经理比夫·戴蒙德相信如果增加一些好的球员，Cougars 可以成为赛区冠军的有力竞争者，甚至是锦标的有力竞争者。他们为球队的所有者布鲁斯·韦恩准备了几个获取自由球员的提议。

在第一种建议下，球队以 5 200 万美元的红利和薪酬签约几个优秀的可转会的自由球员，包括两个投手、一个优秀的防守游击手和两个外场手。第二个建议花费较小：花 200 万美元签约一位替补投手、一个好的内场手和一个外场手。最后一个建议是维持球队现状并继续发展。

总经理雷恩想展现一个可能的季节场景，从而可以估计每个策略的长期结果。因为球队的所有者只关注钱，富兰克想用量化的方式表示每种策略的收益和损失。富兰克雇用了两个刚从泰克毕业的学生潘尼和南希来辅助分析。

潘尼和南希收集了联盟过去 5 个赛季的上座趋势、标志物销售量（即衣服、纪念品、帽子等）、球员转会费用和收入。此外，他们访问了其他几位球队所有者、总经理和联盟官员。他们还分析了球队正考虑签约的自由球员。

基于他们的分析，潘尼和南希认为，如果 Cougars 不投资于自由球员，球队进入决赛的概率是 25%，在赛季降级的可能性是 75%。如果球队是一个竞争者，随着比赛的持续上座，观众有 0.7 的可能性会增加，从而球队有一个高上座率（150 万～200 万），门票收入、特许费、广告收入、电视和电台的收入、标志物收入共 17 000 万美元。他们预计有 0.25 的概率是普通的上座率（100 万～150 万），利润是 11 500 万美元；有 0.05 的概率上座率很低（少于 100 万），利润是 9 000 万美元。如果球队不是一个竞争者，潘尼和南希预测高上座率出现的概率是 0.05，盈利 9 500 美元；普通上座率出现的概率是 0.20，盈利 5 500 万美元；低上座率出现的概率是 0.75，盈利 3 000 万美元。

如果仅投资于自由球员 2 000 万美元，球队有 50∶50 的可能性成为竞争者。如果成为竞争者，球队在后来的赛季中可坚持使用当前人员或者购买或交换球员以增加球队进入半决赛的概率。如果球队维持现状，出现高上座率的概率是 0.75，利润是 19 500 万美元；出现普通上座率的概率是 0.20，利润是 16 000 万美元；出现低上座率的概率是 0.05，利润是 12 000 万美元。如果球队花 800 万美元购买或交换队员，出现高上座率且盈利 20 000 万美元的概率是 0.80，出现普通上座率且盈利 17 000 万美元的概率是 0.15，出现低上座率且盈利 12 500 万美元的概率是 0.05。

如果球队不是竞争者，它可以保持现有球员或转会部分球员，转会盈利接近 800 万美元。如果球队保持现状，出现高上座率且盈利 11 000 万美元的概率是 0.12，出现普通上座率且盈利 6 500 万美元的概率是 0.28，出现低上座率且盈利 4 000 万美元的概率是 0.60。如果转会部分球员，球迷会更快失去对该球队的热情，出现高上座率且盈利 10 000 万美元的概率是 0.08，出现普通上座率且盈利 6 000 万美元的概率是 0.22，出现低上座率且盈利 3 500 万美元的概率是 0.70。

最野心勃勃的自由球员策略会把球队成为竞争者的概率提高到 65%。这项策略能在季后赛中的前段时间刺激球迷并增加门票销售、广告和标志物的销售。如果球队进入半决赛，在季后赛的后一段时间必须决定是否购买新球员。如果不购买新球员，出现高上座率且盈利 21 000 万美元的概率是 0.80；出现普通上座率且盈利 1 700 万美元的概率是 0.15；出现低上座率且盈利 12 500 万美元的概率是 0.05。如果球队花 1 000 万美元购买新球员，出现高上座率且盈利 22 000 万美元的概率是 0.83；出现普通上座率且盈利 17 500 万美元的概率是 0.12，出现低上座率且盈利 13 000 万美元的概率是 0.05。

如果球队不是竞争者，它可以保持现有球员或转会部分球员，转会盈利接近 1 200 万美元。如果保持现有人员，出现高上座率且盈利 11 000 万美元的概率是 0.15；出现普通上座率且盈利 7 000 万美元的概率是 0.30；出现低上座率且盈利 5 000 万美元的概率是 0.55。如果球队在赛季中转会球员，出现高上座率且盈利 10 500 万美元的概率是 0.10；出现普通上座率且盈利 6 500 万美元的概率是 0.30；出现低上座率且盈利 4 500 万美元的概率是 0.60。

请帮助潘尼和南希决定球队应该采取的最好策略并计算期望值。

案例 11－4

评估 WestCom Systems Products 公司的研发项目

WestCom Systems Products 公司开发并销售计算机系统和软件产品。每年它需要评估很多要实施的研发项目。该公司为每个项目以决策树的形式制作一个路线图，决策树可以展示研发过程中从最初的项目投资决策到最终产品的商业化应用的所有决策点。

研发过程的第一个决策点是，是否向一个推荐的项目投资一年。如果不投资，公司没有费用支出；如果投资，项目会增加公司的花费。公司建立一个一年后的早期的技术成果里程碑。如果达到早期的里程碑，项目推进到下一个开发阶段；如果没达到里程碑要求，就放弃该项目。在计划过程中，公司要预测达到里程碑和没有达到里程碑的概率。如果达到早期的里程碑，要在一个扩展的时间框架内继续投资该项目以做进一步的开发。在该事件框架的终节点，要用第二套（后来的）里程碑评估该项目。同样，公司要预测达到里程碑和没有达到里程碑的概率。如果没达到里程碑要求，就放弃该项目。

如果达到后来的里程碑，就已经克服了技术的不确定性和很多问题，公司接下来要评估该项目满足其商业目标的能力。在这一阶段，公司想知道最终的产品是否符合公司的竞争力，是否有一个清晰的最终的市场。公司为了得到这些问题的答案投资了一个产品“prelaunch”。prelaunch 给出的结果是与公司策略相符或不符，而且公司要指出这两种结果的概率。如果此时不符合公司策略，就放弃项目。否则，有 3 种可能的决策：(1) 公司可以把产品投放市场，以预测的概率出现成功或失败的结果；(2) 推迟投放时间，以后再决定投放还是放弃；(3) 如果以后再投放，以预测的概率出现成功或失败的结果。如果推迟投放，机会可能会过时，从而影响期望回报。

下表给出了各种成本（单位：美元）、事件发生的概率和公司正在考虑的 5 个项目的投资结果。

决策结果/事件	项目 1	项目 2	项目 3	项目 4	项目 5
第一年投资	200 000	350 000	170 000	230 000	400 000
P(达到第一个里程碑)	0.70	0.67	0.82	0.60	0.75
P(没有达到第一个里程碑)	0.30	0.33	0.18	0.40	0.25
长期投资	650 000	780 000	450 000	300 000	450 000
P(达到第二个里程碑)	0.60	0.56	0.65	0.70	0.72
P(没有达到第二个里程碑)	0.40	0.44	0.35	0.30	0.28

续前表

决策结果/事件	项目				
	1	2	3	4	5
投放市场前的投资	300 000	450 000	400 000	500 000	270 000
P(符合公司策略)	0.80	0.75	0.83	0.67	0.65
P(不符合公司策略)	0.20	0.25	0.17	0.33	0.35
P(投资——成功)	0.60	0.65	0.70	0.75	0.80
P(投资——失败)	0.40	0.35	0.30	0.25	0.20
P(推迟——成功)	0.80	0.70	0.65	0.80	0.85
P(推迟——失败)	0.20	0.30	0.35	0.20	0.15
投资——成功	7 300 000	8 000 000	4 500 000	5 200 000	3 800 000
投资——失败	−2 000 000	−3 500 000	−1 500 000	−2 100 000	−900 000
推迟——成功	4 500 000	6 000 000	3 300 000	2 500 000	2 700 000
推迟——失败	−1 300 000	−4 000 000	−800 000	−1 100 000	−900 000

资料来源：This case was adapted from R. K. Perdue, W. J. McAllister, P. V. King, and B. G. Berkey, "Valuation of R and D Projects Using Options Pricing and Decision Analysis Models," *Interfaces* 29, no. 6 (November-December 1999): 57-74.

计算每个项目的期望值并根据公司的考虑给项目排序。

第12章 排队论

在日常生活中，排队是很普遍的现象。每个人都有在购物或看电影过程中排队结账或买票的经历。不仅是人们在排队中浪费时间，还有在工厂中等待加工的产品、等待生产的机器、等待降落或起飞的飞机等也在排队中浪费时间。时间是一种宝贵的资源，所以减少排队的等待时间是一个值得分析的重要问题。

随着近年来人们对产品质量的关注，尤其是对操作过程中服务质量的重视程度越来越高，服务中的等待时间问题越来越引起人们的重视。当顾客进入一家银行去贷款、取现金或存钱时；当顾客去洗车或修车、去杂货店购物时，他们越来越把满意服务定义为快速服务。意识到这种情况，越来越多的公司集中精力减少等待时间并将其作为提高质量的一个重要因素。一般来说，公司可以减少等待时间，并通过增加它们的服务能力加快它们的服务速度，这意味着增加服务员，例如在银行增加出纳，在修车店增加修理工，或者在杂货店增加结账人员。但是，增加服务能力有一定成本，所以我们有必要对排队问题进行研究：如何在增加服务能力的成本和顾客等待所产生的成本之间取舍。

像决策分析一样，排队论是基于概率形式进行分析的，而不是一种基于确定性结果的技术。因此，运营特征的排队论的分析结果是基于概率的。管理者用这些运作统计数据（比如在队伍中排队的平均人数）来做关于运作的队列的决策。

不同的排队系统，有不同的排队模型。我们最后将讨论这些排队系统的不同，但更多地聚焦于其中最常见的两种：单服务台系统和多服务台系统。

排队论的因素分析

排队形成的原因是，人们或事物到达服务台的速率比服务速率高。但是，这并不表示服务运营人手不够或没有处理客户流的全部能力。实际上从长期来看，大多数商务和组织有充足的可用服务能力来满足客户需求。排队现象的产生是由于顾客并不是按一个不变的、均匀的速率到来，他们也不会在每一个时间段均匀地到达；顾客的到来是随机的，而且服务的时间各有不同，所以一个队列的长度不断增加或减少（有时没有人排队），但从长期来看，这个队列形成了平均顾客到达率和平均服务时间。例如，超市收银员的每小时平均服务顾客人数是 100 人，可是某个小时可能只有 60 个顾客。但是，在某个特殊的时间，排队的形成是因为此时顾客到达率高于平均数。

排队的管理决策基于顾客的到达率和服务时间。它们被用在队列公式中来计算运营管理的特征，比如队列中的平均顾客数量和一个顾客必须等待的时间。基于对不同的队列系统的研究，队列公式的设置也不同。比如，由一个出纳员负责顾客关于汽车业务的银行出纳窗口，就与一个卖飞机票的有三四个服务员的柜台有很大不同。在学习队列公式之前，我们先列举不同队列的形成因素及其影响。

单服务台排队系统

单一队列单一服务台是排队系统中最简单的形式。正因为如此，我们用它来阐明队列的基本理论。我们用超市作为这类系统的一个例子。

假设超市只有一个收款台和一个收银员在收款。这个收款台加上收银员在排队系统中叫作服务台；排队结账的顾客称为队列。这个排队系统的配置如图 12－1 所示。

图 12－1　超市的排队系统

在分析图 12－1 中的排队系统时，我们考虑的最重要因素是：

1. 排队规则（顾客接受服务的顺序）。
2. 顾客的自然分布（顾客从哪里来）。
3. 到达率（顾客排队的概率分布）。
4. 服务率（顾客得到服务的时间）。

我们将讨论和这个例子有关的每一条。

□ 排队规则

排队规则是顾客接受服务的顺序，在超市对顾客的服务是“先到先服务”，也就是队列中的第一个人最先接受服务，这是最普遍的排队系统。但也有其他的排队系统。比如一个机器操作工人可能竖排堆放零件，放在最高处的零件最先被取到。这种队列叫作“后到先服务”。或者这个机器操作工人可能只是简单地取出一个装满零件的盒子，然后随机从里面取出零件，这样的排队规则叫作随机队列。通常有预约时，顾客以预约的先后顺序接受服务——比如在一个牙医或者外科医生的诊所里，或者是餐馆里。这种情况下，客户按照预先设定的顺序接受服务，而不考虑他们到达的时间。最后一种情况是顾客按照他们的姓氏在字母表中的顺序排序，比如学校入学面试或求职面试。

□ 顾客分布

在本例中，顾客分布是指到超市来的顾客被假设为无限的，也就是说，在超市所在区域里客源非常多，并且认为潜在客户是无限的。一些排队系统的客户数是有限的。比如，卡车维修的等待队列，有限的客户群体是 20 辆卡车。但更加普遍的是，假设一个排队系统有无限客源。

延伸阅读　　A. K. 爱尔朗

排队论最初起源于电话网络的拥堵问题和 A. K. 爱尔朗（A. K. Erlang）的研究。爱尔朗（1878—1929）是一位丹麦数学家，为哥本哈根电话公司做咨询。他于 1917 年发表了一篇描述电话传输理论发展框架的文章。在这篇文章中，他计算出处于等待状态的电话数目的概率和系统处于均衡状态的等待时间。他假设到达率服从泊松分布，服务率服从指数分布。爱尔朗的研究奠定了仿真和排队论的基础。

□ 到达率

到达率是指客户在特定时间到达一个服务部门的速率。这个速率是由这个研究系统或一个简单的系统的经验数据推算出来的，或者是经验数据的平均值。例如，如果在每天工作的 10 小时内有 100 位顾客到达一个商店，我们可以说到达率是每小时 10 位顾客。尽管可以决定到达率，但我们不能准确地知道什么时候顾客一定会到达。也就是说，有时一小时可能有 20 位顾客到达，有时可能一个也没有。一般来说，到达率假定为相互独立的，随着时间的延续而随机变化。

基于这些假设，我们可以假定到达一个服务部门有一定的概率分布。尽管到达率可以通过任何分布描述，但是（通过很多人的多年研究和排队论领域的实践经验）上述分布常常可以用泊松分布描述。

□ 服务率

服务率是特定时间内能够接受服务的平均顾客数量。在超市的例子中，一小时内可以有 30 个顾客结账（接受服务）。服务率同到达率相似，也是随机变量。换句话说，比如，顾客购买量不同，服务率就不同。收银员数零钱的数量不同和不同的支付方式等因素都影响一段时间内服务的客户数目。即在某个小时里很可能只结算 10 个顾客，而在接下来的一小时内结算 40 个顾客。

在排队论中用比率来形容到达和服务是传统的方法。正如到达率一样，服务时间用概率分布来表示。该领域的科学家证明，服务时间经常用负指数概率分布来表示。但是，到达和服务是由互补的方式来观测的。因此，服务时间必须表示为与到达率一致的服务率。

□ 单服务台模型

超市收银台是一个单服务台模型系统，它有下面的特征：

1. 无限的客源。
2. 先到先服务的排队规则。
3. 泊松分布的到达率。
4. 指数分布的服务率。

这些假设都被用来建立一个单服务台模型，但是，分析这样一个最简单的排队系统仍然是复杂的。因此，我们不详细地求解这个模型，只考虑得到的排队论公式。但是，读者必须牢记这些公式只能应用于符合上述条件的排队系统。

假定

λ＝到达率（单位时间的平均到达数量）
μ＝服务率（单位时间的平均服务数量）

并且 $\lambda<\mu$（顾客服务率大于顾客到达率），我们可以用下面的公式计算单服务台模型的运营特征。

在排队系统中一个顾客都没有（包括服务台）的概率为：

$$P_0=1-\frac{\lambda}{\mu}$$

有 n 个顾客在排队的概率为：

$$P_n=\left(\frac{\lambda}{\mu}\right)^n\cdot p_0=\left(\frac{\lambda}{\mu}\right)^n\left(1-\frac{\lambda}{\mu}\right)$$

系统中的平均顾客数（即正在接受服务的和还在排队的）为：

$$L=\frac{\lambda}{\mu-\lambda}$$

排队的顾客平均数为：

$$L_q=\frac{\lambda^2}{\mu(\mu-\lambda)}$$

一个顾客在排队系统中花费的平均时间为：

$$W=\frac{1}{(\mu-\lambda)}=\frac{L}{\lambda}$$

一个顾客排队所花的平均时间为：

$$W_q=\frac{\lambda}{\mu(\mu-\lambda)}$$

系统忙的平均概率（顾客必须等待的概率），被定义为利用因子：

$$U=\frac{\lambda}{\mu}$$

系统闲的概率（顾客可以直接接受服务）为：

$$I=1-U=1-\frac{\lambda}{\mu}$$

最后一个公式 $1-\frac{\lambda}{\mu}$ 也等于 p_0。也就是队列中没有顾客的概率和系统空闲的概率相等。

把平均到达率和服务率代入上面的公式，我们可以计算超市的多个运营特征。比如，若

$\lambda=24$ 个顾客每小时到达服务台，$\mu=30$ 个顾客每小时结账

那么

$$P_0=1-\frac{\lambda}{\mu}=1-\frac{24}{30}=0.20$$（系统中没有顾客的概率）

$$L=\frac{\lambda}{\mu-\lambda}=\frac{24}{30-24}=4$$（平均4个顾客在系统中）

$$L_q=\frac{\lambda^2}{\mu(\mu-\lambda)}=\frac{24^2}{30(30-24)}=3.2$$（在排队队列中的平均顾客数）

$$W=\frac{1}{\mu-\lambda}=\frac{1}{30-24}=0.167$$（小时）（约10分钟）（每个顾客在系统中的平均时间）

$$W_q=\frac{\lambda}{\mu(\mu-\lambda)}=\frac{24}{30(30-24)}=0.133$$（小时）（约8分钟）（每个顾客在队列中的平均时间）

$$U=\frac{\lambda}{\mu}=\frac{24}{30}=0.8$$（系统忙，顾客必须等待的概率）

$$I=1-U=1-0.8=0.2$$（系统闲，顾客立即得到服务的概率）

现在要更详细地讨论一般的模型和这个特殊的例子的几个重要方面。

首先，这些运营变量是平均数，而且假定为稳态下的平均数。稳态是一个平均数为常量的系统，它代表平均运营统计常量，由一个时间段决定。

与这个条件相关的是，利用因子 U 必须小于1，即

$$U<1$$

或

$$\frac{\lambda}{\mu}<1.0$$

且

$$\lambda<\mu$$

换句话说，到达率必须小于 1，服务率必须大于到达率，否则系统的等待队列将无限长，系统永远不会达到稳态。

□ 运营特征对管理决策的影响

现在我们考虑在例子中与管理决策相关的运营特征。每小时 24 位顾客的到达率的意思是：每 2.5 分钟有一个顾客到达（即 1/24×60 分钟）。这表明商店很忙。然而从商店的性质可以知道，一般顾客买了商品希望马上结账。顾客一般会在大超市花很长时间购物，是因为他们要买很多东西，而如果顾客选择在便利商店购买，至少是因为在便利商店购买比在大超市快。

考虑到顾客的期望，商店经理相信顾客不会接受在一个排队系统中待 10 分钟（不包括选购商品的时间），而有 8 分钟在等待。为了减少顾客的等待时间，经理有两个可选方案：(1) 增加一个结账员；(2) 增加一个收银台。

选项一：增加一个结账员。增加一个结账员每周将增加花费 150 美元。在一个国家市场研究组的帮助下，经理计算出每减少 1 分钟的顾客等待时间，每周就减少销售损失 75 美元。(因为顾客选择结账更快的商店，等待时间过长将使回头客流失。)

如果增加一个结账员，顾客的等待时间减少了，顾客的服务率得到提高。先前的服务率是：

$\mu=30$ 个顾客每小时结账

增加结账员后，服务率提高：

$\mu=40$ 个顾客每小时结账

假定到达率不变（$\lambda=24$ 个顾客每小时到达服务台），因为提高服务率不会使更多的顾客到来，却不会使顾客到别的商店去。(但是从长期来讲，认为顾客到达率会增加不是没有道理的。)

由于 μ 和 λ 有了新的值，公式的值变为：

$P_0=1-\frac{\lambda}{\mu}=1-\frac{24}{40}=0.40$（系统中没有顾客的概率）

$L=\frac{\lambda}{\mu-\lambda}=\frac{24}{40-24}=1.5$（系统中的顾客平均数量）

$L_q=\frac{\lambda^2}{\mu(\mu-\lambda)}=\frac{24^2}{40(16)}=0.90$（排队队列中的顾客数）

$W=\frac{1}{\mu-\lambda}=\frac{1}{40-24}=0.063$(小时) (3.75 分钟)(每个顾客在系统中的平均时间)

$W_q=\frac{\lambda}{\mu(\mu-\lambda)}=\frac{24}{40(16)}$

$=0.038$(小时)(2.25 分钟)(每个顾客在队列中的平均时间)

$U=\frac{\lambda}{\mu}=\frac{24}{40}=0.60$ (顾客必须等待的概率)

$I=1-U=1-0.6=0.4$ (顾客不用等待的概率)

记住这些特征都是平均数，它们不是绝对的。换句话说，不会有 0.9 个顾客在排队。比如，可能没有人排队，也可能有 1 个、2 个或 3 个。像其他运营特征一样，值 0.9 是一个平均数。

每个顾客的平均等待时间从 8 分钟减少到 2.25 分钟是一个极大的改变，这个节约(也就是损失销售额的减少）计算如下：

$8.00-2.25=5.75$(分钟)

$5.75\times 75=431.25$(美元)

因为多出的收款员每周多支出 150 美元，每周总结余是：

$431.25-150=281.25$(美元/周)

这个商店的经理可能会接受这个选择，因为改变后的运营特征比只有一个雇员时好。

选项二：增加一个服务台。我们考虑经理将增加一个服务台。总成本是 6 000 美元，加上一个收银员每周 200 美元。

新的收银台与原来的收银台相对（这样收银员可以背对背处于一个封闭的收款区域）。在两个等待的队伍中设置明显的障碍，这样等待的顾客就不会在两个队伍之间移动（这样的移动叫作插队，将使我们先前的公式没法使用）。假设顾客将在两个队伍间均匀分布，这样两个队伍的到达率将是原来到达率的一半。因此新的到达率是：

$\lambda=12$ 个顾客每小时到达服务台

服务率还是一样：

$\mu=30$ 个顾客每小时结账

把新的数据代入公式，得出下面队列特征的数据：

$P_0=0.60$ (系统中没有顾客的概率)

$L=0.67$ (系统中的顾客平均数量)

$L_q=0.27$ (排队队列中的顾客数)

$W=0.055$(小时) (3.33 分钟)(每个顾客在系统中的平均时间)

$W_q=0.022$(小时) (1.33 分钟)(每个顾客在队列中的平均时间)

$U=0.40$ (顾客必须等待的概率)

$I=0.60$ (顾客不用等待的概率)

用减少 1 分钟等待时间将使每周收入增加 75 美元的计算方法计算增加收银台后每周增加的收入：

$8.00-1.33=6.67$(分钟)

$6.67\times 75=500$(美元/周)

减去每周新收银员的花费：

500－200＝300(美元)

因为布置这个项目的资金是 6 000 美元，将用 20 周收回初始投资（6 000/300＝20 周）。通过增加一个服务台，商店的每周收益比只增加一个服务员的收益多 18.75 美元（300－281.25），但是我们没有考虑在收回投资的前 20 周内的支出和增加服务员导致的花费。

表 12－1 总结了每个选项的运营特征。对一个商店经理而言，这两个选择都比现在的状况好，因为现在每个顾客的等待时间是 8 分钟。但是，经理很难在这两个选项之间抉择，可能需要考虑除等待时间外的其他因素。例如，雇员的空闲时间在第一个选项中是 0.40，在第二个选项中是 0.60，两个选项间有很大的区别。另一个因素是新增服务台要占用一定空间。

表 12－1　　每种方案的运营特征

运营特征	当前系统	方案 Ⅰ	方案 Ⅱ
L	4.00 位顾客	1.50 位顾客	0.67 位顾客
L_q	3.20 位顾客	0.90 位顾客	0.27 位顾客
W	10.00 分钟	3.75 分钟	3.33 分钟
W_q	8.00 分钟	2.25 分钟	1.33 分钟
U	0.80	0.60	0.40

但最后的决策还是要基于管理者的经验和他的感知需求。正如上面所说的，服务排队分析的结果仅为决策者提供信息，并不能得到确切的像最优化模型一样的推荐决策。

两个示例的备选方案说明成本权衡与改善服务相关。随着服务水平的上升，相关的成本也在上升。例如，当采用备选方案Ⅰ增加一个服务员时，虽然等待时间减少了，提供服务的成本增加了。但是服务质量提高时，与等待时间相关的成本减少了。保持适当的服务水平应尽可能地减少这两个成本的总和。成本的权衡选择用图 12－2 表示。随着服务水平的提高，服务成本上升，但等待的成本下降。两种成本之和用总成本曲线表示，应该维持的服务水平是总成本曲线最低的水平。（但这并不意味着，我们选择的就是成本最小的方法，因为我们的模型使用的数据是平均值，因此具有不确定性。）

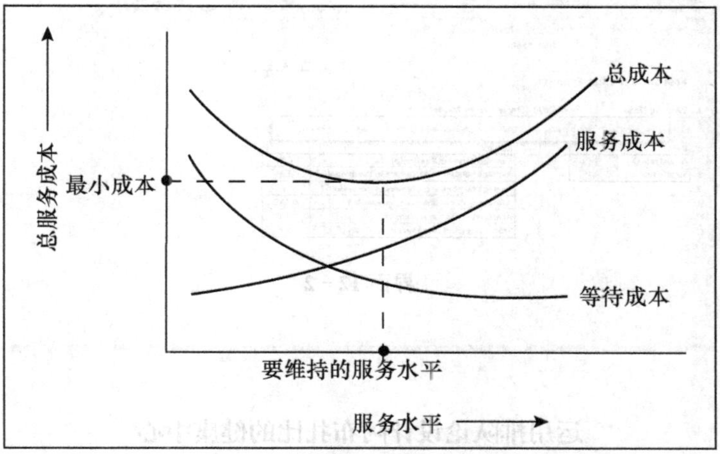

图 12－2　服务水平成本权衡图

□ 应用 Excel 和 Excel QM 解决单服务台模型

Excel 可以用来解决排队论问题，每个排队论公式都可以输入 Excel 电子表格中。界面 12 - 1 展示了超市例子的求解结果。将到达率输入单元格 D3，服务率输入单元格 D4。单服务台模型的公式输入单元格 D6：D10。例如，D7 含有顾客在系统中排队的平均个数 L_q，如电子表格顶部的任务栏所示。

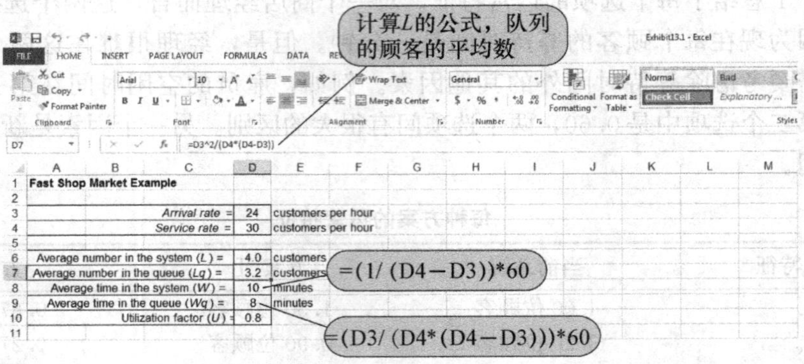

界面 12 - 1

Excel QM 包含一个分析等候线（即队列）的电子表格宏。Excel QM 包括这一章中讨论的所有排队论公式。Excel QM 中的排队宏非常有用，因为一些排队论公式十分复杂，很难人工手动输入电子表格中。

激活 Excel QM 后，可以从上面的菜单栏中选择“Add-Ins”菜单以进入“队列分析”菜单（Waiting Line Analysis）。这将使 QM 启动一个窗口。我们在该窗口给问题命名，并挑选其中用到的要输出的电子表格。界面 12 - 2 展示了超市例子中的 Excel 表格。电子表格一出现，单元格 B7：B8 就含有例子中的数据。结果与服务率和到达率有关。因此，第一步是在单元格 B7：B8 中输入数据。结果会根据公式自动计算。

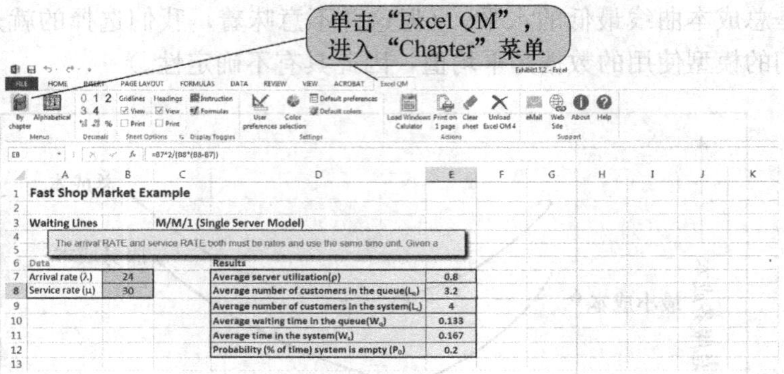

界面 12 - 2

管理科学应用

运用排队论设计阿布扎比的健康中心

阿拉伯联合酋长国阿布扎比政府设有疾病预防和筛查中心，为来自第三世界国家的工作人员提供健康检查。这些中心包含挂号站、医师检查站、采血站和 X 光片站。顾客在医师检查站与 X 光片站进行检查时需要穿脱衣服。由于预期需求的增加以及中心有限的能力，政府设计了新的中心以应对需求的增加。现有中心存在的问题包括：客户在站点等候而拥挤混乱的走道、阻碍了持续流动的 X 光片站狭小的更衣室、顾客从一个站点到另一个站点需要重复的说明、顾客穿过中心需要反复穿脱衣服。而重新设计的流程的目标包括构建一个健康的环境，减少对传染病的恐惧，提高效率，提供友好的体验，告知顾客检查流程。顾客在该中心会被追踪，在每个站点会被计时，用以确认处理时间相应概率分布的平均值和标准差。运用一个排队模型计算中心每个站点的平均等待时间、队列长度、周期以及离开可变性，以测验不同中心的配置。最终得到的中心重新设计方案包括一条可供顾客通过中心的固定路线走道。该走道围绕 2～3 个医师和 X 光机。只有当医师检查等候区有空位时，挂号站才会允许顾客进入中心。重新设计的中心使得员工可以专注于医师检查和 X 光站点，这样保持了中心资产的高利用率，最大限度地减少了等候区的需求，同时构建了更有序的客流。

资料来源：K. L. Luangkesorn, Y. Zhuang, M. Falbo, and J. Sysko, "Practice Summaries: Designing Disease Prevention and Screening Centers in Abu Dhabi," *Interfaces* 42, no. 4 (July-August 2012): 406-409.

□ 应用 QM for Windows 解决单服务台问题

QM for Windows 有可以执行排队分析的模块。我们仍以超市的例子来说明计算机对单服务台系统的分析。模型的输入和解决方案如界面 12-3 所示。

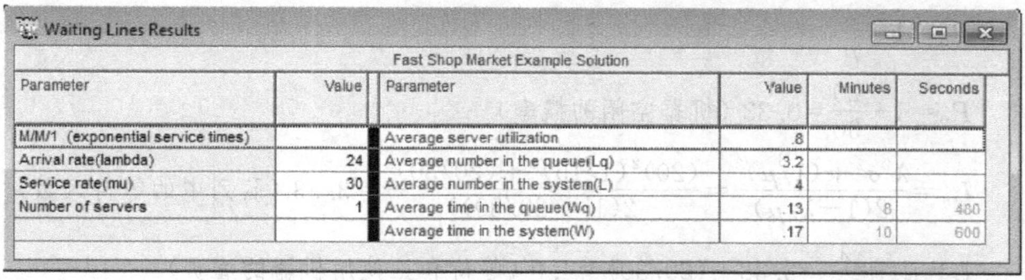

Waiting Lines Results

Fast Shop Market Example Solution

Parameter	Value	Parameter	Value	Minutes	Seconds
M/M/1 (exponential service times)		Average server utilization	.8		
Arrival rate(lambda)	24	Average number in the queue(Lq)	3.2		
Service rate(mu)	30	Average number in the system(L)	4		
Number of servers	1	Average time in the queue(Wq)	.13	8	480
		Average time in the system(W)	.17	10	600

界面 12-3

服务时间未定义和服务时间不变

有时不能假设系统的到达率为泊松分布，服务时间为指数分布。例如，许多制造商使用自动的仪器或者机器人，这样可以有恒定的服务时间。因此，具有泊松到达率和常量服务时间的单服务台模型引起了制造业的特别兴趣。

常量服务时间模型是单服务台模型的一种更简化的应用，其服务时间不再服从指数分布。因此，服务时间是一般的、未定义的。计算一个未定义服务时间的排队模型的运营特性的基本公式如下：

$$P_0 = 1 - \frac{\lambda}{\mu}$$

$$L_q=\frac{\lambda^2\sigma^2+\left(\frac{\lambda}{\mu}\right)^2}{2\left(1-\frac{\lambda}{\mu}\right)}$$

$$L=L_q+\frac{\lambda}{\mu}$$

$$W_q=\frac{L_q}{\lambda}$$

$$W=W_q+\frac{1}{\mu}$$

$$U=\frac{\lambda}{\mu}$$

未定义服务时间的关键公式是等待队列中顾客的数量 L_q。在这个公式中，μ 和 σ 分别是具有独立服务时间的任何一般概率分布的均值和标准差。

对泊松分布来说，均值与标准差相等。如果服务时间是指数分布，其他泊松分布也有同样的关系。因此，如果在上面的公式中令 L_q 中的 $\sigma=\mu$，它就和服务时间服从指数分布时的基本公式相等。实际上，所有的排队论公式都可以简化为单服务台模型。

像单服务台模型使用的公式一样，考虑公司只有一台传真机，雇员随机到来，根据泊松分布，平均到达率是每小时 20 人。一个雇员使用的时间并没有泊松分布定义，但是服从均值为 2 分钟，标准差为 4 分钟的正态分布。这个系统的运营特征计算如下：

$$P_0=1-\frac{\lambda}{\mu}$$

$$P_0=1-\frac{20}{30}=0.33\text{（机器空闲的概率）}$$

$$L_q=\frac{\lambda^2\sigma^2+(\lambda/\mu)^2}{2(1-\lambda/\mu)}=\frac{(20)^2(1/15)^2+(20/30)^2}{2(1-(20/30))}=3.33\text{（队列中的等待人数）}$$

$$L=L_q+\frac{\lambda}{\mu}=3.33+(20/30)=4.0\text{（等待和正使用机器的雇员）}$$

$$W_q=\frac{L_q}{\lambda}=\frac{3.33}{20}=0.166\,5\text{（小时）（10 分钟）（在队列中的等待时间）}$$

$$W=W_q+\frac{1}{\mu}=0.166\,5+\left(\frac{1}{30}\right)=0.199\,8\text{（小时）（12 分钟）（在系统中的时间）}$$

$$U=\lambda/\mu=20/30=67\%\text{（机器使用率）}$$

在服务时间为常量的情况下，每个顾客的服务时间是一定的。因此，$\sigma=0$，代入公式，计算 L_q：

$$L_q=\frac{\lambda^2\sigma^2+\left(\frac{\lambda}{\mu}\right)^2}{2\left(1-\frac{\lambda}{\mu}\right)}=\frac{\lambda^2(0)^2+\left(\frac{\lambda}{\mu}\right)^2}{2\left(1-\frac{\lambda}{\mu}\right)}=\frac{\left(\frac{\lambda}{\mu}\right)^2}{2\left(1-\frac{\lambda}{\mu}\right)}$$

$$L_q=\frac{\lambda^2}{2\mu(\mu-\lambda)}$$

我们注意到，L_q 的新公式与基本的单服务台模型公式相比多除以了 2。其他公式，L，W，W_q，也是一样。

下面的例子说明在服务时间为常量的情况下如何应用单服务台模型公式。Petroco 服务站有一台自动洗车机，司机在加油站买汽油，且根据他们购买汽油的数量，将得到不同的洗车服务折扣。洗车机可以自动地一次洗一辆车，是一个常量，每次 4.5 分钟。每小时到达的汽车（泊松分布）是 10 辆。服务站经理想要决定等待队列的平均长度和平均等待时间。

首先，决定 μ 和 λ：

$$\lambda=10\text{（每小时车辆数）}$$

$$\mu=60/4.5=13.3\text{（每小时车辆数）}$$

把 μ 和 λ 代入公式：

$$L_q=\frac{\lambda^2}{2\mu(\mu-\lambda)}=\frac{(10)^2}{2(13.3)(13.3-10)}=1.14\text{（等待的车辆数）}$$

$$W_q=\frac{L_q}{\lambda}=\frac{1.14}{10}=0.114\text{（小时）（6.84 分钟）（在队列中的等待时间）}$$

□ 应用 Excel 解决服务时间不变的排队模型

界面 12 - 4 展示了对 Petroco 服务站例子的 Excel 解答。像界面 12 - 1 用 Excel 解决超市问题一样，公式被输入独立的单元格里。例如，L_q 的公式、平均等待数量输入单元格 D6，表示在电子表格顶部的公式栏中。

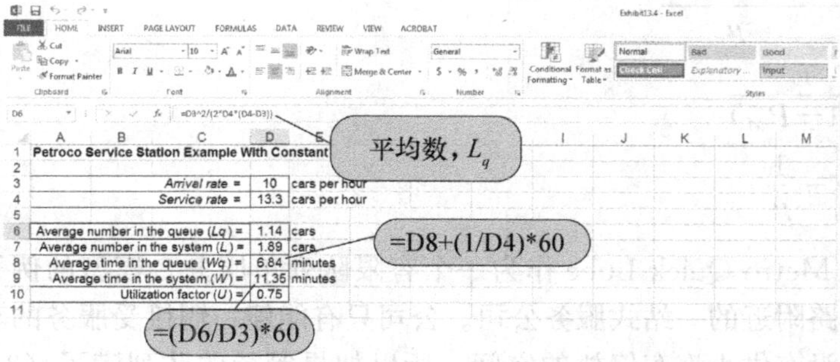

界面 12 - 4

□ 应用 QM for Windows 解决服务时间未定义和不变的排队模型

像在前面解决单服务台排队模型一样，QM for Windows 也可以用来求解服务时间分布未定义的（又称为"通用的"）排队模型。界面 12 - 5 展示了 QM for Windows 如何求解服务时间未定义的排队模型。

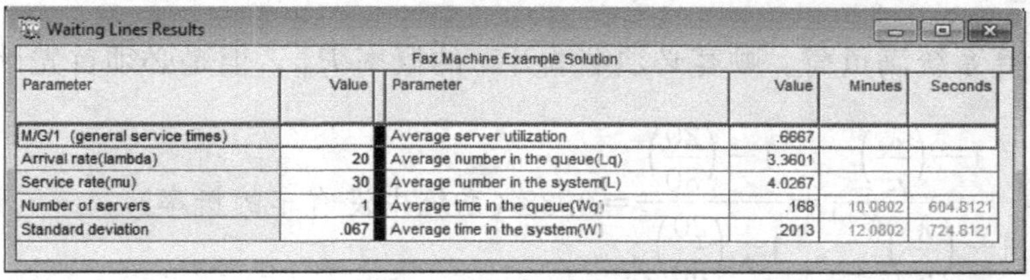

Waiting Lines Results

Fax Machine Example Solution

Parameter	Value	Parameter	Value	Minutes	Seconds
M/G/1 (general service times)		Average server utilization	.6667		
Arrival rate(lambda)	20	Average number in the queue(Lq)	3.3601		
Service rate(mu)	30	Average number in the system(L)	4.0267		
Number of servers	1	Average time in the queue(Wq)	.168	10.0802	604.8121
Standard deviation	.067	Average time in the system(W)	.2013	12.0802	724.8121

界面 12 - 5

有限长度的队列

对一些排队系统来说，可能由于受其形成环境限制，队列的长度是有限的，这样的系统称为有限队列，这就要用到一个单阶段、单通道的排队模型的变体。

处理有限队列系统，必须修改基本的单服务台队列模型。在这种情形下应该注意：服务率不需要比到达率大（即不需要 $\mu>\lambda$）以使系统保持稳态。假设 M 是系统的最大队长，计算运营特征的公式如下：

$$P_0=\frac{1-\left(\frac{\lambda}{\mu}\right)}{1-\left(\frac{\lambda}{\mu}\right)^{M+1}}$$

$$P_n=(P_0)\left(\frac{\lambda}{\mu}\right)^n,\ n\leqslant M$$

$$L=\frac{\frac{\lambda}{\mu}}{1-\left(\frac{\lambda}{\mu}\right)}-\frac{(M+1)\left(\frac{\lambda}{\mu}\right)^{M+1}}{1-\left(\frac{\lambda}{\mu}\right)^{M+1}}$$

因为 P_n 是系统中有 n 个单位的概率，所以如果定义 M 为系统允许的最大数，那么 P_M（当 $n=M$ 时为 P_n 的值）是顾客不能进入系统的概率。其余的公式是：

$$L_q=L-\frac{\lambda(1-P_M)}{\mu}$$

$$W=\frac{L}{\lambda(1-P_M)}$$

$$W_q=W-\frac{1}{\mu}$$

我们可以用 Metro Quick Lube 作为一个有限队列单服务台模型的例子——它是一家位于城市高速公路附近的一站式服务公司。公司只有能停一辆接受服务的车和 3 辆等待的车的空间。附近没有供小汽车停放的空间，所以如果等待的队列满了（3 辆小汽车），汽车就不得不继续行驶。

顾客等待服务平均需要 3 分钟，而顾客接受服务的平均时间是 2 分钟。间隔时间和服务时间都服从指数分布，正如先前提到的，系统中最多能有 4 辆车。运营特征如下：

$\lambda=20$
$\mu=30$
$M=4$

首先，计算系统满负荷、顾客必须继续开车的概率 P_M，但是必须首先计算 P_0：

$$P_0=\frac{1-\left(\frac{\lambda}{\mu}\right)}{1-\left(\frac{\lambda}{\mu}\right)^{M+1}}=\frac{1-\left(\frac{20}{30}\right)}{1-\left(\frac{20}{30}\right)^5}=0.38\text{（系统中没有车的概率）}$$

$$P_M = P_0\left(\frac{\lambda}{\mu}\right)^{n=M} = (0.38)\left(\frac{20}{30}\right)^4$$

$$= 0.076\text{（系统满负荷的概率，顾客必须继续开车）}$$

下一步，要知道系统中平均有多少车，我们计算平均队列长度 L_q，如下：

$$L = \frac{\frac{\lambda}{\mu}}{1-\left(\frac{\lambda}{\mu}\right)} - \frac{(M+1)\left(\frac{\lambda}{\mu}\right)^{M+1}}{1-\left(\frac{\lambda}{\mu}\right)^{M+1}} = \frac{\frac{20}{30}}{1-\left(\frac{20}{30}\right)} - \frac{(5)\left(\frac{20}{30}\right)^5}{1-\left(\frac{20}{30}\right)^5} = 1.24\text{（系统中的车辆数）}$$

$$L_q = L - \frac{\lambda(1-P_M)}{\mu} = 1.24 - \frac{20(1-0.076)}{30} = 0.62\text{（等待的车辆数）}$$

计算平均等待时间 W_q，要先计算系统中的平均时间 W：

$$W = \frac{L}{\lambda(1-P_M)} = \frac{1.24}{20(1-0.076)} = 0.067\text{（小时）（4.03 分钟）（系统中的平均时间）}$$

$$W_q = W - \frac{1}{\mu} = 0.067 - \frac{1}{30} = 0.033\text{（小时）（2.03 分钟）（平均等待时间）}$$

管理科学应用

目录零售业提供电话订购服务

一般认为，排队论起源于 20 世纪的电话拥堵问题。今天，排队分析在电话服务方面仍然是一种重要的工具。一家最大的零售企业在最近的一年，年销售额为 10 亿美元，接听 1 200 万人次的顾客电话。在节假日高峰期，每天就有 3 000 位顾客打来电话。美国第 15 大邮递公司年销售额 13 亿美元，处理 1 500 万人次电话，平均每天 300 多条电话热线处理 4 000～5 000 个电话，在圣诞前夜，超过 1 100 条电话热线处理一天 10 万多个电话。这其中一个重要的因素就是保持成功的电话系统以应对瞬时服务。如果顾客必须等待很久才能连线，他们就不会打电话了。这些公司经常用排队论来进行与订购过程相关的决策，涉及众多要素，比如每天不同时段和一年中不同天的电话热线的数量和客户服务代表的数量，接电话的计算机工作能力，工作站数量和设备的数量，要雇用和培训的全职和兼职的客户服务代表的数量。

□ 应用 Excel 求解有限队列模型

界面 12－6 显示了如何应用 Excel 电子表格求解 Metro Quick Lube 例子中的有限队列模型。请注意：单元格 D7 中 P_0 的公式显示在电子表格顶部的公式栏中。单元格 D9 中 L 的公式显示在说明框中。

请注意：Excel QM 也有一个解决有限队列模型的电子表格宏，可以像在界面 12－2 中求解单服务台队列模型那样使用。

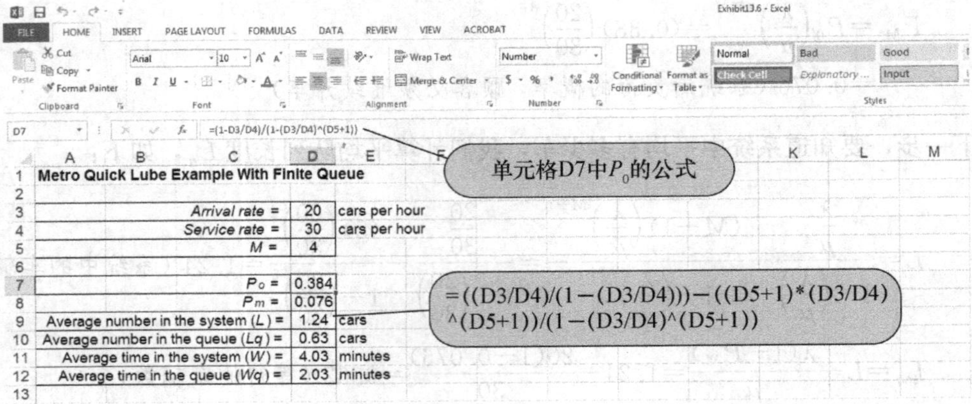

界面 12-6

□ 应用 QM for Windows 求解有限队列模型

QM for Windows 可以用来解决单服务台有限队列模型。界面 12-7 展示了用 QM for Windows 对 Metro Quick Lube 的排队模型的解答。

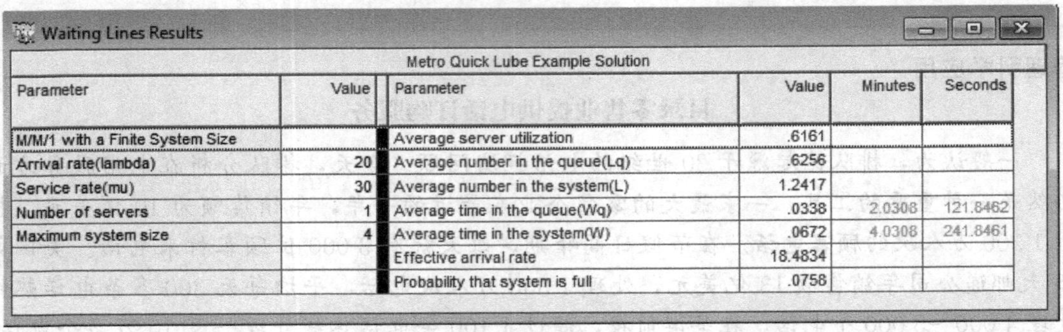

Waiting Lines Results

Metro Quick Lube Example Solution

Parameter	Value	Parameter	Value	Minutes	Seconds
M/M/1 with a Finite System Size		Average server utilization	.6161		
Arrival rate(lambda)	20	Average number in the queue(Lq)	.6256		
Service rate(mu)	30	Average number in the system(L)	1.2417		
Number of servers	1	Average time in the queue(Wq)	.0338	2.0308	121.8462
Maximum system size	4	Average time in the system(W)	.0672	4.0308	241.8461
		Effective arrival rate	18.4834		
		Probability that system is full	.0758		

界面 12-7

有限客源

对一些排队系统，能够到达服务设施的潜在顾客数量是特定的、有限的，这称为有限客源。Wheelco 制造公司就是这样的系统。

Wheelco 制造公司运营一个有 20 台机器的工厂。由于工作是在工厂里进行，有很多的机器故障和磨损，需要经常修理；当一台机器不能运转的时候，将被贴上维修标签，记录机器故障的日期，并请修理工维修。公司有一个有经验的修理工和一个助手。他们按照先到先服务的规则，按机器损坏的顺序修理。机器损坏服从泊松分布，服务时间为指数分布。

本例中有限的客源是工厂里的 20 台机器，用 N 表示。

单服务台到达率服从泊松分布，服务时间是指数分布，以及有限的客源，用如下的公式来计算运营特性，其中 λ 是客源中每单位的到达率。

$$P_0=\frac{1}{\sum_{n=0}^{N}\frac{N!}{(N-n)!}\left(\frac{\lambda}{\mu}\right)^n},\quad N=\text{客源数量}$$

$$P_n=\frac{N!}{(N-n)!}\left(\frac{\lambda}{\mu}\right)^n P_0,\quad n=1,2,\cdots,N$$

$$L_q=N-\left(\frac{\lambda+\mu}{\lambda}\right)(1-P_0)$$

$$L=L_q+(1-P_0)$$

$$W_q=\frac{L_q}{(N-L)\lambda}$$

$$W=W_q+\frac{1}{\mu}$$

P_0 和 P_N 都是比较复杂的，很难手工计算。所以，我们用表格来计算，或者用 QM for Windows 解决。

回到 Wheelco 制造公司的例子。每台机器出现故障并叫来修理工前平均运营 200 小时，平均修理时间是 3.6 小时，损坏的比率服从泊松分布，服务时间服从指数分布。公司想要分析机器因为故障造成的空闲时间以决定是否增加修理工。

这个模型是有限队列，计算如下：

$$\lambda=1/200=0.005\ \text{每小时}$$

$$\mu=1/3.6=0.277\,8\ \text{每小时}$$

$$N=20\ \text{台机器}$$

$$P_0=\frac{1}{\sum_{n=0}^{N}\frac{N!}{(N-n)!}\left(\frac{\lambda}{\mu}\right)^n}=\frac{1}{\sum_{n=0}^{20}\frac{20!}{(20-n)!}\left(\frac{0.005}{0.277\,8}\right)^n}=0.649$$

$$L_q=N-(\frac{\lambda+\mu}{\lambda})(1-P_0)=20-\left(\frac{0.005+0.277\,8}{0.005}\right)(1-0.652)$$

$$=0.169\ (\text{等待的机器数})$$

$$L=L_q+(1-P_0)=0.169+(1-0.652)=0.520\ (\text{系统中的机器})$$

$$W_q=\frac{L_q}{(N-L)\lambda}=\frac{0.169}{(20-0.520)(0.005)}=1.74(\text{小时})\ (\text{待修时间})$$

$$W=W_q+\frac{1}{\mu}=1.74+\frac{1}{0.277\,8}=5.33(\text{小时})\ (\text{系统中的等待时间})$$

这些结果表明，修理工有 35%的时间在维修机器。20 台机器中，平均 0.52 台或 2.6%出现故障，等待修理或正在被修理。每台损坏的机器的空闲时间（出现故障等待修理，或正在修理）平均是 5.33 小时，所以系统中的修理工是足够的。

□ 应用 Excel 和 Excel QM 求解有限客源排队模型

用 Excel 求解有限客源队列模型是非常烦琐的，因为要在表格中输入 P_0 的公式很复杂。必须为 P_0 公式中分母所需的 N 个组件创建一个数组。界面 12 - 8 展示了 Excel 求解 Wheelco 制造公司的例子，求和的计算区域是 F4:G26。

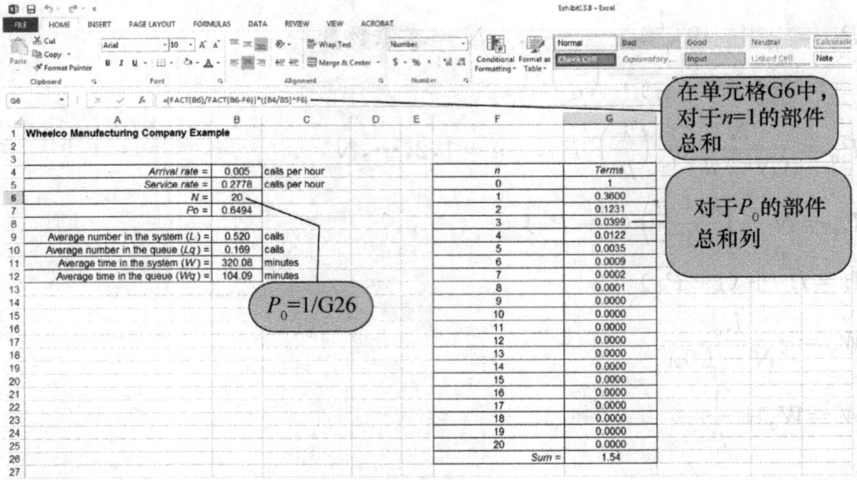

界面 12－8

对这个例子，Excel QM 中的电子表格宏非常有用。要访问有限客源模型，首先要从表格顶部的菜单栏选择“Add-Ins”菜单。在选择“工作表初始化”后，Wheelco 制造公司的例子在界面 12－9 中显示。像其他 QM 例子中一样，表里有初始值。第一步是输入单元格 B7：B9 的数据。

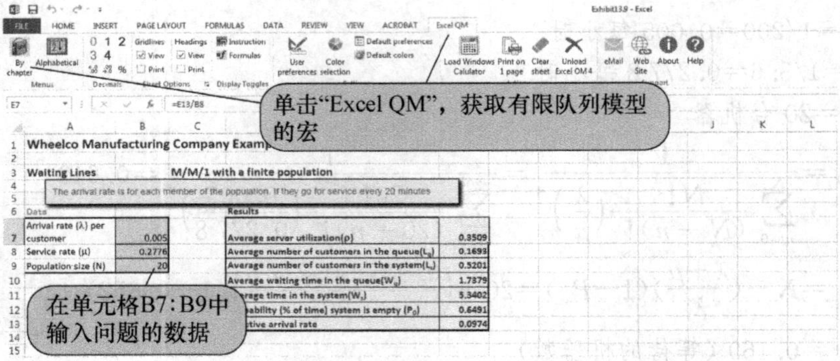

界面 12－9

□ 应用 QM for Windows 求解有限队列模型

QM for Windows 在求解有限客源模型时特别有用，因为公式复杂而且手工计算乏味耗时。界面 12－10 展示了 QM for Windows 求解 Wheelco 制造公司的例子。

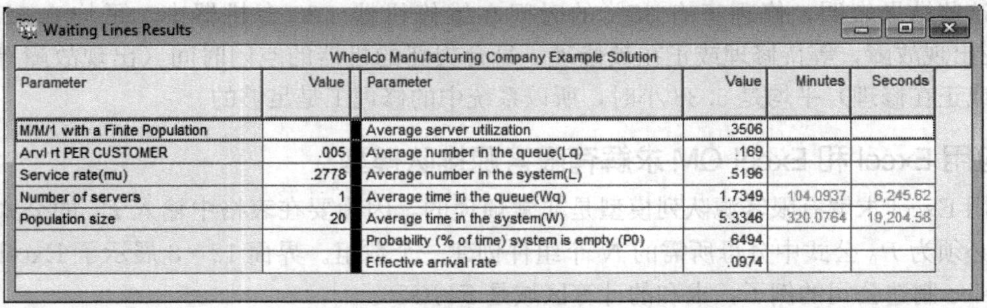

Waiting Lines Results

Wheelco Manufacturing Company Example Solution

Parameter	Value	Parameter	Value	Minutes	Seconds
M/M/1 with a Finite Population		Average server utilization	.3506		
Arvl rt PER CUSTOMER	.005	Average number in the queue(Lq)	.169		
Service rate(mu)	.2778	Average number in the system(L)	.5196		
Number of servers	1	Average time in the queue(Wq)	1.7349	104.0937	6,245.62
Population size	20	Average time in the system(W)	5.3346	320.0764	19,204.58
		Probability (% of time) system is empty (P0)	.6494		
		Effective arrival rate	.0974		

界面 12－10

多服务台队列

比单服务台排队系统稍微复杂一点的是由多于一个服务台（即多个服务台）服务的单一队列。这种类型的排队问题的例子包括机票和值机柜台，乘客排成一列，等待几个代理人中的一个服务，以及邮局队列，客户排成一列等待几个邮政职员提供服务。图 12-3 表明了这类排队问题，即多服务台队列。

图 12-3 多服务台队列

我们以 Biggs 零售商店的客户服务部门作为这类排队系统的例子。该部门有一间等候室，室内椅子靠墙排放，从而形成一个单通道队列。顾客来到这个区域问询或投诉关于信用卡业务问题。有 3 个服务台提供服务，按先到先服务的原则服务顾客。

商店管理者想要分析这个排队系统是否由于很长的等待时间而使顾客流失到别的商店。典型地，顾客来的时候因为有问题有些不耐烦，等待很长时间只能增加他们的烦躁情绪。

首先将介绍多服务台排队系统的排队公式。这些公式，如单服务台模型公式，是根据先到先服务的排队规则，泊松到达，指数服务时间和无限客源的假设而开发的。其参数如下：

λ＝到达率

μ＝服务率

c＝服务台数量

$c\mu$＝有效服务率，必须高于到达率

多服务台队列模型的运营特征计算公式如下。

系统没有顾客的概率是：

$$P_0=\frac{1}{\left[\sum_{n=0}^{c-1}\frac{1}{n!}\left(\frac{\lambda}{\mu}\right)^n\right]+\frac{1}{c!}\left(\frac{\lambda}{\mu}\right)^c\left(\frac{c\mu}{c\mu-\lambda}\right)}$$

系统有 n 个顾客的概率是：

$$P_n=\frac{1}{c!\ c^{n-c}}\left(\frac{\lambda}{\mu}\right)^n P_0,\quad n>c$$

$$P_n=\frac{1}{n}\left(\frac{\lambda}{\mu}\right)^n P_0,\quad n\leqslant c$$

系统平均顾客数是：

$$L=\frac{\lambda\mu(\lambda/\mu)^c}{(c-1)!\ (c\mu-\lambda)^2}P_0+\frac{\lambda}{\mu}$$

顾客在系统中花费的平均时间是：

$$W=\frac{L}{\lambda}$$

队列中的顾客数是：

$$L_q=L-\frac{\lambda}{\mu}$$

顾客在系统中花费的平均时间是：

$$W_q=W-\frac{1}{\mu}=\frac{L_q}{\lambda}$$

顾客必须等待的概率是：

$$P_W=\frac{1}{c!}\left(\frac{\lambda}{\mu}\right)^c\frac{c\mu}{c\mu-\lambda}P_0$$

注意到上面的公式，如果 $c=1$（一个服务台），就与单服务台系统相同。

回到我们的例子中，假设顾客服务部门 12 个月的数据如下：

$\lambda=10$（每小时到达服务部门的顾客数）

$\mu=4$（每个商店代表每小时服务的顾客数）

此外，因为是一个有 3 个服务台的队列系统，因此

$c=3$（商店代表）

应用多服务台队列公式，可以计算如下服务部门的运营特征：

$$P_0=\frac{1}{\left[\sum_{n=0}^{c-1}\frac{1}{n!}\left(\frac{\lambda}{\mu}\right)^n\right]+\frac{1}{c!}\left(\frac{\lambda}{\mu}\right)^c\left(\frac{c\mu}{c\mu-\lambda}\right)}$$

$$=\frac{1}{\left[\frac{1}{0!}\left(\frac{10}{4}\right)^0+\frac{1}{1!}\left(\frac{10}{4}\right)^1+\frac{1}{2!}\left(\frac{10}{4}\right)^2\right]+\frac{1}{3!}\left(\frac{10}{4}\right)^3\frac{3(3)}{3(4)-10}}$$

$=0.045$（服务台没有顾客的概率）

$$L=\frac{\lambda\mu(\lambda/\mu)^c}{(c-1)!\ (c\mu-\lambda)^2}P_0+\frac{\lambda}{\mu}=\frac{(10)(4)(10/4)^3}{(3-1)!\ [3(4)-10]^2}(0.045)+\frac{10}{4}$$

$=6$（服务台的平均顾客数）

$W=\frac{L}{\lambda}=\frac{6}{10}=0.60$（小时）（36 分钟）（每个顾客接受服务的平均时间）

$L_q=L-\frac{\lambda}{\mu}=6-\frac{10}{4}=3.5$（等待服务的平均顾客数）

$W_q=\frac{L_q}{\lambda}=\frac{3.5}{10}=0.35$（小时）（21 分钟）（顾客在队列中的平均等待时间）

$$P_W=\frac{1}{c!}\left(\frac{\lambda}{\mu}\right)^c\frac{c\mu}{c\mu-\lambda}P_0=\frac{1}{3!}\left(\frac{10}{4}\right)^3\frac{3(4)}{3(4)-10}(0.045)$$

$=0.703$（顾客必须等待服务的概率，即系统中有 3 个或者更多的顾客）

商店经理观察到顾客被 21 分钟的等待时间和 0.703 的等待概率困扰，决定通过增加服务台来解决问题。重新计算 $c=4$ 的情况下的值：

$P_0=0.073$（服务台没有顾客的概率）
$L=3.0$（服务台的平均顾客数）
$W=0.3$（小时）（18 分钟）（每个顾客接受服务的平均时间）
$L_q=0.5$（等待服务的平均顾客数）
$W_q=0.05$（小时）（3 分钟）（顾客在队列中的平均等待时间）
$P_W=0.31$（顾客必须等待服务的概率）

正如先前提到的考虑因素一样，经理要考虑增加的成本，并考虑顾客满意带来的成本节约——等待时间从 21 分钟极大地降低到 3 分钟——从而做出决定。

管理科学应用

确保 AT&T 能够接通 911 呼叫

2001 年，AT&T 收到某一服务区中的客户投诉，一天的特定时段拨打电话没有拨号音。AT&T 认为这是相当严重的问题，尤其是当客户拨打 911 紧急呼叫时。统计数据显示，在该服务区域仅关乎生命受到威胁的 911 紧急呼叫每天大概就有 90 次。起初 AT&T 认为问题是维护新增的客户线路而引起的，但是后来证实该判断有误，因为维护行为通常是在白天而拨号音的问题通常在晚上发生。管理者应用队列分析发现，问题的产生最有可能是由于长途网络拨号呼叫，这种呼叫通常比语音呼叫持续的时间要长。通过对某一服务区域 450 万次居民呼叫的数据分析发现，呼叫的平均持续时间是 297 秒，比通常的标准通话时间 3 分钟要长，同时通过分析数据发现，只有 6% 的呼叫是网络呼叫。因此，需要分析网络呼叫所占比重如此小，是否会产生阻碍拨号音的拥堵。更详细地分析网络呼叫，分析者发现呼入网络服务提供商（ISP）的平均呼叫时间为 1 956 秒（即长于 30 分钟）。最后得出的结论是：当拥堵发生并阻碍拨号音时，很多线路被 ISP 占用并持续很长时间。为确保 911 呼叫能够获得拨号音，AT&T 设计了一种解决方案，即引入自动控制系统，这样当拥堵发生时，新的网络呼叫不允许占用线路；在特别拥堵时，一旦有语音呼叫可以强行中断已接通的网络呼叫。一旦网络呼叫被中断，那么该呼叫再次打入被中断的概率很小。研究还发现，很多网络呼叫通过第三方转载接入 ISP，这一发现使得 AT&T 能够更有效地将呼叫转到其他载体，每年可节省 1 500 万美元。

资料来源：V. Ramaswami，D. Poole，S. Ahn，S. Byer，and A. Kaplan，"Ensuring Access to Emergency Services in the Presence of Long Internet Dial-Up Calls"，*Interfaces* 35，no. 5（September-October 2005）：411－422.

□ 应用 Excel 和 Excel QM 求解多服务台排队模型

在电子表格中建立多服务台排队模型有些枯燥，因为要在电子表格的单元格中输入复杂的排队论公式。界面 12－11 展现了如何用 Excel 解决 Biggs 零售商店的多服务台排队模型。

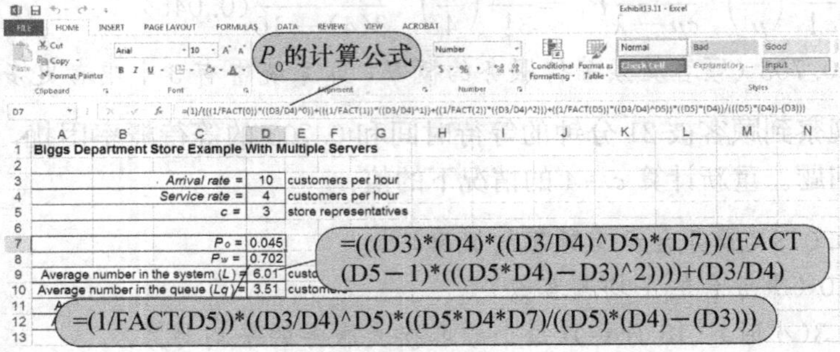

界面 12－11

在单元格 D7 中 P_0 的公式可以在电子表格顶部的公式栏中看到，公式很长且很烦琐。P_0 中的求和项自动输入公式中。这样，对一个有很多服务台的大问题，还要输入其他的求和项。FACT( ) 项在一个单元格中表示一个数的阶乘。FACT(1) 的形式是 1!。两个更复杂的公式 P_w 和 L 都被输入了界面 12－11 中。

与其他一些更复杂的排队模型一样，使用 Excel 求解多服务台模型很复杂。而 Excel QM 就比较有用了。界面 12－12 展示了 Excel QM 求解 Biggs 零售商店的多服务台队列，和我们用 Excel QM 排队宏求解其他排队模型一样，所有的公式都已经嵌入这个电子表格中。需要做的是将服务的到达率和服务率和服务人数输入单元格 B7:B9 中，自动计算的结果显示在单元格 E7:E12 中。

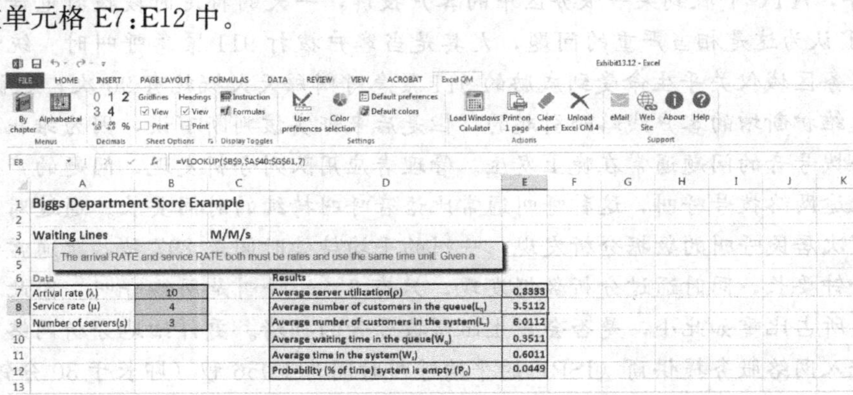

界面 12－12

□ 应用 QM for Windows 求解多服务台队列模型

界面 12－13 展示了 QM for Windows 求解 Biggs 零售商店的多服务台队列系统的例子。

Waiting Lines Results

Biggs Department Store Example Solution

Parameter	Value	Parameter	Value	Minutes	Seconds
M/M/s		Average server utilization	.8333		
Arrival rate(lambda)	10	Average number in the queue(Lq)	3.5112		
Service rate(mu)	4	Average number in the system(L)	6.0112		
Number of servers	3	Average time in the queue(Wq)	.3511	21.0674	1,264.045
		Average time in the system(W)	.6011	36.0674	2,164.045

界面 12－13

其他种类的排队系统

单队列单服务台和单队列多服务台是最普遍的两类例子。但是，有两种其他常见的排队系统：单队列一串服务台服务和单队列多串服务台服务。图 12－4 显示了这两种系统。

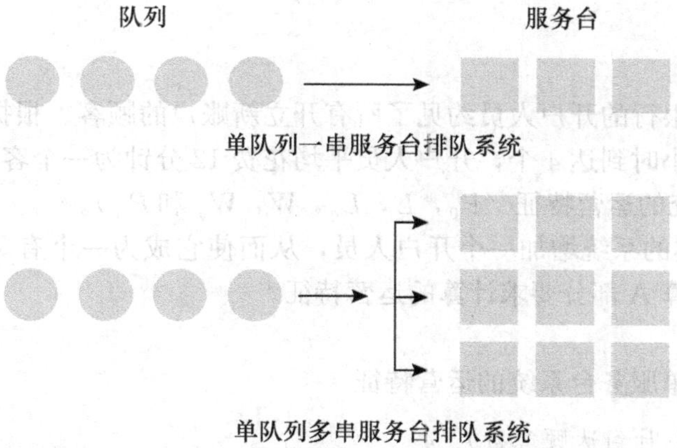

图 12－4　单队列一串服务台和单队列多串服务台的排队系统

一个由单一队列和一串单一的服务台构成的排队系统的例子是，应聘者在人事办公室内排队等待应聘一份特定的工作。所有的应聘者在一个区域内等待并且按照姓名字母表顺序应聘。应聘者需要进行接受测试、回答问题、填表等一系列的面试过程。这种排队系统的另一个例子是产品组装线，在一条组装线上产品等待接受一系列机器的加工。

如果在人事办公室例子中增加一条面试流程，结果就是单队列多串服务台的排队系统。类似地，如果产品需要在 3 条组装线的任意一条进行加工，那么结果将是一个多串服务台的排队系统。

常见的排队系统分类有 4 种。其他排队系统是常规排队系统的变体，如下所示：

- 如果等待时间太长，客户不进入排队系统或离开排队系统。

● 服务台不是按照先到先服务的原则工作，而是按照其他原则服务，比如字母表顺序或预约顺序，如在诊所。

● 服务时间不服从指数分布，或者没有定义，或者是不变的常量。

● 到达率不服从泊松分布。

● 如果有多个服务台，常常发生串队（即在队列之间移动），比如在银行有多个咨询台或杂货店有几个收银员的情况。

小　结

排队系统的多种形式使分析排队问题成为一个复杂的领域。但是，因为我们经常在日常生活中遇到排队问题，所以排队问题是管理科学的一个重要的且被广泛探索的领域。我们仅考察了几种基本的排队系统。大量的其他分析模型被用来分析更复杂的排队系统。

但是，有些排队问题太复杂，以至于不可能给出分析模型。出现这种情况时，仿真是一种替代的分析方法，即通过计算机化的数学模型仿真现实生活中的排队系统，通过观察模仿的排队系统确定其运营特征。该替代技术——仿真是下一章的主题。

解题实例

下面的例子阐述了对一个单服务台和一个多服务台的排队系统的分析，包括每个系统的运营特点的确定。

问题描述

北部市民储蓄银行的开户人员约见了所有开立新账户的顾客。根据泊松分布，希望开立新账户的客户每小时到达 4 个，开户人员平均花费 12 分钟为一个客户开户。

A. 计算该系统的运营特征（P_0，L，L_q，W，W_q 和 P_w）。

B. 对上面描述的系统增加一个开户人员，从而使它成为一个有两个通道的多服务台排队系统，并且计算 A 部分要求计算的运营特征。

求解过程

第一步：确定单服务台系统的运营特征

$\lambda=4$（每小时到达顾客数）

$\mu=5$（每小时服务的顾客数）

$$P_0=\left(1-\frac{\lambda}{\mu}\right)=\left(1-\frac{4}{5}\right)=0.20\text{（排队系统中没有顾客的概率）}$$

$$L=\frac{\lambda}{\mu-\lambda}=\frac{4}{5-4}=4\text{（排队系统中的平均顾客数）}$$

$$L_q=\frac{\lambda^2}{\mu(\mu-\lambda)}=\frac{(4)^2}{5(5-4)}=3.2\text{（系统中的平均等待顾客数）}$$

$$W=\frac{1}{\mu-\lambda}=\frac{1}{5-4}=1\text{（小时）（顾客在系统中的平均时间）}$$

$$W_q=\frac{\lambda}{\mu(\mu-\lambda)}=\frac{4}{5(5-4)}=0.80\text{（小时）（48 分钟）（顾客的平均等待时间）}$$

$$P_W=\frac{\lambda}{\mu}=\frac{4}{5}=0.80\text{（由于开户人员忙，顾客必须等待服务的概率）}$$

第二步：确定多服务台系统的运营特征

$\lambda=4$（每小时到达的顾客数）

$\mu=5$（每小时服务的顾客数）

$c=2$（服务台数）

$$P_0=\frac{1}{\left[\sum_{n=0}^{c-1}\frac{1}{n!}\left(\frac{\lambda}{\mu}\right)^n\right]+\frac{1}{c!}\left(\frac{\lambda}{\mu}\right)^c\left(\frac{c\mu}{c\mu-\lambda}\right)}$$

$$=\frac{1}{\left[\frac{1}{0!}\left(\frac{4}{5}\right)^0+\frac{1}{1!}\left(\frac{4}{5}\right)^1\right]+\frac{1}{2!}\left(\frac{4}{5}\right)^2\frac{(2)(5)}{(2)(5)-4}}$$

$=0.429$（排队系统中没有顾客的概率）

$$L=\frac{\lambda\mu\left(\frac{\lambda}{\mu}\right)^c}{(c-1)!\ (c\mu-\lambda)^2}p_0+\frac{\lambda}{\mu}=\frac{(4)(5)\left(\frac{4}{5}\right)^2}{1!\ [(2)(5)-(4)]^2}(0.429)+\frac{4}{5}$$

$=0.952$（系统中的平均顾客数）

$L_q=L\frac{\lambda}{\mu}=0.952-\frac{4}{5}=0.152$（系统中平均等待顾客数）

$W=\frac{L}{\lambda}=\frac{0.952}{4}=0.238$（小时）(14.3 分钟)（顾客在系统中的平均时间）

$W_q=\frac{L_p}{\lambda}=\frac{0.152}{4}=0.038$（小时）(2.3 分钟)（顾客的平均等待时间）

$$P_W=\frac{1}{c!}\left(\frac{\lambda}{\mu}\right)^c\frac{c\mu}{c\mu-\lambda}P_0=\frac{1}{2!}\left(\frac{4}{5}\right)^2\frac{(2)(5)}{(2)(5)-4}(0.429)$$

$=0.229$（顾客必须等待服务的概率）

习 题

2. 在本章的超市的例子中，方案二是增加一个新服务台。我们用单服务台模型分析该方案。为什么不使用多服务台模型呢？

4. 尽管从一定时段来看有比满足一般要求更充分的服务能力，为什么在服务设施中还会形成排队？

6. 在什么情况下到达符合泊松分布、服务时间不确定的单服务台排队模型和服务时间服从指数分布的基本模型具有一样的运营特征？

12. 亚特兰大的 Peachtree 机场服务于轻型飞机。它有一条跑道和一个空中交通控制员控制飞机的降落。一架飞机降落、滑行和离开跑道需要 12 分钟。机场每小时到达 4 架飞机。

a. 确定等待降落的飞机的平均数。

b. 确定一架飞机降落前的平均等待时间。

c. 一旦飞机通知机场它就在附近，计算飞机离开跑道平均花费的时间。

d. FAA 有一条规定是：一名空中交通管制员平均每小时最多能有 45 分钟使飞机着陆。必须有 15 分钟的空余时间用以放松。机场必须雇用额外的空中交通管制员吗？

19. 梯形螺纹机器车间有 5 台周期性损坏并且要求维修的机器。损坏的时间间隔平均是 4 天，服从指数分布。维修一台机器的平均时间是 1 天，服从指数分布。技工按损坏的顺序修理机器。

a. 确定技工赋闲的概率。

b. 确定机器等待维修的平均数量。

c. 确定机器等待维修的平均时间。

d. 确定有 3 台机器不运行的概率（正在维修或等待维修）。

23. 城市机场的售货机热咖啡、热巧克力或热茶出货的时间是 20 秒。每小时到达售货机的平均顾客人数是 60 人（服从泊松分布）。计算排队的平均长度和顾客必须等待的平均时间。

32. 泰克大学商学院的副院长决定在两台复印机中选择一台租用。常规复印机的出租费是每小时 8 美元，使用这种复印机，一个员工完成复印工作平均需要 6 分钟（服从指数分布）。一台高级复印机的出租费是每小时 16 美元，使用这种复印机，一个员工完成复印工作平均需要 3 分钟。每小时 7 个员工使用复印机（服从泊松分布），员工每小时的价值是 10 美元。计算学院应该租用哪种复印机。

33. "快洗"24 小时自助洗衣店有 16 台洗衣机。每台洗衣机每 20 天损坏一次（服从指数分布）。自助洗衣店与维修服务部的合同规定，修理一台机器平均需要 1 天（服从指数分布）。一台洗衣机每小时的平均收益是 5 美元。这家洗衣店正在考虑一项能保证半天维修时间的新维修服务，但它每小时比现在的维修服务多收 10 美元。这家洗衣店应该转向新的维修服务吗？

34. Regency 旅馆在出口处能容纳 6 辆出租车，出租车在这里排队等待乘客，然后载上乘客。出租车每 8 分钟到达旅馆一次。如果一辆出租车经过旅馆并且排队区是满的，则它必须开走。旅馆的顾客平均每 5 分钟需要一辆出租车。出租车司机载上顾客和行李并且离开旅馆平均花费 3.5 分钟。

a. 出租车等待一个乘客的平均时间是多少？

b. 出租车到达旅馆时，队列是满的可能性有多大？

35. 当地的 Burger Doodle 快餐厅有一个免下车窗口。每小时到达这个窗口的驾车顾客是 10 人（服从泊松分布）。服务窗口平均花费 4 分钟（服从指数分布）接受和完成一份订单。这家连锁餐馆的服务目标是：使顾客的平均等待时间为 3 分钟。

a. 现行的系统满足餐厅的服务目标吗？

b. 如果餐馆不能满足它的服务目标，它可以添加第二个车通道窗口，这样可以把每个顾客的平均服务时间减少到 2.5 分钟。这个新添加的窗口能使餐馆达到它的服务目标吗？

c. 在两小时的午饭期间，开车顾客的到达率增加到每小时 20 人。在这个高峰期，两个窗口的系统能达到餐馆的服务目标吗？

37. 平均每小时有 40 个顾客（服从泊松分布）登记进入 Regency 旅馆的高级休息室。旅馆在前台通常有 3 个职员负责顾客登记。一个职员登记顾客平均花费的时间是 4 分钟（服从指数分布）。旅馆每小时付给职员 24 美元，旅馆认为一个排队的顾客多等一分钟将增加 2 美元的成本。计算现在的登记系统是否经济。如果不经济，你建议旅馆的管理层应该怎么做。

39. Footrite 鞋业公司准备在一条商业街新开一家分店，公司的管理者正试图决定雇用多少销售人员。基于对商业街交通的分析，公司估计每小时有 10 人到达商店。从其他分公司的经验来看，公司知道每个销售人员每小时平均可以服务 6 名顾客。公司应该雇用多少人才能达到公司的服务目标——顾客等待服务的平均概率不超过 0.30。

48. 亚特兰大海岸运输公司在南卡罗来纳州的斯帕坦堡有一个仓库终端。每个终端码头的容纳量是 3 辆卡车。当卡车进入终端码头时，司机收到一个号码。当 3 个卡车位有一个可用时，拥有最小号码的卡车就进入。卡车的到达服从泊松分布，卸载和装载时间（服务时间）服从指数分布。每小时平均有 5 辆车到达码头，并且每个码头平均服务 2 辆卡车（30 分钟每辆）。

a. 计算 L，L_q，W 和 W_q。

b. 船运公司的管理层正考虑增加额外的员工和设备，以使每个终端码头的平均服务时间降到每卡车 25 分钟。为了达到这个改进的服务水平，每年公司将花费 18 000 美元。管理层估计卡车等待时间减少一分钟每年将增加收益 750 美元。请计算管理层是否应该进行这项投资。

c. 现在假定船运公司的经理认为 a 部分计算出的卡车等待时间太长，他想减少等待时间。他们确定有两个可选方案可以减少等待时间。他们可以增加第四个码头，或者在现有的码头上增加额外的员工和设备，这样可以把每个码头的 30 分钟每车的平均服务时间减到 23 分钟每车。这两个可选方案的成本大约相等。管理层期望通过实施这个方案尽量地减少等待时间。应该选择哪个方案呢？（计算建议的方案。）

49. 位于国家艺术长廊底层的 Waterfall 自助餐厅向员工和参观者提供日常的自助餐服务。从早上 7 点到上午 9 点，每分钟有 10 人到达餐厅。从上午 9 点到中午，每分钟有 4 人。从中午到下午 2 点，每分钟有 14 人。从下午 2 点到 5 点，每分钟有 8 人。在自助餐厅所有顾客大约花费相同的时间。一旦顾客经过自助餐厅，付款将花费 0.4 分钟。艺术长廊不希望顾客等待付款的时间超过 4 分钟。在一天的 4 个时间段，应该分别有多少收银员工作？

51. 每月 30 天，有 40 艘满载集装箱的船舶到达萨凡纳港（服从泊松分布）。卸空再装满一艘平均尺寸的集装箱船需要花费 12 小时（服从指数分布）。目前，港口的一个通用码头配备有足够的岸桥用于集装箱装卸。

a. 确定等待码头空闲泊位的船舶的平均数量和每艘船舶的平均等待时间。

b. 预计明年每月将有 60 艘船舶到港，港口是否还有能力应对这些额外的船舶？如果不能，需要几个码头才行？

c. 如果后年每月船舶到港数增加到 80 艘，仍然使用 b 中计算出的码头数来应对，船舶的平均等待时间有什么变化？

61. 某主题公园新设了一架过山车。过山车的双层车厢能容纳 30 人，跑完一圈花费 3.8 分钟。装载和卸载乘客也将平均花费过山车服务员 3 分钟（几乎没有变化）。在高峰时，每分钟有 4 名乘客到达（服从泊松分布）。请计算等待玩过山车的队长。

案例 12 - 1

商学院复印中心

州立大学商学院的复印中心在学院的管理层日益变成了一个有争议的问题。系领导向副院长抱怨，他们的秘书在复印中心排队太长，等待时间太长。他们抱怨说，当秘书可以在办公室做更多有创意的工作时却让他们排队闲聊是浪费稀缺资源。相对地，副院长贝雷斯却说有限的运营费用不允许学院再购买一台或几台复印机来解决这个问题。这一状况已经持续了好几年。

为把改进复印设施做成案例，管理科学系的系主任劳伦·摩尔派给学生一项班级项目去收集复印中心的一些信息。学生将记录中心的到达者和一旦秘书真正接触到复印机至完成复印所花的时间。另外，学生还要描述复印中心如何工作。

学生完成这个项目后向摩尔教授提交了一份报告。报告描述复印中心有2台机器。当秘书来到复印中心，他们加入排队，而在学生看来这个队非常乱。但学生也承认秘书知道何时轮到他们，他们会对第一台可用的复印机形成一个队列。因为复印工作是一个指派的任务，秘书总会坚持完成这份工作，无论队列有多长，或要等多长的时间，他们从不离开队列。

根据学生收集的数据，摩尔教授可以确定每8分钟有秘书来复印一次且服从泊松分布。而且，她能够确定完成一份复印花费的平均时间是12分钟，服从指数分布。

根据她拥有的人事记录和大学人事部门的数据，摩尔教授确定秘书的每小时平均工资是8.5美元。根据学院的日历表，她计算了学院和系办公室的实际工作日，发现是247天。但当她计算工作日时，她突然想到在夏天的几个月，工作负担是比较轻的，复印中心也可能有较少的流量。夏天大约70天，她预期在此期间的顾客流量是平时的一半。但她推测一份复印工作的平均时间是一样的。

接着，摩尔教授拜访了一家当地的办公品供应商去核对复印机的价格。打印中心的这个类型的新复印机现在价值36 000美元，每年需要8 000美元的维修费用，有6年的正常使用期。

你认为摩尔教授能够说服副院长购买一台新复印机是比较合算的吗？

案例12-2

Northwoods Backpackers

鲍勃·帕克和卡罗尔·帕克在佛蒙特州运营一家成功的户外运动店，叫Northwoods Backpackers。他们主要储存冬天的户外项目需要的设备，例如徒步旅行和登山运动服、齿轮和零件。因为其优质的产品和服务，他们在整个英格兰赢得了很好的名声。最后，他们将越来越多的产品销往不住在附近的客户，通过电话订购。结果，帕克兄弟决定散发目录并且建立电话订单服务。订单部由5个接线员组成，从周一到周五，接线员平均每天工作8小时，从上午10点到下午6点。近几年邮件服务仅仅是初步成功；帕克兄弟刚刚能够盈利。但是，第三年的假日期间，目录订单服务收到大量的电话订单。尽管他们取得了巨大的利润，但是他们更关注损失的销量。基于电话公司提供的关于呼叫量和顾客抱怨的信息，帕克兄弟估计他们损失的销售量大约是100 000美元。同时，他们也感受到因为目录订单部的劣质服务，他们丢失了大量老客户和潜在的新客户。

在下一个假日之前，帕克兄弟探测了几种可以提高目录订单服务的方案，现行系统计算机终端包括 5 名最初的接线员，他们每星期工作 5 天，每天工作 8 小时。帕克兄弟雇用了一名顾问研究这个系统，她报告一个接线员处理一份订单平均花费的时间是 3.6 分钟，服从指数分布。在 6 个星期的假期期间，电话中心平均每小时有 175 次电话访问，服从泊松分布。当所有接线员都忙时，电话在直到有一名接线员可以回复之前一直播放音乐。等待的电话按照先到先服务的原则回复。基于其他目录电话订单运作的经验和 Northwoods Backpackers 的数据，该顾问确定如果 Northwoods Backpackers 能够把顾客的访问等待时间缩短到 0.5 分钟或者更少，公司在即将来临的假期将减少销售损失 135 000 美元。

因此，帕克兄弟把这一电话服务水平作为目标。除了简单地避免销售损失，帕克兄弟认为减少等待时间对于维护他们优秀的顾客服务名声也是很重要的。因此，他们希望 70% 的客户能立即接受服务。

帕克兄弟可以保持工作站和计算机终端现有的数量，并且增加服务时间到每天 16 小时，从上午 8 点到午夜，两班工人倒班。帕克兄弟认为顾客能够意识到他们工作时间的延长，访问电话将增多，将导致一个新的访问率——每小时 85 个电话（仍然是泊松分布）。在 6 个星期的假日期间，这个计划的改变将花费 Northwoods Backpackers 大约 11 500 美元。

另一个减少顾客等待时间的选择是提供周末服务。但是，帕克兄弟认为如果提供周末服务，他们必须提供和工作日同样的服务。换句话说，如果在工作日他们的电话订单服务是每天 8 小时，在周末他们也必须提供相同的服务。每天服务 16 小时也是相同的。他们认为如果周末的工作时间不同于工作日的工作时间，将使顾客很困惑。如果每星期 7 天提供 8 小时的服务，新的电话访问率将降低到每小时 125 个，成本是 3 600 美元。如果他们提供 16 小时的服务，平均的电话访问率将降低到每小时 62.5 个，成本是 6 300 美元。

另一个可能是增加更多的接线站。每个站包括一张桌子、一名接线员、一部电话和一台计算机终端。在假日期间，一个每星期工作 5 天、每天工作 8 小时的站点将花费 2 900 美元。每天工作 16 小时的站点将花费 4 700 美元。每周工作 7 天、每天工作 8 小时的站点将花费 3 800 美元。每天 16 小时提供服务将花费 6 300 美元。Northwoods Backpackers 的房子最多只能容纳 10 个站点。超过 10 个人就要求帕克兄弟租用、改造一处新的房子并进行布线。在假日期间，他们不想承担这项开支。另外，帕克兄弟不想减少他们现在接线站的数目。

为了达到目标，计算帕克兄弟应该使用的订单服务配置，并解释你的建议。

案例 12-3

分析理工学院灾害发生情况

两家社区医院联手启动了一项规划项目，研究一旦附近的一所理工学院发生灾害情况，如何能够有效利用它们的应急设施进行处理。这些灾害主要包括与季节有关的如龙卷风、火灾、事故（如煤气泄漏或楼房倒塌）以及恐怖袭击。该项目主要关注的是，当灾害发生时将受灾者送到社区的两家医院的运输问题，这两家医院为 Montgomery Regional 和

Radford Memorial。当校园内发生灾害时，紧急救护车辆将会从校园辖区、当地 EMT 部门、当地的县或市政府分别派遣。受灾者将被放到灾害现场的指定地点。项目分析的其他方面还包括受灾者等待救援车辆可能会经历的时间和已经到达医院的受灾者等待治疗的时间。项目团队分析了很多等待线路模型（除非另作说明，受灾者到达率为泊松分布，服务时间为指数分布）。

a. 首先，考虑单服务台等待队列模型，在此救援车辆被看作服务台。假设受灾者到达指定地点并做好运送准备的平均时间是 7 分钟，救援车辆比较充足，每 4.5 分钟可接送受灾者。计算受灾者的平均等待时间。接下来，假设没有定义服务时间的分布，平均服务时间是 4.5 分钟，标准差是 5 分钟，计算受灾者的平均等待时间。

b. 接下来考虑多服务台模型，在此有 8 辆救援车辆运送受灾者去医院，一辆车辆接送的平均时间是 20 分钟（假设到达率和 a 中相同），计算平均等待队列、受灾者平均等待时间、受灾者在系统中的平均时间（等待和被运输的时间）。

c. 针对 b 中的多服务台模型，现在假设受灾者的数量是有限的，为 18 个。计算平均等待队列、受灾者平均等待时间、受灾者在系统中的平均时间（注意，多服务台的有限客源模型需要使用 QM for Windows 解答）。

d. 从两家医院的视角出发，考虑两家医院作为服务台的多服务台模型。救援现场的车辆组成一个单等待队列，每一个司机提前看哪家医院最可能接受受灾者，并前往那家医院。救援车平均 8.5 分钟到达，救护团队平均 12 分钟接收并救护一个受灾者。计算平均等待队列、受灾者平均等待时间、受灾者在系统中的平均时间。

e. 接下来，考虑只有一家医院——Montgomery Regional，该医院拥有 5 位医生和他们各自的团队处理灾后救治。受灾者到达医院的平均时间为 8.5 分钟，平均每 21 分钟治疗一个受灾者，计算平均等待队列、受灾者平均等待时间、受灾者在系统中的平均时间。

f. 针对 e 中的多服务台模型，现在假设受灾者的数量是有限的，为 23 个。计算平均等待队列、受灾者平均等待时间、受灾者在系统中的平均时间（注意，多服务台的有限客源模型需要使用 QM for Windows 解答）。

g. 你认为哪一个等待队列模型最适合分析受灾情况？将部分或全部等待队列模型结合使用效果会如何？你认为还有其他什么样的模型能够有效解决该问题？

案例 12-4

预测飞机旅客到达

在第 14 章中的“预测飞机旅客到达”的案例中，目标是设计一个预测模型来预测 Berry 国际机场（BEI）7 月从早晨 4 点到晚上 10 点之间每 2 小时到达的客流量。这样的预测项目是非常必要的，它可以决定在最繁忙的旅游时节需要多少个安全通道。使用第 14 章案例中的预测模型计算需要多少个安检点。假设旅客到达并安检后自动排成单队列等待登机和身份验证，离开时他们同样是单队列模型，到各种检测机器时队列基本保持一致。7 月，机场计划从早晨 4 点到下午 6 点每小时安排 4 个安全检测点，从下午 6 点到晚上 8 点安排 3 个安全检测点，从晚上 8 点到 10 点安排 2 个安全检测点。假设到达安检系统的到达率服从泊松分布，到达率的均值在第 14 章的案例中得到。进一步，假设服务时间服从指数分布，均值为 11.6 秒。判定机场每 2 小时安排的安全检测点是否足够使旅客顺畅地通过安检而不会有过多的停留。如果安检点并不足够，那么需要多少个才能够使旅客顺畅通过安检而不会有过多的停留。

第13章

仿真

本章所要介绍的仿真与本书前面章节介绍的内容有很大的不同。前面章节通常介绍的是应用于确定的问题类型的数学公式与模型。解决这些问题的方法大多采用的是解析法，但并不是现实世界中的所有问题都可以应用精确的方法，然后通过计算求解的。某些问题太复杂，以至于使用到目前为止本书所介绍的那些简明的方法都不能描述清楚。在这种情况下，仿真就是另一种分析问题的形式。

相似仿真是很多人熟悉的一种仿真形式。相似仿真是一种使用相似的物理系统来代替原始的物理系统，以简化对原始系统的试验和操纵的方法。在航天领域，人们通过使用物理仿真重新创造太空的条件，做了很多试验。例如，用装满水的空间模拟失重的情形。其他例子包括用风洞来模拟飞行航道，用踏车在实验室行驶来模拟汽车在公路上行驶。

本章介绍了仿真的一种类型：计算机化数学仿真。在这种仿真形式下，用数学模型复制现实系统，从而可以使用计算机进行分析。这种仿真的形式非常流行，已经广泛应用到多种商业问题中。这种方法之所以流行的一个原因是：它提供了一种分析复杂系统的方法，而这些复杂的系统采用前面介绍的管理科学方法与技巧是无法分析的。然而，由于这些系统的复杂程度超出了本书的范围，因此我们不会介绍真实的仿真模型，而是介绍简化的系统仿真模型。我们从一个最简单的仿真模型——包含蒙特卡罗进程的随机变量仿真开始介绍。

蒙特卡罗进程

一些很难通过解析法进行分析的系统的一个特征是：它们包含用来表示概率分布的随机变量。所以，对仿真大部分的应用都是概率模型。

蒙特卡罗（Monte Carlo）这个术语近年来已经成为概率仿真的同义词。然而，蒙特卡罗方法可以更准确地定义为在仿真的一次试验（计算机）运算里从一个概率分布中随机选取数字的方法（也就是"取样"）。蒙特卡罗方法不是仿真模型的一种类型，而是在仿真时使用的一种数学的进程。

取名蒙特卡罗是因为蒙特卡罗进程的基本原则和摩纳哥的一种赌博游戏规则一样。在摩纳哥，使用转盘、色子和纸牌等工具赌博。这些工具从明确定义的群体中随机产生有限的结果。例如，7 是通过掷色子从 11 个可能的数值群体（也就是 2～12）中得到的一个随机值。大体上，仿真模型中使用的蒙特卡罗进程也使用了同样的方法。

□ 随机数的使用

我们将在如下例子中示范根据一个概率分布选取随机数的蒙特卡罗进程。计算机世界（Computer World）是一家销售计算机和相关设备的公司。公司经理打算确定公司每周应该订购的笔记本电脑数量。这个决策主要考虑的是公司平均每周销售的笔记本电脑数量和销售笔记本电脑平均每周获得的收益。一台笔记本电脑售价 4 300 美元。笔记本电脑每周的需求量是一个取值范围为 0～4 的随机变量（定义为 x）。根据过去的销售记录，经理确定了笔记本电脑过去 100 周内的需求频率。根据这个需求频率，可以得到需求的一个概率分布，如表 13 - 1 所示。

表 13 - 1　　笔记本电脑的需求概率分布

笔记本电脑每周的需求	需求的频率	需求的概率 $P(x)$
0	20	0.20
1	40	0.40
2	20	0.20
3	10	0.10
4	10	0.10
	100	1.00

蒙特卡罗进程的目的就是通过从概率分布 $P(x)$ 中取样，产生随机变量，也就是这个问题中的需求量。每周的需求量可以根据概率分布通过旋转转盘随机地产生，这个转盘按照概率被相应地分割成几部分，如图 13 - 1 所示。

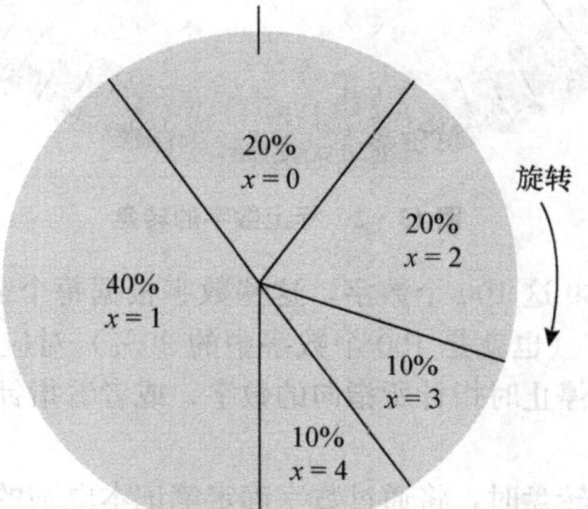

图 13 - 1　表示需求的转盘

因为根据每周需求量的概率对转盘的表面积进行了划分，所以如果需求量由随机的方式获得，那么转盘上的指针就是对需求概率分布的复制。经理通过旋转转盘模拟第 1 周的需求；转盘停止转动后，指针所指向的区域就表明第 1 周的需求。一段时间之后（也就是多次旋转转盘），需求量出现的频率将接近概率分布 $P(x)$。这种通过从特定概率分布——转盘——随机取样，从而产生变量 x 的值的方法就是蒙特卡罗进程。

通过旋转转盘，经理人工再现了笔记本电脑一周的需求量。这一在线过程用一段短期的仿真时间表示了一段长期的实际时间（也就是很多周）。

现在让我们稍稍改造一下转盘。除了根据需求量的概率对转盘进行了划分，我们将在转盘的边缘标上数字。改造后的转盘如图 13－2 所示。

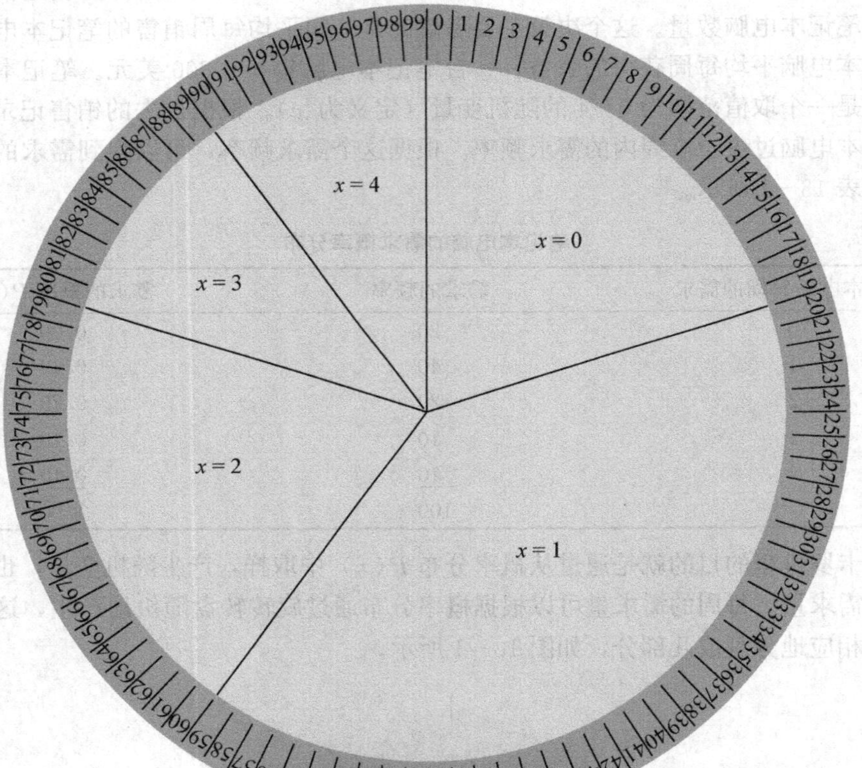

图 13－2　标上数字的转盘

在转盘的边缘有 0～99 这 100 个数字，这些数字根据每个需求量的概率进行了划分。例如，0～19 这 20 个数字（也就是 100 个数字中的 20%）对应需求为 0 台笔记本电脑的情况。现在通过观察旋转停止时指针所指向的数字，或者看指针所指向的区域，就可以确定需求量。

当经理旋转这个新的转盘时，将通过数字确定笔记本电脑的真实需求。例如，如果指针指向 71，那么需求就是 2 台笔记本电脑；如果指针指向 30，那么需求就是 1 台笔记本电脑。因为经理不知道指针将停在转盘上的什么位置，所以这 100 个数字中的每一个数字出现的机会相同，并且每一个数字的出现都是随机的，也就是说，它们都是随机数。

显然，通过转盘来产生笔记本电脑的每周需求量是不实际的。可以用单独随机数来代替旋转转盘这一过程。

首先，我们将代表每一个需求量的随机数范围从转盘转化为表格，如表 13－2 所示。接下来，我们将从表 13－3 中选取随机数，以代替通过旋转转盘获得随机数。（这些随机数是由计算机产生的，所以都是等可能出现的，就像我们旋转转盘一样。本章后面将详细讨论随机数的产生。）作为一个例子，我们选取表 13－3 中的第一个数字 39。再看表 13－2，我们可以观察到数字 39 落在 20～59 这个范围之中，它对应的每周需求量是 1 台笔记本电脑。

表 13－2　　从随机数产生需求值

需求，x		随机数的范围，r	
0		0～19	
1	←	20～59	← $r=39$
2		60～79	
3		80～89	
4		90～99	

表 13－3　　随机数表

39 65 76 45 45	19 90 69 64 61	20 26 36 31 62	58 24 97 14 97	95 06 70 99 00
73 71 23 70 90	65 97 60 12 11	31 56 34 19 19	47 83 75 51 33	30 62 38 20 46
72 18 47 33 84	51 67 47 97 19	98 40 07 17 66	23 05 09 51 80	59 78 11 52 49
75 12 25 69 17	17 95 21 78 58	24 33 45 77 48	69 81 84 09 29	93 22 70 45 80
37 17 79 88 74	63 52 06 34 30	01 31 60 10 27	35 07 79 71 53	28 99 52 01 41
02 48 08 16 94	85 53 83 29 95	56 27 09 24 43	21 78 55 09 82	72 61 88 73 61
87 89 15 70 07	37 79 49 12 38	48 13 93 55 96	41 92 45 71 51	09 18 25 58 94
98 18 71 70 15	89 09 39 59 24	00 06 41 41 20	14 36 59 25 47	54 45 17 24 89
10 83 58 07 04	76 62 16 48 68	58 76 17 14 86	59 53 11 52 21	66 04 18 72 87
47 08 56 37 31	71 82 13 50 41	27 55 10 24 92	28 04 67 53 44	95 23 00 84 47
93 90 31 03 07	34 18 04 52 35	74 13 39 35 22	68 95 23 92 35	36 63 70 35 33
21 05 11 47 99	11 20 99 45 18	76 51 94 84 86	13 79 93 37 55	98 16 04 41 67
95 89 94 06 97	27 37 83 28 71	79 57 95 13 91	09 61 87 25 21	56 20 11 32 44
97 18 31 55 73	10 65 81 92 59	77 31 61 95 46	20 44 90 32 64	26 99 76 75 63
69 08 88 86 13	59 71 74 17 32	48 38 75 93 29	73 37 32 04 05	60 82 29 20 25
41 26 10 25 03	87 63 93 95 17	81 83 83 04 49	77 45 85 50 51	79 88 01 97 30
91 47 14 63 62	08 61 74 51 69	92 79 43 89 79	29 18 94 51 23	14 85 11 47 23
80 94 54 18 47	08 52 85 08 40	48 40 35 94 22	72 65 71 08 86	50 03 42 99 36
67 06 77 63 99	89 85 84 46 06	64 71 06 21 66	89 37 20 70 01	61 65 70 22 12

59 72 24 13 75	42 29 72 23 19	06 94 76 10 08	81 30 15 39 14	81 33 17 16 33
63 62 06 34 41	79 53 36 02 95	94 61 09 43 62	20 21 14 68 86	84 95 48 46 45
78 47 23 53 90	79 93 96 38 63	34 85 52 05 09	85 43 01 72 73	14 93 87 81 40
87 68 62 15 43	97 48 72 66 48	53 16 71 13 81	59 97 50 99 52	24 62 20 42 31
47 60 92 10 77	26 97 05 73 51	88 46 38 03 58	72 68 49 29 31	75 70 16 08 24
56 88 87 59 41	06 87 37 78 48	65 88 69 58 39	88 02 84 27 83	85 81 56 39 38
22 17 68 65 84	87 02 22 57 51	68 69 80 95 44	11 29 01 95 80	49 34 35 36 47
19 36 27 59 46	39 77 32 77 09	79 57 92 36 59	89 74 39 82 15	08 58 94 34 74
16 77 23 02 77	28 06 24 25 93	22 45 44 84 11	87 80 61 65 31	09 71 91 74 25
78 43 76 71 61	97 67 63 99 61	30 45 67 93 82	59 73 19 85 23	53 33 65 97 21
03 28 28 26 08	69 30 16 09 05	53 58 47 70 93	66 56 45 65 79	45 56 20 19 47
04 31 17 21 56	33 73 99 19 87	26 72 39 27 67	53 77 57 68 93	60 61 97 22 61
61 06 98 03 91	87 14 77 43 96	43 00 65 98 50	45 60 33 01 07	98 99 46 50 47
23 68 35 26 00	99 53 93 61 28	52 70 05 48 34	56 65 05 61 86	90 92 10 70 80
15 39 25 70 99	93 86 52 77 65	15 33 59 05 28	22 87 26 07 47	86 96 98 29 06
58 71 96 30 24	18 46 23 34 27	85 13 99 24 44	49 18 09 79 49	74 16 32 23 02
93 22 53 64 39	07 10 63 76 35	87 03 04 79 88	08 13 13 85 51	55 34 57 72 69
78 76 58 54 74	92 38 70 96 92	52 06 79 79 45	82 63 18 27 44	69 66 92 19 09
61 81 31 96 82	00 57 25 60 59	46 72 60 18 77	55 66 12 62 11	08 99 55 64 57
42 88 07 10 05	24 98 65 63 21	47 21 61 88 32	27 80 30 21 60	10 92 35 36 12
77 94 30 05 39	28 10 99 00 27	12 73 73 99 12	49 99 57 94 82	96 88 57 17 91

从表 13－3 中选取随机数，并重复选取的过程（从表格的任意一个地方开始并且朝着任意的方向移动，但是不要重复同样的次序），然后根据随机数确定每周需求量，我们可以模拟一段时期的需求量。例如，表 13－4 显示了连续 15 周的需求量。

表 13－4　　随机产生的 15 周的需求量

周	r	需求，x	收入（美元）
1	39	1	4 300
2	73	2	8 600
3	72	2	8 600
4	75	2	8 600
5	37	1	4 300
6	02	0	0
7	87	3	12 900
8	98	4	17 200
9	10	0	0
10	47	1	4 300

续前表

周	r	需求，x	收入（美元）
11	93	4	17 200
12	21	1	4 300
13	95	4	17 200
14	97	4	17 200
15	69	2	8 600
		$\sum = 31$	133 300

从表 13-4，经理可以计算出估计的平均每周需求量和平均每周收入：

$$估计平均每周需求量=\frac{31}{15}=2.07(台)$$

$$估计平均每周收入=\frac{133\,000}{15}=8\,886.67(美元)$$

经理可以使用这些信息帮助确定每周笔记本电脑的订购量。

尽管这个例子便于阐明仿真是如何起作用的，但是通过公式解析地计算期望值可能会更接近平均需求量。可以通过计算概率分布 $P(x)$ 得到期望值或平均需求量：

$$EV(x)=\sum_{i=1}^{n} P(x_i)x$$

式中，x_i 为需求量；$P(x_i)$ 为需求量的概率；n 为不同需求量对应的数字。因此

$$\begin{aligned}EV(x)&=(0.20)(0)+(0.40)(1)+(0.20)(2)+(0.10)(3)+(0.10)(4)\\&=1.5(台)\end{aligned}$$

每周 1.5 台笔记本电脑这个分析结果接近仿真结果每周 2.07 台笔记本电脑，但还是明显存在差别。仿真值和分析值之间存在的差异（0.57 台笔记本电脑）是仿真所进行的周期数量的结果。任何仿真研究的结果都受仿真发生次数的影响（也就是试验的数量）。这样，仿真进行的周期越多，得到的结果就越正确。例如，如果模拟了 1 000 周的需求量，仿真结果的平均值严格等于分析结果（每周 1.5 台笔记本电脑）的可能性就很大。

一旦仿真被重复的次数足够多，就将达到一个保持为常量的平均值，这个结果类似于稳态的结果。稳态是我们在上一章中介绍的一个概念。在这个例子中，1.5 台笔记本电脑是一个长期的平均值或稳态的结果，但是我们也看到了，仿真重复 15 次（也就是 15 周）以上才可能达到这个结果。

对比这个例子中的仿真结果和分析（期望值）结果，可以看出在仿真中可能产生的一个问题。检验仿真模型的结果往往很困难——也就是说，确保达到真正稳态下的平均结果。在这种情况下，我们可以对仿真结果和期望值（真正的稳态结果）进行对比，并且会发现存在细微的差别。我们按照逻辑可以推断出，15 次试验不足以确定稳态时达到的平均值。然而，仿真大多应用于不可能通过解析法分析得到结果的情形（这是仿真通常有用的原因之一）。在这些情况下，不存在比较的分析标准，检验结果也变得更困难。我们将在本章的后面详细讨论这个问题。

延伸阅读　　约翰·冯·诺依曼

蒙特卡罗数学方法已经被人们熟知多年了；英国的一位数学家罗德·凯尔文（Lord Kelvin）在 1901 年的一篇论文中使用了这种方法。然而，是匈牙利的数学家约翰·冯·诺依曼（John Von Neumann）于第二次世界大战期间在美国 Los Alamos 国家实验室从事原子弹项目时正式定义这个方法并命名为蒙特卡罗。在这个研究项目期间，物理学家遇到了一个问题：确定中子在不同的物质间穿越的距离（也就是中子在分裂物质中的扩散）。Los Alamos 实验室的一个同事斯坦尼斯拉斯·乌拉姆（Stanislas Ulam）建议约翰·冯·诺依曼使用蒙特卡罗进程来解决这个问题。也就是说，通过选取随机数来代表中子的随机运动。然而，蒙特卡罗方法在仿真中的应用当时并没有得到广泛的传播，直到战后现代电子计算机发展起来，这一方法才得到了普及。有趣的是，这位著名的人物约翰·冯·诺依曼被誉为计算机发展中的关键人物。

Excel 电子表格的计算机求解

我们人工演示计算机世界这个例子的仿真并不是很难。然而，如果我们完成仿真 1 000 次，将要花费几个小时。另一方面，我们可以在计算机上完成仿真，只需要几秒钟的时间。同时，这个仿真例子不是非常复杂。随着仿真模型越来越复杂，现实中人工完成仿真就变得不可能，这样，用计算机进行仿真就是必需的。

尽管我们不会介绍如何使用计算机语言编写这个例子的仿真模型，但是我们将示范如何使用 Excel 电子表格对仿真模型进行计算机求解。

建立仿真模型的第一个步骤就是产生随机数 r。在几乎所有的计算机系统上都有大量的子程序可以用来产生随机数。其中有很多子程序都非常容易使用，并且只需要在程序中插入几个语句。这些随机数是通过数学过程产生，与旋转转盘这样的物理过程相反。由于这个原因，它们被叫作伪随机数。通过前面的讨论可以明显看到，随机数在概率仿真中起着很重要的作用。我们使用的一些随机数来自表 13-3（随机数表）。然而，随机数并不只是来源于表，它们的产生也许不像一开始想象的那么简单。如果随机数不是真正地随机选取的，那么仿真结果的正确性将会受到严重的影响。

表 13-3 中的随机数是使用数学方法产生的。因此，它们不是真正的随机数，而是伪随机数。真正的随机数只有通过物理过程，像不停地旋转转盘那样才能获得。然而，像旋转转盘这样的一个物理过程在计算机化的仿真模型中使用起来并不方便。因此，需要一种数学方法人工地产生随机数。

为了真正地反映被模拟的系统，人工产生的随机数必须符合下面的特征：

1. 随机数必须是均匀分布的。这意味着位于随机数群中的每个随机数（也就是 0～1 或 0～100）被选到的机会是均等的。如果不能满足这个条件，那么仿真结果将会受到那些更有可能被选取的随机数的影响。

2. 产生随机数的数学方法应该是有效的。这意味着所产生的随机数不应该退化成常量或者循环太频繁。

3. 随机数的顺序不应该表现成任何模式。例如，数字的顺序是：0，1，2，3，4，5，6，7，8，9，0，1，2，3，4，5，6，7，8，9，0，1，2，3，4，5，6，7，8，9，0，等

等。它们虽然是均一的，但不是随机的。

0～1之间的随机数可以通过在Excel的单元格中输入公式＝RAND( )产生。通过这个公式产生的随机数包括所有前面讲到的符合随机性和均一性的特征。如界面13－1所示，在单元格A3中输入公式＝RAND( )，再复制到单元格A3:J12中。回想一下，我们有两种方法复制这些单元格。一种是先用指针选定A3:J12的单元格，然后在A3中输入公式＝RAND ( )，最后同时按下“控制”(Ctrl)和“回车”(Enter)键。另一种方法是先在单元格A3中输入公式＝RAND( )，然后将指针指向此单元格，单击鼠标右键选择复制，最后用指针选定单元格A3:J12，并单击鼠标右键选择“粘贴”。

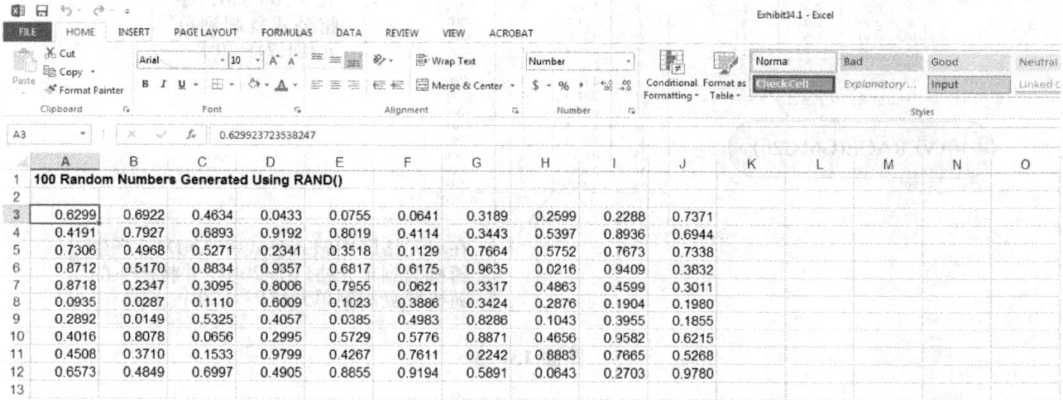
A3 0.629923723538247

	A	B	C	D	E	F	G	H	I	J
1	100 Random Numbers Generated Using RAND()									
2										
3	0.6299	0.6922	0.4634	0.0433	0.0755	0.0641	0.3189	0.2599	0.2288	0.7371
4	0.4191	0.7927	0.6893	0.9192	0.8019	0.4114	0.3443	0.5397	0.8936	0.6944
5	0.7306	0.4968	0.5271	0.2341	0.3518	0.1129	0.7664	0.5752	0.7673	0.7338
6	0.8712	0.5170	0.8834	0.9357	0.6817	0.6175	0.9635	0.0216	0.9409	0.3832
7	0.8718	0.2347	0.3095	0.8006	0.7955	0.0621	0.3317	0.4863	0.4599	0.3011
8	0.0935	0.0287	0.1110	0.6009	0.1023	0.3886	0.3424	0.2876	0.1904	0.1980
9	0.2892	0.0149	0.5325	0.4057	0.0385	0.4983	0.8286	0.1043	0.3955	0.1855
10	0.4016	0.8078	0.0656	0.2995	0.5729	0.5776	0.8871	0.4656	0.9582	0.6215
11	0.4508	0.3710	0.1533	0.9799	0.4267	0.7611	0.2242	0.8883	0.7665	0.5268
12	0.6573	0.4849	0.6997	0.4905	0.8855	0.9194	0.5891	0.0643	0.2703	0.9780
13										

界面 13－1

如果你要复制这张表格，所产生的随机数与界面13－1中是不一样的。每产生一次随机数，它们都会是不一样的。事实上，每次在Excel电子表格中重新计算的时候，随机数都将发生变化。你可以按F9键，观察随机数的变化。然而，在仿真模型中反复使用同一组（或一串）随机数有时是非常有用的。你可以通过复制Excel电子表格中产生随机数的单元格让这些随机数停止变化。比如，复制界面13－1上单元格A3:J12中的随机数。你用指针选定这些单元格，单击鼠标右键选择“复制”；然后点击电子表格最上方的“编辑”(Edit)菜单，在下拉菜单中选择“选择性粘贴”(Paste Special)。接下来，选择“数值”(Values)选项，然后点击“确认”(OK)。这个过程就是将带有公式＝RAND( )的单元格中的数值复制到原来的单元格中，这样就可以在适当的位置冻结这些变化的随机数。

在界面13－1中，还有一件事情要注意：所有的随机数都是0～1之间的，而在表13－3中所有的随机数都是0～100之间的。为了达到说明的目的，我们在前面用到了整个随机数，然而，像Excel这样的计算机程序一般只能产生0～1之间的随机数。

现在，我们打算用Excel求解计算机世界这个例子的仿真模型。界面13－2的电子表格中包含在表13－4中建立的原始的仿真模型。

注意，我们已经在单元格A6:C10中输入了笔记本电脑每周需求量的概率分布。还要注意，我们也在B列中输入了新的累积概率值。我们是这样计算出这些累积概率值的：首先在单元格B6中输入0，然后在单元格B7中输入公式＝A6＋B6，再将这个公式复制到单元格B8:B10中。累积概率为每个需求量提供了一个随机数的范围。例如，任何小于0.20的随机数将使得需求量等于0，任何大于0.20而小于0.60的随机数将使需求量等于1，

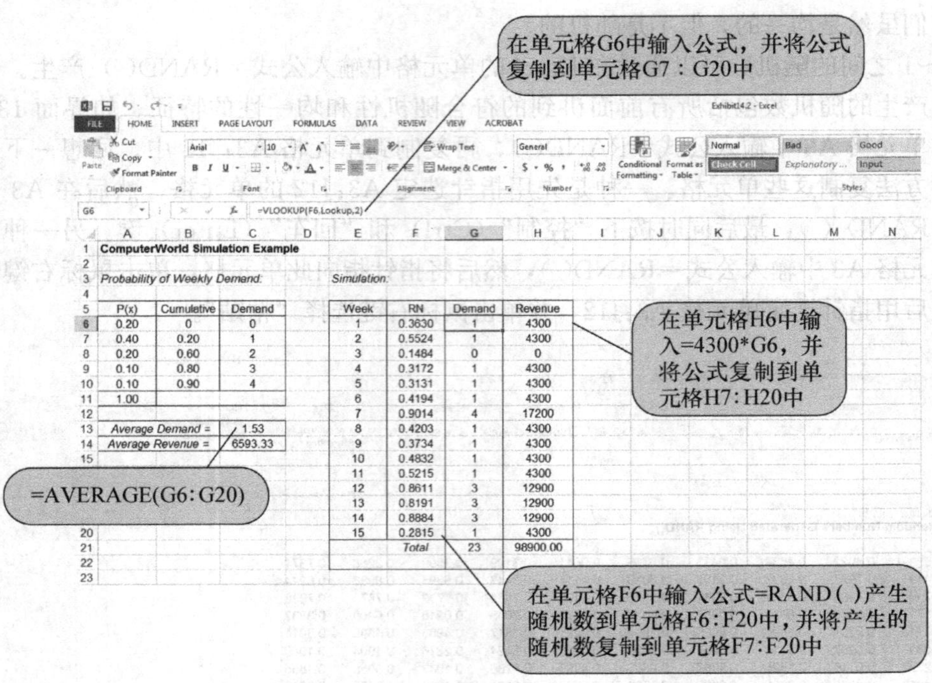

界面 13 - 2

等等。（注意，在单元格 B11 中没有等于 1.00 的值；最后一个需求值 4 将由任何大于等于 0.90 的随机数导致。）

在单元格 F6 中输入公式＝RAND( ) 产生随机数到单元格 F6:F20 中，并将产生的随机数复制到单元格 F7:F20 中。

现在我们需要为 F 列中的每个随机数产生对应的需求量。为了实现这一步，我们首先用指针选定单元格 B6:C10 中的累积概率和需求量。然后，将这些单元格取名为“Lookup”。有两种方法为单元格取名：一种是在公式栏中直接输入“Lookup”代替 B6；另一种方法是点击电子表格最上方的“插入”（Insert）菜单，选择“名称”（Name）二级菜单中的“定义”（Define），再输入“Lookup”。这样做的作用是将随机数及其关联的需求量创建为一个叫作“Lookup”的表格。接下来，我们在单元格 G6 中输入公式＝VLOOKUP(F6，Lookup，2)，并将公式复制到单元格 G7:G20 中。这个公式将 F 列中的随机数与单元格 B6:B10 中的累积概率进行对比，然后从单元格 C6:C10 中选取正确的需求量。

一旦在 G 列中产生了需求量，就可以通过在单元格 H6 中输入公式＝4300 * G6 来计算每周的收入，然后再复制公式到单元格 H7:H20 中。

在单元格 C13 中输入公式＝AVERAGE(G6:G20)，得到每周平均需求量。在单元格 C14 中输入类似的公式，得到每周平均收入。

注意，界面 13 - 2 中的每周平均需求量为 1.53，这与表 13 - 4 中得到的仿真结果 (2.07) 不一样。这是因为我们使用了一组不同的随机数。正如前面提到的，要想获得与真正的稳态值更接近的平均值，可能需要重复仿真 15 次以上。例如，界面 13 - 3 中演示的仿真重复了 100 次。窗口在 16 行处被冻结，滚动鼠标，在屏幕上显示前 10 周和后 6 周的结果，如界面 13 - 3 所示。

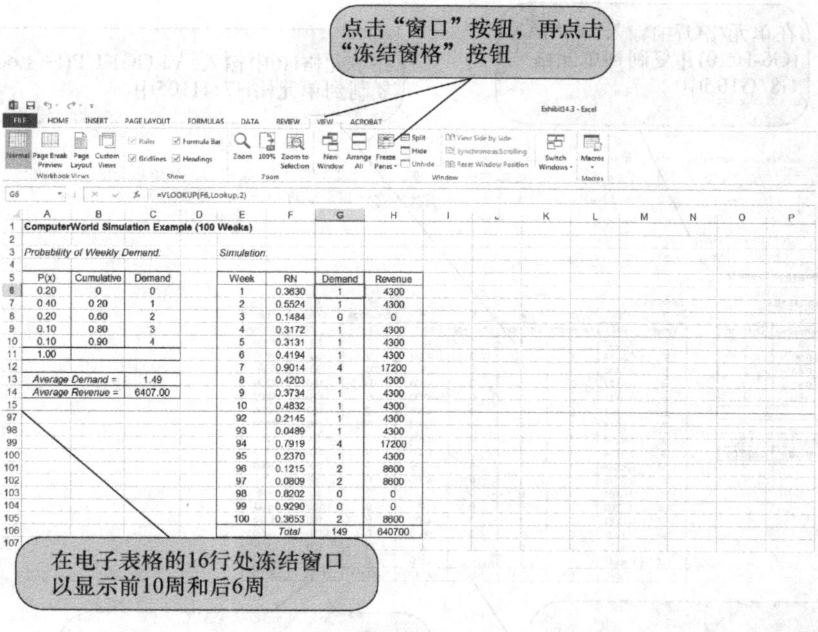

界面 13-3

□ 仿真中的决策制定

在前面介绍的例子中，计算机世界的经理需要一些关于每周笔记本电脑需求量和收入的有用信息，以帮助决定每周需要多少数量的笔记本电脑以满足需求。然而，这个例子并不能直接得出决策结果。接下来，将扩展计算机世界公司的例子，从而得到一个可能的决策。

从界面 13-3 的仿真计算中，公司的经理知道笔记本电脑平均每周的需求量接近 1.49 台，然而，经理不能每周订购 1.49 台笔记本电脑。因为小数部分的笔记本电脑是不可能的，要么订购 1 台，要么订购 2 台。这样，经理想要用两种可能的订购水平，1 和 2，重复之前的仿真。经理还想在模型中加入将影响决策的额外信息。

如果一周之内没有足够的笔记本电脑来满足需求，那么不仅会造成收益损失，而且会导致每台 500 美元的缺货损失，因为缺货会让顾客不高兴。每周末没有销售出去仍在库存中的笔记本电脑每台将产生 50 美元的库存持有成本。这样，公司每周在库的笔记本电脑过多或过少都会导致过多成本的发生。假定这种情形，经理想要获得最大的每周平均收入来选择订购 1 台或 2 台笔记本电脑。

界面 13-4 显示了改动后的例子的 Excel 电子表格。这个仿真重复进行了 100 周。与界面 13-3 类似，在界面 13-4 中标记为“1”“2”“4”的栏分别表示“周”“随机数”“需求”。定义单元格 B6:C10 的名称为“Lookup”，在单元格 H6 中输入公式＝VLOOKUP(F6，Lookup，2)，并将公式复制到单元格 H7:H105 中。

界面 13-4 中的仿真是为了说明笔记本电脑每周的订购规模。标记为“3”栏的“库存”跟踪记录了每周可用的库存数量——订购的 1 台笔记本电脑加上上周库存剩余的笔记本电脑数量。在单元格 G7 中输入公式＝1＋MAX(G6－H6，0) 计算每周的累积库存，并将公式复制到单元格 G8:G105 中。这个公式的意思是，订购的 1 台笔记本电脑加上上周

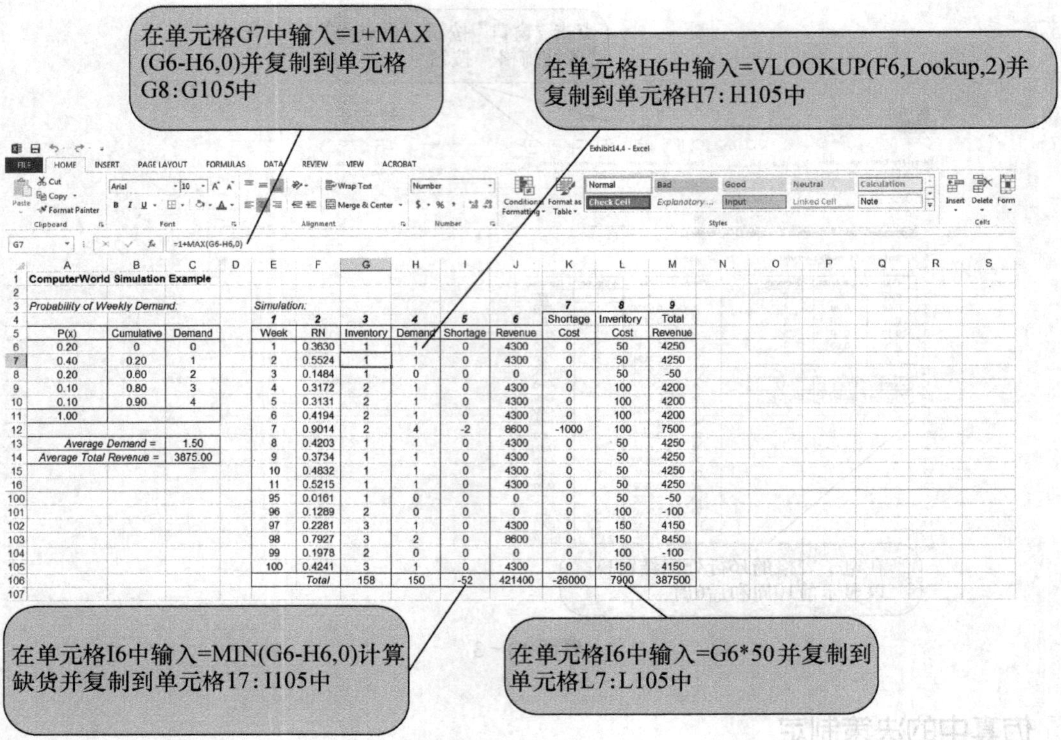

界面 13-4

库存剩余的笔记本电脑数量（G6－H6）或者 0，如果没有足够现有库存满足需求的话。公司不允许出现负的库存水平，负的库存水平叫作缺货。换句话说，如果由于缺货而导致损失一笔交易的话，这个交易就不会发生了。在“8”栏使用公式＝G6 * 50，也就是“3”栏中的库存量乘以每单位 50 美元的库存成本。

如果存在缺货，就在“5”栏中记录，标记为“缺货”。在单元格 I6 中输入公式＝MIN(G6－H6，0）计算缺货，并将公式复制到单元格 I7:I105 中。用“5”栏的缺货量乘以 500 美元，在“7”栏中计算缺货成本。也就是在单元格 K6 中输入公式＝I6 * 500，并将公式复制到单元格 K7:K105 中。

“6”栏计算每周收入，在单元格 J6 中输入公式＝4300 * MIN(H6，G6)，并将公式复制到单元格 J7:J105 中。换句话说，收入由“3”栏的库存水平和“4”栏的需求量的最小值决定。

“9”栏计算总的每周收入，在单元格 M6 中输入公式＝J6－K6－L6，也就是用收入减去缺货成本和库存成本，并将公式复制到单元格 M7:M105 中。

单元格 C13 显示的每周平均需求量是 1.50 台。在单元格 C14 中计算得到的每周平均收入为 3 875 美元。

接下来，我们必须重复和上面一样的仿真，只是订购量为每周 2 台笔记本电脑。界面 13-5 显示了订购水平为 2 台笔记本电脑的仿真的电子表格。注意，与订购量为 1 台笔记本电脑的实际不同就在于，“3”栏中使用了新的公式来计算每周库存水平。在单元格 G7 中输入这个新的公式，如电子表格顶部的公式栏所示。这个公式反映了每周订购的笔记本电脑数量是 2 台。

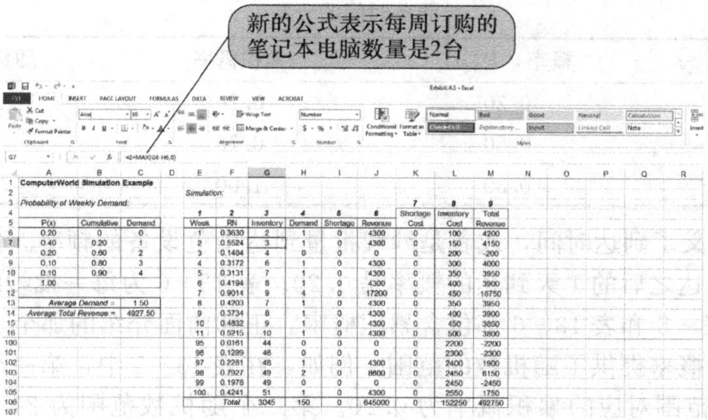

界面 13－5

在界面 13－5 显示的第二种情况的仿真中得到的结果是：每周平均需求量为 1.50 台笔记本电脑和每周平均收入为 4 927.50 美元。每周平均收入的结果比界面 13－4 显示的第一种情况下的每周平均收入仿真结果 3 875 美元高，即使公司的库存成本也明显高于第一种情况。这样，基于每周收入，正确的决策将是每周订购 2 台笔记本电脑。然而，在制定决策的过程中，这个问题可能还有额外的方面需要经理予以考虑。例如，也许公司没有足够的库存空间来满足这么多的库存。像这样的或其他的问题都可以使用仿真来进行分析。事实上，仿真的一个主要特征就是进行试验时模型的有用性，也叫作假设分析。

这个例子简单地介绍了如何使用仿真来制定决策（也就是进行“优化”）。在这个例子中，我们用两种订购量进行了试验，并确定了能带来较大收入的订购量。同样的基本建模原则可以用于解决在很多种需求概率分布情况下有上百种可能的订购水平并且含有不同的提前期（也就是从下订单到收货的那段时间）、缺货能力等其他复杂因素的大量问题。这些因素使得仿真更加庞大和复杂，但是在商业应用中这样的模型广泛使用。

排队系统的仿真

为了演示排队系统的仿真，我们将使用这样一个例子。伯林汉姆纺织厂（Burlingham Mills）生产粗棉布，并且生产的一个主要步骤是为棉纱染色。染色之后紧跟着就是织成粗棉布布料。这些纱线在一个大的混凝土容器中进行染色，容器就像一个狭窄的游泳池。纱线排列在一系列的滚筒上，转动经过装有染色溶液的大桶，然后到另一组滚筒上，转动再经过容器，接着又换到另一组滚筒上，如此循环。纱线是成批染色的，并且根据表 13－5 显示的概率分布以 1 天、2 天、3 天或 4 天的间隔到达染色容器。一旦一批纱线到达染色设备，需要 0.5 天、1.0 天或 2.0 天的时间完成染色过程，染色所需时间的概率分布如表 13－6 所示。

表 13－5　　到达间隔的分布

到达间隔（天），x	概率，$P(x)$	累积概率	随机数范围，r_1
1.0	0.20	0.20	1～20
2.0	0.40	0.60	21～60
3.0	0.30	0.90	61～90
4.0	0.10	1.00	91～99，00

表 13－6 服务时间的分布

服务时间（天），y	概率，$P(y)$	累积概率	随机数范围，r_2
0.5	0.20	0.20	1～20
1.0	0.50	0.70	21～70
2.0	0.30	1.00	71～99，00

表 13－5 定义了到达时间，或者是纱线批量到达染色设备的频率。例如，一批纱线在前一批纱线到达之后的 1 天到达的概率是 0.20。表 13－6 为每一批纱线定义了服务时间。注意，表 13－5 和表 13－6 都包含累积概率。正如前面介绍的那个 Excel 例子一样，累积概率为每个概率提供了随机数的范围。例如，在表 13－5 中，第一个随机数范围 r_1 为 1～20，这个范围对应的累积概率为 0.20。第二个随机数范围为 21～60，这个范围对应的累积概率为 0.60。尽管累积概率一直累加到了 1.00，但是表 13－3 包含的随机数的范围只是 0～99。这样，在每个表中都使用数字 0 来代替最后一组随机数中的 100。

表 13－7 举例说明了 10 批纱线到达染色容器的仿真。

表 13－7 伯林汉姆纺织工厂的仿真

批次	r_1	到达间隔 x	到达时间	进入设备时间	等待时间	r_2	服务时间 y	离开时间	在系统中的时间
1	—	—	0.0	0.0	0.0	65	1.0	1.0	1.0
2	71	3.0	3.0	3.0	0.0	18	0.5	3.5	0.5
3	12	1.0	4.0	4.0	0.0	17	0.5	4.5	0.5
4	48	2.0	6.0	6.0	0.0	89	2.0	8.0	2.0
5	18	1.0	7.0	8.0	1.0	83	2.0	10.0	3.0
6	08	1.0	8.0	10.0	2.0	90	2.0	12.0	4.0
7	05	1.0	9.0	12.0	3.0	89	2.0	14.0	5.0
8	18	1.0	10.0	14.0	4.0	08	0.5	14.5	4.5
9	26	2.0	12.0	14.5	2.5	47	1.0	15.5	3.5
10	94	4.0	16.0	16.0	0.0	06	0.5	16.5	0.5
					12.5				24.5

表 13－7 所示的人工仿真过程说明：

1. 第一批在 0 时刻到达，也就是到达时间为 0。因为系统中没有其他批次的纱线，所以第一批可以立即进入染色设备，也就是在 0 时刻进入染色设备。等待时间为 0。

2. 接下来，从表 13－3 中的第二栏选取一个随机数，$r_2=65$。观察表 13－6，可以看到随机数 65 对应的服务时间 y 为 1 天。纱线在 1 天后离开染色容器，也就是在排队系统中待了整整 1 天。

3. 从表 13－3 选取下一个随机数 $r_1=71$。也就是说第二批纱线在第一批到达后的第 3 天到达，或者在 3.0 时刻到达，如表 13－7 的到达时间所示。因为第一批在 1.0 时刻离开服务设备，所以第二批可以马上进入染色设备，这样就没有等候时间。

4. 从表 13－3 选取下一个随机数 $r_2=18$。也就是说第二批纱线将在系统中接受服务 0.5 天，将于 3.5 时刻离开。

继续这个选取随机数、产生到达间隔和服务时间的过程，直到模拟完第 10 批纱线到达和离开，如表 13-7 所示。

一旦完成这个仿真，就可以从仿真结果中计算出运营参数，如下：

$$平均等候时间=\frac{12.5\ 天}{10\ 批}=1.25(天/批)$$

$$平均系统停留时间=\frac{24.5\ 天}{10\ 批}=2.45(天/批)$$

然而，正如前一个例子一样，这些结果一定是受怀疑的。对这个排队系统进行 10 次试验不能保证得到稳态下的结果。一般来说，我们会认为从仅仅 10 次随机试验得到的估计值与真正的平均值之间有很大的差别。其中的一个原因就是，我们不能保证在这个例子中选取的随机数符合实际的概率分布，因为使用的随机数太少。我们使用的这组随机数可能数值大的比较多或者数值小的比较多，这样就会对模型最后的结果造成影响。例如，在上述例子的 9 次到达中，有 5 次到达的间隔时间是 1 天，对应的概率为 0.55（即 5/9）；然而，到达间隔时间为 1 天的实际概率为 0.20（从表 13-5 可知）。过量的短的间隔时间（由随机数的顺序引起的）可能人为地影响了系统的运行状态。

随着随机试验次数的增加，仿真中随机数的概率分布将更紧密地服从实际的概率分布。也就是说，如果模拟这个排队系统 1 000 次，可能到达间隔时间为 1 天的概率更有可能接近 20%。

另一个影响仿真结果的因素是开始条件。如果排队系统在一开始的时候没有任何批量仍在系统中，我们必须在系统达到正常运行条件之前进行一段时间的仿真。这个例子中，容器在早上开始运行的时刻进行仿真是合理的，尤其是如果模拟的是整整一个工作日的情况。然而，其他一些排队系统在开始的时候系统中就已经有服务对象了。例如，这种情况也是合理的：染色设备每天在开始的时候可能部分地完成前一天的批量。在这种情况下，仿真开始时假定系统中仍有批量纱线就是必需的。

通过给仿真模型增加第二个随机变量，正如上面介绍的例子，我们增加了仿真的复杂性，从而也增加了人工操作的复杂性。人工模拟表 13-7 中的例子 1 000 次将要耗费几个小时。我们更愿意使用计算机来完成这一类的仿真。需要一定量的数学计算来确定表 13-7 中不同栏的值，正如我们在接下来的部分将要演示使用 Excel 电子表格来模拟这个例子。

□ 排队论示例的 Excel 计算机求解

表 13-7 显示的伯林汉姆纺织厂染色过程的仿真同样可以用 Excel 来完成。界面 13-6 显示了这个例子的仿真模型。

C 列的随机数是由公式＝RAND( ) 产生的，我们在介绍计算机世界的例子时，界面 13-2 到界面 13-5 都使用了这个公式。（注意，在这个计算机仿真中，我们产生了一组新的范围从 0.0 到 1.0 的随机数。）到达时间是由单元格 B6:C9 的到达间隔的累积概率分布得到的。这些单元格都被重新命名为“Lookup1”，因为模型中有两个概率分布。在单元格 D15 中输入公式＝VLOOKUP(C15，Lookup1，2)，并复制公式到单元格 D16:D23 中，这样就在 D 列产生了到达时间。在单元格 E15 中输入公式＝E14＋D15 计算到达时间，并复制公式到单元格 E16:E23 中。

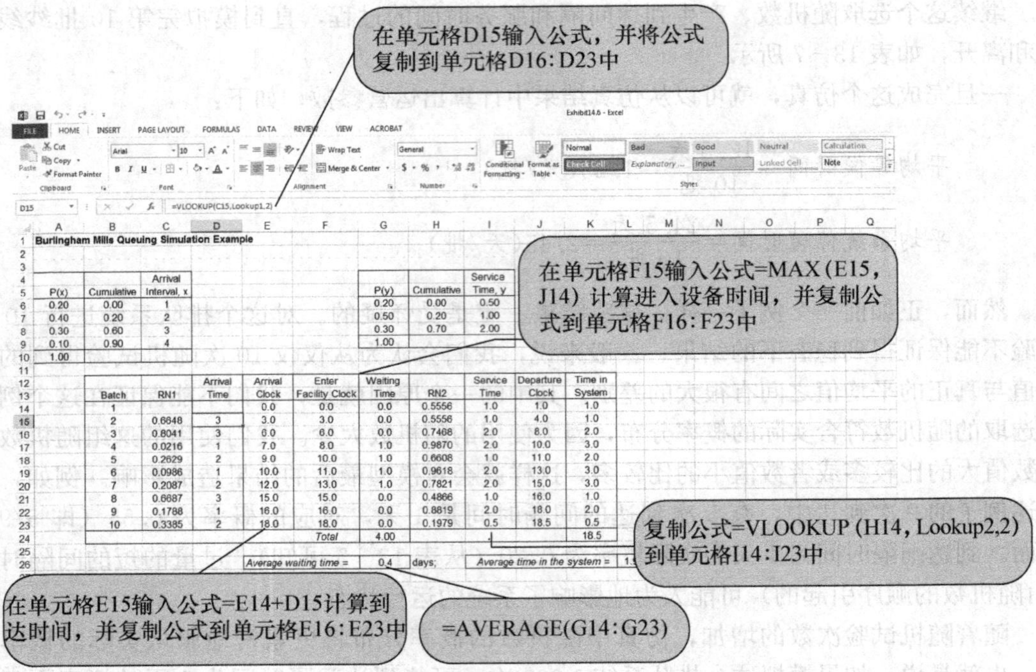

界面 13－6

如果没有其他要染色的批次或者只要任何正在染色的批次或等待染色的批次已经离开了设备（J 列），到达的（E 列）一批纱线就可以进入染色设备。在单元格 F15 中输入公式＝MAX(E15，J14）计算进入设备时间，并复制公式到单元格 F16:F23 中。用公式＝F14－E14 计算等待时间，并复制公式到单元格 G14:G23 中。

使用公式＝RAND(）在 H 列生产第二组随机数。再次使用“Lookup”函数，由单元格 H6：I8 的累积概率分布得到服务时间。在这种情况下，单元格 H6:I8 的名称被定义为“Lookup2”，复制公式＝VLOOKUP(C15，Lookup1，2）到单元格 I14:I23 中，得到 I 列的服务时间。复制公式＝F14＋I14 到单元格 J14:J23 中，得到 J 列的离开时间。复制公式＝J14－E14 到单元格 K14:K23 中，计算出停留在系统中的时间。

在单元格 G26 中输入公式＝AVERAGE(G14:G23)，计算出运营参数——平均等待时间。在单元格 L26 中输入类似的公式，计算得出平均系统停留时间。注意，正如我们推测的，0.4 天的平均等待时间和 1.9 天的平均系统停留时间都比表 13－7 中显示的仿真结果少。

管理科学应用

利用仿真制定灾难性疾病暴发的应对计划

一场灾难性疾病暴发可能造成大规模的伤亡，这对于应急部门的应对计划是一个巨大的挑战。应急部门需要迅速做出决策，以确定受影响的人群，识别治疗设施的位置和规模，为这些设施配置必要的人员以及分配药品和物质。疾病控制与预防中心的专家与研究人员合作开发了一个名为 RealOpt 的基于仿真的决策支持系统以应对此类事件。RealOpt 集成了包括仿真和数学规划在内的许多管理学工具和技术。该系统模块设计用于分配医疗设施和物资，化学和放射性侵蚀的地址筛选和净化，储备医疗物资的分阶段运输与储藏，处理疏散和事后登记，并将位置蓝图和空间配置纳入计划过程。在其他计划功能中，系统中的仿真和优化模型决定服务所在地点的数量和位置同时优化资源配置，这对于保护受影响的人群是必要的。RealOpt 系统拥有来自各个州和 1 800 个城市以及不同国际领域的 6 500 名公共卫生和应急协调员用户。该系统在数百次应急演习和疫苗接种事件中进行了测试，结果显示其大大提升了生产力（即在同样的反应时间内有更多的人得到治疗），并减少了人力需求和配送点的数量，从而节省了大量的网点设置和服务成本。此外，该系统还形成了一个知识数据库为未来的计划提供重要资源，改善了应急反应能力、质量保证和培训，提高了服务质量和员工士气，减少了计划时间。

资料来源：E. K. Lee，F. Pietz，B. Benecke，J. Mason，and G. Burel，"Advancing Public Health and Medical Preparedness with Operations Research," *Interfaces* 43，no. 1 (January-February 2013)：79-98.

连续概率分布

本章的第一个例子——计算机世界公司的经理考虑的是需求量为离散值的概率分布。在排队系统的例子中，间隔时间和服务时间也服从离散概率分布。然而，与这些使用离散分布的仿真模型相比，反映连续分布的仿真模型的应用更普遍。

前面集中介绍了概率分布为离散分布的例子，因为离散分布的情况下，可以清楚地确定随机数的范围，这样更易于阐述。当根据连续概率分布选择随机数时，必须使用连续函数。例如，考虑如下连续概率分布函数 $f(x)$，其中 x（单位：分钟）表示时间：

$$f(x)=\frac{x}{8},\quad 0\leqslant x\leqslant 4$$

曲线下的面积，$f(x)$，代表了随机变量 x 发生的概率。由于随机变量发生的概率和等于 1.0，所以曲线下的面积必须等于 1.0。通过计算曲线下从 0 到任意随机变量 x 的面积，可以确定 x 的累积概率值，如下：

$$F(x)=\int_0^x \frac{x}{8}dx=\frac{1}{8}\int_0^x xdx=\frac{1}{8}\left(\frac{1}{2}x^2\right)\Big]_0^x=\frac{x^2}{16}$$

累积概率与我们在前面例子中使用的离散随机数的范围类似。这样，令函数 $F(x)$ 等于随机数 r：

$$r=\frac{x^2}{16}$$

解得

$$x=4\sqrt{r}$$

将产生的随机数 r 代入上式，就可以确定 x 的值，也就是"时间"。(然而，对于一个连续函数，随机数的范围必须在 0～1 之间以对应 0.0～1.00 的概率值。）例如，如果 $r=0.25$，那么

$$x=4\sqrt{0.25}=2(\text{分钟})$$

简单介绍这个例子的目的是阐述离散函数和连续函数之间的差别。这个连续函数相对简单；随着函数越来越复杂，根据 r 从方程中解出 x 的困难也会越来越大。这个简单的例子需要用到微积分，建立更复杂的模型要求的数学水平将会更高。

□ 机器停机与维修系统的仿真

在这个例子中，我们将介绍连续概率分布的使用。Bigelow 制造公司使用大量的机器生产一种产品。用下面的连续概率分布来定义由于机器停机而流失的时间：

$$f(x)=\frac{x}{8},\quad 0\leqslant x\leqslant 4\ \text{周}$$

式中，x 为机器停机间隔的周数。

之前已经说明了在连续概率分布下，如何根据给定随机数 r_1 计算 x：

$$x=4\sqrt{r_1}$$

机器停机时必须对机器进行维修，维修时间可以是 1 天，或者 2 天、3 天。维修时间的离散概率分布如表 13－8 所示。每当一台机器停机，直到机器维修好之前，估计会造成每天 2 000 美元的停产损失。

表 13－8　机器维修时间的概率分布

机器维修时间，y(天)	维修时间的概率，$P(y)$	累积概率	随机数范围，r_2
1	0.15	0.15	0.00～0.15
2	0.55	0.70	0.16～0.70
3	0.30	1.00	0.71～1.00

公司想要知道是否应该执行一个年费用为 20 000 美元的机器维修程序来减少机器停机的频率，这样也能减少维修的时间。实施维修项目可能导致的机器停机时间的连续概率分布函数如下：

$$f(x)=x/18,\quad 0\leqslant x\leqslant 6\ \text{周}$$

式中，x 为机器停机间隔的周数。

给定随机数 r_1，这个概率分布下

$$x=6\sqrt{r_1}$$

执行维修程序后维修时间减少了，新的维修时间的离散概率分布如表 13－9 所示。

表 13－9　执行维修程序后修正的维修时间概率分布

机器维修时间，y(天)	维修时间的概率，$P(y)$	累积概率	随机数范围，r_2
1	0.40	0.40	0.00～0.40
2	0.50	0.90	0.41～0.90
3	0.10	1.00	0.91～1.00

为了解决这个问题，我们首先要模拟现有系统以确定每年平均维修成本的估计值。然后，必须再模拟执行维修程序后的系统，看这种情况下的每年平均维修成本是多少。接着，比较两者的差别，看执行维修程序后每年平均节省的维修成本。如果节省的成本比每年执行维修程序花费的成本（20 000 美元）要高，我们将建议执行这个程序；如果节省的比花费的少，我们则建议不执行该程序。

首先，我们将人工模拟现有系统停机，在没有执行维修程序的情况下进行系统维修，看看是如何建立仿真模型的。表 13－10 举例说明了大约在一段近 1 年的时间内（也就是 52 周）20 次停机和维修的仿真情况。

表 13－10　　机器停机和维修时间的仿真

停机	r_1	停机时间间隔(周)	r_2	维修时间，y(天)	成本，2 000y 美元	累积时间，$\sum x$(周)
1	0.45	2.68	0.19	2	4 000	2.68
2	0.90	3.80	0.65	2	4 000	6.48
3	0.84	3.67	0.51	2	4 000	10.15
4	0.17	1.65	0.17	2	4 000	11.80
5	0.74	3.44	0.63	2	4 000	15.24
6	0.94	3.88	0.85	3	6 000	19.12
7	0.07	1.06	0.37	2	4 000	20.18
8	0.15	1.55	0.89	3	6 000	21.73
9	0.04	0.80	0.76	3	6 000	22.53
10	0.31	2.23	0.71	3	6 000	24.76
11	0.07	1.06	0.34	2	4 000	25.82
12	0.99	3.98	0.11	1	2 000	29.80
13	0.97	3.94	0.27	2	4 000	33.74
14	0.73	3.42	0.10	1	2 000	37.16
15	0.13	1.44	0.59	2	4 000	38.60
16	0.03	0.70	0.87	3	6 000	39.30
17	0.62	3.15	0.08	1	2 000	42.45
18	0.47	2.74	0.08	1	2 000	45.19
19	0.99	3.98	0.89	3	6 000	49.17
20	0.75	3.46	0.42	2	4 000	52.63
					84 000	

表 13－10 中的仿真结果是总的年维修成本为 84 000 美元。然而，这仅仅是 1 年的仿真结果，不一定非常准确。

仿真分析的下一个步骤是安装完维修程序后，模拟机器停机和维修系统。我们将使用修正后的停机时间间隔的连续概率分布和表 13－9 中修正后的维修时间的离散概率分布来举例说明 1 年内的机器停机和维修的仿真。

表 13－11 显示了维修程序下总的年维修成本是 42 000 美元。回想一下表 13－10 中显

示的人工仿真结果，没有执行维修程序的情况下总的年维修成本是 84 000 美元。两个年维修成本之间的差为 42 000 美元（84 000－42 000）。这个值代表了执行维修程序节省的年平均维修成本。因为维修程序每年花费 20 000 美元，这表示执行维修程序仍然可获得每年 22 000 美元的年期望节省额（也就是 42 000－20 000＝22 000 美元）。

表 13－11　执行维修程序情况下的机器停机和维修仿真

停机	r_1	停机时间间隔(周)	r_2	维修时间，y(天)	成本，2 000y 美元	累积时间，$\sum x$（周）
1	0.45	4.03	0.19	1	2 000	4.03
2	0.90	5.69	0.65	2	4 000	9.72
3	0.84	5.50	0.51	2	4 000	15.22
4	0.17	2.47	0.17	1	2 000	17.69
5	0.74	5.16	0.63	2	4 000	22.85
6	0.94	5.82	0.85	2	4 000	28.67
7	0.07	1.59	0.37	1	2 000	30.29
8	0.15	2.32	0.89	2	4 000	32.58
9	0.04	1.20	0.76	2	4 000	33.78
10	0.31	3.34	0.71	2	4 000	37.12
11	0.07	1.59	0.34	1	2 000	38.71
12	0.99	5.97	0.11	1	2 000	44.68
13	0.97	5.91	0.27	1	2 000	50.59
14	0.73	5.12	0.10	1	2 000	55.71
					42 000	

然而，现在考虑一下潜在的困难，因为我们仅仅对每个系统（现有系统和安装维修程序的系统）进行了一次仿真。由于机器停机的时间间隔以及维修时间都是有概率的，所以仿真结果可能存在很大的差异。保证结果的正确性的唯一方法就是多次重复每个系统的仿真试验，并计算平均值。人工完成大量的仿真明显需要花费很多时间和精力。然而，Excel 可以帮助我们完成必要的仿真分析。

□ 机器停机例子的 Excel 计算机仿真

界面 13－7 显示了表 13－10 中人工仿真的原始机器故障例子的 Excel 电子表格仿真模型。Excel 仿真了 100 次停机。单元格 C14:C113 中的随机数是使用 RAND( ) 函数产生的，在之前的例子中也使用了同样的函数。在单元格 D14 中输入连续累积概率公式＝4＊SQRT(C14)，并将公式复制到 D15:D113 中，得到 D 列的“机器停机间隔时间”（Time Between Breakdowns）。

在单元格 E15:E113 中复制公式＝E14＋D15，计算得到 E 列的“累积时间”（Cumulative Time）。使用 RAND( ) 函数在 F 列产生第二组随机数。从单元格 B6:C8 中的累积概率分布得到 G 列的“维修时间”（Repair Time）。正如前面介绍的例子，我们将这些单元格定义为“Lookup”，然后在单元格 G14:G113 中复制公式＝VLOOKUP(F14, Lookup, 2)。在单元格 H14 中输入公式＝2000＊G14，并将公式复制到单元格 H15:H113

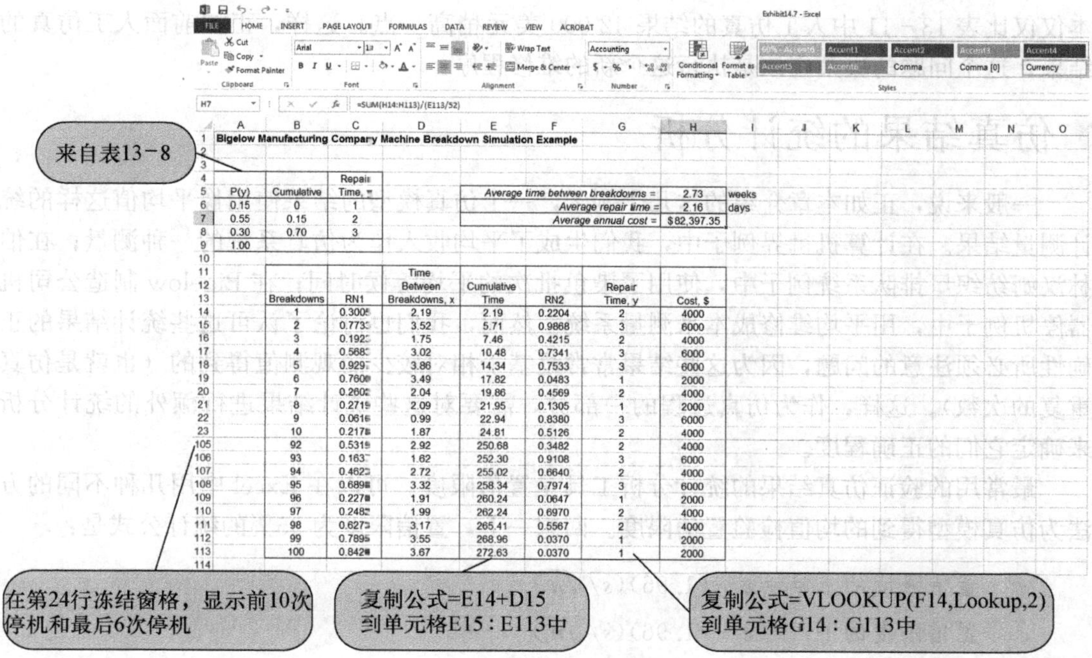

界面 13－7

中，计算得到 H 列的成本值。

在单元格 H7 中输入公式＝SUM(H14：H113)/(E113/52)，计算出"年平均成本"(Average Annual Cost)。对于这个原始的问题，年平均成本为 82 397.35 美元，这与表 13－10 中人工仿真的结果差别不大。

界面 13－8 显示了表 13－11 中人工仿真执行新的维修程序后停机系统的 Excel 电子表格仿真。界面 13－7 和界面 13－8 显示的两种仿真模型的区别就在于，单元格 A6：C8 中来自表 13－9 的停机间隔时间的累积概率分布公式和维修时间分布。

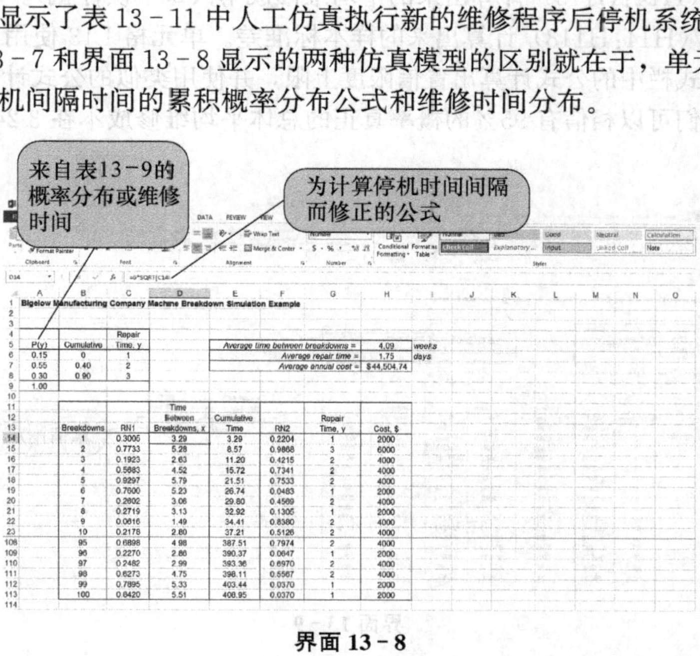

界面 13－8

界面 13－8 显示的年平均成本如单元格 H8 所示，为 44 504.74 美元。这个年平均成本仅仅比表 13－11 中人工仿真的结果 42 000 美元稍高一点。这样，正如前面人工仿真的结果，这个问题的决策应该是执行这个新的维修程序。

仿真结果的统计分析

一般来说，正如本章介绍的这几个例子，一个仿真模型的结果使用像平均值这样的统计测量结果。在计算机世界例子中，我们生成了平均收入作为仿真系统的一种测量；在伯林汉姆纺织厂排队系统例子中，使用了染色批次的平均等候时间；在 Bigelow 制造公司机器停机例子中，用平均维修成本来测量系统。然而，我们也讨论了认可这些统计结果的正确性所必须注意的问题，因为这些结果常常是基于相对较少的观测值得到的（也就是仿真重复的次数）。这样，作为仿真过程的一部分，需要对这些统计结果进行额外的统计分析来确定它们的正确程度。

最常用的验证仿真结果的统计分析工具是置信限度。可以在 Excel 中用几种不同的方法为仿真模型得到的均值检验置信限度。回想一下，置信限度为 95%的统计公式是：

$$置信限度的上限=\bar{x}+(1.96)(s/\sqrt{n})$$

$$置信限度的下限=\bar{x}-(1.96)(s/\sqrt{n})$$

式中，$\bar{x}$ 为平均数；s 为样本大小为 n 的任意总体的样本标准差。虽然我们不能保证样本的平均数正好等于总体的平均数，但是可以相信有 95%的概率真正的总体平均数将在使用以上公式计算出的置信限度上限（UCL）和置信限度下限（LCL）之间。

界面 13－9 显示了机器停机例子（来自界面 13－8）的 Excel 电子表格，其中单元格 L13 和单元格 L14 是使用置信限度上限和下限公式的平均维修成本。单元格 L11 是使用公式＝AVERAGE(H14:H113) 计算出来的平均维修成本（每一次停机）。单元格 L12 是使用公式＝STDEV(H14:H113) 计算出来的样本标准差。单元格 L13 使用界面 13－9 中电子表格上方的公式栏中的公式计算出置信限度上限，并使用类似的公式计算出置信限度的下限。这样，我们可以相信有 95%的概率真正的总体平均维修成本在 3 248.50～3 751.50 美元之间。

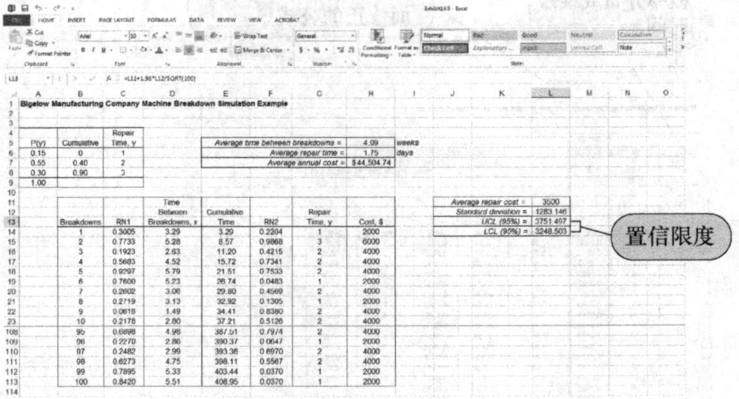

界面 13－9

通过使用“工具”（Data）菜单中的“数据分析”（Data Analysis）选项，可以得到置信限度和另外几个统计值。（如果在“工具”菜单中没有“数据分析”选项，就选择“工具”菜单中的“加载宏”选项，然后选择“分析工具库”选项。）从电子表格顶部的“工具”菜单栏选择“数据分析”选项，然后从数据分析窗口中选择“描述统计”（Descriptive Statistics）。这样就会出现界面 13－10 所示的对话框。点击“确定”，就会出现界面 13－10 所示的统计结果总结，单元格 J8：K23 显示的是维修成本。这些统计结果包括我们在界面 13－9 中计算出的均值、标准差和置信限度，以及其他一些统计值。

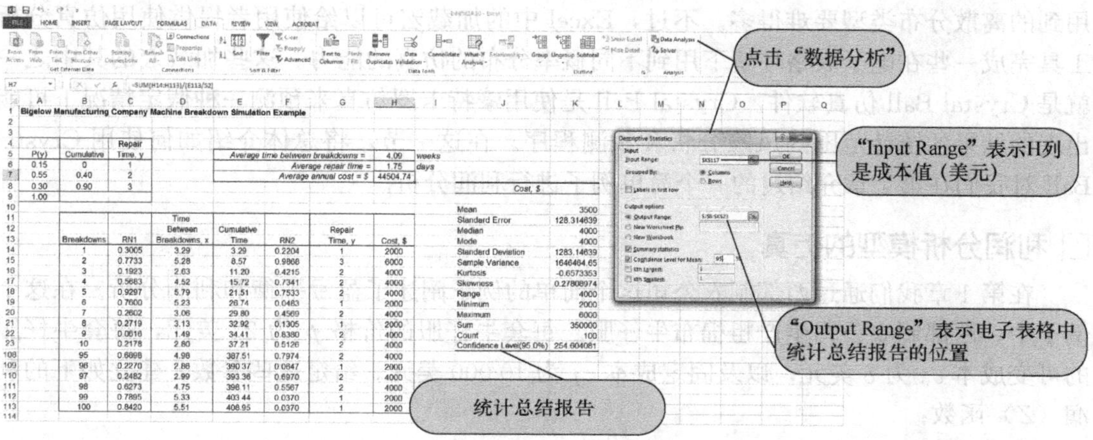

界面 13－10

管理科学应用

运用仿真技术预测索马里海盗袭击

近年来索马里海盗在索马里沿海的亚丁湾和印度洋区域的袭击剧增。袭击中美国公民被海盗杀害。据统计，2012 年有将近 200 人被海盗挟持以索要赎金，每年海盗袭击给海运业带来的损失成本超过 160 亿美元。随着日益完善的装备和战术，海盗可以在数百万平方英里的范围内实施袭击，目前由约 30 艘船组成的反海盗部队必须将有限的资源分配到这一大片区域。然而，由于海盗通常在小型船只上作业，无法在公海以及风中航行，因此他们的行动对于天气和海洋情况非常敏感。海盗袭击需要登上更大的船只，速度往往非常快，因此很少有袭击伴随着巨浪，风浪使登上和追赶大型船只变得困难。而且，海盗船只的运动直接受到风和海流的影响，他们往往在搜索区域漂浮等待目标出现，以节省燃料使他们能够搜索更长的时间。利用这些特点，美国海军海洋学办公室利用仿真技术研究开发了海盗袭击预测模型，能够使反海盗部队以尽可能高效的方式分配力量。该模型的最新版本利用仿真来预测与受威胁区域一段时间内风浪和海流相关的海盗袭击。情报数据每天被录入到系统中，当观察到海盗活动时，系统输入环境预测并且利用海盗行为模型预测区域内海盗可能出现的地理分布。这种分布与商业航运信息以及供给的匹配性相结合，估计一个区域发生袭击的可能性。模型每 24 小时运行一次，并以 3 小时为单位发出 72 小时的预测。这一仿真模型不仅对于预测能力有用，而且能够帮助了解海盗问题最重要的一个方面，即影响反海盗部队的操作。

资料来源：Based on L. A. Slootmaker，E. Regnier，J. A. Hansen and T. W. Lucas，“User Focus and Simulation Improve Predictions of Piracy Risk，” *Interfaces* 43，no. 3（May-June 2013）：256－57.

Crystal Ball 仿真软件

到目前为止，本章使用的仿真例子在 Excel 电子表格中建立的模型大多包含离散概率分布。这是在电子表格中运算的最简单的概率分布类型。然而，很多现实问题包含更多的复杂概率分布，如正态分布这样的非离散的连续分布，或者它们是离散分布，但是比我们用到的离散分布类型要难得多。不过，Excel 中的加载宏可以给使用者提供使用仿真分析工具完成一些在电子表格环境下用到不同概率分布的仿真的能力。这些加载宏的其中之一就是 Crystal Ball 仿真软件。Crystal Ball 是使用蒙特卡罗仿真来预测一种假定情况下可能出现的结果的统计范围的风险分析和预测程序。在这一节，将总体介绍如何使用 Crystal Ball 对我们在第 1 章介绍过的一个简单例子进行利润分析。

利润分析模型的仿真

在第 1 章我们通过西部制衣公司这个简单的例子阐述了盈亏平衡和利润分析。在这个例子中，西部制衣公司生产粗棉布牛仔服。每套牛仔服的价格 p 为 23 美元，每套牛仔服的可变成本 c_v 为 8 美元，以及固定成本 c_f 为 10 000 美元。给定这些参数，建立如下的利润（Z）函数：

$$Z=vp-c_f-vc_v$$

我们的分析目标是确定没有盈利和损失情况下的盈亏平衡产量 v。令 $Z=0$，从利润函数中求得 v，如下：

$$v=\frac{c_f}{p-c_v}$$

将价格、可变成本和固定成本代入上述公式，得到盈亏平衡产量 $v=666.7$（套）：

$$v=\frac{10\,000}{23-8}=666.7(\text{套})$$

为了介绍 Crystal Ball 的使用，我们将修改这个例子。首先，假定真实的需求量是一个服从正态分布的随机变量，这个正态分布的均值为 1 050 套牛仔服，标准差为 410。

进一步，假定这个价格不仅不是固定的，而且是不确定的，并定义价格服从一个均匀概率分布（从 20 美元到 26 美元）。同时，可变成本不是一个常量，而是定义为一个三角形概率分布。我们不是确定盈亏平衡产量，而是要在给定需求概率、价格概率和可变成本概率的情况下模拟利润模型，确定平均利润和西部制衣公司将要破产的概率。

我们要做的第一件事就是进入 Crystal Ball。

界面 13－11 显示了这个例子的 Excel 电子表格。我们在相应的单元格为利润模型描述了每个概率分布的参数。例如，单元格 C4 包含了需求的概率分布。我们想要做的就是根据需求的概率分布产生需求量（也就是蒙特卡罗仿真）。这与我们之前在计算机世界例子中使用随机数根据离散概率分布产生需求量的过程是一样的。注意，单元格 C9 包含利润公式＝C4 ∗ C5－C6－(C4 ∗ C7)。这是这张电子表格上唯一有公式的单元格。

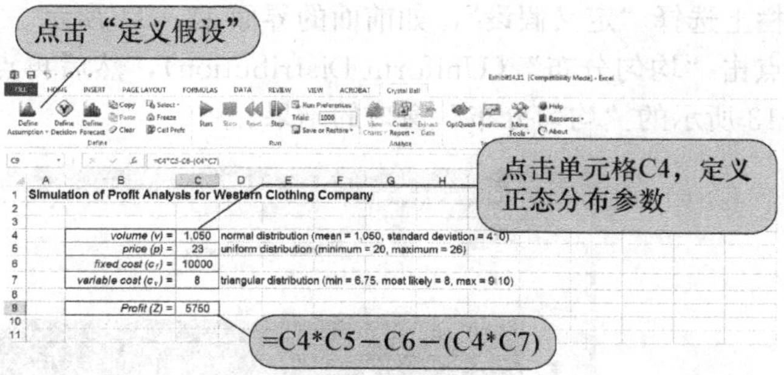

界面 13-11

设定需求的正态概率分布参数，首先在单元格 C4 输入平均值 1 050。需要初始值开始仿真。接下来，如界面 13-12 所示，点击电子表格顶部的“定义”菜单，将出现一个关于分布的下拉菜单。

分布下拉菜单窗口包括我们可以使用的几种不同的概率分布。因为已经指出需求被定义为正态分布，所以我们选择“正态”分布，然后点击“确认”。这将产生如界面 13-12 所示的正态分布图。

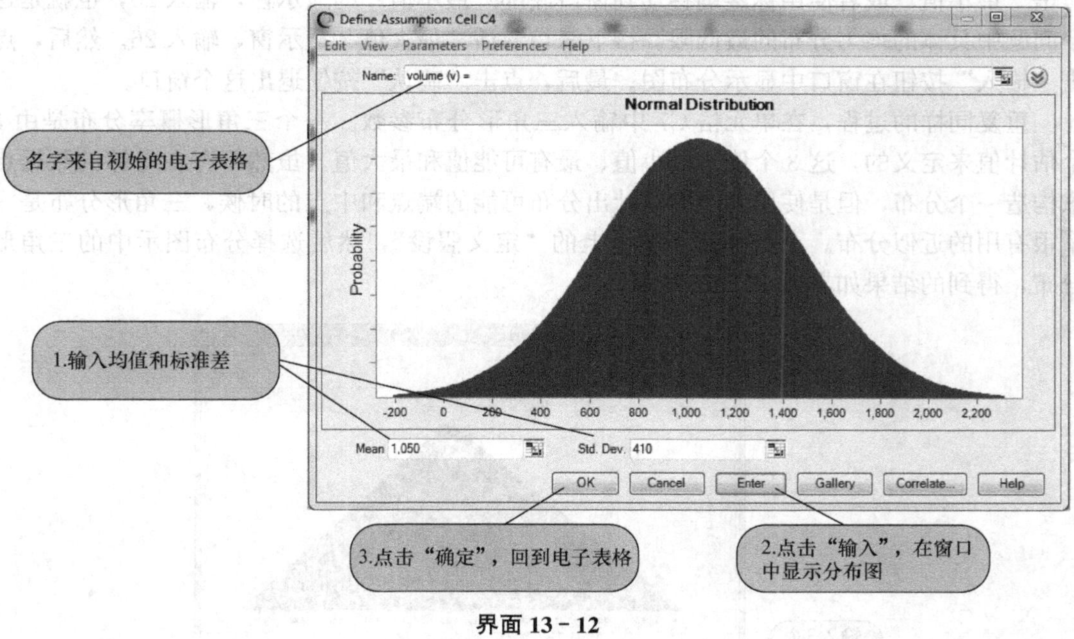

界面 13-12

界面 13-12 顶部“名称”栏中的值从电子表格中标题为“volume(v)＝”的单元格自动得到；也可以输入一个新的或不同的名称。接下来，点击“均值”（Mean）或者使用标签键移动到窗口左下角的“均值”显示处。因为我们在电子表格的单元格 C4 中输入的均值为 1 050 美元，所以这个值将在窗口中显示出来。接下来，点击“标准差”（Std. Dev.）或者使用标签键移动到窗口中“标准差”处，并输入标准差 410。然后点击“输入”按钮，将在窗口中显示正态分布图，最后点击“确认”。

我们将在单元格 C5 中输入价格的均匀分布参数来重复这个过程。首先，在单元格 C5 中输入价格的值 23。接下来（在激活单元格 C5 的情况下），点击电子表格顶部的“定义”

菜单，然后从菜单栏上选择“定义假设”，如前面的界面 13－11 所示。分布图示窗口将再次出现，这个时候点击“均匀分布”（Uniform Distribution），然后再点击“确认”。这将会出现如界面 13－13 所示的“均匀分布”窗口的结果。

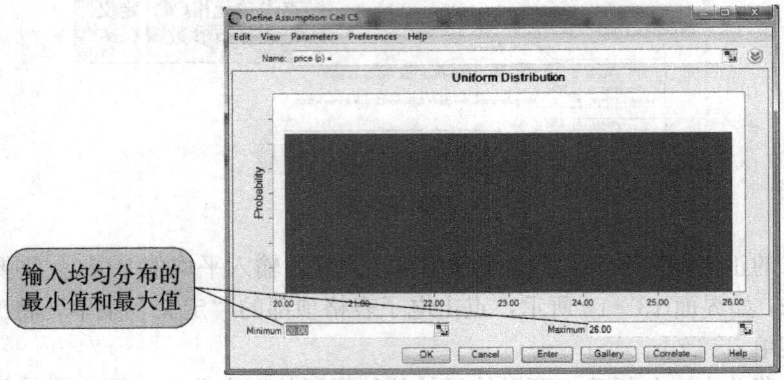

界面 13－13

像之前一样，“名称”和“价格（p）”的值来自界面 13－11 中的电子表格。接下来，点击“最小值”或者使用标签键移动到窗口底部“最小值”的显示栏，输入 20，也就是这个问题中具体的均匀分布的最低限。接下来，激活“最大值”显示窗，输入 26。然后，点击“输入”按钮在窗口中显示分布图。最后，点击“确认”按钮退出这个窗口。

重复同样的过程，在单元格 C7 中输入三角形分布参数。一个三角形概率分布是由 3 个估计值来定义的，这 3 个值是最小值、最有可能值和最大值。虽然不存在足够的数据点来构造一个分布，但是使用者能够估计出分布可能的端点和中点的时候，三角形分布是一个很有用的近似分布。点击单元格菜单上的“定义假设”，然后选择分布图示中的三角形分布，得到的结果如界面 13－14 所示。

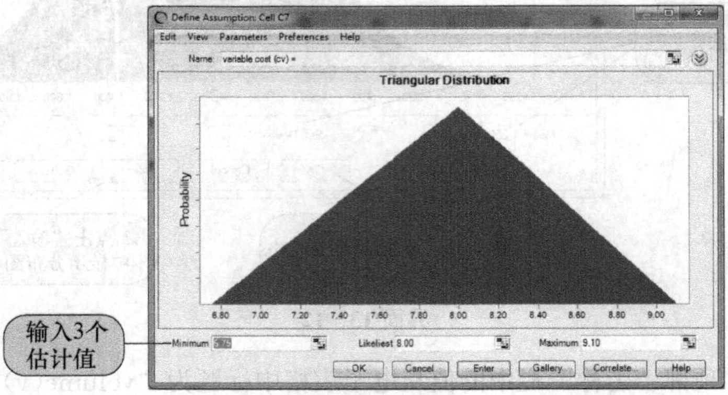

界面 13－14

我们输入的“最小值”为 6.75，“最有可能值”为 8.00，“最大值”为 9.10。点击“输入”，将会出现如窗口中所示的三角形分布图。点击“确认”退出这个窗口，回到原来的电子表格。

接下来，在原始的电子表格中点击单元格 C9。回想一下，这个单元格就是在界面 13－11 中输入利润公式的那个单元格。通过在原始电子表格中其他单元格计算得到的利润值将在单元格 C9 中显示，这个利润值为 5 750 美元。点击电子表格顶部的“定义”菜单栏，选择“定义预测”（Define Forecast），如界面 13－15 所示，将出现如界面 13－15 所示的窗口。“利润（Z）＝”将从电子表格中直接导入。点击“单位”（Units）显示栏，输入“美元”（Dollars）。然后，点击“确认”退出这个窗口。这就完成了输入仿真模型参数和数据的过程。界面 13－16 中的电子表格显示了输入参数后的变化。下一个步骤就是运行仿真。

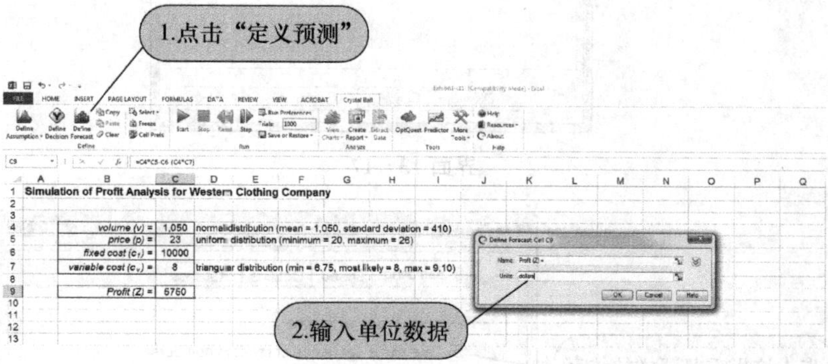

界面 13－15

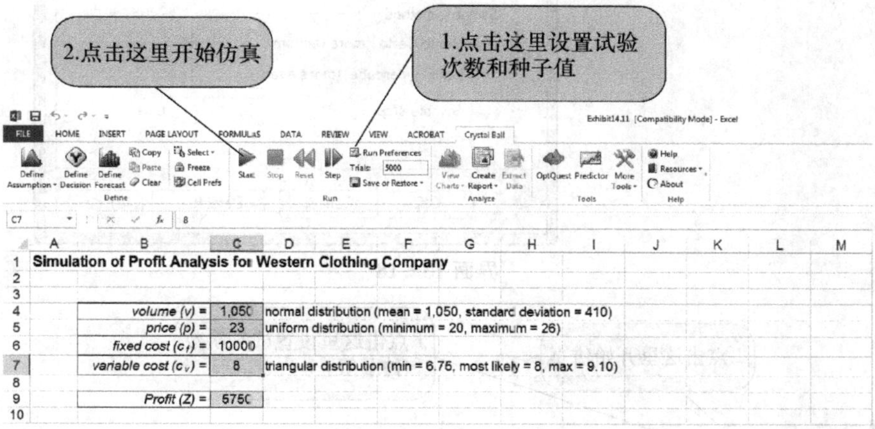

界面 13－16

机器停机这个例子的仿真模型类似于前面介绍的 Excel 电子表格模型。通过使用随机数，我们想要在单元格 C4 中生成需求量，在单元格 C5 中生成价格，再在单元格 C7 中生成可变成本值。然后再将这 3 个值代入单元格 C9 的利润公式中，计算出利润值。这代表仿真的一次重复，或者一次试验。仿真要运行很多次，以得到利润的一个分布。

为了运行仿真，点击“运行参数”（Run Preferences），如界面 13－16 表单的顶部所示。这项操作激活了如界面 13－17 所示的窗口。然后，输入仿真要运行的次数。例如，在这个例子中，将运行 5 000 次仿真试验。接下来，点击窗口顶部的“样本”（Sampling），打开如界面 13－18 所示的窗口。在这个窗口中，必须输入这个仿真的一个随机数顺序的种子值，通常这个值是 999。点击“确认”，然后回到“运行”（Spreadsheet）菜单。在“运行”菜单（见界面 13－19）上点击“开始仿真”（Start），就将开始运行这个仿真。界面 13－19 显示了完成 5 000 次试验后的仿真结果和这次仿真的频率分布。

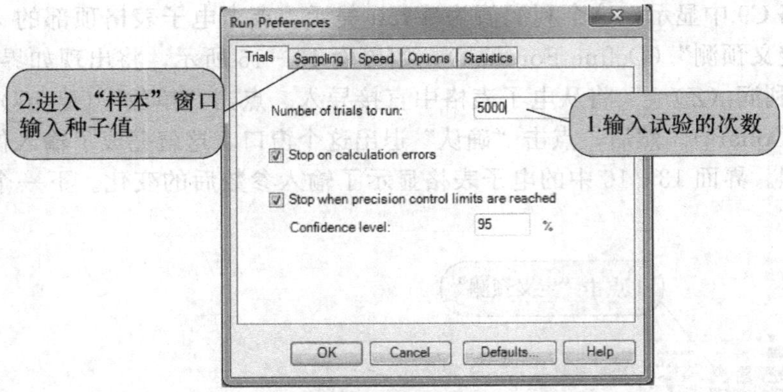

界面 13－17

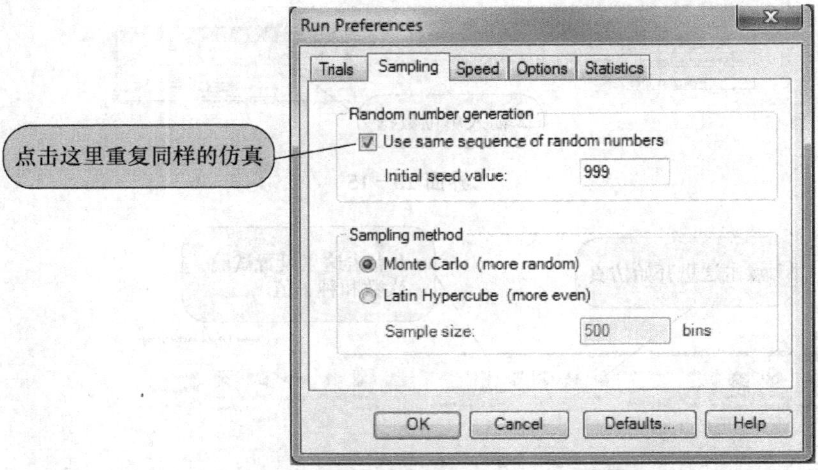

界面 13－18

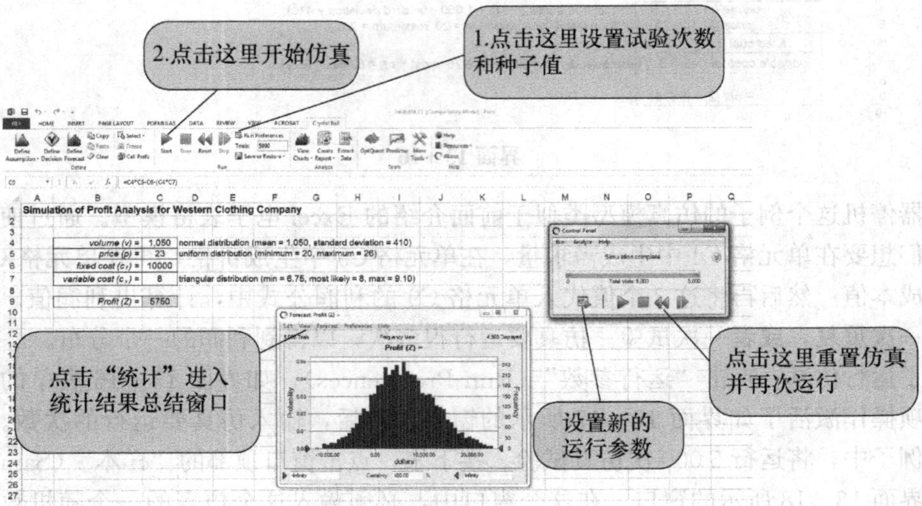

界面 13－19

在预测窗口的顶部点击“视图”（View）菜单，选择下拉菜单上的“统计”（Statistics），就可以得到这个仿真的统计结果总结报告。结果如界面 13－20 所示。你可以从统计窗口顶部的“视图”菜单选择“频率”(Frequency)回到预测窗口。

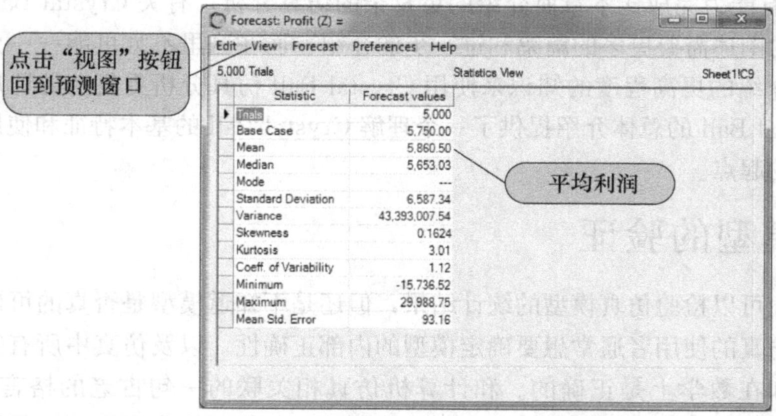

界面 13-20

在第 1 章的例子中，我们想要确定盈亏平衡产量。在这个修改后的例子中，西部制衣公司想要从这个仿真分析中知道公司破产的概率以及平均利润。从界面 13-20 显示的统计结果窗口可以知道，利润的平均值是 5 860.50 美元。在界面 13-21 所示的窗口中，点击水平方向坐标轴左边的箭头，并将其移动到“0.00”，就可以确定破产的概率。或者点击最低的界限，目前设置为“无穷大”(Infinity)；我们将“无穷大”改为 0，然后按回车键，也可以确定破产的概率。这个操作将最低限制设置为 0，也就是盈亏平衡点。如界面 13-21 所示，频率图显示了新的最低限制的位置，在窗口底部显示了利润为 0 的“确定性”(Certainty)为 81.61%，即公司破产的概率为 0.816 1。

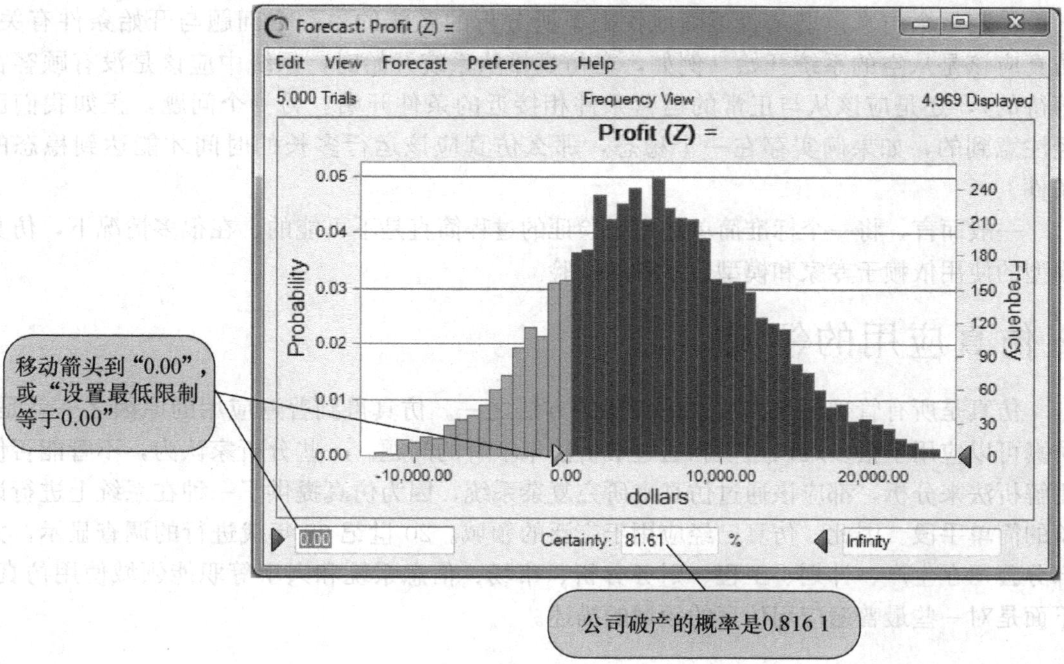

界面 13-21

我们使用 Crystal Ball 阐述了一个简单易懂的例子。这个例子不是非常复杂或者细致。Crystal Ball 有能力完成比本章所介绍的更复杂的仿真分析。有关 Crystal Ball 的这些能力和其他特征的阐述需要更多的篇幅和进一步的介绍，而在这里不太可能一一介绍。尽管需要比我们所介绍的更高程度的知识来使用 Crystal Ball 仿真分析更复杂的情形，但是以上对使用 Crystal Ball 的总体介绍提供了一个理解 Crystal Ball 的基本特征和使用其进行仿真分析的很好的起点。

仿真模型的验证

尽管我们可以检验仿真模型的统计结果，但还是不知道模型是否真的可以复制现实世界的问题。仿真的使用者通常想要确定模型的内部正确性，以及仿真中所有完成的运行都是符合逻辑和在数学上是正确的。和计算机仿真相关联的一句古老的格言是这么说的："无用输入，无用输出。"为了得到仿真结果验证的一些保证，仿真模型的使用者可以应用一些检测方法。

首先，仿真模型可以运行很短一段时间或者仅仅几次仿真试验。这可以让使用者比较计算机仿真结果和人工仿真结果（就像我们在本章的一些例子中进行人工仿真那样），以检查差异。检测的另一种方法是将模型分割成几部分，然后分开对每部分进行仿真。这样将减少检查模型错误的复杂性。类似地，可以简化仿真模型的数学关系，这样就可以更容易地对模型进行检查，看模型运行是否正确。

为了确定模型是否可靠地代表了被仿真的系统，有时可以对仿真结果和现实世界中的数据进行比较。一些统计检验可以用来完成这种类型的分析。然而，当建立一个模型来仿真一个新的或者唯一的系统的时候，就没有现实的方法来确保结果的正确性。

确定一个仿真模型是否正确地代表了所分析的系统的另一个问题与开始条件有关。仿真应该是从空的系统开始（例如，在仿真排队系统开始时，系统中应该是没有顾客在等待的），还是应该从与正常的运营条件相接近的条件开始？另一个问题，正如我们已经注意到的，如果确实存在一个稳态，那么仿真应该运行多长的时间才能达到稳态的条件？

一般而言，将一个标准简单地用于验证的过程简直是不可能的。在很多情况下，仿真模型的使用依赖于专家和模型建立者的经验。

仿真应用的领域

仿真是所有管理科学方法中最有用的方法之一。仿真得到普遍应用的原因之一就是，仿真可以应用于很多难以建模和通过解析法来求解的问题。一些分析家认为，不管能否使用解析法来分析，都应该通过仿真来研究复杂系统，因为仿真提供了一种在系统上进行试验的简单手段。因此，仿真已经应用于广泛的领域。20 世纪 90 年代进行的调查显示，大部分公司在生产、计划、工程、财务分析、市场、信息系统和人事等职能领域使用仿真。下面是对一些最普遍应用仿真的领域的描述。

□ 排队

已经大量应用了仿真来分析排队系统。正如第 12 章指出的，求解运营参数的公式有相对严格的假设。对于更复杂的排队系统（来自对假设条件的放松），建立解析公式是不太可能的，而仿真通常是唯一可行的分析方法。

□ 库存控制

大多数人都意识到一个贸易公司在确定应该维持多大的库存量的时候，产品需求是一个非常关键的组成部分。很多用来分析库存系统的公式都假设需求是一定的（也就是说，它不是一个随机变量）。然而，在实际中，需求几乎不可能被确定地知道。在需求是一个反映不确定性的随机变量的情况下，仿真是分析库存系统的几种方法之一。第15章讨论了库存控制。

□ 生产和制造

仿真通常用于解决生产问题，如生产计划、生产排序、组装线的平衡（在制品库存）、工厂布局和工厂选址分析等。非常令人惊讶的是，可以被看作排队系统的生产流程是如此之多，这样可能就只能用仿真来分析了。因为机器停机的发生典型地是根据一定的概率分布的，所以也经常使用仿真来分析维修问题。

□ 财务

资金预算问题需要对现金流进行估算，这样就会产生很多随机变量。仿真已经用来产生不同贡献因素的值以估计现金流。仿真也同样用来确定回报率的输入值，这些输入值都是像市场大小、销售价格、成长率和市场份额这样的随机变量。

□ 市场

典型的市场问题包括大量的随机变量，如市场大小、市场类型和消费者偏好等。仿真可以被用来探知怎样才能回应一种产品的上市或者怎样为一种产品打广告。仿真在市场方面的另一个应用领域就是，分析分销渠道以确定最有效率的分销系统。

□ 公共服务实施

警察局、消防队、邮局、医院、法院、机场和其他公共系统的运作已经使用仿真来进行分析。基本上，像如此复杂的运作和包括如此多随机变量的问题，除了仿真以外，不可能用其他方法来进行分析。

□ 环境和资源分析

近来，一些较新的关于仿真的应用是有关环境的问题。仿真模型已经用来探知项目对环境造成的影响，如核电站、水库、高速公路和水坝等。在很多情况下，这些模型包括分析这些项目财务可行性的测量方法。其他模型用于模拟污染条件。在资源分析领域，近年来大量模型被用来仿真能源系统和可替代能源的可行性。

小 结

近年来，仿真日益成为一种重要的管理科学方法。多方面的调查显示，仿真是最广泛地应用于解决现实世界中的问题的方法之一。这种普遍性的主要动因就是计算机行业已经开发出大量具体的仿真语言来处理复杂问题。

仿真的普遍性可归因于：与定义更严格的解析方法相比，仿真可以很大程度地增加所分析系统的灵活性。换句话说，问题不一定非得适合模型（或方法），而是可以构建仿真模型来适应问题。仿真分析的一个主要好处就是，它能够让我们使用模型进行试验。例如，在排队问题的例子中，我们可以扩展模型来描述更多的服务设备、队列和不同的到达与服务时间，而这样的试验会受到应用公式可用性的局限。也就是说，通过改变问题不同的部分，我们为没有具体解析公式的问题创造出一个新的问题。然而，仿真不受这样的限制。仿真仅仅受个人开发计算机程序能力的限制。

仿真是一种并不一定有最优解的管理科学方法。一般来说，一个仿真模型反映了一个系统的运行，并且模型的结果是以像均值这样的统计数据的形式出现。然而，通过搜索技术有时也可以得到仿真模型的最优解。

尽管仿真的应用范围很广，它也是有局限性的，必须谨慎使用。仿真的一个局限性就是：仿真模型都是非结构化的，所应用的系统和问题也同样是非结构化的。不像本书介绍的其他一些结构化的方法，仿真模型不能简单应用于一类具体的问题。因此，开发仿真模型通常需要想象力和直觉经验，而不像我们介绍的其他方法那样需要简单明了的解决技巧。另外，仿真模型的验证是一个需要认真考虑的方面。通常不可能实际地验证仿真结果，以判断仿真结果是否正确地反映了分析的系统。这个问题开始成为这样一个关注领域：仿真结果的"输出分析"正在发展成为一个新的研究领域。仿真的另一个局限性是成本和建模时间的代价。因为仿真模型是为非结构化系统开发的，通常需要花费大量的人力、计算机计算时间和金钱来开发和运行。对于很多商业公司，这些成本的花费将受到抑制。

解题实例

下面的例题阐述了一个使用离散概率分布的人工仿真。

问题描述

Willow Creak 紧急救援中心的员工根据过去的经验，知道他们每天晚上会接到 0～6 个紧急呼叫，呼叫满足以下离散概率分布：

呼叫	概率
0	0.05
1	0.12
2	0.15
3	0.25
4	0.22
5	0.15
6	0.06
	1.00

救援中心将每个紧急事件划分为 3 类紧急类型之一：次要、正常或重要紧急事件。每个具体的呼叫对应的紧急事件类型的概率分布如下：

紧急事件类型	概率
次要	0.30
正常	0.56
重要	0.14
	1.00

每类紧急事件的呼叫决定所需的救援小组的大小。一个次要的紧急事件需要由 2 个人组成的救援小组，一个正常的紧急事件需要由 3 个人组成的救援小组，一个重要的紧急事件需要由 5 个人组成的救援小组。

模拟 10 个晚上救援中心接到的紧急呼叫，计算每晚每种类型的紧急呼叫的平均数量，并确定每个晚上可能需要的救援人员的最大数量。

求解过程

步骤 1：给出概率分布的随机数范围

呼叫	概率	累积概率	随机数范围，r_1
0	0.05	0.05	1～5
1	0.12	0.17	6～17
2	0.15	0.32	18～32
3	0.25	0.57	33～57
4	0.22	0.79	58～79
5	0.15	0.94	80～94
6	0.06	1.00	95～99，00
	1.00		

呼叫	概率	累积概率	随机数范围，r_2
次要	0.30	0.30	1～30
正常	0.56	0.86	31～86
重要	0.14	1.00	87～99，00
	1.00		

步骤 2：建立一个仿真表格

使用表 13－3 第二栏中的随机数。

夜间	r_1	呼叫数量	r_2	紧急事件类型	援救小组大小	每晚总人数
1	65	4	71	正常	3	
			18	次要	2	
			12	次要	2	
			17	次要	2	9
2	48	3	89	重要	5	
			18	次要	2	
			83	正常	3	10
3	08	1	90	重要	5	5

续前表

夜间	r_1	呼叫数量	r_2	紧急事件类型	援救小组大小	每晚总人数
4	05	0	—	—	—	—
5	89	5	18	次要	2	
			08	次要	2	
			26	次要	2	
			47	正常	3	
			94	重要	5	14
6	06	1	72	正常	3	3
7	62	4	47	正常	3	
			68	正常	3	
			60	正常	3	
			88	重要	5	14
8	17	1	36	正常	3	3
9	77	4	43	正常	3	
			28	次要	2	
			31	正常	3	
			06	次要	2	10
10	68	4	39	正常	3	
			71	正常	3	
			22	次要	2	
			76	正常	3	11

步骤 3：计算结果

$$每晚次要紧急事件呼叫的平均数量=\frac{10}{10}=1.0$$

$$每晚正常紧急事件呼叫的平均数量=\frac{13}{10}=1.3$$

$$每晚重要紧急事件呼叫的平均数量=\frac{4}{10}=0.40$$

如果所有呼叫都发生在同一时间，那么每晚所需救援中心员工的最大数量应该是 14 人。

习 题

2. 到达 Petroco 加油站的汽车的时间间隔定义为如下概率分布：

到达时间间隔（分钟）	概率
1	0.15
2	0.30
3	0.40
4	0.15
	1.00

a. 仿真 20 次汽车到达加油站，计算平均到达间隔时间。

b. 使用与 a 中不同顺序的随机数组，仿真 1 小时内加油站的汽车到达情况，计算平均到达间隔时间。

c. 比较 a 和 b 的计算结果。

11. State 和 Tech 大学在周六进行橄榄球比赛。体育新闻记者已经对各节比赛的每支球队进行了跟踪，并且累积了如下数据：State 有 4 种基本的进攻战术——席卷、假跑真传、虚传实跑和内侧抢球；Tech 使用 3 种基本的防守——外截锋、俄克拉何马防守和冲杀。State 每种战术进攻在每种防守下可能获得的码数见下表：

State 的进攻	Tech 的防守		
	外截锋	俄克拉何马防守	冲杀
席卷	−3	5	12
假跑真传	12	4	−10
虚传实跑	2	1	20
内侧抢球	7	3	−3

State 采用这 4 种进攻战术的概率如下表所示：

战术	概率
席卷	0.10
假跑真传	0.20
虚传实跑	0.20
内侧抢球	0.50

Tech 将使用的防守战术概率如下：

防守	概率
外截锋	0.30
俄克拉何马防守	0.50
冲杀	0.20

体育新闻记者估计，State 将在比赛中 40 次采用战术。记者相信如果 State 赢得了 300 码或者 300 码以上，就将获胜，然而，如果 Tech 防守使得 State 赢得码数在 300 码以内，那么 Tech 就将获胜。使用仿真的方法，确定体育新闻记者将预言哪支球队获胜。

13. 一个城市有两份报纸——《论坛报》和《日报》。每个周日，读者都会买一份报纸。下面的矩阵包括给定顾客在这一周购买的报纸的种类的情况下，下周购买具体的报纸的概率：

这周日	下周日	
	《论坛报》	《日报》
《论坛报》	[0.65	0.35]
《日报》	[0.45	0.55]

仿真一个顾客 20 周购买报纸的情况，确定稳态下一位顾客长期购买每种报纸的概率。

14. 罗巴克商店每周从一家奶厂订购牛奶。商店的经理认为需求（按箱计算）的概率分布如下：

需求（箱）	概率
15	0.20
16	0.25
17	0.40
18	0.15
	1.00

商店订购每箱牛奶的成本是 10 美元，每箱牛奶的销售价是 16 美元。每箱牛奶每周的持有成本是 0.50 美元，缺货成本是每箱 1 美元。仿真罗巴克商店 20 周内订购系统的情况。如果每周订购 16 箱牛奶，计算这种订购量下商店每周的平均利润。请说明如何进行仿真确定这个问题的订购量。

16. 一个 CPM/PERT 项目网络图显示了网络图上每个分支的可能活动时间（x）及其概率，例如，活动 1～3 在 6 天内完成的概率是 40%，而在 10 天内完成的概率是 60%。

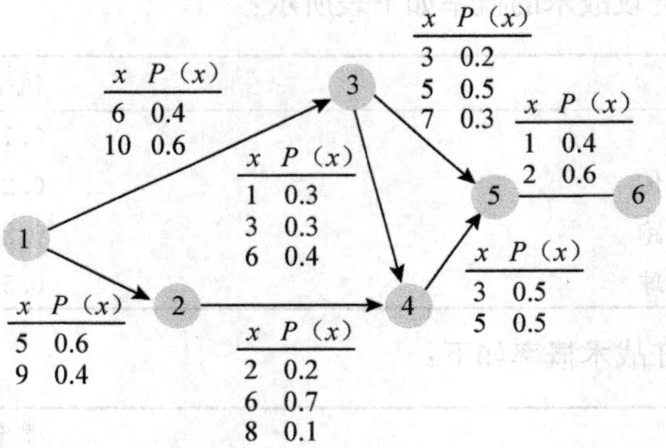

仿真这个项目网络图 10 次，每次都要确定关键路径。计算平均的关键路径时间和每条路径成为关键路径的频率。如何比较这个使用仿真分析确定关键路径的方法和经常使用的 CPM/PERT 分析方法？

21. 伦道夫大学和塞伦大学相距 20 英里，两所大学的学生经常约会。伦道夫大学的学生认为他们的等级要比塞伦大学的高。伦道夫大学的学生从同学中选取了几百人作为样本，要求评价他们的约会，并根据形象魅力、智力和个性 3 个方面打分——1～5 分（其中 1 代表最好，5 代表最差）。如下是塞伦大学的学生以上 3 个特征的得分的概率分布：

形象魅力	概率
1	0.27
2	0.35
3	0.14
4	0.09
5	0.15
	1.00

智力	概率
1	0.10
2	0.16
3	0.45
4	0.17
5	0.12
	1.00

个性	概率
1	0.15
2	0.30
3	0.33
4	0.07
5	0.15
	1.00

仿真20次约会，并且计算塞伦大学学生的总体平均等级。

23. 伯林汉姆纺织厂生产粗棉布销售给牛仔服制造商。伯林汉姆纺织厂与特洛伊服装厂协商一个契约，按周提供粗棉布。伯林汉姆纺织厂根据如下概率分布，为这个契约制定了每月0～600码之间的可供使用的生产能力：

$$f(x)=\frac{x}{180\,000},\quad 0\leqslant x\leqslant 600\text{ 码}$$

特洛伊服装厂每周粗棉布需求量的概率分布如下：

需求（码）	概率
0	0.03
100	0.12
200	0.20
300	0.35
400	0.20
500	0.10
	1.00

对特洛伊服装厂20周的订购情况进行仿真，确定每周平均生产能力和每周平均需求。同时，确定伯林汉姆纺织厂有足够的生产能力满足需求的概率。

33. 艾琳·琼斯有100 000美元，想进行多样化投资。她打算从一个包含4种共同基金的清单上选出2种共同基金并分别投资50 000美元，投资期为3年。她已经从4种基金的历史数据和市场数据中确定了每种基金年回报率的均值和标准差（正态分布），如下：

基金	概率回报率（r）	
	μ	σ
1. 互联网	0.20	0.09
2. 指数	0.12	0.04
3. 娱乐	0.16	0.10
4. 成长	0.14	0.06

两种投资基金可能的组合为（1，2）、（1，3）、（1，4）、（2，3）、（2，4）和（3，4）。

a. 使用 Crystal Ball 仿真每种投资组合，确定 3 年内的期望收益。（注意，期望价值 FV 的计算公式是 $FV_n = P_r(1+r)^n$，其中 P 为当前投资，r 为回报率，n 为投资年数。）指出期望收益最高的基金投资组合。

b. 艾琳想要尽可能地降低风险。她知道如果将这 100 000 美元用于投资银行的大额定期存单，3 年后她可以获得 20 000 美元的投资回报。使用 Crystal Ball 进行仿真，运行频率图，确定哪几种投资可以获得等于或大于 120 000 美元的收益。

案例 13－1

JET 复印店

詹姆士·班克斯和罗宾·科尔紧挨着在克莱克复印中心排队等待使用其中的一台复印机。“啊，罗宾，我讨厌这样，”他说道，“我们不得不从南门一道开车过来，然后还要排队等待使用这些复印机。我讨厌像这样等待。”

“我知道你的意思，”罗宾回答道，“但你看看都是哪些人在这复印。有很多是来自南门公寓的学生或者是我们附近另一座公寓的学生。看起来好像是克莱克复印中心应该搬到离我们更近的地方更合理，而不是我们跑来这里复印。”

詹姆士看了看周围，注意到罗宾所说的。他和罗宾是州立大学的学生，并且克莱克复印中心大部分的顾客也都是学生。正如罗宾所提到的，在这里排队等候的大多数人都是住在南门公寓的州立大学的学生，而詹姆士和艾琳·摩尔也住在南门公寓。于是詹姆士有了一个主意，他那晚回家后，跟艾琳·摩尔以及他们的朋友泰丽·琼斯分享这个主意。

“注意啦，朋友们，我有一个挣钱的主意，”詹姆士开始说道，“我们来做复印的生意吧！我们所要做的事情就是买一台复印机，放在泰丽的对门，然后复印挣钱。我知道我们能够有顾客，因为我刚才在克莱克复印中心目睹了这一切。如果我们在南门这里也能提供复印服务的话，我们将是相当有竞争力的。”

泰丽和艾琳喜欢这个主意，所以他们三个打算开始他们的复印生意。他们以自己的名字将复印店取名为 JET 复印店。他们第一步就是购买一台复印机。他们以 18 000 美元的价格购买了一台州立大学商学院办公室使用的复印机。（泰丽的父母提供的贷款。）出售给他们机器的单位给他们带来了复印的可靠性，但是买完之后，艾琳从办公室主任那里听说这台复印机会频繁地出故障，出现故障的时候，通常需要花 1～4 小时进行维修。当艾琳将这个消息告诉泰丽和詹姆士的时候，他们就开始担心了。如果复印机出故障的现象频繁发生的话，在等待维修人员修理机器这段时间，机器就不能使用，这样会损失大量的利润。因此，詹姆士、艾琳和泰丽认为他们应该再花 8 000 美元购买一台小型复印机备用，在主机器出现故障的时候使用。然而，在他们再次向泰丽的父母贷款之前，打算估计一下如果不购买备用复印机将会造成多大的损失。为了进行估算，他们决定建立一个仿真模型，因为他们在州立大学的一门课中学过仿真方法。

为了建立这个仿真模型，他们首先需要知道的是这台复印机可能出现故障的频率——具体地说，就是出现故障的时间间隔。没有人能够给他们一个精确的概率分布，但是与学校商学院的工作人员交谈之后，詹姆士估计复印机出现故障的时间间隔可能在0～6小时之间，并且复印机无故障使用的时间越长，出现故障的概率就越高。这样，一般出现故障的概率分布如下图所示。

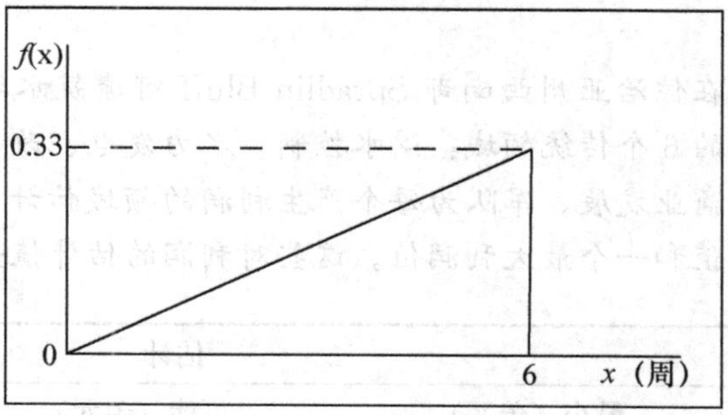

接下来，他们需要知道的就是在复印机出现故障之后，需要花多长时间进行维修。他们与经销商有一个服务合同，经销商保证一旦出现故障马上提供维修服务。然而，泰丽从学校商学院处收集到一些数据，她根据这些数据得到了如下的维修时间概率分布：

维修时间（天）	概率
1	0.20
2	0.45
3	0.25
4	0.10
	1.00

最后，他们需要估计当复印机出现故障时，在维修期间将会损失掉的生意。他们三人对于能有多少生意仅有一个模糊的概念，但是最后他们估算出每天将复印2 000～8 000份，每份0.10美元。然而，他们不知道将使用哪种概率分布来描述这个复印数量范围。因此，他们决定使用一个最小值为2 000份，最大值为8 000份的均匀概率分布来估算他们每天的复印数量。

詹姆士、艾琳和泰丽决定，如果一年内由于复印机出现故障而损失的收入达到或超过12 000美元的话，他们就应该购买一台备用的复印机。这样，他们需要仿真数年内机器出现故障和出现故障后维修的情况，从而得到年平均收入的损失额。在编写这个仿真模型的程序之前，他们打算人工仿真一年内的情形，以观察这个模型是否正确。请人工仿真JET复印店一年内机器出现故障和出现故障后维修的情况，并且确定这一年的收入损失。

案例 13 - 2

Spradlin Bluff 河项目的利润-成本分析

美军工程师历年来在美国的东南部给不同的河流建筑水坝。他们主要使用利润-成本分析方法从大量的项目中评估和选择项目。军队不仅要估算出项目中几个不同种类的年利润，而且要估算出年成本额，然后用总的利润除以总的成本，以计算利润-成本率。军队和国会根据利润-成本率比较众多的项目，然后选择其中的一些项目给予投资。利润-成本率大于 1.0 表明利润比成本高，并且利润-成本率越高，就越有可能被选中作为投资的对象。

军队正在评价一个在佐治亚州西南部 Spradlin Bluff 河建筑水坝的项目。军队已经确定了这个项目产生利润的 6 个传统领域：洪水控制、水力发电、改良航道、娱乐、鱼类和野生动植物、恢复地区商业发展。军队为每个产生利润的领域估计了 3 个值——一个最小可能值、一个最有可能值和一个最大利润值。这些对利润的估计值如下：

利润	估计		
	最小（美元）	最可能（美元）	最大（美元）
洪水控制	1 695 200	2 347 800	3 570 600
水力发电	8 068 250	11 845 000	14 845 000
改良航道	50 400	64 000	109 500
娱乐	6 404 000	9 774 000	14 566 000
鱼类和野生动植物	104 300	255 000	455 300
恢复地区商业发展	0	1 630 000	2 385 000

这个水坝建筑项目相关的成本有两类——总的资金成本，按 100 年以上的年利率计算（由政府指定的利息率）以及年运营和维修成本。这个项目的成本估计如下：

成本	估计		
	最小（美元）	最可能（美元）	最大（美元）
按年利率计算的资金成本	12 890 750	14 150 500	19 075 900
运营和维修	3 483 500	4 890 000	7 350 800

使用 Crystal Ball 仿真，确定利润-成本率的均值和标准差。

这个项目的利润-成本率大于 1.0 的概率是多少？

案例 13 - 3

技术部门的灾难应对计划

为了关注目前与季节相关的疾病、火灾和其他一些不幸事件，大学技术部门的行政人员启动了一些计划项目，以预测当地突发事件处理设施应对突发事件的效率。其中一个项目关注将受灾者从校园送往其所在区域 5 家医院的运输问题：Montgomery Regional,

Country General，Raeford Memorial，Lewis Galt 和 HGA Healthcare。该项目团队需要决定在灾害发生时，每家医院应该分配多少受灾者和这些受灾者需要多长时间能够运送到指定医院。由于这些灾害的发生频率很低，所以研究团队面临的一大问题是数据的缺乏。项目团队参考其他学校的受灾情况，认为受灾者至少应该在10人以上才能看作灾害事件并启动灾害应对计划。团队还进一步估计一般灾害中最大受灾人数为200人，基于其他学校有限的数据，团队认为一次灾害事件中最可能的受灾人数为50人左右。由于数据缺乏，这些参数定义为三角分布最佳。5家医院所拥有的处理设备和能力不同，一旦发生情况，受灾者将根据不同医院的应对能力进行疏散治疗。例如，25%的人送往 Montgomery Regional，10%的人送往 Lewis Galt，20%送往 HGA Healthware，15%送往 County General，30%送往 Raeford Memorial。医院与学校的距离也各不相同。据估计，每家医院的运送时间呈指数分布，Montgomery Regional 的平均时间为5分钟，Raeford Memorial 的平均时间为10分钟，County General 为20分钟，Lewis Galt 为20分钟，HGA Healthware 为15分钟。(假设每家医院有两辆应急处理车辆，当一辆离开学校时，另一辆就离开医院，于是一辆到达学校时，另一辆也就到达了医院。总的运送时间是将每个受灾者运送到指定医院的总和。)

a. 应用 Crystal Ball 软件进行仿真分析，以决定每家医院期望到达的受灾人数和受灾者运送到每家医院的平均所需时间。

b. 假设项目团队认为他们并不能确定自己应用估计参数得出的受灾人数服从三角分布的假设是正确的。相反，他们认为受灾人数最好应用正态分布进行估计，每家医院涉及的参数为：Montgomery Regional 均值为6分钟，标准差为4分钟；Raeford Memorial 均值为11分钟，标准差为4分钟；County General 均值为22分钟，标准差为8分钟；Lewis Galt 均值为22分钟，标准差为9分钟；HGA Healthware 均值为15分钟，标准差为5分钟。应用上述修改后的信息重新进行仿真分析。

c. 讨论怎样应用这些信息进行规划，如何调整、改变仿真以提供更深入的有效信息。

第14章 预测

预测可以预报将来会发生什么。气象专家预测天气，足球比赛解说员预测比赛的赢家，公司经理预测将来产品的需求。实际上，经理在当前不断地努力预测未来，并制定决策以确保公司持续成功。经理常常根据他的判断、看法或历史经验，预测将来会发生什么。然而，有很多可用的数学预测方法可以辅助经理决策。本章将介绍两种常规的预测方法：时间序列分析和回归。虽然没有技术可以完全准确地进行预测（即不可能精准地预测未来），但是这些预测方法可以为决策提供可靠的依据。

预测的组成

有多种预测方法，而它们的应用要根据预测的时限（即要预测多久以后的未来）、预测的模式（即季节性趋势、高峰期）和与预测相关的变量的数目。我们将分别讨论这些因素。

通常，按照时限可以把预测分为三类：短期预测、中期预测和长期预测。短期预测涵盖与公司日常运营相关的最近时期内的数据，比如日需求量或资源需求量。短期预测很少预测 2 个月以后的数据。中期预测涵盖未来 1 个月、2 个月到 1 年的数据。这类预测通常涉及年生产计划并以波峰和波谷的形式表现这些内容，而且可以预测为来年的生产准备额外资源的必要性。长期预测通常多于 1～2 年。长期预测涉及为多变的市场谋划新产品、建造新设施或者保证长期融资。通常，预测的时期离现在越远，预测就越困难。

这些分类应该被认为是一般性的方法。而中期预测和长期预测的划分界限常常是任意的，不总是很明显。也就是说，对一些公司来说中期预测可能包括几年，而对其他公司来说可能只有几个月。

预测常常显示出模型或趋势。其中，趋势是预测项目的长期走势。例如，个人电脑的市场需求在过去 10 年内一直呈上升趋势，没有长期下滑趋势。趋势是预测需求行为的最简单模式，也常常是建立预测模型的起点。图 14-1（a）显示了几个上升、下降的随机趋势。其中随机变化是不可预测的变动，且不遵循任何模式（这样几乎就不可预测了）。

周期需求是在一个较长时间段（即多于 1 年）内重复出现的上升或下降的波动。例如，新一轮住房供给开始了，这样，与建筑相关的产品表现出周期性。汽车销售也表现出同样的周期性。冬季体育器材的需求，每 4 年在冬季奥林匹克运动会的前后各增长一次。图 14-1（b）显示了需求周期的通常形式。

季节模式是指需求的周期性（短期内）、重复性震荡。季节性常和天气有关。比如，每年冬天吹雪机和雪橇的需求量急剧增长，在圣诞节期间其零售量通常出现高增长。然而，季节模式的出现可以以每天或每周作为时间周期。例如，一些餐馆午餐时比晚餐时忙，商场和剧院在周末有较高的需求。图 14-1（c）显示了一个季节模式，在图中同样的需求量在每个时期相同的时间点不断重复出现。

当然，需求常常同时表现出上述这些特征中的几个。虽然住房供给表现出周期性，但是在很长的若干年里，仍然有新建筑增长的趋势。我们已经指出雪橇的需求具有季节性，然而在过去 20 年内，冬季运动器材的需求量总体呈上升的趋势。图 14-1（d）显示出增长趋势和季节模式相结合的特性。

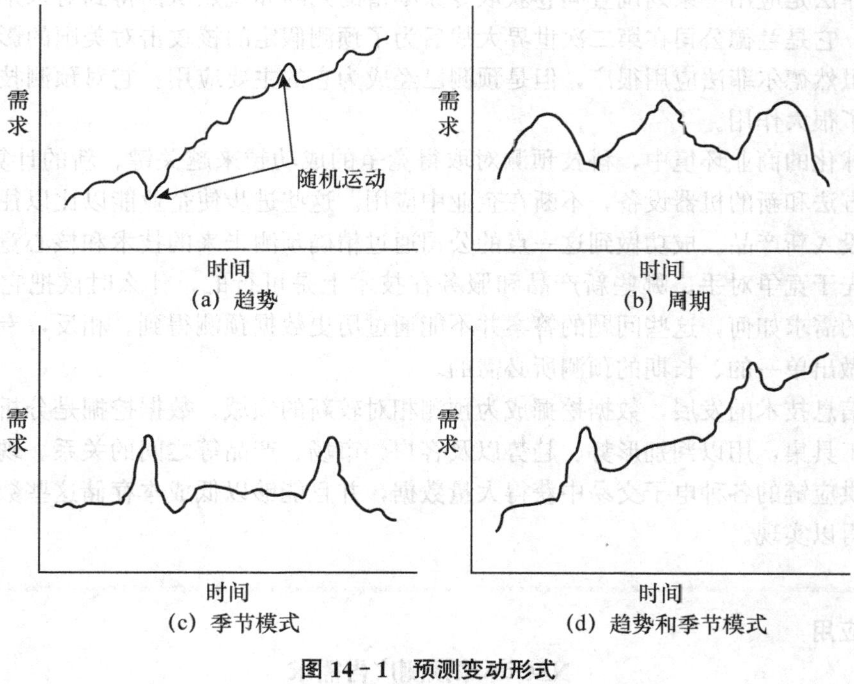

图 14-1 预测变动形式

有些情况下需求没有任何趋势，称为不规则变动，或不规则变化。例如，当地的一场洪水可能导致地毯的需求量瞬间增长，或者某一诉讼导致的负面社会效应可能带来一段时间内某产品需求的下滑。虽然这些特征是有起因的，而不是完全随机的，但是在预测中没有表现出某种模式。

□ 预测方法

前面讨论的因素在一定程度上决定了可以采用或应该采用的预测方法。本章讨论基本的预测方法：时间序列、回归和定性预测方法。时间序列是一种应用历史数据预测未来的统计技术。回归（或因果）方法试图通过构造一个要预测的量和引起该预测量变化的原因之间的数学关系式（回归模型）来进行预测。本章其余的大部分内容与时间序列和回归预测方法有关。本节专门讨论定性预测方法。

定性方法应用管理者的判断、专业知识和观点来预测，通常称为“实践经验预测法”，是长期战略计划过程的最常用预测类型。组织内部的个人和小组的判断与观点常常比外部专家或其他结构化方法更有效。高层管理者是战略计划预测的关键人物，他们通常最熟悉公司的能力、资源和产品的市场状况。

销售的特质是其与消费者的直接接触。这种接触可以了解其他人可能无法知晓的消费者的期望。而工程师天生就有对未来可行的或可能的产品技术方面的理解。

消费者调研或市场调研应用调查和其他研究技术，来确定客户需要或愿意购买哪些产品和服务，并且可以确定新的市场和新的客户来源。对消费者和市场的研究通常由组织内的市场部、行业协会和咨询公司执行。虽然市场研究可以提供准确且有用的产品需求预测，但是它需要特殊的技能，而且费用昂贵。

德尔菲法是应用一系列调查问卷获取专家丰富的判断和观点从而得到对未来的一致预测的方法。它是兰德公司在第二次世界大战后为了预测假定的核攻击对美国的影响而开发的方法。虽然德尔菲法应用很广，但是预测已经成为它的主要应用。它对预测技术的变化和进步起了很大作用。

在全球化的商业环境中，科技预测对取得竞争的成功越来越关键。新的计算机技术、新的生产方法和新的机器设备，不断在企业中应用。这些进步使企业能以比以往更快的速度向市场投入新产品。成功做到这一点的公司通过精确预测未来的技术和核心竞争力，在技术上领先于竞争对手。哪些新产品和服务在技术上是可行的，什么时候把它们引入市场，它们的需求如何，这些问题的答案并不能通过历史数据预测得到。相反，专家的意见和判断是做出单一的、长期的预测所必需的。

由于信息技术的发展，数据挖掘成为预测相对较新的领域。数据挖掘是分析大量数据的过程和工具集，用以判别形势、趋势以及客户、市场、产品等之间的关系。现今公司可以从整个供应链的各种电子交易中获得大量数据，并且能够以低成本存储这些数据，这使数据挖掘得以实现。

管理科学应用

NBC 环球预测广告需求

美国国家广播环球公司（以下简称“NBC 环球”，是通用电气的子公司），拥有和经营美国最挣钱的电视网络，年收入超过 140 亿美元，其中 60%以上的收入来自电台和电视网络广告投放。5 月中旬重要的电视频道宣布其下一季度（开始于 9 月末）的计划安排。5 月新计划方案宣布不久，NBC 环球就开始出售广告时间，随后的两三周内广告时间的 60%～80%就已出售（大约有 400 位广告客户），所以它以未来市场著称。5 月随着季度计划的宣布，NBC 环球预测收视率和估算需求量。收视率预测就是估计一整年中观看计划安排的节目的人群数量，反过来，收视率也与节目内容、以往时间空档率和相邻节目的内容相关。整个市场的需求量主要取决于经济的强劲度和节目的预期表现。基于这些收视率预测和市场需求预测，NBC 环球制定定价策略，为商业广告播出设定价格。

预测未来市场对 NBC 环球来说，是一个颇具挑战性的过程。电视台过去是利用历史模式、专家知识和人们预测需求的直觉，后来则利用基于历史需求的时间序列预测模型。不过，由于 NBC 环球广告商的需求特性，这些模型并不能令人满意。最后，NBC 环球制定了一种独特的预测未来市场需求的方法，该方法是德尔菲技术与 grassroots 预测方法的结合。德尔菲技术是从一组专家中得出一致的预测结果（至少是一个折中的结果），而 grassroots 预测方法是询问与终端客户最近的人，比如询问销售人员客户的购买计划。根据这一预测方法，NBC 环球让和客户（多于 400 位）接触最多的业务经理（多于 100 人）去建立一个知识数据库，以估计广告商需求，然后整合成总的需求预测，接着不断反复地更新这些基于业务经理专业知识的需求估计数据库。原来的预测方法造成了 5%～12%的预测失误，而新的预测方法只有 2.8%的预测失误，是 NBC 环球预测未来市场最准确的方法。

资料来源：S. Bollapragada，S. Gupta，B. Hurwitz，P. Miles，and R. Tyagi，"NBC-Universal Uses a Novel Qualitative Forecasting Technique to Predict Advertising Demand," *Interfaces* 38，no. 2（March-April 2008）：103－111.

时间序列方法

时间序列方法是一种使用长期积累的历史数据进行统计的技术。它假定过去发生的事情将来会继续发生。如其名称"时间序列"所暗示的，这种方法认为预测只和一个因素有关——时间。虽然时间序列可以进行长期预测，但是对于短期预测更有用。下面要讨论的时间序列方法包括移动平均法和指数平滑法。

移动平均法

时间序列预测可以像用当期的需求量预测下期的需求量一样简单。比如，如果当期本周的需求是 100 单位，那么下一周的需求将是 100 单位；如果当期需求是 90 单位，那么下期需求是 90 单位；等等。这种方法通常称为"简单预测"。然而，这种预测没有考虑任何历史需求情形，而仅仅依赖于当期的需求。因此，这种方法适合预测正常的、随机上下波动的需求。

移动平均法用最近一段时间的数值来进行预测。这将消除仅用一期数据进行预测所带来的随机上升和下降。这样，移动平均法特别适用于预测相对平稳的、没有任何显著变化的情形，比如趋势或季节模式。

根据预测者要对数据进行平滑的程度，可以选定用一定时期（比如 3 个月或 5 个月）的数据来计算移动平均。移动平均的时期越长，预测越平滑。简单移动平均的计算公式如下：

$$MA_n=\frac{\sum_{i=1}^{n}D_i}{n}$$

式中，n 为移动平均时期数；D_i 为时期 i 的数据。

我们用一个例子来解释移动平均法。Instant Paper Clip Supply 公司向距其仓库 30 英里区域内的不同单位（公司、学校和代理处）销售并运输办公用品。办公用品供应行业竞争激烈，迅速地交付订单是获得新客户和维系老客户的关键因素。（客户不是在办公用品的库存变少的时候就下订单，而是在用完库存后才下订单。）Instant Paper Clip Supply 公司的经理需要确保有足够的司机和车辆，从而可以迅速地交付订单。因此，经理必须能够预测下个月订单的数目（即预测运输量）。

经理从交付订单的记录中积累了过去 10 个月的数据，如表 14－1 所示。

表 14－1　　过去 10 个月的订单

月份	每月交付的订单数
1	120
2	90
3	100
4	75
5	110
6	50
7	75
8	130
9	110
10	90

把按顺序排列的订单加总，然后除以月份数就得到移动平均预测。移动平均通常计算 3 个或 5 个时期。通过计算 3 个或 5 个月移动平均预测的结果来预测接下来的一个月——在本例中指 11 月。根据下面的公式计算最后 3 个月的需求的移动平均：

$$AM_3=\frac{\sum_{i=1}^{3}D_i}{3}=\frac{90+110+130}{3}=110(\text{个订单})$$

用最后 5 个月的订单数据计算移动平均的公式如下：

$$MA_5=\frac{\sum_{i=1}^{5}D_i}{5}=\frac{90+110+130+75+50}{5}=91(\text{个订单})$$

表 14－2 是用 3 个月和 5 个月移动平均法预测所有的月订单需求数据。请注意：我们已经计算了所有月份的预测。实际上，经理仅仅需要根据最近几个月预测的 11 月的需求量。然而，前些月的预测能让我们比较预测和真实需求的差别，从而可以看到预测有多精确（即预测做得有多好）。

表 14－2　　3 个月和 5 个月的移动平均

月份	每月订单数	3 个月的移动平均	5 个月的移动平均
1	120	—	—
2	90	—	—

续前表

月份	每月订单数	3 个月的移动平均	5 个月的移动平均
3	100	—	—
4	75	103.3	—
5	110	88.3	—
6	50	95.0	99.0
7	75	78.3	85.0
8	130	78.3	82.0
9	110	85.0	88.0
10	90	105.0	95.0
11	—	110.0	91.0

表 14－2 中的两种移动平均预测都能平滑真实数据的变化。从图 14－2 可以看到这种平滑效果，该图中，3 个月和 5 个月的移动平均和原始数据叠加在一起，消除了真实的每月订单数的极端情况。如果这些极端情况仅仅反映每月订单的随机变动，那么移动平均法对我们有利，因为它不受随机变动的影响。

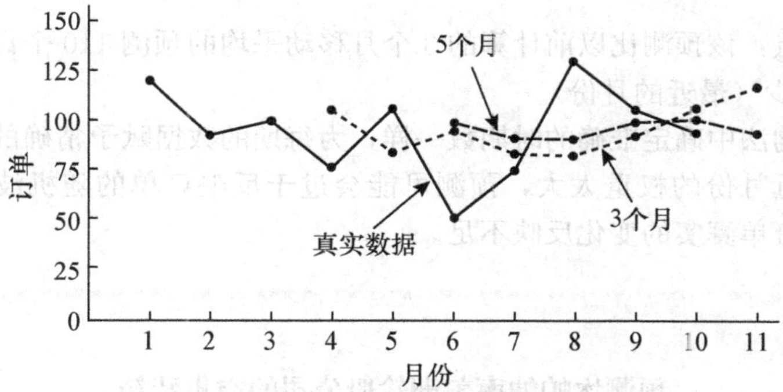

图 14－2 时段为 3 个月和 5 个月的移动平均预测

请注意：在图 14－2 中 5 个月的移动平均比 3 个月的移动平均更加平滑了订单的波动。然而，3 个月的移动平均更能反映对办公用品经理有用的最近数据。(5 个月的移动平均考虑倒退到 6 月的数据；3 个月的移动平均考虑仅仅倒退到 8 月的订单数。) 通常，使用长期移动平均法的预测对最近变化的反映比短期的移动平均预测慢。额外的数据减缓了预测出的相应速度。建立合适的移动平均预测常常需要一定量的反复试验。

需要指出一个与预测时期有关的问题。有时，需要预测一个很短的计划周期而不是单一的一个时期。对于表 14－2 中 3 个月和 5 个月的移动平均预测，最终预测的仅仅是未来一个时期的订单量。因为移动平均针对预测有多期的数据，而且在稳定的需求环境中应用，因此它适合预测将来的多个时期。可以用真实的需求数据来更新预测。

移动平均法的主要缺点是：它不能很好地反映特定原因产生的变化，比如趋势和季节影响（虽然它在一定程度上反映了趋势）。这就忽视了那些导致变化的因素。移动平均法基本上是一种机械的方法，以一致的方式反映历史数据。虽然对于有很多时期且有很多条目的预测，移动平均法会产生大量数据，但是它仍然有易于使用、快速和相对便宜的优点。总之，这种方法对于短期能做较好的预测，但是不应该用这种方法预测遥远的未来。

□ 加权移动平均法

可以调整移动平均法来更确切地反映数据最近的波动和季节的影响。调整后的方法称为加权移动平均法。在这种方法中，根据下面的公式为最近的数据赋予权重：

$$WMA_n = \sum_{i=1}^{n} W_i D_i$$

式中，W_i 为时期 i 的权重，在 0%～100%之间；$\sum W_i = 1.00$。

比如，如果 Instant Paper Clip Supply 公司赋予 10 月数据的权重是 50%，9 月数据的权重是 33%，8 月数据的权重是 17%，计算 3 个月的加权移动平均，其计算如下：

$$\begin{aligned} WMA_3 &= \sum_{i=1}^{3} W_i D_i = (0.50)(90) + (0.33)(110) + (0.17)(130) \\ &= 103.4 (\text{个订单}) \end{aligned}$$

注意到预测结果有小数部分 0.4。因为 0.4 个订单是不可能的，这看起来是不切实际的。通常，为了确保数学的精确性需要保留小数部分，但是得到最终的预测时必须向上或向下取整。

还要注意一点：该预测比以前计算的 3 个月移动平均的预测 110 个订单少，这反映了 10 月订单数目较少（最近的月份）。

像在移动平均法中确定准确的时期数一样，为每期的数据赋予精确的权重常常需要反复试验。如果最近月份的权重太大，预测可能会过于反映订单的随机波动；如果权重太小，预测可能对订单真实的变化反映不足。

管理科学应用

预测坎帕纳南美洲轮船公司的空集装箱

坎帕纳南美洲轮船公司总部位于智利，是世界最大的轮船公司。该公司使用由自己和其他公司运营的 180 多艘船装运集装箱来运送货物。船队拥有大概 70 000 个不同型号的集装箱，坎帕纳南美洲轮船公司对其中的 5%拥有长期租约。每周公司在巨大的运输网络上做出成千上万个集装箱物流决策，这个网络包含不同的国家、文化和时区，这使得决策过程十分困难。通常首先将空集装箱装载到集装箱装卸站的卡车上，通过卡车运输给托运人，装满货物后，通过卡车运送到港口，在满足海关要求后装上船。到达目的港后，集装箱从船上卸下，通过卡车、火车或者支线驳船运送至客户，客户卸载集装箱货物后将其返还运输公司。管理集装箱船队是一个复杂的过程，部分原因是地区之间不平衡的需求；一些地区是净输出集装箱，而另一些地区是净进口集装箱。考虑到空集装箱需求的不确定性取决于市场条件、运输时间、返还空集装箱的延迟以及船舶运输空集装箱的能力，另一个挑战是预测特定日期每个位置不同种类和尺寸集装箱的需求。为了预测需求，坎帕纳南美洲轮船公司将多种预测方法结合起来。使用过去 n 天的移动平均和趋势性季节移动平均（使用过去年份相同季节的一年趋势）预测返还集装箱数量。基于全球代理商的需求期望，销售预测补充了这些时间序列预测。基于更新的信息和修正的设置，产生了超过 150 万次需求预测。不同位置的物流计划专员使用最适合他们经验和所在地预测精度的预测模型。

这些预测随后被用于网络流量优化模型来规划坎帕纳南美洲轮船公司空集装箱的移动。这个解决方案在第一年实施的时候节约了 8 100 万美元。

资料来源：Based on R. Epstein A. Neely, A Weintraub, F. Valenzuela, S. Hurtado, G. Gonzalez, A. Beiza, M. Naveas, F. Infante, F. Alarcon, G. Angulo, C, Berner, J. Catalan, C. Gonzalez, and D. Yung, "A Strategic Empty Container Logistics Optimization in A Major Shipping Company," *Interfaces* 42, no. 1 (January-February 2012): 5-16.

□ 指数平滑法

指数平滑法是一种平均方法，这种方法令最近数据的权重大于较远数据的权重。这样，预测会对数据的最近变化有更好的反映。如果数据最近的变化是真实的变化（比如，季节性变化）而不是随机波动（对于这种情况，简单移动平均法就足够了），这种方法非常有用。

我们将考虑指数平滑法的两种形式：简单指数平滑法和调整指数平滑法（对趋势、季节模式等的调节）。首先讨论简单指数平滑法，然后讨论调整指数平滑法。

我们用 Instant Paper Clip Supply 公司的例子来介绍简单指数平滑法。计算简单指数平滑预测的公式如下：

$$F_{t+1}=\alpha D_t+(1-\alpha)F_t$$

式中，F_{t+1} 为下一期的预测；D_t 为当期的真实需求；F_t 为以前得出的当期预测值；α 为权重，称为平滑常数。

平滑常数 α 在 0～1 之间，它反映了最近需求数据的权重。如果 $\alpha=0.20$，则

$$F_{t+1}=0.20D_t+0.80F_t$$

意思是下期预测的 20%基于最近的需求（D_t），80%基于过去的需求（用预测值 F_t 表示，因为 F_t 是根据以前的需求和预测计算得到的）。如果极端地令 $\alpha=0.0$，那么

$$\begin{aligned}F_{t+1}&=0D_t+1F_t\\&=F_t\end{aligned}$$

即对下期的预测等于对本期的预测。换句话说，预测根本没有反映当期的需求信息。

另一方面，如果 $\alpha=1.0$，那么

$$\begin{aligned}F_{t+1}&=1D_t+0F_t\\&=D_t\end{aligned}$$

这里我们仅考虑最近的数据（当期的需求）。因此，我们得到的 α 越大，预测对最近需求变化的敏感度越高。相反，α 越接近于 0，预测对真实需求和预测之间的差异的反映和调整越慢。最常使用的 α 值在 0.01～0.50 之间。然而，α 值的确定通常是主观判断的，而且需要不断试验。不精确的 α 值会使这种预测技术失去效用。

我们将用一个例子来介绍如何计算指数平滑预测。PM 计算机公司用通用的部件组装个性化的个人电脑。两个兼职的州立大学学生鲍立特·泰勒（Paulette Tyler）和莫林·贝克尔（Maureen Becker）创建并运营这家公司。从成立之初，这家公司稳步增长，通常利用其他兼职学生在夜晚组装电脑。当泰勒和贝克尔发现有好的交易机会时，他们就从不同地方以折扣的方式批量采购通用的零部件。因此，预测电脑的需求量对他们非常有用，因

为这样他们可以知道需要购买和储存多少电脑零部件。

公司已经积累了如表 14－3 所示的过去 12 个月的需求数据，通过这些数据来进行移动平滑预测，平滑常数等于 0.30 和 0.50。

表 14－3　个人电脑的需求

时期	月份	需求
1	1 月	37
2	2 月	40
3	3 月	41
4	4 月	37
5	5 月	45
6	6 月	50
7	7 月	43
8	8 月	47
9	9 月	56
10	10 月	52
11	11 月	55
12	12 月	54

我们从第一期（1 月）开始计算表 14－3 中数据的一系列预测，以 $\alpha=0.30$ 来计算第二期（2 月）的预测。指数平滑预测公式要求知道第一期的预测，但是第一期的预测不存在，因此我们用第一期的需求来作为第一期的预测。其他的计算初期预测的方法包括平均最初三期或四期需求并且做出主观的预测。这样，2 月的预测等于：

$$F_2=\alpha D_1+(1-\alpha)F_1=(0.30)(37)+(0.70)(37)=37$$

类似地，可以求得第三期的预测：

$$F_3=\alpha D_2+(1-\alpha)F_2=(0.30)(40)+(0.70)(37)=37.9$$

剩余月份的预测如表 14－4 所示。第 13 期（下年 1 月）的最终预测是 PM 公司关注的：

$$F_{13}=\alpha D_{12}+(1-\alpha)F_{12}=(0.30)(54)+(0.70)(50.84)=51.79$$

表 14－4 也包含 $\alpha=0.50$ 时的预测值。图 14－3 显示了这两套平滑预测和真实的数据。

表 14－4　$\alpha=0.30$ 和 $\alpha=0.50$ 的指数平滑预测

时期	月份	需求	预测 F_{t+1}	
			$\alpha=0.30$	$\alpha=0.50$
1	1 月	37	—	—
2	2 月	40	37.00	37.00
3	3 月	41	37.90	38.50
4	4 月	37	38.83	39.75
5	5 月	45	38.28	38.37

续前表

时期	月份	需求	预测 F_{t+1}	
			$\alpha=0.30$	$\alpha=0.50$
6	6 月	50	40.29	41.68
7	7 月	43	43.20	45.84
8	8 月	47	43.14	44.42
9	9 月	56	44.30	45.71
10	10 月	52	47.81	50.85
11	11 月	55	49.06	51.42
12	12 月	54	50.84	53.21
13	1 月	—	51.79	53.61

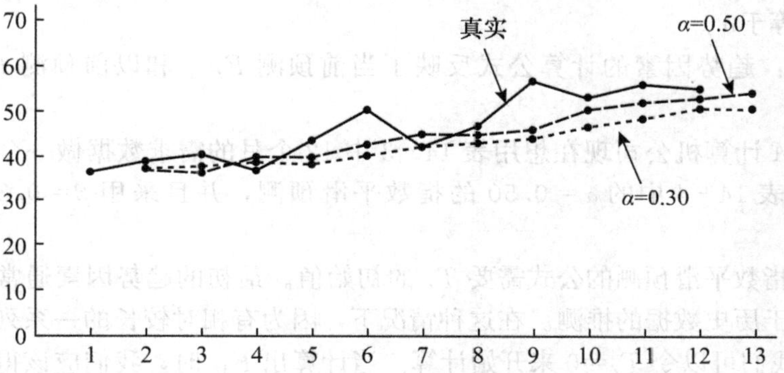

图 14-3　指数平滑预测

在图 14-3 中，虽然这两个预测都消除了预测中的随机波动，但平滑常数较高（$\alpha=0.50$）的预测对需求变化的反映比 $\alpha=0.30$ 的预测强。我们注意到：两种预测都比真实的需求小。比如，直到 8 月的预测才反映出 7 月需求的很大滑落。如果这些变化对趋势的改变有影响（即长期的上升或下降趋势）而不仅仅是随机的波动，那么预测将一直落后于这个趋势。我们可以看到 1 年内订单数总体呈上升趋势。两种预测都一致地落后于真实的需求；也就是说，预测落后于趋势。

基于对图 14-3 中的两个预测的简单观察，$\alpha=0.50$ 看起来预测得更准确，因为它更贴近真实数据的变化。（本章的后面部分将讨论几种判定预测准确性的定量方法。）通常，当需求相对平稳时，没有任何趋势，用小的平滑常数 α 能更好地平滑预测。相反，当真实的需求有上升（或下降）的趋势时，如图 14-3 所示的情形，通常较大的平滑常数 α 更好，这样会更快地对需求的最近上升或下降变化做出预测。在一些指数平滑方法中，用真实数据和预测数据的差别来检测预测的准确性。如果差别变大，就改变 α（变大或变小）使预测与真实数据相符。不过，也可以调整指数平滑预测来应对趋势的影响。

我们在移动平均预测中指出，有时需要预测未来的几个时期。在 PM 公司的例子中，最终预测的是一个月的需求，即 1 月的需求。把数据按指定的时期数分组，然后使用这些数据应用指数平滑法进行计算，就可以得到 2 个月或 3 个月的预测。比如，如果需要 3 个月的预测，把 1 月、2 月和 3 月的需求加起来用以预测下 3 个月这段时期的需求，等等，直至得到最后 3 个月的预测。相反，如果有趋势影响，可用趋势因素调整最终的预测。

□ 调整指数平滑法

调整指数平滑法由带有趋势调整因素的指数平滑预测组成，调整指数平滑预测的公式如下：

$$AF_{t+1}=F_{t+1}+T_{t+1}$$

式中，T 为指数平滑趋势因素。

趋势因素的计算与指数平滑预测相似。它本质上是一个趋势预测模型：

$$T_{t+1}=\beta(F_{t+1}-F_t)+(1-\beta)T_t$$

像 α 一样，β 是 0～1 之间的值。它是最近趋势数据的权重。同样，像 α 一样，我们也是主观地根据对预测的判断决定 β 的取值。较高的 β 值更能反映变化的趋势。在这种方法中，β 也经常等于 α。

注意一点：趋势因素的计算公式反映了当前预测 F_{t+1} 和以前预测 F_t 的上升（或下降）。

例如，PM 计算机公司现在想用表 14-3 中 12 个月的需求数据做一个调整指数平滑预测。它采用表 14-4 中的 $\alpha=0.50$ 的指数平滑预测，并且采用 $\beta=0.30$ 的趋势平滑常数。

应用调整指数平滑预测的公式需要 T_t 的初始值。最初的趋势因素通常是预测人员的主观推测或基于历史数据的推测。在这种情况下，因为有相对较长的一系列需求数据（即 12 个月的），我们可以令 $T_t=0$ 来开始计算。当计算出 F_{13} 时，我们应该得到趋势因素较准确的值。

2 月的调整预测 AF_2 与指数平滑预测值一样，因为趋势因素等于 0（即 F_1 和 F_2 相等，$T_2=0$）。这样，我们可以计算 3 月的调整预测 AF_3，首先计算趋势因素 T_3：

$$T_3=\beta(F_3-F_2)+(1-\beta)T_2=(0.30)(38.5-37.0)+(0.70)(0)=0.45$$

和

$$AF_3=F_3+T_3=38.5+0.45=38.95$$

各期的调整预测列在表 14-5 中，第 13 期的预测计算如下：

$$T_{13}=\beta(F_{13}-F_{12})+(1-\beta)T_{12}=(0.30)(53.61-53.21)+(0.70)(1.77)=1.36$$

和

$$AF_{13}=F_{13}+T_{13}=53.61+1.36=54.96$$

表 14-5　调整指数平滑预测值

时期	月份	需求	预测（F_{t+1}）	趋势（T_{t+1}）	调整预测（AF_{t+1}）
1	1 月	37	37.00	—	—
2	2 月	40	37.00	0.00	37.00
3	3 月	41	38.50	0.45	38.95

续前表

时期	月份	需求	预测 (F_{t+1})	趋势 (T_{t+1})	调整预测 (AF_{t+1})
4	4 月	37	39.75	0.69	40.44
5	5 月	45	38.37	0.07	38.44
6	6 月	50	41.68	1.04	42.73
7	7 月	43	45.84	1.97	47.82
8	8 月	47	44.42	0.95	45.37
9	9 月	56	45.71	1.05	46.76
10	10 月	52	50.85	2.28	53.13
11	11 月	55	51.42	1.76	53.19
12	12 月	54	53.21	1.77	54.98
13	1 月	—	53.61	1.36	54.96

图 14－4 比较了调整指数平滑预测值、指数平滑预测值和真实数据。

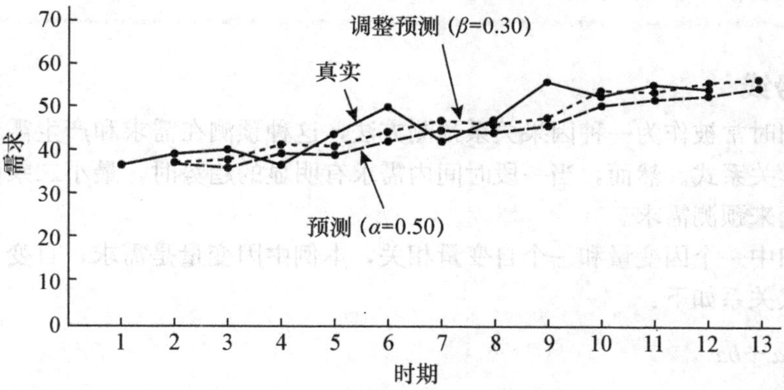

图 14－4　调整指数平滑预测

注意：调整指数平滑预测值总比指数平滑预测值大，这样就更能反映真实数据的增长趋势。然而，对两种预测而言，其模式或平滑程度总体上非常相似。

管理科学应用

喜力啤酒美国公司的预测

喜力啤酒是位于阿姆斯特丹的国际啤酒商，生产超过 200 个品牌的啤酒，在 100 多个国家销售，年收入超过 140 亿欧元。喜力啤酒将包括喜力啤酒、喜力新型淡啤酒和阿姆斯特尔淡啤酒在内的荷兰品牌通过远洋承运人运送到美国喜力啤酒公司（Heineken USA），美国喜力在 7 个港口（迈阿密、查尔斯顿、诺福克、纽约、休斯敦、长滩和奥克兰）维护仓库和需求中心。因此，喜力啤酒与啤酒厂、分销商和零售商建立了三层供应链。喜力公司将全部集装箱货物从港口直接运送到其最大分销商的仓库；对于较小的分销商来说，由靠近港口的喜力需求中心运送货物。

啤酒分销商卖给零售商的目前和历史销售的“消耗”预测转换为销售需求预测。销售需求预测表明了分销商将从喜力公司购买的库存量。这种需求预测考虑了促销和季节性销售的因素。荷兰使用销售需求预测为产品供应制定了生产/补货计划。分销商每周通过互联网订购啤酒，届时他们也会提供 3 个月的消耗预测，这是需求预测的主要输入项，需求预测推动着荷兰的生产。一周后，分销商从港口或需求中心收到货物。零售商直接从分销商处订货。由于提前期很长（4～6 周），如果某种啤酒缺货，许多消费者会选择换另一种啤酒，因此在喜力啤酒的预测是至关重要的。预测不足会导致销售损失；过度预测会导致库存成本过高，库存如果长时间存放，会变得不新鲜，因过期而被销毁。然而，如果分销商提供了不准确的预测，则对分销商没有负面影响；如果过度预测，喜力吸收多余的库存；如果预测不足，喜力从其他需求中心转移产品以避免缺货。

21 世纪中期，由于分销商没有受到不准确预测的不良影响，东南地区的预测过程严重恶化，因此公司制定了激励计划，将美国运通礼品卡授予月度、季度、年度预测准确性最高的个人经销商预测者。激励计划是成功的，平均每月预测准确率在一年内提高了 10%，这为推动喜力的供应链提供了可靠的预测。

资料来源：Based on B. Dershem，"Financial Incentives Improve the Supply Chain：Heineken's Journey，" *Journal of Business Forecasting* 26，no. 1（Spring 2007）：32-37.

□ 线性趋势线

线性回归时常被作为一种因果关系预测方法，这种预测在需求和产生需求行为的因素之间建立数学关系式。然而，当一段时间内需求有明显的趋势时，最小二乘回归线或线性趋势线可以用来预测需求。

线性回归中一个因变量和一个自变量相关，本例中因变量是需求，自变量是时间，二者的线性等式关系如下：

$$y=a+bx$$

式中，a 为截距（0 时期的需求）；b 为直线的斜率；x 为时期数；y 为时期 x 的需求预测。

线性趋势线的参数可以用线性回归的最小二乘法计算：

$$b=\frac{\sum xy-n\overline{x}\overline{y}}{\sum x^2-n\overline{x}^2}$$

$$a=\overline{y}-b\overline{x}$$

式中，n 为时期数；$\overline{x}=\frac{\sum x}{n}$；$\overline{y}=\frac{\sum y}{n}$。

比如，考虑表 14－3 中 PM 计算机公司的需求数据。它们看起来有线性的趋势。基于这样的性质，公司想制作一条线性趋势线代替表 14－4 中的指数平滑预测和表 14－5 中的调整指数平滑预测。表 14－6 中是用来计算最小二乘数的值：

表 14－6　　最小二乘数的计算

x（时期）	y（需求）	xy	x^2
1	37	37	1
2	40	80	4
3	41	123	9

续前表

x（时期）	y（需求）	xy	x^2
4	37	148	16
5	45	225	25
6	50	300	36
7	43	301	49
8	47	376	64
9	56	504	81
10	52	520	100
11	55	605	121
12	54	648	144
78	557	3 867	650

应用 $\bar{x}$，$\bar{y}$ 和表 14－6 中的数值，可以计算线性趋势线的参数，如下所示：

$$\bar{x}=\frac{78}{12}=6.5$$

$$\bar{y}=\frac{557}{12}=46.42$$

$$b=\frac{\sum xy-n\bar{x}\bar{y}}{\sum x^2-n\bar{x}^2}=\frac{3\,867-(12)(6.5)(46.42)}{650-12(6.5)^2}=1.72$$

$$a=\bar{y}-b\bar{x}=46.42-(1.72)(6.5)=35.2$$

因此，线性趋势线是：

$$y=35.2+1.72x$$

为了预测第 13 期的需求，把 $x=13$ 代入线性趋势线中：

$$y=35.2+1.72(13)=57.56$$

图 14－5 比较了线性趋势线和真实数据。趋势线看起来很接近真实的数据（即拟合得很好），这样它就是该问题的较好的预测。然而，线性趋势线不能像指数平滑法那样根据趋势的变化进行调整（即它假设未来所有的预测都是线性的）。这限制了它只能适用于短期预测，在短期预测时，假定可以确信趋势不会发生变化。

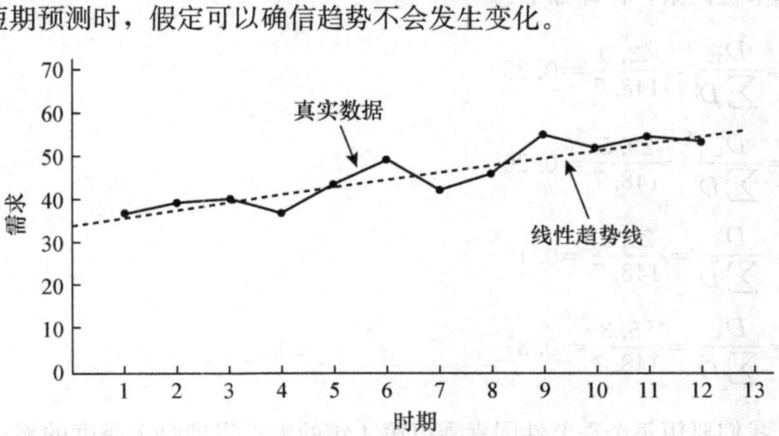

图 14－5　线性趋势线

□ 季节性调整

在本章的开始我们提到，季节模式是需求呈反复上下波动的状况。许多需求显示出季节性特征。衣服的销售符合季节性模式，棉衣的需求在秋季和冬季增加而在春季和夏季下降，单薄的衣服则相反。很多零售商品的需求——包括玩具、体育用品、衣服、电子产品、火腿、火鸡、酒和蔬菜——在圣诞节期间迅速增加。在一些特别的日子，贺卡的需求增加很快，比如情人节和母亲节。季节性因素可以发生在一个月、一周，甚至一天中。一些餐馆在下午的需求比中午高，在周末的需求比平日高。商场的交通和零售在周五和周六更加忙碌。

有几种可用的方法来反映时间序列预测中的季节模式。我们将讨论简单的方法——采用季节性因素，季节性因素是通过乘以普通预测得到季节性调整的预测的数值。

用每个季节的真实需求除以总的年需求是一种计算季节性因素需求的方法，公式如下所示：

$$S_i=\frac{D_i}{\sum D}$$

得到的季节性因素在 0～1 之间，实际上是每个季节的需求占总的年需求的比例。预测的需求乘以这些季节性因素得到每期的季节调整预测。

比如，Wishbone 农场是一家饲养火鸡的公司，每年它把火鸡卖给肉联厂。但是，需求的高峰期明显是每年的第四个季度，即 10—12 月。表 14－7 中是 Wishbone 农场过去 3 年火鸡的需求数据。

表 14－7　　对 Wishbone 农场火鸡的需求量

年	需求（1 000 只）				
	第一季度	第二季度	第三季度	第四季度	总和
1	12.6	8.6	6.3	17.5	45.0
2	14.1	10.3	7.5	18.2	50.1
3	15.3	10.6	8.1	19.6	53.6
总和	42.0	29.5	21.9	55.3	148.7

因为有 3 年的需求数据，我们可以通过用 3 年的总的每一季节需求量除以 3 年总的需求量来计算季节性因素，计算如下：

$$S_1=\frac{D_1}{\sum D}=\frac{42.0}{148.7}=0.28$$

$$S_2=\frac{D_2}{\sum D}=\frac{29.5}{148.7}=0.20$$

$$S_3=\frac{D_3}{\sum D}=\frac{21.9}{148.7}=0.15$$

$$S_4=\frac{D_4}{\sum D}=\frac{55.3}{148.7}=0.37$$

接下来，我们要用每个季节性因素乘以第 4 年的需求得到每个季度的需求预测。然而在这之前，我们需要第 4 年的需求预测。本例中表 14－7 的数据有总体上升的趋势，因此我们用线性趋势线来计算第 4 年的粗略预测：

$$y=40.97+4.30x=40.97+4.30(4)=58.17$$

这样，第 4 年的预测是 58.17，或者说是 58 170 只火鸡。

应用年需求预测可以计算第 4 年的季节性调整预测，如下所示：

$$SF_1=(S_1)(F_5)=(0.28)(58.17)=16.28$$
$$SF_2=(S_2)(F_5)=(0.20)(58.17)=11.63$$
$$SF_3=(S_3)(F_5)=(0.15)(58.17)=8.73$$
$$SF_4=(S_4)(F_5)=(0.37)(58.17)=21.53$$

比较这些季度预测和表 14-7 中的真实需求数据可以得知，这些预测既反映了季节性变化，又反映了总体上升的趋势。

预测精度

预测不可能绝对精确；所有的预测都与实际需求有所偏离。预测值和真实值之间的差别称为预测误差。虽然一些预测误差是不可避免的，但预测的目标仍然是使误差尽可能小。当然，如果误差较大，可能表明使用的预测技术错误或者需要通过改变其参数（比如，指数平滑预测中的 α）调整预测方法。

有很多不同的方法可以度量预测误差，本节的讨论集中于其中最常用的：平均绝对误差（*MAD*）、平均绝对百分比误差（*MAPD*）、累积误差（*E*）、平均误差（$\bar{E}$）和均方误差（*MSE*）。

□ 平均绝对误差

平均绝对误差（MAD）是一种最常用和最简单的预测误差度量方式。它是预测和真实需求差别的平均值，计算如下：

$$MAD=\frac{\sum|D_t-F_t|}{n}$$

式中，t 为时期；D_t 为 t 期的需求；F_t 为 t 期的预测；n 为总的时期数；$|\ |$ 为绝对值。

在 PM 计算机公司的例子中，应用指数平滑（$\alpha=0.30$ 和 $\alpha=0.50$）、调整指数平滑（$\alpha=0.50$ 和 $\beta=0.30$）、线性趋势线进行需求预测。公司想通过 *MAD* 比较这些不同的预测方法的精度。

下面计算 4 种预测的 *MAD*，但是只展示 $\alpha=0.30$ 的指数平滑预测的计算细节。表 14-8 展示了计算指数平滑预测的 *MAD* 的必要数据。

表 14-8　　***MAD* 和误差的计算值**

时期	需求 D_t	预测 F_t ($\alpha=0.30$)	误差（D_t-F_t）	$\lvert D_t-F_t\rvert$	误差的平方 $(D_t-F_t)^2$
1	37	37.00	—	—	—
2	40	37.00	3.00	3.00	9.00
3	41	37.90	3.10	3.10	9.61

续前表

时期	需求 D_t	预测 F_t ($\alpha=0.30$)	误差 (D_t-F_t)	$\lvert D_t-F_t\rvert$	误差的平方 $(D_t-F_t)^2$
4	37	38.83	−1.83	1.83	3.35
5	45	38.28	6.72	6.72	45.15
6	50	40.29	9.71	9.71	94.28
7	43	43.20	−0.20	0.20	0.04
8	47	43.14	3.86	3.86	14.90
9	56	44.30	11.70	11.70	136.89
10	52	47.81	4.19	4.19	17.56
11	55	49.06	5.94	5.94	35.28
12	54	50.84	3.16	3.16	9.98
	520*		49.31	53.41	376.04

* 因为 *MAD* 基于 11 个时期（第 2～12 期）计算，排除了第 1 期的需求 37，得到 $\sum D_t=520$。

应用表 14－8 中的数据，计算 *MAD*：

$$MAD=\frac{\sum\lvert D_t-F_t\rvert}{n}=\frac{53.41}{11}=4.85$$

通常，*MAD* 值越小，预测越精确，虽然单一地看 *MAD*，它是难以理解的。本例中，数值相对较小，可以以此来判断 *MAD* 的值 4.85。总体上看，它看起来是个“很小”的值（即预测看起来相对精确）。然而，如果数值数量级高，比如数千或数百万，那么相似数量级的 *MAD* 也是较好的。关键是：我们不能比较值为 4.85 的 *MAD* 和值为 485 的 *MAD*，就说前面一个好后面一个差；它们一定程度上依赖于数据的数量级。

如我们的例子所示，*MAD* 的一个好处是可以用来比较一些不同的预测技术的精度。其他预测的 *MAD* 如下所示：

- 指数平滑（$\alpha=0.50$）：$MAD=4.04$
- 调整指数平滑（$\alpha=0.50$，$\beta=0.30$）：$MAD=3.81$
- 线性预测线：$MAD=2.29$

比较 4 种预测，线性预测线的 *MAD* 值最小，等于 2.29。看起来它最精确，虽然它不比调整指数平滑预测好多少。此外，我们可以从这些 *MAD* 值看出，α 从 0.30 上升到 0.50 增加了指数平滑预测的精度。而调整指数平滑预测更精确。

MAD 的一个变体是平均绝对百分比误差（MAPD）。它以需求的百分比而不是每期的需求来度量误差。所以，它消除了与需求和预测数值数量级相关的度量精度的比较问题。通过下面的公式计算 *MAPD*：

$$MAPD=\frac{\sum\lvert D_t-F_t\rvert}{\sum D_t}$$

应用表 14－8 中 PM 计算机公司的指数平滑预测中的数据计算 *MAPD*：

$$MAPD=\frac{53.41}{520}=0.103，\text{或 } 10.3\%$$

较低的 *MAPD* 表示预测更准确。其他 3 种预测的 *MAPD* 值如下：

- 指数平滑（$\alpha=0.50$）：$MAPD=8.5\%$
- 调整指数平滑（$\alpha=0.50$，$\beta=0.30$）：$MAPD=8.1\%$
- 线性预测线：$MAPD=4.9\%$

□ 累积误差

通过简单地累加预测误差可以得到累积误差，其公式如下所示：

$$E=\sum e_t$$

式中，$e_t=D_t-F_t$。

相对较大的正值表示预测可能一致地比真实的需求低或偏低。较大的负值意味着预测可能一致地比真实的需求高或偏高。此外，每期的误差看起来正值占大多数，这表明预测一致地比真实需求少，反之则相反。

PM 计算机公司的例子的指数平滑预测（$\alpha=0.30$）的累积误差可以从表 14－8 读出；简单地累加误差列的值即可：

$$E=\sum e_t=49.31$$

这个累积误差值相对较大，而且在表 14－8 中每个时期的误差都是正值，表明预测常常小于真实的需求。快速地回看一下图 14－3 中的指数平滑预测（$\alpha=0.30$）就可以验证该结果。

其他预测的累积误差如下：

- 指数平滑（$\alpha=0.50$）：$E=33.21$
- 调整指数平滑（$\alpha=0.50$，$\beta=0.30$）：$E=21.14$

我们没有列出线性趋势的累积误差。对于线性预测线，E 总是接近于 0，这样，累积误差就不是比较线性预测线和其他预测方法的标准。

与累积误差最接近的度量方法是平均误差。通过把累积误差除以时期总数可以得到平均误差：

$$\bar{E}=\frac{\sum e_t}{n}$$

比如，指数平滑预测（$\alpha=0.30$）的平均误差计算如下（注意令 n 等于 11，因为我们用真实的需求作为第一个时期的预测，没有产生误差，即 $D_1=F_1=37$）：

$$\bar{E}=\frac{49.31}{11}=4.48$$

对平均误差的解释和累积误差类似。正值表示预测偏低，负值表示预测偏高，零值表示预测与真实需求几乎没有偏差。

另一种与误差相关的度量预测精度的方法是均方误差（MSE）。应用 *MSE*，每期的误差都要平方，然后累加这些平方值并求平均值。表 14－8 显示了 PM 计算机公司（$\alpha=0.30$）的预测误差平方的和（即 376.04）。*MSE* 的计算如下：

$$MSE=\frac{376.04}{11}=34.18$$

像其他预测精度度量方式一样，*MSE* 越小越好。

表 14－9 汇总了本节讨论的各种预测的精度度量。4 个预测的结果是一致的，表明对于 PM 计算机公司例子的数据而言，指数平滑预测中较大的 α 较好。调整的预测比指数平滑预测精确，线性趋势线比其他所有的方法更精确。虽然本例有针对性，但是它们确实能说明预测精度度量的区别，可以用来指导调整预测方法或选择最好的预测方法。

表 14－9　　比较 PM 计算机公司的预测

预测	*MAD*	*MAPD*（%）	*E*	$\bar{E}$	*MSE*
指数平滑法（α＝0.30）	4.85	10.3	49.31	4.48	34.18
指数平滑法（α＝0.50）	4.04	8.5	33.21	3.02	24.64
调整指数平滑法 α＝0.50，β＝0.30	3.81	8.1	21.14	1.92	21.58
线性趋势线	2.29	4.9	—	—	8.67

应用 Excel 进行时间序列预测

我们可以用 Excel 电子表格进行前面介绍的所有的时间序列预测。界面 14－1 显示了根据表 14－5 所示的 PM 计算机公司的历史数据进行指数平滑预测和调整指数平滑预测。请注意：单元格 D10 中的计算趋势因子的公式显示在电子表格的顶部。调整预测在 E 列中，计算方法是：在单元格 E9 中输入公式＝C9＋D9，然后复制到单元格 E10:E20 内（应用点击右键出现的“粘贴”和“复制”选项）。

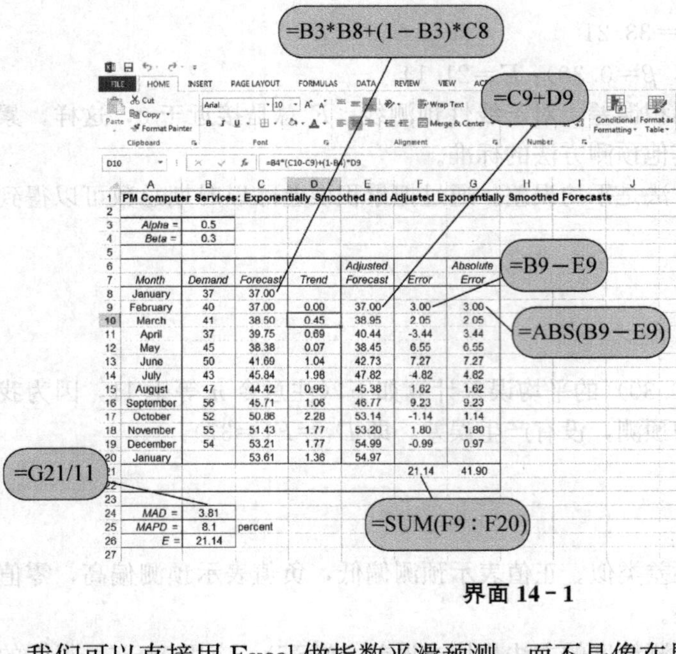

界面 14－1

我们可以直接用 Excel 做指数平滑预测，而不是像在界面 14－1 中一样输入公式自己动手来做电子表格。从电子表格顶部的“数据”菜单中选择“数据分析”。（如果你的“数据”菜单中不包含这一项，应该通过“数据”菜单中的“Add-Ins”添加“数据分析”，或者从最初的 Excel 或办公软件中安装。）界面 14－2 显示了“数据分析”窗口和“指数平滑”（Exponential Smoothing）菜单，然后选择“确定”。得到的指数平滑计算窗口显示在界面 14－3 中。要输入的内容包括界面 14－1 中 B 列的需求数据、平滑常数（α），本例中是 0.5，输出的结果如界面 14－1 中的 C 列。单击“确定”将得到像采用指数平滑预测方法得到的界面 14－1 中 C 列一样的预测值。请注意：“数据分析”中没有调整指数平滑选项；这也是我们自己动手制作界面 14－1 中的电子表格的原因。“数据分析”工具中有计算移动平均预测的“移动平均”（Moving Average）项。

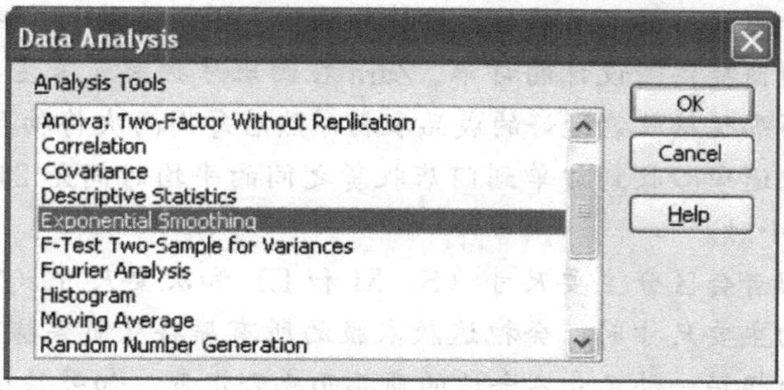

界面 14－2

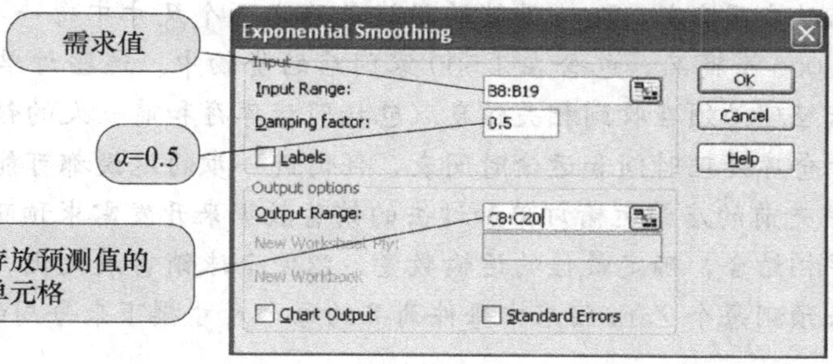

界面 14－3

我们也可以用 Excel 做季节调整预测。界面 14－4 是 Excel 采用季节调整预测法对 Wishbone 农场的火鸡需求的预测。请注意：每个季度的季节调整预测与手工计算的预测有点不同（比如，用 Excel 计算的 SF_1 是 16.43，手工计算的 SF_1 等于 16.28）。这个区别是手工计算的舍入造成的。

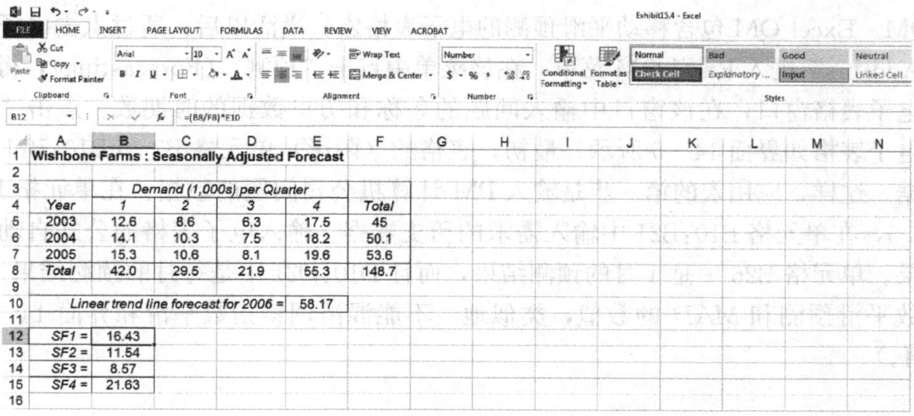

界面 14－4

管理科学应用

Zara 的需求预测

Inditex 集团的子公司 Zara 是世界上最大最成功的服装零售商之一，在 84 个国家拥有超过 1 600 家门店，年收入超过 60 亿欧元。其商业模式涉及频繁和快速的商店变化与为时尚的物品提供有竞争力的价格；从商店到设计师的信息不断流动，传递着顾客不断变化的品位，并迅速为制造商提供新设计的订单。Zara 在西班牙拥有 4 家主要仓储和配送中心，从全球各地的供应商那里接收装运好的成品衣物，然后每周两次将物品直接运送到世界各地的门店。在欧洲配送中心收到订单到门店收货之间的平均时间是 24 小时，在美国和亚洲这个时间短于 48 小时。

单个门店的管理者会区分主要尺寸（S，M 和 L）和次要尺寸（XXS，XXL 等），当门店卖完一款衣服的主要尺寸时，会把这款衣服的所有库存从货架撤掉，换成新的款式。这样顾客就不会因为想买一件尺寸不合适的商品而感到沮丧。如果缺少的尺寸可以从仓库运送过来，这款撤掉的衣服可以返回到店铺的货架，或者撤掉的库存可以转移到另一个门店，和这个门店的衣服合并。Zara 面临的挑战是确定 8 个尺寸中每一个尺寸的确切数量，每个尺寸多达 3 000 个商品，包含在 1 500 家门店的货物中。这些订单决策每周可以达到几百万次，门店经理必须在收到相关信息（包括门店库存和前一天的销售历史）后的几小时内确定。由于仓库处理时间和运输时间表，任何进一步的延误都可能会延迟一天的仓库补货。Zara 使用先前的店铺运输订单和过去的销售数据来开发需求预测，将这些与当前的门店和仓库库存相结合，确定最佳的运输数量，以使全球销售最大化。需求预测模型使用标准回归分析来预测每个 Zara 门店中每件商品的每个尺寸接下来每周的需求量。

资料来源：Based on F. Caro，J. Gallien，M. Diaz，J. Garcia，J. Corredoira，M. Montes，J. A. Ramos，and J. Correa，"Zara Uses Operations Research to Reengineer Its Global Distribution Process," *Interfaces* 40，no. 1（January-February 2010）：71－84；and Zara website at http://www. zara. com.

□ 应用 Excel QM 计算指数平滑预测

在第 1 章我们介绍了由一组电子表格宏组成的 Excel QM，在其他章节中已经应用了 Excel QM。Excel QM 包含移动平滑预测的电子表格宏。激活以后，通过点击电子表格顶部的"Add-Ins"进入 Excel QM 菜单，在该菜单中点击"预测"（Forecasting），得到一个初始的电子表格窗口，在该窗口中输入问题的名称和历史数据的时期数。点击"确定"，得到的电子表格如界面 14－5 所示。最初，表格的（阴影）单元格 B7 和 B10:B21 中有例子的数据。这样，应用宏的第一步是输入 PM 计算机公司问题的数据：在单元格 B7 中输入 $\alpha=0.5$，在单元格 B10:B21 中输入需求的历史数据。输入电子表格的公式自动计算出预测结果。单元格 B26 中是 1 月的预测结果，而且 D10:D21 中是每月的预测结果。（不要混淆指数平滑预测和 *MAD* 的数值，类似地，不能混淆调整指数平滑和界面 14－1 中的 *MAD* 值。）

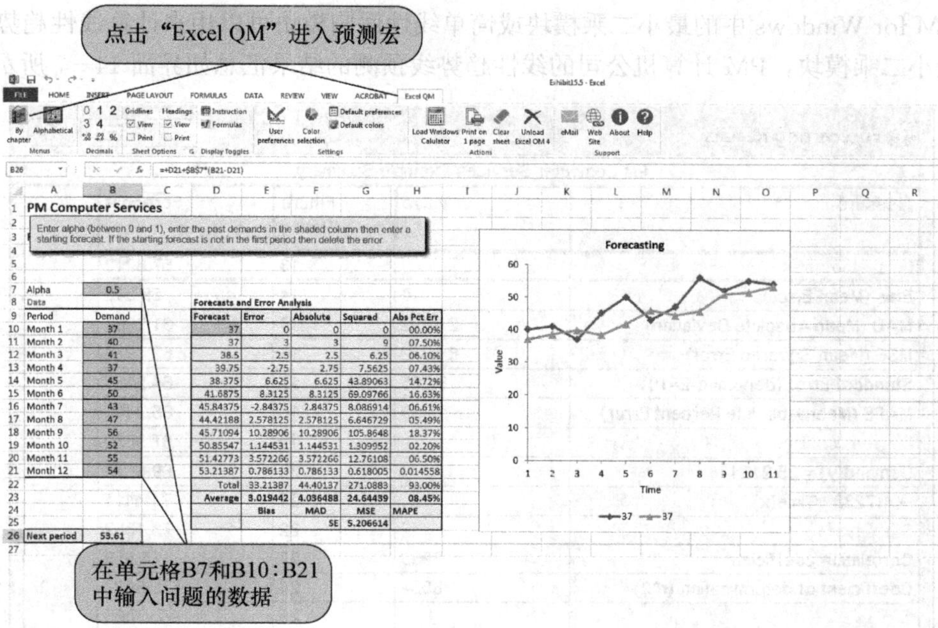

界面 14-5

□ 应用 QM for Windows 进行时间序列预测

QM for Windows 可以应用于目前为止我们介绍的所有时间序列预测方法。QM for Windows 有计算移动平均、指数平滑、调整指数平滑和线性回归的模块。

为了展示 QM for Windows 的预测能力，我们生成表 14-4 的 PM 计算机公司的历史需求数据的指数平滑预测（$\alpha=0.30$）。解答输出如界面 14-6 所示。

Details and Error Analysis

PM Computer Services Example Solution

	Demand(y)	Forecast	Error	|Error|	Error^2	|Pct Error|
1	37					
2	40	37	3	3	9	7.5%
3	41	37.9	3.1	3.1	9.61	7.561%
4	37	38.83	-1.83	1.83	3.349	4.946%
5	45	38.281	6.719	6.719	45.145	14.931%
6	50	40.297	9.703	9.703	94.154	19.407%
7	43	43.208	-.208	.208	.043	.483%
8	47	43.145	3.855	3.855	14.858	8.201%
9	56	44.302	11.698	11.698	136.849	20.89%
10	52	47.811	4.189	4.189	17.546	8.055%
11	55	49.068	5.932	5.932	35.19	10.786%
12	54	50.848	3.152	3.152	9.938	5.838%
TOTALS	557		49.311	53.386	375.682	108.598%
AVERAGE	46.417		4.483	4.853	34.153	9.873%
Next period forecast		51.793	(Bias)	(MAD)	(MSE)	(MAPE)
				Std err	6.461	

界面 14-6

请注意：结果汇总包括每期的预测和下一时期（第 13 期）的预测，以及预测精度的 3 个度量：平均误差、平均绝对误差（*MAD*）和均方误差（*MSE*）。

QM for Windows 中的最小二乘模块或简单线性回归模块可以用来计算线性趋势预测。使用最小二乘模块，PM 计算机公司的线性趋势线预测的结果汇总如界面 14－7 所示。

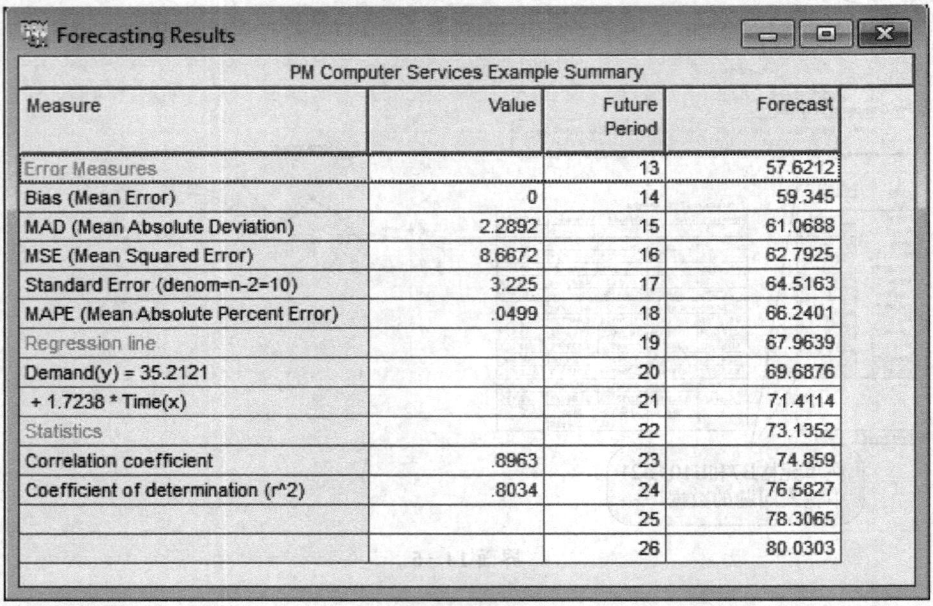

Forecasting Results

PM Computer Services Example Summary			
Measure	Value	Future Period	Forecast
Error Measures		13	57.6212
Bias (Mean Error)	0	14	59.345
MAD (Mean Absolute Deviation)	2.2892	15	61.0688
MSE (Mean Squared Error)	8.6672	16	62.7925
Standard Error (denom=n-2=10)	3.225	17	64.5163
MAPE (Mean Absolute Percent Error)	.0499	18	66.2401
Regression line		19	67.9639
Demand(y) = 35.2121		20	69.6876
+ 1.7238 * Time(x)		21	71.4114
Statistics		22	73.1352
Correlation coefficient	.8963	23	74.859
Coefficient of determination (r^2)	.8034	24	76.5827
		25	78.3065
		26	80.0303

界面 14－7

■回归方法

指数平滑法和移动平均法等时间序列预测技术是单一的预测变量（比如需求）和时间相关。相对地，回归技术是一个变量和一个或多个变量相关。比如，如果知道一些事情导致产品需求在过去按一定方式变化，我们可以找出它们之间的关系。如果将来发生同样的事情，我们可以预测需求的变化。例如，新的住房需求上升和低利率有明显的相关性。相应地，如果新的住房需求开始上升，建材和相关服务的需求也会上升。类似地，DVD 播放器的增长会带来 DVD 光盘销量的增长。

线性回归是最简单的回归，我们可以回顾前面介绍的线性趋势线预测。接下来，我们将介绍如何建立回归模型以使变量和一些非时间的因素相关。

□ 线性回归

简单线性回归中，一个因变量只和一个自变量呈线性等式关系：

为了得到线性等式，必须通过最小二乘法首先计算出斜率 b 和截距 a，其计算公式如下：

$$a = \bar{y} - b\bar{x}$$

$$b=\frac{\sum xy-n\overline{x}\overline{y}}{\sum x^2-n\overline{x}^2}$$

式中，$\overline{x}=\frac{\sum x}{n}=x$ 的平均值；$\overline{y}=\frac{\sum y}{n}=y$ 的平均值。

我们现在考虑一个线性回归的例子。州立大学的体育学院想利用足球赛的入场情况做来年的预算。足球赛入场对其收益的影响最大，体育学院主管相信入场情况与球队赢球的次数直接相关。业务经理已积累了过去8年每年的入场人数：

赢球次数	入场人数
4	36 300
6	40 100
6	41 200
8	53 000
6	44 000
7	45 600
5	39 000
7	47 500

体育学院主管认为球队下一年至少赢球7次。他想利用这些数据建立一个简单线性等式来预测在这个赢球水平下的入场人数。

计算 a 和 b 可以使用最小二乘法，表14-10是相应的计算过程。（为了使计算简便，可以减小 y 的数量级。）

表14-10　　最小二乘法的计算过程

x（赢球次数）	y（入场人数，1 000人）	xy	x^2
4	36.3	145.2	16
6	40.1	240.6	36
6	41.2	247.2	36
8	53.0	424.0	64
6	44.0	264.0	36
7	45.6	319.2	49
5	39.0	195.0	25
7	47.5	332.5	49
49	346.7	2 167.7	311

$$\overline{x}=\frac{49}{8}=6.125$$

$$\overline{y}=\frac{346.9}{8}=43.34$$

$$b=\frac{\sum xy-n\overline{x}\overline{y}}{\sum x^2-n\overline{x}^2}=\frac{(2\,167.7)-(8)(6.125)(43.34)}{(311)-(8)(6.125)^2}=4.06$$

$$a=\bar{y}-b\bar{x}=43.34-(4.06)(6.125)=18.46$$

将 a 和 b 的值代入线性方程，得到

$$y=18.46+4.06x$$

因此 $x=7$ 时，观众人数的预测量为：

$$y=18.46+4.06(7)=46.88(\text{千人})\text{，或 } 46\,880 \text{ 人}$$

相应的坐标点和回归直线已在图 14-6 中给出。观察与坐标点相关的回归线，可以看到数据呈现出明显的上升的线性趋势。实际上，预测模型的 *MAD* 值是 1.41，正好说明了预测结果的可信程度。

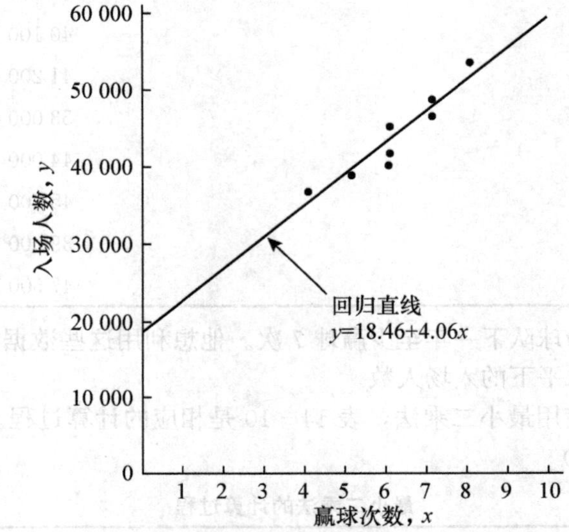

图 14-6　线性回归直线

□ 相关性

线性回归方程的相关性是衡量变量之间线性关系的指标。相关系数可以由下式得出：

$$r=\frac{n\sum xy-\sum x\sum y}{\sqrt{[n\sum x^2-(\sum x)^2][n\sum y^2-(\sum y)^2]}}$$

r 的值在 -1.00 到 $+1.00$ 之间变动。当 $r=\pm1.00$ 时，说明变量之间有很强的线性关系。若 $r=1.00$，则自变量的增长会引起因变量的线性增长。而当 $r=-1.00$ 时，自变量的增长会导致因变量的线性减小。当 r 趋近于 0 时，则说明变量之间几乎不存在线性关系。

在州立大学的例子中，我们可以使用最小二乘法中的计算结果来求得线性回归方程的相关系数 r。

$$r=\frac{(8)(2\,167.7)-(49)(346.7)}{\sqrt{[(8)(311)-(49)^2][(8)(15\,224.7)-(346.7)^2]}}=0.948$$

0.948 接近 1，说明赢球次数与入场人数有很强的线性关系。

其他衡量变量之间线性关系强弱的指标还包括确定系数。确定系数可以由计算 r 的平方得出。这一指标说明了自变量的变化所引起的因变量改变的程度大小。例如，$r=0.948$，因此确定系数就是：

$$r^2=(0.948)^2=0.899$$

0.899 表明数值变动量的 89.9%是由赢球次数决定的（另外的 10.1%是其他不明因素影响的结果，例如天气、好的或坏的开始、广告宣传等）。1（或 100%）表明观众人数完全依靠赢球次数。由于其他因素对因变量的变动有 10.1%的影响，所以用赢球次数来预测观众人数会有误差存在。

管理科学应用

航班客流预测模型

由于 2001 年“9·11”恐怖袭击事件，美国国会在 2003 年 3 月成立了交通安全管理局（TSA），它隶属于国土安全部。TSA 负责国家交通安全，特别是美国商用航空系统安全。TSA 实施了一系列程序、过程和管制来防御恐怖主义和在机场安检站排队、等待时发生的意外事件。为实施新安全措施，TSA 与美国商用航空集团（USCAP）的商用航班一起合作。合作的目标就是维持美国商用航空的安全，高效地确保安全需求。为实现这一目标，USCAP 的技术人员建立数学模型来分析、定义、预测航空旅行安全措施的运作和经济效益。这次模拟研究的关键部分就是预测航空旅行乘客需求的模型。早期大多数航空旅行预测模型集中在 5～20 年时间的长期趋势，这对做出短期决策和反应及时的安全措施是无效的。USCAP 利用多重回归建立模型预测乘客需求，该模型基于 6 个非固定因素：经济状况（通过美国的 GDP 来反映）；机票价格（按 1 000 英里的平均票价计）；旅行时间（直达时间）；恐惧（恐怖事件引起的登机率降低）；麻烦因素（麻烦事件引起的登机率降低）；运作因素（运作规模削减事件导致的登机率降低）。研究团队为该模型开发了一个具有特定性能的、详细的回归分析求解工具。后来，该预测模型成为研究许多涉及航空安全程序的其他分析模型的标准，如安排安全检查职工、机场检查通道的数目、安检时间、员工安全凭证、拟定安全措施的假定分析（如乘客安全费用）。USCAP 建立模型的流动资金在数百亿美元，20 年内估计有超过 1 000 亿美元的影响。

资料来源：R. Peterson，R. Bittel，C. Forgie，W. Lee，and J. Nestor，“Using USCAP's Analytical Models，the Transportation Security Administration Balances the Impacts of Aviation Security Policies on Passengers and Airlines，” *Interfaces* 37，no. 1（January-February 2007）：52–67.

□ 用 Excel 做回归分析

界面 14－8 是州立大学体育学院案例中线性回归预测所建立的电子表格。Excel 直接使用公式＝SLOPE(B5:B12，A5:A12）计算出了线性方程的斜率，斜率的结果保存在单元格 E7 中，表格最上方有公式栏，里面是相应的表达式。单元格 E6 保存的是截距式＝INTERCEPT(B5:B12，A5:A12)。斜率和截距的值被输入单元格 E9 和 G9，用来构成线性回归方程。相关系数的值保留在单元格 E13 中，可以使用公式＝CORREL(B5:B12，A5:A12) 得出。尽管电子表格中没有显示确定系数 (r^2)，但也可以通过公式＝RSQ(B5:B12，A5:A12) 计算。

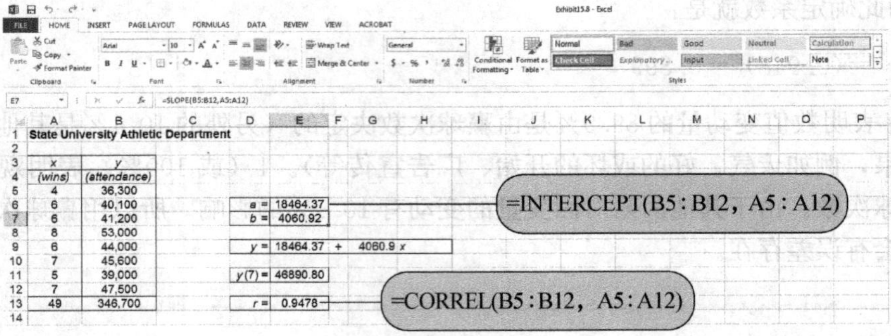

界面 14-8

将上面计算出的斜率和截距的值存入相应的单元格中，我们可以得到与 Excel 计算得出的相同的线性回归方程，但是手工计算费时费力，很麻烦。

同样用 Excel 的图表工具集也可以作出类似于图 14-6 的散点图。第一步，选中如界面 14-8 电子表格所示的单元格 A5:B12 中的数据。下一步，点击表格最上方工具栏上的“插入”键。这时会出现界面 14-9 所示的菜单。

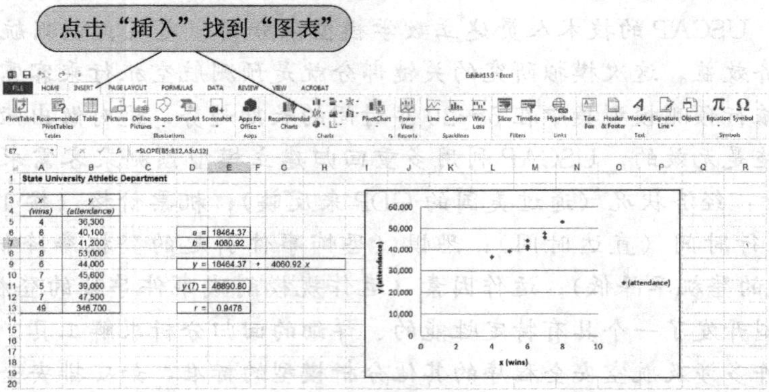

界面 14-9

从菜单中的“图表”(Charts) 选择“散点”(Scatter) 图表，如界面 14-9 所示。界面 14-9 显示带有散点图表的电子表格。

线性回归预测可以直接使用 Excel 中的“数据”菜单中的“数据分析”选项来进行线性回归预测。在前面讲到指数平滑预测的时候，我们使用过“数据分析”功能。界面 14-10 给出了数据分析窗口和其中的各个“回归”(Regression) 选项，界面 14-11 是相应的回归窗口。我们首先输入界面 14-8 单元格 B5:B12 中的 y 值（入场人数），然后输入单元格 A5:A12 中的 x 值。结果可以放在表格中任意你想放的地方，地方应该足够存放结果数据 (18×9 个单元格)，并且不能使结果与任何表格中的其他数据有重合。单击“确定”键，就会得到如界面 14-12 所示的结果。（注意，“总结”部分有一点改动——例如，移动位置——以便所有的结果都能显示在屏幕上，如界面 14-12 所示。）

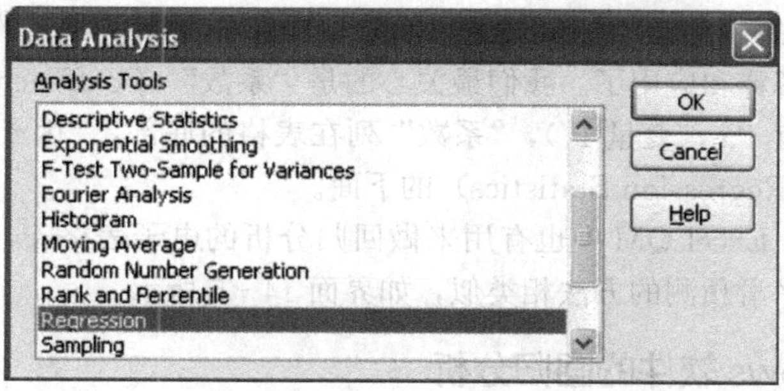

界面 14－10

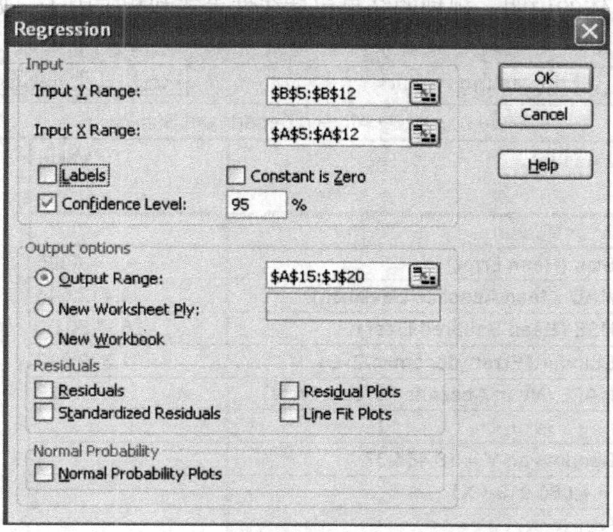

界面 14－11

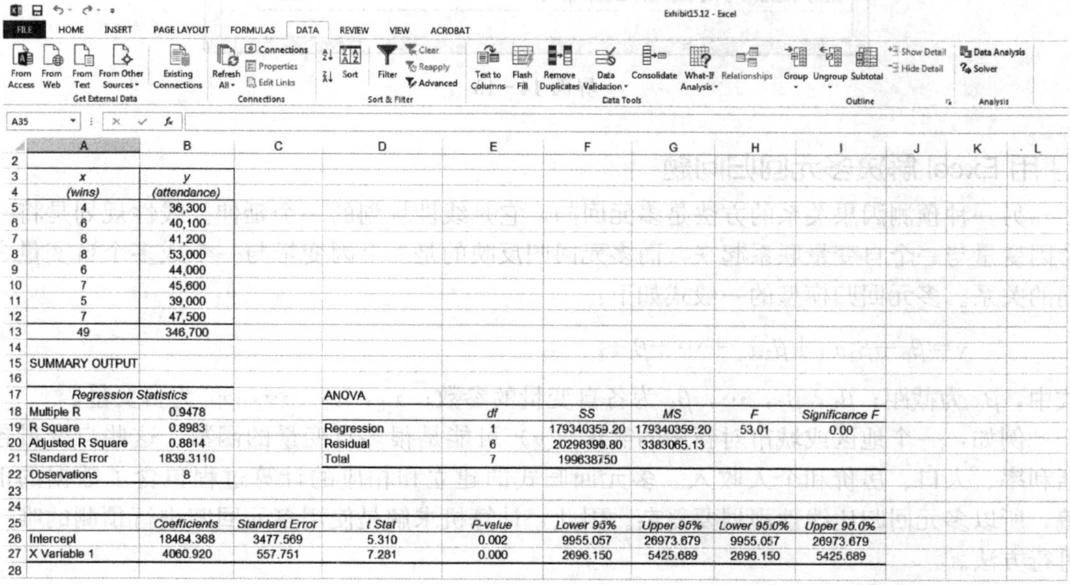

界面 14－12

界面 14－12 中的“总结”（Summary Output）部分提供了大量的统计信息，这里就不对这些数据进行解释和应用了。我们最关心的是“系数”（Coefficient）列中的截距和斜率这两个数值（标有“x，变量 1”），“系数”列在表格的底部，“因子 r”（相关系数）的值在“回归统计”（Regression Statistics）的下面。

值得注意的是，Excel QM 中也有用来做回归分析的电子表格宏，使用宏进行回归分析与使用宏的指数平滑预测的方法相类似，如界面 14－5 所示。

□ QM for Windows 软件的回归分析

先前已经说过 QM for Windows 软件具有演示线性规划的功能，这里使用州立大学体育学院的案例来进行具体的说明。规划的结果包括线性等式和相关因子，如界面 14－13 所示。

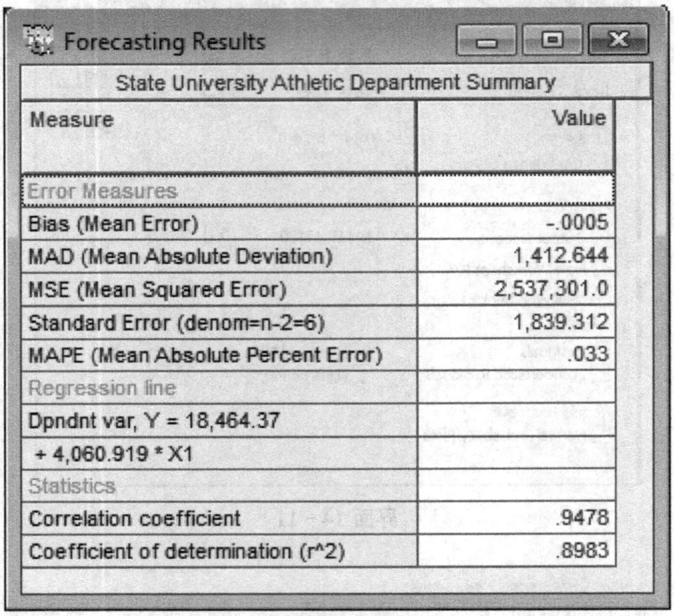

Measure	Value
Error Measures	
Bias (Mean Error)	-.0005
MAD (Mean Absolute Deviation)	1,412.644
MSE (Mean Squared Error)	2,537,301.0
Standard Error (denom=n-2=6)	1,839.312
MAPE (Mean Absolute Percent Error)	.033
Regression line	
Dpndnt var, Y = 18,464.37	
+ 4,060.919 * X1	
Statistics	
Correlation coefficient	.9478
Coefficient of determination (r^2)	.8983

界面 14－13

□ 用 Excel 解决多元回归问题

另一种预测因果关系的方法是多元回归，它是线性规划的一个延伸。线性规划是将一个因变量与一个自变量联系起来，而多元回归反映的是一个因变量与一个或多个自变量之间的关系。多元回归模型的一般式如下：

$$y=\beta_0+\beta_1x_1+\beta_2x_2+\cdots+\beta_kx_k$$

式中，β_0 为截距；β_1，β_2，…，β_k 为各自变量的参数；x_1，x_2，…，x_k 为自变量。

例如，一个地区或城市对新房的需求（y）可能是很多自变量的函数，这些自变量包括利率、人口、房价和个人收入。多元回归式的建立和相应的计算过程包含了数据的汇编，所以多元回归比线性规划要复杂。因此，计算机求解是使用多元回归进行预测的唯一可行方法。

在解释线性规划问题时，曾经使用了州立大学预测足球赛观众人数的例子，这里为了说明如何用 Excel 电子表格求解多元回归问题，要对这个案例进行扩展。在原来一个变量的基础上，加入一个表示宣传和激励的影响变量，如下：

赢球次数	物质刺激（美元）	观众人数
4	29 500	36 300
6	55 700	40 100
6	71 300	41 200
8	87 000	53 000
6	75 000	44 000
7	72 000	45 600
5	55 300	39 000
7	81 600	47 500

我们使用位于电子表格顶部"数据"菜单中的"数据分析"选项，"数据分析"在建立线性回归方程的时候曾经使用过。选择"数据分析"中的"回归"项。多元回归统计的结果在界面 14－14 所示的电子表格中给出。

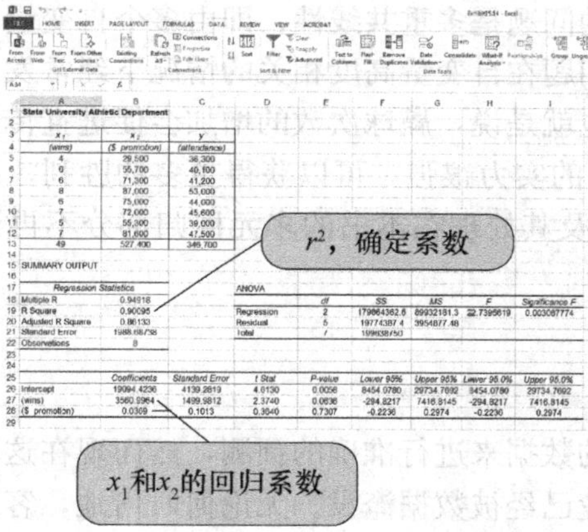

界面 14－14

注意为电子表格中两个相邻的自变量 x（A 列和 B 列）赋值。然后，我们在"输入 X 列"（Input X Range）处输入 A4:B12，如界面 14－15 所示。这里要注意的是变量的标题单元格 A4，B4 和 C4 也应该包括在输入区域内（例如，"赢球次数"（wins），"物质刺激"（＄promotion），"观众人数"（attendance））。选中"标签"（Labels），列的标题就可以放在 A27 和 A28 两个单元格中。

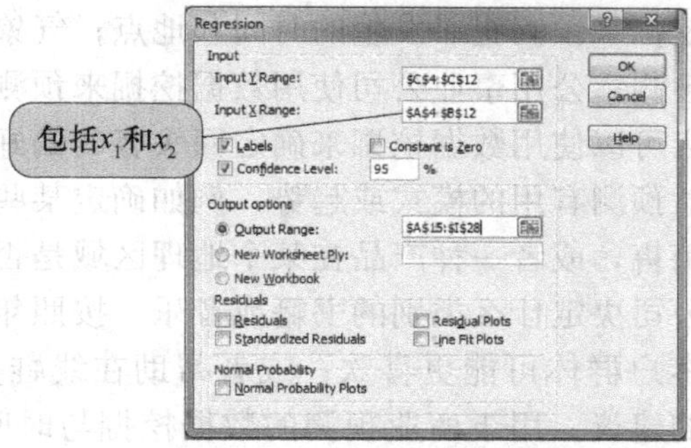

界面 14－15

自变量 x 的回归系数存储在单元格 B27 和 B28 中，如界面 14－14 所示。多元回归方程式可以表示为：

$$y=19\,094.42+3\,560.99x_1+0.036\,8x_2$$

将预期的赢球次数及预期的宣传费用代入此式就会得到预期的观众数目。例如，体育学院希望获得 7 次比赛的胜利，并且计划用于宣传和广告的花费为 60 000 美元，那么相应的预期观众人数为：

$$y=19\,094.42+3\,560.99(7)+3.036\,8(60\,000)=46\,229.35$$

若广告和宣传费用是一定的，则每胜出一场就会增加 3 560.99 位观众；而当赢球次数是固定的，则每增加 1 000 美元广告投入就会增加 36.8 位观众。这就可以看出，相比增加广告和宣传费用，赢球次数对观众人数增加影响更大。

确定系数 r^2 在界面 14－14 的单元格 B19 中，值为 0.90，表明观众人数变化的 90%要归因于赢球次数和宣传费用。而且前面已经提到，赢球次数对观众人数的影响占了绝大部分。

多元回归另一个经常遇到的问题是多重共线性，即由多个自变量引起的有关因变量变化的信息重复度。多重共线性问题在自变量高度相关的情况下经常发生，在本例中，赢球次数和宣传费用是正相关的，也就是说，赢球次数的增加会促进宣传费用的增加，反之则相反。（体育学院可能认为自己的实力很强，可以获得更多的胜利，从而可能会增加宣传费用。）关于多重共线性的问题及其处理在本书的多元回归部分不再讨论，其他相关统计资料在这方面有详细的阐述。

■数据挖掘

曾经商业预测者只用有限的数据来进行准确的预测，然而现在这不再是问题了。事实上，现在的情况恰恰相反，企业已经被数据淹没。无论何时何地，客户刷信用卡、访问网站，或者公司员工扫描仓库中的箱子、托盘或商店货架上的货物，数据都能被收集。据估计，世界上数据库中的所有数据在不到 2 年的时间里翻了一番。另外，大型且便宜的存储设备使公司存储这种大量的数据成为可能。因此，预测者的问题不再是没有足够的数据，而是如何使用大量数据来进行预测。数据挖掘是可以帮助预测者使用这些丰富的数据来进行有用预测的过程和工具。

数据挖掘是探索对大量数据进行分类和建模的过程，以便判别有意义的逻辑模式和关键变量之间的关系；它用于发现趋势，预测未来事件，并评估可能的行动方案。例如，警察可以使用数据挖掘来预测犯罪发生的时间和地点；气象分析人员使用数据挖掘来发现气象模式并做出预测；公用事业公司使用数据挖掘来预测不同地理区域不同天气条件下的能源消耗；酒店可以使用数据挖掘来确定回头客的偏好。数据挖掘允许公司搜索相关信息，比如可能对预测有用的模式或趋势，例如确定某些产品是否一起销售，事件是否触发某些产品的销售，或者一种产品在某个地理区域是否销售更多。数据挖掘可以帮助像亚马逊这样的公司决定什么类别的书籍或音乐，按照年龄、性别、收入、地理位置等因素分类的不同客户群体可能更喜欢；或者帮助在线鞋类零售商 Zappos 为回头客提供鞋子款式和尺寸的建议。用于商业预测的数据挖掘与时间序列和回归方法不同。

在这些传统的预测方法中，预测者首先尝试确定在需求数据中是否有模式，例如趋势或季节性，然后找到与数据最适合的模式的预测模型（比如指数平滑、加权平均、回归等）。当他们找到一个反映数据的模型后，用它来预测未来需求。数据挖掘却相反，预测者并不试图知道什么样的模式与数据相适应；预测者甚至多次都不知道他们正在寻找或者可能发现什么样的模式。数据挖掘是一种让数据识别模式，然后使用该信息进行预测的方式。

数据挖掘使用和分析存储在数据库、数据仓库和数据集市中的数据。数据库是相关数据的集合，用于帮助公司分析一些相关的活动，例如特定产品的历史销售数据。数据仓库通常是公司自己当前和历史数据的存储库，包括销售信息以及诸如市场、人口、客户、材料、竞争对手、供应商、财务数据等外部数据。数据仓库可以细分为存储持有特殊信息的数据子集的数据集市，以及帮助公司做出决策的数据组。数据挖掘采用了多种工具或任务，用于从数据库、数据仓库和数据集市中提取模式和关系。所有这些类别的工具都使用各种软件包（如 SAS，SPSS 和 Excel 产品）来挖掘数据（导入、处理和分析数据），并帮助识别模式和关系。

关联规则学习是一种寻找变量之间关系的数据挖掘工具，例如零售商店要确定哪些服装产品经常由特定类别的顾客一起购买，诸如棉布牛仔裤和衬衫，或一系列客户喜欢的各种产品的共同特征。聚类分析使用软件包来识别数据中自然结合在一起的群组的工具，例如，使用一种包装或运输方法的供应商，或者购买一种类型牛仔裤的年龄段或收入人群。分类工具试图区分不同类别的对象或动作，例如，电子邮件可以被分类为“合法邮件”或“垃圾邮件”，或者公司或产品（如牛仔裤）可以是“绿色的”或“非绿色的”。预测工具采用传统的预测方法，如回归来预测变量值，例如每月的需求量。

小 结

我们已经介绍了几种有效的关于时间序列的预测方法。尽管它们普遍用于短期、中期的预测，但是时间序列和回归的方法可以应用于任意时间长度的预测。在数据需求量不太大时，这些定量预测方法很容易理解，并且简单易用、成本不高。它们为使用者提供了很好的历史绩效记录。因此，回归的方法，尤其是时间序列的方法，在实际中广泛应用。

当管理者和学生初次接触预测方法时，会对预测结果的不精确性感到诧异和失望。但是，学习一段时间后，他们就会知道预测不是一件简单的事情，要做到使预测的结果与实际毫无偏差是根本不可能的。预测就像投掷马蹄铁：投中目标的人自然是胜者，但是你也可以因为投得离目标最近而获胜。预测结果经常用作其他决策模型的输入变量，例如在库存模型中，这是下一章我们将要讲解的内容。决定一个公司应该订购的库存量（例如，计划拥有量）的主要因素是未来的需求量——预测需求量。

解题实例

下面的问题使用了指数平滑法和调整指数平滑法两种方法进行预测。

问题描述

一个计算机软件公司的财务软件包的历史需求如下表所示：

时期	单位
1	56
2	61
3	55
4	70
5	66
6	65
7	72
8	75

使用指数平滑法进行预测，指数 $\alpha=0.40$，而对于调整的指数平滑法，$\alpha=0.40$，$\beta=0.20$。使用 MAD 与累积误差来比较这两种方法的精确度。

求解过程

第 1 步：指数平滑预测法的计算

$$F_{t+1}=\alpha D_t+(1-\alpha)F_t$$

对第二期的预测为（假设 $F_1=56$）：

$$F_2=\alpha D_1+(1-\alpha)F_1=(0.40)(56)+(0.60)(56)=56$$

对第三期的预测是：

$$F_3=(0.40)(61)+(0.60)(56)=58$$

其他时期预测的计算方法相同，结果如下表所示。

第 2 步：调整指数平滑法的计算

$$AF_{t+1}=F_{t+1}+T_{t+1}$$
$$T_{t+1}=\beta(F_{t+1}-F_t)+(1-\beta)T_t$$

直接计算第三期的值（因为 $F_1=F_2$，并且我们假设 $T_2=0$）：

$$\begin{aligned}T_3&=\beta(F_3-F_2)+(1-\beta)T_2\\&=(0.20)(58-56)+(0.80)(0)=0.40\end{aligned}$$
$$AF_3=F_3+T_3=58+0.40=58.40$$

其余的调整预测值的计算与上面的相似，结果如下表所示。

时期	D_t	F_t	AF_t	D_t-F_t	D_t-AF_t
1	56	—	—	—	—
2	61	56.00	56.00	5.00	5.00
3	55	58.00	58.40	−3.00	−3.40
4	70	56.80	56.88	13.20	13.12
5	66	62.08	63.20	3.92	2.80
6	65	63.65	64.86	1.35	0.14
7	72	64.18	65.26	7.81	6.73
8	75	67.31	68.80	7.68	6.20
9	—	70.39	72.19	—	—
				35.97	30.60

第 3 步：计算 *MAD* 的值

$$MAD(F_t)=\frac{\sum |D_t - F_t|}{n}=\frac{41.97}{7}=5.99$$

$$MAD(AF_t)=\frac{\sum |D_t - AF_t|}{n}=\frac{37.39}{7}=5.34$$

第 4 步：计算累积误差

$$E(F_t)=35.97$$
$$E(AF_t)=30.60$$

因为不论是 *MAD* 还是累积误差的值，调整的指数平滑预测值都小，所以相对来说，调整的指数平滑法更精确。

下面是一个用线性回归进行预测的实例问题。

问题描述

下表显示的是一个当地建材商店在过去 10 个季度中某种板材的累计销售量和该地区的建筑许可证的数目：

季度	建筑许可证，x	板材销售量（1 000 平方英尺），y
1	8	12.6
2	12	16.3
3	7	9.3
4	9	11.5
5	15	18.1
6	6	7.6
7	5	6.2
8	8	14.2
9	10	15.0
10	12	17.8

在这些数据基础上建立线性回归模型，通过相关系数决定变量之间线性关系的强弱。假设下一季度有 10 个建筑许可证，且模型表现相对强的线性关系，预测板材销售量。

求解过程

第 1 步：计算线性回归方程的各组成变量

$$\bar{x}=\frac{92}{10}=9.2$$

$$\bar{y}=\frac{128.6}{10}=12.86$$

$$b=\frac{\sum xy - n\bar{x}\bar{y}}{\sum x^2 - n\bar{x}^2}=\frac{(1\,290.3)-(10)(9.2)(12.86)}{(932)-(10)(9.2)^2}=1.25$$

$$a=\bar{y}-b\bar{x}=12.86-(1.25)(9.2)=1.36$$

第 2 步：建立线性回归方程

$$y=a+bx$$
$$y=1.36+1.25x$$

第 3 步：计算相关系数

$$r=\frac{n\sum xy-\sum x\sum y}{\sqrt{[n\sum x^2-(\sum x)^2][n\sum y^2-(\sum y)^2]}}$$
$$=\frac{(10)(1\,290.3)-(92)(128.6)}{\sqrt{[(10)(932)-(92)^2][(10)(1\,810.48)-(128.6)^2]}}=0.925$$

因此，变量之间存在很强的线性关系。

第 4 步：计算当 $x=10$ 时的预测值

$$y=a+bx=1.36+1.25(10)$$
$$=13.86(\text{千平方英尺})，\text{或}1\,386\text{平方英尺}$$

习 题

3. Fastgro 化肥公司为多个草坪和园林商店供货。这个公司必须在季度需求预测的基础上制定季度生产计划安排。下表是公司过去 3 年的销售记录：

年份	季度	化肥需求量（吨）
1	1	105
	2	150
	3	93
	4	121
2	5	140
	6	170
	7	105
	8	150
3	9	150
	10	170
	11	110
	12	130

a. 计算第 4—13 季度的需求预测，按每 3 个季度移动平均，并计算出每一季度的预测误差值。

b. 计算第 6—13 季度的需求预测，按每 5 个季度移动平均，并计算出每一季度的预测误差值。

c. 计算第 4—13 季度的需求预测，按每 3 个季度加权移动平均，其中每一季度的加权系数为 0.5，0.33 和 0.17，并计算出每一季度的预测误差值。

d. 比较上述 3 种预测的累积误差，哪一种预测更加精确，它们有任何偏差吗？

4. 将习题 3 中的数据用图形表示，你能发现什么趋势、周期或季节性模式？

6. Petroco 服务站希望对下个月的不含铅汽油的需求量进行预测，以便能够更好地从供应商那里订货。下面是销售部过去 10 个月不含铅汽油的需求数据记录：

月份	汽油需求量（加仑）
10	800
11	725
12	630
1	500
2	645
3	690
4	730
5	810
6	1 200
7	980

a. 用指数移动平均进行预测，$\alpha=0.3$。

b. 计算调整指数移动平均预测（$\alpha=0.3$；$\beta=0.2$）。

c. 比较这两种预测的 *MAPD* 值，并指出哪一种更精确。

8. Bayside 喷泉宾馆与体育馆毗邻，这个拥有 24 000 个座位的竞技场是市专业篮球队和冰球队的总部，每年要举办多次音乐会、商品交易会和多种大型会议。下面是自体育馆开放以来这家宾馆 9 年来的房间入住率的相关数据：

年份	入住率（%）
1	83
2	78
3	75
4	81
5	86
6	85
7	89
8	90
9	96

用指数平滑法进行预测，取 $\alpha=0.20$；用调整指数平滑预测，取 $\alpha=0.20$，$\beta=0.20$；用趋势线性回归方法预测。比较这 3 种预测的 *MAD* 值和平均误差，指出哪一种预测更加精确。

11. 位于佐治亚州威姆斯市的 Whistle Stop 咖啡馆以自制冰淇淋而著名，这种冰淇淋是在咖啡馆后面的一个小装置里制作的。亚特兰大和麦肯的人纷纷驱车来购买这种冰淇淋。咖啡馆的两位女主人希望建立一个预测模型，可以计划这种冰淇淋的生产运作并决定咖啡馆需雇用的销售冰淇淋的员工人数。下表是她们过去 12 个季度冰淇淋的销售数据：

年份	季度	冰淇淋销售量（加仑）
1	1	350
	2	510
	3	750
	4	420
2	5	370
	6	480
	7	860
	8	500
3	9	450
	10	550
	11	820
	12	570

建立调整指数平滑模型，取 $\alpha=0.50$，$\beta=0.50$，通过该模型预测需求量，使用累积误差（E）和平均误差（$\bar{E}$）来评价模型的精确度。在预测的结果中是否发现了其他的偏差。

15. Cat Creek 采矿公司开采煤炭并用船运输煤炭，下面是它前 8 年的煤炭需求记录：

年度	煤炭销售量（吨）
1	4 260
2	4 510
3	4 050
4	3 720
5	3 900
6	3 470
7	2 890
8	3 100

建立调整的指数平滑模型（$\alpha=0.30$，$\beta=0.20$）和趋势线性模型，比较这两种模型预测结果的 MAD，指出哪一种预测更加精确。

22. 新社区中的急救室在过去 5 个月中的每一周的两个时间段观测病人的数量，这两个时间段是周末（星期五到星期日）和工作日（星期一到星期四）。它很明显地感到周末的病人要比平时多很多：

周数	病人数量	
	周末	工作日
1	116	83
2	126	92
3	125	97
4	132	91

续前表

周数	病人数量	
	周末	工作日
5	128	103
6	139	88
7	145	96
8	137	106
9	115	95
10	148	102

使用一周中的不同时间段的病人数据资料建立季节预测模型，并且预测第 11 周的病人数量。

23. Aztec 公司建立了一个预测模型，并且已经在过去 10 个月中使用。实际值和预测值在下表中给出：

月份	实际需求量	预测需求量
1	160	170
2	150	165
3	175	157
4	200	166
5	190	183
6	220	186
7	205	203
8	210	204
9	200	207
10	220	203

通过计算 *MAD*、*MAPD*、累积误差可以衡量这个模型的精确性。使用这个模型进行预测准确吗？

34. Bell 公司是一家小型计算机制造商。公司需要的零件大部分由位于东南亚的供应商提供。供应商会把 Bell 公司需要的零部件运送到位于公司沃斯堡生产线附近一个名叫“Revolver”的小型快速流转仓库。Bell 公司每隔 3 小时去仓库取货，而它的供应商则每隔 3～4 天把货送到这些小型仓库里。Bell 的 Intrepid 笔记本电脑组装所需的大部分零部件，包括屏幕、键盘、硬盘、主板和组装线上所需的其他部件等，来自一家供应商。这些“Revolver”仓库使 Bell 能够通过将库存转移到它的供应商处将自身的库存几乎降为零。供应商也希望自己的库存最小化，他们可以采取的方法之一就是对未来的需求进行精确的预测。下表是过去 24 个月供应商从 Bell 公司得到的订单：

月份	第 1 年需求（个）	第 2 年需求（个）
1	2 447	2 561
2	1 826	1 733

续前表

月份	第 1 年需求（个）	第 2 年需求（个）
3	1 755	1 693
4	1 456	1 484
5	1 529	1 501
6	1 633	1 655
7	2 346	2 412
8	3 784	4 017
9	4 106	3 886
10	3 006	2 844
11	2 257	2 107
12	3 212	3 410

请仔细观察以上数据，并建立一个你认为最准确的预测模型，用来预测第三年的需求量。

35. Gilley 冰淇淋店的经理需要一份冰淇淋需求的准确预测。该店会提前一个星期向冰淇淋分销商订货；如果订货太少，就会有缺货损失；如果订货太多，多余的冰淇淋就会浪费。该店的经理认为影响销量的一个重要因素是温度（天气越热，买冰淇淋的人会越多）。经理可以随机查阅年鉴来确定 10 个星期的日平均气温，再根据店里的销售记录得出这 10 周的冰淇淋消费量。这些数据如下表所示：

周数	平均气温（华氏度）	冰淇淋销售量（加仑）
1	73	110
2	65	95
3	81	135
4	90	160
5	75	97
6	77	105
7	82	120
8	93	175
9	86	140
10	79	121

a. 使用这些数据建立线性回归模型，并预测当某周日平均气温为 85 华氏度时的冰淇淋需求量。

b. 用相关系数检验冰淇淋需求量与温度间的因果关系强弱。

36. 计算习题 35 中的确定系数，并解释它的含义。

46. Arrow 航空是东海岸地区的航空公司，该公司收集了 5 年中 4 个季度——（1）1—3 月，（2）4—6 月，（3）7—9 月，（4）10—12 月——航班的上座率数据。公司也收集了每个季度平均机票折扣率的数据：

年度	季度	平均机票折扣率（%）	上座率（%）
1	1	63	21
	2	75	34
	3	76	18
	4	58	26
2	1	59	18
	2	62	40
	3	81	25
	4	76	30
3	1	65	23
	2	70	28
	3	78	30
	4	69	35
4	1	59	20
	2	61	35
	3	83	26
	4	71	30
5	1	60	25
	2	66	37
	3	86	25
	4	74	30

a. 用季节趋势预测法预测上座率。用线性趋势预测值估计第 6 年的上座率。

b. 在机票折扣率和上座率之间建立线性回归模型，目的是预测第 6 年每一季度的上座率。假设第一至第四季度的折扣率分别为 20%，36%，25%和 30%。

c. 比较上述两种预测方法哪一种更好一些。

47. 用习题 46 中的数据建立调整指数平滑模型（$\alpha=0.40$，$\beta=0.40$）以预测上座率，比较它和 a 中的季节趋势预测哪一个更精确。

50. 趁着公众对于可持续发展高涨的热情，Klorax 开发了一系列叫作 GreenClean 的天然非合成清洁产品，Klorax 推出的第一款绿色产品是天然冷水洗涤剂。为了开发不同预测模型，公司收集整理了该系列产品 7 年的准确销售数据。公司的市场销售部认为，全国的媒体和公众每开展一次较大规模的环境保护（绿色）行动，例如政府发布能源报告、汽油或能源价格上涨、石油泄漏和污染，以及企业受到公众压力而采取大规模绿色行动，销售就会增长。因此，公司想建立一个媒体公开报道的月绿色行动次数与洗涤剂月销量的线性回归预测模型。公司的销售人员回顾了过去两年的历史销售情况，并收集了媒体公开报道的月绿色行动次数，如下表所示：

月份	洗涤剂销量	绿色行动次数	月份	洗涤剂销量	绿色行动次数
1	34 175	3	1	55 732	7
2	28 366	2	2	26 004	4
3	41 819	4	3	49 188	5

续前表

月份	洗涤剂销量	绿色行动次数	月份	洗涤剂销量	绿色行动次数
4	27 666	1	4	40 005	2
5	31 299	1	5	38 912	2
6	37 456	4	6	31 777	1
7	52 444	5	7	30 367	0
8	46 712	3	8	34 566	1
9	37 222	2	9	29 078	1
10	44 981	2	10	45 876	3
11	40 006	2	11	48 556	4
12	47 321	4	12	51 022	6

建立一个线性回归模型，预测下一个月公开报道的绿色行动次数为3时洗涤剂的销量。讨论此类相关性预测对于Klorax的价值和意义。

54. Savannah港正在考虑扩大它的集装箱码头。这个港口在过去12年中每年完成的标准箱量（集装箱的标准单位）如下：

年份	标准箱量（1 000单位）
1	526.1
2	549.4
3	606.0
4	627.0
5	695.7
6	734.9
7	761.1
8	845.4
9	1 021.1
10	1 137.1
11	1 173.6
12	1 233.4

a. 用这些数据建立线性趋势模型，并预测第13年的标准箱量。

b. 变量之间的线性关系是否很强？

59. Bayville警察局车辆调度场的管理员希望根据车辆的行驶里程和车龄，预测每年的警车维修成本。下面的数据是8辆不同的警车的数据：

行驶里程	车龄（年）	维修成本（美元）
16 320	7	1 200
15 100	8	1 400
18 500	8	1 820
10 200	3	900

续前表

行驶里程	车龄（年）	维修成本（美元）
9 175	3	650
12 770	7	1 150
8 600	2	875
7 900	3	900

a. 使用 Excel，建立多元回归方程。

b. 回归方程的确定系数是多少？

c. 如果一辆 5 年车龄的警车去年一年行驶了 10 000 公里，请预测它今年的维修成本是多少。

案例 14－1

州立大学的预测案例

在过去的几年中，立法机关曾大量减少对州立大学的资金供给，所以州立大学在过去 5 年中每年都大量增加学费。从 5 年前增加学费至今，州立大学现在已被认为是州政府资助的最昂贵的大学之一。很多家长和学生都对州立大学的教育价值产生疑问，每年的入学申请数量明显下降。由于州教育基金的数目与新生入学人数有关，所以该大学不得不为了维持入学的人数而招收质量较差的学生。

除了以上这些问题，该大学还希望在今后 10 年中学生人数会有显著的增加。州议会的重要人士已经要求大学的管理者在今后 10 年中招收更多的学生。然而，由于整体的经济状况和预算情况的原因，州立大学没有多余的资金来增加教职员工、增建教室和公寓以及增加其他设施。现在该大学的教室短缺量已经超过 25%，而且每个班级的人数已经超出了同类机构。

州立大学的校长阿尔瓦·麦克马洪建立了很多任务小组，以使教职工和行政管理人员都着手解决这些问题。这些小组提出了广泛的、适用的建议，包括恰当的、更加深入的、更注重计划的管理实践的实行。

对如何用预测的方法帮助该大学解决这些实际问题展开讨论，并讨论使用什么方法进行预测。

案例 14－2

大学书店的学生电脑购买计划

大学书店是州立大学通过一家独立的公司掌管和经营的，这家公司的高层领导是学校内部的人。书店靠近大学校园的分店有 3 个。它经营多种项目，包括教材、图书、标志服装以及绘画和教育用品，还有计算机及其外围设备，包括打印机、调制解调器和各类软件。书店有一个经营个人电脑的计划，主要服务于新生和其他年级的学生，提供学生价格折扣，且这部分电脑由供应商负责运送。也就是说，书店经营电脑的利润非常少。

每年夏天，新生和家长都会来到州立大学的校园实施为期 3 天的适应计划。学生整个夏天都会参加一个 100 人的小组。在参观学校的时候，学生和家长会详细地了解书店计算机销售计划，这时一些学生会预订下学期的电脑，其他年级的一些学生则会等到这学期快结束的时候才会向书店预订。整个夏天，书店也会收到返校学生的一些订单。该项目成为书店具有挑战性的管理问题。

整个夏天都会接到订单，很多时候订单都距离秋季开学的时间非常近，而电脑供应商至少需要 6 周的时间来安排运送。因此，书店必须对电脑的需求进行预测，并由此建立一定量的库存，从而满足秋季学生的电脑需求。学生电脑项目和电脑需求预测对整个书店的供应链产生影响。在校园附近书店有一个仓库，库存的电脑必须全部放在这里，因为零售点已经没有地方放这些电脑了。订购太多的电脑会造成书店现金紧张，同时在书店繁忙的季节，过多的电脑会占据有限的空间，使其他商品无处堆放。书店的运营主要是靠卖其他商品维持的，因为电脑的利润实在太低了。由于招收好学生的竞争增强了，大学现在非常注重自身的形象，并且坚持大学中的所有教职员工都要树立服务学生的典范，这对于书店来说就意味着，要在秋季开学的时候满足每个学生的电脑需求。电脑订购的数量也影响仓库和书店的临时员工数量，他们要负责处理和辅助计算机的装配。在秋季注册时，从书店到仓库每天的运送次数也受到电脑销量的影响。

书店的学生电脑购买计划已经顺利运作了 14 年。虽然在这期间学生的人数非常稳定，电脑的销售也会有一些波动。下面是秋季学期第一个月的电脑销售数据历史记录：

年份	计算机销售量	年份	计算机销售量
1	518	8	792
2	651	9	877
3	708	10	693
4	921	11	841
5	775	12	1 009
6	810	13	902
7	856	14	1 103

为书店建立下学期的计算机需求预测模型，以方便书店的管理，并且指出预测模型的精确度是多少。对于书店来说，还有其他预测方法可以辅助其决策吗？

案例 14－3

山谷游泳俱乐部

山谷游泳俱乐部有 300 个股东，每个股东都在俱乐部中持有股份。俱乐部股东的家属被允许在夏天使用俱乐部中很受欢迎的户外游泳池，只要缴纳 175 美元会费。这些年俱乐部没有发行任何股票，每年只交易现存的股票。董事会负责所有股票的出售。当股东想要卖出股票时，他把股票转交给董事会，董事会将股票卖给等待购买的名单上的第一个人。在过去的几年里，这份名单的长度一直很稳定，大约有 20 个人。

然而，去年冬天发生的两件事情突然增加了俱乐部股票的需求量。去年冬天特别冷，温度达到零下，还有强烈的暴风雪，城镇和乡下的游泳池都变形开裂。只有等到维护人员为夏季准备游泳池时，才会发现这些问题，并且只有到秋季，修复工作才能完工。也是在冬季，当地乡村俱乐部的经理与董事会发生了争执，俱乐部一夜之间就被完全毁掉了。尽管泳池本身没有损坏，更衣室的设备、喷头和小吃部却被损坏了。这两件事情导致很多人争相购买山谷游泳俱乐部的股票，等候名单在夏天到来前增至250人。

俱乐部的董事会在过去都不发行新股，因为需求量太小，那些已有的需求经常在一年内被股票成交量吸收，再加上董事会对人员过多的问题非常忧虑。而现在看来，会员的态度还算好，除了节日外——例如7月4日的纪念日——几乎没有人对人员过多产生不满。

故而在最近的董事会议上，一些新的申请被提出，要求董事会发行新的股份。一些股东建议现在是为俱乐部征集资金用于修缮和改进现有设施的最佳时机。这个建议对董事会的吸引力很大。尽管过去每股的价格是500美元，董事会现在可以适当地提高价格，使股价更高一些。参加的人数越多，则需要的救生人员也越多。

在董事会做出是否卖出更多的股份的决议之前，他们需要更多的信息支持。如果真的卖出，那么应该卖出多少呢？具体来说，他们需要根据现有的股份数量，对那些在夏季几乎每天都会到泳池来的人员平均数（家庭成员、朋友等）进行预测。

董事会对去年夏天6—8月每天来的人员做了记录，他们认为这些数据可以帮助他们准确估计今年夏天的情况：

周一-139	周三-380	周五-193	周日-399	周二-177	周四-238
周二-273	周四-367	周六-378	周一-197	周三-161	周五-224
周三-172	周五-359	周日-461	周二-273	周四-308	周六-368
周四-275	周六-463	周一-242	周三-213	周五-256	周日-541
周五-337	周日-578	周二-177	周四-303	周六-391	周一-235
周六-402	周一-287	周三-245	周五-262	周日-400	周二-218
周日-487	周二-247	周四-390	周六-447	周一-224	周三-271
周一-198	周三-256	周五-284	周日-399	周二-239	周四-259
周二-310	周四-322	周六-417	周一-275	周三-274	周五-232
周三-347	周五-419	周日-474	周二-241	周四-205	周六-317
周四-393	周六-516	周一-194	周三-190	周五-361	周日-369
周五-421	周日-478	周二-207	周四-243	周六-411	周一-361
周六-595	周一-303	周三-215	周五-277	周日-419	
周日-497	周二-223	周四-304	周六-241	周一-258	
周一-341	周三-315	周五-331	周日-384	周二-130	
周二-291	周四-258	周六-407	周一-246	周三-195	

建立夏季的每日需求预测模型。

案例 14-4

预测航空乘客的人数

“9·11”恐怖袭击导致的为增加航空安全而采取的措施，使航空公司面临在安全门出现长长的等待队伍和等待时间过长的问题。等待队伍足有几百码，而等待时间有时达几小时。为了解决这一问题——至少随着航空需求的增加，等待队伍和时间不能变得更长——航空公司分析了现有的安全系统，找到了几个解决方案。改善机场安全程序的关键步骤在于预测安检站乘客人数，这样可以确定需要多少安检站和配备多少工作人员。在 Berry 国际机场，安全分析人员要预测下个 7 月的乘客人数，这是一年中机场最忙的时候，目的就是确定这个月需要多少安检站和多少名工作人员，以免等待队伍和等待时间过长。在过去 3 年里，航空旅行需求越来越大。Berry 国际机场有两个主要的大厅——北厅和南厅，负责不同的航线。下表是南厅过去 3 年 7 月的 10 天中（随机抽取）的乘客人数，从早上 4：00 到晚上 10：00 按每两小时分段。

	天	上午 4—6	上午 6—8	上午 8—10	上午 10—中午	中午—下午 2	下午 2—4	下午 4—6	下午 6—8	下午 8—10
	1	2 400	2 700	3 200	1 400	1 700	1 800	1 600	800	200
	2	1 900	2 500	3 100	1 600	1 800	2 000	1 800	900	300
	3	2 300	3 100	2 500	1 500	1 500	1 800	1 900	1 100	200
	4	2 200	3 200	3 100	2 200	1 900	2 400	2 100	1 200	400
第 1 年	5	2 400	3 300	3 400	1 700	2 200	2 100	2 000	1 000	600
	6	2 600	2 800	3 500	1 500	1 700	1 900	1 500	1 100	300
	7	1 900	2 800	3 100	1 200	1 500	2 000	1 400	900	400
	8	2 000	2 700	2 500	1 500	200	2 300	1 900	1 000	200
	9	2 400	3 200	3 600	1 600	2 100	2 500	1 800	1 400	200
	10	2 600	3 300	3 100	200	2 500	2 600	2 400	1 100	400
	11	3 100	3 900	4 100	2 200	2 600	2 300	2 500	1 100	300
	12	2 800	3 400	3 900	1 900	2 100	2 500	2 000	1 200	300
	13	2 700	3 800	4 300	2 100	2 400	2 400	2 400	1 200	400
	14	2 400	3 500	4 100	2 400	3 000	3 200	2 600	1 200	700
第 2 年	15	3 300	3 700	4 000	2 600	2 600	2 700	2 900	1 000	300
	16	3 500	4 000	3 800	2 300	2 700	3 100	3 000	900	200
	17	2 900	4 100	3 900	2 400	3 000	3 200	2 500	1 100	500
	18	3 400	3 800	4 200	2 000	2 500	3 000	2 200	1 000	300
	19	3 600	3 600	4 000	2 300	2 600	2 800	2 600	1 200	200
	20	3 700	3 700	4 000	2 200	2 600	2 700	2 400	1 200	200
	21	4 400	4 400	4 500	2 600	3 300	3 400	3 000	1 200	400
	22	4 200	4 500	4 300	2 500	3 400	3 600	3 100	1 400	300
	23	4 500	4 500	4 700	2 700	3 400	3 500	2 900	1 200	300
	24	4 600	4 600	4 600	2 500	3 200	3 500	2 800	1 300	300
第 3 年	25	4 500	4 300	4 400	2 900	3 300	3 300	3 300	1 500	400
	26	4 200	4 300	4 500	3 000	4 000	3 400	3 000	1 500	600
	27	4 500	4 500	5 100	3 300	4 000	3 700	3 100	1 200	300
	28	4 300	4 200	4 300	2 800	3 500	4 000	3 300	1 100	400
	29	4 900	4 100	4 200	3 100	3 600	3 900	3 400	1 400	500
	30	4 700	4 500	4 100	3 000	4 000	3 700	3 400	1 200	500

对 Berry 国际机场南厅第 4 年 7 月每个时间段的乘客人数做出预测。讨论做出预测时每个可能用到的预测模型的偏差。

第15章 库存管理

库存分析是管理科学最常见的议题之一。其中一个原因就是几乎所有类型的企业组织都有库存。虽然我们常常只从商店货架上的存货方面来考虑库存，但是库存可以呈现为各种形式，例如，制造过程不同阶段中的半成品、原材料、资源、劳动力或现金。此外，库存的目的不总是仅仅为了满足顾客的需求。例如，公司经常持有大量的原材料库存以预防罢工。无论库存呈现怎样的形式，或者其目的是什么，它常常代表了厂商的巨大成本。据估计，美国产成品库存的年平均成本大约占总库存价值的30%。因此，如果某公司有价值1 000万美元的产品库存，库存持有成本（包括保险、过时、折旧、利息、机会成本、储存成本等）大约为300万美元。如果库存量减少一半，为500万美元，则将节省大量的库存成本，大约将节约150万美元的库存成本。

在本章，我们将介绍经典的经济订货批量模型，这是最基本的库存分析模型。这些库存模型提供了一种确定订货量为多少以及何时下订单才能使库存相关成本最小的方法。这些模型潜在的假设条件是：需求是确定已知的，并且为常量。此外，我们将介绍有关需求不确定时订货批量的大小以及再订货点（何时下订单）的模型。

库存管理要素

库存被定义为一个组织为了满足顾客需求而准备的存货。事实上，每种类型的组织都保有某种形式的库存。百货商店持有零售的所有商品的库存；苗圃持有不同的秧苗、树木和花的库存；出租车代理处持有汽车库存；棒球联合主队保有小俱乐部联队队员库存；甚至家庭住户都有食物、衣服、医药用品、个人保健品等库存。

库存的作用

一个公司或一个组织备有库存的原因有多种，其中最主要的原因是：持有已完成的商品库存以满足顾客对商品的需求，对于零售运营商更是如此。然而，顾客的需求也可能以将去储存室取打印机墨盒或纸张的秘书，或者从仓库中拿木板或钉子的木匠的形式存在。通常，持有一定水平的库存将满足预期或期望的顾客需求。然而，由于通常不能确切地知道需求的大小，因此，常常需要储备额外数量的库存，称为安全库存或缓冲库存，以满足超过期望需求的意外情况。

有时，建立额外的库存储备是为了满足季节性或周期性需求。当需求较低时，公司将生产商品以满足较高的季节性需求，因为那时它们的生产能力将会不足。例如，生产玩具的制造商在夏秋季节生产大量的库存商品以满足圣诞节期间的期望需求，这种做法使它们全年能够维持一个相对稳定的生产流。通常情况下，它们没有足够的生产能力或物流支持以生产足够的商品来满足圣诞节期间的所有需求。相对地，零售商可能发现，为了满足诸如圣诞节之类最大的季节性需求，或者为了展示的目的以吸引顾客，在它们的货架上储备大量的库存商品是非常必要的。

通常，公司为了利用价格折扣将购买大量的库存商品，以预防预期的未来价格的上涨，或者通过大量采购，公司可获得较低的价格。例如，众所周知，由于沃尔玛可以获得一个非常低的价格，因此它长期采购制造商的洗衣粉或其他零售商品的全部库存。随后，沃尔玛再把这些商品销售给顾客。通常，当某供应商清理库存时，公司为了获得一个非常低的价格将采购大量的库存商品。在某些情况下，下较大的订单仅仅是由于订货一次的成本可能非常高，以及持有较高的库存比下达大量的订单更划算。

许多公司认为，为了保障各个运营环节之间的独立性，以及避免停工或延工，在制造过程中的各个阶段持有在制品库存是必需的。手头备有原材料和外购件库存是为了使生产过程不因供应商交错货或晚交货或供应短缺而延迟。在制造过程中的各个阶段持有在制品库存是为了在出现临时性机器损坏或其他停工的情况时，生产可以继续平稳进行。类似地，完工部件或产品库存得以在停工或生产过程出现问题时继续满足顾客的需求。

□ 需求

库存管理的关键要素和基本起点是顾客的需求。库存的目的是满足顾客需求。顾客可能在组织内部，例如，等待加工某个部件或半成品的机器操作工；顾客也可能在组织外部，例如，购买杂货或新音响设备的人。同样，有效库存管理的一个基本决定因素是对需求的准确预测。正是基于此原因，预测（第 14 章）和库存管理两章的主题直接相关。

总之，对库存物品的需求可以分为两类：非独立需求和独立需求。非独立需求物品是在生产最终产品的过程中使用的典型的零部件或原材料。例如，如果某汽车公司计划生产 1 000 辆新汽车，它将需要 5 000 个车轮和车胎（包括备件）。在这种情况下，对轮子的需求依赖于汽车的生产量，即一种物品的需求是另一种物品需求的函数。

另外，汽车也是一个独立需求物品的例子。一般而言，独立需求物品是最终或完工产品，这些产品不是内部生产活动的函数或依赖于内部生产活动。独立需求通常是外部的，因此，不在组织的直接控制范围内。在本章，我们关注的是独立需求物品的库存管理。

□ 库存成本

与库存相关的成本基本上有三类：持有成本、订货成本和缺货成本。持有成本是储存物品的成本。这些成本随库存水平的变化而变化，有时也会随物品储存时间的长短而变化，也就是说，某段时间内库存水平越高，持有成本越高。持有成本可能包括不能使用库存占用的资金的成本；直接储存成本，例如租金、供热、制冷、照明、安保、记录保持和物流；采购成本的贷款利息；折旧；由于库存产品市场变小而产生的变化；产品变质和腐败；破损；税收，以及偷盗。

持有成本通常有两种表示方法。最常见的形式是总持有成本，可以通过将单位产品在单位时间段，如一个月或一年内的所有上述单项成本相加来确定。采用这种形式的持有成本通常表示为每年单位产品的价值（例如，10 美元/年）。另外，持有成本有时也表示为单位商品价值的百分比，或者平均库存价值的百分比。据估计，持有成本通常是单位制成品价值的 10%～40%。

订货成本是与补充库存持有量有关的成本。这些成本通常表示为一次订货所花费的金额，并且独立于订货量的大小，因此，订货成本随下达的订单数的大小而变化（即随着订单数的增加，订货成本增加）。每次订货产生的成本包括请购成本、购买订货、交通与运输、接货、拣货、处理货物和将货物存放入库存以及清算账目和查账的成本。

一般，订货成本与持有成本呈反方向变化。随着订货量的增加，所需的订货次数将减少，因此，年订货成本将减少。然而，订货量越大将会产生越高的库存水平和越高的持有成本。通常，随着订货量的增大，年订货成本减少，年持有成本增大。

短缺成本又叫作缺货成本。由于现有库存量不够充足，顾客需求不能得到满足时就会发生缺货成本。如果这些缺货导致有需求但不能提供的商品销售永久损失，缺货成本将包括利润的损失。缺货也可能导致顾客的不满意和商誉的损失，这可能会导致顾客和未来销售量的永久损失。在某些情况下，不能满足顾客需求或较晚满足顾客需求将会导致价格折扣或回扣形式的特定惩罚。当需求是内部需求时，缺货可能会造成生产过程的停工和延工，这将会产生停工成本和生产损失成本（包括间接和直接的生产成本）。

由于需求不能被满足而产生的即期或未来销售量的损失成本比持有成本或订货成本更难确定，因此，缺货成本常常是主观估计出来的，并且多数仅仅是有根据的推测。

缺货产生的原因是库存的持有成本太高，因此，缺货成本与持有成本呈反比关系。随着现有库存量的增加，持有成本将增加，而缺货成本将减少。

库存管理的目标是使用一个将会指出应该订购多少以及何时订货才能使上述三种库存成本的总和最小的库存控制系统。

管理科学应用

宝洁公司的库存优化

本章所讲的多种经济订货批量模型是单阶段模型，只是试图优化单一位置单一项目的库存，只是孤立地考虑项目，没有考虑项目库存水平如何影响整个供应链。对于许多公司来说，这是一个简单而又必要的库存优化的观点，因为它的复杂性涉及为端到端的供应链考虑许多不同地点的不同库存项目之间的关系。然而，许多《财富》500 强企业和其他行业的企业正在从整体供应链的角度对库存进行优化。多级库存优化是一种相对较新的方法，使用各种设计好的软件包，旨在科学地确定整个供应链中多种材料、零件、配件和产成品的最低库存水平。宝洁公司在多级库存优化方面取得了巨大成功。

总部位于俄亥俄州辛辛那提的宝洁是世界领先的最著名的消费品公司之一，销售额达到 800 亿美元，产品销往 180 个国家。产品有佳洁士、汰渍、潘婷、帮宝适、金霸王、封面女郎、吉列等。宝洁的供应链网络包括 145 个宝洁自有的工厂和 300 家合同制造商。这种供应链网络的库存管理是一个复杂的过程，宝洁公司的物流管理员工计划供应链网络中的物料供应、产能、库存和物流，拥有超过 5 000 名员工。宝洁的库存管理流程在实施中采用两步法。首先，基于电子表格的库存模型（采用各种数学库存优化工具）在本地应用以优化供应链中的每个阶段。宝洁公司约 70%的业务单元使用了这些模型。其次，多级库存优化软件在宝洁公司更复杂的供应链业务中实施，占业务单元的 30%。

例如，宝洁公司美容产品部化妆粉底液的北美供应链包括 500 个阶段，包括 8 种原材料、10 种无色半成品材料、24 种有色半成品材料、150 种包装材料、18 种中间组装产品和 75 种产成品，这些产成品在美国包装后运送至加拿大配送中心，然后到达消费者手中。

原材料的提前期在 7 天～8 周，生产时间为 1～2 天，审核时间为 7～28 天，运输时间为 1～7 天，保质期为 1～5 天。需求预测是基于过去 13 周的出货量对未来 13 周进行预测。在多项改进中，宝洁采用的多级库存方案改变了供应链中安全库存水平，在保持 99.5%的服务水平的同时，使供应链安全库存投资减少了 17%，库存总量减少了 5%。这使得美容产品部的库存减少了 1 亿美元，仅在 1 年时间内就为公司节约了 15 亿美元的供应链库存成本。

资料来源：Based on I. Farasyn，S. Humair，J. L. Kahn，J. J. Neale，O. Rosen，J. Ruark，W. Tarlton，W. Van de Velde，G. Wegryn，and S. Willems，“Inventory Optimization at Procter & Gamble：Achieving Real Benefits Through User Adoption of Inventory Tools，” *Interfaces* 41，no. 1（January-February 2011）：66-78；and S. R. Williams，“How Inventory Optimization Opens Pathways to Profitability，” *Supply Chain Management Review* 5（March/April 2011）：30-36.

库存控制系统

库存控制系统是一个通过确定订购多少（补货水平）和何时订购来控制库存水平的结构。库存系统有两种基本类型：连续（或固定订货量）系统和周期（或固定周期）系统。这两类系统的主要区别是：在连续系统中，一旦现有库存量下降到某一特定水平，就进行一次固定数量的订货；而在周期系统中，经过一个固定的时间段后，就进行一次可变数量的订货。

连续库存系统

在连续库存系统——又称永续系统或固定订货量系统——中需要持续记录每种商品的库存水平。一旦现有库存量下降到一个预先确定的水平（又叫再订货点），就进行一次订货以补充库存量。订货量是一个使库存持有成本、订购成本和缺货成本的总和最小的固定的数量。这个固定订购量称为经济订货量，它的确定方法将会在以后的章节中详细介绍。

连续库存系统的优点是严密、持续地监控库存水平，以便管理人员一直了解库存的状况，这对于诸如替换部件或原材料和供应品之类的关键库存商品而言更具有优势。然而，持续保持现有库存量的记录所花费的成本也可能是这类系统的缺点。

连续库存系统的一个简单例子是许多人日常使用的总账样式的空白支票簿。这种支票簿总共有 300 张支票；在用完 200 张支票后（还剩 100 张），由打印机生成一张订购一批新支票的表格。当把这个表格交给银行时，它表示打印者订购一批 300 张的新支票。许多办公库存系统使用再订货卡片，当需要订货时，就把再订货卡片放置在办公用品的书架上或钢笔盒的底部或夹上曲别针以发出订货的信号。如果你看看凯马特商店（Kmart Store）货架上的商品的背面，将会看到一张指示此商品现在已到了订货时间的卡片，卡片上的数字表示订货量。

一个更加复杂的连续库存系统的例子是许多超市和零售商店使用的带有激光扫描仪的计算机结账系统。在这个系统中，激光扫描仪读取产品包装上的通用代码（UPC）或条形码后，交易立刻被记录下来，库存水平也被更新了。这种系统不仅快速、准确，而且能为管理人员连续提供最新的有关库存水平状态的信息。虽然不像超市的系统那样可以公开看到，但许多制造公司、供应商和销售商也都使用条形码系统和手持激光扫描仪来获得库存原材料、供应品、设备、在制品部件和产成品的信息。

由于连续库存系统比周期库存系统常见得多，因此在本章，我们更多关注的是确定固定订货量和订货时间的模型。

□ 周期库存系统

在周期库存系统——也叫作固定间隔期系统或周期盘存系统——中每隔特定的时间（例如每周末或每月末），对现有库存量进行一次计算。在库存持有量确定后，进行一次将库存量恢复至预期水平的数量的订货。在这种系统中，在订货间隔期内不对库存水平进行监控，因此，它具有需要较少的记录或不需要保持记录的优点。然而，它的缺点是缺少直接控制。通常，周期库存系统将会导致比连续系统更高的库存水平，以预防在固定周期早期出现的预想不到的缺货情况。这种系统同样要求在每次进行周期性订货时确定新的订货量。

周期库存系统常常在学院或大学的书店中发现。书店通常根据周期系统订购课本。在那里，在该学期或该季节前几周或几个月过后，书店将会储备一定数量的课本（对于每门课程）。然后，下学期的新课本订货是根据估计出来的下学期课程的注册人数（即需求）和剩余的库存量制定的。小型零售商店、药店、杂货店和办公室常常也使用周期库存系统；通常，卖主每周或每月对库存水平进行一次检查，以确定应该订购的数量（如果有商品需要订购的话）。

延伸阅读　　　　福德·哈里斯

最早公开发布的经典经济批量模型的推导公式应该归功于 1915 年威斯汀豪斯公司（Westinghouse）的福德·哈里斯（Ford Harris）。在假定需求已知且固定不变、生产率比需求大的情况下，他的方程确定了库存成本和初始成本总和的最小值。

■ 经济订货批量模型

回忆一下，在连续系统或固定订货量系统中，当库存量达到某一特定水平（称为再订货点）时进行固定数量的订货。在连续系统中，常用的确定订货量大小的传统方法是经济订货批量（EOQ）模型，也叫作经济批量模型。

EOQ 模型的作用是确定使总库存成本最小的最优订货量。根据库存系统假设条件的不同，EOQ 模型有多种变化形式。我们将在本节和以后几节介绍三种模型：基本 EOQ 模型、非瞬时收货的 EOQ 模型和含有缺货的 EOQ 模型。

基本 EOQ 模型

EOQ 模型的最简单形式称为基本 EOQ 模型，它是其他所有模型的基础。从本质上说，它是一个确定使持有成本和订货成本之和最小的最优订货量的公式。该模型公式是在一组简化的、限制的假设条件下得到的。这些假设条件如下：

- 需求确定且已知，并且不随时间变化。
- 不允许缺货。
- 订货提前期固定不变。
- 所有的订货一次性接收。

图 15－1 反映了基本 EOQ 模型的假设条件。

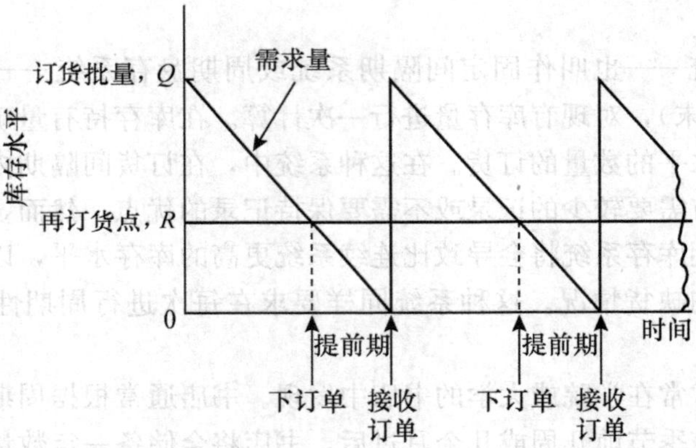

图 15－1　库存订货周期

图 15－1 描述了 EOQ 模型固有的连续库存订货周期系统。订货批量 Q 被接收后，随着时间的推移以固定速度被消耗完。当库存水平下降到再订货点 R 时，就进行下一次订货，并且交货需要一个称作提前期的时间段。当且仅当需求用完所有的库存商品（库存水平降为 0）时，立刻接收到所有的订货，因此不允许缺货。这一周期不断地重复，具有相同的订货批量、再订货点和提前期。

正如前面所说，Q 是使持有成本和订购成本之和最小的订货批量。这两个成本在对订货批量的增加做出反应时相互朝反方向作用。随着订货量的增加，所需的订货次数减少，从而使订货成本降低，然而，现有库存量的平均值增加了，从而使持有成本增加了。因此，事实上，最优订货批量是这两个相互冲突的成本之间的一个折中。

□ 持有成本

持有成本通常是基于某段时间内的单位产品表示的（虽然有时它也被表示为平均库存的百分比）。通常情况下，持有成本是以年为基础计算的（即每年）。

总持有成本是由一年内的现有库存量决定的。图 15－2 显示了一年内可获得的库存量。

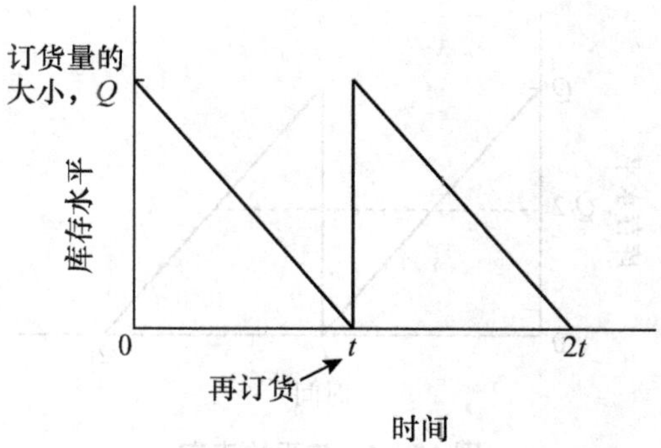

图 15-2　库存的使用

在图 15-2 中，Q 表示补充库存所需要的订货批量，这正是管理人员想要确定的量。图中连接 Q 和时间 t 的线表示库存消耗的速度，或在时间段 t 内的需求。假设需求是确定已知的，因此也是固定不变的，这正好解释了表示需求的线为直线的原因。同时注意，库存水平不会低于 0，即不会存在缺货。此外，当库存水平确实达到 0 时，假定经过一段无穷小的时间后，订货立刻到达，这种状况称为瞬时收货。这是我们现在暂时保留的简化的假设条件。

参照图 15-2，我们可以看到，库存量为订货批量 Q 的时间为无穷小，因为 Q 总在被需求消耗，类似地，库存量为 0 的时间也为无穷小，因为没有库存的唯一时间是特定的时刻 t。因此，可获得的库存量是介于这两个极端之间的某处。一个符合逻辑的推论是可获得的库存量是平均库存水平，定义为：

$$\text{平均库存}=\frac{Q}{2}$$

为了证明这个关系式，我们可以在整个周期 t 内均匀地取任何数量的点——Q 的值，然后再除以点的数目。例如，如果 $Q=5\,000$，把 5 000 到 0 之间指定的 6 个点，如图 15-3 所示，相加再除以 6：

$$\text{库存水平}=\frac{5\,000+4\,000+3\,000+2\,000+1\,000+0}{6}=2\,500$$

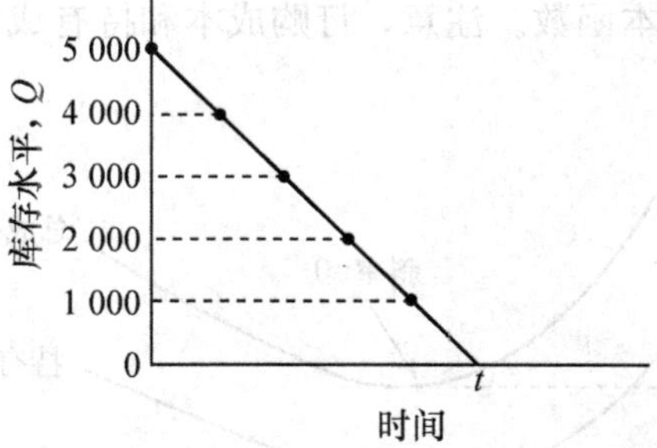

图 15-3　Q 的水平

或者，我们可以仅仅将这两个极值点相加（也包括时间范围），然后除以 2，这样得到的结果也等于 2 500。从原则上说，这种计算方法与将 Q 和 0 相加再除以 2 得 $Q/2$ 是相同的。无论订货批量 Q 为多大或者订货频率为多少（即周期 t），平均库存的这个关系总是成立的。因此，年平均库存也为 $Q/2$，如图 15-4 所示。

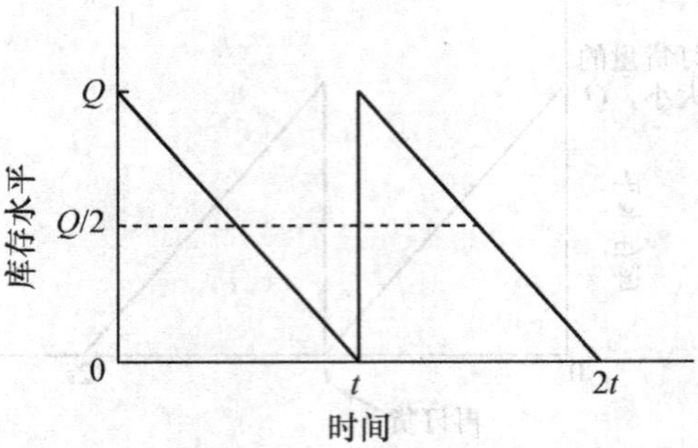

图 15-4　年平均库存

既然我们知道可获得的年库存量就是平均库存 $Q/2$，我们可以通过让平均库存量与每年每单位的持有成本 C_c 相乘来确定年持有成本。

$$年持有成本 = C_c \frac{Q}{2}$$

□ 订购成本

年订购成本可以通过单位订货成本，定义为 C_o，与每年的订货次数相乘来计算。由于假定年需求为已知的常量，因此订货次数为 D/Q，这里 Q 为订货批量。

$$年订购成本 = C_o \frac{D}{Q}$$

此方程中唯一的变量是 Q；C_o 和 D 都是常量参数。换句话说，需求是确定已知的，因此，订购成本的相对大小依赖于订购批量。

□ 总库存成本

年总库存成本是订货成本和持有成本二者之和：

$$TC = C_o \frac{D}{Q} + C_c \frac{Q}{2}$$

图 15-5 显示了这些成本函数。注意，订购成本和持有成本之间存在的反向关系使总成本曲线凸向原点。

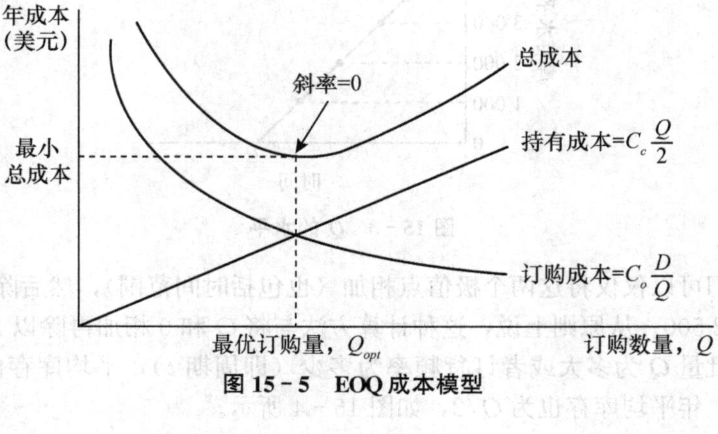

图 15-5　EOQ 成本模型

观察总持有成本曲线向上的总趋势。随着订货批量 Q（如图中横轴所示）的增大，总持有成本（如图中竖轴所示）也增大。这是合乎逻辑的，因为订货批量越大，将会导致库存持有成本越大。接下来，观察图 15－5 中的订购成本。随着订货批量 Q 的增大，订购成本减少（正好与持有成本产生的现象相反）。这是合乎逻辑的，因为订货批量的增大将导致每年的订货次数减少。由于一种成本增大而另一种成本减少，所以这两种成本的和是一条凸的总成本曲线。

图 15－5 中的最优订货批量发生在总成本曲线的最低点，而且正好与订购成本曲线和持有成本曲线的交点一致。这使我们可以通过令这两个成本函数相等并求解出 Q 的方法来确定 Q 的最优值，如下：

$$C_o\frac{D}{Q}=C_c\frac{Q}{2}$$

$$Q^2=\frac{2C_oD}{C_c}$$

$$Q_{opt}=\sqrt{\frac{2C_oD}{C_c}}$$

另外，Q 的最优解也可以通过对总成本曲线求关于 Q 的微分，然后令所得的函数等于 0（总成本曲线上最低点的斜率）并求出 Q 的方法来确定。如下：

$$TC=C_o\frac{D}{Q}+C_c\frac{Q}{2}$$

$$\frac{\delta TC}{\delta Q}=-\frac{C_oQ}{Q^2}+\frac{C_c}{2}$$

$$0=-\frac{C_oD}{Q^2}+\frac{C_c}{2}$$

$$Q_{opt}=\sqrt{\frac{2C_oD}{C_c}}$$

最小总成本可以通过将最优订货量 Q_{opt} 代入总成本方程中求出。

$$TC_{min}=\frac{C_oD}{Q_{opt}}+C_o\frac{Q_{opt}}{2}$$

我们将用下面的例子来介绍 Q 的最优值的计算方法。位于佐治亚州北部的 I-75 地毯折扣店在其仓库中储备地毯并在毗连的展览室销售地毯。商店储备有几种品牌和样式的地毯，最畅销的是巨鲨牌地毯。商店想确定这一品牌地毯的最优订货批量和总库存成本。假定地毯的年需求量估计为 10 000 码，每码地毯的年持有成本为 0.75 美元，每次订货的成本为 150 美元。在假定商店除了星期日、感恩节和圣诞节（不是在星期日）之外每天都营业的基础上，商店也希望知道每年的订货次数和每次订货间隔的时间（即订货周期）。

我们可以总结出模型的参数，如下：

C_c＝0.75 美元

C_o＝150 美元

D＝10 000 码

最优订货批量计算如下：

$$Q_{opt}=\sqrt{\frac{2C_oD}{C_c}}=\sqrt{\frac{2(150)(10\,000)}{0.75}}=2\,000(\text{码})$$

将 Q_{opt} 代入总成本公式可以得到年总库存成本，如下：

$$\begin{aligned}TC_{min}&=C_o\frac{D}{Q_{opt}}+C_c\frac{Q_{opt}}{2}=(150)\frac{10\,000}{2\,000}+(0.75)\frac{(2\,000)}{2}\\&=750+750\\&=1\,500(\text{美元})\end{aligned}$$

每年的订货次数计算如下：

$$\text{每年订货次数}=\frac{D}{Q_{opt}}=\frac{10\,000}{2\,000}=5$$

假定每年商店营业 311 天（365 天减去 52 个星期日及感恩节和圣诞节），订货周期计算如下：

$$\text{订货周期}=\frac{311}{\dfrac{D}{Q_{opt}}}=\frac{311}{5}=62.2(\text{个商店营业日})$$

应该注意，一般来讲，在本例中计算出的最优订货批量是一个近似值，因为它是基于持有成本和订货成本以及不确定性需求的估计值计算出来的（尽管在 EOQ 模型中所有这些参数都被认为是确定已知的）。因此，在实际生活中，将 Q 的值近似为最接近的整数是可以接受的。一般，小数点后的位置的精确性既不必要也不合适，此外，由于最优订货批量是从一个平方根公式中计算出来的，因此，成本参数和需求中的误差及方差将会被消除。例如，如果订货成本事实上比原来高 1/3，或者为 200 美元，计算所得的最优订货批量大约将变动 15%（即为 2 390 码而不是 2 000 码）。此外，这两种库存成本的方差将会相互抵消，因为它们之间存在负相关关系。因此 EOQ 模型相对来说比较科学，或者具有较好的抵御成本估计值和需求误差的能力，这提高了 EOQ 模型的知名度。

□ 随时间变化的 EOQ 分析

库存分析的一个可能令人费解的方面是库存分析包含的时间范围。因此，我们将离开主题一会儿来讨论 EOQ 分析的这个方面。

回想一下，在前面，我们建立了 EOQ 模型——无论订货批量 Q 和时间 t 为多大。现在，我们来证明这个条件。我们通过建立基于月的 EOQ 模型来证明这个条件。首先，每月的需求为 833.3 码（我们通过将年需求量 10 000 码除以 12 个月计算得到）。接着，通过将年持有成本 $C_c=0.75$ 除以 12，我们可以得到每月（每单位）的持有成本：$C_c=0.065$ 美元。（订货成本 150 美元与时间无关。）于是，我们可以得到如下值：

$D=833.3$ 码/月

$C_c=0.062\,5$ 美元/码・月

$C_o=150$ 美元/订单

将这些数值代入 EOQ 公式：

$$Q_{opt}=\sqrt{\frac{2C_oD}{C_c}}=\sqrt{\frac{2(150)(833.3)}{(0.0625)}}=2\,000(\text{码})$$

这个结果与我们基于年计算出来的最优订货批量相同。现在我们来计算每月的库存总成本：

$$\text{月总库存成本}=C_c\frac{Q_{opt}}{2}+C_o\frac{D}{Q_{opt}}$$

$$=(0.0625)\frac{2\,000}{2}+(150)\frac{(833.3)}{2\,000}$$

$$=125(\text{美元/月})$$

为了将月总成本换算成年库存成本，我们将月总库存成本乘以 12（个月）：

$$\text{年总库存成本}=(125)(12)=1\,500(\text{美元})$$

这个简单的例子表明，无论 EOQ 分析包含的周期为多大，经济订货批量（Q_{opt}）总是相同的。

非瞬时收货的 EOQ 模型

当放宽瞬时接收所有的订货这个假设条件时，可以得到基本 EOQ 模型的一种变化形式。这种形式的 EOQ 模型称作非瞬时收货模型，也叫作逐渐消耗或生产批量模型。在这种 EOQ 模型中，订货批量随着时间的推移被逐渐接收，在补充库存的同时也在消耗库存。在库存使用者同时也是生产者的时候，例如，在生产出的部件是为了用于更大的装配工作的生产经营中，经常出现这种情况。当随着时间的推移逐渐接收订货时，或产品的零售商和生产商是同一家时，这种情况也可能发生。图 15-6 显示了非瞬时收货模型的结构，同时突出了此模型与基本 EOQ 模型之间的区别。

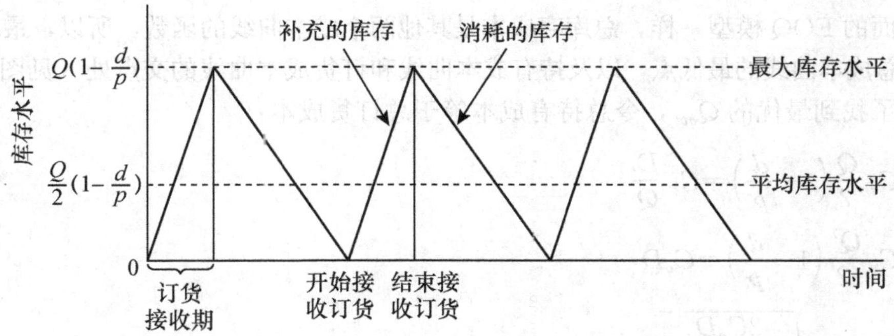

图 15-6　非瞬时补货的 EOQ 模型

基本 EOQ 模型的订货成本部分不会因为库存的逐渐补充而发生变化，这是因为订货成本只依赖于年订货次数。然而，非瞬时收货模型的持有成本部分与以前的不同，因为平均库存不同。在基本 EOQ 模型中，平均库存是最大库存水平的一半，或 $Q/2$。但是，在这个变形的模型中，最大库存水平不再简单地为 Q，而是比 Q 稍微小一些的量，这是为了适应订货批量在补货期间也在被消耗的事实。

为了确定平均库存水平，我们定义了此模型特有的参数：

p＝随着时间的延长每日接收订货的速率，也叫作生产率

d＝库存的日需求率

需求率不能超过生产率，因为我们仍旧假设不允许缺货，并且如果 $d=p$，就不会有订货批量了，因为使用商品的速率和生产商品的速率一样大，因此，对这个模型而言，生产速率必须比需求速率大，或者 $p>d$。

观察图 15－6，接收一次订货所需的时间是订货批量除以订货接收速率所得的结果，或为 Q/P。例如，如果订货批量为 100 单位，生产速率 p 为 20 单位/天，那么订货将在 5 天内接收完毕。在这段时间内将被消耗或者用光的库存量可以通过将接收订货所需的时间乘以需求率来确定，或者为 $(Q/p)d$。例如，如果接收订货的时间为 5 天，在这段时间内，库存的消耗速率为 2 单位/天，所以总共用掉了 10 单位。因此，现有库存量的最大值为订货批量减去在接货期间消耗掉的库存量所得的结果，计算过程如下并已在图 15－6 显示。

$$\text{最大库存水平}=Q-\frac{Q}{p}d=Q\left(1-\frac{d}{p}\right)$$

由于这是最大库存水平，平均库存水平可通过将此最大库存量除以 2 得到，如下：

$$\text{平均库存水平}=\frac{1}{2}\left[Q\left(1-\frac{d}{p}\right)\right]=\frac{Q}{2}\left(1-\frac{d}{p}\right)$$

通过使用此平均库存公式，总持有成本为：

$$\text{总持有成本}=C_c\frac{Q}{2}\left(1-\frac{d}{p}\right)$$

因此，年总库存成本可以由如下公式确定：

$$TC=C_o\frac{D}{Q}+C_c\frac{Q}{2}\left(1-\frac{d}{p}\right)$$

和前面的 EOQ 模型一样，总库存成本是其他两个成本曲线的函数，所以，最小库存成本发生在总成本曲线的最低点，以及持有成本曲线和订货成本曲线的交点处（见图 15－5）。因此，为了找到最优的 Q_{opt}，令总持有成本等于总订货成本：

$$C_c\frac{Q}{2}\left(1-\frac{d}{p}\right)=C_o\frac{D}{Q}$$

$$C_c\frac{Q^2}{2}\left(1-\frac{d}{p}\right)=C_oD$$

$$Q_{opt}=\sqrt{\frac{2C_oD}{C_c\left(1-\frac{d}{p}\right)}}$$

对于前面的例子，现在假设 I-75 地毯折扣商店有自己的生产巨鲨牌地毯的制造厂。我们将进一步假设，订货成本 C_o 是制造巨鲨地毯的生产过程调整成本。回顾 $C_c=0.75$ 美元/码，$D=10\,000$ 码/年，制造厂经营的天数与商店的营业天数相同（即 311 天），每天的地毯产量为 150 码。最优订货批量、总库存成本、接收一次订货的时间长度（补货时间）、

每年的订货次数及最大库存水平计算如下：

$C_o = 150$ 美元

$C_c = 0.75$ 美元/单位

$D = 10\,000$ 码

$d = \frac{10\,000}{311} = 32.2$ 码/天

$p = 150$ 码/天

最优订货批量计算如下：

$$Q_{opt} = \sqrt{\frac{2C_oD}{C_c\left(1-\frac{d}{p}\right)}} = \sqrt{\frac{2(150)(10\,000)}{0.75\left(1-\frac{32.2}{150}\right)}} = 2\,256.8(\text{码})$$

把最优订货批量 Q_{opt} 的值代入下式即可求出最小年总库存成本：

$$TC_{min} = C_o\frac{D}{Q} + C_c\frac{Q}{2}\left(1-\frac{d}{p}\right) = (150)\left(\frac{10\,000}{2\,256.8}\right) + (0.75)\frac{(2\,256.8)}{2}\left(1-\frac{32.2}{150}\right)$$
$$= 1\,329(\text{美元})$$

在这一类型的生产运营中，接收订货所需的时间通常叫作生产运行时间，计算如下：

$$\text{生产运行时间} = \frac{Q}{p} = \frac{2\,526.8}{150} = 15.05(\text{天})$$

每年的订货次数实际上就是生产运行次数，计算如下：

$$\text{生产运行次数} = \frac{D}{Q} = \frac{10\,000}{2\,526.8} = 4.43(\text{次})$$

最后，最大库存水平计算如下：

$$\text{最大库存水平} = Q\left(1-\frac{d}{p}\right) = 2\,256.8\left(1-\frac{32.2}{150}\right) = 1\,755(\text{码})$$

含有缺货的 EOQ 模型

基本 EOQ 模型的假设条件之一是不允许缺货和延迟订货。我们将要介绍的第三个变形模型——含有缺货的 EOQ 模型放松了此假设条件。然而，此模型假设由于库存短缺而未能满足的需求可以延迟订货，之后再向顾客交货，因此，所有的需求最终都将被满足。图 15 - 7 显示了含有缺货的 EOQ 模型。

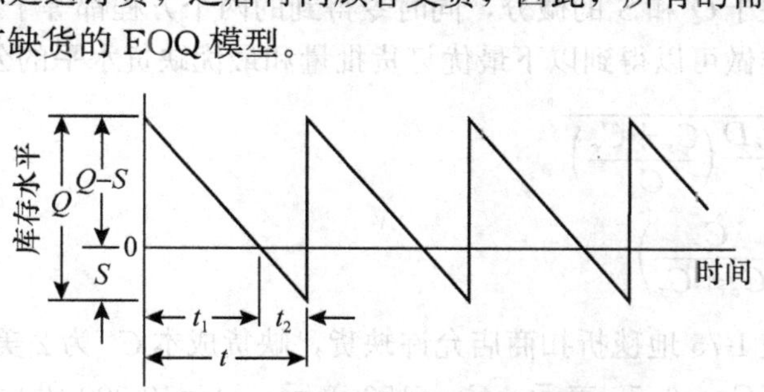

图 15 - 7　含有缺货的 EOQ 模型

由于当库存得到补充时，延迟的需求或缺货将得到满足，因此最大库存水平没有达到 Q，而等于 $Q-S$。从图 15-7 中可以看到，随着缺货量的增大，持有库存量（$Q-S$）减少，反之则相反。因此，我们在本章前面主要描述为销售损失和顾客信誉损失的缺货相关成本，与持有成本呈负相关关系。随着订货批量 Q 的增加，持有成本增加，缺货成本减少。图 15-8 显示了持有成本、缺货成本以及订货成本之间的关系。

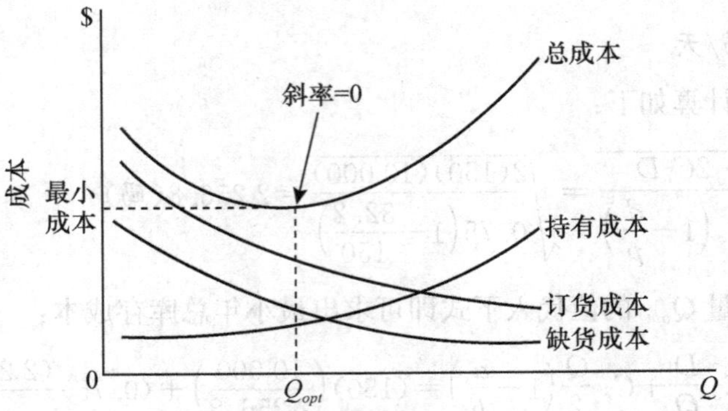

图 15-8　含有缺货的成本模型

我们将不介绍含有缺货的 EOQ 模型中单项成本要素的冗长的推导过程，这需要对图 15-8 中的图形应用平面几何知识。下面提供了各个单项成本函数，这里 S 表示缺货水平，C_s 表示单位产品的年缺货成本：

$$缺货总成本=C_s\frac{S^2}{2Q}$$

$$持有总成本=C_c\frac{(Q-S)^2}{2Q}$$

$$订货总成本=C_o\frac{D}{Q}$$

将这些单项成本要素相加可以得到库存总成本公式：

$$TC=C_s\frac{S^2}{2Q}+C_c\frac{(Q-S)^2}{2Q}+C_o\frac{D}{Q}$$

在图 15-8 中，你将会注意到，这三个成本要素的曲线并没有像基本 EOQ 模型中的那样出现相交于同一个点的情况，因此，确定最优订货批量和最优缺货水平 S 的唯一方法是对总成本函数求关于 Q 和 S 的微分，同时令得到的两个方程都等于 0，并对这两个方程同时进行求解。这样做可以得到以下最优订货批量和最优缺货水平的公式：

$$Q_{opt}=\sqrt{\frac{2C_oD}{C_c}\left(\frac{C_s+C_c}{C_s}\right)}$$

$$S_{opt}=Q_{opt}\left(\frac{C_c}{C_c+C_s}\right)$$

例如，现在假设 I-75 地毯折扣商店允许缺货，缺货成本 C_s 为 2 美元/码·年。所有其他成本和需求不变（$C_c=0.75$ 美元，$C_o=150$ 美元，$D=10\ 000$ 码）。最优订货批量、最优缺货水平以及最小年库存总成本计算如下：

$C_o = 150$ 美元

$C_c = 0.75$ 美元/码

$C_s = 2$ 美元/码

$D = 10\,000$ 码

$$Q_{opt} = \sqrt{\frac{2C_oD}{C_c}\left(\frac{C_s + C_c}{C_s}\right)}$$

$$= \sqrt{\frac{2(150)(10\,000)}{0.75}\left(\frac{2 + 0.75}{2}\right)}$$

$$= 2\,345.2(\text{码})$$

$$S_{opt} = Q_{opt}\left(\frac{C_c}{C_c + C_s}\right)$$

$$= 2\,345.2\left(\frac{0.75}{2 + 0.75}\right)$$

$$= 639.6(\text{码})$$

$$TC_{min} = \frac{C_sS^2}{2Q} + \frac{C_c(Q - S)^2}{2Q} + C_o\frac{D}{Q}$$

$$= \frac{(2)(639.6)^2}{2(2\,345.2)} + \frac{(0.75)(1\,705.6)^2}{2(2\,345.2)} + \frac{(150)(10\,000)}{2\,345.2}$$

$$= 174.44 + 465.16 + 639.60$$

$$= 1\,279.20(\text{美元})$$

这个含有缺货的 EOQ 模型例子的几个额外参数计算如下：

$$\text{订货次数或订单数} = \frac{D}{Q} = \frac{10\,000}{2\,345.2} = 4.26(\text{订单/年})$$

$$\text{最大库存水平} = Q - S = 2\,345.2 - 639.6 = 1\,705.6(\text{码})$$

订货间隔时间在图 15－7 中定义为 t，其计算如下：

$$t = \frac{\text{每年的天数}}{\text{订单数}} = \frac{311}{4.26} = 73.0(\text{相邻两个订单间隔天数})$$

在每个订货周期中，现有库存量不为 0 的时间，即图 15－7 中的 t_1，以及存在缺货的时间，即图 15－7 中的 t_2，计算如下：

$$t_1 = \frac{Q - S}{D} = \frac{2\,345.2 - 639.6}{10\,000} = 0.171(\text{年})\text{，或 } 53.2 \text{ 天}$$

$$t_2 = \frac{S}{D} = \frac{639.6}{10\,000} = 0.064(\text{年})\text{，或 } 19.9 \text{ 天}$$

管理科学应用

戴尔公司库存订货策略的制定

戴尔公司是世界最大的计算机系统公司，它绕过零售商，通过电话或互联网直接向顾客销售产品。在订单生成后，戴尔公司将订单发送给位于得克萨斯州奥斯汀的某个装配工厂，在那里，产品将在 8 小时内生产、测试和包装完毕。

戴尔公司本身持有的零件库存量很小——技术变化如此之快，以至于持有库存可能是巨大的不利。一些零件每周损失的价值为 0.5%～2.0%。此外，戴尔的许多供应商位于东南亚，这些供应商到奥斯汀的运输时间从空运 7 天到水运和陆运 30 天不等。为了弥补这些因素，戴尔的供应商在距离其装配工厂几英里的一个称为“周转站”（为了周转库存）的小仓库中持有库存。戴尔在自己的工厂中持有非常少的库存，因此，戴尔公司每隔几小时就会从周转站中提取库存。大部分供应商每周向周转站交 3 次货。

戴尔公司供应商的库存持有成本最终反映在每台计算机的最终价格中。因此，为了在市场中保持价格竞争的优势，戴尔努力帮助供应商降低库存成本。戴尔与其供应商签订了供应商管理库存（VMI）的协议，这个协议确定了订购量的大小和向周转站发送订单的时间。戴尔和供应商使用具有订货批量 Q 和再订货点 R 的连续订货系统成批订货（为了抵消订货成本），其中 R 是订货库存量和安全库存量的和。订货批量是根据长期数据和预测估计出来的，因此保持不变。戴尔为其供应商设定目标库存水平——通常为 10 天的库存量，同时戴尔还跟踪供应商偏离这些目标的大小，并将这些信息反馈给供应商，以使它们能够做出相应的调整。

资料来源：R. Kapuscinski，R. Zhang，P. Carbonne-au，R. Moore，and B. Reeves，“Inventory Decisions in Dell's Supply Chain,” *Interfaces* 34，no. 3（May-June 2004）：191–205.

用 QM for Windows 进行 EOQ 分析

QM for Windows 含有我们介绍的所有 EOQ 模型的模块，包括基本模型、非瞬时收货模型、含有缺货的模型。我们将以前面介绍的基本 EOQ 模型的例子为例，介绍 QM for Windows 的功能。界面 15－1 显示了解的输出概要。

Inventory Results

I-75 Carpet Discount Store Solution

Parameter	Value	Parameter	Value
Demand rate(D)	10,000	Optimal order quantity (Q*)	2,000
Setup/Ordering cost(S)	150	Maximum Inventory Level (Imax)	2,000
Holding cost(H)	.75	Average inventory	1,000
Unit cost	0	Orders per period(year)	5
		Annual Setup cost	750
		Annual Holding cost	750
		Unit costs (PD)	0
		Total Cost	1,500

界面 15－1

用 Excel 和 Excel QM 进行 EOQ 分析

界面 15－2 显示了为前面介绍的非瞬时收货模型的例子进行 EOQ 分析而建立的 Excel 电子表格。模型的参数已经输入单元格 D3：D8 中，并且最优的 Q、总成本等的所有计算公式也已经输入单元格 D10:D14 中。注意，单元格 D10 中的最优的 Q 的计算公式显示在屏幕顶部的公式栏中。

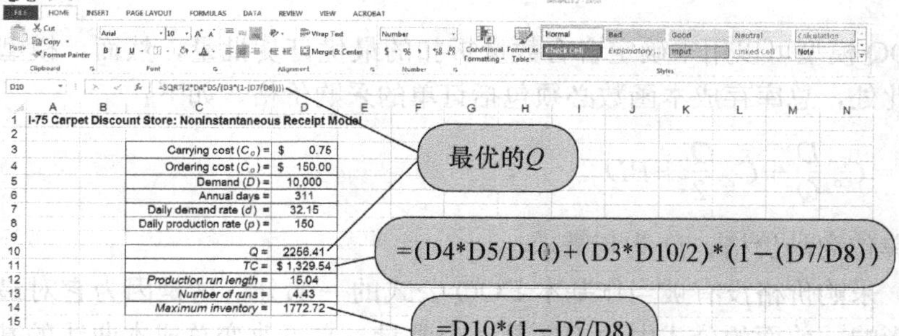

界面 15-2

在第 1 章中，我们介绍了 Excel QM，它是一组电子表格宏。我们在其他几章中也使用过 Excel QM。Excel QM 包含一组含有 EOQ 分析的库存电子表格宏。激活 Excel QM 后，单击电子表格顶部菜单栏中的"QM"即可进入 Excel QM 的菜单项。点击此菜单上的"库存"（Inventory）将会出现电子表格初始化窗口。在这个窗口中，你可以输入问题的标题和保有成本（或持有成本）的形式。点击"确定"将出现界面 15-3 中所显示的电子表格。首先，这个电子表格的单元格 B8:B13 中包含该例子的数值。因此，使用此宏的第一步是在单元格 B8:B13 中输入 I-75 地毯折扣商店问题的非瞬时收货模型数据。单元格 B16:B26 中的模型结果由已经输入电子表格中的公式自动计算出来。

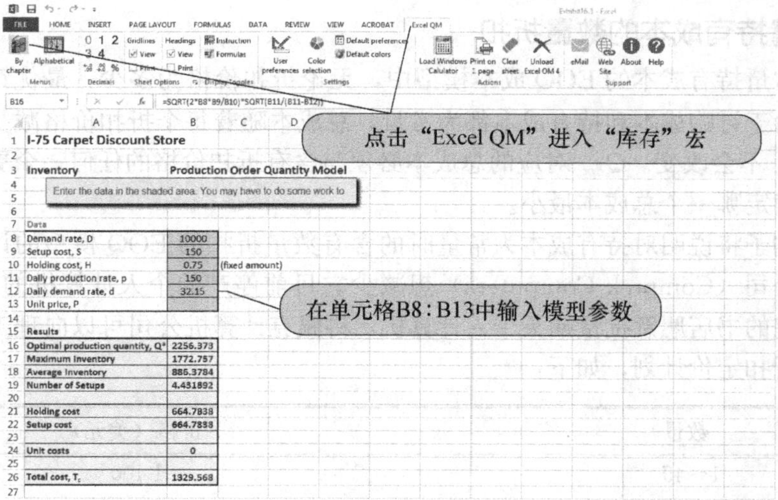

界面 15-3

数量折扣

如果顾客订购某个预先确定的数量的商品，他常常可以享受这种商品的价格折扣。例如，你可能会在某本杂志的背面偶然看到某公司将生产一种上面有公司或组织标识的咖啡杯（或帽子）。如果你购买 100 个杯子，每个杯子的价格为 5 美元；如果你购买 200 个，每个杯子的价格为 4 美元；如果你购买 500 个以上，每个杯子的价格为 3 美元。许多制造公司通过大量订购原材料和低值易耗品来享受价格折扣。零售商店通过大量订购商品来享受价格折扣。

基本 EOQ 模型可以用来确定含有数量折扣的最优订货批量，然而，模型的应用稍微有些修改。此处，总库存成本函数必须包括订单的采购价格，如下：

$$TC=C_o\frac{D}{Q}+C_c\frac{Q}{2}+PD$$

式中，P 为单位商品价格；D 为年需求。

在前面，采购价格没有被当作基本 EOQ 公式的一部分，这是因为它对最优订货批量没有真正的影响。前面的公式中的 PD 是一个常量，它不改变总成本曲线的基本形状（即成本曲线上的最低点仍将在同一个位置，对应 Q 的同一个值）。因此，无论采购价格为多少，订货批量都将保持不变。但是，当可以使用折扣价格时，采购价格将可能与某个不同于最优订货批量的特定的订货量有关，顾客必须在使用折扣数量时可能更高的持有成本和 EOQ 成本之间权衡。因此，当可以使用折扣时，采购价格确实将会影响订货批量决策。

使用基本 EOQ 模型可以评价两种不同情况下的数量折扣——含有常量持有成本和含有为采购价格某一百分比的持有成本。虽然在前面的基本 EOQ 模型中我们没有将持有成本看作采购价格的某一百分比，但这种做法不是不常见。持有成本可以是采购价格的百分比，但在基本 EOQ 模型中，由于采购成本不是 EOQ 公式中的一部分，因此，将持有成本看作一个常数。然而，在存在数量折扣的情况下，如果将持有成本计算为采购价格的某一百分比，持有成本将随价格的变化而变化。

□ 含有常量持有成本的数量折扣

在含有常量持有成本的 EOQ 成本模型中，无论折扣价格为多少，最优订货批量 Q_{opt} 不变。虽然由于订购成本和持有成本都为常量，总成本随着每个折扣价格减少，但是最优订货批量 Q_{opt} 不会改变。Q_{opt} 对应的总成本必须与含有折扣价格的任何一个更低的总成本相比较，以确定哪一个总成本最小。

下面的例子将说明对持有成本为常量时的含有数量折扣的 EOQ 模型的评价过程。科佩克计算机公司（Comptek Computers）想减少它目前停产的个人计算机的巨大库存量。如果理工学院的书店愿意批量购买个人计算机，科佩克计算机公司可以向理工学院书店提供一份数量折扣定价计划，如下：

数量	价格（美元）
1～49	1 400
50～89	1 100
90＋	900

书店每台计算机的年持有成本为 190 美元，订货成本是 2 500 美元，此型号计算机的年需求估计为 200 台，书店想确定是应该利用这个折扣还是按基本 EOQ 订货批量进行订购。

首先，使用基本 EOQ 模型来确定最优订货批量和总成本。

C_o＝2 500 美元

C_c＝190 美元/台

$D=200$

$$Q_{opt}=\sqrt{\frac{2C_oD}{C_c}}=\sqrt{\frac{2(2\,500)(200)}{190}}=72.5$$

此订货批量适合 1 100 美元的第一个折扣，因此，用此价格来计算总成本，如下：

$$\begin{aligned}TC&=\frac{C_oD}{Q_{opt}}+C_c\frac{Q_{opt}}{2}+PD\\&=\frac{(2\,500)(200)}{(72.5)}+(190)\frac{(72.5)}{2}+(1\,100)(200)\end{aligned}$$

$$TC_{min}=233\,784(\text{美元})$$

由于存在比 72.5 大的折扣订货批量，因此，必须把 233 784 美元的总成本与订货批量为 90、价格为 900 美元的总成本相比较，如下：

$$\begin{aligned}TC&=\frac{C_oD}{Q}+C_c\frac{Q}{2}+PD\\&=\frac{(2\,500)(200)}{(90)}+\frac{(190)(90)}{2}+(900)(200)\\&=194\,105(\text{美元})\end{aligned}$$

由于此总成本较小（194 105 美元<233 784 美元），因此，商店应采取最大的折扣价格，订购 90 台计算机。

□ 持有成本为价格的恒定百分比的数量折扣

前一节介绍的模型与持有成本为价格百分比的数量折扣模型之间的区别是，对于每一个价格折扣都存在一个不同的最优订货批量 Q_{opt}。这就要求含有折扣的最优订货批量的确定方法与含有常量持有成本的情况有些不同。

首先，使用基本 EOQ 模型确定没有数量折扣情况下的最优订货批量和总成本。然后，将此总成本与不同的折扣数量订货批量相比较，以确定最小成本的订货批量。然而，一旦此最小成本订货批量确定，必须将此订货批量与特定折扣价格下用 EOQ 确定的订货批量做比较，因为对于每个折扣水平而言，EOQ 订货批量 Q_{opt} 都将发生变化。

再来考虑前面的例子。现在，假设理工学院书店每台电脑的年持有成本是采购价格的 15%。使用相同的折扣定价计划来确定最优的订货批量。

年持有成本确定如下：

数量	价格（美元）	持有成本（美元）
0～49	1 400	1 400(0.15)=210
50～89	1 100	1 100(0.15)=165
90+	900	900(0.15)=135

$C_o=2\,500$ 美元

$D=200$ 台/年

首先，使用 $C_c=210$ 美元，计算采购价格没有折扣情况下的最优订货批量如下：

$$Q_{opt}=\sqrt{\frac{2C_oD}{C_c}}=\sqrt{\frac{2(2\,500)(200)}{210}}=69$$

由于此订货批量超过了 49 单位，因此此价格不可行，并且在 1 100 美元的第 1 个价格折扣下，将会自动得到一个更低的总成本。然而，此价格折扣下的最优订货批量将会不同，因为持有成本不再是恒量。因此，新的订货批量计算如下：

$$Q_{opt}=\sqrt{\frac{2(2\,500)(200)}{165}}=77.8$$

此价格折扣对应的是真正的最优批量，而不是享受这一折扣价格所需要的 50 单位，因此，此最优订货批量将得到最小总成本，计算如下：

$$\begin{aligned}TC&=\frac{C_oD}{Q}+C_c\frac{Q}{2}+PD\\&=\frac{(2\,500)(200)}{77.8}+165\frac{(77.8)}{2}+(1\,100)(200)\\&=232\,845(\text{美元})\end{aligned}$$

此成本也必须与最低折扣价格（900 美元）和订货批量（90 单元）对应的总成本相比较，其计算如下：

$$\begin{aligned}TC&=\frac{(2\,500)(200)}{90}+\frac{(135)(90)}{2}+(900)(200)\\&=191\,630(\text{美元})\end{aligned}$$

由于此成本是最小的（191 630 美元<232 845 美元），所以应该采取最大的折扣价格，订购 90 单位。然而，和前面一样，我们仍必须检查一下，看看在此折扣下是否有一个将产生一个更低成本的新的最优订货批量。

$C_c=135$ 美元时的最优订货批量计算如下：

$$Q_{opt}=\sqrt{\frac{2(2\,500)(200)}{135}}=86.1$$

由于这个订货批量比享受折扣所要求的 90 单位小，此订购量不可用，因此最优订购批量为 90 单位。

管理科学应用

玛氏公司的数量折扣订单

玛氏公司（Mars）是世界最大的私营企业之一，其年销售额超过 140 亿美元。它从生产并挨家挨户地销售奶糖发展为一家遍布 100 个国家，经营业务包括食品、宠物护理、饮料销售和电子支付系统的全球企业。它生产诸如玛氏糖果、牛奶巧克力、夹心巧克力和本大叔稻米之类的知名产品。

玛氏依靠少数几家供应商提供其产品中用量较大的每一种原料。玛氏从其供应商处采购原料的一种方法是在线电子拍卖，通过采用这种方法，玛氏公司的采购员就供应商提出的订货价格进行协商。采购的原料中，最重要的是那些价值高、数量大的原料，供应商为此提供数量折扣。供应商提供包含与每一个价格水平相关的数量范围的定价清单。这种数量的折扣拍卖是专门（由在线经纪人）为诸如散装化学品和农产品之类数量折扣常见的行业定制的。

玛氏采购员在选择使总采购成本最小的标价时，受制于以下几个原则约束：供应商的数量必须有一个最小值和一个最大值，以使玛氏既不依赖于过少的供应商，又不因拥有太多的供应商而削弱质量控制；从每个供应商购买的数量必须有一个最大值，以限制任何一个供应商的影响；订购量必须有一个最小值，以避免造成不经济的订单。

资料来源：G. Hohner，J. Rich，E. Ng，A. Davenport，J. Kalagnanam，H. Lee，and C. An，"Combinatorial and Quantity-Discount Procurement Auctions Benefit Mars，Incorporated and Its Suppliers，" *Interfaces* 33，no. 1（January-February 2003）：23-25.

□ 用 QM for Window 求解数量折扣模型

当持有成本为常量时，QM for Window 能够进行含有数量折扣的 EOQ 分析。界面 15-4 显示了理工学院书店的例子的解答概要。

Inventory Results

University Bookstore Example Solution

Parameter	Value				Parameter	Value
Demand rate(D)	200	xxxxxxx	xxxxxxx		Optimal order quantity (Q*)	90
Setup/Ordering cost(S)	2,500	xxxxxxx	xxxxxxx		Maximum Inventory Level	90
Holding cost(H)	190	xxxxxxx	xxxxxxx		Average inventory	45
					Orders per period(year)	2.22
	From	To	Price		Annual Setup cost	5,555.56
1	1	49	1,400		Annual Holding cost	8,550
2	50	89	1,100			
3	90	999,999	900		Unit costs (PD)	180,000
					Total Cost	194,105.6

界面 15-4

□ 用 Excel 求解数量折扣模型

我们也可以用 Excel 求解含有常量持有成本的数量折扣模型。界面 15-5 显示了理工学院书店的例子的 Excel 求解。注意，使每一个折扣范围内的总成本最小的适当的订货批量 Q 的选取是由在单元格 E8，E9 和 E10 中输入的公式决定的。例如，在单元格 E8 中嵌有与第一个数量折扣范围 1～49 对应的公式，并被显示在屏幕顶部的公式栏中，＝IF(D8＞＝B8，D8，B8)。这表示 D8 中的折扣订货批量（即 Q＝72.55）大于或等于单元格 B8 中的数量。单元格 E9 和 E10 中的公式的建立与此类似。最终结果是选择了最后一个折扣范围的订货批量 Q＝90。

E8 =IF(D8>=B8,D8,B8)

University Bookstore: Quantity Discount Model

Carrying cost (C_c) =	$ 190
Ordering cost (C_o) =	$ 2,500
Demand (D) =	200

Quantity	Price	Q	Discount Q	Total Cost	
1	1,400	72.55	72.55	$ 293,784.05	
50	1,100	72.55	72.55	$ 233,784.05	
90	900	72.55	90.00	$ 194,105.56	Optimal

=IF(D10>=B10, D10, B10)

=(D4*D5/E10)+(D3*E10/2)+C10*D5

界面 15-5

再订货点

在前面介绍的基本 EOQ 模型的章节中，我们提到过与库存管理有关的两大主要问题之一：应该订购多少？在本节中，我们将讨论库存管理的另一个方面：何时订货？在连续库存系统中，何时订货的决定因素是再订货点，即下达新订单的库存水平。

图 15－9 说明了提前期的概念。注意，在库存水平降为 0 之前，必须下订单。由于在订单提交过程中需求仍旧在消耗库存，所以订单必须在库存中有足够的存货以满足提前期阶段的需求的时候下达。这个库存水平就叫作再订货点，如图 15－9 所示。

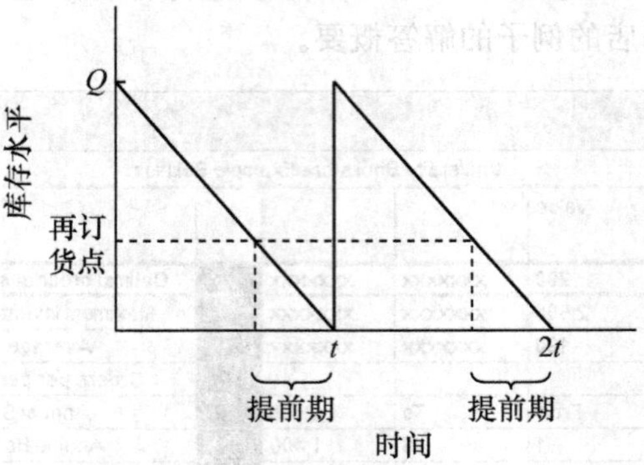

图 15－9　再订货点和提前期

含有固定需求和固定的接收订单的提前期的基本 EOQ 模型的再订货点相对比较简单。它等于提前期阶段的需求量，其计算公式如下：

$$R=dL$$

式中，d 为单位周期内的需求率（如每天）；L 为提前期。

现在考虑前面介绍的 I-75 地毯折扣商店的例子。商店每年营业 311 天，如果巨鲨地毯的年需求量为 10 000 码，接收订单的提前期为 10 天，地毯的再订货点计算如下：

$$\begin{aligned}R&=dL\\&=\left(\frac{10\ 000}{311}\right)(10)=321.54(\text{码})\end{aligned}$$

因此，当地毯的库存水平下降到大约 321 码时就下达新订单。请注意，再订货点与最优订货批量或任何一项库存成本都无关。

□ 安全库存

在前面确定再订货点的例子中，当库存水平达到再订货点时，就下达订单。在图 15－9 中，在提前期阶段，库存中剩余的存货以某一恒定的需求率被消耗，这个速率使新的订货批量恰好在库存水平为 0 的时刻到达。然而，在现实中，需求和提前期是不确定的。在提前期内，库存水平可能以更慢或更快的速度被消耗。这就是图 15－10 所描述的需求不确定和提前期恒定的情况。

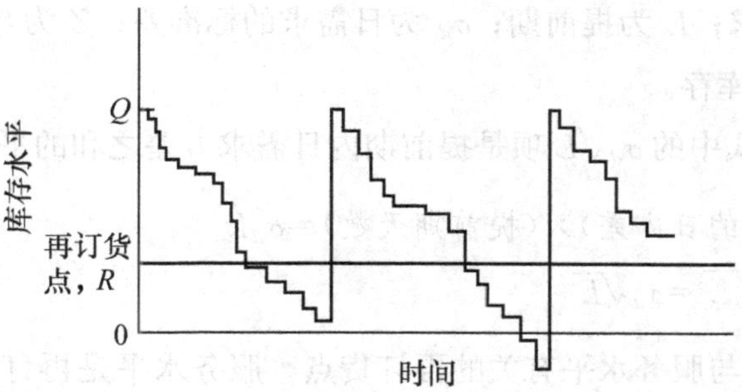

图 15-10 含有不确定需求的库存模型

请注意：在第 2 个订货周期中，当需求超过库存中的可用库存量时，就会发生缺货。作为需求不确定时对缺货的预防，通常在提前期内需求的基础上添加一个安全库存量（或缓冲量）。图 15-11 显示了添加的安全库存量。

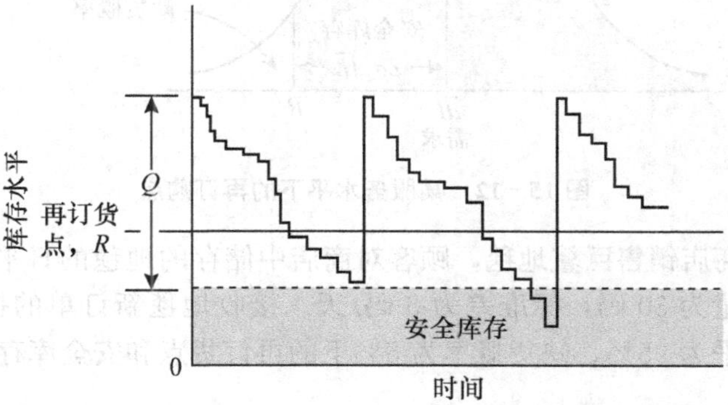

图 15-11 有安全库存量的库存模型

使用服务水平确定安全库存

确定所需的安全库存的方法有多种。其中，最流行的方法是建立将满足某一特定服务水平的安全库存。服务水平是在提前期内现有库存量足够满足预期需求的概率（即不发生缺货的概率）。使用“服务”这个词的原因是，库存中有存货的概率越高，顾客的需求将越有可能得到满足（即可以服务顾客）。例如，90%的服务水平表示在提前期内，需求将被满足的概率为 0.9，发生缺货的概率为 0.1。通常，服务水平的确定是一个基于包括“额外”安全库存成本以及如果顾客的需求不能被满足，目前和未来销售量的损失成本在内的一些因素的策略决策过程。

□ 含有可变需求的再订货点

为了计算含有满足某一特定服务水平的安全库存的再订货点，我们假设提前期内每天的需求量是不确定且独立的，可以用正态概率分布来描述。提前期内的平均需求是提前期内每日的平均需求量之和，即日平均需求乘以提前期的积。同样，分布方差是提前期内每日的方差之和。使用这些参数，我们可以计算出满足特定服务水平的再订货点，如下：

$$R=\bar{d}L+Z\sigma_d\sqrt{L}$$

式中，$\bar{d}$ 为日平均需求；L 为提前期；σ_d 为日需求的标准差；Z 为与服务水平对应的标准分数；$Z\sigma_d\sqrt{L}$ 为安全库存。

这个再订货点公式中的 $\sigma_d\sqrt{L}$ 项是提前期内日需求方差之和的平方根。

$$方差=（需求的日方差）\times（提前期天数）=\sigma_d^2 L$$

$$标准差=\sqrt{\sigma_d^2 L}=\sigma_d\sqrt{L}$$

图 15－12 显示了与服务水平有关的再订货点。服务水平是再订货点 R 左侧的阴影部分或概率。

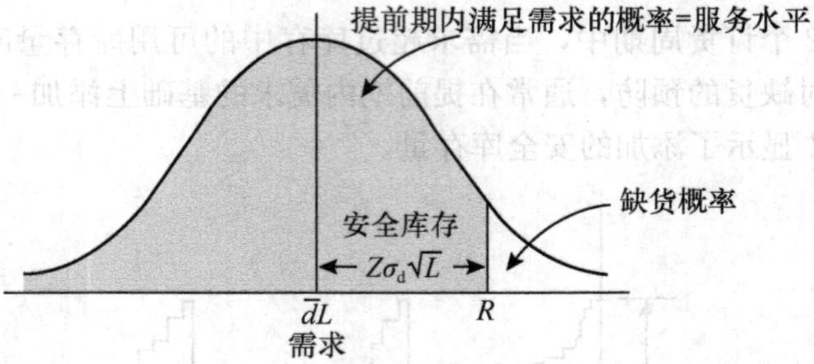

图 15－12　某服务水平下的再订购点

I-75 地毯折扣商店销售巨鲨地毯，顾客对商店中储存的地毯的日平均需求量服从正态分布，平均日需求量为 30 码，标准差为 5 码/天。接收地毯新订单的提前期为 10 天，商店希望得到服务水平为 95%、缺货概率为 5%下的再订货点和安全库存。

$$\bar{d}=30\ 码/天，L=10\ 天，\sigma_d=5\ 码/天$$

对应 95%的服务水平的 Z 值为 1.65。再订货点计算如下：

$$R=\bar{d}L+Z\sigma_d\sqrt{L}=30(10)+(1.65)(5)(\sqrt{10})=300+26.1=326.1（码）$$

安全库存是再订购公式中的第 2 项：

$$安全库存=Z\sigma_d\sqrt{L}=(1.65)(5)(\sqrt{10})=26.1（码）$$

□ 使用 Excel 确定再订货点

Excel 可以用来确定具有可变需求的再订货点。界面 15－6 显示了为了计算 I-75 地毯折扣商店例子中的再订货点而建立的 Excel 电子表格。注意，单元格 E7 中再订货点的计算公式显示在电子表格顶部的公式栏中。

□ 含有可变提前期的再订货点

在上一节确定再订货点的公式中，我们假设需求率可变，提前期恒定。如下：

$$R=d\bar{L}+Zd\sigma_L$$

式中，d 为固定日需求；$\bar{L}$ 为平均提前期；σ_L 为提前期的标准差；$d\sigma_L$ 为提前期需求的标准差；$Zd\sigma_L$ 为安全库存。

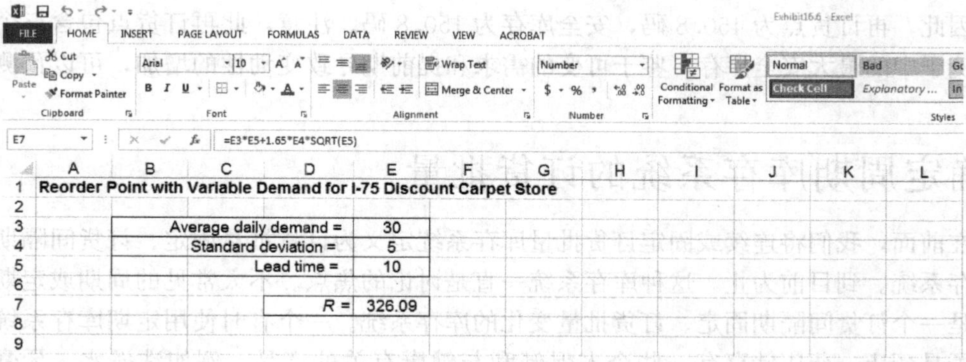

界面 15－6

对于前面 I-75 地毯折扣商店的例子，我们现在假设巨鲨地毯的日需求为常量 30 码，提前期服从期望为 10 天、标准差为 3 天的正态分布。对应于 95%的服务水平的再订货点和安全库存计算如下：

$d=30$ 码/天

$\bar{L}=10$ 天

$\sigma_L=3$ 天

$Z=1.65$，对应于 95%服务水平

$R=d\bar{L}+Zd\sigma_L=(30)(10)+(1.65)(30)(3)=300+148.5=448.5$(码)

□ 含有可变的需求和提前期的再订货点

我们将考虑的最后一种再订货点情况是需求和提前期都不确定的情况，此模型的再订货点公式如下：

$$R=\bar{d}\bar{L}+Z\sqrt{\sigma_d^2\bar{L}+\sigma_L^2\bar{d}^2}$$

式中，$\bar{d}$ 为平均日需求；$\bar{L}$ 为平均提前期；$\sqrt{\sigma_d^2\bar{L}+\sigma_L^2\bar{d}^2}$ 为提前期需求的标准差；$Z\sqrt{\sigma_d^2\bar{L}+\sigma_L^2\bar{d}^2}$ 为安全库存。

我们再一次来考虑 I-75 地毯折扣商店的例子。在这种情况下，日需求量服从均值为 30 码、标准差为 5 码的正态分布。假设提前期服从均值为 10 天、标准差为 3 天的正态分布。服务水平为 95%的再订货点和安全库存计算如下：

$\bar{d}=30$ 码/天

$\sigma_d=5$ 码/天

$\bar{L}=10$ 天

$\sigma_L=3$ 天

$Z=1.65$，对应于 95%的服务水平

$$R=\bar{d}\bar{L}+Z\sqrt{\sigma_d^2\bar{L}+\sigma_L^2\bar{d}^2}=(30)(10)+(1.65)\sqrt{(5)^2(10)+(3)^2(30)^2}$$
$$=300+150.8$$
$$=450.8\text{(码)}$$

因此，再订货点为 450.8 码，安全库存为 150.8 码。注意，此再订货点包含三个再订货点例子中的最大安全库存，鉴于可变的需求和提前期导致变动性的增加，可以预测到这一点。

确定周期库存系统的订货批量

在前面，我们将连续或固定订货批量库存系统定义为订货批量固定、订货间隔期可变的库存系统。到目前为止，这种库存系统一直是讨论的焦点。不太常见的周期或定期库存系统是一个订货间隔期固定、订货批量变化的库存系统。一个有时使用定期库存系统的商业例子是药店。药店储存有一些个人保健和与健康有关的产品，例如洗发水、牙膏、香皂、绷带、止咳药以及阿莫西林。通常情况下，为药店提供这些药品的供应商将定期（如每隔几周或每个月）对这些产品进行一次检查，并计算出这些产品的库存持有量。如果库存已经用完或到达某一预先确定的再订货点，就下达一个将使库存恢复至预期水平的数量的新订单。通常，药店的管理人员在供应商每次检查库存之前的期间不会监控库存水平。相反，他们依靠供应商在例行检查时期来获得库存。

这种类型的库存系统的缺点是，库存在每次检查周期的早期可能就会用完，这会导致出现的缺货直到下一次的例行订货才会得到满足。或者，在定量库存系统中，当库存达到再订货点时，就下订单，这样可以使缺货的时间最短。由于这一缺点，周期库存系统通常所需的安全库存更大。

□ 含有可变需求的订货批量

如果需求速率和提前期都恒定不变，定期库存模型将会在特定时间间隔内下达固定的订货批量，这和类似情况下的固定订货批量模型（EOQ）相同。然而，正如我们所解释的，当需求可变时，周期模型与固定订货批量模型有很大的不同。

假设可变的日需求量服从正态分布，周期库存模型的订货量可由如下公式确定：

$$Q=\bar{d}(t_b+L)+Z\sigma_d\sqrt{t_b+L}-I$$

式中，$\bar{d}$ 为平均需求率；t_b 为各次订货之间的固定间隔期；L 为提前期；σ_d 为需求标准差；$Z\sigma_d\sqrt{t_b+L}$ 为安全库存；I 为库存持有量。

上述公式中的第一项 $\bar{d}(t_b+L)$ 是订货期和提前期内的平均需求，它反映为了防止在从这次订货到下一次订货，以及提前期期间直到收到订货的整个时间段内出现缺货而需要的库存量。第二项 $Z\sigma_d\sqrt{t_b+L}$ 是某一特定服务水平的安全库存，其确定方法与前面介绍的再订货点的确定方法完全相同。最后一项 I 是检查库存水平以进行再订货时的现有库存量。我们将举例说明 Q 的计算方法。

街角药店储存有一种非常流行的遮光剂。遮光剂每天的平均需求为 6 瓶，标准差为 1.2 瓶。遮光剂的供应商每隔 60 天检查一次药店的库存，在某一特定的检查周期内，药店的库存量为 8 瓶。收到订单的提前期为 5 天。在订货周期内，能够使商店的服务水平保持在 95%的订货量计算如下：

$\bar{d}=6$ 瓶/天

$\sigma_d=1.2$ 瓶

$t_b=60$ 天

$L=5$ 天

$I=8$ 瓶

$Z=1.65$，对应于 95%的服务水平

$$Q=\bar{d}(t_b+L)+Z\sigma_d\sqrt{t_b+L}-I$$

$$=(6)(60+5)+(1.65)(1.2)\sqrt{60+5}-8$$

$$=398(\text{瓶})$$

□ 用 Excel 确定周期库存模型的订货批量

界面 15-7 显示了为计算街角药店例子中含有可变需求的定期库存模型的订货批量而建立的 Excel 电子数据表格。注意，单元格 D10 中的订货批量公式显示在电子表格顶部的公式栏中。

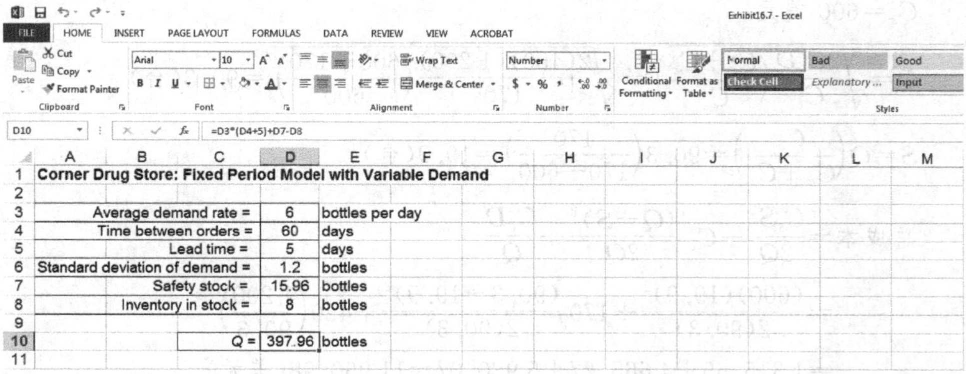

界面 15-7

小 结

在本章，我们介绍了经典的经济订货批量模型。我们讨论的 EOQ 模型的基本形式包含对收货、没有缺货以及确定已知的需求所做简化的假设条件。通过放松这些假设，我们可以建立越来越复杂但具有现实意义的模型。这些 EOQ 的变形模型包括再订货点模型、非瞬时收货模型、含有缺货的模型以及含有安全库存的模型。本章介绍的库存分析方法并没有被用于分析其他类型的问题。相反，本书介绍的许多方法都被用来进行库存分析。管理科学方法在库存分析中的广泛应用证明了库存对于所有类型的组织的重要性。

解题实例

下面的例子将说明基本 EOQ 模型以及含有缺货和延迟订货的 EOQ 模型的分析。

问题描述

电子乡村商店（Electronic Village）储存和销售某一特殊品牌的个人计算机。每次向制造商订购这种个人计算机所花费的成本为 450 美元。个人计算机的年库存持有成本为 170 美元。商店经理预测个人计算机的年需求量为 1 200 台。

a. 确定最优订货批量和最小总库存成本。

b. 假设允许缺货且缺货成本为 600 美元/台·年，计算最优订购批量和最小总库存成本。

求解过程

第 1 步（a 部分）：确定最优订货批量

D＝1 200 台个人计算机

C_c＝170 美元

C_o＝450 美元

$$Q=\sqrt{\frac{2C_oD}{C_c}}=\sqrt{\frac{2(450)(1\,200)}{170}}=79.7(\text{台})$$

$$\text{总成本}=C_c\frac{Q}{2}+C_o\frac{D}{Q}=170\left(\frac{79.7}{2}\right)+450\left(\frac{1\,200}{79.7}\right)=13\,549.91(\text{美元})$$

第 2 步（b 部分）：计算含有缺货的经济订购批量

C_s＝600 美元

$$Q=\sqrt{\frac{2C_oD}{C_c}\left(\frac{C_s+C_c}{C_s}\right)}=\sqrt{\frac{2(450)(1\,200)}{170}\left(\frac{600+170}{600}\right)}=90.3(\text{台})$$

$$S=Q\left(\frac{C_c}{C_c+C_s}\right)=90.3\left(\frac{170}{170+600}\right)=19.9(\text{台})$$

$$\text{总成本}=\frac{C_sS^2}{2Q}+C_c\frac{(Q-S)^2}{2Q}+\frac{C_oD}{Q}$$

$$=\frac{(600)(19.9)^2}{2(90.3)}+170\frac{(90.3-19.9)^2}{2(90.3)}+450\left(\frac{1\,200}{90.3}\right)$$

$$=1\,315.65+4\,665.27+5\,980.07=11\,960.98(\text{美元})$$

问题描述

某计算机产品商店储存彩屏监视器，日需求量服从均值为 1.6 台、标准差为 0.4 台的正态分布。从制造商处进货的提前期为 15 天。确定使服务水平达到 98%的再订货点。

求解过程

第 1 步：识别参数

$\bar{d}$＝1.6 台监视器/天

L＝15 天

σ_d＝0.4 台监视器/天

Z＝2.05（对于 98%的服务水平）

第 2 步：求出 R

$$R=\bar{d}L+Z\sigma_d\sqrt{L}=(1.6)(15)+(2.05)(0.4)\sqrt{15}=24+3.18=27.18(\text{台})$$

习　题

1. 海斯电子商店储存和销售某种特殊品牌的个人计算机。商店每次向制造商订购个人计算机时需花费 450 美元订购费，每台个人计算机的年持有成本为 170 美元，商店经理估计这种计算机的年总需求为 1 200 台，全年的需求率恒定不变。订单下达后，商店将会在几分钟内接到制造商在当地经营的仓库的送货。商店的政策是绝不允许发生个人计算机缺货的情况。商店除了圣诞节外，全年营业。求：

a. 每次订购的最优订货批量；

b. 最小年库存总成本；

c. 每年的最优订货次数；

d. 最优订货间隔时间（单位为工作日）。

2. 在习题 1 中，海斯电子商店肯定地假设每次订购成本为 450 美元以及年库存持有成本为 170 美元/台·年。然而，库存模型参数通常是包含某种不确定性的估计值。考虑模型参数存在以下 4 种变化情况：(a) 订购成本和持有成本都比原来的估计值低 10%；(b) 订购成本和持有成本都比原来的估计值高 10%；(c) 订购成本比原来的估计值高 10%，持有成本比原来的估计值低 10%；(d) 订购成本比原来的估计值低 10%，持有成本比原来的估计值高 10%。

分别确定这 4 种情况下的最优订购批量和库存总成本。制定一个含有这 4 种情况的所有值的表格，并比较模型的解决方案对参数值变化的灵敏度。

5. 都市图书公司从大西洋纸业公司采购纸。都市图书公司每年需要 1 215 000 磅纸来生产杂志和平装图书，每次的订购成本为 1 200 美元，每磅纸的库存持有成本为 0.08 美元/年。求：

a. 经济订购批量；

b. 最小年总成本；

c. 最优的年订购次数；

d. 各次订货的最优间隔时间。

10. 林谷乳品公司生产奶酪以供当地的商店销售。林谷乳品公司每天生产 250 磅奶酪（一年 365 天），该地区商店每天的需求为 180 磅。林谷乳品公司每次生产奶酪的设备调整成本为 125 美元。每磅奶酪在冷冻储存区的年持有成本为 12 美元。求最优订货批量和最小年库存总成本。

15. 在第 14 章习题 34 中，供应商接收东南亚工厂生产的笔记本电脑半成品。已知东南亚工厂的最大生产速率为每天 200 件。使用习题 34 中的预测模型预测年需求量，已知年库存成本是 115.75 美元/件（包括平均滞销成本），从亚洲发货每次的费用为 6 500 美元，订货提前期为 25 天。计算最优订货批量、最小年库存总成本、最大库存水平和再订购点。(Bell 组装线一年运行 365 天。)

20. 视频世界商店是一家销售彩色电视机的折扣商店。彩色电视机的年需求量为 400 台。从制造商订货的单位订购成本为 650 美元，每台彩色电视机的年持有成本为 45 美元。商店制定的库存策略允许缺货，每台彩色电视机的缺货成本估计为 60 美元。求：

a. 最优订货批量；

b. 最大缺货水平；

c. 最小年库存总成本。

32. 州立大学的书店从某卖家购买饰有校名和校徽的运动衫。此卖家向书店销售运动衫的价格为 38 美元/件，书店的单位订购成本为 120 美元，持有成本是其平均库存价值的 25%。书店估计该年将销售 1 700 件运动衫。此卖家向书店提供了如下数量折扣计划：

订购量（件）	折扣（%）
1～299	0
300～499	2
500～799	4
800＋	5

在考虑前述数量折扣信息的基础上，书店经理想确定书店的最优订货批量。

33. 在习题 32 中，如果每件运动衫的年持有成本为 8 美元，请确定运动衫的最优订购批量和年总成本。

38. 特蕾西·麦考伊是理工大学管理科学系的办公室主任。教学人员使用大量的打印纸，虽然特蕾西不断添购，但纸还是经常用完。她从大学中心商店购买打印纸。几个教学人员已经确定收到订货的提前期服从均值为 2 天、标准差为 0.5 天的正态分布。教学人员也已确定打印纸每日的需求服从均值为 2 包、标准差为 0.8 包的正态分布。为了在 99%的时间不用完打印纸，特蕾西应使用怎样的再订货点？

43. 城郊酒吧 & 烧烤店向顾客提供扎啤。啤酒的日需求量服从均值为 18 加仑、标准差为 4 加仑的正态分布。从当地销售商收到订购的啤酒所需要的提前期服从均值为 3 天、标准差为 0.8 天的正态分布。如果餐馆希望维持 90%的服务水平，请确定安全库存和再订货点。如果期望的服务水平为 95%，安全库存应增加多少？

44. 在习题 43 中，城郊酒吧 & 烧烤店经理与啤酒销售商协商收到订货的提前期为固定的 3 天。这将对 90%的服务水平下建立的再订货点有何影响？

案例 15－1

洛斯伍德大众商店

佛蒙特州的洛斯伍德大众商店在其现代化的但看起来很土的零售商店中销售各种户外服装、设备以及多种食品，其食品包括鲑和槭糖浆。商店有一个经营商品的目录。最受欢迎的产品之一是槭糖浆，它被装在印有商店图像的半加仑容量的罐头中销售。

槭糖浆是商店最早生产和销售的产品之一，将会继续生产和销售下去。生产一批槭糖浆的制浆设备调整成本为 450 美元。储存用于全年销售的糖浆是一个棘手的过程，因为糖浆必须存放在温控设施中。每加仑糖浆的年持有成本是 15 美元。基于过去的销售数据，商店预测槭糖浆在未来一年内的需求量为 7 500 加仑。在从上一年 11 月至次年 2 月的槭糖浆销售旺季，商店每天可以生产大约 100 加仑槭糖浆。

每年只有 4 个月能从树上取树液，显然商店必须在 4 个月内生产足够的糖浆以满足全年的需求。具体来说，商店管理人员希望制定一个使成本最小的生产库存计划，并且指出在一年中，他们需要何时开始全天运作制造糖浆的设施，以满足其余 8 个月的需求。请为洛斯伍德大众商店制定糖浆生产库存计划。

案例 15－2

得克萨斯体育场商店

沃斯堡得克萨斯足球队在最近 5 年里赢得了 3 次冠军，包括最近两年连续两次赢得冠军，因此，印有得克萨斯球队标识的运动服装，例如帽子、运动衫以及短上衣在得克萨斯州非常流行。得克萨斯队在其主场体育场外面经营了一家体育用品商店，商店位于繁华的公路附近，所以全年都有较大的顾客流，而不是仅仅在比赛的日子里如此。此外，体育场在秋季几乎每周都举行高中或大学足球赛，在春季和夏季举行棒球赛。在体育场商店销售的商品中，最受欢迎的是以一种特殊并非常有吸引力的方式饰有得克萨斯球队标识的蓝色棒球帽。帽子里面有一个弹性束发带，可以适应不同大小的头部。然而，商店储存帽子是非常困难的一件事情，尤其是在下订单和收货之间的时间段内。通常，顾客来商店仅仅是为了帽子；当商店没有帽子时，顾客看起来很扫兴。商店管理人员相信，他们将会去其他商店里购买他们的得克萨斯球队服装。为了解决这个问题，商店经理珍妮·琼希望制定一个确保顾客在需要棒球帽的 99% 的时间里都将能够买到帽子的库存控制策略。珍妮积累了如下表所示的 30 周的需求数据。

周	需求	周	需求	周	需求
1	38	11	28	21	52
2	51	12	41	22	38
3	25	13	37	23	49
4	60	14	44	24	46
5	35	15	45	25	47
6	42	16	56	26	41
7	29	17	62	27	39
8	46	18	53	28	50
9	55	19	46	29	28
10	19	20	41	30	34

说明：需求包括真实销售数据加上记录下来的有需求但没有得到满足的帽子数，以及估计当商店没有帽子时，顾客想购买帽子但又未开口问的帽子数。

商店从牙买加的一家小型制造公司购买帽子。从牙买加进货有些飘忽不定，提前期可以是 10 天和 1 个月之间的任意数字。下面是在大约 1 年的时间内积累的提前期数据（单位：天）：

订单	提前期	订单	提前期
1	12	11	14
2	16	12	16
3	25	13	23
4	18	14	18
5	10	15	21
6	30	16	19
7	24	17	17
8	19	18	16
9	17	19	22
10	15	20	18

过去每当库存降至 150 顶帽子时，珍妮就下订单。这一再订货点对应多高的服务水平？为了达到预期服务水平，需要多高的再订货点和安全库存？讨论珍妮怎样确定帽子的

订购量，以及为了确定订购量的大小，需要什么额外信息（如果有的话）。

案例 15－3

A-to-Z 办公用品公司

克里斯汀·山口（Christine Yamagnchi）是位于夏洛特的 A-to-Z 办公用品公司的经理。公司试图通过提供优良的顾客服务来赢得竞争优势——包括用汽车或货车按时送货，以及总能够用库存商品满足顾客需求。为了达到此顾客服务水平，A-to-Z 必须每天在中心仓库及位于城市和郊区的 3 个零售店中储存大量的商品。克里斯汀通过每天从皮德蒙特第一银行借现金来维持这些库存水平。她估计，公司在下一个会计年度的 305 个工作日中，每天将需要在库存上花费 17 000 美元的现金。在这一年中，她借入的所有现金都必须在年底之前连本带利还清。目前，银行收取的年利率为 9%。克里斯汀每次贷款购买库存时，银行就收取公司 1 200 美元再加上 2.25 个点的贷款保证金（所借金额的 2.25%）。

克里斯汀常常使用 EOQ 分析来确定不同办公用品的最优订货批量。现在，她怀疑是否能用这种分析方法来制定最优的借款策略。请确定克里斯汀应该从银行获得的贷款金额、公司贷款策略的年总成本，以及公司应该贷款的次数。同时，请确定公司申请新贷款时手头应该持有的现金水平——假设银行需要 15 天的时间来处理贷款。

假设银行为克里斯汀提供如下折扣：当贷款额大于或等于 50 000 美元时，银行将把收取的贷款保证金点数由 2.25%降至 2.00%，则公司的最优贷款额将为多少？

案例 15－4

钻石食品公司

钻石食品公司生产包括一系列糖果在内的各种食品。其中最受欢迎的糖果之一是超人钻石糖果，这是一袋一打独立包装的，主要由黑牛奶巧克力、澳大利亚坚果和鲜奶油混合物制成的钻石形糖果。这种糖果相对比较贵，所以钻石食品公司只为包括诸如纽约、亚特兰大、费城和波士顿等城市的东部市场生产。这种糖果不在杂货店或折扣店中销售，而主要在专业商店、专业杂货店、糖果商店和百货商店中销售。钻石食品公司只为一个食品分销商供应这种糖果。这家分销商在东海岸有多个仓库。运输糖果的箱子每箱装 60 袋。尽管这种糖果比较贵，但销售得很好，每袋价格为 9.85 美元（批发价）。钻石食品公司使用高质量的新鲜成分生产糖果，在库存中没有长期储存大量的糖果。

钻石食品公司的销售商认为这种糖果的需求遵循季节模式。销售商收集了其仓库及其供应的商店在过去 3 年里对钻石糖果的需求数据（即箱数），如下表所示。

月份	需求（箱数）		
	第 1 年	第 2 年	第 3 年
1	192	212	228
2	210	223	231
3	205	216	226

续前表

月份	需求（箱数）		
	第 1 年	第 2 年	第 3 年
4	260	252	293
5	228	235	246
6	172	220	229
7	160	209	217
8	147	231	226
9	256	263	302
10	342	370	411
11	251	260	279
12	273	277	293

销售商必须在空调仓库中储存这种糖果，在处理时也需要格外小心，每箱糖果的年持有成本为 116 美元。把钻石糖果从制造商运到分销商处必须经过一段很长的路线。为了保持糖果尽可能新鲜，运货车必须装有空调，运输路线必须平坦，并且装载量常常小于货车的载重，因此，订购成本为 4 700 美元。

钻石食品公司生产的钻石糖果主要由三种成分构成：黑牛奶巧克力、澳大利亚坚果和特殊的鲜奶油，这些成分是从不同的供应商处购买的。除了特殊的形状之外，钻石糖果几乎像巧克力糖块。每块钻石糖果重 1.2 盎司，生产一块钻石糖果需要 0.7 盎司的混合巧克力、0.5 盎司的澳大利亚坚果，以及 0.4 盎司的鲜奶油。食品公司从供应商处订购巧克力、坚果和鲜奶油时按磅来计算。巧克力的年订购成本为 5 700 美元，年持有成本为 0.45 美元/磅。澳大利亚坚果的成本为 6 300 美元，年持有成本为 0.63 美元/磅。鲜奶油的订购成本为 4 500 美元，年持有成本为 0.55 美元/磅。

每位供应商都向糖果制造商提供了各成分的数量折扣价目表，见下表。

巧克力		澳大利亚坚果		鲜奶油	
价格（美元）	数量（盎司）	价格（美元）	数量（盎司）	价格（美元）	数量（盎司）
3.05	0～50 000	6.50	0～30 000	1.50	0～40 000
2.90	50 001～100 000	6.25	30 001～70 000	1.35	40 001～80 000
2.75	100 001～150 000	5.95	70 001＋	1.25	80 001＋
2.60	150 001＋				

请为钻石食品公司的分销商确定库存订购批量。比较含有季节调整的需求预测值的最优订购批量。订购批量是否充分满足钻石食品公司的季节需求模式（即是否有可能会发生缺货或过量库存）？你能为钻石食品公司找出这种季节需求模式的形成原因吗？请确定钻石食品公司从其供应商处订购三种主要成分的最优订购批量。

附录　正态分布和 χ^2 分布表

表 A－1　　　　　　　　　　**正态分布表**

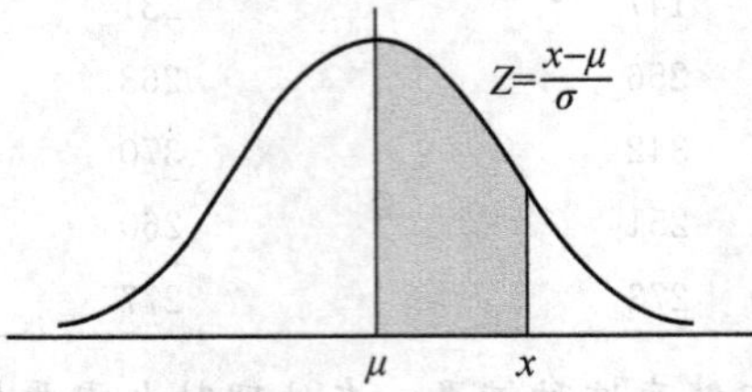

Z	.00	.01	.02	.03	.04	.05	.06	.07	.08	.09
0.0	.0000	.0040	.0080	.0120	.0160	.0199	.0239	.0279	.0319	.0359
0.1	.0398	.0438	.0478	.0517	.0557	.0596	.0636	.0675	.0714	.0753
0.2	.0793	.0832	.0871	.0910	.0948	.0987	.1026	.1064	.1103	.1141
0.3	.1179	.1217	.1255	.1293	.1331	.1368	.1406	.1443	.1480	.1517
0.4	.1554	.1591	.1628	.1664	.1700	.1736	.1772	.1808	.1844	.1879
0.5	.1915	.1950	.1985	.2019	.2054	.2088	.2123	.2157	.2190	.2224
0.6	.2257	.2291	.2324	.2357	.2389	.2422	.2454	.2486	.2517	.2549
0.7	.2580	.2611	.2642	.2673	.2704	.2734	.2764	.2794	.2823	.2852
0.8	.2881	.2910	.2939	.2967	.2995	.3023	.3051	.3078	.3106	.3133
0.9	.3159	.3186	.3212	.3238	.3264	.3289	.3315	.3340	.3365	.3389
1.0	.3413	.3438	.3461	.3485	.3508	.3531	.3554	.3577	.3599	.3621
1.1	.3643	.3665	.3686	.3708	.3729	.3749	.3770	.3790	.3810	.3830
1.2	.3849	.3869	.3888	.3907	.3925	.3944	.3962	.3980	.3997	.4015
1.3	.4032	.4049	.4066	.4082	.4099	.4115	.4131	.4147	.4162	.4177
1.4	.4192	.4207	.4222	.4236	.4251	.4265	.4279	.4292	.4306	.4319
1.5	.4332	.4345	.4357	.4370	.4382	.4394	.4406	.4418	.4429	.4441
1.6	.4452	.4463	.4474	.4484	.4495	.4505	.4515	.4525	.4535	.4545
1.7	.4554	.4564	.4573	.4582	.4591	.4599	.4608	.4616	.4625	.4633
1.8	.4641	.4649	.4656	.4664	.4671	.4678	.4686	.4693	.4699	.4706
1.9	.4713	.4719	.4726	.4732	.4738	.4744	.4750	.4756	.4761	.4767
2.0	.4772	.4778	.4783	.4788	.4793	.4798	.4803	.4808	.4812	.4817
2.1	.4821	.4826	.4830	.4834	.4838	.4842	.4846	.4850	.4854	.4857
2.2	.4861	.4864	.4868	.4871	.4875	.4878	.4881	.4884	.4887	.4890
2.3	.4893	.4896	.4898	.4901	.4904	.4906	.4909	.4911	.4913	.4916
2.4	.4918	.4920	.4922	.4925	.4927	.4929	.4931	.4932	.4934	.4936
2.5	.4938	.4940	.4941	.4943	.4945	.4946	.4948	.4949	.4951	.4952
2.6	.4953	.4955	.4956	.4957	.4959	.4960	.4961	.4962	.4963	.4964
2.7	.4965	.4966	.4967	.4968	.4969	.4970	.4971	.4972	.4973	.4974
2.8	.4974	.4975	.4976	.4977	.4977	.4978	.4979	.4979	.4980	.4981
2.9	.4981	.4982	.4982	.4983	.4984	.4984	.4985	.4985	.4986	.4986
3.0	.4987	.4987	.4987	.4988	.4988	.4989	.4989	.4989	.4990	.4990

表 A－2　　　　　　　　　　　**χ^2 分布表**

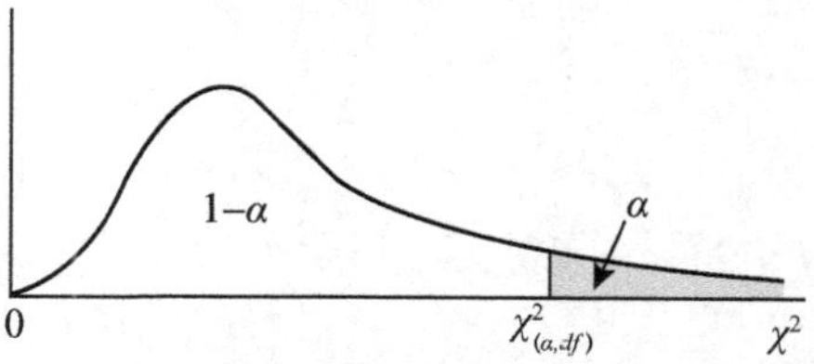

自由度	右尾面积（α）										
	.995	.99	.975	.95	.90	.75	.25	.10	.05	.025	.01	.005
1			0.001	0.004	0.016	0.102	1.323	2.706	3.841	5.024	6.635	7.879
2	0.010	0.020	0.051	0.103	0.211	0.575	2.773	4.605	5.991	7.378	9.210	10.597
3	0.072	0.115	0.216	0.352	0.584	1.213	4.108	6.251	7.815	9.348	11.345	12.838
4	0.207	0.297	0.484	0.711	1.064	1.923	5.385	7.779	9.488	11.143	13.277	14.860
5	0.412	0.554	0.831	1.145	1.610	2.675	6.626	9.236	11.071	12.833	15.086	16.750
6	0.676	0.872	1.237	1.635	2.204	3.455	7.841	10.645	12.592	14.449	16.812	18.548
7	0.989	1.239	1.690	2.167	2.833	4.255	9.037	12.017	14.067	16.013	18.475	20.278
8	1.344	1.646	2.180	2.733	3.490	5.071	10.219	13.362	15.507	17.535	20.090	21.955
9	1.735	2.088	2.700	3.325	4.168	5.899	11.389	14.684	16.919	19.023	21.666	23.589
10	2.156	2.558	3.247	3.940	4.865	6.737	12.549	15.987	18.307	20.483	23.209	25.188
11	2.603	3.053	3.816	4.575	5.578	7.584	13.701	17.275	19.675	21.920	24.725	26.757
12	3.074	3.571	4.404	5.226	6.304	8.438	14.845	18.549	21.026	23.337	26.217	28.299
13	3.565	4.107	5.009	5.892	7.042	9.299	15.984	19.812	22.362	24.736	27.688	29.819
14	4.075	4.660	5.629	6.571	7.790	10.165	17.117	21.064	23.685	26.119	29.141	31.319
15	4.601	5.229	6.262	7.261	8.547	11.037	18.245	22.307	24.996	27.488	30.578	32.801
16	5.142	5.812	6.908	7.962	9.312	11.912	19.369	23.542	26.296	28.845	32.000	34.267
17	5.697	6.408	7.564	8.672	10.085	12.792	20.489	24.769	27.587	30.191	33.409	35.718
18	6.265	7.015	8.231	9.390	10.865	13.675	21.605	25.989	28.869	31.526	34.805	37.156
19	6.844	7.633	8.907	10.117	11.651	14.562	22.718	27.204	30.144	32.852	36.191	38.582
20	7.434	8.260	9.591	10.851	12.443	15.452	23.828	28.412	31.410	34.170	37.566	39.997
21	8.034	8.897	10.283	11.591	13.240	16.344	24.935	29.615	32.671	35.479	38.932	41.401
22	8.643	9.542	10.982	12.338	14.042	17.240	26.039	30.813	33.924	36.781	40.289	42.796
23	9.260	10.196	11.689	13.091	14.848	18.137	27.141	32.007	35.172	38.076	41.638	44.181
24	9.886	10.856	12.401	13.848	15.659	19.037	28.241	33.196	36.415	39.364	42.980	45.559
25	10.520	11.524	13.120	14.611	16.473	19.939	29.339	34.382	37.652	40.646	44.314	46.928
26	11.160	12.198	13.844	15.379	17.292	20.843	30.435	35.563	38.885	41.923	45.642	48.290
27	11.808	12.879	14.573	16.151	18.114	21.749	31.528	36.741	40.113	43.194	46.963	49.645
28	12.461	13.565	15.308	16.928	18.939	22.657	32.620	37.916	41.337	44.461	48.278	50.993
29	13.121	14.257	16.047	17.708	19.768	23.567	33.711	39.087	42.557	45.722	49.588	52.336
30	13.787	14.954	16.791	18.493	20.599	24.478	34.800	40.256	43.773	46.979	50.892	53.672

术语表

A

activities 活动

在CPM/PERT的项目网络中，表示项目工作或任务的分支。

activity slack 活动松弛

在CPM/PERT网络中，不超过关键路径的项目完成时间时，活动可被延迟开始的时间。

adjusted exponential smoothing 调整指数平滑法

一种根据趋势变化和季节模式来调整的指数平滑预测方法。

agile project management 敏捷项目管理

一种适用于因不确定性和风险引起变化的项目管理方法。

analogue simulation 相似模拟

一种使用相似的物理系统来代替原始的物理系统，以便对原始系统进行试验和操作的方法。

analytical 解析法

一种关于或包含使用公式或方程式的数学分析方法。

analytical hierarchy process (AHP) 层次分析法

根据多准则对决策方案进行评级的方法。

a priori probability 先验概率

两种客观概率类型之一；给定一个活动的一组结果；指定结果的数量占结果的总数量的比率。

arrival rate 到达率

在一个指定的时间段内，到达一个服务柜台（在一个排队系统中）的顾客或个体的数量。

artificial variable 人工变量

一种添加到等式约束或大于等于约束中的变量，使得线性规划问题中的初始解能够在原点处获得。

assignment model 指派模型

一种线性规划模型，除了每个来源的供应量被限制为一个单位，并且每个目的地的需求量被限制为一个单位以外，其他的都类似于运输模型（transportation model）。

average error 平均误差

在一段时间内，平均的累积误差。

B

back order 延期交货

现有库存不能满足，但是将通过补充库存来满足的顾客订单。

backward pass 向后逆推

在CPM/PERT的网络中，确定活动最晚开始时间的方法。

balanced transportation model 平衡运输模型

供给等于需求的运输模型。

basic feasible solution 基可行解

在线性规划中，满足模型约束条件的任一解。

basic variables 基变量

在线性规划问题中，基可行解中取非零值的变量。

Bayesian analysis 贝叶斯分析

一种在给定附加信息的情况下，修正边际概率的方法；这个修正后的概率就被称为修正概率或后验概率。

Bernoulli process 贝努利过程

一种具有如下特征的概率试验：(1) 每次试验都有两种可能的结果；(2) 每种结果出现的概率是常数；(3) 结果相互独立；(4) 试验次数是离散的。

beta distribution β分布

一种在网络分析中用来确定活动时间的概率分布。

binomial distribution 二项分布

符合贝努利试验特征的一种概率分布。

branch 分支

在网络图中，表示由一个节点指向另一个节点的项目流程的线路。

branch and bound method **分支定界法**

一种将所有的可行解分解成较小的分支，然后逐个分支系统地进行估计的求解方法；这种方法广泛地应用于解决整数规划问题。

break-even analysis **盈亏平衡分析**

确定应当生产和销售的单位数，以使总收入等于总成本。

break-even point **盈亏平衡点**

总收入等于总成本时的单位数。

business analytics **商业分析**

使用大量数据结合管理科学技术与建模去帮助管理者决策。

C

calculus **微积分**

数学的一个分支，关注函数的变化率；微积分的两个基本组成为微分学和积分学。

calling population **呼叫总体**

等候线（排队）中的顾客来源。

carrying cost **持有成本**

物品在库存中导致的成本费用。

causal forecasting methods **因果预测法**

一类分析变量与其他预测行为因素之间关系的数学方法。

classical optimization **经典最优**

通过微积分找到变量的最优值。

classical probability **经典概率**

一种先验概率。

coefficient of determination **确定系数**

回归方程式中变量之间关系强度的度量。

coefficient of optimism **乐观系数**

决策者的乐观程度的度量。

collectively exhaustive events **集体完备事件**

一次试验中所有可能发生的事件。

concave curve **凹曲线**

一条形如倒扣的碗的曲线。

conditional probability **条件概率**

给定某一事件已经发生的前提下，另一事件发生的概率。

constrained optimization model **约束优化模型**

包含一个目标函数和一个或多个约束条件的模型。

constraint **约束**

在数学规划模型中，表示受限制的资源或活动的最小水平的数学关系式。

continuous distribution **连续分布**

一种在一个区间内取无穷多值的随机变量的概率分布。

continuous random variable **连续随机变量**

可以在某区间内取无穷多值的变量。

convex curve **凸曲线**

一条开口向上的碗状曲线。

correlation **相关性**

线性回归方程式中自变量与因变量之间因果关系强度的度量。

critical path **关键路径**

CPM/PERT 网络中的最长路径；它表示完成项目所需要的最少时间。

critical path method (CPM) **关键路径法**

一种使用确定性的活动时间来安排和计划项目的网络技术。

cumulative error **累积误差**

预测误差的总和。

cumulative probability distribution **累积概率分布**

一个事件的概率加上先前发生事件的概率的总和构成的概率分布。

cycle **周期**

在预测中，趋势向上或向下的运动。

D

data **数据**

信息的片段。

database **数据库**

有组织的数据集合。

data mining **数据挖掘**

为辨析变量之间的关系和模式而对大量数据进行分类的过程和一系列工具。

decision analysis **决策分析**

不假定确定性的决策情形的分析。

decision support system (DSS) **决策支持系统**

一种基于计算机的帮助和支持管理者制定决策的信息系统。

decision tree **决策树**

一种进行决策分析的符号图。

decision variable **决策变量**

数值表示管理者制定的可能决策的变量。

degeneracy **退化**

线性规划单纯形表旋转行的平衡被打破时会产

生退化。

Delphi method 德尔菲法

一种向知识渊博的个体获取非正式的观点和意见，用来进行主观预测的程序。

dependent demand 非独立需求

内部生产最终产品时的典型组成部分。

dependent events 非独立事件

事件发生的概率受其他事件发生概率的影响。

derivative 导数

在微积分中，定义数学函数斜率的一种形式。

deterministic 确定性

假定没有不确定性。

deviational variables 偏差变量

在目标规划模型的约束条件中，反映可能偏离目标水平的偏离量。

differential 微分

函数的导数。

directed branch 有向支

在网络中，只流向一个方向的分支。

discrete distribution 离散分布

随机变量的取值为可数的且通常为整数的概率分布。

dual 对偶

线性规划模型的另一种形式，其约束条件包含关于资源价值的有用信息。

dummy activity 虚工作

在 CPM/PERT 网络中只表示工作的前后关系，是不占用时间的工作。

E

earliest activity times 最早活动时间

在 CPM/PERT 网络中，不影响关键路径项目时间的情况下，活动开始和结束的最早时间。

economic forecast 经济预测

对未来经济状态的预测。

economic order quantity (EOQ) 经济订货批量

使总库存成本最低的最优订货批量。

efficiency of sample information 样本信息效率

表示接近完美样本信息程度的指数；其值等于样本信息期望值除以完美信息期望值。

empirical 试验的

由（或基于）试验和观察中获得的数据或信息组成。

equal likelihood criterion 等可能准则

一种决策方法，所有自然状态被赋予相同的权重，也被称为拉普拉斯准则。

equilibrium point 均衡点

纯策略博弈下的结果。

event 事件

概率试验中可能出现的结果。

events 事件

在 CPM/PERT 网络中表示活动开始和结束的节点。

expected monetary value 期望货币值

决策结果的期望（平均）货币值，等于各个结果的货币值与该结果出现的概率乘积的总和。

expected opportunity loss 期望机会损失

机会损失的预期成本，来自决策者的非正确决策。

expected value 期望值

也叫平均值，等于随机变量的每个值与其出现概率乘积的总和。

expected value of perfect information (EVPI) 完美信息的期望值

信息的价值可以表示为决策者愿意为一个更好的决策而支付的货币值。

expected value of sample information 样本信息的期望值

有样本信息与没有样本信息的决策环境下得到的期望值之间的差额。

experiment 试验

在概率论中，一个特定的动作，例如抛硬币。

exponential distribution 指数分布

一种概率分布，通常用来定义排队系统中的服务时间。

exponential smoothing 指数平滑

一种时间序列预测模型，类似于移动平均法，但近期的数据比过去的数据被赋予更大的权重。

extreme points 极值点

一条曲线上的极大点和极小点（也称为相对极值点）；在线性规划问题中，是可行解空间内的突出点。

F

factorial 阶乘

n 的阶乘写作 $n!$，$n!=n(n-1)(n-2)\cdots(2)(1)$。

feasible solution 可行解

满足模型中所有约束和限制条件的解。

feedback 反馈

作为数据反馈到管理信息系统中的决策结果。

finite calling population 有限呼叫总体

一个排队系统的顾客源数量是有限的。

finite queue 有限队列

长度有限的队列。

fixed costs 固定成本

独立于生产数量的成本。

forecast 预测

对将来将要发生的事情的预言。

forecast error 预测误差

实际需求与预测需求之间的差值。

forecast reliability 预测可靠性

衡量预测反映实际情况的接近程度。

forecast time frame 预测时间框架

一个预测将在多久的将来出现。

forward pass 向前推进

在 CPM/PERT 的网络中，确定最早活动时间的方法。

frequency distribution 频率分布

将事件按照出现频率的不同进行分类而形成的一种分布。

functional relationship 函数关系

联系一个因变量与一个或多个自变量的方程式。

G

Gantt chart 甘特图

一种条形图表，分别用条形来表示项目中每一项活动经历的时间。

goal constraint 目标约束

目标规划模型中包含偏差变量的约束条件。

goal programming 目标规划

一种线性规划方法，在模型中可以考虑多个目标。

goals 目标

目标规划模型中可供选择的目标。

H

Hurwicz criterion 折中准则

解决决策分析问题的一种决策方法；是对最乐观情况和最悲观情况的折中。

I

identity matrix 单位矩阵

对角线上的值为 1，其他的值全为 0 的矩阵。

implementation 方案实施

模型结果的使用。

implicit enumeration 隐式枚举法

解决整数规划问题的一种方法，先排除明显不可行的解，再对剩下的解进行系统的评价，然后找出最优解。

independent demand 独立需求

外部顾客对最终产品的需求。

independent events 独立事件

发生概率不受其他事件的发生概率影响的事件。

inequality 不等式

包含≥或≤的数学关系式。

infeasible problem 不可行问题

一种无可行解因而也就无解的线性规划问题。

instantaneous receipt 瞬时补货

一旦库存水平下降为零，假设补充库存订单无延迟地被受理。

integer programming 整数规划

所有变量只取整数值的线性规划。

inventory 库存

为了满足顾客需求而准备的储存。

inventory analysis 库存分析

为使相关库存成本最低而对库存计划和控制问题进行的分析。

J

joint probability 联合概率

在试验中几个事件联合出现的概率。

L

LaPlace criterion 拉普拉斯准则

一种制定决策的方法，所有自然状态被赋予相同的权重（也称为等可能准则）。

latest activity times 活动最晚时间

在 CPM/PERT 的网络中，在不超过关键路径完成时间的情况下，一个活动最晚可以开始的时间。

linear programming 线性规划

一种管理科学技术，即在一定的约束条件下，确定用最优的方法达到目标，其中所有的数学关系式都是线性的。

linear (simple) regression 线性（简单）回归

反映两个变量之间的关系的一种回归形式。

linear trend line 线性趋势线

使用线性回归方程式将需求与时间相联系，进行预测。

long-range forecast 长期预测

时间长度通常超过 1 年或 2 年的预测。

M

management science 管理科学

用数学技术和科学准则来解决管理问题，以帮助管理者制定更好的决策。

marginal probability 边际概率

单一事件出现的概率。

maximal flow problem 最大流问题

一种以从起点到终点的流量最大化为目标的网络问题。

maximax criterion 最大最大准则

在决策分析问题中制定决策的一种方法；其决策是从每一决策方案的最大支付中选择最大的。

maximin criterion 最大最小准则

在决策分析问题中制定决策的一种方法；其决策是从每一决策方案的最小支付中选择最大的。

maximization problem 最大化问题

以最大化（如利润）为目标的线性规划问题。

mean absolute deviation (MAD) 平均绝对偏差

测量预测值与实际值之间的误差。

mean absolute percent deviation (MAPD) 平均绝对百分比偏差

绝对预测误差，采用需求百分比形式。

mean squared error (MSE) 均方误差

预测误差平方和的平均值。

medium-range forecast 中期预测

时间长度通常为 1 个月到 1 年的预测。

minimal spanning tree problem 最小生成树问题

一种网络问题，其目标是连接所有的节点，使得各分支的长度总和最小。

minimax regret criterion 最小最大后悔准则

在决策分析问题中制定决策的一种方法，其决策是从每一决策方案的最大后悔值中选择最小的。

minimization problem 最小化问题

以最小化（如成本）为目标的线性规划问题。

minimum cell cost method 最小元素成本法

确定运输问题初始解的一种方法。

mixed constraint problem 混合约束问题

约束条件包含≤，＝和≥相组合的线性规划问题。

mixed integer model 混合整数模型

既有整数值也有非整数值的整数线性规划模型。

model 模型

对问题的（数学）抽象。

Monte Carlo process 蒙特卡罗进程

从概率分布中随机地选取数据的一种仿真技术。

most likely time 最可能时间

在 β 分布情况下，确定活动时间的三种估计之一；如果活动反复发生，最可能时间就是出现频率最高的时间。

moving average 移动平均

一种时间序列预测方法，在一个时间序列数据中用一段时间划分预测变量的数据。

multiple optimum solutions 多重最优解

一个线性规划问题具有相同目标值的多个解。

multiple regression 多元回归

反映因变量与两个以上自变量之间的关系的回归形式。

multiple-server queuing system 多服务台排队系统

由多个服务台平行服务一条等候队列的排队系统。

mutually exclusive events 互斥事件

在一次概率试验中不能同时出现的事件。

N

network 网络

连接不同的点，表示一个物体由一个点移动到另一个点的所有路径的安排，通常画成图的形式。

network flow models 网络流模型

表示系统中物体流动的模型。

node 节点

在网络图中，表示一个连接或一个交叉的点；节点用一个圆圈来表示。

noninstantaneous receipt 非瞬时补货

随着时间的推移，给库存逐步地补货。

nonlinear programming 非线性规划

目标函数和（或）约束条件包含非线性关系的一种数学规划。

normal distribution 正态分布
一种形状像钟的连续概率分布。

O

objective function 目标函数
反映解决问题的目标的数学关系式。
objective probability 客观概率
在一个试验的长期观察中，一种特定的结果出现的相对频率。
operating characteristics 运营特征
描述一条等候队列特征的平均数。
opportunity cost table 机会成本表
得出一个指派问题的解的表。
optimal solution 最优解
解决一个问题的最佳方案。
optimistic time 乐观时间
在 β 分布情况下，用来确定活动时间的三种估计之一；如果一切运行良好，乐观时间就是完成活动的可能的最短时间。
order cycle 订购周期
指库存从最高点消耗到零，再通过补货达到库存最高点这样一个时间周期。
ordering cost 订购成本
通过下订单来补充库存所发生的费用。

P

pairwise comparison in AHP 层次分析法中的两两比较
根据某准则对两种方案进行比较。
parameter 参数
一个常数，通常为数学方程式中变量的系数。
payoff table 支付表
用来表示在不同自然状态下，每个决策获得的支付。
penalty cost 惩罚成本
决策者制定错误的决策时所要承受的惩罚（或后悔值）。
periodic inventory system 周期库存系统
在固定的时间间隔下发出不同数量订单的库存系统。
permanent set 恒久点集
在最短路径网络问题中，从开始节点确定了最短路径能到达的节点的集合。
pessimistic time 悲观时间
在 β 分布情况下，用来确定活动时间的三种估计之一；如果一切都不太好，悲观时间就是完成活动的可能的最长时间。
pivot column 旋转列
进入（基）变量对应的列。
Poisson distribution 泊松分布
在一个固定的时间段内，描述出现相对较稀少的事件的一种概率分布；通常用来定义排队系统中服务台的顾客到达情况。
political/social forecast 政治/社会预测
对将来可能发生的政治和社会变化的预测。
population mean 总体均值
用于分析的所有数据的平均值。
posterior probability 后验概率
一个事件基于额外信息修正后的边际概率。
precedence relationship 前导关系
表示事件的发生必须按照一定的顺序关系；这样的事件可以由 CPM/PERT 网络图来表示。
preference scale in AHP 层次分析法中的偏好量表
给偏好的不同水平赋予一个值。
primal 原问题
线性规划模型的最初形式。
priority 优先权
在目标规划模型中，一个目标相对于其他目标的重要性。
probabilistic techniques 概率技术
考虑不确定性信息并给出解决方案概率的管理科学技术。
probability distribution 概率分布
显示一个试验中所有事件出现概率的分布。
probability tree 概率树
显示一个试验中不同结果出现的概率的图形。
production lot size model 生产批量模型
按照一定比率用于自己库存而生产的库存模型，也叫作非瞬时补货模型。
prohibited route 禁止路径
在一个运输模型中，一条不能被分配的路径（变量）。
project crashing 项目赶工
通过提高成本，压缩关键路径上一项或多项关键活动的时间，从而减少 CPM/PERT 网络中项目完成时间的方法。

project evaluation and review technique (PERT) 项目计划评审技术

一种使用概率活动时间，进行项目安排与计划的网络技术。

pseudorandom numbers 伪随机数

通过数学过程而不是物理过程产生的随机数。

Q

qualitative forecast methods 定性预测方法

基于评价、观点、经验和专家意见的非定量的主观预测。

quantitative forecast methods 定量预测方法

来源于数学公式的预测。

quantity discount model 数量折扣模型

在大批量订购情况下给予折扣的一种库存模型。

queue 队列

等候线。

queue discipline 排队规则

顾客在等候线中得到服务的顺序。

queuing analysis 队列分析

等候线的概率分析。

R

random number table 随机数表

通过人工处理，例如计算机程序产生的随机数。

random numbers 随机数

可以从大量的数中等可能获得的数。

random variable 随机变量

一种可以通过赋值反映事件发生结果的变量；因为这些数值的出现没有特定的顺序，所以称为随机的。

random variations 随机变化

在预测中不可预言的和不依照任何模式变化的运动。

regression 回归

测量一个变量与一个或多个变量之间关系的一种统计技术；这种方法广泛地应用于预测。

regression equation 回归方程

一种来源于历史数据，用于预测的方程。

regret 后悔值

描述决策者制定一个错误的决策所感受到的后悔的数值。

relative frequency probability 相对频率概率

又叫作客观概率；表示在长期观察中，一种特定的结果出现的相对频率。

reorder lead time 再订货提前期

指的是从发出订单到接收货物的时间长度。

reorder point 再订货点

发出订单时的库存水平。

responsibility assignment matrix 责任分配矩阵

显示谁对项目任务负责的表格。

return on investment (ROI) 投资回报率

衡量项目收益扣除成本以后与成本的比例。

rim requirements 边缘需求

在运输表中，沿着外部的行和列，对应的需求值与供给值。

risk averter 风险厌恶者

规避风险的人。

risk taker 风险承担者

寄希望于获得高回报而承担高风险的人。

row operations 行变换

通过对方程乘以常数、相加或相减，求解联立方程组。

run 链

在控制图中，具有相同趋势的样本值序列。

S

safety stock 安全库存

为了避免缺货（例如，库存耗尽）而设置的额外缓冲库存量。

sample 样本

用于观察总体的一部分数据。

sample mean 样本均值

从总体数据中抽取出来的样本数据的平均值。

satisfactory solution 满意解

在目标规划问题中，满意解就是能够最大可能地满足所有目标的解。

scatter diagram 散点图

在预测中用来显示历史数据点的图。

scientific method 科学方法

解决问题的方法，包括以下步骤：(1) 观察问题；(2) 定义问题；(3) 模型构建；(4) 模型求解；(5) 方案实施。

scope statement 范围说明

一个项目的预期结果的解释文件。

search techniques 搜索技术

从仿真模型产生的解中寻找最优解的方法。

seasonal factor 季节因子

为了得到季节性调整的预测值，而在常态预测值前乘上的一个数值。

seasonal pattern 季节模式

在预测中，周期性重复出现的运动。

seed value 种子值

在一定数值范围中任意选取一个数值作为由计算机随机生成的一串随机数据的开始值。

sensitivity analysis 灵敏度分析

分析线性规划问题中参数变化的影响。

sequential decision tree 序贯决策树

用于分析一系列序贯决策的决策树。

service level 服务水平

在一个再订货期内，库存满足订单的百分比。

service rate 服务率

在一个特定的时间段内，一个队列能够服务顾客的平均数量。

shadow price 影子价格

在线性规划问题中，为了获得额外一单位资源而愿意付出的价格。

shared slack 共享松弛

在 CPM/PERT 网络中，几项相邻活动共享的松弛。

shortest route problem 最短路径问题

以确定由一个起点到几个终点之间的最短距离为目标的网络问题。

short-range forecast 短期预测

与日常运作有关的、对即刻到来的未来的预测。

simple regression 简单回归

反映两个变量之间的关系的回归形式。

simplex method 单纯形法

通过单纯形表解决线性规划问题的方法。

simplex tableau 单纯形表

使用单纯形法一步一步解决问题的表；每一张表都表示一个解。

simulated time 仿真时间

在仿真模型中，代表实际时间。

simulation 仿真

用数学模型复制现实系统，从而可以使用计算机进行分析。

simulation language 仿真语言

用来执行仿真的计算机编程语言。

single-server waiting line 单服务台等候队列

只有一个服务柜台的等候队列。

slack variable 松弛变量

添加到≤不等式约束条件中的变量，使得不等式约束变为等式约束。

slope 斜率

线性数学函数的变化率。

smoothing constant 平滑常数

在指数平滑预测技术中使用的权重因子。

standard deviation 标准差

衡量概率分布偏离均值的程度。

states of nature 自然状态

在一个决策环境下，将来发生的可能事件。

steady state 稳态

在一段时间之后，系统达到一个常态。

steady-state probability 稳态概率

经过长期的过渡之后，系统将达到一个特定状态的概率。

stockout 缺货

库存耗尽。

subjective probability 主观概率

基于个人经验、知识或直觉，而不是基于先验或者后验事实依据的概率。

substitution method 替代法

解决只含有一个等式约束的非线性规划问题的方法，将等式约束条件写成一个变量由其他变量表示的形式，并将这个变量代入目标函数中。

surplus variable 剩余变量

在线性规划问题中，反映超过最小资源需求水平的变量；即在≥约束条件中减去此变量，使之变为等式约束。

synthesization in AHP 层次分析法中的综合

决策方案在每个准则内的排序步骤。

system 系统

将一组相关的事物有机地安排和结合起来而形成的一个整体。

T

technological forecast 技术预测

对将来可能使用的技术的预测。

time series methods 时间序列方法

一种只基于一段时期内积累的历史数据进行预

测的统计预测技术。

total revenue 总收入

等于产品的生产数量乘以单位产品的价格。

transportation model 运输模型

以最小的成本将产品从几个起点运送到几个终点的一类线性规划问题。

transshipment model 转运模型

对运输模型的扩展，考虑在起点和终点之间存在转运点的情形。

trend 趋势

被预测事物的一种长期运动。

U

unbalanced transportation model 不平衡运输模型

供给大于需求或需求大于供给的运输模型。

unbounded problem 无界问题

可行解的范围无限，而且目标函数可以无限增加的线性规划问题。

unconstrained optimization model 非约束优化模型

由单一目标函数组成，无约束条件的模型。

undirected branch 无向支

在网络图中，可以流向两个方向的分支。

utiles 效能

（主观）测量效用的单位。

utility 效用

一个人从货币中获得的满意度的数值。

utilization factor 利用率

在一个排队系统中，服务员处于忙碌状态的概率。

V

validation 检验

确保模型的解的正确性的过程。

variable 变量

在一个模型中，可以取不同数值的数学符号。

variable costs 可变成本

基于每单位计算的成本。

variance 方差

在概率分布中，测量数值偏离平均数的程度。

Venn diagram 文氏图

用来表示互斥事件或者非互斥事件的图形。

W

weighted moving average 加权移动平均

一种时间序列预测模型，对近期的数据赋予较高的权重。

what-if？analysis 假设分析

交互式决策分析的一种形式，使用计算机确定模型中出现不同变化时的结果。

work breakdown structure (WBS) 工作分解结构

一种将项目分解成主要成分、组成成分、活动和任务的结构。

Z

zero-one integer model 0－1 整数模型

一种整数规划模型，其中变量只能取 0 或 1。

Authorized translation from the English language edition, entitled Introduction to Management Science, 12e, 9780133778847 by Bernard W. Taylor Ⅲ, published by Pearson Education, Inc., Copyright © 2016, 2013, 2010 by Pearson Education, Inc.

CHINESE SIMPLIFIED language edition published by CHINA RENMIN UNIVERSITY PRESS CO., LTD., Copyright © 2019.

图书在版编目（CIP）数据

数据、模型与决策：第 12 版/伯纳德·W. 泰勒著；侯文华等译. —北京：中国人民大学出版社，2019.3
管理科学与工程经典译丛
ISBN 978-7-300-26648-0

Ⅰ.①数… Ⅱ.①伯…②侯… Ⅲ.①决策模型 Ⅳ.①C934

中国版本图书馆 CIP 数据核字（2019）第 009009 号

管理科学与工程经典译丛
数据、模型与决策（第 12 版）
伯纳德·W. 泰勒 著
侯文华 杨静蕾 译
Shuju、Moxing yu Juece

出版发行	中国人民大学出版社		
社　　址	北京中关村大街 31 号	**邮政编码**	100080
电　　话	010－62511242（总编室）		010－62511770（质管部）
	010－82501766（邮购部）		010－62514148（门市部）
	010－62515195（发行公司）		010－62515275（盗版举报）
网　　址	http://www.crup.com.cn		
经　　销	新华书店		
印　　刷	固安县铭成印刷有限公司		
开　　本	787 mm×1092 mm　1/16	**版　　次**	2019 年 3 月第 1 版
印　　张	35.75 插页 1	**印　　次**	2024 年 11 月第 4 次印刷
字　　数	878 000	**定　　价**	78.00 元

Pearson

尊敬的老师：

您好！

为了确保您及时有效地申请培生整体教学资源，请您务必完整填写如下表格，加盖学院的公章后传真给我们，我们将会在2～3个工作日内为您处理。

请填写所需教辅的开课信息：

采用教材			□中文版 □英文版 □双语版
作　　者		出版社	
版　　次		ISBN	
课程时间	始于　　年　月　日	学生人数	
	止于　　年　月　日	学生年级	□专科 □本科 1/2 年级 □研究生 □本科 3/4 年级

请填写您的个人信息：

学　校			
院系/专业			
姓　　名		职　　称	□助教 □讲师 □副教授 □教授
通信地址/邮编			
手　机		电　话	
传　　真			
official email（必填） (eg：×××@ruc. edu. cn)		email (eg：×××@163. com)	
是否愿意接受我们定期的新书讯息通知：　　□是　　□否			

系/院主任：＿＿＿＿＿（签字）

（系/院办公室章）

＿＿年＿＿月＿＿日

资源介绍：

——教材、常规教辅（PPT、教师手册、题库等）资源：请访问 www. pearson highered. com/education。（免费）

——MyLabs/Mastering 系列在线平台：适合老师和学生共同使用；访问需要 Access Code。（付费）

100013　北京市东城区北三环东路 36 号环球贸易中心 D 座 1208 室

电话：(8610) 57355003　　传真：(8610) 58257961

Please send this form to：elt. copub@pearson. com

Website：www. pearson. com

中国人民大学出版社　管理分社

教师教学服务说明

中国人民大学出版社管理分社以出版工商管理和公共管理类精品图书为宗旨。为更好地服务一线教师，我们着力建设了一批数字化、立体化的网络教学资源。教师可以通过以下方式获得免费下载教学资源的权限：

★ 在中国人民大学出版社网站 www.crup.com.cn 进行注册，注册后进入“会员中心”，在左侧点击“我的教师认证”，填写相关信息，提交后等待审核。我们将在一个工作日内为您开通相关资源的下载权限。

★ 如您急需教学资源或需要其他帮助，请加入教师 QQ 群或在工作时间与我们联络。

中国人民大学出版社　管理分社

教师 QQ 群： 648333426（工商管理）　114970332（财会）　648117133（公共管理）
教师群仅限教师加入，入群请备注（学校+姓名）

联系电话： 010-62515735，62515987，62515782，82501048，62514760

电子邮箱： glcbfs@crup.com.cn

通讯地址： 北京市海淀区中关村大街甲 59 号文化大厦 1501 室（100872）

管理书社　　　人大社财会　　　公共管理与政治学悦读坊